Hermann Jäger

Der praktische Obstgärtner

Hermann Jäger

Der praktische Obstgärtner

ISBN/EAN: 9783742866752

Hergestellt in Europa, USA, Kanada, Australien, Japan

Cover: Foto ©Andreas Hilbeck / pixelio.de

Manufactured and distributed by brebook publishing software
(www.brebook.com)

Hermann Jäger

Der praktische Obstgärtner

Die

Baumschule.

Vollständige

Anleitung zur Anzucht der Obstbäume

zum Betriebe

der Baumschule im Grossen und Kleinen

sowie

Gewinnung neuer Obstsorten aus Samen.

Bearbeitet

von

H. Jäger.

Grossherzogl. Sächs. Hofgärtner, Mitherausgeber der „Gartenflora",
Ehrenmitglied verschiedener Gartenbau-Vereine, Inhaber der Königlich Württemberg'schen
grossen goldnen Medaille für Wissenschaft und Kunst etc.

Dritte vermehrte und verbesserte Auflage.

Mit 87 in den Text gedruckten Abbildungen.

Leipzig,

Verlag von Otto Spamer.

1868.

Leipzig,
Druck von Giesecke & Devrient.

Vorworten zur ersten und zur zweiten Auflage.

Ich übergebe hiermit den Freunden des Gartenbaue's und insbesondere der Obstbaumzucht die „Baumschule" als ersten Band der „Illustrirten Bibliothek des landwirthschaftlichen Gartenbau's". Der von der Verlags= buchhandlung ausgegebene und den erschienenen Bändchen angefügte Pro= spectus spricht sich hinlänglich über Zweck und Einrichtung des Gesammt= werkes aus, so daß ich, auf denselben verweisend, nur über den eben vollen= deten Band einige Worte zu sagen habe.

Bei den schon vorhandenen trefflichen Anleitungen zur Anzucht der Obstbäume konnte es nicht meine Absicht sein, nur das alte Gute zu wieder= holen und Allbekanntes zu bringen, sondern ich wollte ein Buch liefern, welches die wichtigsten und neuesten Erfahrungen aus allen Ländern, wo die Obstkultur rationell betrieben wird, enthielte, namentlich wollte ich die deutschen Gärtner und Baumzüchter in den so außerordentlichen Baum= schulen=Betrieb Frankreichs und Belgiens einführen.

Dem Prospectus gemäß wollte ich anfangs das Beste, was über Obst= baumzucht in französischer und englischer Sprache geschrieben ist, in freier deutscher Bearbeitung bringen, wie es schon mit Harry's „Obstbaumschnitt" geschehen ist. Ich fand aber kein Werk dieses Faches, dessen Uebertragung uns Deutschen von besonderem Nutzen gewesen wäre. Darum lieferte ich ein Originalwerk, insofern nämlich bei einem Buche, welches aus allen vorhandenen Quellen schöpfen muß, Originalität überhaupt möglich ist. Da ich nun meine eignen, nicht unbedeutenden Erfahrungen in der Baumzucht mit denen der ausgezeichnetsten Baumzüchter aller Länder, wo der Obstbau auf einer hohen Stufe steht, vereinigt habe, so sage ich wol nicht zu viel, wenn ich diese Schrift die vollständigste in ihrer Art nenne. Die vorhandenen Anleitungen zur Erziehung der Obstbäume be= handeln meistens nur die Hochstämme und erwähnen die anderen Formen blos nebenbei, eben so andere höchst wichtige Dinge. Der Baumzüchter,

welcher über die Anfangsgründe hinaus ist, sucht vergeblich nach dem mehr
als Gewöhnlichen. Möchte meine Arbeit diese Lücke zum Theil ausfüllen
und dazu beitragen, den Baumschulen-Betrieb in Deutschland auf dieselbe
Stufe zu heben, die er in den westlichen Nachbarländern einnimmt.

In der zweiten Auflage sind die seit dem Erscheinen der ersten vor
vier Jahren gemachten Erfahrungen und der große Schatz von Kenntnissen
einverleibt, welcher seit dieser Zeit in den Fachschriften, Versammlungen
und Annalen der Versammlungen von Pomologen, Obstzüchtern, den
Vereinen für Gartenbau und Landwirthschaft ꝛc., besonders aber in der
vortrefflichen „Monatsschrift für Pomologie und praktischen Obstbau" von
Oberdieck und Lucas niedergelegt wurde.

Was die Einrichtung dieser Auflage betrifft, so ist die Hauptein-
theilung nur in den ersten Abschnitten verändert und besser geordnet worden.
Die Abbildungen wurden vermehrt und mehrere durch bessere ersetzt. Alles
in Allem kann auch in dieser Hinsicht diese Auflage eine wesentlich verbesserte genannt werden. Ich mache noch darauf aufmerksam, daß die eben
erschienene „Boden- und Düngerkunde" den ergänzenden Theil für alle
besondern bildet, mithin auch für die „Baumschule".

Der Verfasser.

Vorwort zur dritten Auflage.

In Folge des hohen Aufschwunges, welchen die Obstkultur seit dem Zusammenwirken der deutschen Pomologen und Vereine, ferner durch die Bestrebungen der Fachzeitschriften und besseren landwirthschaftlichen, Zeitungen genommen hat, ist die Praxis der Obstbaumzucht auch im Gebiet der Baumschule um eine Menge der wichtigsten Erfahrungen bereichert worden. Von denselben dürften mir nur wenige entgangen sein, und sie bilden den hauptsächlichsten Zuwachs dieser neuen Auflage. Dieselbe ist im strengsten Sinne des Wortes eine vermehrte und verbesserte. Außerdem erhielt ich briefliche Mittheilungen aus einigen der bedeutendsten Baumschulen des Auslandes und Deutschlands, besuchte auch in neuerer Zeit mehrere der letzteren. Eine wahre Fundgrube wurde für meinen Zweck endlich Ch. Baltet's Buch über Baumzucht, welches durch Herrn General-Konsul E. Ladé unter dem Titel „Praktische Anleitung zur Baumzucht" von Ch. Baltet (Ravensburg, 1865) auch den nicht der französischen Sprache Mächtigen zugänglich geworden ist.

Ganz umgearbeitet wurde der Abschnitt über Veredlungs-Unterlagen, und es dürfte derselbe wol das Vollständigste sein, was die Literatur bis jetzt darin besitzt. Der Abschnitt über Erziehung neuer Obstsorten aus Samen wurde zwar gekürzt, dabei aber doch wesentlich vermehrt und verbessert.

Als ich die zweite Auflage bearbeitete, ahnte ich bereits, daß in der folgenden Zeit das Verlangen nach schon in der Baumschule vorgebildeten Formbäumen sehr wachsen werde, und gab hierzu ziemlich ausreichende Anleitung. Meine Voraussicht hat sich als richtig erwiesen, der Begehr nach geformten Spalierbäumen, Pyramiden, Cordons ꝛc. ist so groß geworden, daß die wenigen deutschen Baumschulen, welche sich damit befaßten, der Nachfrage nicht gewachsen waren und große Massen solcher Bäume aus dem Auslande bezogen werden müssen. Gegenwärtig hat diese Zucht auch bei uns mehr Ausdehnung gewonnen, da dieselbe aber noch lange nicht dem Bedürfniß genügt, so habe ich auch diesen Abschnitt noch vervollständigt.

Die Abbildungen wurden zum Theil durch bessere ersetzt, auch sind dieselben um 22 vermehrt worden.

Eisenach, im Herbst 1867.

Der Verfasser.

Inhalt
zu Jäger's Baumschule. Dritte Auflage.

———

Sechster Abschnitt.

Siebenter Abschnitt.

Achter Abschnitt.

Neunter Abschnitt.

Die Baumschule.

Einleitung.

Zweck, Nutzen, Größe und Betrieb der Baumschule.

1. Der Zweck der Obstbaumschule ist die Erziehung junger Obst=
bäume bis zu einer Größe, welche sie befähigt, einzeln in Gärten und
Felder verpflanzt zu werden. Zu diesem Zwecke bedarf es eines besonders
dazu geeigneten Platzes, welcher Baumschule genannt wird.

Der Nutzen einer Baumschule ist sehr vielseitig und groß. Nur für
den eignen Bedarf im Kleinen betrieben, verschafft sie dem Grundbesitzer
auf die billigste Weise seinen Bedarf an Obstbäumen, und es liegt ganz in
seinem Willen und in seinen Mitteln, sich diejenigen Sorten und Formen
zu erziehen, welche er besonders wünscht und braucht, während er beim
Ankauf der Stämme immer vom Verkäufer abhängig ist. Außerdem haben
aber die selbstgezogenen Bäume den großen Vortheil, daß sie in demselben
Klima und in derselben Bodenart aufwachsen, wo sie für alle Zeit ver=
bleiben sollen, und daher alle Vorzüge einheimischer Geschlechter. Es ist
bekannt, daß die in einer Weingegend gezogenen Obstbäume in hohen,
rauhen Gebirgsgegenden nicht fortkommen, während die in jenen Gegenden
selbst gezogenen Bäume gut gedeihen.

Der für die Anlage und Erhaltung einer zum Selbstbedarf bestimm=
ten Baumschule nöthige Aufwand ist nur unbedeutend, da der Besitzer oder
ein Glied der Familie die wichtigeren Arbeiten, als Veredeln, Pflanzen,
Säen, Beschneiden u. s. w., gewöhnlich zu seinem Vergnügen macht oder
machen kann, denn wenn Niemand besondere Freude daran hätte, so wäre
jedenfalls kein guter Erfolg zu erwarten, und man müßte in diesem Falle
von der Anlage einer Baumschule ganz abrathen. Will man aber den Be=
trieb nach größerem Maßstabe einrichten, so gewährt die Baumschule eine
Bodenrente, wie sie kaum durch den Anbau der Handelspflanzen zu erzielen
ist, nämlich bis zu 50 Thaler und mehr reinem Gewinn auf den Morgen

preußisch. Noch einträglicher ist die Wildlingszucht, da an Wildlingen fast immer Mangel ist, indem die Saaten in Folge von Unglücksfällen oder Vernachläſſigung oft mißrathen. Ein Beet von 32 Fuß Länge und 4 Fuß Breite kann bei gewöhnlicher Behandlung 6000—6500 Sämlinge von Kernobst liefern, wovon die einjährigen mit 2, zweijährige mit 4 und drei= jährige (im erſten Jahre verpflanzte) mit 5—6 Thalern das Tauſend be= zahlt werden, ſo daß ein ſolches Beet, wenn Abſaß vorhanden, durchſchnitt= lich im Jahre 7—8 Thaler einbringt, ohne viel Arbeit zu verurſachen. Birnen=, Kirſchen= und andere Sämlinge werden noch viel beſſer bezahlt, indeß iſt hierbei die Menge geringer oder die Mühe größer, ſo daß es ſich ziemlich gleich bleibt. Bewurzelte Paradies=, Splittäpfel= und Quitten= pflänzlinge bringen noch mehr ein, doch iſt die Nachfrage auch geringer. Der bekannte Baumzüchter und Herausgeber der „Pomona", Dochnahl, giebt an, daß eine 1000 Fuß lange Hecke von Paradiesſtämmchen jährlich 5000 bewurzelte Stämmchen lieferte, die 42 Thaler einbringen; davon iſt ein großer Theil ſogleich verkäuflich, ohne weitere Mühe zu verurſachen, als das Abnehmen vom Mutterſtocke. Bei der gewöhnlichen Behandlung der Sämlinge haben 3½ Quadratruthen, wie weiter unten näher ange= geben, 120 fl. eingetragen. Die Anlage= und Betriebskoſten ſind dabei nicht groß, und beim Mißlingen iſt der eigentliche Verluſt ſehr gering.

Wer daher eine geeignete Lage und brauchbaren Boden hat, auf Ab= ſaß in der Gegend rechnen kann und die Sache verſteht, kann kaum etwas Beſſeres thun, als einen Theil ſeiner Grundſtücke zu Obſtbaumſchulen zu benußen. Gut bewirthſchaftete Baumſchulen ſind bei der gegenwärtigen, wahrſcheinlich noch immer ſteigenden Nachfrage, daher guten Preiſen, ſehr einträglich. Beſonders ſollten alle Gemeinden ihren Bedarf an Obſtbäumen ſelbſt ziehen, um die ſchon oben erwähnten Vortheile der einheimiſchen Zucht und der Wohlfeilheit zu genießen. Gegenwärtig giebt es in Deutſch= land kaum noch ein Land, wo nicht die Anlegung und Unterhaltung von Gemeindebaumſchulen entweder geſeßlich geboten oder doch von den Regie= rungen empfohlen wäre; aber es ſieht mit der Ausführung dieſer Beſtim= mung in vielen Ländern und Gegenden noch immer ſchlecht aus.

Der Obſtbau iſt, mit wenigen Ausnahmen, überall möglich. Wo dies aber der Fall iſt, da ſollten auch die jungen Stämme im Orte ſelbſt gezogen werden. Gemeinden haben viel mehr Urſache als einzelne Grund= beſißer, Baumſchulen zu unterhalten, und können es auch eher thun. Durch die Gemeindebaumſchulen wird der einzelne kleine Grundbeſißer der Mühe überhoben, die Bäume ſelbſt heranzuziehen, und er genießt doch dieſelben Vortheile, als wenn es durch ihn ſelbſt auf eignem Boden geſchähe.

2. Die Größe einer Baumschule richtet sich ganz nach dem Betrieb und Bedarf. Will ein Grundbesitzer große Baumpflanzungen anlegen, so kann er eine Fläche von 8—10 Quadratruthen und mehr bepflanzen, und zwar 6—7 Jahre, bevor die ersten Hochstämme gepflanzt werden sollen. Man kann auf der Quadratruthe ziemlich ein halbes Schock Obstbäume ziehen. Zur Unterhaltung der Pflanzungen genügt später ein kleiner Raum. Veranlaßt jedoch nicht Liebhaberei an Baumschulen zur Anlage, so ist es, wenn man einmal Anpflanzungen machen will und gut gezogene Bäume in geeigneten Sorten in der Nähe haben kann, immer besser, wenigstens zum Anfang einen Theil der Stämme zu kaufen. Gemeinde= baumschulen, welche nur den Bedarf für die betreffende Flur liefern sollen, werden, wie sich's von selbst versteht, nach diesem Bedürfniß größer oder kleiner gemacht; es muß also bekannt sein, wie viel Bäume ungefähr ge= braucht werden. Ist eine Baumschule gut angelegt und einmal im Gange, so liefert ein preußischer Morgen mit gutem Boden im fünften Jahre nach der Bepflanzung mit zweijährigen Wildlingen schon eine große Anzahl Stämme, vom siebenten Jahre aber recht gut jährlich 800 Hochstämme zum Verpflanzen, und wenn Alles gut geräth, so können es sogar 1000 Stämm= chen werden. Da nun, wenn ausgedehnte Trift= und Straßenpflanzungen nicht mehr zu machen sind und auch kein Handel außer dem Orte mit Obst= bäumen getrieben werden soll, eine ansehnliche Flur mit 300 Stück jähr= lich mehr als reichlich versehen ist (oft auch nicht so viel braucht), so möchte ¹/₂ Morgen preußisch für die größten Gemeinden hinreichend sein. Kleinere Gemeinden haben mit ¹/₄ Acker, andere sogar mit 15—20 Quadratruthen genug. Lucas nimmt in der „Gemeindebaumschule" ebenfalls ¹/₂ Morgen würtembergisch (1 würtemberger Morgen ist $= 1{,}_{23442}$ preuß. Morgen) an und berechnet, daß darauf 3600 Bäume stehen und davon jährlich 400 brauchbare Hochstämme verpflanzt werden können.

Soll Handel mit Obstbäumen getrieben werden, so muß der zu hoffende Absatz ungefähr überschlagen werden. Wie viel Bäume auf einer bestimmten Fläche gezogen und jährlich abgegeben werden können, läßt sich leicht berechnen. ¹/₂ Morgen Land in guter Lage und mit gutem Boden liefert nach 6—7 Jahren 4000 Stämme. Wer also jährlich für 7—800 Thaler verkaufen will, muß alle Jahre ein Feld von dieser Größe abräumen und, weil zum Erziehen eines Hochstammes (die längste Dauer gerechnet) 7 Jahre gehören, und der Boden, nachdem man abgeräumt, min= destens ein Jahr ruhen muß, auch alle Jahre so viel Land bepflanzen, im Ganzen also eine Fläche von wenigstens 4 Morgen mit 8 Feldern je zu ¹/₂ Morgen zur Baumschule bestimmen, wovon jedoch immer ²/₈ im Ruhestand

1 *

liegen bleiben. Noch besser ist es, wenn, wie Lucas für Gemeindebaum=
schulen bestimmt, anstatt der 8 Felder, 10 Abtheilungen gemacht werden,
so daß das abgeleerte Feld 3 Jahre lang liegen bleiben kann, ehe es wieder
mit Bäumen bepflanzt wird, während welcher Zeit es jedoch nicht unbenutzt
liegen bleibt. Lucas berechnet, daß auf einer Fläche von 10 Morgen bei
siebenjähriger Erziehungsdauer und dreijähriger Brache (Wechsel mit andern
Kulturen) jährlich 2 Morgen mit 8000—9000 Wildlingen bepflanzt werden
müssen, welche nach Abzug von 25—33 Proz. Abgang jährlich 5—6000
Stämme liefern. Der Betrieb einer solchen Baumschule kostet (nach Lucas)
8—900 Gulden jährlich. Der Ertrag ist, jeden Hochstamm von Kernobst
durchschnittlich nur 4 Silbergroschen oder 15 Kreuzer gerechnet, 1250 Gulden,
so daß bei diesem niedrigen Ansatz (gegenwärtig kosten die Stämme weit
über das Doppelte) 350—450 fl. Reingewinn bleiben. Hierbei bleibt der
Nebengewinn der durch andere Kulturen eingenommenen 3 Morgen ganz
außer Ansatz. In der Kritik der ersten Auflage meiner „Baumschule" in
der „Monatsschrift" (1856, Seite 30) sagt Lucas berichtigend und er=
gänzend, daß man jährlich 3 Proz. des ganzen Baumbestandes der großen
Pflanzungen erneuern müsse. Hat also eine Gemeinde 10,000 Stück Obst=
bäume in der Flur, so muß sie jährlich 300 Stück Obstbäume erziehen.
Die Anpflanzung von Wildlingen müßte jährlich 400 Stück betragen.
Natürlich kommt hierbei viel auf das Alter der Pflanzungen, Boden und
Klima an. Das Gesagte gilt nur von Hochstämmen. Wo die Wander=
baumschulen, d. h. Baumschulen, welche, nachdem das Land einmal Bäume
getragen hat, dem Feldbau wieder übergeben werden, wie z. B. im südwest=
lichen Deutschland, im Gebrauch sind, ist die Eintheilung und der Betrieb
noch leichter. Wer noch keine Absatzquellen in entfernte Gegenden hat,
wird wohl thun, anfangs keine großen Baumschulen anzulegen, denn wenn
die Bäume einmal stark genug sind, müssen sie aus der Baumschule ent=
fernt und daher oft verschleudert werden, was die Preise der Obstbäume
für lange Zeit herabdrückt und den Betrieb der Baumschulen minder er=
giebig macht.

Um einen Begriff zu geben, wie viel Land man ungefähr zur Anzucht
von Wildlingen bestimmen müsse, und wie viele Wildlinge aus Samen auf
einer bestimmten Fläche gezogen werden können, wenn die Saat glückt, will
ich folgende von Lucas (in der „Monatsschrift f. Pomologie ꝛc.", 1857,
Seite 115) bekannt gemachte Thatsachen anführen. Auf zwei Breiten von
nahezu 3½ Quadratruthen wurden 1 Jahr nach der Aussaat 6600 starke,
zur Auspflanzung fertige und 13,150 schwächere Apfelsämlinge gewonnen,
welche einen Werth von 120 Gulden hatten. Allerdings glückten die Saaten

nicht immer so, obschon, wenn keine Verheerungen durch Thiere, Frost ꝛc. vorkommen, ein solcher Erfolg gar nicht selten ist. Hätte man, wie es jetzt Gebrauch zu werden anfängt, die Wildlinge klein verpflanzt (pikirt), so wäre der Ertrag noch bedeutender gewesen, indem alle Wildlinge stark ge= worden wären.

Man sollte bei der Bepflanzung Rücksicht darauf nehmen, daß die Obstsorten gut in der betreffenden Baumschule gedeihen, und solche, die nicht gut fortkommen wollen, ganz aus dem Betriebe weglassen. Eine solche Einrichtung bringt dem Käufer wie dem Abnehmer gleich großen Nutzen, denn wenn die Bäume langsam und schlecht wachsen, verliert der Baum= züchter Zeit und Geld dabei, der Käufer aber bekommt schlechte, schon mit Siechthum behaftete Bäume, an denen er nie Nutzen und Freude erlebt. Will der Baumschulenbesitzer alle in den Obstbaumbetrieb einschlagenden Artikel führen, so thut er jedenfalls besser, die Sorten und Arten, welche am Orte nicht gut zu ziehen sind, von anderen Orten zu beziehen, sollte er auch dabei keinen andern Nutzen haben, als den, daß seine Abnehmer be= friedigt werden, wodurch sein Ruf jedenfalls am besten gewahrt wird.

Es kommt, wie gesagt, auf die Gegend und das Bedürfniß an, welche Obstarten hauptsächlich zu ziehen sind. Aepfel und Birnen werden überall gleich stark verlangt und angepflanzt, erstere in der Regel mehr als Hoch= stämme, weil sie vorzugsweise mehr zu großen Feld= und Straßenpflan= zungen verwendet werden und sich in der Wirthschaft nützlicher machen. Kirschen werden weit nach Norden hinauf und auf Gebirgen noch gepflanzt und sind daher noch in rauhen Gegenden gesucht. Man wird aber dennoch in den meisten Gegenden kaum halb so viel Kirschbäume als Apfelbäume absetzen. Die Sauerkirschen oder Weichseln sind hier mit einbegriffen, sie dürften aber von der Gesammtmasse der Kirschen kaum den dritten Theil ausmachen, wenigstens was Hochstämme betrifft. Von Pflaumen werden im nördlichen Deutschland und in rauhen Gegenden des südlichen fast nur gemeine Zwetschen gepflanzt, ausnahmsweise einige Reineclauden, Mira= bellen, Eierpflaumen ꝛc. Es sollte sich aber jeder Baumzüchter bestreben, die besseren Pflaumensorten in Gegenden, wo sie gedeihen und schmackhaft werden, wie z. B. die italienische oder Fellemberger Zwetsche, die Mira= belle, die Braunauer aprikosenartige Pflaume, Jerusalempflaume, die weiße und die normännische Perdrigon, die violette Diapre, die Herrenpflaume ꝛc., auf alle mögliche Weise zu verbreiten. In den milderen südlichen Gegen= den, besonders am Rhein und Main, sind gute Pflaumen schon sehr einge= führt und werden immer mehr begehrt. Aprikosen, Pfirsiche und Mandeln werden überall nicht häufig verlangt, Hochstämme nur in einigen begünstigten

Gegenden. Es giebt aber noch manche Gegenden, wo solche Bäume, be=
sonders Aprikosen, in geschützten Lagen sehr gut gedeihen, und der Baum=
züchter sollte immer auf einen kleinen Vorrath von Samenbäumen halten,
die aus Steinen von den besten Sorten gezogen sind und sich oft echt fort=
pflanzen. Er sollte sich auch bemühen, sich die in Nordamerika gebräuch=
lichen, den härtesten Winter aushaltenden Pfirsichsorten zu verschaffen, und
Hochstämme aus in der Gegend gewonnenem Samen ziehen, um den Pfir=
sichbaum auch bei uns allgemeiner zu machen. Wallnüsse und Maronen
sind nur in Berggegenden mit sehr mildem Klima gut verkäuflich, erstere
werden jedoch einzeln überall verlangt. Zwergobst, Beerenfrüchte und
anderes minder wichtige Obst wird vorzugsweise in den Städten abgesetzt,
und es ist das Verlangen in nördlichen Gegenden eben so stark wie in süd=
licheren. Bei Weinreben muß man einen Unterschied zwischen Tafeltrauben
und Bergtrauben zum Weinbau im Großen machen, da letztere nur für
eigentliche Weingegenden bestimmt sein können. Von Feigen hat man in
den meisten Baumschulen leicht an einigen Dutzenden genug.

Das bisher Gesagte bezieht sich indessen nicht auf Staatsbaumschulen,
welche zur Förderung des Obstbaues in einem Lande oder Bezirk angelegt
werden, denn bei sogenannten Landes= oder Centralbaumschulen und bei
Bezirksbaumschulen muß von ganz anderen Grundsätzen ausgegangen wer=
den. Es sind dies im eigentlichen Sinne Schulen, Bildungs= und Prü=
fungsanstalten, wobei materieller Nutzen und Erwerb für die Baumschule
selbst nur Nebensache sein sollte.

Die Landesbaumschulen haben keinen andern Zweck, als die Verbrei=
tung solcher Obstsorten, die sich am besten zum Anbau in einem Lande eig=
nen. Der darin ertheilte Unterricht in der Baumzucht kann nur Nebenzweck
sein, und würde erst alsdann wahrhaft nutzbringend werden, wenn mit den
Baumschulen ausgedehnte Muster=Obstgärten verbunden wären, in welchen
die Schüler, größtentheils zukünftige Landesschullehrer oder Baumwärter für
Gemeinden, die Erziehung und Behandlung der Obstbäume in allen For=
men, am Spalier, als Zwergstamm, Pyramide, Hochstamm u. s. w., sowie
Sortenkenntniß erlernen können. Eine Centralbaumschule im eigentlichen
Sinne kann einen damit verbundenen Obstgarten nicht entbehren, denn sie
muß alle in der Gegend nicht schon als gut oder schlecht bekannten Obst=
sorten prüfen, ob sie für das Land geeignet sind und überhaupt verbreitet zu
werden verdienen. Hierzu reichen einige Probe= und Sortenbäume nicht
aus. Sie muß ferner versuchen, welche Form, ob Hochstamm oder Kunst=
form, für die neuen Sorten vortheilhafter ist. Hierzu gehören langjährige,
fortgesetzte Beobachtungen. In der Centralbaumschule sollten ferner die

vielseitigsten Versuche über das Verhalten gewisser Sorten auf verschiedenen Veredlungsunterlagen angestellt werden. Die in Lehrbüchern, Zeitschriften und Baumschulenverzeichnissen angegebenen derartigen Bestimmungen sind keineswegs alle so sicher und erprobt, daß man sich ohne Weiteres darnach richten könnte, und gewiß sind sie nicht für alle Fälle und Verhältnisse richtig. Ihre Mittheilungen wären dann eine sichere Bürgschaft und die besten Quellen für künftige pomologische Werke. Außerdem sollten in der Centralbaumschule alle Versuche, welche zur Hebung des Obstbaues bei= tragen können, mit Beharrlichkeit angestellt werden. Sie muß eine Ver= suchsanstalt für Obstbau sein. Mit kurzen Worten: sie muß sich das Wis= senschaftliche zur Aufgabe machen, um dadurch das Praktische zu fördern. — Aus Alledem geht hervor, daß eine Landesbaumschule nicht wie jede andere eingerichtet sein darf, und folglich, daß die meisten derartigen Anstalten, weil sie sich von gewöhnlichen Baumschulen nicht unterscheiden, ihren Zweck nicht erfüllen und jenen Namen nicht verdienen.

Um Alles zu leisten, was oben angedeutet wurde, kann eine Central= baumschule nicht große Massen von jeder Sorte zum Verkauf oder zur un= entgeltlichen Abgabe ziehen. Sie muß nur dafür sorgen, daß die guten Sorten erhalten werden und an die verschiedenen Bezirks= oder Gemeinde= baumschulen gelangen. Sie muß die Bedürfnisse, den Boden und das Klima jedes Landestheils kennen, um überallhin das passende Obst zu vertheilen. Nur wenn in einem Lande die Obstkultur noch auf einer so niedrigen Stufe steht, daß eine schnelle, massenhafte Verbreitung von besserem Obst noth thut, nur dann mag sich die Landesbaumschule mit der Anzucht von besseren Sorten in Masse beschäftigen. Sobald aber ein gewisser Fortschritt be= merkbar wird, muß ein solcher Betrieb aufhören und den Gemeinde= und Privatbaumschulen überlassen werden.

Die Bezirks= oder Provinzialbaumschulen müssen für ihren Bezirk oder Kreis Das im Kleinen sein, was die Landesbaumschulen für das ganze Land sind. Da sie aber diejenigen Erfahrungen, welche schon in der Landes= baumschule gemacht wurden, nicht noch einmal zu machen brauchen, so kön= nen sie sich in den meisten Fällen mit der Anzucht der für ihren Kreis geeigneten Sorten im Großen beschäftigen, besonders wenn die Bezirks= baumschulen mit den Centralbaumschulen gleiche örtliche und klimatische Verhältnisse haben. In großen Staaten dagegen, wo manche Provinzen ein ganz verschiedenes Klima haben, muß die Bezirksbaumschule ähnlich wie die Centralbaumschule zu Versuchen eingerichtet werden. Sämmtliche Staatsbaumschulen müssen mit einander in Verbindung stehen. Die Be= zirke beziehen von der Centralschule und werden von allen gemachten

Erfahrungen unterrichtet. Sie haben nur das für ihre Gegend am besten geeignete Obst zu erziehen und zu verbreiten, und sind gehalten, erst die Gemeindebaumschule mit guten Sorten zu versehen, ehe sie davon an Privatbaumschulen und Obstzüchter abgeben. Findet zwischen der Lage einzelner Ortschaften ein großer Unterschied des Klima's Statt, wie es in Gebirgsgegenden oft auf kurzen Wegstrecken der Fall ist, so muß die Vertheilung der Sorte darnach eingerichtet werden.

Die Baumschulen der Gartenbauvereine haben fast denselben Zweck und machen, wenn sie gut eingerichtet sind, die Staatsanstalten unnöthig.

Besitzer von Privatbaumschulen, welche Obstbäume in großen Massen ziehen und verbreiten, sollten stets eifrige Pomologen und Obstbaumfreunde sein und nicht den Baumschulenbetrieb als bloße Einnahmequelle betrachten. Glücklicherweise giebt es deren in Deutschland eine ziemliche Anzahl, ebenso in dem nahen Belgien und Frankreich. Sollte man es aber, obschon Besitzer einer Baumschule, auch nicht so weit gebracht haben, so möge man sich wenigstens bemühen, die als die vorzüglichsten anerkannten Sorten besonders zu vermehren und alle schlechten und mittelmäßigen, wenn sie nicht nebenbei einen besonderen Werth als Wirthschaftsobst haben, gänzlich abzuschaffen. Dabei ist besonders das Bedürfniß der Gegend ins Auge zu fassen, während man andrerseits gute Lokalsorten nach ferneren Orten verbreitet. Das Jagen nach neu erzeugten Obstsorten kann nur nachtheilig wirken, wenn dieselben nicht wirklich erprobt sind, abgesehen davon, daß, weil dieses Erproben zur Zeit in den meisten Handelsbaumschulen noch nicht im Gebrauche ist, alte und schlechte Sorten unter andern Namen in den Handel gebracht werden. Besonders haben die Baumschulenbesitzer diejenigen Sorten zu bevorzugen, welche von den in Naumburg, Gotha, Wiesbaden, Berlin ꝛc. versammelten Pomologen, durch den Kongreß zu Lyon und durch die „Monatsschrift f. Pom. ꝛc." und deren bedeutendsten Mitarbeitern besonders empfohlen worden sind und noch werden.*) Wählt man diese Sorten, so wird man nicht nur gutes Obst verbreiten, sondern auch ein gutes Geschäft machen, sobald es bekannt geworden ist, daß man sie führt.

---

*) Eine vorzügliche Auswahl enthalten auch die „Beiträge zur Hebung der Obstkultur" von Oberdieck und Lucas (Seite 110—127), ferner das Buch „Beiträge zur Förderung der Obstkultur und Obstkunde" von Leop. Müller in Züllichau, Stuttgart 1864; dann „Kurze Anleitung zur Obstkultur von Dr. E. Lucas", Ravensburg 1866 u. a. m.

Uebersicht der in Baumschulen gezogenen Fruchtarten.

3. Eine Baumschule, welche auf Vollständigkeit Anspruch machen will, befaßt sich mit der Anzucht von allen Obst tragenden Bäumen und Sträuchern, welche für das Klima geeignet sind:

Man theilt das Obst ein in: 1. Kernobst (Kernfrüchte), 2. Steinobst, 3. Schalen= oder Kapselobst, 4. Beerenobst. Zum Kernobst gehören: Aepfel, Birnen, Quitten, Mispeln, Hagebuttenbirnen (Pyrus Pollveria), Speier= linge (Sorbus domestica, Escheritzen, Abelesche, Sperberbaum, Sperbiole), Azarolen (Crataegus o. Mespilus Azarolus, welsche Mispel), Els= oder Elzbeerbaum (Sorbus oder Crataegus oder Pyrus torminalis) und Schnee= birne (Pyrus nivalis). Zum Steinobst gehören: Kirschen, Pflaumen, Pfirsiche, Aprikosen, Mandeln, Kornelkirschen oder Herlitzen (Cornus mas). Zum Schalenobst zählt man welsche Nüsse oder Wallnüsse, Maronen oder eßbare Kastanien; zu den Beerenfrüchten: Weintrauben, Johannis=, Stachel=, Himbeeren, Brombeeren, Maulbeeren, Feigen, Berberitzen, Rosenäpfel, Hollunder= und Heidelbeeren.

Einige Botaniker unterscheiden noch unechte Steinfrüchte und zählen hierzu die Mispeln, Speierlinge, Azarolen und Elsbeerbaum.

In südlichen Gegenden kommen noch einige andere Obstarten hinzu, welche hier aber nicht berücksichtigt werden sollen.

Erster Abschnitt.

Ueber Lage, Boden und Düngung der Baumschule.

1. Lage.

4. Eine Baumschule, welche zum Zweck hat, Obstbäume und Frucht= sträucher jeder Art in größerer Menge zu erziehen, muß so beschaffen sein, daß die daraus hervorgehenden Pflanzen unter allen Verhältnissen, wenn diese nicht gerade zu ungünstig sind, gut gedeihen. Hierzu gehört vor allen Dingen eine günstige Lage. Man darf hierunter nicht Das verstehen, was man eine gute, d. h. fruchtbare, warme Lage nennt, denn diese würde gerade unzweckmäßig sein. Ist die Obstbaumschule vorzugsweise für die Bedürfnisse einer gewissen Gegend bestimmt, so ist jedenfalls diejenige Lage am besten, welche mit der Gegend, wohin die Bäume verpflanzt werden sollen, am meisten Aehnlichkeit hat. Alles, was daher von der Lage gesagt wird, bezieht sich stets auf die Verhältnisse der Gegend, wo die Bäume in Zukunft muthmaßlich stehen werden. Da diese klimatischen Verhältnisse aber oft in sehr kurzen Entfernungen wechseln, so ist nicht sowol die Ent= fernung als die Höhe und Abdachung des Landes nach einer Himmels= gegend maßgebend. Man findet häufig hochliegende Flächen, wo die in dem kaum 1 Stunde entfernten warmen Thalgrunde gezogenen Obstbäume nicht gedeihen wollen. Bei Berücksichtigung dieser Verhältnisse hat man jedoch immer der bessern Lage den Vorzug zu geben, denn junge Pflanzen bedürfen mehr Schutz, als wenn sie schon erstarkt sind, und es wäre jeden= falls ein starker Fehlgriff, wenn man geradezu eine vorzugsweise rauhe, ungünstige Lage für die Baumschule aussuchen wollte, wie es aus wohl= meinender Absicht mit Staatsbaumschulen häufig genug geschehen ist. Man würde in diesem Falle stets mit wenig Vortheil, vielleicht gar mit Verlust arbeiten und dabei keineswegs die gute Absicht erreichen.

5. Die beste Lage für eine Obstbaumschule ist eine freie, der Luft und Sonne vollständig zugängliche ebene Fläche, oder ein sanfter Abhang. Oestliche und westliche Abhänge sind nicht gerade schlecht zu nennen, wenn

an letztern Orten die Stürme nicht zu heftig wehen. Nördliche Abhänge dagegen sind meist unzweckmäßig, weil hier die jungen Pflanzen langsam wachsen und leicht moosig werden. Doch giebt es auch hierbei Ausnahmen, denn in milden Gegenden können schwache Abhänge nach Norden, wenn sie sonst der Sonne ausgesetzt sind, noch ganz gute Lagen für Obstbaumschulen abgeben. Die Hauptsache bleibt immer, daß die Baumschule frei und sonnig liegt. Baumschulen in sehr geschützten Lagen, z. B. zwischen Ge= bäuden, hohen Mauern, in tiefen, geschlossenen Thälern oder mitten im Walde anzulegen, ist immer verwerflich, denn die hier gezogenen, sehr üppig gewachsenen Stämmchen können in Zukunft einen freien Standort nicht vertragen, kränkeln Jahre lang oder fortwährend und gehen unter un= günstigen Verhältnissen ganz zu Grunde. Wer Bäume zu seinem eignen Bedarf zieht und dieselben so verzärtelt, daß sie der Rauheit des Klima's nicht gewachsen sind, thut sich selbst den größten Schaden. Aber auch jeder Baumschulenbesitzer, welcher ein Gewerbe aus der Baumzucht macht, ist es seinen Abnehmern schuldig, nur solche Bäume zu liefern, welche in der Gegend gedeihen können. Dies gilt noch mehr von den Gemeinde= oder Staatsbaumschulen. Sehr ungünstig sind ferner wasserreiche Niederungen, denn hier können selbst auf entwässertem Boden nie gesunde Bäume ge= zogen werden. Wo freilich ganze Landstriche solcher Art vorkommen, müssen auch in solcher Lage Bäume gezogen werden, nur wähle man dann wo möglich kleine Erhöhungen.

6. Dies sind jedoch nur allgemeine Bestimmungen, die manche Aus= nahmen erleiden, wenn es sich nicht blos um die Erziehung hochstämmiger Bäume für freie Pflanzungen, sondern auch um feines Zwerg= und Spalier= obst handelt. Für dieses letztere ist eine etwas geschützte warme Lage ganz zweckmäßig, und eine nur für solche Stämme bestimmte Baumschule mag daher immerhin durch Mauern, Gebäude u. s. w. geschützt sein. Wer dem= nach die Anzucht der Bäume im Großen betreibt, thut wohl, zwei ver= schieden gelegene Grundstücke zu bewirthschaften, ein freiliegendes für Hoch= stämme und ein geschütztes, wärmeres für feinere Obstbäume. In dem letztern findet auch die Saatschule, worin die Bäumchen bis zum zweiten oder dritten Lebensjahre stehen, und die Abtheilung zur Anzucht durch Ableger und Stecklinge einen passenden Platz. Kann in einem zusammen= hängenden Grundstücke Beides vereinigt werden, so ist es natürlich um so besser.

7. Bei der Lage kommt auch die Abdachung des Bodens in Betracht. Derselbe darf durchaus keine starke Neigung haben, denn abgesehen von der schwierigen Bearbeitung ist an steilen Abhängen auch die Wurzelver=

theilung meist ungleich, was später bei dem Pflanzen nachtheilig wird. Steile Abhänge müssen daher in mehrere ebene Flächen verwandelt, also terrassirt werden, was jedoch so viel als möglich zu vermeiden ist. Eine wesentliche Bedingung ist ferner, daß sich neben den Baum= schulen keine hohen Raine, Terrassen u. s. w. befinden, von welchen der Schnee massenweise in die Baumschule geweht werden kann. Liegt das Grundstück tiefer als das umgebende Land, so wird der Schnee hinein= getrieben, wodurch oft eine große Menge von Stämmen abgebrochen und den Hasen Zugang gestattet wird. Ist die Baumschule den Schneewehen besonders ausgesetzt, so muß sie durch starke, immergrüne Hecken dagegen geschützt werden.

2. Boden und Düngung.

8. Wenn man die Wahl hat, so wähle man einen guten, eher schweren als leichten Boden, also guten Weizenboden, welcher mindestens 2 Fuß tief von gleicher Beschaffenheit ist. Sandiger Lehm ist jeder andern Bodenart vorzuziehen, denn darin wachsen alle Bäume kräftig, ohne sich zu über= treiben und geil aufzuwachsen. Solcher Boden ist indessen bekanntlich nicht überall zu haben. Im Nothfall muß daher jeder Boden gut sein und er wird es um so mehr, je mehr Aehnlichkeit er mit der in der ganzen Gegend vorherrschenden Bodenart hat. Es ist stets gut, wenn die Bäume wieder den Boden finden, in welchem sie aufgewachsen sind, denn sie erleiden dann nur geringe Störung. Namentlich wollen die in sehr sandigem, leichtem Boden gewachsenen Bäume in schwerem Boden nicht fortwachsen, und stehen erst lange Jahre, ehe sie sich recht bewurzeln; dagegen wachsen die in etwas schwererem Boden gezogenen Bäume in allen leichteren Bodenarten vor= trefflich, und darum wird milder Lehm als der vorzüglichste genannt. Nur eigentlicher Torf= oder Moorboden, der fast nur aus Humus besteht, ist, obgleich die Bäume oft gut darin wachsen, als untauglich zu betrachten. Dies ist in noch höherem Grade mit eisenschüssigem Thon, dem oft schäd= lichen Bestandtheile beigemischt sind, der Fall. Endlich ist der reine Sand= boden ein höchst ungünstiger. Solcher dem Baumwuchs ungünstiger Boden kann indessen verbessert werden, was freilich mit großen Kosten verknüpft und nur im Kleinen ausführbar ist. *) Wir sind indessen Beispiele genug

---

*) Es kann hier nicht auf die einzelnen Bodenarten und deren Verbesserung (Melioration) eingegangen werden, und ich verweise den mit diesen Dingen noch nicht hinlänglich bekannten Leser auf das letzte Bändchen der ersten Auflage dieser Bibliothek, welches Boden= und Düngerkunde enthält.

bekannt, wo auch in unfruchtbarem Sand= und strengem Thonboden gute Obstbäume mit Vortheil gezogen werden. Ist der Boden einer Baumschule nur zum Theil sandig, kiesig, merglig oder sehr kalkig, so bepflanzt man diese Strecke vorzugsweise mit Stein= und Schalenobst, welches in solchem Boden besser gedeiht als Kernobst.

Wenn der Boden sonst gut ist, so kommt es nicht darauf an, ob er etwas mehr Thon=, Kalk= oder Sandtheile enthält, denn dies hat auf das Gedeihen der Obstbäume keinen wesentlichen Einfluß. Man braucht es daher mit der Untersuchung der Bestandtheile eben nicht ängstlich zu nehmen, wenn man nur weiß, daß die Erde zum Feld= und Gartenbau gut ist. 9. Wichtiger ist es, zu wissen, wie tief die Erde gut und wie der Unter=grund beschaffen ist, denn selbst wenn die Erde 3 Fuß tief gut ist, übt der Untergrund seinen Einfluß. Es handelt sich jedoch hier nur darum, ob der=selbe durchlassend oder unburchlassend ist, weil die Wurzeln der Schul=bäume in den Untergrund selbst nicht eindringen. Nur an solchen Stellen, wo Sorten und Mutterbäume, welche für immer an demselben Platze bleiben, angepflanzt werden sollen, ist der Untergrund in Bezug auf seine Bestand=theile nicht gleichgiltig. Der Boden sollte wo möglich nicht unter 2 Fuß tief gut sein. Man hat aber auch Baumschulen mit nur 10 Zoll lockerem Boden, wie die zu einem gewissen Ruf gelangte Baumschule von Schamal in Jung=Bunzlau; aber man erzieht dort vorzugsweise nur Wildlinge und jüngere Bäume, und giebt sie noch klein ab.*)

Es ist eine Hauptbedingung, daß der Boden das Wasser durchläßt, denn in nassem Boden können nie gesunde Obstbäume erzogen und Baum=schulen mit Gewinn bewirthschaftet werden. Ist dies nicht der Fall, so muß er entwässert werden, was am besten durch Drainirung geschieht. Das in den Gärten noch wenig gebräuchliche Drainiren hat sich auch in den Baumschulen so ungemein wirksam bewiesen, daß alle Grundstücke mit schwerem Thonboden und alle im Winter und Frühjahr nassen Baumschulen drainirt werden sollten. In drainirtem Boden werden die Stämme um mindestens ein Jahr früher verpflanzbar; also erhöht sich der Ertrag, wenn man eine siebenjährige oder sechsjährige Erziehungszeit annimmt, um $1/7$ oder $1/6$ des reinen Gewinnes, so daß man alle sieben Jahre ein Jahr ge=winnt, und zwar ohne die Kosten zu vermehren. Die Zinsen für das zur Entwässerung erforderliche Kapital werden durch die erleichterte Arbeit ge=deckt. Diese erleichterte Arbeit ist nicht gering anzuschlagen, weil die meisten Bodenarbeiten im Herbst, Winter und Frühjahr geschehen müssen, also bei

---

*) Monatsschrift für Pomologie 1864, Juliheft S. 210.

naffem Wetter, und in schwerem Boden nur langsam und schlecht gemacht werden, während drainirte Baumschulen zu jeder Zeit bearbeitet werden können. *)

Was die Nährkraft des Bodens anbelangt, so ist endlich die von mir und Andern längst ausgesprochene Ansicht, daß der beste Boden, wenn er nicht gerade überdüngt ist, nicht zu gut für Baumschulen sei, allgemein zur Geltung gekommen. Einige Theoretiker und Schriftsteller haben früher mit der besten Absicht die umgekehrte Meinung verbreitet, nämlich: daß ein Obstbaum, um späterhin in jeder Bodenart zu gedeihen, in schlechtem Boden erzogen werden müsse, indem sie voraussetzten, daß der Ueber= gang von schlechter Kost in gute von den besten Folgen sein müsse. Die Erfahrung hat aber diese Theorie völlig über den Haufen geworfen, denn es ist durch zahlreiche Beispiele erwiesen, daß die in einem reichen Boden erzogenen Bäume, vermöge ihrer reichen Bewurzelung und kräftigen Ausbildung aller Theile, auch wenn sie in einen schlechtern Boden versetzt werden, viel besser gedeihen als die in schlechter Erde kärglich erzogenen, wenig bewurzelten Schwächlinge. Dagegen machen die in kärglichem Boden erzogenen und in bessern Boden versetzten Obstbäume gar nicht solche Fort= schritte, als man erwartet hatte.

3. Düngung.

10. Aus den obigen Bemerkungen geht hervor, daß der Boden zu einer Baumschule, wenn er nicht von ausgezeichneter Güte ist, gedüngt werden muß, bevor die Bäumchen gepflanzt werden. Bei gutem, schon zum Feld= oder Gartenbau benutztem Boden erscheint mir eine besondere Düngung bei der ersten Anlage unnöthig; nachdem aber Obstbäume 7 Jahre darauf ge= standen haben, ist jedenfalls eine Düngung nöthig. Es hängt übrigens lediglich von der Güte des Bodens ab, wie oft gedüngt werden soll. — Zu Wallnuß= und Kirschbäumen düngt man den Boden nicht gern, weil erstere, wenn sie zu geil wachsen, leicht erfrieren, Kirschen aber jung die Anlage zum Harzfluß (Gummifluß) bekommen.

Leichter, wenig kräftiger Boden, z. B. Sandboden, der nur wenige lösliche mineralische Stoffe enthält, bedarf natürlich einer viel öftern Düngung als nahrhafter Lehmboden, und es ist, wo es ohne zu große Kosten geschehen kann, immer vorzuziehen, solchen Boden durch Beimischung von lehmigen Erdarten auf die Dauer zu verbessern. So lange man sieht, daß die Bäume kräftig treiben, erscheint jedenfalls eine Düngung unnöthig, denn obschon

---

*) Zum Drainiren enthält mein Buch „Der praktische Gemüsegärtner", Bd. 1, ausführliche Anleitung.

die Bäume nicht hungrig erzogen werden sollen, so dürfen sie doch keines=
wegs durch überreiche Düngung zu geilem Aufwachsen gereizt werden, wie
es hier und da in Baumschulen, welche blos zum Erwerb betrieben werden,
geschieht, um schnell schön aussehende Stämme zu bekommen. Solche
Bäume sind jedenfalls wenig tauglich, und diese Erfahrung hat die oben er=
wähnte falsche Theorie der kärglichen Erziehung hervorgerufen. So lange
die Bäume in der Schule stehen, ist eine Düngung nur in kärglichem Boden
nöthig. Ist aber ein Land abgeleert, so wird es reichlich gedüngt, bevor es
wieder bepflanzt wird. Es ist jedoch, wie wir in der Folge sehen werden,
von großem Nutzen, wenn die leeren Felder einige Jahre mit Gemüse be=
baut werden, bevor man sie wieder mit Bäumen bepflanzt. Ich nehme hier,
wie man leicht erkennen wird, auf die in vielen Baumschulen noch gebräuch=
liche Gewohnheit, das Land nie ganz zu leeren und stets junge Stämmchen
an die leeren Stellen zu pflanzen, gar keine Rücksicht, da dieser Gebrauch
aus vielen Ursachen ganz verwerflich ist.

Es hängt ganz von der Bodenbeschaffenheit ab, welcher Art von
Dünger der Vorzug zu geben ist. Man befolgt hierbei die für den Feld=
und Gartenbau allgemein giltigen Regeln, von denen später besonders die
Rede sein wird. Je nachhaltiger der Dünger wirkt, desto mehr verdient er
den Vorzug, besonders in gutem Boden, worin die Pflanzen für die erste
Zeit Nahrung genug finden. Zur Hauptdüngung wähle man vorzugsweise
guten Stallmist von Rindvieh, und zwar in schwerem Boden von strohiger
Beschaffenheit, weil solcher die Erde locker und warm macht. In sehr schwe=
rem Boden dürfte aus demselben Grunde Pferdemist vorzuziehen sein. Kann
man neben dem Stallmist noch Lederabfälle, zerkleinerte Knochen, Hornab=
fälle, wollene Lumpen und andere nachhaltige Düngerarten anwenden, so ist
es um so besser. Auf magerem, erschöpftem Boden können von Zeit zu Zeit
schnellwirkende Dünger angewendet werden, die man zu passender Zeit um
die Wurzeln der Bäume streut, oder leicht unterhackt, oder auch flüssig ver=
wendet. So Komposterde, Straßenkehricht, Düngesalz, Ruß, Asche, Würfel=
salpeter, Guano, Knochenmehl, Poudrette u. s. w. und in flüssigem Zustande
Mistjauche, Gülle. Will man in einem an Humus sehr reichen, aber an
mineralischen Bestandtheilen armen Boden Bäume ziehen, so ist ein vor=
hergehendes starkes Kalken und Düngen mit Asche sehr zu empfehlen. Die
Düngung während der Betriebszeit wird beim Behacken und Umgraben
vorgenommen. Hat man Mist genug, so bedeckt man im Sommer den Boden
2 Zoll hoch, was noch andern Nutzen hat, indem dadurch das Austrocknen
verhindert und das Unkraut unterdrückt wird.

Zweiter Abschnitt.

Einrichtung, Bewirthschaftung und Anlage der Baumschule.

1. Einrichtung und Bewirthschaftung.

11. Ehe von der Anlegung selbst die Rede sein kann, muß die Art der Bewirthschaftung festgestellt sein. Kleine Baumschulen, die nur für den Bedarf des Grundbesitzers bestimmt sind, übergehe ich, da man aus dem Großen leicht auf das Kleine schließen und dieselbe Einrichtung treffen kann, indem man einen kleinern Maßstab anwendet. Hier werden die Felder zu einzelnen Beeten, die Reihen zu einzelnen Stämmen.

Die Bewirthschaftung muß nach einem bestimmten Plane betrieben werden, von dem nur in seltenen Ausnahmen abgewichen werden darf. Früher pflanzte man das zu einer Baumschule bestimmte Land ganz voll, theilte die Felder und Reihen ein und ergänzte stets die Lücken durch da= zwischen gepflanzte Wildlinge. Um der Bodenerschöpfung zu begegnen, wurde von Zeit zu Zeit Dünger zwischen die Reihen getragen und ein= gegraben. So waren früher alle Baumschulen, so sind es gegenwärtig noch die meisten. Während beim Feldbau schon seit undenklichen Zeiten ein ver= nünftiger Fruchtwechsel eingeführt wurde, blieb man im Gartenbau beim Alten, in der Meinung, durch Düngung sei Alles möglich zu machen.

Aber so darf in Zukunft die Baumzucht nicht mehr betrieben werden. Wer nicht so viel Land hat, um ein abgeräumtes Stück wenigstens ein Jahr ruhen zu lassen, sollte den Baumschulenbetrieb ganz aufgeben. Die Grund= lage einer guten Baumschulenwirthschaft ist daher vollständiges Ab= räumen der Ländereien, worauf Obststämmchen bis zur Ver= pflanzungsstärke gezogen worden sind, und nachher eine zwei= oder dreijährige Brache, während welcher das Land mit anderen Pflanzen bebaut, dabei gedüngt und fleißig bearbeitet wird.

Die Vortheile eines solchen Betriebes sind sehr groß, die so erzogenen Bäume wachsen viel gleichmäßiger und schöner und werden im Durchschnitt um ein Jahr früher verpflanzbar als auf Boden, wo schon seit einer Reihe von Jahren Obstbäume gepflanzt worden sind. Dieser Vortheil gleicht somit den Verlust an der Stammzahl, welcher durch einen durch Zwischen= kulturen verkleinerten Raum entstehen könnte, mindestens aus, und man hat noch nebenbei den Zwischennutzen von Gemüse, Feld= oder Handelspflanzen.

12. Bei der Eintheilung der Baumschule muß zunächst ein Platz für die Saat= und Pflanzschule, worin die Obstbäumchen die ersten Lebensjahre zubringen, bestimmt werden. Hier werden nicht allein Wildlinge aus Samen durch Stecklinge und Ableger gezogen, sondern auch sämmtliche Obstarten, die keiner Veredlung unterworfen werden, namentlich Beeren= sträucher. Hierzu muß der beste Boden in der wärmsten, am meisten ge= schützten Lage, wo möglich nicht zu entfernt vom Wasser, ausgesucht werden. Hat man Gelegenheit, hierzu einen besondern Garten in geschützter Lage mit lockerem Boden einzurichten, so ist es um so besser, weil dann die Saatschule bei der Bewirthschaftung des Bodens für Hochstämme nicht stört. Wird sie aber mit der Baumschule verbunden, so muß ein Stück Land an einer der Seiten des Gartens, jedoch nicht nach Norden, dazu bestimmt werden, damit die ganze Eintheilung planmäßig sein kann.

13. Auf gleiche Weise wird ein besonderer Platz für die sogenannten Zwergobstbäume zu Spalier= und andern Schnittbäumen bestimmt, da diese in Folge einer kürzern Erziehungsdauer nicht in den Wirthschaftsplan für Hochstämme passen. Auch für diese kann, wie ich schon unter 6. erwähnte, ein besonderes Grundstück in besonderer Lage bestimmt werden.

14. Der für Zwergobst bestimmte Theil der Baumschule wird in 4 Felder von gleicher Größe getheilt, wovon in jedem Jahr eins bepflanzt wird. In demselben Jahre, wo das vierte bepflanzt wird, muß das zuerst bepflanzte so weit gelichtet sein, daß es geräumt werden kann. Die etwa zurückbleibenden Schwächlinge haben keinen großen Werth und können auf ein Beet besonders gepflanzt werden. Befaßt sich ein Baumgärtner mit der Anzucht von Formbäumen, d. h. mit bereits zur Spalier= oder Pyramiden= form ec. gezogenen Obstbäumen, so pflanzt man die dazu am besten geeigneten Stämmchen besonders in Reihen. Richtet man in der Baumschule breite Rabatten ein, so können hier an den Wegen entlang die Formbäume ge= pflanzt und gezogen werden. Das abgeräumte Land wird nun den Sommer über mit Hackfrucht bebaut und im folgenden Jahre wieder mit Wildlingen oder frisch veredelten Stämmchen besetzt. Es genügt nach einer nur vier= jährigen Baumkultur ein Jahr Brache vollkommen. Ist der Boden gut,

so können bei mangelndem Platz nach vorhergehender Düngung auch zwei=
mal hinter einander solche Zwergobstbäume gezogen werden.

Endlich muß in einer wohleingerichteten Baumschule ein besonderer
Platz für die nicht allgemein angepflanzten und in großer Masse gezogenen
Fruchtarten, als Wallnußbäume, eßbare Kastanien, Mispeln u. s. w., be=
stimmt werden. Beerensträucher, Reben u. a. m., deren Erziehungsdauer
nur 2—3 Jahre währt, lassen sich zweckmäßig mit der Baumschule für
Zwergobst oder mit der Saatschule vereinigen.

15. Die Hauptfläche des Landes wird zu Hochstämmen bestimmt und
in folgender Weise eingetheilt. Man theilt das Grundstück in 8 oder
10 Felder oder Schläge von gleicher Größe, die am besten durch Wege von
einander geschieden werden. Jedes Jahr wird ein solches Feld mit
Wildlingen oder frisch veredelten Stämmchen bepflanzt und
ein Feld völlig abgeräumt. Die bei dem Abräumen zurückgebliebenen,
noch zu schwachen Bäumchen läßt man noch ein Jahr stehen, während man
das Land dazwischen schon mit Gemüse bebaut, denn sie kommen durch das
Herausnehmen und Wiederpflanzen um 2 Jahre zurück, während sie stehen
bleibend schon im folgenden Jahre pflanzbar sind. In jeder Baumschule
kommen einzelne, in solchen mit schlechtem Boden sogar viele Bäumchen vor,
welche kein rechtes Wachsthum zeigen, die keine langen Triebe, dagegen
schon klein Fruchtholz bilden. Mit diesen wartet man nicht bis zum Ab=
räumen des Baumschulenfeldes, sondern schneidet sie etwa 6 Zoll über der
Veredlungsstelle ab, und sorgt durch flüssige Düngung, daß die neu sich
bildenden Triebe üppig wachsen können. Von den sich bildenden Trieben
wird der stärkere oder am besten stehende beibehalten und an dem oben
bleibenden Zapfen locker angebunden. Diesen Zapfen kann man schon im
Juli abschneiden. Ist der neue Trieb $1\frac{1}{2}$ Fuß hoch, so wird er, falls die
Obstart oder Sorte zur Pyramide geeignet ist, entspitzt, damit sich Seiten=
triebe bilden, außerdem gehen gelassen. Wäre dieses rechtzeitige Zurück=
schneiden (1—2 Jahr vor dem Abräumen des Feldes) versäumt worden, so
verpflanzt man beim Abräumen der Bäume diese Krüppel auf recht guten
Boden, ohne sie zu schneiden, und schneidet sie erst nach dem Anwurzeln im
folgenden Jahre zurück. Manche Baumzüchter veredeln auf das schwach=
wüchsige Edelstämmchen eine andere Sorte, und zuweilen glückt es wohl, daß
diese einen besseren Trieb zeigt.

Die Baumschule auf einmal anzupflanzen, wie es wol zuweilen unüber=
legter Weise geschieht, ist aus vielen Gründen nicht anzurathen, denn erstens
gehört dazu eine ungeheure Masse von Wildlingen, zweitens werden die
sämmtlichen Bäume dann auf einmal verpflanzbar und können nicht abgesetzt

werden. Etwas Anderes ist es, wenn ein großer Grundbesitzer bedeutende Obstpflanzungen auf einmal anzulegen beabsichtigt und die Bäume dazu selbst erziehen will. Hat man über einen im Verhältniß zu der anzu= ziehenden Stammzahl großen Raum zu verfügen, so ist es am besten, 10 Felder und eine siebenjährige Erziehungsperiode anzunehmen, wie Lucas für die Gemeindebaumschulen (in der Schrift gleichen Titels) vorschreibt. Wenn der Boden nicht vortrefflich und die Lage nicht warm ist, so gehen bei der Erziehung eines Kernobst=Hochstammes mit Zurückschnitt (§. 12. Abschnitt), von der Anpflanzung des zweijährigen Kernobstwildlings an, meistens sieben Jahre hin, ehe die Mehrzahl der Stämme die Verpflanzungsstärke erreicht. Steinobst, besonders Kirschen, können in geeignetem Boden allerdings meist schon im dritten oder vierten Jahre nach der Pflanzung abgegeben werden, ebenso Wallnußbäume. Diese passen also nicht in das Stück für Kernobst und würden den regelmäßigen Betrieb stören. In besonders geeignetem, namentlich drainirtem Boden sind auch viele Kernobstbäume schon im fünften Jahre ver= pflanzbar; aber es ist gut, die Umtriebsperiode nicht zu kurz anzunehmen, weil ungünstige Umstände verschiedener Art die vollständige Räumung eines Feldes verzögern können. Kommt ein Feld früher zum Abräumen, um so besser. Auf diese Weise kann das abgeräumte Land in der Regel 3 Jahre lang mit andern Pflanzen bebaut und dabei gedüngt werden, so daß es nach dieser Zeit wieder auf das Beste zur Erziehung schöner Obstbäume geeignet ist. Ist der Raum beschränkt, so genügen auf nährkräftigem, lehmigem Boden allenfalls auch zwei Jahre Ruhezeit, und man würde dann die Baumschule in 9 Felder zu theilen haben. Sind die Jahre günstig, so dauert die Erziehungszeit vielleicht 6 Jahre, und dann bleiben immer 3 Jahre Ruhezeit. Bei der Einrichtung mit 8 Feldern bekommen die ab= geräumten Felder zwei, in günstigen Fällen drei Jahre Ruhe. Die nach erster Tracht leeren Felder nur ein Jahr ruhen zu lassen, möchte ich nicht gutheißen. Indessen kommen Fälle vor, wo es dennoch geschehen muß. Ich rathe, alsdann auch mit der Baumart zu wechseln, also Steinobst dahin zu bringen, wo Kernobst gestanden hat, eine Einrichtung, die überhaupt in allen Fällen sich als nützlich erweist, da bekanntlich andere Baumarten viel besser auf der Stelle gedeihen, als von derselben Art, indem die ersteren Nahrungstheile in der Erde finden, welche von der andern Baumart nicht aufgenommen werden.

16. Zum Anbau als Zwischenfrucht für die Wechselfelder eignen sich alle ein= und zweijährigen Gemüsearten, sowie Kartoffeln, Runkelrüben und andere Hackfrüchte, außerdem aber auch Mohn, Kopfklee, Gras und ein= und zweijährige Apothekerpflanzen (Löffelkraut, Kamillen, Königskerze,

Malven u. s. w.). Sehr tief wurzelnde Pflanzen sind zu vermeiden, damit
der untere Boden möglichst ausruht. Darum sind auch Luzerne und Espar=
sette nicht so gut als Kopfklee, und Runkeln, Cichorien und gelbe Futter=
rüben (Mohrrüben) nicht so gut als Kartoffeln, Bohnen, Gurken, Zwiebeln
u. s. w. Hierzu genügt ein tiefes Umgraben. Dünger ist in gutem Boden im
ersten Jahre für manche Pflanzen (z. B. Bohnen, Erbsen, Zwiebeln u. s. w.)
nicht unbedingt nöthig, da der Boden noch genug Nährkraft hat; es ist
aber immer gut, wenn etwas gedüngt wird. Im letzten Jahre vor der Be=
pflanzung muß aber stark gedüngt werden, weshalb auch Gemüsen, die viel
Dünger ertragen, der Vorzug zu geben ist. Wäre das Land sehr mit aus=
dauerndem Unkraut verunreinigt, z. B. Quecken, Feldmünze u. s. w., die,
so lange die Bäume stehen, schwer auszurotten sind, so dürfen nur solche
Pflanzen gezogen werden, die einer öftern Behackung bedürfen. Das Ge=
müse muß im letzten Jahre möglichst bald abgeräumt werden, damit das
Land noch im Spätsommer und Herbst rigolt werden kann und zur Auf=
nahme der jungen Bäumchen bereit ist. Das Rigolen ist durchaus noth=
wendig, wo gute Bäume schnell gezogen werden sollen.

17. Ich will hier noch eines ganz eigenthümlichen Baumschulenbetriebs
gedenken, der durch Metzger im Badischen eingeführt worden ist und in
Bezug auf Güte der erzogenen Bäume und Einträglichkeit unübertrefflich
dasteht, jedoch nicht überall anzuwenden ist. Bei diesem Verfahren trägt
jedes Land nur einmal Bäume und wird darauf dem Feldbau wieder über=
geben. Die Baumschulen sind daher an keinen bestimmten Ort gebunden,
weshalb ich sie Wanderbaumschulen nenne. Ich lasse hier im Auszuge
einen Bericht von E. Lucas folgen, welcher einen klaren Begriff von diesem
vortrefflichen, nachahmungswerthen Baumschulenbetriebe giebt. Es heißt
darin: „Das Land wird auf fünf Jahre gepachtet, und zwar in der Regel
ein gutes Kleefeld oder sonst ein in bestem Kulturzustande befindliches kräf=
tiges Feld. Statt des Pachtgeldes erhält der Bauer von jedem Baume, der
von seinem Lande verkauft wird, zwei Kreuzer, muß aber dafür noch außer=
dem Dünger wie zum Hackfruchtbau darauf bringen. Im Oktober und
November wird das Land 1½ Fuß tief rigolt, der Dünger in die Tiefe
gebracht und zugleich beim Rigolen in zwei Fuß von einander entfernte
Reihen (die Rigolgräben werden nur so breit gemacht) die Bäume (Wild=
linge) eingepflanzt. Hierdurch wird der große Vortheil erreicht, daß die
Bäume enger als gewöhnlich (nämlich nur einen Fuß von einander) ge=
pflanzt werden können, daß die Kosten der Pflanzung größtentheils erspart
werden und das Land durchaus locker erhalten wird. — Im folgenden
Sommer werden sämmtliche Stämmchen — es werden nur ganz ausge=

zeichnete, sowol gehörig bewurzelte, als auch gehörig erstarkte eingepflanzt — durch Okulation auf das schlafende Auge veredelt. Nachdem dies im August geschehen, wird zwei Wochen später nochmals nachgesehen und nach= okulirt, wenn ein Auge fehlschlug, wobei die Verbände gelüftet und auch theilweise abgenommen werden. Im folgenden Frühjahre wird der Wild= ling auf einen Zapfen kurz über dem Auge abgeschnitten und die Stämmchen bilden einen Trieb von durchschnittlich 6 — 7 Zoll Höhe. Dieser wird, wenn er, wie es bei manchen Obstforten immer vorkommt, sehr schlank und noch schwach ist, auf $\frac{1}{3}$ — $\frac{1}{2}$ seiner Länge zurückgeschnitten, ist er aber kräftig, unbeschnitten gelassen. In diesem Jahre treiben die Stämmchen fast sämmtlich zahlreiche Nebenzweige und ihr Leitzweig erreicht vollkommen die nöthige Kronenhöhe. Im nächsten oder vierten Jahre wird bei $5\frac{1}{2}$— 6 Fuß zur Kronenbildung geschritten (bei manchen Bäumen konnte dies schon ein Jahr früher geschehen), und im Herbst, Winter bis zum Frühjahre werden die Baumquartiere, die vor vier Jahren angepflanzt wurden, ge= leert. Die Baumschule ist gegen Hasenschaden durch einen leicht beweglichen Zaun geschützt, welcher aus Geflechten von Bambusrohr (spanischem Rohr?) besteht, und die durch eingesteckte Pfähle gehalten und verbunden werden" u. s. w.

2. Verfahren bei der Anlage und Umfriedigung.

18. Das zu einer Baumschule bestimmte Land muß vorher 2 Fuß oder mindestens $1\frac{1}{2}$ Fuß tief rigolt werden, mag es bereits kultivirt sein oder nicht. Eine Verminderung dieser Tiefe kann nur dann stattfinden, wenn die Erde tiefer hinab zu schlecht ist. In diesem Falle können (und müssen zuweilen) zwar Bäume gezogen werden, allein an einen vortheilhaften Baumschulenbetrieb im Großen ist nicht zu denken. Sollte die fruchtbare Erdschicht vielleicht nur einen Spatenstich tief sein, so muß der Boden er= höht werden, was natürlich nur mit großen Kosten geschehen kann, weshalb unter solchen Verhältnissen von großen Baumschulen nicht die Rede sein kann. Ist der Untergrund nicht geradezu Kies, Felsen oder zäher Letten, so kann beim Rigolen, um mehr Tiefe zu gewinnen, immerhin etwas davon obenauf gebracht werden, denn auch die unfruchtbarste Erde wird durch Berührung mit der Luft nach und nach gut. Steine werden beim Rigolen, so gut es geht, herausgelesen, denn obgleich sie dem Baumwuchs nicht schaden, so werden sie doch bei der Bearbeitung lästig, und man verdirbt in steinigem Boden viele Werkzeuge. Bedarf der Boden Dünger, so wird dieser beim Rigolen unten hinein gebracht, wenn der Boden schon kultivirt oder von Natur gut und locker ist; ist er aber noch sehr roh, so muß, um

das Gedeihen der jungen Bäumchen zu sichern, noch in die obere Schicht
Dünger (am besten Komposterde oder andere schnellwirkende Düngmittel)
gebracht werden. Soll Grasland zu einer Baumschule benutzt werden, so ist
es gut, wenn der Rasen geschält und gebrannt wird, oder wenn man ihn vor
Winter auf Haufen setzt und mit Kalk vermischt. Sollen die jungen Bäume
nicht sogleich gepflanzt werden, so wird das Land im Frühjahr gut gedüngt,
tief gegraben und mit Kartoffeln bepflanzt, im Sommer aber wenigstens
zweimal gehackt. Das Rigolen geschieht dann erst im Herbst und die Be=
pflanzung im künftigen Frühjahre. Daß man auch sogleich beim Rigolen
die jungen Stämme pflanzen kann, geht aus dem unter 17. gegebenen Be=
richte über Wanderbaumschulen hervor. Die Beete für Obstsämlinge dürfen
nicht rigolt, sondern blos tief gegraben werden. In sehr schwerem Boden
ist es unzweckmäßig, bei der Anlage der Baumschule die untere rohe Boden=
schicht oben auf, die schwache kultivirte Schicht unten in den Graben zu
bringen, wie es beim Rigolen eigentlich sein muß, denn sonst wachsen die
jungen Stämmchen so lange kümmerlich, bis die Wurzeln den guten Boden
erreicht haben. Man macht in diesem Falle die Gräben nur spatenstichtief
und hackt oder gräbt die untere Schicht nur auf, wobei man sie mit Dünger,
Laub, Holzerde 2c. vermischt. Nach dem Abräumen der Schläge ist dann
der untere Boden schon verbessert.

19. Man macht nicht mehr Wege, als nöthig sind, und es kommt
auf die Breite des Grundstücks an, ob die Baumschule von einem Mittel=
wege durchschnitten werden soll, wie es meist der Fall ist. Da aber sehr
lange Beete und Reihen unbequem und zeitraubend sind, so sollten die
Felder nicht über 50—60 Fuß breit gemacht werden, welche Länge dann
auch die Reihen bekommen. Die Wege werden nicht über 4—5 Fuß breit
gemacht. In einer großen Baumschule würde ich aber den Hauptweg
wenigstens 8 Fuß breit, noch lieber fahrbar machen, um Dünger, Erde 2c.
anfahren und Bäume abfahren zu können. Auch ist ein derartiger
offener Zwischenraum gut für die Bäume, indem Luft und Sonne eher
Zugang finden. Die Wege werden auf die bekannte Weise mit gro=
bem Kies, Bauschutt u. s. w. angelegt und mit Kies, Steinkohlenabfällen
oder Sand dünn überzogen, auf welche Art sie stets trocken bleiben.
Rasenwege sind schön, das Reinigen fällt weg, und sie geben im Juni auch
eine Heuernte, aber sie haben den Nachtheil, daß sie den Schnecken, Enger=
lingen sowie anderem Ungeziefer zum Aufenthalt dienen, und daß man
Vormittags immer nasses Schuhwerk bekommt. Ich will sie daher weder
empfehlen noch für schlecht erklären. Zweckmäßig sind ferner Wege, welche

mit alter Gerberlohe überschüttet sind, worauf kein Unkraut wächst, und die sich immer trocken halten.

20. Die Art der Umfriedigung richtet sich nach anderen Umständen, nämlich 1) ob Hasen oder Kaninchen in der Gegend sind oder nicht; 2) ob die Baumschule stets auf demselben Lande bleibt, oder ob sie, wie unter 17. beschrieben wurde, nach Abräumen eines Feldes ganz verlegt wird. Wo kein Wild ist, verdienen jedenfalls gute, 4 Fuß hohe Hecken von Weißdorn den Vorzug vor jeder andern Umfriedigung, da sie die schönste Umzäunung bilden, und die Unterhaltung, wenn die Hecke gut behandelt wurde, kaum zu rechnen ist. Sie schützen am besten gegen größere Eindringlinge und Schneewehen, und geben überdies Gelegenheit, die Raupennester, welche gewöhnlich zahlreich darauf vorkommen, von den Obstbäumen abzuziehen und leicht zu zerstören. Sind aber Hasen und Kaninchen zu fürchten, so gewährt nur der Pfahl- oder Lattenzaun genügende Sicherheit. Die von Lucas empfohlenen Umfriedigungen von beweglichen Dornenhürden, welche nach Art der Schäferhürden (Hurden) eingerichtet und befestigt werden, aber mit Dornen dicht durchflochten sind, eignen sich besonders für abwech= selnd auf verschiedenen Feldern betriebene Baumschulen. Sie sollen das Wild abhalten, und könnten allerdings zu diesem Zwecke dicht genug ge= macht werden, wenn nicht zu fürchten wäre, daß gelegentlich morsche Dornen und Reiser herausfallen oder von armen Leuten zum Verbrennen geholt werden, was wenigstens hier im Winter sehr gewöhnlich ist. Wird eine solche Lücke nicht sogleich bemerkt, so kann in kurzer Zeit großer Wild= schaden geschehen. Auch sind die Dornen in vielen Gegenden selten und theuer, so daß man billiger eine zierlich aussehende Umfriedigung von dünnen Stangen herstellen kann, die mehrere Dornenzäune aushält. Man kann auch die von Bohnenstangen gefertigten Zäune so einrichten, daß sie aus einzelnen 10—12 Fuß langen Theilen bestehen, welche an Pfählen befestigt werden, also leicht verlegbar sind.

Da die Baumschule nicht auf einmal angelegt wird, so braucht, wenn eine bewegliche Umfriedigung angewendet wird, anfangs nur das angepflanzte Stück umzäunt zu werden. Umgiebt man aber das ganze Grundstück mit einer Hecke, so muß diese sogleich ganz angepflanzt und, bis sie verwachsen ist, mit einem beweglichen oder vorläufigen Zaun umgeben werden. — Mauern dürften eine Baumschule aus den unter 1. angeführten Gründen höchstens von zwei Seiten einschließen; ebenso Breterwände (Planken).

Dritter Abschnitt.

~~~~~~~~~

Die Wildlinge oder Veredlungsunterlagen.

21. Da nur einige Obstarten wurzelecht gezogen werden können, so müssen sie künstlich auf andere geimpft oder veredelt werden, und hierzu bedarf es sogenannter Wildlinge oder Veredlungsunterlagen. Das Wort Wildling ist insofern nicht ganz passend, weil häufig Obstarten zur Unterlage dienen, welche auch unveredelt zum Genuß der Früchte schätzbar sind.

Bei der Wahl der Unterlagen entscheidet die natürliche Verwandtschaft und Erfahrung über das Gedeihen der Edlinge auf denselben. Außer den durch lange Erfahrung bewährten suchen die Baumzüchter immer nach neuen Unterlagen, sei es, weil sie sich leichter anziehen lassen, oder weil man sich davon besondere Vortheile in Bezug auf Bodenverhältnisse, Stärke des Wuchses, reichliche Tragbarkeit u. s. w. verspricht. Besonders strebt man nach Unterlagen für schwachwachsende in künstlicher Form gezogene Bäume. Man kann zwar nicht sagen, daß ein Bedürfniß nach neuen Unterlagen vorhanden ist; indessen Versuche sind immerhin zu empfehlen, da neue Unterlagen unter gewissen Verhältnissen bessere Dienste leisten könnten als die vorhandenen.

Man erzieht die Wildlinge aus Samen, Wurzelausläufern, durch Ableger und Stecklinge. Die aus Samen erzogenen Obstgehölze oder Kernwildlinge haben ein kräftigeres Wurzelvermögen, stärkeren Wuchs und eine längere Lebensdauer, als die ungeschlechtlich durch Ausläufer u. s. w. angezogenen Unterlagen, während diese früher fruchtbar werden. Die Eigenschaften der Unterlage theilen sich dem Edling zum Theil mit.

Ueber weitere Beziehungen auf den Abschnitt über die Veredlung verweisend, gehe ich nun zu den einzelnen Unterlagen über.

Kernobstwildlinge.

22. Der Apfelbaum. Die allgemein zu benutzende Unterlage für
Hochstämme bildet der Apfel=Kernwildling. Er giebt kräftige, gesunde
Bäume von langer Lebensdauer, welche in jedem Boden fortkommen. Die
besten Wildlinge erhält man von den besseren, nicht ganz kleinfrüchtigen
Holzäpfeln und von Wirthschaftsäpfeln; das sind solche, welche, ohne be=
sonders fein zu sein, doch zu gewöhnlichen Zwecken, namentlich auch zu
Most (Apfelwein und Essig), Schnitzen u. s. w. brauchbar sind. Diese
Sorten kultivirter Äpfel bilden in der Regel kräftige Bäume, welche sich
für jede Bodenart eignen und auch in rauhen Lagen gedeihen. Aus Samen
von den feineren Apfelsorten bekommt man vorzugsweise Wildlinge von
schwächerem Wuchse, welche zwar zur Veredlung insofern brauchbar sind,
als man davon Pyramiden und schwachwüchsige Hochstämme für kleine
Gärten ziehen kann, aber entbehrlich sind, weil der Splittapfel (Doucin) zu
diesem Zwecke noch brauchbarer ist. Kauft man Samen von Händlern, so
kann selten Gewißheit erlangt werden, von welchen Bäumen dieselben
stammen; da indessen von feinerem Obst selten große Massen Kerne ge=
sammelt werden, so kann man annehmen, daß die meisten von Koch= und
Mostobst, also brauchbar sind. — Wo noch Apfelbäume in den Wäldern
sind, pflanzt man auch dort entnommene Wildlinge in die Baumschule. Die=
selben sind aber meist schwach bewurzelt und im Schatten aufgewachsen,
daher wenig brauchbar.

Der sibirische Beerenapfel (Pirus o. Malus baccata), wovon man in
den Ziergärten mehrfarbige Spielarten hat, liefert schwachwüchsige Unter=
lagen für Pyramiden, Halbhochstämme und Spaliere. Er wird zwar noch
selten, aber doch hie und da angewendet, und kann den Splittapfel allenfalls
ersetzen, bildet jedoch, weil er aus Samen gezogen ist, etwas kräftiger und
weniger gedrungen gewachsene Bäume. Der Same ist aus Parkanlagen
häufig zu bekommen, meist vollkommen ausgebildet und in Menge vor=
handen.

Zu gleichem Zwecke wird wol auch der **pflaumenblättrige Apfel**
(Pirus prunifolia o. P. sibirica und tatarica), welcher ebenfalls zur Zierde
angepflanzt wird, und der **birkenblättrige Apfel** (P. betulaefolia), so=
wie der als eine Form von P. baccata betrachtete **Kirschapfel** (P. cerasifera)
mit noch kleineren Früchten dienen können.

Der **Splittapfel*)** oder **Süßling** (französisch Doucin, englisch Creeping-

---

*) Ich habe schon in der ersten Auflage nachgewiesen, daß dieser Apfel und der
folgende ganz verschieden für den Gebrauch, wenn auch wol nur Spielarten derselben

Apple, lateinisch P. Malus praecox) ist eine Abart des wilden Apfel=
baumes mit süßer, frühreifender Frucht, welcher sich durch Wurzelausläufer,
die jedoch nicht sehr häufig sind, durch Ableger und Stecklinge vermehren läßt
und fortgepflanzt wird. Die Fortpflanzung aus Kernen ist nicht gebräuchlich,
weil es keine tragbaren Bäume giebt. (Pomologische Anstalten und Staats=
baumschulen sollten immerhin von den aus Ausläufern entstehenden Wild=
lingen einen Stamm Früchte tragen lassen und die Erfolge der Aussaat
kennen zu lernen suchen. Möglicherweise könnte man eine bessere Unterlage
erhalten, die dann später ungeschlechtlich fortgepflanzt würde.)

Der Splittapfel hält im Wuchse ungefähr die Mitte zwischen dem
Kernwildling und dem folgenden Zwergapfel. Die Zweige sind mehr oder
weniger oder gar nicht dornig. Er gedeiht fast auf jedem Boden und nimmt
auch mit schlechtem fürlieb, hat ziemlich starke und tiefer als die des Zwerg=
apfels gehende Wurzeln, mit weniger Ausläufern. Man erzieht darauf
Pyramiden= und Spalierbäume für hohe Geländer, namentlich für freie Spa=

Art oder Abart sind, was in deutschen Baumschulen bis dahin (1855) ganz unbekannt
gewesen zu sein scheint, denn man kannte beide unter einander gekommene Unterlagen
nur als „Johannisstamm", und nahm die Ausläufer von beliebigen Bäumen, hatte
daher bald Splittapfel, bald echten Paradiesapfel, was natürlich auf die Kultur der
Formbäume, wo Alles auf die richtige Unterlage ankommt, einen sehr üblen Einfluß
haben mußte. Den erfahrenen Baumzüchtern war jedoch der Unterschied einer stärker
und einer schwächer wachsenden Abart bekannt, und Diel nannte die erstere holländischen, die letztere französischen Johannisstamm. Ich schlug damals (in der ersten
Auflage) vor, den wahren Zwergapfel wie die Franzosen Paradiesstamm, den eigentlichen Johannisapfel Splittapfel (ein wirklich in manchen Gegenden gebräuchliches
Wort) zu nennen, und gebrauchte Splittapfel für gleichbedeutend mit Johannisstamm.
Aber, obschon mir die meisten Autoritäten beistimmten und den Namen Splittapfel
für das französische Doucin gebrauchten, so zeigte sich wieder recht auffallend, wie stark
die Macht der Gewohnheit ist, denn dieselben Autoren gebrauchten und gebrauchen
gelegentlich immer noch Johannisstamm und Paradies in gleichem Sinne. Da nun
diese Benennung, wie es scheint, nicht auszurotten und auch in den meisten Baumschulenkatalogen angewendet ist, so will ich mich der Gewohnheit fügen und ich be-
trachte fortan die Benennung Paradies- und Johannisstamm als ganz dieselbe Sache
bezeichnend, obschon ich das Wort Johannisstamm nicht gebrauchen werde. Möchte
man zur Vermeidung des Irrthum überall dasselbe thun, wie auch in der Monatsschrift für Pomologie :c. von verschiedenen Seiten vorgeschlagen worden ist. Wir
unterscheiden also Splittapfel (Doucin) und Paradies- oder Zwergapfel.

Um beide Unterlagen rein zu bekommen, verlohnt es sich der Mühe, sie aus
Frankreich oder Holland kommen zu lassen. In Deutschland liefern die Baumschulen
des Pomologischen Instituts in Reutlingen, die Flottbecker Baumschulen bei Hamburg, von Augustin Wilhelm in Luxemburg und auch wol noch andere diese Wildlinge gegenwärtig echt.

liere, sowie Mittel=Hochstämme und hoch= und niederstämmige Kesselbäume.

Zu eigentlichen Zwergen ist der Splittapfel nicht zu gebrauchen, obschon man ihn in Deutschland leider noch hie und da aus Unkenntniß dazu be= nutzt.

Der **Paradies=** oder **Zwergapfel** (P. Malus paradisiaca, Johannis= stamm der meisten Baumschulen) unterscheidet sich von dem vorigen durch schwächeren Wuchs und nie dornige Zweige von brauner Farbe. Er liefert die Wildlinge zu eigentlichen Zwergbäumen verschiedener Form, nament= lich für Topfkultur und Schnur= oder Einfassungsbäume (cordon horizontal). Zu Pyramiden ist diese Unterlage zu schwachwüchsig, könnte aber darum gerade für kleine Gärten recht brauchbar werden. Nach Dittrich soll sich der Paradiesapfel sehr gut als Unterlage für Birnen eignen, was schon Diel erkannte, jedoch mit dem Zusatze, daß die Bäumchen darauf sehr dem Erfrieren ausgesetzt wären. Er hat viele feine, nie starke Wurzeln, welche nicht tief eindringen, und gedeiht nur in vorzüglichem, nicht trockenem Boden gut, ist aber in geringerem oder sehr trockenem Boden und in rauhen Lagen unbrauchbar. Die darauf veredelten Sorten liefern Früchte erster Güte und Größe, wozu allerdings der Schnitt viel beitragen mag. Der Paradiesapfel bildet viele Ausläufer, so daß man die Vermehrung aus Ab= legern und Stecklingen selten braucht. Es scheint (nach einer Mittheilung Oberdiecks im Illustrirten Monatshefte 1865), daß nicht alle Apfelsorten gut auf Paradiesstamm wachsen.

Der **Heckapfel** oder **Steckapfel** ist eine weniger bekannte und genau gekannte Form des wilden Süßapfelbaumes, von etwas kräftigerem Wuchs als der Splittapfel (Doucin). Wahrscheinlich ist es Pirus malus frutescens Borkh., und ich vermuthe, daß der englische Codlin-Apple oder Peping, welchen man in England unveredelt aufwachsen läßt, eine durch Kultur verbesserte Form ist, weil der Heckapfel auch in Westfalen unveredelt kultivirt wird. Er kommt in Westfalen, wol auch anderwärts wild vor, bildet viele Ausläufer und wächst sehr leicht aus Stecklingen. Derselbe ist hie und da in deutschen Baumschulen in Kultur, begnügt sich mit schlechtem Boden und liefert Pyramiden von sehr gedrungenem Wuchs und viel Fruchtholz. (Der bekannte verstorbene Obstbaumzüchter Scha= mal in Jung=Bunzlau in Böhmen hielt ihn für vortrefflich und erhielt ihn aus der Haffnerschen Baumschule in Cadolzburg bei Nürnberg.)

Der Lehrer Hausser in Hall in Württemberg beschreibt in der Monatsschrift für Pomologie ꝛc. 1858 außer diesem (?) Heckapfel, den er Steckapfel nennt, noch einen mit spät (im Dezember) reifenden Früchten, welcher keine Ausläufer bildet. Desgleichen berichtet Oberdieck (Illustr.

Monatsheft f: Pomologie 1865 S. 309) von einem „Johannisstamm‟, mit ebenfalls im Oktober reifenden sauren Früchten, der weder dem Paradiesapfel noch dem Splittapfel (Doucin) gleicht und gern Ausläufer macht. Es scheint, daß es noch verschiedene Formen des Zwergapfels giebt, die theils wild wachsen, theils aus fremden Baumschulen als Unterlage in unsere Gärten gekommen sind.

23. Birnen-Kernwildling.

Der Kernwildling aus Holz- oder Wirthschaftsbirnen liefert die allein tauglichen Unterlagen zu Hochstämmen, sowie für große Pyramiden und Spalierbäume, wozu man die schwächer treibenden Wildlinge aussucht. Diese gedeihen in jedem Boden, wenn derselbe nur tief genug ist. Im Allgemeinen gilt von dem Birnen=Kernwildling und dessen Ansaat Alles, was vom Apfelwildling gesagt wurde. Die Samen von feineren Gartenbirnen geben schwachwüchsige Unterlagen zu Formbäumen, und es wurde besonders die Nachkommenschaft der weißen Butterbirne (Beurré blanc) zu diesem Zwecke gerühmt. Der Birnsämling dient ferner zur Unterlage für die Hagebuttenbirne (Pirus Pollveria v. Bollvilleriana) und die bessern Mispelsorten. Wahrscheinlich könnte man auch gute Quittensorten darauf veredeln und so Bäumchen ziehen. Nach einer Mittheilung aus Schlesien bildet die Kopertz'sche fürstliche Tafelbirne (Bingel's Butterbirne), welche sehr leicht aus Stecklingen wächst, gute Unterlagen von mäßigem Wuchs. Man kann diese treffliche Birne also wurzelecht ziehen.

24.

Die Quitte wird in den Baumschulen mehr als Unterlage für Birnen zu Formbäumen, als um ihrer selbst willen gezogen. Als solche hat sie viele Vorzüge, ist aber nicht überall und bei allen Birnensorten anwendbar. Birnensorten, welche auf Quitten gedeihen, bringen vorzügliche Früchte, sind fruchtbar und werden schon früh (3 Jahre nach der Veredlung) tragbar. Aber die Birnen auf Quitten verlangen einen guten, warmen, etwas feuchten Boden und gedeihen in trockenen Lagen und Bodenarten höchst kümmerlich, so daß die Früchte kaum genießbar sind, und sterben bald ab. Für rauhe Gegenden eignen sie sich nicht, weil die Birnen darauf leicht erfrieren. Ist der Boden etwas besser und weniger trocken, vielleicht lehmig, so sind die Bäume sehr fruchtbar, bringen ziemlich gute und große Früchte, erschöpfen sich aber bald und müssen stark im Schnitt gehalten, sowie nach eingetretener Schwäche auf altes Holz zurückgeschnitten (abgeworfen) werden. Die Bäume verlangen regelmäßig Düngung und es ist ihnen besonders flüssige im Sommer sehr zuträglich. Der Umstand, daß Quitten feuchten Boden vertragen, giebt uns einen Wink, daß wir für tief und feuchtliegende Gärten Birnen auf Quitten veredelt anpflanzen sollten.

Man hat die Erfahrung gemacht, daß einige Birnensorten nicht oder nicht gut auf Quitten wachsen, indem diese entweder die Veredlung nicht an= nehmen oder der Wuchs kümmerlich, die Beschaffenheit der Früchte schlecht ist. Dieser Umstand ist oft bestritten worden, ist aber doch nicht wegzuleugnen, und man veredelt daher Sorten, welche man auf Quitte haben will, welche die Quitte aber nicht annimmt, erst auf schon veredelte, gut auf Quitte wach= sende Sorten. Solche sind unter andern: Die weiße Butterbirne (Doyenné [beurré] blanc), welche ausgezeichnet auf Quitte gedeiht, die graue Herbst= butterbirne (Beurré gris), die Jaminette, Pastorenbirne (Curé) u. a. m. Von den Sorten, welche nicht oder schlecht auf Quitten gedeihen, daher nur mit Anwendung der Doppelveredlung darauf gezogen werden können, nenne ich: Bergamotte d'Angleterre*) (Hamptens Bergamotte des Illustr. Hand= buchs), Beurré d'Angleterre (englische Sommerbutterbirne), Bergamotte Sylvange (Winterdechantsbirne), Beurré Napoléon (Napoleonsbirne), Beurré Dumortier, Ferdinand de Mestre, Secklepeare (Seckerbirne), Beurré gris d'hiver (graue Winterbutterbirne), Doyenné Goubault, Bon-chrétien d'Auge und d'été, Beurré d'oré sans pepins, Roussette d'Anjou, Portail**).

Nach Charles Baltet (vergl. Lucas' Uebersetzung des Buches Les bonnes poires) gedeihen folgende vorzüglich auf Quitte und sind besser tragbar als auf Wildling: Ananas (Ananasbirne), Bergamotte Espéren (Esperen's Bergamotte), Bergamotte d'été, Beurré d'Amanlis (Amanlis Butterbirne), Beurré Benoist (Benoist's Butterbirne), Beurré Bachelier (Bachelier's Butterbirne), Beurré Boisbunel (Boisbunel's Butterbirne), Beurré Goubault (Goubolt's Butterbirne), Beurré Hardenpont (Harden= pont's Winterbutterbirne), Beurré Hardy (Hardy's Butterbirne), Beurré superfin (hochfeine Butterbirne), Blanquet Castelline (die Castelline), Citron des Carmes (grüne Magdalene), Comte de Flandre (Graf von Flandern), Doyenné du Comice (Vereinsdechantsbirne), Duchesse d'An-goulême (Herzogin von Angouleme), Fondante des bois (holzfarbige Butterbirne), Jalousie de Fontenay (Birne von Fontenay), Messire Jean (Junker Hans), Poire Pêche (Pfirsichbirne), William (William's Christ= birne).

Nach derselben Quelle (Baltet) gedeihen dagegen die nachstehenden

---

*) Ich stelle bei nicht allgemein verbreiteten Sorten französischen Ursprungs den Originalnamen voraus, um Verwechselungen zu vermeiden.

**) In pomologischen Werken, unter welchen das neue „Illustrirte Handbuch der Obstkunde" das zuverlässigste ist, findet sich bei vielen Birnen die Angabe, daß sie auf Quitten nicht gedeihen.

Sorten nicht auf Quitte oder sie erschöpfen sich bald darauf, weshalb man sie in Baumschulen auch nicht darauf veredeln sollte: Arbre courbé (Birne mit gebogenen Ästen), Beurré Bretoneau (Bretoneau's Butterbirne), Beurré Clairgeau (Clarirgeau), Beurré Giffart (Giffarts Butterbirne), Beurré Longelier (Longelier's Butterbirne), Beurré Millet (Millet's Butterbirne), Beurré de Nantes (Butterbirne von Nantes), Beurré St. Nicolas (St. Nicolas' Butterbirne), Bezy de Chaumontel (Wildling von Chaumontel), Broom-Parck (Broom=Park), Doyenné Boussoch (doppelte Philippsbirne, Boussoch's Dechantsbirne), Doyenné d'hiver (Winterdechantsbirne), Doyenné de Juillet (Juli=Dechants=Birne), Épargne (Sparbirne), Ferdinand de Meester (Ferdinand de Meester), Jaminette (die Jaminette), Louise bonne d'Avranches (Gute Louise von Avranches), Marie Louise (Marie Louise), Madame Freyve (Madame Freyve), Napoléon (Napoleons Butterbirne), Roussolet de Rheims (Rousselet von Rheims), St. Michel Archange (Erzengel Michael).

Man zieht zum Veredeln die Birnquitte vor, weil der Wuchs kräftiger ist. Am kräftigsten wächst die portugiesische Quitte, welche aber eine warme Lage verlangt. Die Apfelquitte giebt Bäume von schwächerem Wuchs. Wahre Zwerge soll eine neue Abart, die Pyramidenquitte geben. Sämlings=pflanzen bilden kräftiger wachsende, dauerhaftere Unterlagen, als die auf gewöhnliche Weise aus Ausläufern und Ablegern gezogenen, sind aber nicht häufig genug zu bekommen, weil Quitten zwar überall, aber doch nur wenig angebaut werden, und die Kerne in rauhen Gegenden und kalten Jahren nicht reif werden. Ihre Anzucht ist immerhin sehr zu empfehlen. Für Topfobstbäumchen sind Quittenunterlagen am gebräuchlichsten. Die gemeine Quitte dient ferner als Unterlage für bessere Sorten, sowie (jedoch selten) für Mispeln.

25. Der Dorn. Der gemeine Weißdorn (Crataegus v. Mespilus oxyacantha und monogyna) ist schon wiederholt als Unterlage für Birnen empfohlen und wieder verworfen worden, letzteres besonders von solchen Obstbaumzüchtern, welche auch nichts von Quitte wissen wollen und für alle Formen des Baumes den Kernwildling für die beste Unterlage halten. Da man aber immer wieder darauf zurückkommt und gegenwärtig mehrere im besten Rufe stehende Baumschulen diese Unterlage häufig anwenden, so muß doch die Brauchbarkeit erwiesen sein. Der berühmte Birnenzüchter van Mons empfahl den Weißdorn für neue Birnsorten, welche auf Quitte nicht wachsen wollen, um sie bald fruchtbar zu machen; auch bemerkt derselbe, daß die auf Weißdorn veredelten Birnen ihre Früchte näher am Stamm (alten Holze) bilden. Isabeau, ein neuerer belgischer Schriftsteller, sagt,

daß diejenigen Birnsorten am besten auf Dorn wachsen, welche ihre Blüten und Früchte büschelweise in großen Bouquets vereinigen (was übrigens die meisten Sorten thun), z. B. Rousselet de Rheims, Bezy de Chaumontel.

Der Weißdorn hat das Gute, daß die Wildlinge stets sicher in Menge an= zuziehen und wohlfeil sind, ferner, daß die Bäume auch im schlechtesten Boden gedeihen, mithin gepflanzt werden können, wo Quitten nicht fort= kommen. Die Nachtheile sind (außer den noch unbekannten), daß sich an der Impfstelle meist ein starker Wulst bildet, indem der Edelstamm weicheres Holz hat als der Wildling, und daß sie leichter als auf anderen Unter= lagen an dieser Stelle abbrechen. Ich empfehle den Weißdorn für den Fall, wo man keine schwachwüchsigen Birnenwildlinge hat. Der einsamige (ein= grifflige) Weißdorn (C. monogyna), welcher dem gemeinen zum Verwechseln gleicht, aber stärker wird, ist darum vorzuziehen, weil er kräftiger und gerader wächst. Man erkennt ihn an dem einzeln sitzenden, eiförmigen Samen.

Auf Weißdorn veredelt man ferner die gemeinen Mispeln, Azarolen und Hagebuttenbirnen (Pirus Pollveria).

Versuche sind mit fremden großfrüchtigen Arten von Crataegus zu empfehlen. Nach Deuringer (Illustr. Monatsheft für Pomologie 2c. 1865) nimmt C. coccinea, die verbreitetste Art, die Veredlung nicht an; nach eigener Erfahrung bleiben Birnen auf dem gelbfrüchtigen Dorn (C. flava) krüppelhaft.

Da es unter den Dornen viel schwachwüchsige Arten, ja wahre Zwerge giebt, so empfehle ich noch weitere Versuche.

26. Die **Schneebirne** (Pirus nivalis), eine in Oesterreich in Wein= bergen und Baumgärten kultivirte birnartige Frucht, deren Früchte erst im Winter genießbar werden (daher der Provinzialname), wurde schon von mir früher empfohlen und wird seit einigen Jahren in der Schamal'schen Baumschule in Jungbunzlau zur Unterlage für Pyramiden allgemein benutzt und sehr empfohlen. (Samen von P. nivalis ist nur in Unterösterreich und vielleicht in Steyermark zu bekommen. Die Schamal'sche Baumschule verkauft davon bereits Unterlagen zu billigem Preise. Die Schneebirne wird in Oesterreich durch Pfropfen auf Birnen fortgepflanzt.) Da sie wahr= scheinlich eine durch Kultur entstandene Form von der mandelblättrigen Birne (P. amygdaliformis) ist, so wird wol auch diese in Oesterreich wild= wachsende Art gute Unterlagen geben.

27. Die **Eberesche** oder **Vogelbeere** (Sorbus aucuparia) liefert die Unterlagen für die zahme Eberesche oder Edelesche (Speierling, Escheritze), und es wachsen auf derselben Birnen (mit welchem Erfolg, ist mir nicht be= kannt), sowie Mispeln und Azarolen.

Der **Elz**- oder **Elsbeerbaum** (Darmbeerbaum, Sorbus o. Crataegus v. Pirus torminalis), ein in Mitteldeutschland besonders auf Kalkboden häufig wachsender hoher Baum, dessen Früchte im November auf den Markt kommen, kann Unterlagen für Mispeln von baumartiger Form liefern, indem man sie in die Krone pfropft, und würde sich wol auch zu andern verwandten Obstforten eignen, namentlich Azarolen und Hagebuttenbirnen. Die Anzucht ist etwas erschwert durch den Umstand, daß die Früchte oft kernlos sind, wenigstens nur 1—2 ausgebildete Früchte haben. Vielleicht arten sich kultivirte Bäume in dieser Beziehung besser.

Die **schwedische Orelbirne**, Sorbus intermedia (S. scandica, Pirus intermedia, P. scandica, P. Aria suecia, Crataegus scandica), ein Mittelbaum, welcher in Schweden und Dänemark, aber auch in Thüringen und am Rhein wild wächst; soll in Schweden gern zu Unterlagen für Birn= pyramiden und Halbhochstämme genommen werden, welche Bäume sehr fruchtbar und mäßig im Wuchs seien. Die in Thüringen und in den Gärten vorkommenden Bäume bringen wenig und oft kernlose Früchte. Es wachsen jedoch nicht alle Birnen darauf, z. B. Beurré blanc und Beurré d'Hardenpont.

Die nahe Verwandtschaft des gemeinen **Mehlbeerbaumes** oder **Silberbaumes**, Sorbus Aria (Crataegus v. Pirus Aria) mit der Oxel= birne läßt fast zur Gewißheit werden, daß dieser in Deutschland auf Bergen (besonders auf Kalkboden) häufig wachsende kleine Baum dieselben Dienste thun werde. Derselbe ist leicht aus Samen anzuziehen. Sicher würde der Mehlbeerbaum eine gute Unterlage für Sorbus edulis (Pirus v. Crataegus edulis), eines vielleicht kulturwürdigen in Frankreich wachsenden Baumes sein.

Die **Mispel** (Mespilus germanica) dient als Unterlage für die groß= früchtigen und besseren Gartenforten. Die kleine wilde Art liefert viel Samen, der aber wenigstens ein Jahr in der Erde liegt, ehe er keimt. — Die Sämlinge der echten welschen Mispel oder Azarole sind nicht so gut, als die von veredelten Bäumen, und man könnte sie als Unterlagen benutzen.

28. Man hat für Birnen auch noch nach verschiedenen Unterlagen gesucht, welche einestheils die Mängel der Quitte nicht haben und auf schlechterem, trockenerem Boden wachsen, anderntheils schwachwüchsiger sind als Weißdorn, also besonders zu Zwergbäumen geeignete Unterlagen bilden. Ohne Zweifel nehmen noch manche zur Familie der Pomaceen (Kernobst= früchte) gehörende Gehölze die Veredlung der Birnen und verwandter Arten an, aber sie haben keinen Werth, wenn sie nicht besser sind als die schon länger benutzten. Mit folgenden noch nicht genannten hat man Versuche gemacht.

Die **Wald-** oder **Felsenmispel,** Cotoneaster vulgare (Mespilus Cotoneaster), ein in mitteldeutschen Bergwäldern, namentlich auf Kalkboden
häufig wildwachsender Strauch, welcher in Gärten auf gutem Boden 6 Fuß
hoch wird, ist schon früher von verschiedenen Seiten zu Unterlagen für
Topfbirnen empfohlen worden, und wurden erst neuerdings wieder gelungene
Versuche berichtet.*) Zu gleichem Zwecke dient der in den Alpengegenden
wachsende sehr ähnliche C. tomentosa. Beide vermehren sich leicht durch
Samen und man erzieht in zwei Jahren passende Unterlagen. Sie bilden
wenig Ausläufer.

Die **Felsenbirne** (Felsenflühbirne, Beerenmispel), Amelanchier vul-
garis (Pirus und Mespilus Amelanchier, Aronia rotundifolia), ein an
steinigen Stellen in den Alpen namentlich auf Kalkboden wachsender, in
Parkgärten vielfach gepflanzter 5—10 Fuß hoher Strauch, welcher massenhaft Ausläufer bildet, die aber mehr Stämmchen eines und desselben
Strauchs, daher selten gut bewurzelt sind, und sich nicht gut für Töpfe
eignen.

In gleicher Weise wurde A. ovalis (Aronia ovalis, Mespilus canadensis) aus Nordamerika bereits von mehreren Seiten als sehr gute Unterlage für Birnen zu Zwergen empfohlen. Ohne Zweifel leistet der fast noch
mehr verbreitete A. Botryapium (Aronia canadensis, A. Botryapium,
Mespilus canadensis), welcher höher als die genannten wird und mehr ein
Bäumchen bildet, dieselben, vielleicht noch bessere Dienste. Die Felsenmispeln sind sehr leicht aus Samen und Ausläufern zu ziehen, und gedeihen
vortrefflich in Sand, wenn dieser nur einigermaßen Kalk hat.

Der **Schwarzbirnstrauch,** Aronia, hat zwei passende Arten für Birnen-
zwerge, A. arbutifolia (A. floribunda, Pirus melanocarpa, P. arbutifolia nigra, P. floribunda, Mespilus arbutifolia melanocarpa) und die
damit oft verwechselte, niedriger bleibende A. glabrescens, welche unter
denselben Namen, wie die vorige, außerdem noch als Pirus pensylvanica
in den Gärten vorkommt, und sich durch die glänzend braune Rinde und
auf beiden Seiten glatte Blätter von der A. arbutifolia unterscheidet. Den
Schwarzbirnstrauch hält Deuringer zu Birnenunterlagen in Töpfen für
eine „kaum zu ersetzende Pflanze." Zu Versuchen empfiehlt sich A. pirifolia
(Pirus arbutifolia rubra, Mespilus pumila, Mespilus arbutifolia, Crataegus pirifolia, C. serrata, Azarolus und Sorbus arbutifolia der Gärten), welcher sich besonders durch rothe Früchte von den vorigen unterscheidet.

---

*) In den Illust. Monatsheften von 1865 durch Jos. Deuringer, welcher
auch die folgenden Sträucher versuchte.

Steinobſtwildlinge.

29. Kirſchen. Von Kirſchen benutzt man die Samen der wilden oder
Vogelkirſche ohne Unterſchied als Unterlage für Hochſtämme der Süßkirſchen
aller Art, Süßweichſeln und Sauerkirſchen (Weichſeln). Wenn man es aber
haben kann, ſo ſollte man die ſchwarzfrüchtigen Waldkirſchen oder eigentlichen
Vogelkirſchen mit bitterſüßer kleiner Frucht, und die Lichtkirſchen mit hell=
rother, größerer, ſüßerer Frucht abgeſondert anſäen, um erſtere zu ſchwarz=
früchtigen, letztere zu hellfrüchtigen Kirſchen zu verwenden. Die Lichtkirſchen
möchten überhaupt den Vorzug verdienen, indem ſie dem Harzfluß nicht ſo
ausgeſetzt ſind und auch auf feuchtem Boden ein langes Leben haben. Gleiche
Dienſte thun die Sämlinge der unveredelten Kirſchen mit größeren Früchten,
die man häufig auf den Märkten findet. Die Sämlinge von veredelten Kir=
ſchen geben ebenfalls kräftige Wildlinge, ſind aber nicht häufig.

Die kleine **Sauerkirſche** oder **Weichſel** wird zur Unterlage für beſſere
Sorten genommen, aber im Allgemeinen wenig benutzt, weil die Stein=
weichſel oder Mahalebkirſche beliebter hierzu iſt und auch die Wildlinge der
Süßkirſche für Sauerkirſchen geeignet ſind und dieſe ſchönere Stämme bilden,
welche man meiſt hoch veredelt. Da die Anzucht der Sauerkirſchenwild=
linge durch Wurzelausläufer ſo leicht, und der Bedarf an dieſen Wildlingen
gering iſt, ſo ſind Samenwildlinge ſelten.

Eine kultivirte Abart oder Art mit größeren ſüßeren Früchten iſt die
bekannte **Oſtheimer Weichſel** oder **Strauchkirſche.** Man benutzt ſie
zu Unterlagen für Topfbäume. Ihre große Neigung Ausläufer zu machen,
beeinträchtigt die ſonſtigen guten Eigenſchaften ſehr. Sie eignet ſich eigent=
lich nur zu Weichſeln und Süßweichſeln gut.

Die **Erdweichſel** (Prunus o. Cerasus Chamaecerasus), ein in Unter=
öſterreich und im öſtlichen Europa auf Bergen wildwachſender Strauch mit
ausgebreiteten, am Boden hinwachſenden Stamm und Aeſten, bildet aus=
gezeichnete Unterlagen zu eigentlichen Zwergbäumchen, beſonders in Töpfen.
Sie bildet viele Ausläufer und vermehrt ſich leicht durch Ableger, trägt
aber auch oft reichlich Samen, die indeſſen ſelten vor den Vögeln zu retten
ſind. Der Umſtand, daß die folgende Kirſche als Unterlage für Pflaumen
und Aprikoſen paßt, läßt vermuthen, daß die Erdweichſel ſich ebenfalls dazu
eignet. Eine üble Eigenſchaft der Erdweichſel iſt die Neigung, ſtets Aus=
läufer zu treiben, auf deren Beſeitigung ſtets Sorge verwendet werden muß.
(Nachdem ich dieſe Unterlage ſchon ſeit Jahren empfohlen, iſt ſie endlich
in der Schamal'ſchen Baumſchule in Jung=Bunzlau zu haben. Herr
Schamal rühmt ſie, ebenſo Deuringer in den Illuſtr. Monatsh. 1865.)

Die nordamerikanische Zwergkirsche (Prunus o. Cerasus pumila, C. glauca, C. canadensis, C. cruenta) bildet einen 3—4 Fuß hohen Strauch mit unten blaugrünen Blättern. Sie ist früher in Frankreich häufig (unter den Namen Ragoumier) zu Unterlagen für Zwerge von Kirschen, Pflaumen und Aprikosen im Gebrauch gewesen, aber, wie es scheint, wieder abgekommen. Ich finde wenigstens jetzt in keinem Kataloge der größten Baumschulen Frankreichs und Belgiens Andeutungen, daß man den Ragoumier noch benutzt. Man benutzt sie häufiger zu Pflaumen, als zu Kirschen.

Die **Mahalebkirsche** oder **Steinweichsel** (ungarische wohlriechende W., französisch Sainte Lucie), ein mehr den Kirschen als den Pflaumen verwandter Strauch, welcher in gutem Boden zu einem ziemlichen Baume wird, liefert Wildlinge für alle Arten Kirschen, obschon sie sich nicht für alle Arten eignen. Es wachsen sowol süße als saure Kirschen darauf, die süßen zu Bäumen von 30 Fuß Höhe, die sauern und Amarellen niedriger. Da die Mahalebkirschen auch auf schwerem Thonboden und steinigen Plätzen gut fortkommen, so tragen sie diese Eigenschaft auf die darauf veredelten Kirschen über. Diese Unterlage ist gegenwärtig fast in allen großen Baumschulen im Gebrauch. Während einige Baumzüchter und Autoren (ich selbst in früheren Auflagen) annahmen, daß die Kirschen auf Mahaleb wenig fruchtbar seien, behaupten die meisten Baumzüchter das Gegentheil und namentlich rühmen die französischen Baumzüchter Leroy in Angers und Baltet in Troyes die Mahalebkirschen sehr. Jedenfalls ist diese Unterlage nicht zu entbehren. Die Anzucht ist ungemein leicht, da es jedes Jahr Früchte in Masse giebt. Da sich die Rinde sehr schwer löst, so ist die Frühjahrsveredlung vorzuziehen. Durch Okuliren kann man die Mahalebstämmchen noch im August veredeln.

Zu Versuchen empfehle ich die gemeine **Traubenkirsche**, die **virginische** (Prunus o. Padus virginiana) und Prunus serotina, die beide einander sehr ähnlich sind. Die beiden letzteren gedeihen auch gut auf Sand, hätten also in dieser Hinsicht Werth, weil die Mahaleb dort schlecht fortkommt. Die gemeine Traubenkirsche wächst gut aus Stecklingen, die beiden amerikanischen genannten sind sicher aus Samen zu ziehen, welcher immer geräth.

30. **Pflaumen.** Unter den Pflaumen hat man die Arten oder Abarten mit glatten und mit wolligen Sommertrieben, endlich die Zwetschen zu unterscheiden. Eine botanische Feststellung der Arten scheint geradezu unmöglich und ist auch nicht nöthig, da man weiß, daß auf Pflaumen mit wolligen Sommertrieben alle Pflaumenarten, sowie Aprikosen, Pfirsiche und Mandeln gut gedeihen, auf zwetschenartigen Pflaumen dagegen die eigentlichen Zwetschen und Aprikosen. Es giebt zwar Baumschulen, welche be-

3*

stimmte Sorten für Pfirsiche, andere für Aprikosen führen (besonders die holländischen z. B. Ottolander in Boostop bei Gouda, Krelage in Harlem), allein in den meisten nimmt man beliebige weichholzige, stark= triebige Pflaumen zu allen Veredlungen (mit Ausnahme der Zwetschen), wie man sie als Ausläufer bekommt. Die Anzucht zu Veredlungsunter= lagen aus Samen ist wenig im Gebrauch, weil sie mühsam ist, wo man aber keimfähige Steine haben kann, jedenfalls zu empfehlen. Hierzu em= pfehlen sich vorzüglich die in manchen Gegenden massenhaft verbreiteten Frühpflaumen und der gelbe Spilling, welche häufig auf die Märkte kom= men, und deren Steine sehr gut keimen. Es ist eine oft gemachte Erfahrung, daß Aprikosen auf Pflaumensämlingen besser gedeihen als auf Ausläufern, und daß die Aprikosen von Tours, die A. von Portugal und Angoumois nur auf Sämlingen gut fortkommen.

Besonders geschätzt sind folgende bestimmte Abarten von Pflaumen:

Die Julienpflaume (französisch Saint-Julien) eine kräftig wachsende Pflaume mit großen Blättern, weichen, fein behaarten Sommertrieben und runden, schwarzblauen, stark bedufteten, kaum genießbaren Früchten, wovon es eine größere und kleinere Spielart giebt. Sie ist wahrscheinlich von Frank= reich als Unterstamm zu uns gekommen und jetzt nicht selten, da sie (an alten und oben absterbenden Bäumen) sehr viele Ausläufer treibt. Sie wird für die beste Unterlage zu Pflaumen und Aprikosenhochstämmen gehalten und auch zu Pfirsichen nicht verworfen. (Der Name Julienpflaume entspricht am besten dem französischen Worte. Sanct Julianspflaume ist in Deutsch= land nirgends gebräuchlich. Der botanische Name Prunus Juliana paßt nicht auf diese Art, ist überhaupt der einer völlig in der Luft schwebenden Pflanze, denn jedes botanische Buch versteht eine andere darunter. Riet= ner nannte sie „Hundspflaume" und „Haferpflaume." Aber Hunds= pflaume nennen die Leute jede schlecht schmeckende Pflaume und die Hafer= pflaume ist eine andere niedrige Art.) Man thut sehr wohl, diese Unterlage aus französischen Baumschulen oder aus dem Pomologischen Institute in Reutlingen kommen zu lassen, um wenigstens die echte kennen zu lernen.

Die große und die kleine wilde schwarze Damascenerpflaume, beide für Pflaumen, Aprikosen und Pfirsiche, für letztere jedoch nur die große geeignet. Eine häufig in den Grasgärten verbreitete Art und wol meist von Holland als Unterstamm zu uns gekommen. Die große Damascener= pflaume hat mehlartig überzogene Triebe und eine fast weiße Endknospe, während die kleine Damascenerpflaume eine braune, an den jüngsten Trie= ben röthliche Rinde hat. Auch diese Pflaumen sind unter diesem Namen in Deutschland kaum zu haben, obschon überall verbreitet.

Die grüne **Wildpflaume** oder **Crossage**, eine grünfrüchtige Art, welche besonders in Holland gebräuchlich ist, wird sehr zur Unterlage gerühmt. Die **Zwetschen**, allbekannt, etwas schwachwüchsig und nur zu zwetschen-artigen Pflaumen mit ähnlichem harten Holze, allenfalls noch zu Aprikosen zu empfehlen.

Die **Haferpflaume** oder **große Schlehe**. Unter ersterem Namen begreift man zwar verschiedene Pflaumen, aber die echte Prunus insiticia, welche in Hecken wild vorkommt, ist nicht zu verwechseln. Sie bildet einen kleinen Baum, häufiger Strauch, hat schwarzblaue runde Früchte mit grünem Fleische, noch einmal so groß wie Schlehen, von säuerlich herbem Geschmack. Sie bildet jedenfalls gute Unterlagen zu Zwergbäumen der genannten Edelarten, nur müßte man die echte Art haben. Sie findet sich als Hafer-schlehe und große Schlehe in Baumgärten, während man Haferpflaume auch andere wilde Sorten nennt.

Die **Kirschpflaume** (Prunus cerasifera o. Myrobalana) mit scharlach-rother oder gelber, runder großer Frucht, vom Ansehen einer Kirsche, ist schon oft als Unterlage für Pflaumen und Pfirsiche empfohlen worden, scheint sich aber für Pfirsich nicht zu bewähren, denn darauf veredelte Bäumchen blieben Jahre lang Krüppel, bis sie ganz eingingen. Vielleicht waren es aus Stecklingen gezogene Unterlagen. Zu Aprikosen am Spalier ist die Kirschpflaume eine vortreffliche Unterlage. Leider ist die Wildlings-zucht aus Samen kaum möglich, weil es wenig Bäume giebt, und diese, obschon stets sehr vollblühend, doch meist nur wenig Früchte haben. Aus-läufer bilden sich an absterbenden Bäumen reichlich.

Ganz denselben Werth scheint Prunus divaricata aus Sibirien zu haben, welche Professor K. Koch für die Stammart der Kirschpflaume hält. Sie trägt reichlich Samen und nimmt die Oculation sehr leicht an. Schamal, welcher zuerst Versuche machte, hält sie für eine gute Unterlage.

Die **Schlehe** (Schlehdorn, Schwarzdorn, Prunus spinosa) ist schon früher zu Unterlagen für Zwergbäume empfohlen worden, aber erst durch Schamal wirklich erprobt gefunden worden. Die darauf veredelten Pfir-siche werden als von mäßigem Wuchse, sehr fruchtbar und in jedem Boden gedeihend gerühmt und sollen kaum des Schnittes bedürfen. Da in der Schamal'schen Baumschule auch Aprikosen auf Schlehen veredelt werden, so scheint diese Unterlage auch hierzu passend. Zu Topfbäumen ist bis jetzt noch keine bessere Unterlage gefunden worden, nur muß man kräftige, gut-bewurzelte Samenpflanzen nehmen, aber keine Ausläufer aus Hecken. Die Neigung, Ausläufer zu bilden, verliert sich mit dem Alter, wenn man die-selben immer glatt an den Wurzeln abschneidet.

31. Mandeln, Pfirsiche und Aprikosen. Die süße Mandel mit
harter Schale ist eine vortreffliche Unterlage für Pfirsiche und Mandeln,
aber nur für milde Gegenden und tiefen, trocknen, besonders kalkigen
Boden. Baumschulen, welche ihren Absatz vorzüglich nach Nord= und
Mitteldeutschland haben, können die Mandel als Unterlage zu Pfirsichen
entbehren, obschon auch in diesen Gegenden Lagen vorkommen, wo die
Mandel eine bessere Unterlage bildet, als die Pflaume. Die Mandeln
wachsen sehr schnell, und unter günstigen Verhältnissen können im März
gesäete Steine bis zum August Stämmchen zum Okuliren geben. Die
Mandelsämlinge müssen eine recht sonnige Lage bekommen, damit das Holz
im Herbst vor Eintritt starker Kälte gesichert ist. Auf bitterer Mandel ge=
deihen nicht alle Sorten von Pfirsichen; sehr gut jedoch Madeleine rouge,
la Bourdine, Pourpre hâtive, la Royale und die glatten Pfirsiche.

Die **Pfirsiche** giebt in warmen Gegenden die besten Unterlagen für
Pfirsiche und ist schnell anzuziehen. Der Sonderbarkeit wegen hat man auch
schon Aprikosen darauf veredelt. Dieser Wildling wird nie allgemeiner in
Gebrauch kommen, schon weil die Steine selten in Menge zu haben sind.

Die **Aprikose** ist in günstigen, warmen Gegenden eine gute Unter=
lage für Aprikosen, jedoch sehr selten als solche im Gebrauch. Wer viele
Wildlinge anziehen will, sollte die Aprikose von Tours anpflanzen, welche
massenhaft Früchte trägt. Einige Aprikosensorten, z. B. die Tourser (Abricot
de Tours), Portugieser (A. du Portugal) und die A. d'Angoumois sollen
auf Aprikosensämlinge nicht gut gedeihen.

Die **sibirische Waldaprikose** (Armeniaca o. Prunus sibirica*), welche
man für die wilde Stammart der kultivirten Aprikosen hält, ist schon mit
günstigstem Erfolg (in Simferopol) als Unterlage für Aprikosen von mäßi=
gem Wuchs angewendet worden und ich empfehle diese gegen unsere Winter
ganz unempfindliche Unterlage um so mehr, als ein gemäßigter Wuchs
für Spalierbäume so nothwendig und bei Pflaumenunterlagen nicht zu
finden ist. Wahrscheinlich eignet sich diese Art auch am besten für die neue
Aprikose von Schiras, einer wol gar nicht zu den Aprikosen gehörenden
Frucht. Die sibirische Aprikose trägt reich und liefert viele Steine zur Saat.

Endlich will ich noch auf die Aprikose oder Pflaume von Briançon
(Prunus o. Armeniaca Brigantiaca) aufmerksam machen, welche vielleicht
eine gute Unterlage für Aprikosen in milden Lagen geben könnte und in
Südfrankreich leicht zu haben sein wird. Sie wird dort zum Gewinn des

---

*) Es giebt noch eine Prunus sibirica in den Gärten, welche nicht die geringste
Aehnlichkeit mit dieser Pflanze hat, weshalb ich Armeniaca sibirica schreibe.

sogenannten Marmottöls, einer Art Mandelöl, welches man aus den Kernen bereitet, kultivirt und Pflaume (Prune de Briançon) genannt, obschon sie mehr einer Aprikose gleicht. Die Frucht ist ungenießbar.

Schalenobst- und Beerenwildlinge.

32. **Wallnüsse** werden selten als Unterlage benutzt, da man diese selten veredelt, müssen indessen vorhanden sein. Man wählt hierzu kleine Sorten, deren Nüsse wohlfeil zu haben sind.

Die **amerikanische schwarze und graue Wallnuß** (Juglans nigra und cinerea), welche beide nicht eßbare Früchte haben, sollen sich (nach einer mir nicht im Gedächtniß gebliebenen Mittheilung) sehr gut als Unterlagen für Wallnüsse bewähren. Dies wäre sehr gut, da man sie, in Töpfe ge= pflanzt, sogar copuliren oder schäften könnte, indem das Holz wenig mar= kig ist. Auch gedeihen sie auf ziemlich nassem Boden, während die euro= päischen Wallnüsse nur auf trockenem fortkommen. Bestätigt sich dies, so werden die verschiedenen Arten von Carya (Hykorynuß) aus Nordamerika ebenso gute, vielleicht noch bessere Unterlagen geben. Man könnte ferner Versuche mit der Flügelnuß (Pterocarya caucasica) machen und darin möglicherweise eine Unterlage für Zwergbäume finden, auf welche man bessere Nüsse ziehen könnte, als auf der aus Samen sich rein fortpflanzenden Zwerg=Wallnuß (Juglans praematuriens).

Die kleinen **Waldkastanien oder wilden Maronen**, welche man in Tyrol, Baden u. a. Orten massenhaft in Wäldern hat, liefern die Wild= linge für die guten Sorten von Maronen. Die nordamerikanische oder Chimcapin=Kastanie (Castanea pumila, C. vesca americana) liefert Unterlagen zu Zwergen, die man auch durch Ableger anziehen kann.

Die gemeinen **Haselnüsse** bilden die Wildlinge für großfrüchtige, werden indessen selten benutzt, indem das Veredeln nicht sehr gebräuchlich ist. Es wäre wol eines Versuchs werth, Samen der türkischen Haselnuß, Corylus Colurna, aus dem Orient kommen zu lassen, um darauf gute Sorten zu veredeln. Hierdurch würde man Bäume von 40—50 Fuß Höhe ziehen können.

33. Bei den Beeren ist das Veredeln selten gebräuchlich, daher braucht man auch selten Unterlagen. Die **gelbblühende Johannisbeere** (Ribis aureum o. palmatum) soll Stachelbeeren gut annehmen und man soll höhere, kräftigere Bäumchen bilden können, als auf gewöhnliche Weise, was ich dahingestellt sein lasse. Die Anzucht aus Stecklingen ist sehr leicht. Weinreben dienen, obschon selten, zur Veredlung neuer Rebsorten. Es wäre zu versuchen, ob nicht die harten nordamerikanischen Arten Vitis vulpina, riparia, aestivalis u. a. m. gute Erfolge haben.

Vierter Abschnitt.

Die Stamm- und Probebäume zur Erhaltung und Prüfung der Sorten.

34. Wenn es der Raum zuläßt, so sollte in jeder einigermaßen auf Vollkommenheit Anspruch machenden Baumschule ein besonderer geeigneter Platz zur Anpflanzung von Mutterstämmen und Sorten- oder Probebäumen bestimmt werden. Es ist zwar nicht nöthig, daß diese in der Baumschule selbst stehen, und einige Obstarten können ohne Mauer, die wir in der Baumschule gern vermissen, gar nicht gedeihen; ist aber Platz dazu vorhanden, so trägt es immer zur Vollkommenheit der Anstalt bei, wenn die Mutterstämme mit der Baumschule verbunden sind. Hat man einen gut eingerichteten Obstgarten mit vorzüglichen Sorten, so dienen diese vorzugsweise als Mutterbäume, von denen die Edelreiser genommen werden, und sie müssen demgemäß sorgfältig bezeichnet werden. Hochstämmige Mutter- und Sortenbäume dürfen nicht auf der Sommerseite der Baumschule stehen, weil sie sonst zu viel verdumpfen; niederstämmige finden am besten auf einer rings um die Baumschule laufenden oder den Hauptweg begleitenden Rabatte Platz, können aber auch in einer besonders dazu bestimmten Abtheilung stehen.

Diese Mutterbäume haben einen sehr mannichfachen Nutzen. Erstens liefern sie meistens den nöthigen Vorrath von Edelreisern und bieten die einzige genügende Sicherheit, daß diese stets von der richtigen Sorte geschnitten werden, während bei den jungen Bäumen in der Baumschule doch zuweilen Verwechselungen vorkommen. Zweitens kann man die daran gezogenen Früchte, wenn es nicht allbekannte sind, zur Probe an Käufer einschicken, oder sie denselben am Baume zeigen, was gewiß zur Hebung eines Handelgeschäftes viel beiträgt. Drittens haben sie den Zweck, neue, noch unbekannte Sorten kennen zu lernen, ehe man sie in der Baumschule stark vermehrt, wodurch sie zu Probebäumen werden. Hierdurch wird vermieden, daß schlechte und mittelmäßige oder schon bekannte unter neuen falschen Namen verbreitet werden. Endlich erlangt man dadurch, daß man Sortenbäume zieht, d. h. solche, worauf verschiedene Sorten vereinigt sind, am schnellsten diejenige Kenntniß der Früchte, ohne welche der Vorsteher einer Baumschule nicht sein sollte. Daß solche Bäume auch durch ihre Früchte einträglich werden, braucht kaum erwähnt zu werden.

Die Beschreibung und Einrichtung dieser Probe- und Sortenbäume gehört nicht hierher, und ich empfehle zu diesem Zwecke die kleine Schrift von Oberdieck*), wodurch derselbe seinen pomologischen Ruf gründete. Die Bezeichnung der Sorten muß mit großer Sorgfalt geschehen, damit sie die nöthige Sicherheit gewährt. Dies geschieht am besten durch Nummern, welche in Bleiplättchen geschlagen werden und stets erkennbar bleiben. Diese werden zur größern Sicherheit mit einem in Theer getauchten Nägelchen an den betreffenden Baum befestigt, weil Draht zuweilen abreißt. Lucas wendet zur größern Sicherheit noch eine zweite Nummer an, welche sich auf das Sortenverzeichniß bezieht, und befestigt diese mit geglühtem und in Oel abgeschrecktem Eisendraht. Oberdieck verwirft alle und jede Nummerbezeichnung an Probestämmen und in Baumschulen, und will die Namen ausgeschrieben haben, damit keine Verwechselung vorkommen könne. Anfangs bindet man blos Nummerhölzer an den veredelten Ast, bis die Reiser angegangen sind. Sind die Reiser gewachsen, so werden sämmtliche Sorten in ein Buch eingetragen, in welchem jeder Sortenbaum genau bezeichnet und numerirt ist. Stehen sämmtliche Mutterbäume in einem Garten regelmäßig vertheilt beisammen, so ist es das Sicherste, einen Plan zu zeichnen, auf welchem die einzelnen Bäume durch starke Punkte bezeichnet und mit der fortlaufenden Nummer, welche im Verzeichniß eingetragen ist, versehen werden. Stehen aber die Bäume zerstreut, so muß im Verzeichniß eine genaue Beschreibung der Stelle des Baumes (mit Angabe der Entfernung von sicheren bekannten Punkten) stehen, denn die auf irgend eine Weise gemachten Bezeichnungen gehen leider zu oft verloren. Auf das Gedächtniß darf man sich nicht verlassen, da dieser Anhalt nicht sicher ist, sich nur auf eine Person beschränkt und mit ihr abstirbt. Da die Sortenbäume nicht alle auf einmal gebildet werden und nicht immer bleiben, so ist es zweckmäßig, bei mehreren Sorten von jedem Baume mit

---

*) Man hat schon längst Bäume mit verschiedenen Obstsorten gehabt, zog dieselben aber mehr aus Hang zum Seltsamen, oder aus Spielerei, als eines wirklichen Nutzens und Zweckes wegen. Seitdem man sich aber mit einer planmäßigen Erzeugung neuer Obstsorten aus Samen befaßt hat, fühlte man das Bedürfniß von Probebäumen, um die Früchte der Neulinge kennen zu lernen. Nachdem sich die von dem berühmten Pomologen Diel und Andern empfohlene Obstbaumzucht in Töpfen zu diesem Zwecke als unzureichend erwiesen hatte, nahm man seine Zuflucht zum Veredeln unbekannter Sorten auf alte tragbare Bäume, ein Mittel, welches schon von Duhamel und Andern empfohlen wurde. Der altenburgische Pomolog Agricola vereinigte 1804 auf einem Apfelbaume 329 Sorten und nach seinem Vorgange der erfahrene Pomolog Oberdieck 260 Sorten Birnen. Herr Oberdieck schrieb über diesen Gegenstand eine Broschüre, betitelt: „Die Probe- und Sortenbäume als bestes Mittel, sich in kurzer Zeit umfassende pomologische Kenntnisse zu erwerben ⁊c., von J. G. E. Oberdieck, Superintendent in Nienburg an der Weser (Hannover 1844.)“

Nr. 1 anzufangen, die Bäume aber mit römischen Zahlen oder Buchstaben zu bezeichnen und diese neben die Nummern zu setzen. Das Verzeichniß muß so eingerichtet werden, daß Bemerkungen über Abstammung und An= deutungen, ob und wo die Sorte beschrieben wurde, eingetragen werden können. Eine gleiche Sorgfalt muß den geernteten Früchten gewidmet werden, so lange man dieselben noch beobachten und prüfen will. Die Obst= kammer muß daher ebenfalls zweckmäßig eingerichtet sein, damit keine Ver= wechselungen entstehen. Ueber die Richtigkeit, Brauchbarkeit oder Unbrauch= barkeit der Früchte kann man, nach dem Urtheil aller Pomologen, erst nach wiederholten Ernten entscheiden.

Es wird hier der beste Ort sein, einer Einrichtung zu gedenken, welche bei einem Baumschulenbetrieb im Großen als höchst zweckmäßig er= scheint und bereits von manchen Baumschulenbesitzern getroffen worden ist. Ich meine die Anfertigung eines Obstkabinets von Wachs oder noch besser von Papiermaché, wie das berühmte von Dittrich in Gotha, oder von Porzellan, wie das neue Obstkabinet von Arnoldi in Gotha, um anwe= senden Käufern die vorhandenen Sorten sogleich zeigen zu können. Nur zu dem angegebenen Zweck ist die Sache allerdings zu kostspielig und wird wahrscheinlich nur von öffentlichen Anstalten und von Solchen ausgeführt werden, denen hauptsächlich an pomologischer Kenntniß gelegen ist.

Hat man Raum genug, um von jeder beständig in der Baumschule geführten Sorte einen Mutterstamm unterzubringen, so ist dies den Sorten= bäumen vorzuziehen, und man würde diese nur als Probebäume benutzen. Dies geht natürlich nur auf weitläufigen Grundstücken an, da es nicht rathsam ist, alle Obstsorten in Zwergform zu kultiviren. Ist man aber so vernünftig, nur eine Anzahl anerkannt guter Früchte in der Baumschule zu führen, welche Beschränkung allerdings nicht immer vom Willen des Züchters abhängt, so erfordern die Mutterbäume keinen so großen Raum. Fällt eine Sorte aus dem Baumschulenbetrieb weg, so kann auch der be= treffende Mutterstamm durch eine andere Sorte, die man darauf veredelt, ersetzt werden. Uebrigens muß ein Baumschulenbesitzer auch die Reiser von anerkannt guten Bäumen benachbarter Gärten benutzen, und er hat nur darauf zu sehen, daß es mit genügender Sicherheit geschieht.

Mit Ausnahme der Beerenfrüchte, welche ohnedies schon im zweiten Jahre tragen, lassen sich alle Obstsorten durch Probebäume beobachten und prüfen. Selbst bei Weinreben ist es zu empfehlen, da diese oftmals erst im vierten bis fünften, gepfropft aber schon im zweiten Jahre tragen. Da von den geeigneten Unterlagen schon die Rede war und noch bei der Veredlung die Rede sein wird, so verweise ich auf die betreffenden Abschnitte.

Fünfter Abschnitt.

Die nöthigen Hülfsmittel zum Betriebe einer Baumschule.

***

35. Hierzu gehören vor Allem die bei dem Gartenbau gewöhnlichen Werkzeuge zur Bodenbearbeitung, als Spaten, Schaufeln, kurzstielige Holzhaue, Karst, Rodehaue, Spitzhaue (Pickelhaue), eiserner und hölzerner Rechen (Harken), ein=, drei= oder vierzinkiger Haken (Hand=egge oder Hakenrechen) und kleinere Hacken zum Auflockern der Samenbeete und zum Abhacken des Unkrautes.

Alle Werkzeuge müssen stark und dauerhaft gearbeitet sein, da sie mehr als beim gewöhnlichen Gartenbau aushalten müssen. Außer den gewöhn=lichen Spaten müssen noch mehrere Rodespaten zum Ausgraben der Bäume vorhanden sein. Diese sind stärker und schmäler als gewöhnlich, gut verstahlt und hinten ohne Furche für das Stielende, weshalb auch die Hülse für den Stiel länger als gewöhnlich sein muß. Ein fester Quergriff, am besten nach englischer Art, sogleich im Stiel selbst ausgeschnitten, oder auch blos mit einem für die hohle Hand passenden Kugelgriff ist hierbei sehr dienlich, weil meist sehr viel Kraftanwendung erforderlich ist. Ein solcher Spaten hält drei gewöhnliche aus, die beim Ausgraben der Bäume nur zu leicht abbrechen und durch Steine beschädigt werden. Der Karst oder die zweizinkige Hacke und die gewöhnliche Garten= oder Feld=hacke dienen zum Behacken des Bodens zwischen den Bäumen. Mit dem Karst werden die Wurzeln weniger beschädigt.

Fig. 1.

Ein noch brauchbareres, allgemein beim Gartenbau zu empfehlendes Instrument ist die dreizinkige Hacke oder der Krail, Fig. 1, womit man den Boden am schnell=sten lockert, ohne die Wurzeln zu beschä=digen. Man muß davon stärkere führen zum gewöhnlichen Behacken und schwache, um zwischen den Saaten lockern zu können. Rodehaue und Spitzhaue braucht man beim Rigolen von festem oder gefrorenem Boden

und zuweilen beim Ausroden der Bäume in schwerem Boden. Der Ge=
brauch des Rechens (Harkens) ist bekannt, nicht so der des Haken=
rechens (Handegge). Dieser dient zum Zerkleinern der Schollen in
festem Boden und verrichtet beim Ausgleichen des gegrabenen oder rigolten
Landes die Dienste des Rechens, da dasselbe nicht so fein nöthig ist als beim
Gemüsebau. Die zum Auflockern des Bodens zwischen engstehenden Säm=
lingen gebrauchten Hacken müssen lang und sehr schmal sein, damit man
überall dazwischen kommen kann. Gegen den Stiel müssen sie einen
Bogen in Form eines Schwanenhalses haben (weshalb diese Hacken auch
Schwanenhals=Hacken genannt werden), damit man bequem und ohne

Fig. 2.

die Spitzen zu
beschädigen
zwischen die
Saat kommen
kann. Fig. 2
zeigt eine
solche. Die

Pflanzenhacke (Fig. 3) ist sehr praktisch beim Bepflanzen der Baum=

Fig. 3.

schule mit Wildlingen. Die Boskooper Baum=
schulenhacke (Fig. 4) wird als sehr praktisch
gerühmt, indem man damit hackt und mit der
breiten Seite das Unkraut abschürft. Der
Furchenzieher (Fig. 5) wird besonders zum
Ziehen der Saatfurchen gebraucht, womit diese
breit hergestellt werden, was mit einer gewöhnlichen
Hacke nicht so leicht zu erreichen ist. Garten=
schnur und Maßstab
sind ebenfalls unentbehrlich
in der Baumschule.

Fig. 4.

Außerdem hat man noch
verschiedene, als entbehr=
lich betrachtete Werkzeuge,
die aber die Arbeit sehr er=
leichtern und eine größere
Genauigkeit herbeiführen.
Ich erwähne vorläufig nur
das Lochholz oder Dö=
belholz (Dibbelholz),

Fig. 5.

welches beim Pflanzen der Sämlinge und beim Säen der Obstkerne und

Steine sehr brauchbar ist. Zu Apfel= und Birnkernen und zu Kirschsteinen kann man sogar einen abgenutzten kurzzinkigen Rechen gebrauchen. Durch Benutzung eines Dibbelbrettes, wie Fig. 6, kann man 50 und mehr Löcher mit einem Druck machen. Die Maaß=

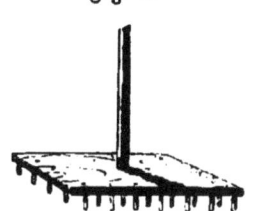

Fig. 6.

latte oder Meßstange ist sehr zweckmäßig beim Bepflanzen der Baumschule. Sie besteht aus einer langen Latte, an welcher 3—4 Zoll lange Holzstifte oder Zapfen angebracht sind. Indem man sie auf das vorbereitete Land drückt, geben die Stifte genau die Entfernung der Bäume an.

Zum Schneiden der Bäume und zum Veredeln braucht man verschiedene Messer, bedient sich aber auch besonderer Werkzeuge. Das unentbehrlichste Werkzeug ist ein gutes Baum= oder Gartenmesser mit langer, spitzer Klinge und bequemem Griff, von der sogenannten englischen Form.

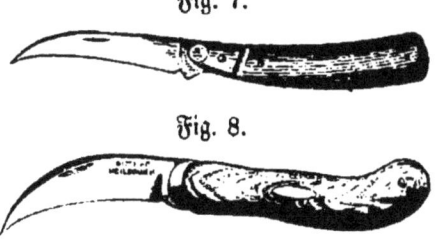

Fig. 7.

Fig. 8.

Fig. 7 und 8 zeigen gute Muster. Die alten Baum= messer mit breiter, stark ge= bogener Klinge sind unzweck= mäßig, weil man damit nicht zwischen die Astgabeln kom= men kann. Das Baummesser braucht man beim Beschneiden der Bäume, beim Veredeln zum Abschneiden der schwächeren Stämmchen und zum Glattschneiden der abgesägten stärkeren. Die beim Beschneiden großer Bäume und der Weinreben so brauchbare, in Frankreich jetzt allge= mein eingeführte Baumschere (sécateur) ist in der Baumschule beim Schnitt der Hochstämme sehr bequem, sollte indessen mit großer Vorsicht und nur von geschickten Händen gebraucht werden, weil die jungen Stämme leicht damit verdorben werden.

Sie ersetzt jedoch bei vielen Arbeiten das Messer voll= kommen, besonders wenn sie wie Fig. 9 von guter Ein= richtung ist. Man schneidet da= mit bequem Aeste von $3/_4$ Zoll

Fig. 9.

Stärke sehr glatt ab. Eine der besten Baumscheren ist gegenwärtig die Baumschere von Corny in Troyes, welche einen vorzüglich glatten Schnitt macht und sehr leicht ist.*) Die sogenannte Astzange, Fig. 10, ist ein sehr brauchbares Instrument, um die Stumpfe bei mit 2 gegenüberstehenden Augen okulirten Bäumchen und entgegenstehende Aeste schnell und rein auszuschneiden.

Fig. 10.

Zum Veredeln bedient man sich verschiedener Messer und Werkzeuge, kann aber auch mit dem bekannten Okulir= oder Veredlungsmesser, wovon ich eine Beschreibung und Abbildung für überflüssig halte, auskommen. Mit diesem Messer schneidet man die Edelreiser und schwachen Wildlinge zu und die Augen aus. Die neuerdings in Gebrauch gekommenen Veredlungsmesser haben fast die Form eines Federmessers, sind aber größer und stärker und unten meist mit einem Knochenansatz zum Lösen der Rinde versehen. Fig. 11 zeigt eine gute beliebte Form, als Hohenheimer Veredlungsmesser bekannt. Da die Klinge derselben nicht in einem Bogen nach dem Rücken zu ausläuft, wie bei dem Okulirmesser, so sind sie beim Okuliren für Diejenigen, welche an das gewöhnliche Okulirmesser gewöhnt sind, zum Ausschneiden der Augen

Fig. 11.

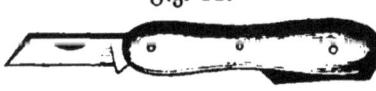

nicht so handlich, sonst aber sehr praktisch. Bei den neuen, jetzt in England allgemein gebräuchlichen Messern, welche eine breitere kürzere Klinge haben, ähnlich wie das Fig. 12 abgebildete Messer, jedoch oben von hinten abgerundet, besteht der Griff und der Spatel zum Lösen der Rinde aus einem Stücke Knochen. Das Sieben=freund'sche Veredlungsmesser, Fig. 12, weicht von den übrigen

Fig. 12.

darin ab, daß die Spitze breit abgestumpft und die so entstehende gerade Fläche als Beinchen zum Lösen der Rinde dient und wie dieses nicht schneidig ist. — Man kann sich auch gute Veredlungsmesser von alten Rasirmesserklingen machen lassen, und es enthält die „Monats=schrift f. Pom." vom Jahre 1858, S. 328, eine ausführliche Anweisung mit Abbildung vom Erfinder, Herrn G. B. Müschen.

Außerdem hat man noch besondere Veredlungsinstrumente. Zum

*) Vorräthig im Pomologischen Institut in Reutlingen, aus Troyes bezogene Exemplare 3 Fl. 30 Kr. = 2 Thlr.

Spaltpfropfen stärkerer Stämme, welche übrigens in der Baumschule selten vorkommen, ist das Fig. 13 abgebildete Pfropfeisen sehr zweckmäßig. —

Das Anschäften, eine sehr gute Veredlungsart, wird am besten mit Hülfe des Anschäfteisens, Fig. 14, ausgeführt, von dessen Ge= brauch später die Rede sein

Fig. 13.

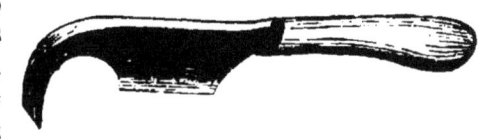

wird. Es ist auch zum Ausschneiden der Augen beim Okuliren zu ge= brauchen. — Zum Pfropfen mit dem Aus= schnitt (siehe 76.) braucht man den sogenannten Gaisfuß, Fig. 15. Lucas hat beide Instrumente (Fig. 14 und 15) zu einem verbunden, was den Gebrauch gar nicht stört und sehr praktisch ist, *) jedoch den Gaisfuß nach Angabe des Lehrers Eberhard in der Stel= lung verändert, indem

Fig. 14.

Fig. 15.

das Schäfteisen von der Seite schneidet. — Die Kopulirzange schneidet Wildling und Edelreis mit einem Druck so zu, daß sie genau an= einander passen. Ich habe sie noch nicht erprobt, will aber nicht versäumen darauf aufmerksam zu machen. Sie möchte indessen nur für angehende Baumzüchter zu empfehlen sein.**) Eine kleine Baumsäge dient zum Ab= schneiden stärkerer Stämme beim Veredeln. Hierzu ist zwar jede kleine Baumsäge zu gebrauchen, am zweckmäßigsten jedoch ist die Fig. 16 abgebildete. Man hat jetzt auch Baumscheren mit einer kleinen Säge, welche den Gebrauch der Schere gar

Fig. 16.

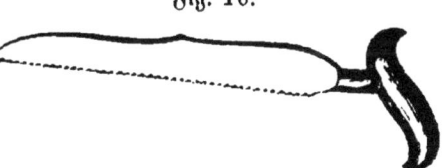

*) Dieses Instrument ist, sowie auch andere, im Pomologischen Institut in Reut= lingen zu haben. Man braucht zu beiden Instrumenten besondere Handschleifsteine, und kostet alles zusammen 2 Thlr.

**) Kostet in der Messerfabrik der Gebrüder Dittmar in Heilbronn 3 Fl. 48 Kr.

nicht stört, eine recht zweckmäßige Vereinigung.*) Zum Pfropfen in die Rinde benutzt man ein Pfropfbeinchen von Knochen oder hartem Holze, um damit die Rinde so weit vom Splint abzubringen, daß das Reis eingeschoben werden kann, ohne die Rinde einzuschneiden. Es muß daher keilförmig, von der Gestalt eines zugeschnittenen Pfropfreifes, aber etwas stärker sein. Endlich ist die Fig. 17 abgebildete Ringelzange, zum Ringeln der Obstbäume und Weinstöcke, um Fruchtbarkeit und

Fig. 17. der Obstbäume und Weinstöcke, um Fruchtbarkeit und Größe der Früchte zu erlangen (vrgl. Obstbau 2. Aufl., S. 38 und 144), ein vortreffliches Instrument beim Ablegen von Beerenobst, Haselnüssen ꝛc., indem sich an jeder geringelten Stelle Wurzeln bilden. (Vergl. §. 46. und Fig. 19.)

Verschiedene andere Hülfsmittel.

36. Wenn beim Veredeln warmflüssiges Baumwachs oder Pfropfharz angewendet wird, wie es für große Baumschulen praktisch ist und trotz der Vorzüge des kaltflüssigen Baumharzes in Gebrauch bleiben wird, so bedarf man einer Harzpfanne (Pfropfpfanne), um darin die Harzmischung flüssig zu erhalten, und eines Kohlentopfes zum Erwärmen, sowie eines Pinsels oder Hölzchens zum Auftragen der Masse. Man benutzt dazu auch eine Vorrichtung mit einer Lampe, wobei die Sorge für die Kohlen wegfällt.

Man kann sich eine besondere Vorrichtung von Eisenstäben und Blech machen lassen, um unten hin die Kohlen oder die Lampe, oben in eine Oeffnung die Harzpfanne zu stellen.

Zu den unentbehrlichsten Hülfsmitteln gehört Baumwachs, Pfropfharz und Pfropfthon oder Pfropfmörtel. Baumwachs und Pfropfthon werden kalt, das Pfropfharz wird erwärmt und auch kaltflüssig angewendet. In Frankreich sind folgende bewährte Mischungen allgemein gebräuchlich.

Pfropfharz, warm oder flüssig anzuwenden: Man läßt in einem irdenen oder eisernen Topfe über schwachem Feuer 1 Pfd. weißes (gereinigtes) Pech, 6 Loth schwarzes Pech, 6 Loth Terpentin, 6 Loth gelbes Wachs und 5 Loth Talg miteinander zergehen und rührt die Mischung dabei gut

---

*) Kann vom Pomologischen Institut in Reutlingen bezogen werden, wie auch von Gebrüder Dittmar in Heilbronn und Hoffmann in Nürnberg.

durcheinander. So oft man dieses Harz gebrauchen will, stellt man das Gefäß über gelindes Feuer und trägt es flüssig und mäßig warm geworden, mit einem Hölzchen oder Pinsel auf. Eine andere beliebte Mischung besteht aus $5/_8$ Theilen schwarzem Pech, $1/_8$ Th. Harz, $1/_8$ Th. Talg, $1/_8$ Th. gelbem Wachs, dem man noch etwas feingesiebtes Ziegelmehl oder Kreide beimischt.

Zu eigentlichem in Stangen aufbewahrtem Baumwachs nimmt man 1 Pfund gelbes Wachs, 1 Pfund Terpentin, $1/_2$ Pfund gereinigtes Pech und 6 Loth Talg. Man formt daraus Stangen, die man mit Leinwand oder Papier umwickelt. Wenn es gebraucht werden soll, erweicht man es mit den Händen, oder es wird flüssig auf eigens zum Veredeln bestimmte Bänder gestrichen. — Ein sehr wohlfeiles Wachs bereitet man (nach Lucas) aus 8 Loth gelbem Wachs, 18 Loth gereinigtem Harz, 4 Loth dickem Terpentin, 1 Loth Baumöl und 1 Loth ausgelassenem Fett, zusammen 1 Pfund für den Preis von $1/_2$ Gulden ($8 1/_2$ Silbergroschen). Außerdem giebt es noch eine Menge verschiedener Rezepte. Man sollte dieses Wachs jetzt gar nicht mehr anwenden, da das kaltflüssige Pfropfharz viel bequemer und wohlfeiler ist. Doch braucht man es immer noch, wenn sogenannte Kopulirbänder zum Veredeln angewendet werden, was sehr zu empfehlen ist.

Der Gebrauch des kaltflüssigen Baumwachses oder richtiger Baumharzes hat sich seit einigen Jahren immer mehr verbreitet, und wer es einmal angewendet hat und die Bereitung genau versteht, wird es nicht wieder aufgeben, zumal es das wohlfeilste unter allen ist. Man trägt es mit einem Pinsel auf, der zugleich die Flasche verschließt, indem er im Pfropfen angebracht ist, so daß der Pinsel immer in der Harzmasse ist. Diese Masse verhärtet schon nach einigen Tagen, sobald der Spiritus verdunstet. Die Bereitung ist (nach Lucas) folgende. Zu 1 Pfund nimmt man 27 Loth Pech (gewöhnliches gelbes Faßpech, Küblerharz), läßt es über Kohlen oder im Ofen langsam zergehen und gießt unter fortwährendem Umrühren sehr langsam 5 Loth guten, neunziggrädigen Spiritus (Weingeist) hinzu. Diese Masse wird sofort in eine Flasche mit weitem Hals oder noch besser in ein besonders dazu bereitetes flaschenförmiges Blechgefäß gegossen und gut verschlossen. Ich bemerke hierzu, daß, obschon ich neunziggrädigen Spiritus nahm, mein Harz so steif wurde, daß es nicht flüssig aufzutragen war. Ich mußte es daher nochmals erwärmen und Spiritus zugießen. Nach und nach verhärtet bei längerem Gebrauch die Masse, und man muß Spiritus nachgießen und bei vorsichtiger Erwärmung darunter mischen, oder man verbraucht den erhärteten Rest erwärmt. Es ist überhaupt zu empfehlen, die Harzflasche des Nachts in ein warmes Zimmer

zu stellen, ebenso während der Ruhestunden, wenn es im Freien nicht
warm ist.

Ist die Masse etwas zu flüssig gerathen, so wende man sie nicht sofort
an, oder mische etwas Terpentin oder Kreidepulver (auch Kohlenstaub oder
Ruß) darunter, damit die Masse beim Veredeln nicht zwischen Edelreis
und Wildling dringt, weil sonst die Veredlung mißlingt. — Als ein ver=
bessertes Baumharz wurde empfohlen, etwas weniger Spiritus, dafür aber
(zu 27 Loth Pech und 2½ Loth Spiritus), 3 Loth Rindertalg zu nehmen.
Ich denke Terpentin wird eben so gut sein. Gleiche Berücksichtigung ver=
dient das aus Pech und Fischthran (wol auch andern flüssigen Fetten) be=
reitete kaltflüssige Baumharz, welches unter dem Namen Mastic L'homme-
Lefort oder Mastic liquide etc. auch bei uns für den zehnfachen Werth
bezogen wird. Man kann sich dasselbe leicht und wol eben so wohlfeil wie
das aufgelöste Pech selbst bereiten und wird den rechten Grad von Flüssig=
keit bald kennen lernen. Es trocknet langsamer als das mit Spiritus, weil
dieser verdunstet, das Fett aber nicht. Es soll nicht so dünn aufgetragen
werden können, daher auch nicht so sparsam sein.

Das kaltflüssige Harz wird wie das warmflüssige aufgetragen und be=
nutzt. Wenn es auch nicht besser, sondern nur wohlfeiler ist als das warme,
so ist doch seine Anwendung zum Verstreichen von kleinen Wunden jeder Art
jedenfalls vorzuziehen, da man es immer zur Anwendung fertig bei sich tragen
kann. Die unsaubere Kleberei mit Wachs hat dadurch ganz aufgehört.

Der Baummörtel, welcher auf dem Lande allgemein zum Pfropfen
verwendet wird, gute Dienste leistet, und beim Veredeln unter der Erde,
oder wo die Wildlinge viel Saft haben, dem Baumwachs sogar vorzuziehen
ist, besteht aus 2 Theilen Lehm ohne Steine und 1 Theil frischem Kuh=
flaven oder Kälberhaaren, welche gut vermischt werden. Haltbarer wird er,
wenn man ihn, nachdem er trocken ist, mit Theer überstreicht. Noch besser
wird der Pfropfthon, wenn man zu einer tüchtigen Hand voll guten Töpfer=
thons feine Holzasche, zerrupfte Kälberhaare und ½ Pfund warmen Ter=
pentin gießt und das Ganze tüchtig durchknetet, so daß die Masse wie Mo=
dellirthon wird.

Daß man auch Collodium und eine Lösung von Kautschuk (Gummi
elasticum) zum Veredeln vorgeschlagen und angewendet hat, will ich nur
erwähnen. Es läßt sich dagegen nichts Anderes sagen, als daß diese Stoffe
entbehrlich und zu theuer sind.

36. Der besonders zubereiteten Wachs= oder Gummibänder
(sogenannter Kopulirbänder) bedient man sich zum Festhalten der Edel=
reiser beim Kopuliren. Man bereitet dieselben auf folgende Art zu: Man

bestreicht starke, aber nicht grobe Bänder von wohlfeilem Baumwollenzeug, von $1/2$ Zoll Breite mit flüssig gemachtem Baumwachs (nicht Pfropfharz) und schneidet sie in 8—9 Zoll lange Theile. Hierzu bedient man sich eines 18 Zoll langen Bretchens, über welches ein langes Band so ge= wickelt wird, daß alle Theile gleichmäßig bestrichen werden können, was mit einem Pinsel geschieht. Das Zerschneiden erfolgt nach dem Erkalten. Auch so zubereitete Streifen von starkem Papier, welche man aus einem gewichsten Bogen schneidet, sind gut, besonders beim Spaltpfropfen, wo ohnedies noch ein Verband angelegt werden muß. Die Gummibänder bereitet man, in= dem man festes Papier mit einer dicken Lösung von Gummi arabicum be= streicht. Man befeuchtet sie vor dem Gebrauch wie Briefmarken oder mit einem Schwämmchen. Die Bänder können öfters benutzt werden, wenn man sie reinlich hält und frisch mit Wachs überzieht. Zum Pfropfen und allen Veredlungsarten, wo der Stamm des Wildlings gerade abgeschnitten wird, schneidet man die nur 4 Zoll langen Pfropf= oder Papierbänder von oben in der Mitte etwas ein, um diese Lappen um das Reis über dem Stammabschnitt legen zu können.

Zum Veredeln aller nicht sehr starken Stämme bedient man sich eines Fadens von grobem, ungebleichtem Baumwollengarn, wie dies in Frankreich allgemein üblich ist. Es ist dies das wohlfeilste Bindematerial. Ein Lösen solcher Bänder ist nur beim Okuliren nöthig.

Zum Spaltpfropfen starker Stämmchen und zum Okuliren und An= binden braucht man guten Bast, den man am besten selbst bereitet, da der von Bastmatten selten haltbar ist und es in der Baumschule noch mehr auf Haltbarkeit ankommt, als bei der Blumenzucht. Neuerdings wurden als Er= satz für Bast beim Okuliren die Blätter des Rohrkolbens (Typha latifolia und angustifolia), einer Schilfpflanze, welche überall in Teichen und Sümpfen wächst, empfohlen, und sind solche in den Baumschulen von Baltet in Troyes und des Pomologischen Instituts in Reutlingen schon allgemein im Gebrauch. Sie haben das Gute, daß die okulirten Stämmchen nicht gelockert zu werden brauchen (siehe 8. Abschnitt), und daß sie sehr wohlfeil sind. Es gehört jedoch zum Befestigen dieser Bänder ein besonderer Hand= griff, der sich nicht beschreiben läßt. Man schneidet die Blätter im Spät= sommer, trocknet sie sorgfältig im Schatten, hebt sie trocken und luftig auf, und schneidet sie im Winter zurecht, indem man sie in der Mitte ein= oder mehrmals spaltet und in Stücke von angemessener Länge schneidet. Vor dem Gebrauch werden diese Bänder in Wasser erweicht und noch feucht, aber nicht naß, gebraucht. Ohne Zweifel lassen sich noch ähnliche Blätter auf gleiche Art anwenden, obschon von unsern einheimischen Pflanzen kaum eine

4*

andere so haltbares Material liefern wird. *) Auch Palmenfasern, in Wasser aufgeweicht, sind schon angewendet und empfohlen worden, aber wol kaum gutem Bast vorzuziehen und theuer. Neuerdings wurden Mais= blätter zu gleichem Zwecke empfohlen.

Bindfaden von Hanf oder Flachs wird zum vorläufigen Befestigen von Namen= und Nummerhölzern, beim Packen und dem Umpfropfen alter Bäume (Probebäume) gebraucht. Weiden benutzt man allgemein zum Anbinden der Stämmchen, zum Verpacken und zum Zusammenziehen des Spaltes bei stärkeren gepfropften Stämmchen, wozu sie besser sind als Bind= faden, da sich dieser bei feuchter Witterung zusammenzieht, die Bäumchen zu fest zuschnürt und dadurch Einschnitte und Wülste veranlaßt. Alle lockeren Bünde kann man mit Binsen, von denen besonders die überall an feuchten Gräben wachsende blau=grüne (Juncus glaucus) haltbar ist, bewerkstelligen. Man läßt sie vor dem Gebrauch erst einen Tag welken. Den aufzuhebenden Vorrath trocknet man im Schatten und verwahrt ihn luftig. Trockene Binsen muß man vor dem Gebrauch anfeuchten. Hat man einen Wassergraben im Garten, so ist es zweckmäßig, Binsen an= zupflanzen. Sehr brauchbar sind auch Erdbeerranken, nachdem sie 6—12 Stunden gewelkt sind. Man macht damit einen gewöhnlichen Knoten.

37. Baumpfähle sind durchaus unentbehrlich, denn obschon die meisten Bäume ohne Pfähle gezogen werden können und sollen, so ist dies doch bei vielen nicht möglich, namentlich bedürfen manche Birnen mit sehr langen, nicht hinlänglich starken Jahrestrieben der Pfähle. Die Baum= pfähle müssen 6—7 Fuß lang und vollkommen glatt sein, damit die Stämmchen nicht durch Reiben beschädigt werden. Zur bessern Haltbarkeit kann man sie unten verkohlen oder in Theer tauchen, oder durch andere Mittel der Fäulniß widerstehender machen. Außer den großen Baum= pfählen braucht man kleine zum Anbinden mancher Edelreiser und der Zwergbäume, wozu die abgenutzten lange Pfähle dienen. Will man Formen= bäume zu Spalieren in der Baumschule ziehen, so braucht man kleine spa= lierartige Gestelle von 3—4 Fuß Höhe, welche in die Erde gesteckt werden, oder Stangen, um solche zu bilden. — Zum Einrammen der Pfähle und Befestigen der Spaliere braucht man ein Pfahleisen.

---

*) Zu Versuchen empfehle ich Acorus Calamus (Kalmus), Iris Pseudo-Acorus (Wasserschwertel), Butomus umbollatus (Wasserviole), Sparganium ramosum (Igel= tnospe), Scirpus lacustris (große Binse) und andere starke Binsen (Juncus), zum Gebrauch im Kleinen noch die langen Blätter einiger Blattzierpflanzen, die ohne= dies im Herbst weggeschnitten werden, als Gynerium, Eryanthus Ravennae, Imperata sacchariflora etc.

Zur Bezeichnung der Sorten braucht man Sortenmarken (Etiquetten), welche sehr verschieden eingerichtet sein können. Zu Baum=reihen, welche mit nur einer Sorte besetzt sind, dienen große Namen= oder Nummerhölzer von 2½—3 Fuß Länge, welche oben an der Seite so abgeschnitten sind, daß eine Nummer oder ein Name darauf geschrieben werden kann, was auf die bekannte Weise mit Bleistift auf nasse Oelfarbe oder mit chemischer Tinte auf trockene Oelfarbe geschieht. Nach dem Trocknen überzieht man die Schrift mit Spirituslack. Manche Baumzüchter nageln eine in Blei geschlagene Nummer an den Pfahl, welche Nummer dann für die ganze Reihe gilt, oder befestigen ein bandartiges Stück Blei mit der Nummer an dem Bäumchen selbst, was jedenfalls sicherer und, wo kein Pfahl gebraucht wird, allein anwendbar ist. In manchen Baumschulen werden alle Bäume auf diese Weise bezeichnet, wobei die Hölzer wegfallen. Wo viele Nummern gebraucht werden, was in großen Baumschulen immer der Fall ist, weil man häufig die Bleinummern an den verkauften Bäumen läßt, da ist eine besonders zur Anfertigung bestimmte Presse, die Metz=Kober'sche Schlagnummerpresse zu empfehlen, weil es damit sehr schnell geht.*) Die Bleistreifen sind 2½—3 Zoll lang und ¼—⅓ Zoll breit und laufen spitz zu. Die Bezeichnung an den Zweigspitzen zu befestigen, ist nicht rathsam, da diese aus Versehen zuweilen abgeschnitten werden, wodurch der Name leicht verloren gehen kann. Wo man die Namen der Obstsorte mit oder ohne Nummern zur Bezeichnung führt, was ich stets für das Sicherste halte, da kann man Schiefer=Etiquetten anwenden, welche sehr wohlfeil und über der Erde sehr dauerhaft, jedenfalls dem Holz vorzuziehen sind, während sie in die Erde gesteckt gar keine Haltbarkeit haben. Man beschreibt diese Anhängeschiefer entweder mit einem guten Roth= oder Gelbstift, und überzieht dann die Schicht mit Lack, oder man gravirt den Namen ein und reibt Oelfarbe in die Vertiefung, worauf ebenfalls lackirt wird, oder aber, man grundirt die ganze Fläche weiß oder gelb mit Oel=farbe, und schreibt den Namen mit chemischer Tinte,**) worauf ebenfalls

---

*) Sie war 1865 auf der großen Ausstellung in Erfurt. Zu beziehen vom Mechaniker Kober in Erfurt, wo auch Bleistreifen zu haben sind.

**) Die bestgeeignete Tinte ist „Dr. Gräf's unauslöschliche Etiquetten=Tinte", vom Erfinder in Tennstedt bei Erfurt im Dutzend zu 6 Sgr., einzeln von den Han-delsgärtnern zu 10 Sgr. zu beziehen. Ein Konkurrent ist die Tromsdorf'sche Etiquetten-Tinte (schwarz und roth) geworden, welche billiger ist. Diese ist ebenfalls durch Erfurter Handelsgärtner und das Pomologische Institut in Reutlingen zu be-ziehen und kostet ein Blechkasten mit einigen Gläsern (dabei auch rothe) Lack und Ter-pentinspiritus 1 Thlr. — Ovale Schiefer-Etiquetten liefern: L. Faber in Stein bei Nürnberg (besonders dauerhaft), die „Dachschiefer-Verwerthungs-Gesellschaft" in

lackirt wird. Diese letzte Art der Bezeichnung ist am schönsten und deut=
lichsten. — Zur vorläufigen Bezeichnung und beim Versenden der Bäume
nimmt man kleine Nummerhölzer von 2—3 Zoll Länge, welche mit Bind=
faden angebunden werden.

Ueber jede Baumschule muß ein Hauptbuch mit verschiedenen
Unterabtheilungen geführt werden, in welches die Zahl der veredelten
Wildlinge u. s. w., auch sonstige Bemerkungen über Abstammung der Edel=
reiser, eingetragen werden.

Wo Bäume versendet werden, muß stets ein Vorrath von langem
Roggenstroh, Schilf oder Binsen, Bastmatten, alten Kaffeesäcken, groben
Leinen 2c. sowie Moos zum Verpacken vorräthig sein, wozu noch lange Bind=
weiden kommen. Je länger das Stroh ist, desto besser ist es zu gebrauchen,
denn mit kurzem Stroh läßt sich kaum ein Ballen verpacken. Außerdem
gebraucht man noch Körbe und Kisten, sowie besondere leicht aus Stangen
gebildete Geländer zum Verschicken fertig gebildeter Spalierbäume u. s. w.
Endlich braucht man noch allerlei Werkzeuge, als Hammer, Zange, Beil,
Sägen, Schnitzmesser, Gartenschnur, Kannen, eine kleine Baumleiter 2c.

Sechster Abschnitt.

Anzucht der Wildlinge und der keiner Veredlung unterliegenden Obstbäume und Sträucher.

1. Erziehung der Sämlinge.

Auswahl und Behandlung der Samen.

38. Aus Samen werden sämmtliche Wildlinge erzogen, welche Unter=
lagen für Hochstämme abgeben sollen; außerdem werden viele noch zu
Zwergstämmen benutzt. Hiervon machen jedoch die Pflaumen eine Aus=
nahme, indem man davon Ausläufer oft mit mehr Erfolg benutzt, als Säm=
linge. Die so erzogenen Unterlagen liefern die kräftigsten, gesundesten
Obstbäume, welche meist ein langes Leben erreichen, denn die Kraft der
durch Samen erneueten Generationen theilt sich dem darauf geimpften

Hockerode bei Saalfeld und die Handelsgärtnerei von G. Geitner in Planitz bei
Zwickau in Sachsen.

Baume mit und verlängert so dessen Lebensdauer. Die Wahl der Samen ist hierbei nicht gleichgiltig. Die Samen müssen vollkommen reif, ausge= bildet und wohlgeformt sein. Aepfel= und Birnkerne müssen groß und schwer sein und erstere dunkelbraun, letztere schwärzlich aussehen. Man ge= winnt sie hauptsächlich bei der Most= und Essigbereitung, außerdem noch durch Sammeln der in Küche und Haus gewonnenen Kerne. Es ist aber nicht gut, dieselben von vielerlei Obst zu nehmen, da sich sonst unter den Bäumen das Wachsthum sehr ungleichmäßig zeigt. Die beim Mostpressen gewonnenen Kerne werden in der Regel nicht rein gemacht, sondern sogleich im Herbst mit einem Theil der Trestern gesäet und gehen zeitig im Früh= jahr auf. Will man die Kerne erst im Frühjahr säen, so müssen sie gerei= nigt werden, weil die mit Trestern vermischten Kerne über Winter verfauern und verfaulen. Man siebt und wäscht die Trestern zu diesem Zwecke aus, läßt die Kerne abtrocknen und hebt sie dann an einem kühlen, trockenen Orte in Säcken auf. Gute trockene Kerne von Kernobst, welche die Wasser= probe bestanden haben, d. h. untersinken, halten sich, kühl aufbewahrt, 3—4 Jahre, liegen aber dann lange in der Erde, ehe sie keimen. Steinobst länger als bis zum Frühjahr aufzubewahren, ist nicht rathsam, noch weniger Nüsse und Kastanien. Besser ist es, wenn man die Kerne, sobald man eine hin= reichende Menge hat,* in Töpfe mit Sand legt und vorkeimen läßt, worauf wir sogleich zu sprechen kommen. *Namen der Kirsche Holz bann

Für Baumschulen, welche blos zu Hochstämmen für freie Anpflanzungen bestimmt sind, liefern die Mostäpfel und Birnen, also deren Trester, vor= treffliche Unterlagen, da es meist Bäume von kräftigem, hohem Wuchs und großer Tragbarkeit sind, Eigenschaften, die nicht ohne Einfluß auf den ver= edelten Stamm bleiben. Obst von schwachen, kränklichen oder gar krebsigen Bäumen kann auch keinen gesunden Samen liefern und ist deshalb zur An= zucht von Wildlingen unbrauchbar. In größeren Baumschulen ist es von großem Nutzen, verschiedene Sämlinge heranzuziehen, und deshalb nicht genug zu empfehlen, daß man besondere Saaten von schwachtreibenden, niedrigbleibenden macht, namentlich von Birnen, um später Zwergbäume daraus zu ziehen, indem man schwachwüchsige Sorten darauf veredelt. Auch die Holzbirnen geben viele schwachtreibende Wildlinge. Selbst von frühem und spätem Obst sollten die Samen besonders gesammelt und gesäet werden, damit man Früh= und Spätobst darauf veredeln könnte, was wenigstens in Bezug auf Frühobst immer einigen Einfluß auf die Reifezeit haben könnte.

39. Von Steinobst säet man, wie schon früher erwähnt wurde, die Steine von Zwetschen und anderen Pflaumen, Süßkirschen, Mahaleb=

Kirschen, Schlehen, und seltenen Aprikosen, Pfirsichen süße Mandeln mit harter Schale. Zwetschen und andere Pflaumensorten, welche sich aus Steinen echt fortpflanzen, z. B. Damaszener=Pflaumen, Spillinge, Marunken u. s. w. säet man für sich allein, theils weil man einen Theil unveredelt lassen kann, theils um passende Sorten darauf zu veredeln, da die Zwetschen nicht so gut für manche Pflaumen und für Pfirsiche sind, wozu sich dagegen die Pflaumen mit wolligen Trieben und Blättern eignen. Die Pflaumen=, namentlich die Zwetschensteine sind oft nicht keimfähig, oft liegt es aber auch an der falschen Behandlung der Saat, wenn sie nicht aufgeht. Man erkennt die nicht keimfähigen Steine, wenn sie im Wasser obenauf schwimmen. Sie dürfen bei der Saat nur ¼ Zoll stark bedeckt werden. Ebenso werden die schwarzen und hochrothen Kirschen besonders gesäet, um später ähnliche verwandte Sorten darauf veredeln zu können. Sauerkirschen werden selten ausgesäet, da sie ganz entbehrlich sind, besonders seitdem die Mahaleb=Kirschen zu Zwergbäumen verwendet werden. Will man die Kirschensteine nicht vorkeimen lassen, was jedoch immer das Beste ist, so müssen sie sogleich nach der Reife gesäet werden, damit sie nicht zu sehr austrocknen. Man säet dann die Vogelkirsche-mit dem Fleische. Um jedoch an Land zu sparen und das Reinigen einer größeren Fläche zu umgehen, kann man sie erst recht dicht zwischen lockere Erde oder alte halberbige Sägespäne säen und erst im Frühjahre, wenn sie keimen, richtig säen oder pikiren. Ebenso verfährt man mit anderen langsam keimenden Steinen, namentlich Schlehen oder Cornel= Kirschen, welche 2 Jahre in der Erde liegen. Mahaleb=Kirschen, die fast alle Jahre reichlich Samen tragen und in den meisten Landschaftsgärten 'zu finden sind, säet man im Herbste mit dem Fleische. Aprikosen=, Pfirsich= und Mandelsteine säet man selten sogleich in die Erde, sondern läßt sie lieber vorkeimen, weil sie sonst zu lange in der Erde liegen und oft genug gar nicht aufgehen. Mit einiger Vorsicht kann man jedoch die harte Schale aufklopfen, auf welche Art die Kerne sehr schnell keimen.

40. Welsche Nüsse, Haselnüsse und Kastanien müssen so reif sein, daß sie aus der Schale fallen, und entweder sogleich gesäet werden oder, was stets besser und hier der Mäuse wegen fast nöthig ist, zum Vorkeimen in Sand gelegt werden. Manche legen welsche Nüsse mit der grünen Schale im Herbst in die Erde, um den Mäusen den Geschmack zu verderben, das Vorkeimen ist aber immer sicherer. Bei den Nüssen sieht man darauf, daß der Same von einer großen, vollkernigen und wohlgeformten Sorte kommt, denn es besteht auch unter den nicht veredelten Nußbäumen ein großer Unterschied in den Früchten. Will man aber blos Veredlungsunterlagen erziehen, die man neuerdings häufig braucht, weil verschiedene Spielarten

durch Impfen vermehrt werden, so ist die Sorte gleichgiltig. Um schöne Kastanien zu erziehen, muß man die besten und größten Früchte säen, die man bekommen kann, am liebsten italienische oder spanische Maronen, die meist keimfähig in den Handel kommen. Für rauhere Gegenden sind jedoch die mehr akklimatisirten rheinischen oder tyroler Kastanien besser. Zu Ver= edlungsunterlagen nimmt man beliebige Kastanien. — Mispeln, Azarolen und die übrigen schon unter 21 ff. genannten Kernfrüchte säet man im Herbste, weil sie lange in der Erde liegen müssen. — Beerenfrüchte säet man nur zur Gewinnung neuer Sorten und zwar sogleich nach der Reife oder im Frühjahr, nachdem man die Kerne hat vorkeimen lassen. Von Himbeeren, Brombeeren, Stachel= und Johannisbeeren kann man vorher den Saft auspressen und in der Küche benutzen, dann den Rest mit dem Samen in der Sonne trocknen, wenn man nicht sogleich säen will.

Zubereitung der Saatbeete und Aussaat.

41. Das zur Aufnahme des Samens bestimmte Land muß schon vor= her kultivirt und von bester Beschaffenheit, d. h. locker, frei von Steinen und Unkraut und sehr nahrhaft sein. Es ist besser, wenn es nicht frisch ge= düngt wird; muß aber frischer Dünger hinein, so wird er tief untergegra= ben, damit die Samen nicht unmittelbar damit in Berührung kommen. Diese Vorsicht ist jedoch unnöthig, wenn schon halberbiger Mist verwendet wird. Das Land wird wie zum Gemüsebau tief und fein gegraben, mit dem Rechen geebnet und in Beete abgetheilt. Es ist zweckmäßig, einen festen Platz für die Saatbeete zu bestimmen und die Beete mit Brettern oder Steinen einzufassen. Man muß aber stets doppelt so viel Beete haben, als man braucht, weil abwechselnd die Hälfte zum Gemüsebau benutzt werden muß, um die Samen nicht in frische Düngung zu bringen. Wollte man dies vermeiden, so müßte die Erde öfter gewechselt und eine gute unkraut= freie Kompost= oder Gartenerde angewendet werden.

Die Saat geschieht im Herbste und Frühjahr bis spätestens Anfang April bei trockenem Wetter, entweder breitwürfig oder in Reihen. Die Reihensaat ist darum vorzuziehen, weil sie bequemer ist und die Erde zwischen den Reihen besser aufgelockert werden kann. Bei der breiten Saat hingegen bekommen die einzelnen Sämlinge mehr Platz und sie ist vorzuziehen, wenn man die Sämlinge bald nach dem Aufgehen pikirt (verstopft), wie es unter 43 beschrieben und empfohlen wird. Säet man die Kerne mit allen Trestern, so breitet man sie über das ganze Beet gleichmäßig aus und hackt sie mit einem Rechen oder mit einer leichten Hacke unter, so daß sie reichlich 1 Zoll tief mit Erde bedeckt werden, oder man breitet eine Schicht guter

loderer Erde darüber. Gereinigte oder nur mit wenigen Trestern ver=
mischte Kerne werden in Reihen gesäet, erstere dünner als letztere, weil
diese ohnedies dünner aufgehen. Steinobst sollte man immer vorkeimen
lassen, wie in den nächsten Sätzen beschrieben werden soll. Sollen die
Steine im Herbste gesäet werden, was stets geschehen muß, wenn man sie
nicht vorkeimen lassen will, so legt man sie 8 Tage in Mistjauche oder Urin,
damit die harte Schale etwas mürbe wird, und säet blos die untergesunkenen
Steine. Alle Steinfrüchte werden obenauf gesäet und festgetreten, weil sie
so besser aufgehen. Vorzüglich gut sollen Pflaumensteine keimen, wenn man
Bretter über die Beete legt und diese bis zur Keimung liegen läßt. Am
sichersten keimt Steinobst, wenn man die Steine aufschlägt und nur den
Kern säet, was bei einiger Uebung schnell und ohne Beschädigung geht,
indem man den Stein beim Schlagen auf die schmale Kante stellt. Es ist
nicht nöthig, daß der Stein davon abfällt, wenn er nur geborsten ist. Ich
rathe aber dies Aufklopfen nur bei solchen Steinen vorzunehmen, die man
im Winter eingeschichtet aufbewahrt hat, die aber noch nicht gekeimt haben.
Ein anderes gutes Verfahren bei Ansaaten im Großen ist, daß man die
Steine sogleich nach der Reife ganz dicht säet, gegen das Austrocknen mit
erdigem Mist oder einem anderen Stoffe bedeckt und die Einzelsaat erst im
April vornimmt, wenn sich die Keime zeigen. Alte oder sehr trockene
Birnen= und Aepfelkerne läßt man einen Tag lang im Wasser aufquellen,
auf welche Art sie viel besser keimen, zumal wenn sie im Frühjahre gesäet
werden. Weißdorn, Rosen (Rosa pomifera o. villosa), Cornelius=
Kirschen und Schlehen, welche sehr hart sind, daher langsam keimen, läßt
man ebenfalls in Mistjauche weichen, wenn man sie nicht in Sand schichtet.
Samen von verschiedenen Beerenarten, als Weinbeeren, Johannis=,
Stachelbeeren, Maulbeeren und Himbeeren, wovon man nicht viel braucht,
säet man am besten in ein halbwarmes Mistbeet. Auch Pfirsich= und Apri=
kosensteine keimen auf diese Art sehr gut.

Die Tiefe der Saatrinnen, die Bedeckung und Entfernung richtet sich
nach der Beschaffenheit und Größe der Samen. Man macht die Rinnen
oder Furchen wie zu Gemüse, welches in Reihen gesäet wird, entweder quer
über das Beet, oder, wenn man viel hat, der Länge nach längs der Schnur.
Man ziehe, wo es angeht, die Reihen von Osten nach Westen, weil sich so
die vertieften Rinnen feuchter halten, als bei nord=südlicher Richtung. Zu
Kernsaaten macht man die Furchen gegen 2—3 Zoll, zu Steinobst 4 Zoll
tief. Es empfiehlt sich in allen Fällen, die Saatrinnen nicht unten ohne
Sohle wie Ackerfurchen, sondern einige Zoll breit zu machen, was bei
kleinen Samen geradezu nothwendig ist. Wenn man gereinigte, auserlesene

Kerne säet, so werden sie ungefähr 1 Zoll weit einzeln von einander gelegt, aber nicht massenweise hingeworfen, wie es oft geschieht. Kirschen= und Pflaumensteine, welche sich keimfähig zeigen, können etwas weiter von ein= ander zu liegen kommen, Haselnüsse, Mandeln, Aprikosen und Pfirsiche mindestens 2 Zoll, Wallnüsse und Maronen gegen 6—8 Zoll. Weißdorn= samen, welche nicht vorgekeimt sind, säet man am besten breitwürfig und nicht zu dünn, weil viele Kerne erst im zweiten und dritten Jahre aufgehen, nachdem man die im ersten Jahre gekommenen entfernt hat. Wallnüsse, Lambertsnüsse, Maronen, sowie Pfirsich=, Aprikosen= und Mandelsteine legt man so, daß die Spitze nach unten kommt, weil dann die Wurzel ohne Krümmung sogleich in bleibender Richtung eindringt.

Die breitwürfige Saat wird mit dem Rechen eingeharkt oder mit guter Erde 1 Zoll hoch bedeckt. Eine sehr gute Deckung soll Rasenasche sein, wie sie in Forstbaumschulen gebräuchlich ist. Zweckmäßig ist sie aber nur dann, wenn der Rasen an Ort und Stelle gewonnen werden kann, oder wenn es an guter Komposterde fehlt. Man kann für die Saat nie zu gute Erde anwenden, denn hierdurch wird der Grund zu einem kräftigen Gedeihen gelegt.

Bei der Reihensaat zieht man entweder die Furchen mit dem Rechen zu oder bedeckt die Samen mit guter Erde, so daß noch Rinnen bleiben, worin sich das Wasser sammeln kann. Kernobst wird $\frac{1}{2}$ Zoll, Steinobst nach Verlauf des Winters eben so hoch bedeckt. Große Samen, z. B. Pfirsich=, Aprikosensteine, Wallnüsse und Maronen, drückt man einzeln so tief ein, daß sie dem Boden der Furche gleich liegen und breitet dann 1—$1\frac{1}{2}$ Zoll Erde darüber. Wenn man die Saatbeete mit verrottetem Mist, alten Sägespänen von weichem Holze, Brechangen (Flachsschäben) u. s. w. be= deckt, was sehr vortheilhaft ist, um die Erde feucht und locker zu erhalten, und zugleich das Unkraut sowie Thiere abhält, so kann die Erdbedeckung etwas schwächer sein.

In sehr lockerem Boden ist es zweckmäßig, bei später Frühjahrssaat unentbehrlich, daß man die Saatbeete oder Reihen festdrückt (wie Zwie= belsaat).

Die Herbstsaat wird von Mäusen angefressen, sowie im Frühjahr von Vögeln beschädigt. Man kann und muß dagegen einige Vorsichtsmaß= regeln anwenden. Ein sehr gutes Mittel ist, daß man die Saatbeete vor= her ausgräbt und den Boden, sowie die Seiten, bis zum Beetrande mit zer= hackten dornigen und stechenden Zweigen (Stachelbeeren, Berberitzen, Wachholder u. s. w.) bedeckt, weil die Mäuse ihr Winterlager gern unter solchen Beeten aufschlagen. Zeigen sich sehr viele Mäuse in einer Baum=

schule oder im Felde, so ist es sehr zweckmäßig, um die Saatbeete herum
einen 2 Fuß tiefen und 1 Fuß breiten Graben mit senkrechten Wänden aus=
zustechen. In solchen Gräben kann man ungemein viel Mäuse fangen oder
durch Katzen fangen lassen. Manche sichern ihre gemauerten Saatbeete
durch Bedecken mit einem Drahtgitter oder Laden gegen die Mäuse. Will
man solchen Aufwand machen, so empfehle ich Gitter von schwachen Holz=
stäben, welche auch zum Beschatten dienen können. Doch sind auch Draht=
gitter noch zu' anderen Zwecken zu gebrauchen, z. B. zum Schutz gegen
Vögel an Spalieren, und deshalb nicht weniger zu empfehlen. Ist das
Grundstück sehr von Maulwürfen heimgesucht, so schützt man die Beete am
besten, indem man den Boden bei $1\frac{1}{2}$—2 Fuß Tiefe und die Seiten mit
glatten Dachziegeln oder Schiefer förmlich auspflastert. Die keimende
Saat belegt man im Frühjahr mit Nadelholzreisern oder anderen Zweigen,
damit Hühner, Krähen, Sperlinge u. s. w., welche gern die jungen Spitzen
abfressen, abgehalten werden.

Das Vorkeimen der Obstsamen.

42. Das Vorkeimen besteht darin, daß man harte Samen nach der
Reife oder Gewinnung zwischen Sand oder erdige Stoffe schichtenweise ein=
legt und erst im Frühjahr wirklich säet. Sehr harte Samen legt man vor
dem Einschichten einige Tage in Wasser. Es ist dies die sicherste Art der
Saat, bei welcher man auf jeden Samen zählen kann und wobei nichts
durch die Mäuse verloren geht. Man legt die Steine von Mandeln, Apri=
kosen, Pfirsichen, Pflaumen, Kirschen, ferner Wallnüsse, Lambertsnüsse,
Maronen, seltener Aepfel=, Birnen=, Weißdorn= und Mispelkerne schichten=
tenweise zwischen feuchten Sand, so daß stets eine Lage von einigen Linien
Sand mit einer Schicht Samen abwechselt. Kernobst und feinere Samen,
z. B. Weißdorn, vermischt man einfach mit Sand. Man nimmt dazu
Töpfe, Kisten und allenfalls auch Körbe. Wenn die Gefäße nicht durch=
löchert sind, so muß man auf den Boden eine Schicht Steine oder Moos
zum Wasserabzug anbringen, denn es kommt vor, daß die Saat angefeuchtet
werden muß, und dann setzt sich alles Wasser unten hin. Zu Steinobst,
namentlich Kirschen und Pflaumen, braucht man keine Gefäße, sondern
schichtet sie einfach in Gruben oder macht mit Erde vermischte Haufen,
welche man mit einem Deckmaterial umgiebt, um das Durchfrieren zu ver=
meiden. Die Gefäße werden an einem frostfreien Orte, in Kellern oder
Gewölben aufbewahrt, oder auch an einer warmen, nicht nassen Stelle
2 Fuß tief in die Erde gegraben und mit einem Deckel verschlossen. Sammelt
man während des Winters noch Kerne, so werden sie nach und nach in

Sand gelegt, sobald man eine hinreichende Menge hat. Der Sand muß feucht sein, damit er nicht begossen zu werden braucht, was nicht gut an= geht. Es ist daher rathsam, in trockenen Kellern die Gefäße in den Boden zu versenken. In der Mitte des Winters untersucht man den Sand, ob er trocken geworden ist, und feuchtet ihn in diesem Falle an, was durch an der Oberfläche eingedrückte Löcher geschieht. Zeigt sich Ende Februar bis Mitte März noch keine Spur von Keimen, so wird nochmals gegossen. Im März untersucht man vorsichtig die eingeschichteten Samen. Ist der Keller oder Platz, wo sie eingegraben waren, warm, so werden die meisten schon Spuren der Keimung zeigen und man läßt sie dann stehen. Ist dies aber nicht der Fall, so bringt man die Gefäße an einen feuchtwarmen Ort, also in ein warmes Gewächshaus, Mistbeet oder in einen warmen Stall. Samen, welche bald keimen, muß man entweder später, etwa gegen Weih= nachten, einschichten oder sehr kühl aufbewahren, damit sie nicht zu früh keimen. Solche sind Mandeln, Maronen, Haselnüsse. Ende April haben die meisten Samen gekeimt. Man thut daher wohl, die gekeimten Samen auf besondere Saatbeete in der (unter 41) angegebenen Entfernung aus= zulegen. Da von den gekeimten Samen bei richtiger Behandlung selten etwas zu Grunde geht, so darf man sie nicht dichter legen, als sie als Pflanzen stehen sollen. Eine solche regelmäßige Saat wird durch den Ge= brauch des oben (unter 21) beschriebenen Loch= oder Dibbelholzes erzielt. Man legt dann in jedes Loch nur einen gekeimten Samen. Doch sind diese Umstände nicht nöthig, wenn man das unter 43 beschriebene Verstopfen anwendet. Zur Aussaat muß man wo möglich einen etwas trüben Tag wählen und sie bei trockenem Ostwinde unterlassen, weil sonst die Keime von Sonne und Luft leicht Schaden leiden können. Man stürzt ein Gefäß nach dem andern vorsichtig auf ein Tuch, Bret oder einen glatten Platz, liest die gekeimten Samen in ein kleines Gefäß und übergiebt sie, ohne viele auf einmal auszulesen, so schnell als möglich der Erde, damit sie nicht austrocknen. Kleine Samen liest man nicht aus, sondern übergiebt sie der Erde mit dem Sande. Dies ist auch bei Kirschensteinen zu empfehlen, da die jungen Kirschen in sandiger Erde einen ungemeinen Wurzelreichthum bekommen, weshalb man die Steine auch mit Sand bedecken kann. Bei größeren Samen bringt man die Stelle, wo die zuerst erscheinende Herz= wurzel (das Schnäbelchen) sitzt, unten hin, damit diese sogleich die gehörige Richtung bekommt. Dabei darf man aber nicht stark aufdrücken, um das leicht zerbrechliche Schnäbelchen nicht zu verletzen oder abzubrechen. Ist die Herzwurzel schon einen Zoll lang, so kneipt man mit den Fingernägeln die Spitze ab, was so gut ist wie Pikiren. Sobald einige Reihen fertig sind, bedeckt man die Samen einige Linien hoch mit guter feiner Erde, wenn auch bereits das Stämmchen (Keimfederchen) mit den Samenlappen sich erhoben haben sollte, denn während der ersten Tage dürfen sie mit Luft und Sonne nicht in Berührung kommen, weil sie sonst sogleich zu Grunde gehen. Besser ist es freilich, wenn die Keimung noch nicht so weit vor= geschritten ist, aber es finden sich oft einzelne Samen darunter, welche früher kommen. Die Erde, wohin solche gekeimte Samen kommen, muß sehr gut und fein sein. Hat man viele Samen zu legen, so ist es am besten wenn drei Personen dabei thätig sind, eine für das Auslesen, eine für das Legen und eine zum Bedecken.

2. Behandlung der Obstsaat bis zum ersten Verpflanzen.

43. Die Saatbeete werden bei trockener Witterung tüchtig gegossen, außerdem von Unkraut völlig rein gehalten. Sollte die Erde eine harte Kruste bekommen, was indessen nur geschehen kann, wenn man die Beete nicht, wie oben angegeben, bedeckt hat, so lockert man dieselbe auf der Ober= fläche leicht mit einem schmalen Rechen oder einem dazu geeigneten Zinken= häckchen auf, damit die Spitzen leicht durchkommen. Die meisten Samen gehen im Mai, manche aber erst spät im Juni auf. Hatte man Reiser auf das Beet gelegt, so werden diese weggenommen. Sollten nach dem Auf= gehen noch harte Fröste zu befürchten sein, so muß man die Beete des Nachts bedecken, sonst kann in einer Nacht die ganze Wildlingszucht ver= loren gehen. Sowie die Oberfläche hart wird, muß das Beet behackt werden. Wurde in Reihen gesäet, so ist jedes schmale Häckchen gut dazu, sind aber die Sämlinge auf dem ganzen Beete vertheilt, so nimmt man die Zinkenhacken. Das Auflockern des Bodens thut vortreffliche Dienste und wird doch so oft vernachlässigt.

In der Regel läßt man die Sämlinge 2 Jahre auf dem Saatbeete stehen. Werden aber die Samen nicht dicht gelegt, so giebt es in gutem Boden meistens schon im nächsten Frühjahre viele starke Pflanzen, die man vorsichtig aushebt und schon in die Baumschule versetzen kann. Sollten die Pflanzen zu dicht aufgegangen sein, so müssen sie verdünnt werden, indem man die ausgezogenen pikirt.

Neuerdings befolgt man in vielen Baumschulen die sogenannte Bier= mann'sche Wildholzzucht=Methode, indem man die kaum aufgegangenen Pflänzchen, nachdem sie das zweite bis vierte Blatt gebildet haben, oder noch früher, von den Saatbeeten aushebt und in Reihen pflanzt (verstopft oder pikirt). Je weiter man sie pflanzt, desto stärker werden diese Säm= linge, jedoch giebt man den Reihen meist 6 Zoll, den Pflanzen selbst in der

Regel 2—3 Zoll Abstand. Auf diese Weise erzeugt sich eine ungemein reiche Bewurzelung ohne Pfahlwurzel. J. Schamal in Jung=Bunzlau, welcher sich durch diese Wildlingszucht=Methode einen wohlverdienten Ruf erworben hat, giebt an, daß er so in einem Jahre Kirschensämlinge von 4—5 Fuß Höhe gezogen habe, die als zweijährige Bäumchen mit Kronen ins Freie gepflanzt wurden. Solche Erfolge sind natürlich nur in vorzüg= lichem Boden zu erwarten. Aber so viel steht fest, daß die verstopften Sämlinge viel stärker werden, als die stehen bleibenden, und die Praxis in Jung=Bunzlau beweist, daß sich der nicht unbedeutende Aufwand an Arbeit bezahlt macht. Den besten Erfolg hat das Pikiren bei Birnen und Weiß= dorn, welche von Natur Neigung zu einer starken Pfahlwurzel ohne Seiten= wurzeln haben. Das Pikiren wird wie das Pflanzen von Gemüse aus= geführt. Man wählt dazu einen trüben Tag oder die kühlsten Stunden. Das Land muß hierzu frisch gegraben sein, und man thut wohl, stets nur so viel graben zu lassen, als man zu bepflanzen gedenkt. Um jedoch schneller zum Ziele zu kommen, kann man sich eines vielzinkigen Pflanzers oder Handdiebelholzes bedienen, wie es im Kleinen bei Radieschen, im Großen beim Maisbau gebräuchlich ist. Es genügt hierzu eine Art weitzinkiger Rechen mit starken Zinken oder ein ähnliches Holz, wo die Zapfen von der Stärke eines schwachen Pflanzholzes, 3—4 Zoll von einander und nicht über 3 Zoll lang sind. Mit diesem Instrument macht man 10—12 Löcher auf einmal. Macht man einen Rahmen von Latten, wie eine Egge geformt, von der Breite des Saatbeetes, mit entsprechender Entfernung der Zinken (die Reihen 6 Zoll, die Zinken in den Reihen 3 Zoll), so kann man mit einem Druck 100 Löcher auf einmal machen, je nachdem der Rahmen groß ist. Die Wurzelspitzen der Sämlinge werden bis auf 2 Zoll Länge abge- schnitten. Das Pflanzen geschieht nun mit der Hand und einem Holz, um die Erde damit mäßig anzudrücken. Die Löcher werden nicht ganz zu- gemacht, damit das Wasser beim Angießen darin bleibt. Ich halte es für nothwendig, daß die Beete mit den pikirten Pflanzen einige Tage beschattet werden, wenn es die Witterung nöthig macht*). Nach dem Pflanzen kann man die Beete mit halbverwestem Dünger bedecken, um die Erde feucht zu halten. Wo die Erde des Beetes nicht vorzüglich ist, muß Kompost ange- wendet werden. Man kann auch, wie es beim Waldbau Gebrauch ist, Rasenasche anwenden, wenn man sich dieselbe verschaffen kann, was jedoch

---

*) In Jung-Bunzlau wird nie beschattet, was auch nicht möglich ist, da man dort Flächen von 5—6 Joch (mehr als 10—12 preußische Morgen) mit pikirten Säm- lingen besetzt, wobei es nicht darauf ankommt, ob einige Tausend verloren gehen.

so zeitig im Sommer selten der Fall ist. Manche Baumzüchter, welche das Pikiren anwenden, säen in Holzkästen, welche das Gute haben, daß man sie gegen Mäuse schützen und einer künstlichen wärmeren Temperatur in Mistbeeten u. a. O. aussetzen kann, um das Keimen zu befördern. Die Saat wird hier, wie überhaupt, wenn pikirt werden soll, sehr dicht gemacht. Einige Gärtner warten dann nicht ab, bis die Pflanzen zwei wirkliche Blätter haben, sondern pikiren schon, wenn auch erst die Samenlappen daran sind, sobald die Wurzel lang genug ist. Das Pikiren hat auch viele Gegner, denen es nicht gelang. Sicher ist, daß der Boden locker, leicht und gut sein muß, daß sich Lehmboden nicht dazu eignet, daß also eigentlich nur in Sandboden das Pikiren im Großen angewendet werden kann. Nach einer Mittheilung aus Jung=Bunzlau ist dort der lockere Boden nicht einmal spatenstichtief, so daß die Wurzeln nicht tiefer eindringen können und sich daher stark verzweigen.

Ein ähnlicher Erfolg wird erreicht, wenn man ein Jahr nach der Saat die Pfahlwurzeln der bleibenden Wildlinge an den in Reihen gesäeten Sämlingen von zwei Seiten mit einem langen scharfen Spaten durchsticht, ohne sie aus der Erde zu nehmen. Sollte die Saat ziemlich dicht gerathen sein, so muß man die zu dicht stehenden ohne Beschädigung der bleibenden heraus= nehmen, was am besten geht, wenn man mit dem Spaten oder der Mist= gabel den Boden etwas hebt. Hierauf werden die bleibenden Sämlinge wieder festgedrückt und begossen, die ausgezogenen aber 3—4 Zoll von einander auf ein besonderes Beet gepflanzt. Bei Birnen ist es unerläßlich, daß alle im ersten Jahre verpflanzt werden, damit die Herzwurzel gekürzt werden kann.

Das Abräumen der nach gewöhnlicher Art behandelten Beete geschieht meistens erst zwei Jahre nach der Saat, wovon wir im folgenden Abschnitte sprechen werden. Die Beete werden stets von Unkraut rein gehalten und aufgelockert.

Manche Baumzüchter schneiden die einjährigen, unverpflanzten Säm= linge, besonders die Aepfel, im ersten Frühjahre nach der Saat mit einem scharfen Messer dicht über dem Boden ab, so daß nur ein Auge bleibt, aus welchem sich ein kräftiges Stämmchen entwickelt. Bei Steinobst darf es nie geschehen.

44. Einige Obstarten pflanzen sich rein oder wenigstens ziemlich ähnlich aus Samen fort. Diese werden ganz auf dieselbe Weise angezogen. Es braucht kaum erwähnt zu werden, daß dasselbe Verfahren auch bei den= jenigen Sämlingen beobachtet wird, welche sich nicht rein fortpflanzen, die man aber zur Erziehung neuer Sorten unveredelt läßt. Aus Samen

pflanzen sich mehr oder weniger rein fort: Pfirsiche, besonders der Apri=
kosenpfirsich (Pêche Abricotée, P. de Burai, P. d'Orange, Admirable
jaune, Grosse jaune), der Maltheserpfirsich (P. de Malte oder Belle de
Paris), die Bourdine; Aprikosen, besonders die Aprikose von Nancy oder
Pfirsichaprikose (Apricot de Nancy, A. Pêche), die Ananasaprikose
(A. de Hollande); einige Pflaumen, besonders die Reineclaude und ge=
meine Zwetsche oder Bauernpflaume, Spillinge, Kriechen, Marunken, Ro=
sinenpflaumen, die jedoch häufiger eine geringere Nachkommenschaft liefern;
Wallnüsse, Maronen, Maulbeeren, Mispeln, Cornelkirschen, Quitten.
Kirschen arten zwar nicht oft genau auf die Stammsorte, geben aber aus
Samen erzogen häufig recht gute Früchte, weshalb es in den Kirschen=
gegenden auch Gebrauch ist, die Bäume erst tragen zu lassen und nur zu
veredeln, wenn die Früchte werthlos sind.

**3. Erziehung der Wildlinge, sowie der unveredelt bleibenden Bäume und
Sträucher durch Ausläufer, Ableger und Stecklinge.**

45. Erziehung durch Ausläufer. Dies ist die einfachste und am
wenigsten Mühe verursachende Vermehrung der Obstpflanzen, jedoch nur bei
einigen Arten möglich. Ausläufer (Wurzelausläufer, Sprossen, Schößlinge)
bilden, wie schon im dritten Abschnitte erwähnt wurde, die Pflaumen, einige
Sauerkirschen (Weichsel), Splitt= und Heckäpfel, Paradiesäpfel, Quitten,
Zwergpflaumen (Prunus pumila), Kirschpflaumen (Prunus cerasifera),
Zwerg= oder Strauchkirschen (Prunus Chamaecerasus), Feigen, Stachel=
beeren, Johannisbeeren, Himbeeren, Haselnüsse, Felsenmispeln (Cotoneaster), Schwarzbirnen (Aronia) und Felsenflühbirne (Amelanchier).
Heidelbeeren, wovon man nur die weißfrüchtige Sorte in den Gärten zieht,
werden durch Zertheilen der Büsche vermehrt.

Pflaumen=, Johannisbeer= und Stachelbeer=, Weichsel= und Feigen=
ausläufer sind meistens so stark, daß sie sogleich in die Baumschule versetzt
werden können, sobald man sie von der Mutterpflanze abnimmt. Himbeer=
ausläufer sind sogleich pflanzbar und kommen gar nicht erst in die Baum=
schule (außer wenn sie schwach sind). Pflaumen kann man, wenn sie gut
bewurzelt sind, zuweilen sogleich veredeln, doch sind so starke Ausläufer
meist nicht viel werth und man thut besser, schwächere zu nehmen und sie
behufs der Wurzelbildung auf besondere Beete zu pflanzen. Man schneidet
oder sticht die Ausläufer mit einem Messer oder scharfen Spaten ab und
hütet sich, dabei die Wurzeln der Mutterpflanze zu beschädigen, es sei denn,
daß man das Hervorkommen neuer Sprossen dadurch befördern wollte.

Wollen sich keine Ausläufer bilden, so kann man die Wurzeln der Mutter=
pflanze etwas von Erde entblößen. Nicht alle Ausläufer sind bewurzelt
und man muß öfter starke Pflaumenschößlinge wegen Mangel an Wurzeln
wegwerfen. Die Ausläufer von Pflaumen, Sauerkirschen, Beerenfrüchten,
Feigen und Haselnüssen nimmt man von alten Pflanzen.

Hat man größeres Bedürfniß nach Ausläufern, als die vorhandenen
Mutterbäume oder Sträucher liefern, so schneidet man dieselben nahe über
dem Boden ab, wo sich dann die Ausläufer in Menge bilden. Von jünge=
ren Bäumen hat man keine Ausläufer zu erwarten. Zum Bedarf großer
Baumschulen und zum Verkauf einer großen Menge von Splittäpfeln, Para=
diesäpfeln, Quitten, Zwergpflaumen und Zwergkirschen ist es am besten,
heckenartige Pflanzungen in gutem, lockerem Boden anzulegen. Jedes
Jahr, im Februar oder März, schneidet man die Triebe nahe am Boden
ab und lockert die Erde zu beiden Seiten auf, wodurch sich zahlreiche Aus=
läufer erzeugen, die man behutsam von der Mutterpflanze trennt und
6 Zoll entfernt auf besondere Beete pflanzt, wo sie wie die Sämlinge
behandelt werden. Quitten bilden nie reichlich Ausläufer, und müssen mehr
durch Stecklinge und Ableger erzogen werden. Erzeugen sich keine Aus=
läufer, so häufelt man die Erde um die Pflanze an und begießt sie zuweilen,
damit die jungen Triebe sich bewurzeln. Quittensträucher darf man nicht
jedes Jahr über der Erde abschneiden. Die abgeschnittenen Zweige benutzt
man zu Stecklingen, sofern das Holz tauglich ist.

Die von den Mutterpflanzen abgenommenen Ausläufer werden, je
nachdem sie stärker oder schwächer und wurzelreich sind, länger oder kürzer
eingeschnitten und 4 Zoll weit von einander in sehr gute lockere Erde auf
besondere Beete oder zwischen die Reihen der zuletzt angepflanzten Stämm=
chen in die Baumschule versetzt, wenn hier der Boden gut ist, oder auch,
wenn sie stärker sind, sogleich an die Stelle gepflanzt, wo sie veredelt werden,
oder, wenn dies nicht nöthig ist, wo sie stehen bleiben sollen, was, wenn
Platz genug da ist, immer den Vorzug verdient, weil Arbeit erspart wird.
Die auf Beete dicht zusammen gepflanzten Ausläufer werden im Sommer
ganz wie Samenpflanzen behandelt.

46. **Vermehrung durch Ableger oder Senker.** Durch Ableger ver=
mehrt man das Beerenobst, mit Ausnahme der Himbeeren und Berbe=
ritzen (Sauerdorn, die sich leicht durch Samen vermehren), Quitten,
Zwergkirschen, Pflaumen, Zwergpflaumen, Feigen, Haselnüsse und sel=
tener Kastanien, weil daraus nie eigentliche Bäume entstehen. Diese
sämmtlichen Pflanzen sind als Sträucher zu betrachten. Man pflanzt zu
diesem Zwecke junge Sträucher in Reihen 5—6 Fuß von einander auf

5 Fuß breite Beete mit guter Erde.   Im zweiten Jahre nach der
Pflanzung schneidet man sie über der Erde ab, in Folge dessen sie viele
junge schlanke Triebe bilden, welche die besten Ableger geben. Zwergäpfel,
Quitten, Stachel= und Johannisbeeren, Pflaumen (z. B. Julienpflaume)
und Feigen braucht man nicht eigentlich abzulegen, d. h. in die Erde zu
legen, sondern füllt blos die Erde so hoch auf, daß die jungen Triebe unten
damit bedeckt sind, auf welche Art sie sich leicht bewurzeln. Die übrigen
Pflanzen, also Weinreben, Maulbeeren und Haselnüsse müssen förmlich in
die Erde gelegt und eingeschnitten, gedreht oder geringelt werden.. Wein=
reben und Beerensträucher bewurzeln sich aber auch sehr leicht ohne Ver=
wundung. Man nimmt hierzu nur vorjähriges Holz, denn ältere Zweige
bewurzeln sich äußerst schwer.

Das Verfahren beim Ablegen der Zweige ist folgendes (Fig. 20). Man
macht um den Strauch einen kleinen Erdwall von 4—6 Zoll   Fig. 18.
Höhe, damit das Wasser nicht ablaufen kann und der Endzweig
eine etwas aufrechte Richtung bekommt. Die so entstandene
kesselartige Vertiefung, deren Weite sich nach der Länge der
Zweige richtet, wird, wenn der Boden nicht schon gut ist, mit
lockerer Erde angefüllt. Hierauf schneidet man die brauchbaren
Zweige, wo nöthig, auf die bekannte Weise (Fig. 18) ein,
biegt sie nieder und befestigt sie mit Haken, worauf man die
eingeschnittene Stelle 2 Zoll stark mit Erde bedeckt. Ein
anderes Verfahren ist, daß man den Zweig ohne Einschnitt mit
einem spitzen Messer genau in der Mitte spaltet und den
Spalt durch ein eingeklemmtes Steinchen von einander hält.
Endlich kann man Zweige drehen (wie eine Bindweide)   Fig. 19.
oder wie einen Obstbaumzweig ringeln (Fig. 19), was
am schnellsten mit der Fig. 17 abgebildeten Ringelzange
geschieht. Nach einer Mittheilung von Lucas in der
„Monatsschrift für Pom." kann man einen Zweig sechs=
mal ringeln, wo sich, wenn derselbe horizontal in die
Erde gelegt wird, an jeder Stelle Wurzeln und ebenso
viele Pflanzen bilden. Der abgelegte Zweig wird mit
einem Haken am Boden befestigt und 2—3 Zoll hoch
mit Erde bedeckt. Fig. 20 stellt einen abgelegten
Strauch mit nicht eingeschnittenen Zweigen, Fig. 21
eine eingelegte, bewurzelte Weinrebe dar. Die Spitze
des abgelegten Zweiges wird möglichst nach oben
gebogen, was schon durch das Festhaken bewirkt wird. Hierbei hat

5 *

man sich sehr in Acht zu nehmen, daß der eingeschnittene Zweig nicht abbricht.

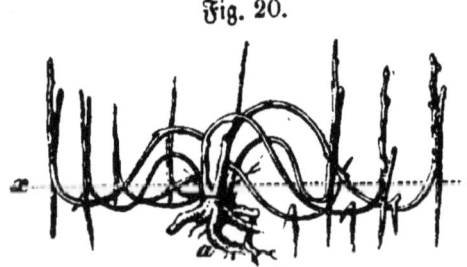

Fig. 20.

Dieses Ablegen geschieht am nackten Holze im Frühjahre; wenn nicht eingeschnitten wird, auch im Herbst und Winter. Man kann bei Stachel= beeren, Johannis= und Maulbeeren im Juli auch die Sommertriebe einle= gen, wobei die Blätter des in die Erde kommenden Theiles abgeschnitten (nicht

Fig. 21.

gestreift) werden. Solche Ableger bewurzeln sich noch bis zum Herbst und sind im nächsten Jahre abgebbare Pflanzen. Dasselbe gilt auch von Haselnüssen.

Ein eigenthümliches Verfahren, von einer Wein= rebe mehrere starke Ablegerpflanzen zu erhalten, besteht im Folgenden. Man legt lange Reben in einen 6—8 Zoll tiefen Graben, läßt die aufwärts gerichteten Augen austreiben, und umhüllt sie, sobald die Triebe 6—8 Zoll hoch sind, einige Zoll hoch mit sandiger Composterde. Wenn die Reben groß sind, kann man die Gräben zu $^3/_4$ zufüllen. Diese Ableger werden ziemlich feucht gehalten. Im Herbst kann man meist so viele Ableger ab= nehmen, als Augen getrieben haben.

Um recht kräftige Büsche zu erziehen, die mit Erdballen verpflanzt werden können und ohne Störung fortwachsen, legt man hin und wieder Zweige in länglichen Körbchen von groben Weiden ab. Diese Ver= mehrungsart ist jedoch in Baumschulen selten und nur bei Weinreben ge= bräuchlich, um schnell zu starken Stöcken zu kommen, die schon ein Jahr nach der Pflanzung tragbar sind, denn zu dem gewöhnlichen Bedarf giebt man sich bei dem Wein nicht die Mühe des Ablegens, da die Reben sich so leicht durch Schnittlinge vermehren lassen. Die Rebe oder der Zweig wird unten oder an der Seite durch den Korb gezogen.

Die bewurzelten abgeschnittenen Ableger werden meistens sogleich an Ort und Stelle gepflanzt oder von der Mutter weg verkauft. Nur die

Quitten, Aepfel, Pflaumen und Kirschen, welche zur Veredlung dienen sollen, kommen in die Baumschule. Beim Abnehmen der Ablegerpflanzen schneidet man in der Regel den Ast dicht an den Wurzeln ab. Sollten indessen auf eine große Länge Wurzeln und an dem eingelegten Zweige nach der Mutterstammseite zu Zweige oder Augen vorhanden sein, so kann man zwei und mehr Pflanzen daraus machen, indem man den bewurzelten Zweig in der Mitte durchschneidet, so daß jeder Theil Wurzeln hat.

Die Ableger müssen bei Trockenheit durchdringend begossen werden, denn obschon sie durch die Mutterpflanzen erhalten werden, so bilden sie doch nur bei hinreichender, gleichmäßiger Feuchtigkeit reichlich Wurzeln.

Es versteht sich von selbst, daß man zu den Mutterpflanzen, deren Abkömmlinge die Art rein fortpflanzen und nicht veredelt werden, die besten Sorten nimmt und daß man sie genau bezeichnet. Namentlich muß man bei den schwarzen Maulbeeren darauf sehen, daß die Mutterpflanze fruchtbar ist, da es viele ganz unfruchtbare Bäume giebt.

47. Vermehrung durch Stecklinge oder Schnittlinge. Die meisten Obstarten können durch Stecklinge fortgepflanzt werden, doch ist diese Art der Vermehrung nur bei Quitten, Paradiesäpfeln, Splittäpfeln (doucin), Kirschpflaumen, Weinreben, Johannis= und Stachelbeeren ge= bräuchlich und zweckmäßig. In England ist auch die Anzucht des kleinen Coodlin=Pepings durch Stecklinge gebräuchlich. Stecklinge von veredelten Kern= und Steinobstsorten wachsen in Mistbeeten und Vermehrungshäu= sern sowol aus jährigem, als aus jungem, halbreifem Holze, obschon nicht alle gleichgut. Man kann aber auf diese Art nach den bisher gemachten Erfahrungen keine kräftigen Bäume von langer Lebensdauer erziehen. Zur Obstbaumzucht in Töpfen mag indessen diese Vermehrungsart nicht ganz verwerflich sein, da nach verschiedenseitigen Erfahrungen auch beim Früh= lingsveredeln abgeschnittene Wildreiser Wurzeln schlagen, wenn man sie in ihrer ganzen Länge in die Erde steckt, so könnte man auf diese Weise viel= leicht schwachwüchsige Veredlungsunterlagen erhalten. Nach einer Mit= theilung in der Illustrirten Gartenzeitung 1867 wächst die Kopert'sche Fürstenbirne (Kop. Tafelbirne), eine in Böhmen und Sachsen sehr geschätzte Frucht, sehr leicht aus Stecklingen, so daß man nicht nur häufig wurzel= echte Bäume zieht, sondern auch diese Sorte als schwachwüchsige Ver= edlungsunterlage benutzen kann.

Die Stecklinge von Quitten, Paradies= und Splittäpfeln, Johannis= und Stachelbeeren und Weinreben werden vor Eintritt des Saftes, am besten im Winter, sogar noch im Herbst, geschnitten und im Freien in die Erde eingeschlagen, daß sie nicht austrocknen können. Das Stecken auf

Beete geschieht im Frühjahr. Man nimmt dazu einjähriges Holz, also junge, gesunde Triebe, mit engstehenden Augen und vermeidet so viel als möglich starke Triebe, da diese nicht so gut wachsen wie die schwächeren. Kann man ganze Aeste von einer Baum= oder Strauchart abschneiden, so reißt man die einzelnen Zweige, wenn sie nicht zu lang und stark sind, von oben nach unten vom alten Holze ab, so daß die Zweigwurzel, d. h. ein Stück vom alten Holze, die Stelle, wo das Auge saß, aus dem der Zweig entstanden ist, am Schnittlingszweige bleibt. Bei Weinreben und zuweilen auch bei andern Zweigen geht das Abreißen nicht an, und man muß den Zweig mit einem Stück des alten Holzes abschneiden. An dieser Stelle sind die Ausbildungsorgane vollkommener und gedrängter beisammen, als weiter oben am Zweige, weshalb auch die Wurzelbildung leichter erfolgt. Nimmt man die Stecklinge aber vom Mutterstocke, ohne ganze Aeste wegzunehmen, so reißt oder schneidet man sie nicht auf diese Art ab, weil die Pflanzen dadurch sehr beschädigt werden, so daß der Nachtheil den Vortheil der schnellern und allgemeinern Bewurzelung überwiegt, sondern man schneidet die Zweige mit einem scharfen Messer dicht unter einem Auge ab. Die abgerissenen Stecklinge müssen ebenfalls glatt geschnitten werden, weil sie so schneller Wurzeln bilden. Bei Johannis= und Stachelbeeren bricht man die in die Erde kommenden Augen aus. An diesen Stellen bilden sich Wurzeln und die Sträucher sind (nach Ch. Baltet) nicht so zu Ausläufern geneigt.

Die Länge der Stecklinge richtet sich nach der Beschaffenheit des Holzes und der Entfernung der Augen von einander und wechselt daher von 9 Zoll bis 2 Fuß (bei Weinreben). Quitten=, Paradies= und Splittäpfel=Steck= linge schneidet man, je nachdem die Zweige stark und die Augen enger oder weiter stehen, 9—12 Zoll lang. Nach einer Mittheilung in der „Schwei= zerischen Monatsschrift für Obst= und Weinbau" von 1866 wachsen Steck= linge von wilden und veredelten Obstbäumen jeder Art besser, wenn man die ganze Länge der Sommertriebe mit der Endknospe läßt, als wenn man sie wie gewöhnlich kurz schneidet. Man steckt die Schnittlinge auf Beete, welche so sorgfältig wie zur Saat zubereitet worden sind, an einem etwas geschützten, mehr feuchten als trocknen Orte, 3 Zoll von einander, je nach= dem die Holzart ist, und so tief, daß nur zwei bis drei Augen über der Erde sind. Dies geschieht in schräger Richtung, weil die Wurzelbildung um so schneller geht, je näher das untere Ende, wo die Wurzeln entstehen, der Erdoberfläche kommt. Am leichtesten geht es mit Gräben, als wollte man Gehölz einschlagen. Kleinere Stecklinge können aber auch mit dem Pflanz= holze gesteckt werden. Wenn das Beet voll ist, bedeckt man die Oberfläche mit kurzem Mist, Moos, Sägespänen 2c., damit es sich stets feucht erhält, ohne daß man viel gießen muß. Die Stecklinge bewurzeln sich meist bis zum Herbst, und wenn auch viele bis dahin keine Wurzeln angesetzt, wie= wol sie getrieben haben, so thut man doch wohl, das Beet entweder schon im Herbst oder im Frühjahr abzuräumen und lieber die unbewurzelten Zweige wegzuwerfen oder, wenn es an Stecklingen mangelt, auf einen kleinen Platz besonders zu stecken. Die bewurzelten Stecklinge werden entweder sogleich in die Baumschule oder, wie die Sämlinge, 6—9 Zoll weit von einander auf besondere Beete in Reihen verpflanzt.

Wenn die Mutterbüsche von Paradies= und Splittäpfeln durch Aus= läufer und vermittelst des Anhäufelns junger Triebe eine hinreichende Menge von jungen Pflanzen liefern, was meistens der Fall sein wird, wenn kein Handel mit Wildlingen getrieben wird, so giebt man sich keine Mühe mit Stecklingen. Von Quitten hingegen kommt man selten auf diese Art zu vielen Pflanzen und muß sie daher durch Stecklinge vermehren, obschon im glücklichsten Falle meist nur die Hälfte der gemachten Stecklinge Wurzeln schlägt. Man muß daher immer doppelt so viel nehmen als man braucht. Die beiden Apfelsorten wachsen schon leichter.

Bei den Weinreben beobachtet man ein etwas abweichendes Verfahren und verschiedene Methoden. Das gewöhnliche, in den Weinländern allgemein gebräuchliche Verfahren ist folgendes. Man nimmt gut gereifte, mit vielen Augen versehene Reben und schneidet sie in 1—2½ Fuß lange Stücke (je nachdem die Augen entfernt stehen). Der untere Abschnitt geschieht entweder mit einem Stück des alten Holzes (wie oben erwähnt), in welchem Falle die Schnittlinge Knothölzer heißen (Fig. 22), oder bei !dem einfachen Schnittlinge dicht unter einem Knoten oder Auge des einjährigen Holzes. Die ersteren schlagen leichter Wurzeln und treiben kräftiger. Der obere Abschnitt wird mindestens 1 Zoll über dem Auge ausgeführt, weil das Rebholz sehr nachtrocknet und durch einen tiefern Schnitt das Auge gefährdet würde. Man kann nun die zugeschnittenen Stücke sogleich in die Erde bringen, was in Reb= schulen gewöhnlich geschieht, oder man bindet sie in Bündel zusammen und stellt sie mit dem untern Ende in fließendes oder öfter zu erneuerndes Wasser, bis die Augen anschwellen und die Größe einer Bohne erreicht haben, worüber 8—14 Tage vergehen.

Fig. 22.

Eine andere Methode, welche sich auch für andere Stecklinge empfiehlt, ist folgende. Man gräbt die Stecklingsbündel mit der Spitze nach unten in feuchten, aber nicht nassen Boden und bedeckt die nach oben stehenden Schnittflächen 3—4 Zoll hoch mit feuchtem Moos und dann 6 Zoll hoch mit Erde. Ende Mai oder im Juni werden die Bündel herausgenommen und nun untersucht man die Schnittlinge. Diejenigen welche Callus, d. h. Wülste, woraus die Wurzeln hervorgehen, gebildet haben, werden schleunigst wie andere Schnittlinge gesteckt, die aber, welche noch keinen Callus haben, werden weggeworfen. Man muß so gepflanzte Reben stets feucht halten, besonders wenn sich schon Anfänge der jungen Wurzeln zeigen. Nach Andrè Leroy's Erfahrungen bewurzeln sich Weinstecklinge am schnellsten und sichersten, wenn man die Oberhaut (epidermis) zwischen dem untersten und zweiten Auge vorsichtig ablöst, wozu es nöthig ist, daß die Stecklinge einige Zeit im Wasser gelegen haben.

Man pflanzt die Schnittlinge von Reben in den Baumschulen mindestens 1 Fuß von einander, damit die jungen Triebe, welche im günstigen Falle 2 Fuß lang werden, genug Sonne und Luft haben, um reifes Holz zu bilden. Wie lang die Schnittlinge auch sein mögen, so darf das untere Ende doch nicht über 6 Zoll tief in die Erde kommen. Die schönsten bewurzelten Reben, welche nun den Namen Fechser oder Würzlinge führen, können schon im nächsten Frühjahre verpflanzt und verkauft werden, die schwächeren bleiben zwei Jahre, oder so lange, bis sie gebraucht werden, stehen. Ein Verpflanzen in die Baumschule findet also bei den Weinfechsern nicht statt. — Das Beet, wo Weinreben gezogen werden, muß geschützt und sonnig liegen.

Wenn die Mehrzahl der Stecklinge eines Beetes im folgenden Jahre noch unbewurzelt ist, so läßt man sämmtliche noch ein Jahr stehen, kann jedoch einige der stärksten, mit Schonung der übrigen ausheben.

48. Wenn es darauf ankommt, eine neue seltene Sorte schnell zu vermehren, so kann man von Weinreben, Johannisbeeren und selbst von Himbeeren blos Augen oder junge Triebe stecken. Hierzu bedarf man aber einen Mistbeetkasten oder ein Vermehrungshaus, indem im Freien die meisten Stecklinge zu Grunde gehen. Man schneidet die Augen mit einem Stück des alten Holzes aus und legt sie mit dem Abschnitt nach unten oder etwas schräg in die Erde, so daß blos die Spitze des Auges über der Erde zu sehen ist. Diese Vermehrungsart ist etwas langwierig und man wendet sie blos an, um von einem Zweige möglichst viele junge Pflanzen zu bekommen. Will man Stecklinge aus jungem Holze machen, so schneidet man die Zweige ab, ehe das Holz hart zu werden beginnt, also nach Johanni.

Johannis= und Stachelbeeren und Weinreben wachſen auf dieſe Weiſe im
Miſtbeete recht gut und bewurzeln ſich bis zum Herbſt. Noch beſſer wachſen
ſolche Stecklinge, wenn man im Nachwinter und Frühjahr die Mutter=
pflanze im Topf im Warmhauſe antreibt. Auf dieſe Weiſe erhält man bis
zum Herbſt ſtarke Pflanzen.

49. Die Vermehrung durch Wurzelſtecklinge kann ſowol bei
Quitten und Zwergäpfeln, als auch bei Stachelbeeren und Himbeeren an=
gewendet werden. Man ſchneidet die Wurzeln, am beſten ſolche, die mit
Faſerwurzeln verſehen ſind, in fingerlange Stücke und pflanzt ſie ſo, daß der
obere Abſchnitt ein wenig über die Erde kommt. Guten Erfolg hat man
aber nur, wenn man die Stecklinge in ein Miſtbeet unter Fenſter bringt,
denn im Freien gehen zu viele zu Grunde.

Siebenter Abſchnitt.

Verſetzen der jungen Obſtſtämmchen, Bepflanzung der Baumſchule und weitere Behandlung bis zur Veredlung.

1. Ausgraben und Zurichten der Pflänzlinge.

50. Der beſte Zeitpunkt, die Baumſchulen zu bepflanzen, iſt das
zeitige Frühjahr im März und April. Hat man viel zu pflanzen, ſo kann
man in leichtem Boden auch ſchon im Herbſt anfangen, in dieſem Falle
jedoch ſo zeitig wie möglich, ſobald der Saft zurücktritt. Die von Mitte
Oktober bis Mitte November gepflanzten Stämmchen bilden noch vor
Winter junge Wurzeln, während die ſpäter gepflanzten es nicht thun.
Sollten in feuchten Jahren und auf feuchtem Boden die Stämmchen, welche
man im Herbſt anpflanzen möchte, noch ihre Blätter haben, ſo läßt man
ſie abſchneiden oder abſtreifen, was den Rücktritt des Saftes zur Folge
hat. Zur Noth kann man bei uns bis Mitte Mai pflanzen, beſonders wenn
die Bäumchen ausgegraben und im Schatten eingeſchlagen ſind, wodurch
ſie um zwei Wochen zurückgeſtellt werden.

51. Es iſt rathſam, die Baumſchule hauptſächlich mit zweijährigen
Sämlingen zu beſetzen, und ſolche Wildlinge finden auch den meiſten
Abſatz. Aeltere Stämmchen zu pflanzen, iſt nicht zu empfehlen, denn ſie ſind

meist verkrüppelt. Dreijährige müssen jedenfalls Veredlungsstärke haben und dienen zur Zimmercopulation. Stecklingspflanzen verhalten sich unge= fähr wie Sämlinge, Ableger dagegen kommen von jeder Größe vor. Wenn die Sämlinge schon im ersten Sommer pikirt oder die einjährigen Wild= linge verpflanzt werden, so können sie auf den Pflanzbeeten stehen bleiben, bis sie die zum Kopuliren nöthige Stärke erreicht haben. Man kann sie dann im Zimmer oder an einem andern geschützten Orte veredeln und dann erst in die Baumschule pflanzen, wobei viel Zeit gewonnen wird. Oder man veredelt die stärksten auf dem Pflanzbeete und versetzt sie im folgenden Frühjahr erst in die große Baumschule. Auf diese Weise erspart man be= deutend an Platz, indem die Stämmchen zwei Jahre gedrängt stehen. Auch hat man dann meist Bäume von gleicher Größe, während, wenn die Ver= edlung einzelner Stämme nicht anschlägt, Lücken entstehen. Auch die Sortenordnung läßt sich durch das Pflanzen schon veredelter Stämmchen in die große Baumschule viel leichter handhaben, ohne daß Platz verloren geht. Hat man z. B. eine Reihe für eine Sorte bestimmt, und es giebt in der Mitte Lücken, so muß man den Platz leer lassen oder eine andere Sorte dazwischen pflanzen, wodurch Irrthümer entstehen. Aber trotz dieser Vor= theile kann ich doch nicht zur ausschließlichen Anwendung dieser Praxis rathen, denn sicher ist es, daß durch Ausgraben im Wachsthum gestörte Stämmchen weniger stark treiben und häufig um ein Jahr zurückkommen.

Wenn man ein Beet mit verpflanzbaren zweijährigen Sämlingen oder schon verpflanzten, dichtstehenden Stämmchen abräumen will, so macht man zu Anfang des Beetes einen Graben von 1 Fuß Tiefe und unterhöhlt dabei den Boden etwas, wobei die längsten Wurzeln abgestochen werden. Hierauf faßt man einen Büschel Sämlinge mit der Hand und sticht mit dem Spaten vorsichtig zwischen die Reihen oder in die nächste Lücke, bis sich der ganze Büschel mit der Erde ablöst, schüttelt die Erde ab und legt sie bei Seite. So fährt man fort, bis das Beet leer ist, wobei der Graben immer rein gehalten wird, so daß die Erde bei dem geringsten Druck mit dem Spaten nachgiebt und sich leicht ablöst. Auf gleiche Weise wird mit den auf Beete verpflanzten Ausläufer= und Stecklingspflanzen verfahren. Stehen die Pflanzen weitläufig, so wird jede einzelne ausgestochen.

52. Sind die Pflanzen so ausgegraben, so geht es an das Beschneiden und Sortiren. Sie werden nach der Stärke geordnet und ausgelesen; die stärksten werden alleingelegt und eingeschlagen, um sogleich vor dem Pflanzen kopulirt zu werden. Die zweite Sorte ist zum Verpflanzen in die Baumschule gut, die dritte, schwächste endlich bildet den Ausschuß und kommt auf die schon erwähnten Pflanzbeete, wo die Stämmchen noch ein

Jahr ſtehen bleiben, bevor ſie in die Baumſchule gepflanzt werden. Man giebt ihnen hier einen Abſtand von 5 — 6 Zoll und bringt die Reihen 9—12 Zoll von einander. Nur in Ermangelung ſtärkerer Wildlinge bringt man auch dieſe Schwächlinge ſogleich in die Baumſchule, was jedoch keinen Vortheil bringt, da man das Land unterdeſſen benutzen kann. Fehlt es nicht an guten Wildlingen, ſo iſt es am beſten die ſehr ſchwach gebliebenen wegzuwerfen. Will man Zwergbäume ziehen, ſo werden die ſchwächeren Birnen ſchon bei dieſer Muſterung ausgewählt und ſogleich auf das für Zwergobſt beſtimmte Land verſetzt.

Beim Beſchneiden der Wurzeln wird die Herz= oder Pfahlwurzel, wenn ſie noch vorhanden, wie dick ſie auch ſei, mit einem ſcharfen Meſſer ziemlich ſtark eingekürzt. Dies muß beſonders bei den Birnen, welche Mangel an Sei= tenwurzeln haben, beobachtet werden. Von den feinen Seitenwurzeln ſchneidet man nur die langen verworrenen, vertrockneten und beſchädigten ab. Zu lang dürfen ſie indeſſen nicht bleiben, weil ſie ſonſt beim Pflanzen zu leicht gebogen oder gequetſcht werden, und es treiben kurzbeſchnittene leichter Seitenwurzeln.

Das ſonſt gebräuchliche Beſchneiden des Stämmchens iſt bei guter Be= wurzelung ganz unnöthig, ſogar zuweilen nachtheilig, weil oben ſich die beſten Augen befinden und unbeſchnittene Pflänzlinge um 14 Tage früher in Trieb kommen, alſo immer einen Vorſprung haben. Das Zurückſchneiden geſchieht, wenn nicht veredelt wird, im folgenden Jahre.

Wenn die Obſtkerne ſortenweiſe geſäet wurden, wie früher empfohlen worden iſt, um bei der Veredlung eine Auswahl treffen zu können, ſo müſſen dieſe natürlich beim Sortiren fortwährend abgeſondert behandelt und gepflanzt werden. Das Geſchäft des Ausgrabens und Auswählens erfordert daher, wie man ſieht, eine große Sorgfalt und Aufmerkſamkeit.

53. Zeigen ſich unter den aus edlem Obſt entſtandenen Sämlingen Stämmchen, welche diejenigen Kennzeichen beſitzen, die eine gute Frucht auch ohne Veredlung verſprechen, — Eigenſchaften, von welchen ſpäter die Rede ſein wird — ſo werden ſie ſchon im Sommer bezeichnet, zum Theil ſchon auf Probebäume veredelt und beim Ausleſen beſonders gelegt, um ſie zur beſſern Beobachtung allein zu pflanzen und beſonders zu behandeln.

Es braucht wol kaum erwähnt zu werden, daß die Pflanzen ſogleich nach dem Beſchneiden wieder eingeſchlagen werden, wenn man ſie nicht ſofort in die Baumſchule pflanzt.

2. Das Bepflanzen der Baumſchule.

54. Wenn die jungen Obſtpflanzen ausgehoben werden, ſo muß das Land der Baumſchule vollſtändig hergerichtet ſein. Da man das rigolte Land

im Winter gern rauh liegen läßt, so muß es, wenn das Graben der Locker=
heit wegen nicht nöthig erscheint, mit Schaufel und Rechen geebnet
werden.

Ist der Boden nicht von Natur locker, so daß er sich gut um die zarten
Wurzeln der jungen Pflanzen legt, so muß man lockere Erde, am besten zu=
bereitete Komposterde oder Rasenasche (von verbranntem Rasen) herbei=
schaffen, nachdem die Löcher gemacht sind, und mit dem Korbe oder auf andere
Weise in die einzelnen Löcher vertheilen. Wenn man nur an jede Pflanze
eine Schaufel voll bringt, so thut dies schon große Dienste und man wird
die darauf verwendete geringe Mühe und Ausgabe durch schnelleres Wachs=
thum der Setzlinge reichlich belohnt finden. In schwerem Lehmboden kann
man ohne solche lockere Erde gar nicht pflanzen.

55. Bevor man die Pflanzung beginnt, muß die Zahl der vorhan=
denen Wildlinge einigermaßen bekannt sein, damit man die Eintheilung
der Felder oder Abtheilungen darnach einrichten kann, wenn nicht eine nur
für gewisse Obstarten bestimmte Abtheilung auf jeden Fall mit gekauften
Wildlingen vollgepflanzt werden soll. Wie viel man von jeder Obstsorte
pflanzen soll, hängt ganz allein von dem Bedürfniß und der Nachfrage,
also auch von der Gegend und Lage ab.

Die Hälfte jeder Baumschule kann man mit Hochstämmen von Aepfeln
und Birnen bepflanzen. Theilt man die Beete der andern Hälfte in
6 Theile, so genügen 3 Theile für Kirschen, 2 für Pflaumen und 1 Theil
für Wallnüsse, Kastanien und andere minder wichtige Obstarten. Hiervon
sind die Zwergobstbäume und die Beerensträucher ausgenommen. Ein
richtiges Verhältniß läßt sich, wie gesagt, ohne örtliche Erfahrung nicht
aufstellen. Ein solches aber kennen zu lernen und festzustellen, muß jeder
Baumzüchter sich angelegen sein lassen, damit er nicht mehr von einer Obst=
art zieht, als er gut unterbringen kann.

56. Die Entfernung sämmtlicher Hochstämme in den Baumschulen=
feldern, wo sie bis zur Abgabe bleiben, muß im Durchschnitt 2 Fuß be=
tragen. Eine geringere Entfernung kann nicht gutgeheißen und nur bei
sehr beschränktem Raum angenommen werden. Es giebt allerdings Baum=
schulen, wo die Reihen zwar zwei Fuß, die Stämme in den Reihen aber
knapp einen Fuß Entfernung haben; allein obschon dieselben ebenfalls
schöne Stämme liefern können, so möchte ich sie doch nicht als Muster
empfehlen, indem ein solches Verfahren nur durch starke Düngung möglich
wird. Eine lichte Pflanzung verstärkt die früher (unter 4) angegebenen
Vortheile einer freien Lage, sowie umgekehrt eine enge Pflanzung sie ver=
mindert. Soll daher eine Baumschule ohne Beeteintheilung bewirthschaftet

werden, wie es häufig gebräuchlich, aber nicht rathsam ist, so pflanze man
sämmtliche Bäume nach allen Seiten 2 Fuß von einander. Da jedoch die
Eintheilung in Beete viele Vortheile bringt, indem man alle Arbeiten viel
besser und reinlicher verrichten kann und dabei das Land außer den Wegen
nicht festgetreten wird, so rathe ich stets dazu, zumal da hierbei kein Platz
verloren wird, wenn man die zu einem Beete gehörenden Reihen um so
viel enger zusammenbringt, als sie zwischen zwei Beeten weiter entfernt
kommen. Man macht daher die Eintheilung so, daß die zu einem Beete
gehörenden zwei Baumreihen 2 Fuß, die Reihen von einem Beete zum
andern aber 2¹/₂ Fuß auseinander kommen. So viel Raum ist zwischen den
Beeten nöthig, um einen Fußweg durchzutreten, von dem dann die Baum=
reihen regelmäßig ³/₄ Fuß abstehen. In den Reihen brauchen dann die Bäume
nur 1¹/₂ Fuß, bei Steinobst sogar nur 1¹/₄ Fuß Abstand zu bekommen.

Wer größere espalirte, d. h. schon in Spalierform gezogene Zwerg=
bäume in der Baumschule ziehen will, muß natürlich seine Einrichtung schon
bei der Pflanzung darnach treffen. Solche Bäume verlangen mindestens
4 Fuß Entfernung und hinlängliche Breite der Reihen, um bequem an=
binden und beschneiden zu können. Es ist aber zweckmäßig, diese nicht in
mehrere Reihen hintereinander, sondern hauptsächlich an den Wegen anzu=
bringen. Andere Zwergobstbäumchen, welche jung abgegeben werden,
brauchen weniger Entfernung und es ist am besten, wenn man sie schon nach
1—2 jähriger Veredlung abgiebt.

Die Eintheilung des Landes wird auf die beim Gemüsebau gebräuch=
liche Weise vorgenommen. Man theilt die Reihen ein, bezeichnet sie mit
Pfählchen und tritt die Fußwege ab. Sollte das Land etwas feucht und
nicht drainirt sein, so schaufelt man die Fußwege etwas tief aus und erhöht
mit der Erde die Beete, was jedoch vor der Pflanzung geschehen muß. Auf
diese Art dienen die Wege als Abzugsgräben für das überflüssige Wasser
der Beete. Es muß natürlich dafür gesorgt werden, daß das Wasser in den
Wegen nicht stehen bleiben kann. In trockenen Lagen würde man dagegen
zu sorgen haben, daß das Regenwasser nicht ablaufen kann, und auf ab=
hängigem Boden mit Vortheil kleine Querdämme bilden.

Wenn die Linien der Baumreihen nach der Schnur in den Boden
eingeritzt sind, werden mit dem Spaten oder mit der Spatenschaufel oder
auch mit der Pflanzhaue (Fig. 3) die Pflanzlöcher gemacht. Es erleichtert
die schnelle Ausführung ungemein, wenn man eine lange Meßlatte zur An=
gabe der Entfernungen der Pflanzlöcher anwendet. Dies ist eine lange
Latte, wo alle 1¹/₂ Fuß weit (wenn man diese Entfernung für gut befindet)
ein Stift vorsteht, so daß man mit einem Druck bei einer vierzehnfüßigen

Latte 8—9 Löcher in die Pflanzlinie drückt. Die Pflanzgrube braucht nur die Tiefe und Breite des Pflanzspatens oder der Pflanzhaue zu haben, und es ist zweckmäßig, schmalere Spaten von nur 6—8 Zoll Breite zu nehmen. Sehr bequem ist hierzu ein löffelartiges Spatenblatt, mit welchem man rückwärts arbeitet, indem man einsticht und die Erde gegen sich hebt. Wird gute Erde beim Pflanzen verwendet, so wird beim Ausstechen so viel vom gewöhnlichen Boden bei Seite geworfen und sogleich breit gemacht, als andere Erde hineinkommt. In leichtem Boden und trockenen Lagen kann aber die Erde neben dem Loche liegen bleiben, um nach dem Pflanzen davon einen Kranz um das Stämmchen zu bilden, in welchem das Wasser stehen bleibt.

Bei dem Pflanzen wird die Schnur gespannt, damit die Stämmchen genau in eine Linie kommen, da man sich auf die Genauigkeit der Löcher nicht verlassen kann. Zum Pflanzen gehören zwei Personen. Wenn eine Reihe mit Stämmchen ausgelegt ist, nimmt ein geschickter Arbeiter das Stämmchen, bringt es in die gehörige Richtung und hält es, während der zweite Arbeiter lockere Erde auf die Wurzeln wirft, in der geeigneten Höhe, wobei er durch sanftes Rütteln die Erde zwischen die Wurzeln bringt, während die andere Hand immer beschäftigt sein muß, die Wurzeln in die natürliche Richtung zu bringen, Erde unterzustopfen und anzudrücken, oder Klumpen zu zerkleinern. Allein und mit der Hand zu pflanzen ist darum nicht zu empfehlen, weil dann die Erde nicht von oben, sondern mit der Hand von der Seite an die Wurzeln gebracht wird, wobei diese leicht ver= schoben und in einen Büschel zusammengedrückt werden. Doch bringt es ein geschickter Arbeiter auch hierbei zu großer Fertigkeit und kann in lockerem Boden auch allein pflanzen. Im Allgemeinen pflanze man aus Samen gezogene Bäume nicht tiefer, als die Stämmchen früher gestanden haben, obschon es in leichtem Boden nicht schaden kann, und es sogar gut ist, nach dem Begießen, wenn dies nöthig ist, einen Zoll hoch Erde auf die Wurzeln zu bringen. Quitten und Zwergäpfel sowie Beerenobst kann man getrost etwas tief pflanzen.

Es ist allgemein gebräuchlich, alle gepflanzten Stämme mit dem Fuße anzutreten, was oft ungeschickt genug mit beiden Beinen zugleich ausgeführt wird, so daß bei dieser Gelegenheit das Stämmchen viel tiefer gedrückt wird, als es stehen sollte. Hält man es aber fest, so werden durch starkes Treten oft die Wurzeln beschädigt. Das Antreten kann daher ganz sanft durch gelindes Aufdrücken mit einem Fuß geschehen.

Pflanzt man, wie oben angedeutet wurde, schon veredelte Stämmchen, so muß die Eintheilung der Sorten nach Linien bereits in der Hauptsache bestimmt sein, damit diese Edelstämmchen sogleich an den Ort kommen, wo ſie hingehören.   Sie werden oft ein Jahr früher pflanzbar als die übrigen, zuweilen aber auch von den ein Jahr ſpäter veredelten Stämmchen einge=holt, weshalb es rathſam iſt, die ſtärkſten Wildlinge neben die ſchon veredelt gepflanzten Stämmchen zu bringen, damit dieſe Reihen zu gleicher Zeit ge=räumt werden können.

57.   Wenn ſpät im Frühjahre gepflanzt wird, ſo müſſen in leichtem Boden die Wurzeln eingeſchlämmt werden, indem man Waſſer in das Pflanzloch gießt und förmlich einen Brei um die Wurzeln macht.   Pflanzt man aber zeitig, ſo iſt es nicht nöthig, weil dann die Setzlinge immer ſtarke Regen zu erwarten haben.   Sollte das Wetter unmittelbar nach dem Pflan=zen ungewöhnlich trocken ſein, ſo muß bald darauf ſtark begoſſen werden. In ſchwerem Boden iſt das Begießen nach dem Pflanzen zweckmäßig, ſelbſt wenn die Erde feucht iſt, damit ſich der Boden an die Wurzeln legt.   An förmliches Einſchlämmen hingegen darf man in ſchwerem Boden nicht denken, weil auf dieſe Art eine feſte, für die Wurzeln kaum durchdringliche Maſſe entſteht.   Das Gießen muß bei trockenem Wetter bis Johanni einige Male wiederholt werden.   Man gieße ſtets ſtark und nicht ſo oft, denn oberflächliches Begießen bringt keinen Vortheil.   Die Bäumchen wachſen zwar in einigermaßen feuchtem Boden auch ohne begoſſen zu werden, und die Arbeit erſcheint daher vielen Baumgärtnern unnütz; wenn man aber durch dieſe Sorgfalt kräftige, mit ſchönen Augen verſehene Triebe bekommt, was ein Zeichen von reicher Bewurzelung iſt, anſtatt ärmliche, kaum einen Zoll lange Triebe, ſo ſieht man doch den Nutzen deutlich genug.

Einige Baumgärtner haben die Gewohnheit, die Wurzeln 6—12 Stunden in einen aus Waſſer, Lehmerde und Kuhmiſt oder aus Lehmerde und verdünnter Miſtjauche gebildeten dünnen Kraftbrei zu ſtellen, in welchem ſie bis kurz vor dem Pflanzen verbleiben.   Andere ſtreuen ſogar noch Düngererde auf die naſſen Wurzeln.   Man kann nicht ſagen, daß dieſes Verfahren nothwendig zum Pflanzen gehört, aber als das Gedeihen ſehr befördernd muß es empfohlen werden, beſonders wenn man Pflänzlinge mit ſehr ſtarken Wurzeln von andern Orten her bekommt, oder wenn die Samenbeete weit von der Baumſchule liegen, wo dann der Schlammüberzug die Wurzeln vor dem Austrocknen ſchützt, ſo daß ſie ohne Schaden mehrere Stunden an der Luft liegen können.   Außerdem befördert dieſer düngende Ueberzug und das Einweichen der Wurzeln die Bildung von Haarwurzeln ungemein, und es iſt daher dieſes Eintauchen überall zu empfehlen, wo keine Komposterde u. ſ. w. beim Pflanzen verwendet wird.

Will man recht gut für die jungen Bäumchen ſorgen, ſo breitet man rings um die Stämme etwas halbverweſten Miſt oder in Ermangelung

deffen Moos, Sägespäne oder ein anderes der schon erwähnten Deckmate=
rialien. Hierdurch wird das Begießen nur selten nöthig, weil die Erde
unter der Bedeckung sich lange feucht erhält und das Aufreißen des Bodens
verhindert wird; Außerdem hält diese Bedeckung das Unkraut zurück und
den Boden locker, weil starke Regen ihn nicht festschlagen können.

3. Weitere Behandlung der Stämmchen bis zum Veredeln.

58. Da die Bäume im ersten Jahre nach der Pflanzung nur schwach
treiben und mit Ausnahme derjenigen, welche hoch veredelt werden sollen,
des Beschneidens nicht bedürfen, da sie ohnedies abgeschnitten werden, so
giebt es nicht viel daran zu thun. Im Herbste nach der Pflanzung werden
die ausgegangenen Bäume ergänzt, damit keine Lücken entstehen, wobei
man möglichst starke wurzelreiche Stämmchen nimmt. Sollte wider Er=
warten ein oder das andere Stämmchen unten üppige Triebe machen, so
schneidet man diese im Entstehen ab, damit der Stamm später keinerlei
Wunden bekommt, die beim Veredeln stören könnten.

Ueber die nöthige Bodenbearbeitung wird bei den in einem spätern
Abschnitte (XII) zusammengestellten allgemeinen Baumschulenarbeiten die
Rede sein. Wir wollen daher zur Veredlung übergehen.

Achter Abschnitt.

Die Veredlung oder das Impfen.

1. Begriff, Zweck und allgemeine Grundsätze.

59. Unter Veredeln oder Impfen versteht man die innige Vereinigung
eines Pflanzentheiles mit einer andern Pflanze, so daß beide so fest und
dauernd mit einander verwachsen, daß sie später nur ein Wesen (Indivi=
duum) ausmachen, und der Stamm oder die Pflanze, auf welche eine andere
geimpft wird, oberhalb der Impfstelle die Natur der aufgesetzten Pflanze
annimmt. Der aufgesetzte Theil heißt Edling, Edelreis, später Edelstamm,
der untere ernährende, auf welchen geimpft wurde, Wildling oder
Unterlage. Beide bilden zusammen eine Art Doppelwesen, wovon jedes
seine Eigenthümlichkeit größtentheils beibehält.

Zu einer wirklich dauerhaften und sichern Vereinigung gehört vor Allem, daß zwischen den zu verbindenden Theilen eine hinreichende natürliche Verwandtschaft besteht. Kernobst läßt sich nicht auf Steinobst oder Schalenobst impfen, und umgekehrt. Die natürliche Verwandtschaft, die Familienähnlichkeit reicht aber hier noch nicht aus, wie der Umstand beweist, daß Aepfel auf Birnen, Birnen auf Aepfeln, Pflaumen auf Kirschen und umgekehrt nicht gedeihen, und wenn sie auch kurze Zeit leben, doch bald wieder eingehen.*) Und doch gehören Aepfel und Birnen, Pflaumen und Kirschen nach der botanischen Eintheilung nicht nur in eine Familie, sondern sogar zu einer Gattung. Dieses Widerstreben erstreckt sich sogar auf Untergattungen, z. B. Sauer- und Süßkirschen, welche letztere nicht auf ersteren wachsen, oder bei der Gattung Amygdalus, indem die glatten Pfirsiche oder Nektarinen auf bitterer Mandel nicht fortkommen. Dagegen nehmen, wie wir im dritten Abschnitt gesehen haben, Pflaumen die Pfirsiche, Aprikosen und Mandeln bereitwillig auf, ebenso Quitten, Weißdorn, Eberesche u. a. m. die Birnen.

Es kommt daher bei der Veredlung hauptsächlich darauf an, daß zwischen den zu vereinigenden Pflanzen eine hinreichende Aehnlichkeit in der Art sich zu ernähren, des Saftumlaufes, der Saftgefäße und Zellenverbindung besteht. Man hat auf diesen Umstand in der Veredlungstheorie nicht Rücksicht genug genommen, und es liegen überhaupt darüber keine Beobachtungen vor. Diese Aehnlichkeit der Organe, namentlich der Bastzellen, durch welche der Saft aufsteigt, ließe sich bei dem jetzigen Standpunkte der Wissenschaften vielleicht durch mikroskopische Beobachtungen nachweisen. Wir haben aber durch die Erfahrung bereits so viele Lehren erhalten, daß diese Mühe vergeblich erscheint, wenigstens für die Praxis von keiner großen Bedeutung mehr sein kann, da man fast zwischen allen verwandten Bäumen bereits Veredlungsversuche gemacht hat. Die wirkliche Ursache, warum eine Baumart, ja sogar manche Sorte auf der andern wächst oder nicht wächst, läßt sich eben nicht nachweisen.

60. Wenn einestheils durch die Erfahrung bewiesen ist, daß der Einfluß des Wildlings oder der Unterlage auf den Edling oft ein bedeutender ist, wie wir an den durch Paradiesstamm, Quitte und Zwergpflaume erzeugten Zwergformen sehen, so ist er doch in Wirklichkeit nicht so groß und allgemein, als Viele annehmen. Es ist z. B. wahr, daß die Aepfel auf Paradiesstamm saftiger, schöner und besser werden, als auf Kernwildling,

---

*) Nach Dittrich kommen Birnen auf Paradiesstamm gut fort. Im Allgemeinen gilt aber das oben Gesagte.

aber es ist hierbei auch der Umstand in Erwägung zu ziehen, daß solche
Zwergbäume besser abgewartet werden, bessern Boden haben müssen und
nie viele Früchte auf einmal tragen. Durch die Veredlung auf Quitte,
Paradies=, Splittapfel u. a. m. wird der Wuchs gemäßigt und die Lebens=
dauer abgekürzt, was sich aber sehr leicht dadurch erklärt, daß jene Unter=
lagen kein so mächtiges Wurzelvermögen haben, als die Kernwildlinge,
und weil sie durch Ausläufer oder Stecklinge angezogen wurden, folglich
nur Theile einer schon alten Pflanze und nicht eigentlich verjüngt sind, wie
die aus Samen gezogenen Wildlinge, welche ein neues Pflanzenleben be=
ginnen. Die stärkere Tragbarkeit der auf Samenbäume geimpften Bäume
erklärt sich eben durch das stärkere Wachsthum. Wenn man ferner be=
obachtet haben will, daß Kirschen, welche auf Mahaleb=Kirschen veredelt
waren, nicht reichlich trugen und die Früchte herber als gewöhnlich waren,
so ist dies kein Beweis, daß dies bei allen auf diese Unterlage veredelten
Bäumen der Fall sein müsse, und es kann die Verschlechterung von ganz
anderen Ursachen abhängen. Wollte der Kirschbaum von der Mahaleb=
Kirsche etwas Anderes annehmen, als das verminderte Wachsthum, so müßte
er gerade sehr reichlich tragen, denn keine verwandte Art blüht und trägt
reichlicher.

Man nimmt an, daß auf eine wenig empfindliche Unterlage veredelte
Bäume aus südlicheren Gegenden der Kälte besser widerstehen, als wurzel=
echte oder auf die nämliche Art veredelte. Wenn der Edling gut bleiben
soll, so muß es auch der Wildling bleiben, also hart gegen Frost sein. Der
harte Wildling trägt aber seine Eigenschaft nicht auf den Edling über, wie
Manche glauben. Der auf Mandeln veredelte Pfirsichbaum erfriert in
kalten Gegenden nicht, wenn er oben bedeckt ist, wol aber leiden die Wur=
zeln und der Stamm durch die Kälte, während der Pflaumenstamm gut
bleibt, also auch die Pfirsiche nicht verloren geht. Die Pflaume schützt
daher die Pfirsiche nur insofern, als sie selbst nicht erfriert. Diese wenigen
Beispiele werden den Leser überzeugen, daß die Wirkung der Unterlagen
auf den Edling sich hauptsächlich nur auf Ernährung, Wuchs und Lebens=
dauer beschränkt und vom innern Bau, Wurzel= und Lebensvermögen der
Unterlagen abhängt.

Es besteht auch unter den Veredlungs=Unterlagen derselben Obstsaat
ein Unterschied in Bezug auf Stärke und Triebkraft, welcher möglicher=
weise während der ganzen Lebenszeit fortwirken kann. Aus diesem Grunde
ist eine Auswahl der Wildlinge von verschiedener Wuchskraft für gewisse
Sorten sehr zu empfehlen und namentlich bei der Zimmerveredlung leicht
auszuführen. Es leuchtet ein, daß ein hochwachsender Edelborsdorfer,

Stettiner c., oder eine Wafferbirne, auf einen recht kraftvollen Wildling veredelt, ganz anderes und befferes Gedeihen haben muß, als wenn schwach= wüchsige Kernwildlinge genommen werden, während letztere z. B. für schwachwüchsige, früh tragbar werdende Sorten vorzuziehen sind.

61. Die Veredlung hat zum Zwecke, die verschiedenen Obstsorten rein fortzupflanzen und zu vermehren, indem man sie auf leicht anzuziehende Unterlagen bringt. Es giebt, wie wir wissen, nur wenige Obstarten und Sorten, die sich durch Samen echt wiedererzeugen, und bei Weitem der größte Theil bringt kaum genießbare Früchte hervor, die keinerlei Aehnlich= keit mit der Mutterpflanze haben. Dies ist zwar der hauptsächlichste Nutzen, jedoch nicht der einzige. Die Veredlung beschleunigt die Tragbarkeit der jungen Obstbäume um mehrere Jahre, so daß selbst ein Wildling, auf den man sein eigenes Holz impfte, früher Früchte bringen würde, als wenn er unberührt bleibt. Ein weiterer Nutzen ist ferner, daß wir durch die Veredlung die Größe der Bäume nach unsern Bedürfnissen mäßigen können, indem man eine zu hohem Wuchs geeignete Art auf Wildlinge oder Unter= lagen mit schwächerem Wurzelvermögen und darum schwächerer Triebkraft impft, wodurch die Bäume früher fruchtbar werden. Endlich bietet die Ver= edlung das Mittel, gewisse Obstarten auch in Lagen und Bodenarten, wo dieselben auf ihrem eigenen Stamm nicht fortkommen, ziehen zu können, indem man sie auf solche Unterlagen veredelt, welche in schlechtem Boden und in rauhen Lagen besser gedeihen, wie z. B. die auf Pflaumen veredelten Pfirsich=, Mandel= und Aprikosenbäume, die in schwerem, kaltem Boden gedeihen, und Birnen auf Weißdorn und Eberesche, Kirschen aller Arten auf Mahaleb, die in felsigem Boden noch leidlich wachsen, wo die Birn= unterlagen nicht fortkommen.

Die Vereinigung eines Edelreises mit dem Wildling kann nur dann zum Ziele führen, wenn bei dem Impfen mit Zweigen Bast und Splint beider Theile genau auf (neben) einander kommen, so daß der aufgesetzte fremde Theil sogleich den Saft seines künftigen Ernährers (Wildlings) aufnehmen kann, während bei dem Okuliren das Edelauge auf der zuletzt gebildeten Holzschicht (Splint) auffitzt. Deshalb muß auch diese Arbeit mit einer gewissen Schnelligkeit ausgeführt werden, damit die bloßgelegten Ge= fäße durch längere Berührung mit der Luft nicht austrocknen und zur Auf= nahme von Saft, folglich zum Verwachsen untauglich werden. Mit andern Worten, man muß sich beeilen, daß die Schnittfläche des Edelreises und des Wildlings, sowie die innere Rinde des Augenschildes oder der Splint des Wildlings (bei Veredlungsarten mit abgelöster Rinde) nicht trocken wird.

62. Es gehört ferner zum glücklichen Gelingen, daß die rechte Zeit

gewählt wird. Diese ist für die Veredlungsarten mit aufgesetzten Reisern das Frühjahr, wenn der Saft in die Bäume steigt, für Augenveredlung der Sommer, wenn der Saft seinen zweiten Anlauf nimmt, bis zur Zeit, wo er bald zurücktritt, was meist Mitte September der Fall ist. Einige Veredlungsarten kann man fast zu jeder Jahreszeit, außer bei Kälte, vornehmen. Es muß der Aufmerksamkeit des Baumzüchters überlassen werden, den geeigneten Zeitpunkt zu treffen, indem der Eintritt und der Rücktritt der Saftbewegung ganz vom Klima, von Lage und Witterung abhängt. Wer nicht große Massen zu veredeln hat, beeile sich mit der Frühjahrsveredlung durchaus nicht, so lange es nicht warm geworden ist; denn so wenig schnell vorübgehende Kälte selbst von 5 Grad schadet, so nachtheilig ist eine lange anhaltende niedrige Temperatur von nur wenig über 0. Wo man viel zu veredeln hat, benutzt man auch die kältere Jahreszeit zur Zimmer=Kopulation, wovon unter §. 77 die Rede sein wird.

Es ist begreiflich, daß eine solche Verrichtung, wie das Veredeln, eine große Geschicklichkeit und eine sichere Hand verlangt. Es gehört viel Uebung dazu, um es so weit zu bringen, daß nicht nur die meisten geimpften Bäume wachsen, sondern auch, daß die Arbeit schnell von Statten geht. Es läßt sich indessen eine solche Uebung bald erwerben, und zwar ohne gute Bäume zu verderben, indem man das Veredeln auf wilden Bäumen ausführt und Modelle genau nachahmt *).

Das Impfen wird entweder nur einige Zoll über dem Boden, zuweilen auf dem Wurzelhals, oder in Kronenhöhe vorgenommen. Die Mitte zwischen beiden ist fehlerhaft.

63. Für gewisse Fälle empfiehlt sich eine Doppel=Veredlung. Diese besteht darin, daß man nahe am Boden erst eine kräftig wachsende, gegen rauhes Klima unempfindliche Sorte auf den Wildling setzt, daraus den Stamm bildet, dann in Kronenhöhe oder auf die Aeste selbst erst die Sorte impft, welche bleiben soll. Man erzieht dadurch nicht nur dauerhafte Bäume, sondern kommt auch schneller zum Ziel, als wenn man die schwachwachsende Sorte sogleich auf den Wildling bringt, welche noch dazu kaum fähig ist, einen geraden, schönen Stamm zu bilden. Dies Verfahren ist besonders in den Baumschulen in Holland, namentlich in Boskoop gebräuchlich. Auch bei der Veredlung von Birnen auf Quitten wendet man ein

---

*) Solche Modellsammlungen der gebräuchlichsten Veredlungsarten werden angefertigt und verkauft im Pomologischen Institut in Reutlingen zu 1 Fl. 24 Kr., ferner vom Obstbau=Verein in Arnstadt (durch Handelsgärtner Ebritsch) zu 12 Silbergroschen (12 Veredlungsarten), vielleicht auch noch anderwärts.

solches Doppel-Impfen an, indem manche Sorten auf Quitten nicht gut wachsen, andere sehr gut. Da setzt man nun eine der letzteren auf die Quitte, z. B. Beurré blanc, und erst auf diese die bleibende Sorte. Das Doppel-Pfropfen kann auch noch aus einem andern Grunde geschehen. Angenommen, ein Pflaumenstamm wäre zu alt zum Okuliren, so schneidet man nicht den Stamm ab, um einen jungen Trieb zu erzeugen, worüber ein ganzes Jahr vergehen würde, sondern pfropft diesen Stamm in den Spalt oder kopulirt mit einer Pflaume und okulirt auf dieses Reis im folgenden Sommer Pfirsiche oder Aprikosen. Man kann auch auf die entgegengesetzte Weise verfahren, und Baltet hält dies für besser. Man okulirt im Sommer auf einen beliebigen Zweig, indem man mehrere Augen z. B. von Aprikosen, einsetzt. Diesen Zweig schneidet man zur nächsten Frühjahrs-Pfropfzeit in solche Stücke, daß jedes ein Pflaumenpfropfreis mit zwei Aprikosenaugen darstellt. Dies hat natürlich nur dann Zweck, wenn man Pflaumenstämme vor sich hat, die zum Okuliren zu alt sind.

2. Wahl, Aufbewahrung und Versendung der Edelreiser.

64. Bei der Auswahl der Edelreiser macht man einen Unterschied zwischen denen, welche als Reiser, und denen, welche als Augen geimpft werden. Zu den ersteren nimmt man einjährige Triebe von den Spitzen der Bäume mit gut ausgebildeten Augen, am besten von der Sommerseite, oder wenigstens von einer von der Sonne getroffenen Stelle. Wasserreiser und zweijähriges Holz nimmt man nur im Nothfalle, denn erstere haben meist schlechte, zu weit stehende Augen, das zweijährige Holz aber wächst weniger gut und bildet zu früh tragbare, selten recht kräftig wachsende Bäume. Bei dem Steinobst sind an den einjährigen Trieben oft Blüten-knospen, was jedoch nichts schadet, da sie fast immer von Blätterknospen (Augen) begleitet sind und beim Veredeln abgebrochen werden. Bei allen Edelreisern sind die untersten Augen selten zu gebrauchen, indem sie nicht ausgebildet sind. Diese Edelreiser, gewöhnlich Pfropfreiser genannt, werden lange vor dem Eintritt des Saftes, also schon im Winter geschnitten, so lange die Augen noch keine Spur von Aufschwellen zeigen. Wenn die Kätzchen der Saalweiden erscheinen und die Corneliuskirschen (Herlitzen) mit gelben Blütenknospen kommen, ist es die höchste Zeit. Später geschnittene Reiser wachsen nicht gut, erstens weil die Augen bereits geschwollen sind und durch das Abschneiden und Aufheben ein Stillstand eintritt, zweitens weil sie selbst schon Saft aufgenommen haben und den Saft des Wildlings nicht sogleich begierig aufsaugen, was die erste Bedingung des Anwachsens ist. Im Nothfalle muß man freilich zuweilen Reiser mit schon treibenden

Augen nehmen, wenn es sich um die Vermehrung einer seltenen Sorte handelt, aber es ist immer ein glücklicher Zufall, wenn sie wachsen. Die Edelreiser werden sortenweise in kleine Bündel gebunden, gut bezeichnet und bis auf ²/₃ ihrer Länge im Schatten in die Erde eingegraben. Hier behalten sie die Saftigkeit, welche sie beim Abschneiden hatten, oder haben, ohne trocken zu sein, eigentlich keinen Saft, und in diesem Zustande sind sie am besten geeignet, den Saft des Wildlings aufzunehmen, folglich zu wachsen. Einige Baumzüchter ziehen es vor, die Pfropfreiser in einem Keller, von Licht und Luft entfernt, in ziemlich trockenen Sand einzuschlagen. Hier halten sie sich ebenfalls gut, können aber in manchen Kellern leicht zu trocken und daher weniger tauglich werden. Besser ist es, die geschnittenen Reiser erst 8 Tage liegen zu lassen, dann im Keller auf oder zwischen feuchtes Moos oder auf feuchten Sand zu legen. Als vorzüglich bewährt sich die Aufbewahrung im Keller zwischen Stroh, indem man auf den Boden eine Schicht Stroh, darauf die Edelreiser legt, wieder mit Stroh bedeckt und darauf noch Bretter legt. Nach Herrn von Trapp's Mittheilungen halten sich so aufbewahrte Reiser bis Juni ganz gut. Edelreiser, welche in Folge der Versendung zu sehr zusammengeschrumpft sind, legt man einen Tag ins Wasser. Sehr vertrocknete Reiser sollen sich noch eher erholen, wenn man Kampherspiritus unter das Wasser mischt. Steinobstreiser, besonders Pflaumen, leiden viel leichter durch das Aufbewahren und treiben, einmal zu trocken geworden, schwer aus, weshalb man sie auch sehr sorgfältig auf= bewahren muß. Zuweilen muß man bei neuen Sorten vom Frost beschä= digte Reiser mit brauner jüngster Holzschicht zum Veredeln nehmen, welche trotz ihres verdächtigen Aussehens doch oft gut wachsen.

Die Okulirreiser können nur im vollen Safte gebraucht werden und sind deshalb erst unmittelbar vor dem Gebrauch zu schneiden. Man nimmt dazu völlig ausgebildete Frühjahrstriebe mit schon erhärtetem Holze. Zum Okuliren mit Holz (Anplatten) im Frühjahr nimmt man einjähriges Holz, also ganz wie beim Pfropfen.

Will man Pfropfreiser verschicken, so legt man sie in feuchtes Moos und verpackt sie in einer Büchse, Kiste oder auch nur in Wachstuch oder Wachs= und Oelpapier, auf welche Weise sie sich leicht zwei Wochen gut erhalten. Sollte die Reise aber länger dauern, so umgiebt man sie mit Glaserkitt oder Letten (Thonerde) und verpackt sie in einer Blechbüchse. Am längsten halten sie sich gut, wenn man sie in eine mit Honig, Syrup oder Glycerin gefüllte Flasche steckt. Auch das Ueberstreichen mit Leimwasser schützt gegen das Austrocknen.

Okulirreiser können nicht weit verschickt werden. Am besten halten sie sich frisch, wenn man sie in eine Stachelbeere oder eine andere saftige Frucht oder Knolle steckt und mit dickem Leimwasser überstreicht. Die Blätter werden sofort abgeschnitten, weil sie das Vertrocknen befördern, jedoch so, daß der Blattstiel am Reis bleibt. Sehr gut halten sich Okulirreiser in einer Glasflasche, welche vorher mit Wasser ausgeschwenkt und nach der Füllung versiegelt wird. Natürlich muß die Flasche beim Gebrauch zer= schlagen werden.

Die Bäume, von denen man die Edelreiser entnimmt, müssen, abge= sehen von der Sorte, von einer guten Art sein, denn es giebt auch von einer und derselben Sorte bessere und schlechtere, sollte die Verschlechterung auch nur Folge des Standortes sein. Solche Eigenschaften pflanzen sich leicht fort. Noch mehr hat man darauf zu sehen, daß die Mutterbäume gesund und nicht etwa mit Krebs u. s. w. behaftet sind, weil solche Krankheiten leicht auf den neuen Stamm übergehen. Will man Birnen und Aepfel auf Kernwildlinge veredeln, so nehme man die Reiser wo möglich nicht von Bäumen, die auf Quitte oder Paradiesstamm veredelt sind. Nach den Be= obachtungen des berühmten van Moos sollen nämlich solche Reiser schwer auf Kernwildling gedeihen, indem ihre Natur zum Theil schon verändert ist. Dies bedarf jedoch noch der Bestätigung.

13. Uebersicht und Benennung der verschiedenen, bei den Obstbäumen gebräuchlichen Veredlungsarten.

65. Das Nachdenken der Gärtner hat eine Menge verschiedener Ver= edlungsarten erfunden, wovon viele keinen praktischen Werth haben und nur als Versuche und Künsteleien gelten können. Unter den als gut an= erkannten sind überdies mehrere bei der Obstbaumzucht nicht gebräuchlich. Ich will daher die beim Baumschulenbetriebe anwendbaren Veredlungs= arten zwar kurz erwähnen, aber nur die wirklich empfehlenswerthen näher besprechen.

Man kann sämmtliche gebräuchliche Veredlungsarten in drei ihre Eigenthümlichkeit genau bezeichnende Abtheilungen bringen, nämlich: 1) das Impfen mit Reisern oder Zweigen, 2) das Impfen mit Augen, 3) die Veredlung durch Annäherung oder Ablaktiren, auch An= und Absäugeln genannt.

Die dritte Art kommt beim Baumschulenbetriebe nur zuweilen vor, wenn Pyramiden= und Spalierbäume bis zu einer gewissen Größe in der Baumschule gezogen werden, um dieselben allseitig voll zu machen, wenn auf einer Seite ein Ast fehlt.

Auch die Zeit, zu welcher das Veredeln geschieht, hat Veranlassung zu einer besondern Bezeichnung gegeben. Man nennt nämlich das Zweigen Frühjahrsveredlung, weil es (mit seltenen Ausnahmen) im Frühjahr ausgeführt wird, und das Aeugeln Sommerveredlung, weil es im Sommer geschieht. Die sogenannte Winterveredlung ist nur als eine verfrühte Frühjahrsveredlung zu betrachten.

Die Frage, welches die beste Veredlungsart sei, läßt sich nicht beantworten, aber wer dem folgenden Abschnitt die gehörige Aufmerksamkeit schenkt, wird nicht im Zweifel bleiben, welche Art für gewisse Fälle die beste ist. Die Hauptsache ist, daß man verschiedene Veredlungsarten anwendet, theils, um die Zeit zu benutzen, theils, um den Eigenthümlichkeiten der Obstarten und Wildlinge am besten Rechnung zu tragen. Daß die Einen blos kopuliren, die Andern blos okuliren, ist einseitig und fehlerhaft.

4. Das Impfen mit Reisern oder Zweigen.

Die hierher gehörenden Veredlungsarten werden bei den Obstbäumen hauptsächlich im Frühjahr vorgenommen, obschon einige auch zu andern Zeiten ausführbar sind und daher mit der gemeinschaftlichen Benennung der Frühjahrsveredlung bezeichnet. Die Reiser treiben nach kurzem Stillstand kräftig aus, und die Edlinge erreichen unter günstigen Umständen in demselben Jahre eine ansehnliche Größe. Der Wildling wird hierbei, mit Ausnahme des Pfropfens in die Seite (welches jedoch bei dem gewöhnlichen Baumschulenbetriebe wenig gebräuchlich ist), schon bei der Veredlung an der Impfstelle abgeschnitten. Hat der Wildling an einer zum Abschnitt geeigneten Stelle erkennbare Augen, so ist es gut, nahe unter dem Abschnitt dem einzusetzenden Reis gegenüber ein Auge stehen zu lassen. Dieses zieht den Saft herbei und sichert das Anwachsen. Man läßt dieses Auge austreiben und schneidet den Trieb erst weg, wenn er den Edeltrieb zu benachtheiligen droht. Bei der Rosenveredlung ist dies allgemein im Gebrauch und verdient Nachahmung. Bei gerade oder wenig schräg abgeschnittenen Stämmchen kann das Auge ganz oben sitzen. Die erste Bedingung bei allen hierher gehörenden Veredlungsarten ist, daß Reis und Abschnitt oder Spalt genau aneinander passen, und daß der innere Rand der Rinde aneinander paßt. Da nun bei starken Wildlingen die Rinde stärker ist als am Pfropfreis, so darf die äußere Rinde nicht genau aneinander passen, sondern das Pfropfreis muß um die Stärke eines Papierbogens tiefer liegen. Dieser Umstand muß besonders beim Umpfropfen aller Bäume, welche Sortenbäume werden sollen, beachtet werden, denn hier ist die Rinde oft 1/4 Zoll stark.

Alle auf diese Art veredelte Bäumchen müssen im Freien außer dem Verband noch einen Ueberzug von Baumharz oder Wachs bekommen, welcher

die Luft von dem Abschnitt des Edelreises, Wildlings und von den Ver=
bindungsstellen abhält. Veredelt man neue seltene Obstarten im Vermeh=
rungshause, so ist ein solcher Ueberzug nicht nöthig.

a. Das Pfropfen in den Spalt.

66. Dies ist eine der ältesten und gebräuchlichsten Veredlungsarten
von entschiedenem Werthe, so viel man auch dagegen sagen mag, besonders
bei dem Kernobst. Es geschieht im Frühjahr, wenn die Augen schwellen,
bis sie schon grüne Spitzen zeigen, also bei uns von März bis Anfang Mai,
je nachdem die Witterung und die Gegend ist. Der Wildling muß im
Safte, das Reis auf dem Punkte sein, in den Saft zu treten. Kernobst
pfropft man fast immer möglichst nahe am Boden, Kirschen aber, wo der
Edling nicht so rasch einen schönen Stamm bildet, meist in der Kronenhöhe.
Bei Kirschen wird übrigens das Kopuliren vorgezogen.

Um in den Spalt pfropfen zu können, müssen die Stämmchen eine
gewisse Stärke haben, und man nimmt hierzu Stämme von der Dicke
eines Fingers bis zu einem Zoll. Dies ist der wesentliche Vortheil des
Spaltpfropfens, denn bei schwächeren Stämmen ist jede Impfmethode,
welche weniger verwundet, vorzuziehen. Stärkere, die aber in der Baum=
schule nur ausnahmsweise vorkommen sollten, pfropft man lieber in die
Rinde, um den Spalt zu vermeiden. Der Wildling wird an einer geraden,
glatten Stelle des Stammes mit der Baumsäge gerade abgeschnitten. Die
Pfropfstelle und der Abschnitt müssen stets durch Baumwachs oder Pfropf=
harz luftdicht verschlossen werden, weil eine so starke Verwundung sonst nicht
so leicht verwächst.

Es giebt verschiedene Arten des Spaltpfropfens, die aber im Grunde
nur auf geringen Abweichungen beruhen. Ich werde die hauptsächlichsten
beschreiben und bei der ersten Art, dem einfachen Spaltpfropfen, die für
alle andern geltenden Regeln anführen.

67. **Spaltpfropfen mit einem Reis in den halben Spalt.** Fig. 23.
Man schneidet den nicht zu starken Wildling in geeigneter Höhe wagerecht
ab und glättet den Sägeschnitt mit dem Messer. Hierauf setzt man das
Gartenmesser, welches ziemlich stark sein muß, oder das Fig. 13 abge=
bildete Pfropfeisen mit der Spitze in die Mitte des Stammes an die
Markröhre (die man bei Steinobst möglichst unberührt lassen muß) und
macht einen 1—1½ Zoll langen Spalt. Das Gartenmesser läßt man ge=
wöhnlich im Spalt stecken, bis das Reis eingesetzt ist, was unmittelbar
darauf geschieht. Hierbei kommt es hauptsächlich darauf an, daß die Rinde

am Edelreis nicht verletzt wird. Fig. 23 zeigt diese Pfropfart. a ist der ab=
geschnittene Stamm, b der Spalt in der Mitte des Stammes mit dem einge=
setzten Pfropfreis, c das zugeschnittene Pfropfreis
mit zwei Augen.

Fig. 23.

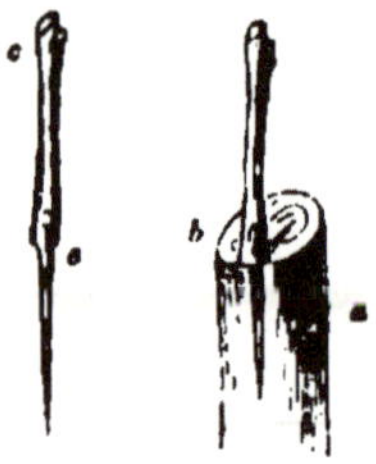

Das Pfropfreis c wird mit dem Veredlungs=
messer keilförmig, nach der einen Seite wie eine
Messerklinge in eine Spitze auslaufend, zugeschnitten,
so daß es augenscheinlich den Spalt vorn genau
füllt. Die Breite der Rindenseite des zugeschnittenen
Theiles richtet sich nach der Stärke des Reises,
das man einigermaßen nach der Stärke des Wild=
lings wählt. Ist das Reis einigermaßen stark,
so bringt man oben am Beginn des Keilschnittes zu beiden Seiten eine
kleine Kerbe e (Absatz oder Sattel) an, damit das Reis genau auf dem
Stammabschnitt aufsitzt und schwächer wird. Das Pfropfreis bekommt zwei
oder drei Augen und wird eine Linie über dem obersten Auge schräg abge=
schnitten. Spitzen nimmt man nicht gern, sie wachsen jedoch ebenfalls und
müssen oft angewendet werden, wenn eine neue, seltene Sorte vermehrt
werden soll. Bei Wallnußbäumen, wo der Abschnitt des Edelreises wegen
markiger Beschaffenheit stark eintrocknet, sowie bei Maronen zieht man die
unbeschnittenen Spitzen vor. In Bezug auf Stellung der Augen, sind die
Baumzüchter verschiedener Meinung. Der Schnitt des Reises muß näm=
lich stets nahe unter einem Auge beginnen, weil hier der meiste Saftzufluß
stattfindet und sich eine Verdickung bildet, wodurch der abgeschnittene
Stamm am leichtesten überwächst. Es liegen Gründe vor, der Stellung
des untersten Auges nach innen den Vorzug zu geben. Läßt man drei
Augen, wie es oft der Fall ist, so steht meistens das dritte über dem ersten,
also haben beide die gewünschte Richtung und es ist für alle Fälle gesorgt.
Zweckmäßig ist es, den Schnitt am Pfropfreis*) nicht dicht unter dem Auge,
sondern 4—6 Linien darunter zu beginnen, indem dieses so weniger dem
Vertrocknen ausgesetzt ist.

Ist der Stamm so stark, daß er durch eigene Spannung das Pfropf=
reis ganz festhält, so braucht kein Verband umgelegt zu werden, wozu ich
indessen Niemanden veranlassen will. Gewöhnlich muß ein Verband von
wollenem Faden, Bast oder Kopulirbändchen (wovon unter 36 die Rede
war) angelegt werden, wobei man sich in Acht zu nehmen hat, daß das Reis

---

*) Dies gilt für alle Veredlungsarten, wo ein Reis mit 2—3 Augen eingesetzt
wird, und wird nothwendig, wenn man nur 1 Auge hat.

nicht beschädigt wird. Hierauf wird die Pfropfstelle, der Stammabschnitt und die Spitze des Reises vorsichtig mit dickflüssigem Pfropfharz oder Baumwachs dünn bestrichen oder in Ermangelung dessen (wovon jedoch in Baumschulen nie die Rede sein sollte) mit Pfropfmörtel bedeckt. — Ein geübter Veredler kann in der Stunde leicht 25—30 Stämmchen, also in einem Apriltage bei gutem Wetter und ohne besondere Hindernisse 250 Stämmchen allein pfropfen. Soll es aber eilig gehen, so kann man mit einem Gehülfen, der die Stämmchen absägt, Verbände anlegt und das Bestreichen besorgt, 600 pfropfen. Doch gehört schon eine große Uebung und Geschicklichkeit dazu, es so weit zu bringen.

68. Das Spaltpfropfen mit schräg geschnittenem Wildling. Fig. 24 unterscheidet sich von der vorigen Art nur dadurch, daß der Wild=ling nicht horizontal, sondern schräg abgeschnitten wird, wie Fig. 24 a zeigt. Dieser Abschnitt ist darum vortheilhaft, weil der Saft so mehr gegen das Pfropfreis strömt und der Pfropfknoten Fig. 24. schwächer wird. Ein Verband ist hierbei durchaus nöthig. Diese Veredlungsart verdient der vorigen vorgezogen zu werden.

69. Spaltpfropfen mit mehreren Reisern. Fig. 25 und 26. Es unterscheidet sich von dem einfachen Spaltpfropfen nur dadurch, daß zwei oder vier Reiser eingesetzt werden. Dies geschieht nur bei stärkeren Stämmen (die aber in Baum=schulen nur ausnahmsweise vorkommen dürfen), damit die breite Stammfläche schnell überwächst, was mit zwei oder vier Rei=sern schneller geht, als mit einem. Der Spalt wird durch den ganzen Stamm (Fig. 25) und zu vier Reisern übers Kreuz gemacht (Fig. 26).

Fig. 25. Eine wesentliche Verbesserung ist die von Fig. 26.

Lucas mitgetheilte. Anstatt nämlich den Stamm zu viertheilen, spaltet man ihn nur an den Seiten, wie Fig. 27 (den Stamm=durchschnitt darstellend) deutlich zeigt, während die Mitte des Stammes unverletzt bleibt. Die Reiser werden wie gewöhnlich an die Rinde gesetzt, müssen aber etwas anders (schräg) zugeschnitten werden, sonst paßt die Rinde des Wildlings an einer Seite nicht. Man könnte sechs Reiser anbringen, hat aber an dreien genug. Uebrigens ist das Pfropfen mit dem Geisfuß (§. 76) noch besser und leichter zu handhaben. Das Einsetzen von vier Reisern ist der starken Verwundung wegen nicht zu empfehlen. Von diesen zwei oder vier Reisern wird nur das stärkste zur Stamm- bildung beibehalten. Die übrigen mäßigt man im ersten Jahre durch Ab=

Fig. 27.

kneipen der Spitzen im Wuchs, um dem bleibenden Triebe mehr Kraft zuzuwenden, und schneidet sie im folgenden Jahre dicht über der Veredlungsstelle ab. — Zum Spalten solcher Stämme ist das Gartenmesser in der Regel nicht stark genug, und man bedient sich mit Vortheil des Fig. 13 abgebildeten Pfropfeisens. Wenn der Stamm mit der Säge durch= und mit dem Messer glattgeschnitten ist, so setzt man das Eisen auf den Abschnitt, schlägt es mit dem Hammer so tief als nöthig ein, um den Spalt zu machen, zieht es wieder heraus und setzt den Spatel (die gebogene Spitze) ein. Hierauf drückt man mit dem Stiele nach der Seite, so daß sich der Spalt öffnet und das Reis eingeschoben werden kann. Wenn ein Reis eingeschoben ist, kann das Eisen herausgezogen werden, weil dann der Spalt offen bleibt oder leicht mit dem Pfropfkeilchen offen zu halten ist.

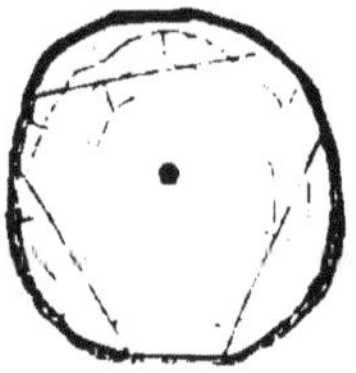

70. **Das Pfropfen mit jungem Holze oder Sommerpfropfen.** Man pfropft auf diese Art Stämmchen, welche im Frühjahre nicht gekommen sind, Ende Juni oder Anfang Juli. Man nimmt dazu Okulirreiser, deren Holz schon etwas erhärtet ist und schneidet sie auf gewöhnliche Weise zu. Ein guter Verband und luftdichtes Verfahren ist hierbei unerläßlich. Diese noch wenig bekannte und von mir noch nicht versuchte Veredlungs= art soll bei Kernobst gut gelingen, weniger bei Steinobst. Manche Gärtner pfropfen im August und September in den von der Spitze und dem obersten Seitenzweige gebildeten Winkel, ohne die Spitze und den Zweig abzuschnei- den, indem man diese nur einstutzt. Das völlige Abschneiden geschieht erst im folgenden Jahre, und zwar zuerst mit den Seitenzweige, während die gekürzte Spitze noch als Halt für den Edeltrieb dient, bis dieser verholzt und gerade ist.

71. **Spaltpfropfen auf schlafende Augen.** Diese noch weniger bekannte Veredlungsart ist der vorher beschriebenen vorzuziehen und sicherer. Sie wird im September ausgeführt, wenn der Saft so weit beruhigt ist, daß die Augen nicht mehr treiben, wol aber die Reiser sich noch ansaugen und ver= wachsen können. Die so gepfropften Bäume treiben zwar nicht stärker als die, welche man im folgenden Frühjahr veredelt, wol aber früher, und darum ist damit immer ein Vorsprung gewonnen. Der Hauptvortheil liegt aber darin, daß im September der Baumgärtner mehr Zeit hat, als im Früh- jahre, mithin die im Herbste verwendete Zeit im Frühjahre gewonnen ist.

Man nimmt ausgebildete Jahrestriebe, kann aber auch Pfropfreiser vom Frühjahre, die man in einem Keller im feuchten Sande aufbewahrt hat, dazu nehmen. Versuche mit diesem Pfropfen sind zu empfehlen. Ich bemerke ausdrücklich, daß man um dieselbe Zeit jede beliebige Art des Zweigens verrichten kann. Es empfiehlt sich für Kirschen und Pflaumen, vorzüglich aber für Birnen.

72. Pfropfen auf den Wurzelhals. Fig. 28. Es kommt zuweilen vor, daß ein schon mehrere Jahre alter, ziemlich starker Obstbaum, durch Wind oder einen Unfall, nahe am Boden abgebrochen wird. Anstatt ihn wegzuwerfen, pfropft man ihn auf den Wurzelhals, indem man auf die schon beschriebene Weise zwei Reiser aufsetzt. Dergestalt gepfropfte Bäume machen in Folge des reichen Wurzelvermögens in einem Sommer manchmal 6 Fuß lange Triebe. Man erhält daher durch dieses Verfahren höchst günstige Erfolge, und der Schaden wird bald wieder ersetzt. Im zweiten Jahre wird der schwächere oder weniger gerade gewachsene Trieb an der Pfropfstelle abgeschnitten. Paradiesäpfel=wildlinge darf man aber nicht auf diese Art ver=edeln, weil sonst der darauf gesetzte Edling Wurzeln schlägt und aus der Form wächst. Ich habe auch

Fig. 28.

Fig. 29.

schwache Mahaleb= und andere Kirschen so veredeln sehen; indem man sie aus der Erde nahm und nahe über den Wurzeln ein Reis einsetzte. Den Vortheil dieser tiefen Veredlung sehe ich hier nicht ein.

73. Pfropfen auf Wurzeln. Fig. 29. Man pfropft zuweilen Kern=obst und auch einige Steinobstarten auf wirkliche Wurzeln, wenn man Reiser von seltenen Sorten, aber keine Unterlagen hat. Zu diesem Zwecke werden von einem ältern Baume nahe am Wur=zelhals passende Wurzeln losgeschnitten, ohne jedoch ganz ausgegraben zu werden. Der obere Theil wird von Erde befreit, hierauf biegt man die Wurzeln in die Höhe, damit sie eine gerade Richtung erhalten; die Seiten= und Faserwurzeln müssen fest in der Erde bleiben, weil von ihrem ruhigen Verbleiben das Gelingen der Veredlung wesentlich abhängt. Hierauf wird, wie gewöhnlich, in den Spalt gepfropft und dann Erde um die Pfropfstelle gehäufelt.

Im nächsten Herbste hebt man die veredelten Wurzeln mit möglichster Schonung der feinen Wurzeln aus und pflanzt sie an eine günstigere Stelle, also in die Baumschule, auf welche Art man in wenigen Jahren einen ansehnlichen Baum erhält. Ich habe auf diese Art Pflaumen mit vielem Glück veredelt und einmal ein ganzes Sortiment von acht neuen Sorten unter einem Kriechenbaum untergebracht.

74. Pfropfen des Weinstocks über der Erde. Diese Veredlung sowol als die folgende kommt in den Baumschulen höchst selten vor und wird nur benutzt, um neue Sorten zu probiren und von den erhaltenen Reben möglichst viel zu gewinnen, welchen letztern Zweck indessen die Vermehrung durch Augen noch besser erfüllt. — Man pfropft auf diese Weise den Wein= stock Ende März oder Anfang April, wenn der Saft eingetreten ist. Die Edelreben müssen 4—6 Wochen vorher geschnitten und eingeschlagen sein. Der Stamm der Unterlage wird in beliebiger Höhe wagerecht abgeschnit= ten. Der Spalt wird wie gewöhnlich senkrecht gemacht und mit zwei, je mit zwei Augen versehenen Edelreben besetzt, wie bei den Obstbäumen. Nachdem der Verband angelegt ist, umgiebt man die Pfropfstelle mit Pfropf= mörtel (Pfropfthon), der hier bessere Dienste leistet, als Wachs oder Harz, welche Stoffe wegen des starken Saftergusses (Blutens) nicht haften. Die aufgesetzten Reben treiben später als die von jeder andern Baumart und setzen manchmal Trauben an, die aber nicht reif werden.

75. Pfropfen des Weinstocks unter der Erde. Dieses Verfahren ist sicherer als das vorige und daher auch vor allen andern beim Weinstock gebräuchlich. Der Zweck ist der nämliche wie bei der vorigen Veredlungs= art, und die Ausführung geschieht um dieselbe Zeit. Man entblößt den Stock, auf welchen veredelt werden soll, ein Stück ganz von Erde und schneidet ihn unter der gewöhnlichen Bodenhöhe ab. Der Spalt wird an einer glatten Stelle der Rebe wie gewöhnlich gemacht. Solche glatte Stellen sind indessen am Weinstocke selten zu finden, weshalb auch die Edelreben nicht gut anzubringen sind. Wenn das Holz gewunden (gedreht) ist, so läßt sich nur schwer ein Spalt anbringen und man kann die Rinde oft nur auf einer kleinen Fläche zum genauen Anschluß bringen, oder man wendet den Gaisfuß (Fig. 15) zum Ausschnitt eines Keils an. Wenn die zwei Reiser eingesetzt sind, wird die Pfropfstelle mit Pfropfthon umgeben und wieder mit Erde zugefüllt, so daß von jeder Edelrebe nur das eine Auge zu sehen ist. Baumwachs ist hierbei nicht nöthig, und es bleibt daher der Verband unberührt in der Erde. Da es schwer hält, glatte, passende Reben unter der Erde zu finden, so kann man auch lange Reben hoch pfropfen und sie dann in die Erde graben.

b. Das Pfropfen mit dem Gaisfußschnitt. Fig. 30.

76. Man macht mit dem Fig. 15 abgebildeten Gaisfuß, oder dem Seite 47 erwähnten anders gestellten Instrumente, anstatt eines einseitigen Spaltes einen Ausschnitt in den oben schräg abgeschnittenen Wildling (Fig. 30 a) und schneidet das Edelreis (Fig. 30 b) mit zwei Messerschnitten so zu, daß es genau hinein paßt, wie beim Spaltpfropfen.

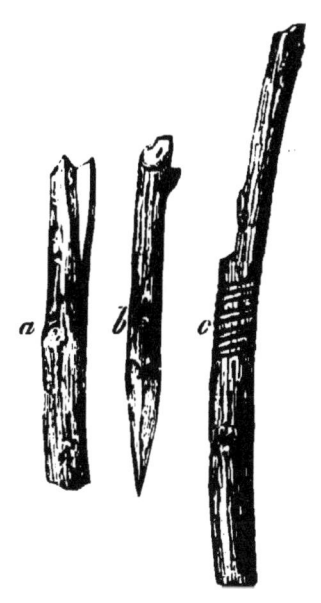

Fig. 30.

Das Pfropfreis mit dem Gaisfuß zuzuschneiden, will nicht gut gehen, und wer viel veredelt, kommt bald zu einer solchen Sicherheit im Zuschneiden, daß das Reis stets in den Ausschnitt paßt. Die fertige Veredlung zeigt Fig. 30 c. Dieses Pfropfen war eine der ersten Verbesserungen des Spaltpfropfens und in Deutschland schon zu Anfang dieses Jahrhunderts im Gebrauch. Man kann mit dem Gaisfuß sowol nach aufwärts als abwärts den Ausschnitt machen, weil er oben und unten schneidig ist. Hat man tief zu veredeln, so zieht man aufwärts, bei hoher Veredlung stößt man nach oben. Lucas, welcher neuerdings den Gebrauch des Gaisfußes sehr empfiehlt und sein Verfahren genau angiebt, läßt erst eine Anzahl Reiser zuschneiden, diese feucht halten und dann mit dem Gaisfuß eben so viele Ausschnitte an den Wildlingen machen. Besonders zweckmäßig soll dies Verfahren beim Umpfropfen alter Bäume sein, überhaupt bei starken Wildlingen. Nach dem Verband wird ein Ueberzug von flüssigem Baumharz oder Baumwachs wie gewöhnlich angebracht. Eine Verbesserung ist, daß, wenn die Rinde sich löst, diese wie beim Rindenpfropfen gelöst und der Ausschnitt mit dem Gaisfuß auf dem entrindeten Holze gemacht wird. Die Rindenflügel werden nach dem Einsetzen wie beim Rindenpfropfen und Okuliren übergelegt.

c. Das Pfropfen in die Seite. Fig. 31.

77. Diese Veredlungsart, welche man auch Anspitzen oder Ein=
zweigen nennt, ist die leichteste und am schnellsten auszuführende, so
daß ein geübter Veredler in einer Stunde, ohne sich zu übernehmen, mehr
als 100 Reiser einsetzen kann, wie es öfters bei Camelien geschehen ist.
Man kann auf diese Art die schwächsten Stämmchen und Aeste veredeln,
und, ohne das Stämmchen vor dem Anwachsen abzuschneiden, an beliebigen
Stellen Zweige einsetzen, also eine Krone bilden. Es wurde erst neuerdings
wieder sehr warm in den „Illustr. Monatsheften für Obstbau 2c." für den
Fall empfohlen, wenn man genöthigt ist noch zu veredeln, während die
Wildlinge schon stark getrieben haben. Ich will nicht behaupten, daß trotz
der aufgezählten Vortheile diese Veredlungsart besser als andere sei, oder
andere zu ersetzen vermöge, aber man sollte sie bei der Obstbaumzucht
häufiger anwenden, als es geschieht. Zu einem Zwecke ist das Seiten=
pfropfen unentbehrlich, nämlich wenn man einseitige Bäumchen zu schönen
Spalieren und Pyramiden erziehen will, indem man ihnen an der kahlen
Seite ein oder mehrere Reiser einsetzt, welche eben so viele Aeste bilden.
Auf diese Art können Bäumchen, die sonst weder zu Hochstämmen noch zu
Zwergbäumen gebraucht werden können (wenigstens von gewissenhaften
Baumzüchtern nicht), durch den Aufwand von einer Minute Zeit für jedes
Reis in sehr gute und daher gut verkäufliche Bäume verwandelt werden.
Lucas empfiehlt diese Veredlungsart zur Bildung von Sortenbäumen.

Das Seitenpfropfen wird vom März bis Juni ausgeführt, es kann
aber auch zu andern Zeiten bis Ende September geschehen.

Fig. 31.

Das Pfropfreis wird, wie bei dem gewöhnlichen Spalt=
pfropfen, jedoch ohne Absatz, zugeschnitten und sehr kurz,
d. h. wenig über einen Zoll lang gemacht. Die Länge des
Einschnittes, den man gern an der äußern Seite einer
Biegungsstelle macht, richtet sich nach der des Reises.
Man macht denselben bei stärkeren Stämmchen, welche aber
nicht über ½ Zoll dick sein dürfen, nur auf einer Seite,
wie es Fig. 31 zeigt, bei schwachen Stämmchen aber
durchaus, indem man von oben herab schneidet. Aber bei
dem Einsetzen muß man darauf sehen, daß der obere Rand
des Abschnittes des Reises etwas tiefer in den Spalt
kommt, weil die Spitze der Zunge von dem Einschnitt
einige Linien tief eintrocknet. Will man blos Aeste an
andere Bäume setzen, so bringt man mehrere Edelreiser nach verschiedenen

Seiten an. Beim Zerschneiden des Reises muß man darauf sehen, daß kein unteres Auge nach der Stammseite zu kommt, weil es hier im Wege ist und leicht zu Grunde geht. Hierher könnte man auch das §. 70 erwähnte Pfropfen zwischen Spitze und obersten Zweig, zählen. Das Verbinden ge= schieht mit gutem Bast oder wollenem Faden. Nachdem der Verband ange= legt ist, wird die Pfropfstelle gut mit Baumwachs oder Harz verwahrt, welches auch oben geschehen muß. Kommt ein Auge in den Spalt, so läßt man es bei dem Verbinden frei. — Wenn dieses eingesetzte Reis einen selbständigen Stamm bilden soll und nicht blos einen fehlenden Zweig er= gänzt, so schneidet man einige Tage vorher die Zweige des Wildlings etwas ein, damit sich der Saft im Stamme sammelt, und schneidet den Wildling bei der Veredlung noch mehr zurück. Ist das Anwachsen gesichert, was sich schon nach 12—14 Tagen zeigt, so schneidet man den Stamm einige Zoll über der Pfropfstelle ab. Geräth es aber nicht, so veredelt man noch ein= mal darunter oder darüber; der Stumpf über der Pfropfstelle wird im fol= genden Jahre abgeschnitten, im ersten Sommer aber dient er dazu, den jungen Trieb anzubinden.

d. Das Pfropfen in die Rinde.

78. Diese Veredlung kommt in den Baumschulen wegen Mangels an starken Stämmen selten vor und dient hauptsächlich dazu, alte Bäume um= zupfropfen und Sortenbäume zu bilden. Man wendet es, wie gesagt, bei Stämmen an, die man nicht gern spalten will, weil sie schon zu stark sind. Da nun das Rindenpfropfen zu einer Zeit geschehen kann und muß, wenn es für die übrigen Veredlungsarten schon zu spät ist, so kann man jeden= falls Gewinn von dieser Veredlungsart ziehen, indem man die etwa vor= handenen starken Stämme bis zuletzt läßt und sie dann in die Rinde pfropft. Bei übler Frühjahrswitterung geht das Veredeln oft so langsam, daß man plötzlich von Blättern und Blüten überrascht wird, ehe man fertig ist, und dann ist das Rindenpfropfen willkommen.

Von dem Spaltpfropfen unterscheidet sich das Rindenpfropfen dadurch, daß das Reis nicht in einen Spalt des Stammes, sondern zwischen Bast und Splint (Rinde und Holz), also unter der Rinde eingesetzt wird. Haupt= bedingung ist dabei, daß der Wildling vollkommen im Saft ist, damit sich die Rinde leicht vom Holze löst. Die Pfropfreiser müssen hierzu sehr saftlos sein und also zeitig mit den übrigen geschnitten werden.

79. **Das Rindenpfropfen ohne Einschnitt. Fig. 32.** Der Stamm oder Ast wird wagrecht abgeschnitten und die Wunde mit dem Garten=

messer geglättet. Das Reis (Fig. 32 B) wird mit einem einfachen Schnitt von dem Absatze (wie beim Spaltpfropfen) schräg zugeschnitten, so daß es die Form eines einseitigen Keils oder Kopulirreises hat. Am Reis wird vom

Fig. 32.

Absatze (Einschnitte) an die Rinde abgezo=
gen. Hierauf nimmt man das Pfropf=
beinchen, eine Art spitzen Keil, den man sich
selbst aus feinem, hartem Holze machen
kann, und sticht damit an der Stelle, wo
das Reis eingesetzt werden soll, zwischen
Holz und Rinde, so daß eine Oeffnung
entsteht, in welche man das fertige Reis
so einfügt, daß die vordere Seite, wo
die Rinde abgelöst wurde, unter die
Rinde kommt, der Absatz aber hinten auf=
sitzt. So wächst jedes Reis sicher. Leider
läßt sich dieses Verfahren nur bei starken
Bäumen anwenden und in den Baumschulen muß man gewöhnlich zu der
nächst beschriebenen Abänderung seine Zuflucht nehmen. Zerreißen darf
die Rinde auf keinen Fall.

80. **Rindenpfropfen mit Einschnitt.** Da sich die Rinde schwächerer
Stämme selten so ausdehnen läßt, daß das Reis dazwischen geschoben
werden kann, so wird von oben herab ein kurzer Längsschnitt gemacht und
die Rinde so weit abgelöst, als nöthig ist, um das Reis einzuschieben. Da
hierbei die Rinde des Wildlings das Pfropfreis nicht ganz umschließen kann,
so darf auch die Rinde des Reises nicht abgelöst werden, wie es bei dem
gewöhnlichen Rindenpfropfen der Fall ist. Es ist aber gut, an den Seiten,
welche unter die Rinde des Wildlings zu liegen kommen, einen schmalen
Streifen Rinde abzuschneiden.

Der Verband wird bei dieser Veredlungsart ganz wie bei dem Spalt=
pfropfen angelegt, während bei der vorigen Art gar kein Verband nöthig
ist, da die Rinde des Wildlings hinreichend anschließt. Der abgeschnittene
Stamm muß sehr sorgfältig mit Harz überstrichen oder mit einem Wachs=
läppchen verklebt werden.

Die in die Rinde gepfropften Reiser brechen sehr leicht ab.

81. **Rindenpfropfen in die Seite.** Fig. 33. Diese Veredlungsart
hat viele Aehnlichkeit mit dem gewöhnlichen Pfropfen in die Seite und
Okuliren. Hier wird das Reis, wie sonst bei dem Rindenpfropfen ge=
bräuchlich ist, zugeschnitten, der Wildling aber nicht bis in das Holz gespal=

ten, sondern blos vermittelst eines Einschnittes in Form eines T (wie bei dem Okuliren) an der Rinde gelöst. Von dem vorher erwähnten Rindenpfropfen unterscheidet es sich dadurch, daß der Wildling oben nicht abgeschnitten wird. Das Rindenpfropfen in die Seite empfiehlt sich für Stämme, welche zum Okuliren zu stark sind, auch kann man hierzu die Spitzen der Reiser mit dem Endauge benutzen. Zum Einsetzen eines Zweiges an einem mangelhaft mit Aesten besetzten jungen Formbaume eignet sich dieses Pfropfen ebenso gut, wie das Spaltpfropfen in die Seite (§. 77), und es wird zum Einsetzen von Fruchtzweigen vorgezogen.

Fig. 33.

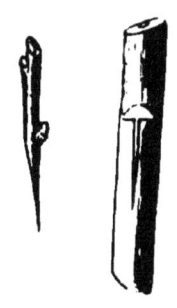

82. **Rindenpfropfen mit dem Sattelschnitt.**
Fig. 34. Vom gewöhnlichen Rindenpfropfen unterscheidet sich dieses (durch Lucas bekannt gewordene) Veredlungsverfahren dadurch, daß der Wildling oben schräg geschnitten und das Reis, anstatt blos mit einem Absatz, mit einem keilförmigen Ausschnitt (Sattelschnitt), welcher genau auf den Abschnitt paßt, versehen wird, wie Fig. 34 am besten zeigt. Es hat das Gute, daß die Stammwunde äußerst schnell überwächst, und verdient sehr viel Empfehlung.

Fig. 34.

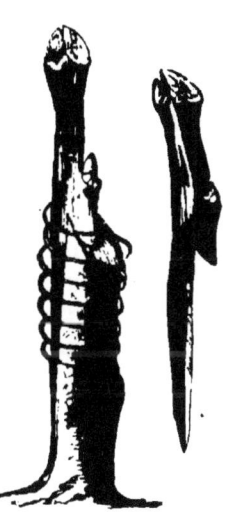

e. **Verschiedene Arten des Pfropfens mit Ausschnitt.**

83. **Pfropfen mit gespaltenem Reis.**
Fig. 35. Hierbei muß das Edelreis mit dem Wildling gleiche Stärke haben. Man schneidet den Wildling keilförmig zu und bringt zu beiden Seiten eine Kerbe an. Das Edelreis wird genau in der Mitte so tief eingespalten, daß es den Keil füllt und genau auf der Kerbe aufsitzt, wie Fig. 35 zeigt. Es macht sich meist nothwendig, den Spalt so viel durch Ausschneiden zu erweitern, bis Rinde auf Rinde paßt. Ich halte diese Veredlungsart für nicht besonders gut und entbehrlich.

7*

84. **Genueser Pfropfen.** Fig. 36. Diese im Genuesischen bei Orangenbäumen gebräuchliche Veredlungsart ist im Grunde die vorhergehende

Fig. 35.   Fig. 36.

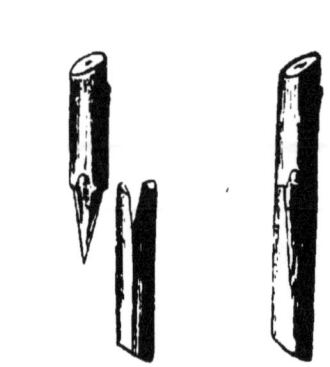

auf umgekehrte Weise, indem der Wildling in der Mitte gespalten, das Edelreis aber keilförmig zugeschnitten wird. Sie ist der vorigen vorzuziehen.

f. Das Kopuliren.

Fig. 37—39.

85. Das Kopuliren wird von vielen Baumzüchtern und Schriftstellern als die vorzüglichste Veredlungsart gepriesen, und ist jedenfalls auch eine der

Fig. 37.

besten Veredlungsarten, die sich durch Einfachheit, Leichtigkeit und Schnelligkeit empfiehlt. Die Verwundung verwächst hier in kürzester Zeit. Nöthig ist dabei, daß Wildling und Edelreis ziemlich von gleicher Stärke sind, denn das einseitige Kopuliren, wo der Wildling stärker ist, kann nicht sonderlich empfohlen werden. Hat man also schwache Stämmchen, so läßt sich das Kopuliren anwenden, und es ist besonders bequem, wenn man die Wildlinge aus der Saatschule oder dem Pikirbeete nimmt und vor dem Pflanzen im Zimmer veredelt. Dies ist besonders bei Kernobst, weniger bei Steinobst zu empfehlen und gelingt bei Kirschenveredlung auf Mahaleb selten. Zur Zwergobst ist hierbei gar kein Nachtheil zu erwarten, dagegen wachsen schwache kopulirte Bäumchen nur langsam und werden selten kräftige Hochstämme. Ausgezeichnet ist das Kopuliren, wenn man die Wildlinge bis zur Kronenhöhe erzieht und dann hochstämmig veredelt, was besonders bei Kirschen gebräuchlich und empfehlenswerth ist, da niedrig veredelte Kirschen selten schöne Hochstämme bilden. Daß manche Baumgärtner ausschließlich kopuliren und alle übrigen Methoden verwerfen, ist einseitig.

Das Edelreis wird von der Länge eines Pfropfreises genommen, und man läßt nicht mehr als zwei Augen. Hooverbeck empfiehlt (in der „Monats= schrift f. Pom.", 1856, S. 129) das Ausschneiden des obersten Auges, so daß man einen Zapfen bekommt, an welchen später der Trieb angebunden wird. Folgerichtig müßte dies bei allen Veredlungen mit Zweigen nützlich sein, und ich empfehle Versuche. Zuweilen sitzt auf der unteren Seite des Reises, dem Abschnitt gegenüber, ein Auge, welches bleiben kann und beim Verbinden offen gelassen wird. Dieses darf aber nicht zum Austreiben kommen, es sei denn, daß die obersten nicht trieben.

Bei dem gewöhnlichen Kopuliren ist der Schnitt höchst einfach, wie Fig. 37 zeigt. Beide Theile werden mit einem langen Schrägschnitt, welcher in einem Zuge geführt werden muß, geschnitten, so daß sie genau auf ein= ander passen. Der Verband, welcher aus einem wollenen Faden, oder noch besser aus dem (unter 35) erwähnten Kopulirband besteht, muß umgelegt werden, während man beide vereinigte Theile so zusammenhält, daß Rinde an Rinde genau schließt, wenigstens auf einer Seite. — Das Kopuliren wird im Freien zur Zeit des Pfropfens vorgenommen, ist aber in ungewöhn= lichen Fällen schon bis Ende Juni mit Glück fortgesetzt worden, indem man die Reiser im feuchten Keller aufbewahrte. Ferner kann es im September stattfinden, wobei man sich der harten Sommertriebe bedient. Die letztere Zeit kann insofern empfehlenswerth sein, weil in diesem Monat der Baum= züchter wenig zu thun hat. Man nennt dies Kopuliren „auf schlafende Augen."

Christ und Andere empfehlen das Winterkopuliren, besonders im November und Dezember, angelegentlichst. Die im Oktober kopulirten Reiser saugen sich noch vor Winter fest und halten den Frost ebenso gut aus, wie die im August eingesetzten Augen. Wer daher viele Stämme zu veredeln hat, mag immerhin im Herbst einen Theil derselben veredeln, damit im Frühjahr nicht alle Arbeit auf ein Mal kommt. Zur allgemeinen Ein= führung möchte ich aber das Kopuliren im Winter nicht empfehlen. Ver= edelt man im Zimmer, wie es in vielen Baumschulen mit Glück geübt wird, so kann man damit im Februar beginnen, weshalb auch Manche diese Ver= edlung „Winterveredlung" nennen. Man legt die veredelten Stämmchen mit den Wurzeln in einen Kübel mit Wasser und schlägt sie bald im Freien an einer schattigen Stelle ein, wo man sie bei starken Frösten etwas decken kann und pflanzt sie Ende März bis April in die Baumschule. Kann man wegen Frost nicht im Freien einschlagen, so muß es in einem geschützten Raume geschehen. Kopulanden von Pfirsichen und Aprikosen pflanzt man sogleich in ein bereit gehaltenes lauwarmes Mistbeet und bedeckt sie mit

Fenstern, in welchem Falle kein Verstreichen mit Harz nöthig ist. Die meisten Baumzüchter sind der Meinung, daß das Veredeln gleichzeitig mit dem Pflanzen in die Baumschule in leichtem Boden einen guten, in schwerem Boden aber schlechten Erfolg habe. Die spät kopulirten Reiser sollen nicht so frühzeitig und kräftig treiben. Kirschen hingegen sollen (nach Ruben s) am besten wachsen, wenn sie spät kopulirt werden und zwar mit frisch geschnittenen, schon mit geschwollenen Knospen versehenen Reisern, während man es sonst gern sieht, daß die Kopulirreiser recht saftlos sind. Mahaleb-Kirschen wachsen bei der Zimmer-Kopulation nicht gut.

Man kann auch auf Wurzeln kopuliren und verfährt hierbei ähnlich wie beim Pfropfen in den Spalt auf Wurzeln, wie oben (unter 72) angegeben. Man kann sich zum Kopuliren jedes Veredlungsmessers bedienen, am besten ist jedoch ein wie ein Federmesser geformtes starkes Veredlungsmesser, Fig. 11. Es giebt eine besondere Kopulirzange, durch welche

Fig. 38.

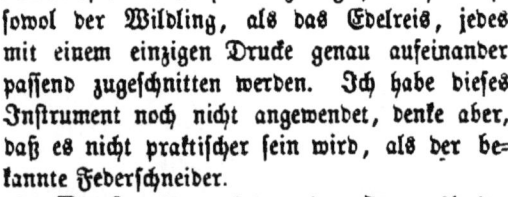

sowol der Wildling, als das Edelreis, jedes mit einem einzigen Drucke genau aufeinander passend zugeschnitten werden. Ich habe dieses Instrument noch nicht angewendet, denke aber, daß es nicht praktischer sein wird, als der bekannte Federschneider.

86. **Das Kopuliren mit doppeltem Zungenschnitt.** Fig. 38 u. 39. Eine größere Festigkeit erhält die Verbindung durch folgende Verbesserung. Man macht an der Schnittfläche des Wildlings einen kurzen Einschnitt (Spalt), ebenso an der Schnittfläche des Edelreises, ein wenig unterhalb der Mitte, und schiebt die so entstehende Keilspitze des einen Theiles in den Spalt des andern, bis die Schnittflächen sich gegenseitig decken. Das Einschieben geschieht sehr leicht und durch einen leichten Fingerdruck auf das dünne Ende der Schnittfläche. Auf diese Art sitzt das Edelreis unverrückt und fest, und es kann ein zweiter Arbeiter den Verband besorgen.

Eine Verbesserung zeigt Fig. 39, wo die Spitze der Schnittfläche horizontal abgeschnitten und der Anfang mit einem Kerbenschnitt, wie bei dem Pfropfen, versehen wird. Diese Abweichung wird von einigen französischen Gärtnern geübt und von Hardy befürwortet, verursacht aber etwas mehr Mühe. Wenn

man sonst Uebung hat, so haben diese beiden künstlicheren Abweichungs-
arten keinen Werth, indem das einfache
Kopuliren nichts zu wünschen übrig läßt
und viel schneller geht.

g. Das Anplatten oder Schäften.
Fig. 40.

87. Dies ist eine Art Kopuliren,
wo der Wildling viel stärker ist als das
Edelreis. Es wird in diesem Falle der
Stamm oben schräg abgeschnitten und
man macht dann die Schnittfläche nicht
breiter, als sie das Reis bedecken kann,
also auch nicht tief, wählt auch zu bie-
sem Zwecke möglichst starke Reiser.
Hierbei ist es sehr zweckmäßig, den
Stammabschnitt nahe über einem Auge
zu machen, welches den Saft herbei-
zieht und das Anwachsen befördert. Man benutzt hierzu mit großem Vortheil das Schäfteisen oder Hohlschnittmesser, Fig. 14, womit man Edelreis
und Wildling mit einem Zuge so zu-
schneidet, daß beide genau aneinander
passen. Der Verband wird ganz wie
beim Kopuliren angelegt. Da es, wenn
man nicht das erwähnte Schäfteisen benutzt, oft vorkommt, daß das Edelreis
den Abschnitt am Wildlinge nicht ganz
deckt, so muß man in diesem Falle flüs-
siges Baumwachs' oder Pfropfharz anwenden.

88. **Das Stecklings-Kopuliren
des Weinstocks.** Fig. 41. Um schnell
neue Rebensorten zu vermehren und von
jedem Auge eine Pflanze zu bekommen,
was bei den gewöhnlichen Stecklingen
nicht der Fall ist, hat man außer der
(§. 48 beschriebenen) Vermehrung durch
Augenstecklinge die folgend beschriebene Veredlungsart ersonnen und empfohlen, und dieselbe soll in Frankreich schon sehr verbreitet sein. Man

Fig. 39. Fig. 40.

Fig. 41.

schneidet im September von gut ausgebildetem, schon braunem Holze einer beliebigen Sorte Stecklinge wie gewöhnlich, schneidet die Wildlinge wie

Fig. 42. beim Anplatten zu (Fig. 41 a) und das Reis der zu veredelnden Sorte mit nur einem Auge jenem Schnitt entsprechend, so daß beide aufeinander passen, wie Fig. 41 b
zeigt. Die Verbindung wird mit Pfropfharz überstrichen,
darauf setzt man die Stecklinge einzeln in Töpfe, bis zur
Impfstelle in die Erde. Hierauf stellt man die Töpfe in
ein lauwarmes oder kaltes Mistbeet oder unter Glocken
in das Vermehrungshaus. Jedenfalls kann man die Stecklinge auch sogleich in ein Erd- oder Sandbeet stecken und
diejenigen, welche Wurzeln bilden, einpflanzen.

h. Das Sattelschäften. Fig. 42—44.

89. Das Sattelschäften unterscheidet sich vom einfachen
Schäften oder Anplatten nur durch den Sattelschnitt des
Edelreises, zeichnet sich aber vor diesem vortheilhaft aus, indem der

Fig. 43.   Fig. 44.   Stammabschnitt bedeckt wird. Es ist dies
eine noch wenig verbreitete, aber die größte
Verbreitung verdienende Veredlungsart süddeutschen Ursprungs, welche von
Lucas und Anderen ebenso bringend empfohlen wird, wie das Kopuliren, besonders
auch zur Winterveredlung. Die Verbindung beider Theile wird hierbei auf das
Innigste bewirkt. Allerdings erfordert das
Sattelschäften größere Genauigkeit, daher
auch mehr Uebung und Zeitaufwand, als
das Pfropfen und Kopuliren.

Der Wildling (Fig. 42) wird über einer
glatten Stelle schräg abgeschnitten. Der
Längsabschnitt wird auf der entgegengesetzten Seite angebracht und nicht breiter
und tiefer gemacht, als ihn das Edelreis,
welches ziemlich stark sein muß, bedecken
kann. Sind die Reiser schwach, so thut
das Fig. 14 dargestellte Anschäfteisen von
Lucas gute Dienste. Hier jedoch nur
zum Ausschnitt des Wildlings, indem das Edelreis wie ein Kopulirreis

zugeschnitten wird. Hierauf wird das Edelreis so zugeschnitten, daß es genau darauf paßt, wie Fig. 43 deutlich zeigt. Es ist nothwendig, daß sich etwa $1/8$—$1/6$ Zoll über der Kerbe ein gutes Auge befindet, weil dieses hauptsächlich den Vorzug dieser

Fig. 45.

Veredlungsart bildet, indem es den Saft herbeizieht und dadurch das Ueberwachsen der Wunde am schnellsten befördert. Ehe man das Reis der Länge nach schneidet, muß oben an der Kerbe etwas Holz weggenommen werden, weil man sonst den Schnitt nicht in einem Zuge machen kann. Die Verbindung des Edelreises mit dem Wildling wird durch Fig. 44 deutlich veranschaulicht, so daß es weiter keiner Erklärung bedarf.

90. **Das doppelte Sattel-schäften.** Fig. 45 und 46. Die-ses bringt eine noch innigere Verbindung hervor, ist aber um-ständlicher. Lucas, der (so viel ich weiß) diese Veredlungsart zuerst bekannt gemacht hat, er-klärt selbst, daß das einfache Sattelschäften ebenso viele Vor-theile biete, weshalb es auch, weil es einfacher ist, dem doppel-ten Sattelschäften vorzuziehen ist. Bei dem doppelten Sattel-schäften wird nicht nur das Reis oben auf einen Sattel gesetzt, sondern auch unten in einen Spalt oder Einschnitt des Wild-lings geschoben, zu welchem Ende es wie bei dem (unter 77 er-

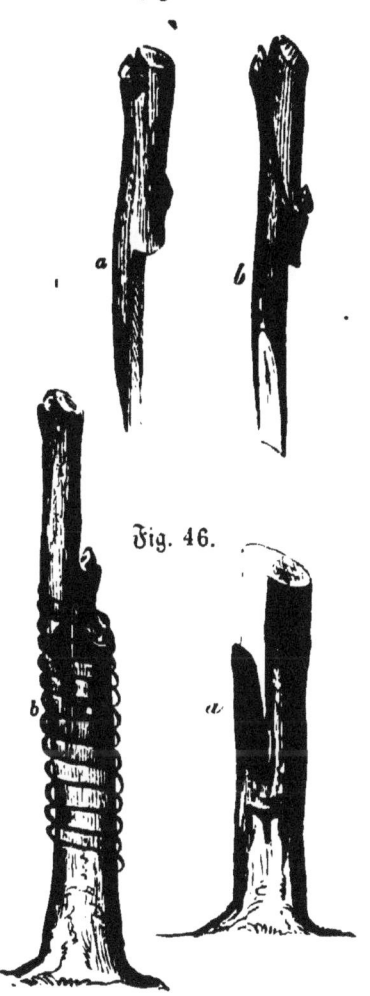

Fig. 46.

wähnten) Seitenpfropfen zugeschnitten werden muß. Fig. 45 zeigt den Zu-schnitt des Edelreises, a die innere Seite, b die äußere; Fig. 46 a den zu-geschnittenen Wildling, b den veredelten Stamm.

5. Das Okuliren oder Impfen mit Augen.

a. Das gewöhnliche Okuliren oder Aeugeln.

91. Das Aeugeln ist wegen der geringen Verwundung des Wildlings und der Schnelligkeit, mit der es verrichtet werden kann, sehr vortheilhaft und darum in den Baumschulen sehr gebräuchlich, namentlich für schwache Wildlinge. Ein besonderer Vorzug ist, daß es zu einer Zeit geschieht, wo man weit mehr Zeit hat, als im Frühjahre. In den meisten französischen Baumschulen wird es fast ausschließlich angewendet. So vortheilhaft und naturgemäß nun aber auch das Aeugeln ist, so ist eine solche Einseitigkeit dennoch zu verwerfen, denn wir haben bereits gesehen, welche große Vortheile andere Veredlungsarten unter gewissen Umständen bieten. Für manche Obstarten ist das Okuliren jeder andern Veredlungsart vorzuziehen, so bei Pfirsichen, Aprikosen, Pflaumen. Bei Nußbäumen, welche am jungen Holze fast nur Rinde und Mark haben, ist es neben dem Pfeifeln (§. 94) die einzig mögliche Veredlungsart im Freien. Für Zwergbäume wird es allgemein vorgezogen, und bei Quitten wendet man es ausschließlich an. Man hat die Erfahrung gemacht, daß das Okuliren in Baumschulen mit geringem Boden weniger gute Erfolge hat, als in gutem Boden. Um vom Okuliren den günstigen Erfolg zu haben, müssen die Wildlinge bereits 2 Jahre in den Baumschulen gestanden haben, damit sie reich bewurzelt sind und die Augen im folgenden Frühjahre starke Triebe bilden können.

Das gewöhnliche Okuliren geschieht zu zwei verschiedenen Jahreszeiten, deren Grenzen jedoch in einander übergehen, nämlich gegen Ende des Frühlings und zu Anfang des Sommers, also im Mai und Juni auf das treibende Auge und von Ende Juli an bis September auf das schlafende Auge. Diese Zeiten sind aber, wie gesagt, nicht streng getrennt, indem die im Juli eingesetzten Augen zuweilen noch austreiben, was besonders der Fall ist, wenn warme, nasse Witterung auf Trockenheit folgt. Man beginnt in der Regel mit dem Okuliren auf Pflaumen, weil diese zuerst in den zweiten Saft kommen und Ende Juli sich oft schon nicht mehr lösen; dann folgen Birnen, Aepfel und Aprikosen, zuletzt im August bis September Pfirsiche. Das Okuliren auf das treibende Auge ist in Obstbaumschulen im Allgemeinen nicht räthlich, da die im Sommer treibenden Zweige meistens schwach bleiben, im Winter zuweilen wieder zurückgehen und von den später eingesetzten, erst im Frühjahr treibenden Augen meist überholt werden. Da man in wärmeren Gegenden diese Nachtheile nicht zu befürchten hat und die Ende Mai okulirten Stämmchen sofort austreiben und auf kräftigen

Unterlagen groß werden, so bietet doch diese Veredlungsart fast eben so viele Vortheile, als das Veredeln mit Zweigen. Eine Ausnahme hiervon macht ferner der Maulbeerbaum, welchen die französischen Gärtner meistens auf das treibende Auge okuliren.

Zum Okuliren auf das treibende Auge nimmt man die noch nicht aus= getriebenen Augen vom vorjährigen Sommertriebe (sogenannte Pfropfreiser), welche man, mit feuchtem Sand bedeckt, im Keller aufhebt. Haben sie zur passenden Zeit noch keinen Saft, so schneidet man sie unten frisch ab und stellt sie in Wasser, bis sich die Rinde löst. Die Reiser, welche zum Okuliren auf das schlafende Auge verwendet werden sollen, sind die vollkommensten Triebe desselben Sommers. Man schneidet sie früh oder Abends, damit sie vollsaftig sind, was bei Reisern, welche während der Tageshitze geschnitten wurden, oft nicht der Fall ist. Die Blätter werden sogleich bis auf den Blattstiel abgeschnitten, die Nebenblättchen am Blattstiel werden ganz be= seitigt, beides, um die Verdunstung zu verhindern. Die Reiser müssen bis zum Gebrauche in Wasser gestellt und, wenn man sie erst nach mehreren Tagen verwendet, mit Moos umwickelt werden. Doppelaugen, die besonders bei Pfirsichen vorkommen, sind nur in Ermangelung anderer, zur Erhaltung einer seltenen Sorte zu gebrauchen, weshalb man auch die Zweige vor dem Abschneiden prüfen muß, ob sie mit guten Augen besetzt, auch glatt von Rinde sind, damit sie sich gut lösen. Haben Pfirsiche drei Blätter zusam= menstehend, so kann man sicher darauf rechnen, daß man ein taugliches Holzauge vor sich hat. Die Reiser von freistehenden Bäumen hält man für besser, als die vom Spalier genommenen. Es giebt auch an manchen Zweigen Blätter, welche ganz ohne Augen sind, oder in denen sie so schwach entwickelt sind, daß man sie kaum bemerken kann. Solche befinden sich meist unten an den Sommertrieben und sind ganz und gar untauglich.

Man bedient sich zum Okuliren nach der alten am meisten angewandten Weise mit abgelöster Rinde meistens des bekannten Okulirmessers, womit der Geübte seine Aufgabe auf das Schnellste und gut löst. Außerdem hat man noch verschiedene Hülfsmittel, um die Augen sicher in das Okulir= schild (das Stück Rinde, welches das Auge umgiebt) zu bekommen. Sehr gut zu gebrauchen ist das (Fig. 14 abgebildete) Anschäfeisen, indem man, nachdem das Schildchen zugeschnitten und auf einer Seite bis an's Auge ge= löst ist, die Hohlfläche an das Reis legt und mit einem leichten Druck durch= schneidet. Zweckmäßig ist ferner ein kleiner Hohlmeißel, den man von oben oder von unten zwischen Rinde und Holz einschiebt und hierdurch das Auge von dem Holze trennt. Es giebt Veredlungsmesser, welche eine solche Vor= richtung haben. Eine schräg zugeschnittene starke Federspule ist zu gleichem

Zwecke brauchbar. Alle die Hülfsmittel sind nur für Dilettanten und wer=
den vom praktischen Baumzüchtern nur in seltenen Fällen angewendet, wenn
das Ausschneiden bei einer Sorte besondere Schwierigkeiten macht.

Will man auf die gewöhnliche Weise okuliren, so muß man sich über=
zeugen, ob sich an den Wildlingen die Rinde löst. Ist dies nicht der
Fall, so muß es unterbleiben, bis es einmal durchdringend geregnet hat,
oder man muß sich die Mühe machen, die Wildlinge einige Tage vorher
tüchtig zu begießen. Auch das Behacken der Quartiere, wo okulirt werden
soll, 8 Tage vorher befördert das Anwachsen und den Saftzufluß, und
manche Gärtner behacken unmittelbar nach der Operation nochmals. Wenn
man aber die Lösbarkeit der Rinde versuchen will, so muß es früh am Mor=
gen geschehen, denn zuweilen geht es Vormittags gut, Nachmittags nicht.
In solchen Fällen muß auch das Okuliren sehr früh vorgenommen
werden. Da aber die Augen auch mit Holz ausgeschnitten werden können-
(was sogar Manche immer thun), so braucht das Edelreis nicht' ganz in
Saft zu sein, wenn es nicht anders geht. Zuweilen löst sich die Rinde des
Wildlings nur auf der Mittagsseite nicht, dagegen auf der Nordseite sehr
gut. Auf dieser Seite wachsen auch die Augen besser. Bei Regen, oder kurz
danach, darf das Okuliren nicht geschehen, denn wenn Wasser an die innere
Rinde kommt, so ist das Anwachsen zweifelhaft. Auch wird es dann eine
schmutzige Arbeit, da das Okuliren meist sehr nahe am Boden geschieht. Es
ist gut, wenn die Wildlinge einige Tage vorher vorbereitet werden. Diese
Zurichtung besteht darin, daß man die Spitzen an den starken Seitenzweigen
ausschneidet, was besonders bei Quitten nothwendig ist, da sie meist sehr
buschig und breit wachsen, wodurch auch die Arbeit erschwert wird und
Sonne und Luft sehr abgehalten werden. Durch dieses Einschneiden werden
die unteren Theile saftreicher, folglich lösbarer. Die Aeste buschiger Wild=
linge bindet man vor dem Okuliren zusammen, nachdem aber wieder los.
Wenn die niedrig zu okulirenden Stämmchen durch Platzregen beschmutzt
sind, so müssen sie mit einem trockenen Tuche oder mit einem Strohwische abge=
rieben werden, damit keine Erde in die Wunde kommt. Die Wildlinge der
Quitten=, Paradies= und Splittäpfel, welche Neigung haben, strauchartig zu
wachsen, müssen schon von Jugend auf unten von Nebenästen befreit sein.
Eine andere Art der Vorbereitung wird an den Edelreisern ausgeführt,
wenn man frühzeitig zu okuliren anfangen will, oder, wenn man fürchtet,
daß der Saft zurücktreten könne, bevor die Edelreiser okulirbares Holz
haben. Man entspitzt nämlich die Triebe, welche man bald benutzen will,
wenn sie fast die Länge des ersten Triebes erreicht haben, also im Mai; die
Folge davon ist, daß die Triebe eher holzig werden und die Augen früher bilden

Bei Quitten, Birnen, Aepfeln, Pflaumen, Mandeln, Aprikofen, Nuß= bäumen und Weißdorn okulirt man in altes, am besten in zweijähriges Holz. Bei Kirschen hingegen will es nicht gelingen und man muß, falls man sie in die Krone okuliren will (denn Kirschen tief zu okuliren, ist nicht rathsam), oft erst die Aeste zurückschneiden, um im folgenden Jahre nahe am Stamme junges Holz zu bekommen, in welches die Augen gesetzt werden können.

Es bleibt sich gleich und kommt nur auf Gewohnheit an, ob man erst den Wildling einschneidet, oder zuerst das Auge auslöst. Zweckmäßiger er= scheint das Erstere, da das Auge mehr gegen die Luft geschützt werden muß. Indessen ist der Schnitt in den Wildling so schnell gemacht, daß diese Zeit kaum zu rechnen ist. Wenn das Auge gelöst ist, so haben die meisten Ver= edler die Gewohnheit, es so lange zwischen den Lippen zu halten, bis es eingesetzt werden kann. Diese Aufbewahrung ist ganz gut, nur muß dabei kein Speichel oder gar Tabaksaft daran gebracht werden. Wenn zwei Per= sonen okuliren, so ist es am besten, die Arbeit zu theilen, indem einer das Binden besorgt.

Das Ablösen der Augen vom Holze ist eine Sache, die sich leichter zeigen als beschreiben und selbst durch Abbildung nicht ganz klar machen läßt. Ich muß zuvörderst bemerken, daß man das Schildchen, d. h. das Stück Rinde, woran das Auge sitzt (Fig. 47 und 48), in verschiedener

Fig. 47.

Fig. 48.

Form ausschneidet, wonach sich auch der Einschnitt in den Wildling richtet. Die gewöhnliche Art ist, daß man das Schildchen oben breit und gerade abschneidet, unten aber spitz macht, wie Fig. 47 zeigt. Um ein solches Auge einsetzen zu können, muß der Stamm in Form eines T eingeschnit= ten werden, wie Fig. 47 A zeigt. Schneidet man das Schildchen oben spitz und unten breit, so wird der Einschnitt wie ein umgekehrtes T

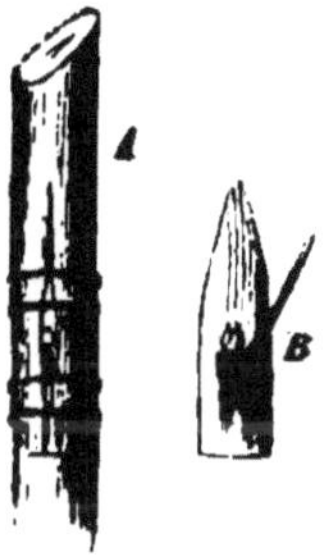

aussehen (Fig. 48 A). Die weiter unten beschriebene Methode von Baltet beweist aber, daß auf das Zusammenstoßen der wagerechten Rindenschnitte gar nichts ankommt und der Querschnitt nur dazu dient, um das Auge unter die Rinde zu bringen. Baltet ist der Ansicht, daß der Einschnitt in Form eines umgekehrten T, also ⊥, für sehr vollsaftige Wildlinge besser sei, indem durch den Querschnitt der Saftlauf etwas gehemmt wird. Am besten ist es, wenn man beide Arten zu schneiden versteht, und zwar aus folgendem Grunde. Wenn man nur wenige, dicht neben einander sitzende Augen hat, die man gern alle benutzen möchte, so kommt es vor, daß man durch den Längschnitt die nöthige Breite nicht bekommen kann, während noch Rinde genug für die Spitze des Schildes vorhanden ist. In diesem Falle richtet man es so ein, daß an dem Zweige, welcher die Augen liefert, stets zwei breite, wagerecht abgeschnittene Seiten und zwei Spitzen des Schildes gegen einander kommen. Hat man aber weitstehende Augen, so kann man ganz nach Belieben schneiden. Bei Maronen, welche sehr starke Augen haben, wendet Baltet einen Kreuzschnitt (+) an, weil sich so das Auge besser einschieben läßt. Das Auge kommt dann genau in den Mittel= punkt. Dies ließe sich auch bei starken Birnenaugen anwenden.

Außerdem hat man noch einige andere abweichende Formen, die aber weniger gebräuchlich sind. Das ovale Schild (Fig. 49), wie es sich stets gestaltet, wenn man die Augen mit dem Holze ausschneidet, wird fast von allen Veredlern oben oder unten wagerecht abgeschnitten, wie es die Linie x andeutet, damit durch diesen Querschnitt, auf den der Querschnitt der Wildlingsrinde genau paßt, das Anwachsen erleichtert wird. Der Theorie

Fig. 49.

Fig. 50.

nach besser als jede andere Form ist die viereckige (Fig. 50 b), wobei die Rinde oben und unten an der Rinde des Wildlings ansitzt, also auch das Verwachsen und die Saftverbindung viel sicherer erreicht wird. Da jedoch die auf gewöhnliche Weise geschnit= tenen Augen so leicht wachsen, so wird diese Form schwerlich viel in Ge= brauch kommen, denn praktisch ist sie nicht, weil es sehr schwer hält, genau die Entfernung der beiden Abschnitte des Wildlings zu treffen und bei dem gerin= gen Zwischenraum der eine Querschnitt und die starke Verwundung des Wild= lings, welche das Zurückschlagen der Rinde mit sich bringt, nutzlos wird.

Wir wollen nun das Auslösen der Augen näher betrachten. Man nimmt das Edelreis in die linke Hand, wie auf Fig. 53 zu sehen ist, macht, wenn das Schild oben breit ist, wie bei Fig. 47, oben ungefähr $\frac{1}{6}$—$\frac{1}{4}$ Zoll, je nachdem das Edelreis und der Wildling stark ist, einen Querschnitt bis auf das Holz, setzt den Daumen einen Zoll unter das aus= zuschneidende Auge, welches auf der Spitze des Mittelfingers liegen muß, fest auf und gleitet, mit dem Messer ziehend, in einer Bogenlinie sanft unter das Auge herab, so daß nur die Rinde durchgeschnitten wird. Hierbei ist es wesentlich, daß das Reis in der linken Hand beim Schneiden nach links oder rechts gedreht wird, wie es der Bogen verlangt. Man löst nun daneben einen schmalen Streifen Rinde ab, so daß man mit dem Spatel des Okulirmessers (Beinchen) leicht unter die Rinde kommen kann, löst auf der rechten Seite die Rinde bis an's Auge vorsichtig ab, faßt dann das Auge mit dem Blattstiel ziemlich fest und kurz und trennt es mit einem raschen Seitendruck vom Holze. Wenn langsam und vorsichtig gedrückt wird, so bleibt das Auge meist am Holze sitzen. Zeigt sich inwenbig unter dem Auge die Augenwurzel, d. h. ein Gefäßbündel von weichem Holze, oder gar ein Stückchen wirkliches Holz, wodurch das Auge mit dem Zweige verbunden war, so ist das Auge gut und brauchbar und wird rasch eingesetzt. Selten hat man nöthig, ein Stück Holz davon loszuschneiden, besonders wenn die Wildlinge viel Saft haben. Zeigt sich hingegen unter dem Auge eine Höhlung, ein förmliches Loch, und an dem Holze, wo die Augenwurzel gesessen hat, eine starke Erhöhung, so ist das Auge unbrauchbar und heißt blind. Wer von den oben erwähnten Hülfsmitteln Gebrauch machen, d. h. das Anschäfteisen, einen Faden (Draht, Pferdehaar) oder einen Hohlmeißel gebrauchen will, muß die Rinde vorher auf beiden Seiten und auch von oben lüften. Das Zurichten eines oben spitzen und unten breiten Schildes bedarf weiter keiner Beschreibung, obschon die Handbewegung eine andere ist.

Das Ausbrechen gelingt nur, wenn das Edelreis gut im Safte und das Auge nicht zu stark hervortretend ist, und auch hier nicht bei allen Obstarten und Sorten gleich gut. Ist das Reis etwas eckig und ungleich gewachsen, oder stehen die Augen auf kleinen Höckern, so lösen sich dieselben schlecht. Das Letztere ist bei Aprikosen, besonders aber Fig. 51. bei einigen Birnsorten häufig der Fall. In diesem Falle muß man die Augen mit dem Holze ausschneiden, und manche Veredler thun es in allen Fällen, weil dann selten ein Auge weggeworfen zu werden braucht und das Veredeln viel sicherer ist. Dem Anfänger erscheint das Ausschneiden schwerer, aber am Ende gewöhnt man sich so daran, daß es schneller geht als das Brechen.

Eine leichtere Art des Schild = Ausschneidens ist Fig. 51 (nach Angabe von Barkhausen in der „Monatsschrift f. Pom.") dargestellt. Man fängt mit dem untern Auge an und schneidet das Reis hinter dem Auge mit einem gebogenen Schnitt zu, dann macht man den Querschnitt bis auf die Rinde, lüftet das Auge ein wenig, und bricht es dann meist sehr gut aus. Der Vortheil besteht hauptsächlich in der Schnelligkeit.

Zum Ausschneiden der Augen empfehle ich das Verfahren von

Harh*) Fig. 52. Man fängt mit dem Ausschneiden von oben an, schneidet das Reis 2—3 Linien über dem Auge schräg ab (Fig. 52 a), und das Auge mit dem Messer aufwärts ziehend ab, indem man bei b ansetzt. Dieses Ausschneiden von unten ist die wesentlichste Abweichung und höchst praktisch

Fig. 52.

und leicht, wie jeder Versuch zeigt. Die obere Spitze wird etwas abgestutzt. Beim Ausschneiden stemmt man den Abschnitt des Reises gegen den Daumen der rechten Hand. Man muß suchen, so wenig Holz wie möglich am Auge zu bekommen, was am besten durch eine sehr schräge Haltung des Messers erreicht wird. Das Einsetzen solcher Augen wird ganz wie bei der nachstehend beschriebenen Baltet'schen Methode bewerkstelligt, wobei es nicht darauf ankommt, ob der Schnitt ein stehendes oder umgekehrtes T darstellt, indem der Abschnitt nicht anzuliegen braucht.

Am Wildling ist die Zurichtung folgende: Man wählt möglichst tief am Boden oder oben in der Krone eine glatte Stelle auf 2—3 jährigem Holze. Hat das Stämmchen eine Biegung, so setzt man das Auge gerade auf diese Stelle oder unterhalb, damit der Stamm gerade wird. Kann man es einrichten, daß sich gegenüber, oder noch besser, ein wenig über der Okulirstelle, ein wildes Auge befindet, so ist das Gelingen um so sicherer, indem dieses den Saft herbeizieht. Hierauf wird zuerst ein wagerechter Querschnitt, darauf ein der Größe des Augenschildes angemessener Längsschnitt gemacht, am besten beide mit dem Bogen des Messers und mehr drückend als ziehend, so daß nur die Rinde durchgeschnitten wird. Auf diese Art entsteht die Form eines aufrechtstehenden oder umgekehrten T, wie es Fig. 47 und 48 dargestellt ist. Hierauf wird mit dem Knochenspatel oder der abgestumpften Fläche des Messers, Fig. 10, die Rinde auf beiden Seiten des Längsschnittes so weit gelöst, daß das Auge darunter geschoben werden kann, indem man in der Winkelspitze beginnt. Fig. 47 A zeigt den Wildling mit gelöster Rinde. Das Augenschild wird nun entweder von oben, wenn der Querschnitt oben, oder von unten unter die gelöste Rinde geschoben, indem man es am Blattstiel hält und nöthigenfalls mit dem Knochenspatel des Okulirmessers etwas nachhilft.

---

*) „Illustrirte Monatshefte." 1866. S. 211. Es wurde, obschon von vielen Baumzüchtern ganz ähnlich stets angewendet, zuerst von Herrn Karl Harh in Kaschau in Ungarn bekannt gemacht.

Sitzt Querschnitt an Querschnitt und das Auge genau in der Oeff= nung des Längschnittes, so wird der Verband angelegt. Hat man aber zwei Augen einander gegenüber einzusetzen, so werden erst beide eingesetzt, ehe man verbindet, weil sonst der Verband stört. Der Verband hat blos den Zweck, das Schild mit dem Auge fest auf das Holz des Wildlings zu drücken und beide zu verbinden, braucht daher nicht die ganze Veredlungs= stelle zu bedecken, obschon es der Sicherheit wegen meist geschieht. Man nimmt dazu gewöhnlich gutes Bast, oder bei schwachen Stämmchen starke Fäden von ungebleichtem Baumwollengarn, Wollgarn oder die §. 36 er= wähnten Bindstoffe, wol auch mit Wachs bestrichene Papierstreifen (Kopu= lirbänder). Diese letzteren und die Rohrkolbenblätter haben das Gute, daß man den Verband nicht zu lüften braucht (s. §. 98). Das Auge muß bei dem Verbinden frei bleiben. Ueber dem Auge muß der Verband etwas stark angezogen werden, damit unter dem Schilde keine Höhlung bleibt,

besonders wenn die Wildlinge nicht viel Saft haben. Die= ses festere Binden hat auch noch den Zweck, daß sich der Saft mehr in das Auge wen= det und das Anwachsen be= schleunigt. Der Querschnitt muß gut überbunden werden, damit der Regen nicht ein= bringen kann. Unter dem Auge muß etwas mehr Raum bleiben, damit sich hier kein Regenwasser festsetzen kann. Der Faden wird durch eine einfache Schleife fest gebunden, welche leicht gelöst werden kann.

Fig. 53.

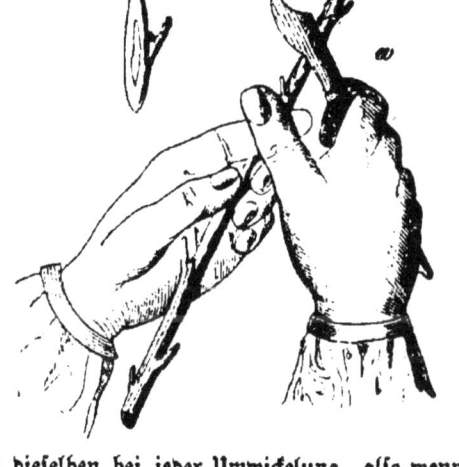

Nimmt man zum Binden Rohrkolbenblätter, so müssen dieselben bei jeder Umwickelung, also wenn man am Auge anfängt, hinten umgeschlagen werden, sonst schließen sie nicht. Dasselbe ist auch bei starkem Bast zu beobachten.

Eine sehr erleichterte Methode des Okulirens ist die von Baltet (in Troyes), welche seit einigen Jahren auch in dem Pomologischen Institut in Reutlingen angewendet wird. Fig. 53 a zeigt die Art des Ausschneidens des Schildchens b, welches mit einem Schnitt geschieht. Man setzt das

Okulirmesser etwa $1/4$ Zoll über dem Auge im rechten Winkel an, schneidet die Rinde durch, biegt dann das Messer mit dem Rücken nach rechts und zieht es vorsichtig zwischen Rinde und Holz gegen das Auge, welches mit einem etwas stärkeren Druck abgeschnitten wird. Unterhalb schneidet man, mehr drückend als schneidend, in derselben Entfernung wie oben spitz zu. Das so ausgeschnittene Auge wird ohne weitere Zurichtung (außer dem Abschneiden einer zu langen Spitze) in den wie gewöhnlich vorgerichteten Spalt des Wildlings eingeschoben und zwar so tief unter die Rinde, als es geht. Von einem Anstzen der Rindentheile am Querschnitt ist hierbei nicht die Rede. Der Verband ist wie gewöhnlich *).

Manche Baumzüchter setzen stets zwei Augen in ein Stämmchen, um eines Auges sicher zu sein. Sind die Wildlinge gut im Saft und die Augen nach Vorschrift, so ist der Erfolg jedes Auges ziemlich sicher, weshalb die doppelte Arbeit zu ersparen ist. Im Falle des Mißlingens bleibt ja immer noch die Nachvereblung. Sind aber weder Wildlinge noch Augen von guter Beschaffenheit, so ist es nur verlorene Zeit, wenn man mehrere Augen ein= setzen will. Es bleibt in diesem Falle immer noch die Okulation mit Holz. Etwas Anderes ist es, wenn jedes Auge einen Ast bilden soll, wie bei Spalier= bäumen, oder wenn man in die Krone hochstämmig okulirt.

Das Okuliren muß sehr rasch ausgeführt werden, und man kann es darin zu einer großen Fertigkeit bringen. In französischen Baumschulen ist es nicht ungewöhnlich, daß ein Veredler 160 Augen in der Stunde ein= setzt, könnte also, wenn Alles gut geht, 1600 Augen in einem Tage ein= setzen. Dies ist aber meistens nicht der Fall. Um dies möglich zu machen, müssen die Augen glatt sein, d. h. sie dürfen auf keinem stark hervor= tretenden Wulste oder Höcker (Console nennen es die französischen Gärtner) stehen, weil dann die Augen entweder ganz ausgeschnitten oder doch nach= geschnitten werden müssen. Sehr viele Birnsorten, unter andern fast alle Sorten von Butterbirnen (Beurrés) und von guten Christenbirnen (Bon Chrétiens), haben stets starke Höcker, und man kann von ihnen bei großem Fleiße kaum 50—60 Augen in der Stunde einsetzen. Dagegen lösen sich an Dechantsbirnen=Sorten (Doyennés) und Crassannen (Crassanes), an den meisten Aepfeln, sowie Pfirsichen und Mandeln die Augen sehr gut. Man kann also zufrieden sein, wenn ein Veredler 600 Stück täglich okulirt.

---

*) In Ch. Baltet's „Baumzucht ꝛc." von Labé wird nach Fig. 14 das Schild ebenfalls oben gerade geschnitten und an den Querschnitt angeschoben. Aber Herr Lucas jun., welcher lange praktisch in den Baumschulen Baltet's in Troyes beschäf= tigt war, sagte mir, daß man das Auge so einsetze, wie ich beschrieben, und auch Baltet sagt, daß Viele sich nicht die Mühe gäben, an dem Auge einen geraden Schnitt zu machen.

Wenn bei trockenem Wetter, nach 3—4 Tagen, bei feuchtem nach 8 Tagen der Blattstiel trocken geworden ist, so untersuche man das Auge, ob es noch frisch ist, denn in diesem Falle ist es meistens nicht gewachsen. Man okulirt dann, wenn der Stamm Saft hat, sogleich noch einmal an einer andern, wo möglich tiefern Stelle, vielleicht auch auf einer andern Seite des Stammes. Ob das Auge wirklich gewachsen ist, erkennt man nach ungefähr 14 Tagen, wenn der Blattstiel abgefallen ist oder bei leichter Berührung abfällt. Drei bis vier Wochen nach dem Okuliren löst man den Verband und legt ihn wieder locker darum, damit er nicht einschneidet, was besonders bei ein= und zweijährigem Holze vorkommt. Bei Anwendung der Rohrkolbenblätter ist das Lösen unnöthig, und es fallen dieselben später von selber ab oder werden im Frühjahr entfernt. — Okulirt man an Plätzen, welche einer brennenden Sonnenhitze sehr ausgesetzt sind, so em= pfiehlt es sich, das Auge durch Anbinden eines großen Blattes oder Papiers zu beschatten.

b. Das Okuliren mit Ausschnitt oder Anpflastern. Fig. 54 und 55.

92. Dieses wieder als etwas Neues beschriebene, längst bekannte, allerdings aber selten geübte Verfahren ist in allen Fällen gut, wo sich Wildlinge oder Augen, oder beide, nicht lösen, ist an keine Zeit gebunden und daher höchst nützlich, keineswegs aber dem gewöhnlichen Okuliren gleich= zustellen oder wol gar vorzuziehen. Es gelingt nach meiner und Anderer Erfahrung sicher nur unter Verschluß in Mistbeet= käften und Vermehrungshäusern oder mit Anwen= dung der weiter unten erwähnten Glasröhren. Das Anpflastern besteht darin, daß man ein Edelauge mit einem Stück Holz ausschneidet, aus dem Wildling ein entsprechendes Stück herausschneidet und das erstere genau passend hineinsetzt und gut verbindet, hierauf mit flüssigem Harz oder Baumwachs die Wunde überstreicht, daß die Augen frei bleiben. Fig. 54 A zeigt den Wildling, B das Edelauge mit dem Holzstück. Zu dieser Veredlung werden im Frühjahr, wenn die Wildlinge Saft haben, von jährigem Holz, im Sommer und Herbst Sommertriebe genommen. — Etwas abweichend und besser ist das Verfahren von Göschke (in der „Monatsschrift f. Pom." von 1859), Fig. 55. Er schneidet sogleich den Wildling 2 Zoll über der Veredlungs= stelle ab, so daß sich an diesem Zapfen über dem Edelauge noch wilde Augen

Fig. 54.

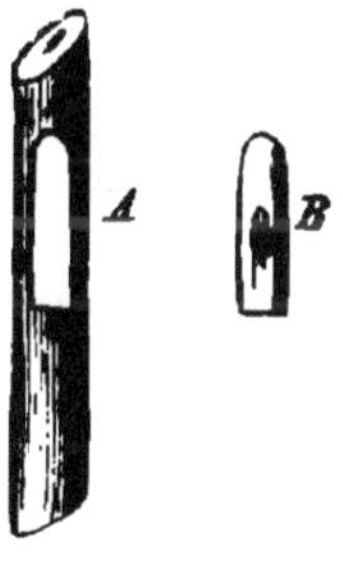

8*

befinden, welche man jedoch nicht lang treiben läßt. Das Schild schneidet

Fig. 55.

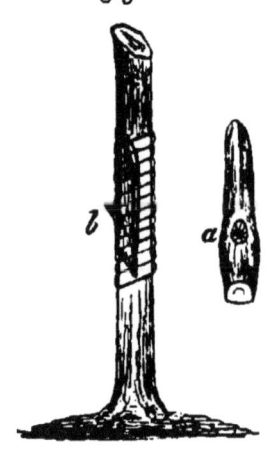

man unten etwas schräg zu, wodurch (wie beim doppelten Sattelschäften und Einspitzen) die Verbindung viel besser wird. Nachdem die Veredlung mit flüssigem Baumwachs über= strichen, wird ein oben geschlossener schwacher Glascylinder (aus einem sogenannten Probir= glas bestehend) über die Veredlungsstelle gestürzt und unten mit Baumwolle verstopft, wodurch das Gelingen ganz gesichert ist. Wenn auch dieses umständliche Verfahren nicht allgemein werden kann, so wird es doch in vielen Fällen nützlich werden. Ich mache darauf aufmerk= sam, daß man diese Glascylinder auch bei Pfropfungen mit Zweigen anwenden kann, wenn ein besonders werthvolles Reis sicher= gestellt werden soll. Desgleichen befördern die Glascylinder das Austreiben schwach gebliebener Augen, so daß zu= weilen sogar bei Verlust des Hauptauges ein Nebenauge austreibt, was ohne Glas selten der Fall sein würde. Man muß das Glas bei frischen Okulanden auf der Sonnenseite mit einem haltbaren Kalkanstrich beschatten.

c. Das Pfeifeln oder Röhreln. Fig. 56.

93. Dies ist eine Art Okuliren mit ganzem Rindenring, welches sich besonders bei Wallnüssen, echten Kastanien und Maulbeeren bewährt, und hier jeder andern Veredlungsart vorzuziehen ist. Hierzu und bei der folgenden Veredlungsart müssen Edelreiser und Wildlinge in vollem Safte sein, so daß sich die Rinde wie bei den Pfeifen, welche die Kinder aus Weiden machen, leicht löst. Es geschieht im Frühjahre, wenn der Saft vollständig eingetreten ist, also um dieselbe Zeit wie das Pfropfen in die Rinde, auf das treibende Auge und im Juli und August auf das schlafende Auge.

Man unterscheidet zwei verschiedene Arten, nämlich das Pfeifeln mit Rindenstreifen und das Pfeifeln mit ganzer Rinde. Bei beiden Arten wird der Wildling oben gerade abgeschnitten, weil die Operation nicht anders ausführbar ist. Man nimmt hierzu ein= oder zweijährige Edelreiser, die letztern bei der Frühjahrsveredlung auf das treibende Auge, die ersteren bei der Sommerveredlung auf das schlafende Auge. Will man frühzeitig „auf das treibende Auge" veredeln, so muß man die

Reifer zeitig im Frühjahr schneiden und mit feuchtem Sande bedeckt im Keller aufbewahren, bis dieselben so viel Saft haben, daß sie sich lösen. Der günstige Zeit=

Fig. 56.

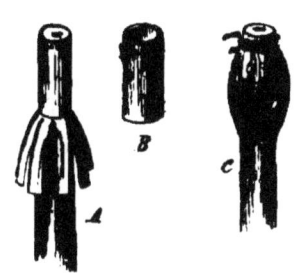

punkt ist Ende Mai und Anfang Juni, und es treiben bei günstigem Wetter die Augen schon nach 4—5 Tagen aus und bilden sehr kräftige Triebe. Die Augen werden bei beiden Veredlungsarten auf dieselbe Weise abgelöst. Man schneidet nämlich die Spitze des Edelreises ab, entblößt sie von der Rinde bis zum nächsten tauglichen Auge und theilt durch zwei Ringelschnitte einen Rindenring von $1/2$ Zoll Länge mit zwei Augen ab. Das Ablösen geschieht wie bei den Kinderpfeifen durch eine leichte Drehung, oder man hilft durch Klopfen nach. Es ist gut, wenn dem Ver= edler die Augen vorbereitet und gelöst, aber noch am Zweige von einem Andern zugegeben werden. Das Abziehen des Ringes geschieht durch Ab= schneiden des obern schwächeren Theils, so daß man stets von oben anfängt. So werden nach und nach so viel Ringe abgelöst, als am Edelreis zu haben sind, oder als man braucht. Fig. 56 B zeigt die Beschaffenheit eines solchen Ringes. Zum bequemern Abziehen schneidet man das abgeschälte Edelreis stets nach. Hat man sich überzeugt, daß die Wurzeln der Augen oder wenigstens des einen wie beim Okulirschild unter der Rinde wohlbehalten vorhanden sind, so wird der Wildling an einer Stelle, welche genau so stark ist als der Edelring, gerade abgeschnitten. Ist der Wildling zu stark, so schneidet man auf der dem Auge entgegengesetzten Seite so viel Holz ab, als nöthig ist, um den Rindenring genau passend zu machen. Hierauf zer= schneidet man die Rinde bei dem Pfeifeln mit Rindenstreifen in 6—7 Längsstreifen, welche etwas länger sind als der Augenring, wie es Fig. 53 A dargestellt ist.*) Hierauf werden die Rindenstreifen gleichmäßig in die Höhe gezogen und oben zusammengebunden, wie es Fig. 56 C zeigt. Man kann auch den Verband um die ganze Veredlungsstelle wickeln, wie beim Okuliren, wobei jedoch die Augen frei bleiben müssen.

Bei dem Pfeifeln mit ganzer Rinde wird von dem Wildling ein genau so großes Rindenstück, wie das, woran die Edelaugen sitzen, abgelöst und letztere an die Stelle gebracht, hierauf wie bei dem Okuliren verbunden.

---

*) Es ist jedoch nicht nöthig, diese Streifen förmlich zurückzuschlagen, wie es auf der Abbildung der Fall ist.

Um den aufgesetzten Ring zu halten, zerspalten einige das über den Ring hervorstehende abgeschälte Holz in viele Theile und biegen sie durch Klopfen nach unten.

Man sieht, daß diese Veredlungsart sehr sorgfältig ausgeführt werden muß, weil die Ringe genau auf das rindenlose Holz passen müssen. Man muß daher stets die Wahl zwischen mehreren Wildlingen haben.

d. Das Ringeln oder Okuliren mit durchschnittenem Ring. Fig. 57.

Fig. 57.

94. Der Ring mit den Edelaugen wird ganz, wie vorher beschrieben, abgenommen und der Länge nach von einander geschnitten. Hierauf wird an einer glatten Stelle des gleich starken Wildlings ein eben so großes Rindenstück ausgeschnitten und an die leere Stelle gesetzt, so daß es genau paßt, endlich ein Verband wie beim Okuliren an= gelegt. Ist der Ring zu groß, schneidet man einen Strei= fen davon ab; ist er zu klein, um den ganzen Wildling zu bedecken, so läßt man an diesem einen entsprechenden Streifen Rinde stehen. Fig. 54 A zeigt den zubereiteten Wildling, B den Rindenring. Der Wildling wird wie bei dem Okuliren vorbereitet und später eben so behandelt. Das Abfallen des bleibenden Blattstiels ist auch hier wie bei der vorigen Veredlungsart ein Zeichen, daß die Augen angewachsen sind. Diese Veredlungsart, obgleich entbehrlich, empfiehlt sich doch mehr als das Pfeifeln.

6. Veredlung durch Annäherung, Ansäugeln oder Ablaktiren.

95. Bei dem Baumschulenbetriebe kommt diese Veredlungsart selten vor, nämlich nur dann, wenn man sogenannte Formbäume, besonders Pyramiden bis zu einer gewissen Größe ziehen und einseitige Bäume ver= bessern will, indem man ihre eigenen Aeste, wie Fig. 58 und 59 zeigt, ansäugelt, um leere Stellen zu bekleiden. Ferner wird es neuerdings an= gewendet, um schwachwüchsige Weinrebensorten, wie sie unter den amerika= nischen nicht selten vorkommen, ein kräftigeres Wachsthum zu verschaffen, indem man sie auf stark treibende andere Reben ablaktirt. Diese Veredlungs= art besteht darin, daß zwei Theile verschiedener Bäume oder desselben Baumes auf irgend eine Weise eingeschnitten, an einander gepaßt und durch einen Verband zusammengehalten werden. Sie wird am besten im Frühjahr bei aufsteigendem Safte angewendet, kann aber auch im Sommer ausgeführt werden. Man wählt dazu ausgebildete, aber noch nicht verholzte Triebe. Der Verband muß öfter nachgesehen werden, da er bei dem schnellen Wachs=

thum dieser Jahreszeit häufig einschneidet. Die Unterlagen müssen passend an die Pflanze, von welcher man Edelzweige haben will, gepflanzt werden.

a. Das einfache Ansäugeln. Fig. 58.

Das Verfahren hierbei besteht darin, daß man am Wildling (worunter hier derjenige Theil zu verstehen ist, welcher in Zukunft als Unterstamm oder Ast bleibt) und Edelreis, welche beide von gleicher Stärke sein müssen, einen schmalen Streifen Rinde mit etwas Holz abschneidet und beide abgeschnittene Theile genau an einander passend verbindet, wie Fig. 58 veranschaulicht. Es ist nöthig, daß die Rinde beider Theile auf einer möglichst großen Fläche genau an einander liege, weshalb man auch den Abschnitt nicht zu flach machen darf. Der Verband muß fest sein und gut schließen, auch ist es gut, die nach oben gerichtete Veredlungsstelle mit Baumwachs zu überziehen, um das Eindringen des Regens zu verhindern. Wenn das Anwachsen gesichert ist, so schneidet man 3—4 Wochen vor dem eigentlichen Abschneiden der verbundenen Theile das Edelreis (auf Fig. 58 rechts stehend) einen Zoll u n t e r der Verbindungsstelle halb durch, um den Saft zurückzuhalten und den Zweig zu gewöhnen, seinen Saft von dem andern Zweige, auf welchem er aufsitzt, zu beziehen. Zu gleicher Zeit schneidet man den Wildling etwas ü b e r der Veredlungsstelle ab. Das eigentliche Abschneiden geschieht dicht an der Veredlungsstelle.

Fig. 58.

Fig. 59.

b. Ansäugeln mit Einschnitten. Fig. 59.

Anstatt einen Theil der Rinde mit etwas Holz abzuschneiden, wie bei dem einfachen Ansäugeln, macht man hier an beiden Theilen gleich lange Einschnitte, welche in einander geschoben werden. Man kann auch den untern Theil (Wildling) zweiseitig keilförmig zuschneiden und in den Spalt des oberen schieben.

c. Ansäugeln der Zweige an den eigenen Stamm oder an Aesten. Fig. 60.

Wenn eine junge Pyramide oder ein Spalierbaum auf einer Seite kahl ist, so können die fehlenden Zweige durch Ansäugeln der eigenen

Zweige erseßt werden. **Fig.** 60 zeigt das hierbei anzuwendende Verfahren so deutlich, daß es weiter keiner Beschreibung bedarf. Da hierbei der Stamm stets stärker ist als der angebogene Aft, so genügt es, wenn die Rinde auf einer Seite anschließt/ Noch sicherer ist es, wenn man den Aft dreieckig zuschneidet und am Stamm einen der Form entsprechenden Ausschnitt (mit dem Schäfteisen) ausschneidet, in welchen der Zweig genau paßt. Noch vortheilhafter zum Erfaß von Aeften und daher empfehlenswerther ist:

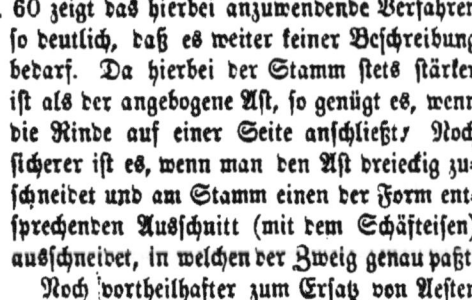

Fig. 60.

d. **Das Anfäugeln junger Triebe.** Fig. 61.

Dieses wird im Sommer vorgenommen, sobald die Triebe hinreichend ftark, feft und biegsam find. Man macht an der kahlen Stelle eines Stämmchens oder Aftes, wo ein Zweig hinkommen foll, einen 1—1¹/₂ Zoll langen rundlichen Einschnitt, in welchen der anzufäugelnde Zweig genau paßt. Hierauf löft man von dem untern Theile, welcher in die Wunde kommt, vorfichtig die Rinde mit dem Bafte ab und fieht darauf, daß fich oberhalb, ungefähr in der Mitte der Verbindungsftelle, ein gutes Auge befindet. Die Verbindung muß forgfältig und vorfichtig geschehen, weil das Edelreis

Fig. 61.

noch weich ist und leicht beschädigt wird oder gar abbricht. Nach einiger Zeit, wenn man bemerkt, daß der Verband einschneidet, muß er locker ge= bunden werden.

7. Besondere Rücksichten, welche bei der Veredlung verschiedener Obstarten zu nehmen sind.

96. Die genannten Veredlungsarten sind, wie schon bemerkt wurde, nicht gleich gut für alle Obstarten, und es kommt darauf an, daß die richtige angewendet wird, wenn der Baumschulenbetrieb gewinnreich sein und ge= sunde Bäume gezogen werden sollen. Man wird wohl thun, nur die= jenige Veredlungsart anzuwenden, von der man aus Erfahrung weiß, daß sie für eine gewisse Baumart oder Sorte am zweckmäßigsten ist. Besonders bei einem kleinen Baumschulenbetriebe ist dies anzurathen. Nicht so in größeren Baumschulen, wo man vor Allem die Zeit benutzen muß. Hier beginnt man schon im Spätsommer mit dem Kopuliren, setzt es zeitig im Frühjahr fort, pfropft, sobald es angeht, in den Spalt und mit dem Gais= fuß, setzt Augen mit Holz ein, pfropft später, wenn der Saft in größter Bewegung ist, unter die Rinde. Im Sommer wird okulirt, und zwar nicht allein, weil es eine vortreffliche Veredlungsart, sondern auch, weil es ein Vorsprung für das nächste Frühjahr ist und ein Nachtrag zur vor= hergegangenen Frühjahrsveredlung, indem die durch Zweigen nicht ge= wachsenen Wildlinge entweder am Stamme oder noch besser an starken wilden Trieben auf das schlafende Auge okulirt werden. Ebenso wird die durch Okuliren nicht gelungene Veredlung im Frühjahre nachgeholt, indem man die Wildlinge unter dem nicht gekommenen Auge abschneidet und zweigt.

Die Frühjahrsveredlung kann, wie bereits erwähnt, schon mit zwei= und dreijährigen Kernobstwildlingen vorgenommen werden, so lange sie noch auf dem Verpflanzbeet (Pikirbeet) stehen, und wenn dieselben aus der Saatschule in die Baumschule versetzt werden; namentlich geschieht es durch Kopuliren, weil die Stämmchen noch schwach sind. Ich bemerke aber dabei ausdrücklich, daß die Kernstämmchen sehr gut mit Wurzeln versehen sein müssen, wenn diese Stubenveredlung gelingen soll, und daß die veredelten Stämme nur bei günstigem, mildem Wetter gepflanzt werden dürfen, daß sie überhaupt in einen guten Boden, wo möglich mit Kompost oder Rasen= asche, gepflanzt werden. In den meisten Fällen wird bei nicht ungewöhn= licher Stärke der jungen Pflänzlinge die Hauptveredlung erst im zweiten Jahre nach der Pflanzung in die Baumschule stattfinden, obschon die stärksten Wildlinge auch schon im ersten Jahre gezweigt werden können,

während man mit dem Okuliren besser noch ein Jahr wartet, weil die
Triebe dann stärker werden.

Hochstämmig werden in den Baumschulen meist nur Kirschen veredelt,
weil so viel schneller kräftige Stämme gezogen werden, indem die niedrig
geimpften Bäumchen oft nicht kräftig treiben. Auch Pflaumen werden mit
Vortheil hochstämmig veredelt, namentlich schwachholzige Sorten. Außer=
dem impft man noch Aprikosen, Mandeln, Pfirsiche, ja selbst Kernobst hoch=
stämmig, um dauerhaftere Bäume für schlechte Lagen zu erziehen. Endlich
werden Quitten und Mispeln so veredelt, wenn man sie zu Bäumchen
ziehen will, weil sie außerdem strauchig bleiben. Die hohe Veredlung ge=
schieht entweder in die Spitze oder in das Stammende oder in einzelne
Aeste. Letzteres ist besonders bei dem Okuliren gebräuchlich, seltener wird
an den Aesten in die Seite gepfropft. Die auf diese Weise eingesetzten
Augen müssen so gestellt werden, daß die daraus hervorgehenden Triebe so=
gleich die Hauptäste bilden können.

Aepfel und Birnen können auf jede Weise veredelt werden, sobald
sie die gehörige Stärke erlangt haben. Birnen läßt man gern etwas
stärker werden und impft vortheilhafter erst im zweiten Jahre nach der
Pflanzung in der Baumschule, nicht aber im Zimmer sogleich von der
Saatschule, weil sie selten sehr wurzelreich sind und schon mit dem An=
wachsen zu thun haben. Dagegen kann man pikirte wurzelreiche Birnen
recht gut im Zimmer veredeln. Hochstämmig veredelte Apfel= und Birn=
bäume, wo der Wildling den Stamm bildet, gedeihen in rauhen Gebirgs=
gegenden besser als tief veredelte, auch hat man die Erfahrung gemacht,
daß sie den Standort an überschwemmten Plätzen besser vertragen. Eine
zum Verkaufe bestimmte Baumschule kann sich allerdings nur auf besonderes
Verlangen hin oder bei Gewißheit des Absatzes an so ungünstige Orte auf
einen solchen Betrieb einlassen. Will man hochstämmige Quitten ziehen,
so okulirt man sie auf Birnenstämme, von 5—6 Fuß Höhe, ebenso Mispeln
auf verschiedene Weißdornarten oder Birnen. — Birnen auf Quitten und
Aepfel auf Paradiesstamm oder Splittäpfel, also die zu Zwerg= und Form=
bäumen bestimmten Wildlinge, werden immer okulirt. Die Erfahrung hat
bewiesen, daß Quittenwildlinge durch Zweigen nicht mit Vortheil veredelt
werden können.

Kirschen werden, wie gesagt, mit Vortheil in die Krone veredelt,
namentlich die eigentlichen Süßkirschen, welche im freien Felde zu mächtigen
Bäumen erwachsen sollen. Das Kopuliren und Sattelschäften gilt hierbei
als vortheilhafteste Veredlungsweise, und man erzielt dadurch oft schon im
ersten Jahre eine schöne Krone, so daß die Bäume spätestens im zweiten

Jahre nach der Impfung verpflanzbar sind. Dasselbe gilt vom Okuliren in die Krone auf die beststehenden Aeste. Von Pflaumen werden Sorten mit schwachen Trieben, ·z. B. Mirabellen, ebenfalls hochstämmig veredelt, weil sie sonst schwache Stämme bilden, die Jahre lang nicht ohne Pfahl stehen können. Starkwachsende Sorten hingegen impft man niedrig, denn sie bilden gezweigt oder auf das schlafende Auge okulirt eben so kräftige Triebe als Aepfel und Birnen. Aprikosen und Pfirsiche, sowol auf Pflaumen als Mandeln, werden vorzugsweise okulirt, obschon auch das Kopuliren an schwachen Stämmchen mit Vortheil angewendet werden kann, namentlich bei Pfirsichen, vorausgesetzt, daß das Holz nicht zu markig ist. Doch bleibt das Okuliren auf das schlafende Auge immer die beste Ver= edlung für diese Bäume, da die zum Zweigen nöthigen Reiser meist Blüten= augen haben. Will man Hochstämme ziehen, so müssen sie auf den wilden Pflaumen= oder Mandelstamm in der Höhe von $5\frac{1}{2}$—6 Fuß veredelt werden, wenn man sie nicht etwa aus Samen erzieht und unveredelt läßt, was noch besser ist.

Wallnüsse, Maronen (eßbare Kastanien), Haselnüsse und Maulbeeren werden durch Okuliren und Pfeifeln veredelt, da diese Baumarten an jungem Holze so markig sind, daß die Veredlung durch Zweigen nicht wohl ausführbar ist. Sie können jedoch auch kopulirt oder gepfropft werden, jedoch nur sicher in Töpfen im Vermehrungshause, und man muß dazu Spitzen mit dem Endauge anwenden.

Neunter Abschnitt.

Behandlung der veredelten Bäume bis zu ihrer Abgabe aus der Baumschule.

1. Behandlung im ersten und zweiten Jahre nach der Veredlung.

97. Im ersten Jahre nach der Veredlung werden die jungen Stämm= chen ziemlich auf gleiche Weise behandelt, mögen sie zu Hochstämmen oder zu Zwergbäumen (Formenbäumen) bestimmt sein. Doch kommen zuweilen an den Zwergbäumen einige Abweichungen vor, die wir an den betreffenden Orten erwähnen wollen. Die Behandlung ist jedoch bei den verschiedenen Veredlungsarten verschieden, weshalb wir dieselben einzeln vornehmen wollen.

a. Gezweigte Stämmchen.

Wenn beim Zweigen ein fester Verband mit Bast u. s. w. ange=
wendet wurde, so schneidet man ihn auf der dem Edelreis entgegensetzten
Seite oder daneben, jedoch so, daß die Veredlungsstelle nicht getroffen wird,
vorsichtig durch. Kopulirbänder von Papier läßt man unberührt, weil sie
sich so dehnen, daß kein Einschneiden zu befürchten ist und von selbst platzen.
Bänder von Leinen oder Baumwolle macht man locker, was sehr schnell
geht. Die rechte Zeit zum Lösen des Verbandes ist, wenn die Triebe
6—8 Zoll lang sind. Das auf den Stammabschnitt gestrichene Harz oder
Wachs an gepfropften Bäumen muß hierbei geschont werden. Es fällt von

Fig. 62.   selbst ab, sowie der Erling den Abschnitt nach und nach
überwächst.

b. Okulirte Stämmchen.

Drei bis vier Wochen nach dem Aeugeln, also
Mitte August bis Ende September, wird der Verband
aufgelöst und wieder locker darum gelegt, damit der
Saftlauf nicht gehemmt wird. Aus diesem Grunde muß
eine Schleife gebunden werden, welche sich leicht auf=
machen läßt, weil man sonst einen neuen Faden nehmen
müßte. Verwendet man zum Binden Schilf (Rohr=
kolben) und ähnliche Stoffe, so ist ein Lösen nicht nöthig.
Dies ist ein großer Vortheil, denn erstens wird viel
Zeit erspart, zweitens hat man nicht zu fürchten, daß zu
früh gelöst wird, wodurch oft Veredlungen zurückgehen,
denn nicht alle wachsen zu gleicher Zeit an. Im fol=
genden Frühjahre stehen die okulirten Stämmchen in
gleichem Verhältnisse mit den um diese Zeit gezweigten
Bäumen, indem die Augen wie bei jenen austreiben.
Ich rede hier natürlich nur von solchen, die auf's schla=
fende Auge okulirt wurden, weil das Aeugeln auf das
treibende Auge bei der Obstbaumzucht unzweckmäßig ist.
Sollte, was bei nasser Witterung zuweilen vorkommt,
ein oder das andere frühzeitig eingesetzte Auge schon im
Sommer treiben, so muß der Wildling schon im Som=
mer 3—4 Zoll über dem Auge abgeschnitten werden.
Solche Triebe bilden jedoch selten gutes reifes Holz und
werden von den erst im Frühjahre treibenden Augen meist überholt, wenn

sie überhaupt gut durch den Winter kommen, was namentlich bei Pfirsich= und Aprikosenbäumen selten ist. Zeitig im Frühjahre, bevor der Saft ein= tritt, werden alle Stämmchen 3—4 Zoll über dem Auge schräg von der Rückseite nach dem Auge zu abgeschnitten, so daß ein Stumpf bleibt. An diesen Stumpf wird der Trieb anfangs locker, mit breitem Bast, angebunden, sobald es geschehen kann, ohne ihn zu beschädigen. Fig. 62 zeigt einen so behandelten jungen Baum. In der Regel entwickeln sich am Stumpf aus blinden (verborgenen) Augen einige Triebe, von denen man einen wachsen läßt, weil sie den Saft herbeiziehen und so das Wachsthum des Edelreises befördern. Diese Saftzieher (Zugtriebe) werden entspitzt, sobald sie 4—5 Zoll lang sind, damit der edle Trieb nicht darunter leidet, und, nachdem derselbe beiläufig 1 Fuß lang ist, ganz weggenommen. Ungefähr Mitte oder Ende Juli, wenn das Edelreis verholzt ist, also genau ein Jahr nach dem Okuliren, wird der Zapfen dicht über dem Augenschild mit einem nach dem Edeltriebe aufwärts geführten Schnitte glatt abgeschnitten und die Wunde sogleich mit Pfropfharz (kalt= oder warmflüssigem Baumwachs) verstrichen.

Wurden zwei einander genau gegenüberstehende Augen eingesetzt, um daraus die künftigen Mutteräste eines Spalierbaumes zu ziehen, so kann man von der Fig. 10 abgebildeten Astzange Gebrauch machen. Der Abschnitt muß bei solchen Doppelaugen so geschehen, daß die Spitze der Schnittfläche nicht einem Auge gegenüber steht und dieses am Ueberwachsen hindert.

Wenn zwei oder mehrere Augen eingesetzt sind, wovon nur eines treiben soll, so wird der Wildling über dem tiefsten oder besten abge= schnitten.

Die mit einem Holzeinsatz okulirten (angepflasterten) Stämmchen werden (s. §. 93) wie die gewöhnlich okulirten behandelt, doch ist das Lösen dabei nicht gebräuchlich, sondern man schneidet im Sommer, wenn der Trieb der Frühjahrsveredlung ausgewachsen ist, oder bei der Sommerveredlung im künftigen Sommer nur den Verband durch.

Die durch Pfeifeln veredelten Bäume werden wie die okulirten behan= delt. Bei Nußbäumen muß man, da sie sehr markig sind, einen langen Stumpf lassen, weil das Holz sehr nachtrocknet.

c. In die Seite gepfropfte und angepflasterte Stämmchen.

Diese werden ebenfalls ein Jahr nach der Veredlung abgeschnitten. Da die letztern aber, wenn das Pfropfen in die Seite im Frühjahre ge= schieht, sofort austreiben, so muß der Wildling oberhalb der Pfropfstelle schon im ersten Sommer, sobald das Anwachsen gesichert ist, zurückgeschnitten werden. Im folgenden Frühjahre wird er dicht am Edling abgeschnitten.

2. Allgemeine Regeln.

98. Alle unterhalb der Veredlungsstelle erscheinenden wilden Triebe werden sogleich bei ihrem Erscheinen unterdrückt, weshalb die Bäumchen vom Ende der Veredlungszeit im Mai bis Johanni mindestens einmal wöchentlich durchgesehen werden müssen. Auch später ist noch Aufmerksamkeit nöthig. Das Abdrücken der noch jungen Triebe geht schnell, man bringt dem Stamm keine Wunden bei und kräftigt den Edling.

Bei Stämmchen, welche in den ganzen Spalt oder unter die Rinde mit zwei Reisern gepfropft wurden, schneidet man das überflüssige Edelreis im Sommer nur zurück, um das andere bleibende zu stärken, entfernt es aber erst dann, wenn der Stammabschnitt überwachsen ist, was natürlich von zwei Seiten schneller geht als von einer.

Alle treibenden, nicht gerade wachsenden Edelreiser sollten im ersten Sommer mit Pfählen oder Stäben versehen werden, woran man den Trieb, sobald es angeht, locker mit Bast anbindet, um ihn von einer schiefen Richtung abzuhalten und das Abbrechen zu verhindern, was besonders bei schlankwachsenden Birnen sehr leicht vorkommt. Bei okulirten Stämmchen vertritt, wie schon erwähnt, der Stumpf den Stab in den meisten Fällen.

Unter günstigen Verhältnissen erreicht der Edling im ersten Jahre, bei den okulirten im zweiten, eine Länge von 3—4 Fuß, zuweilen noch mehr, zuweilen aber auch unter 2 Fuß. Besonders stark treiben okulirte Stämmchen auf starken Wildlingen, weil diese nur einen Trieb bilden, während die gezweigten aus zwei bis drei Augen treiben. In der Regel treibt bei letzteren das unterste Auge, welches wo möglich nach innen stehen soll, am kräftigsten, oft aber auch das oberste oder ein mittleres. Sobald man bemerkt, daß ein Trieb das Uebergewicht über die anderen bekommt, werden jene eingestutzt, damit der Haupttrieb verstärkt wird. Sind die Triebe gleich gut, so nimmt man den beststehenden als Leitzweig an und entspitzt die andern. Ganz weggeschnitten dürfen keine Triebe werden, weil sie den Stamm verstärken und Saft herbeiziehen. Schwächere Seitentriebe läßt man ganz unberührt, oder entspitzt sie spät, denn es handelt sich nur um das Uebergewicht des Leitzweiges. Dasselbe geschieht auch, wenn nur ein Auge treibt.

Bei den zu Zwergbäumen bestimmten Stämmchen finden einige Ausnahmen statt, da hier die Seitenzweige oft sogleich zum Anfang der Form benutzt werden können, wovon weiter unten besonders die Rede sein wird.

Zehnter Abschnitt.

Erziehung der Hochstämme.

~~~~~~~~

Bei den Hochstämmen ist die Hauptsache, daß man kräftige, schöne Stämme erzieht, die sich meistens ohne Pfahl halten. Die Schnelligkeit der Erziehung hängt dagegen hauptsächlich von der Güte des Bodens ab. Wenn man einen Stamm schnell zu der nöthigen Höhe erzieht, ohne ihn zugleich verhältnißmäßig stark zu machen, so ist damit noch gar nichts gewonnen, denn er kann doch nicht abgegeben werden und muß im Gegentheil oft noch länger in der Baumschule stehen.

1. Verlängerung und Bildung des Stammes.

99. Die neueren Baumzüchter, besonders die deutschen, haben ein Verfahren eingeschlagen, durch welches unfehlbar starke Stämme erzogen werden*) und welches überall angenommen zu werden verdient. Durch einen schon im ersten Jahre nach der Veredlung angefangenen Schnitt wird es möglich, die jungen Hochstämme so stark zu erziehen, daß die meisten in der Baumschule nur zeitweise oder gar keines Pfahles bedürfen. Nur einige Birnsorten und in geeigneten Lagen Maulbeerbäume, welche ungemein lange, mastige Triebe bilden, machen hiervon eine Ausnahme.

Der Umstand, daß die Baumpfähle großentheils entbehrlich werden, ist für den Baumschulenbetrieb von ungemeiner Wichtigkeit, da diese in holzarmen Gegenden viel Geld kosten, also die Bodenrente durch die Er-sparniß der Pfähle bedeutend erhöht wird. Außerdem fallen durch diese Erziehungsweise die durch die Reibung an den Pfählen verursachten Be-schädigungen ganz weg und der Wind- und Schneebruch ist bei Weitem nicht so häufig als in Baumschulen, wo alle Stämme angebunden werden, denn das Anbinden wird oft versäumt oder nachlässig ausgeführt. In diesem

---

*) Der Gründer dieses Verfahrens war der rühmlichst bekannte verstorbene Pomolog Dittrich in Gotha, weiter ausgebildet wurde es aber durch E. Lucas.

Falle wird der schon mit einer Krone versehene Stamm von der Schneelast niedergedrückt und bricht über dem obersten Bund ab. Auf gleiche Weise wirkt der Sturm. Die ohne Pfähle erzogenen Stämme dagegen sind schon an und für sich stärker, bekommen die Krone ein Jahr später und brauchen, mit der Krone versehen, nur einen Winter in der Baumschule zu stehen, oder sie werden noch in dem nämlichen Jahre abgegeben, wo die Krone sich bildete.

Der Saft eines Baumes steigt stets am stärksten nach der Spitze und verursacht, daß die dort befindlichen am vollkommensten gebildete Augen sind, während die tieferen meistens schlafend bleiben und vertrocknen. Die Folge davon ist, daß der junge Baumstamm schnell und ehe er stark genug ist, die bestimmte Höhe erreicht und nun zur Kronenbildung geschnitten werden muß, bis der Stamm die, nothwendige Stärke erreicht hat, wobei er fortwährend angebunden werden muß. Auf diese Weise wird der Saft unnöthiger Weise vergeudet, denn so viel Holz aus der Krone geschnitten werden muß, so viel geht für den Stamm verloren. Schneidet man aber nicht, so wird die Krone verhältnißmäßig zu groß, oder der Baum bildet in nicht gutem Boden schon in der Baumschule Fruchtholz, was jedenfalls seinem fernern Gedeihen schädlich ist, so gern auch manche unwissende Pflanzer Bäume nehmen, die schon in der Baumschule getragen haben.

Man muß also, um die erwähnten Nachtheile zu vermeiden, den jungen veredelten Stamm so stark zu erziehen suchen, daß er sich von selbst halten kann und die Krone nicht eher bekommt, als bis er stark genug ist, dieselbe zu tragen, ohne daß man genöthigt ist, viel daran zu schneiden. Solche Stämme sind gleich vortheilhaft für den Züchter wie für den Pflanzer. Der Pflanzer bekommt gesunde, kräftige Stämme und eine junge, noch unverdorbene Krone, die er selbst regelrecht schneiden und bilden kann, während er mit Bäumen, deren Kronen schon in der Baumschule mehrmals zurückgeschnitten wurden, oft seine Noth hat, um etwas Gutes daraus zu machen, und sie oft genug auf zwei und dreijähriges Holz zurückschneiden muß. Der Pflanzer wird daher immer besser thun, einen starken Stamm mit noch junger Krone, als einen schwachen mit starker Krone zu kaufen. Die Krone bildet sich schnell genug, aber die Zunahme des Stammes geht langsam.

100. Das Mittel, Stämme von den erwähnten guten Eigenschaften zu erziehen, ist ein alljährliches Zurückschneiden oder Einkürzen des Haupt= oder Leittriebes. Als Grundregel dieses Schnitts kann man folgende an= nehmen: Man schneidet den jungen Stamm vom ersten Jahre nach der Veredlung an, bis die Kronenhöhe erreicht

ist, alljährlich auf die Hälfte oder ein Drittheil der Länge
des Jahrestriebes (einjährigen Holzes) zurück. Starke
Triebe werden lang, also bis auf die Hälfte der Länge, schwächere kurz bis
auf ein Dritttheil zurückgeschnitten. Sehr schwachen
Trieben läßt man nur wenige Augen. Hat der Trieb
eine Krümmung oder schlechte Stelle, so wird der Schnitt,
ohne Rücksicht auf obige Regel, darunter gemacht.
Außerdem nimmt man noch darauf Rücksicht, daß das
Schnittauge, d. h. das Auge, über welchem abgeschnitten
wird, gut beschaffen ist und nach oben steht. Wenn es
thunlich ist, so schneidet man den Trieb stets über einem
Auge ab, welches dem, aus welchem der Trieb des
vergangenen Jahres hervorgegangen ist, gegenüber
steht, weil dadurch der neue Trieb die entgegengesetzte
Richtung und, wenn dies bis zur Kronenhöhe fortgesetzt
wird, eine möglichst gerade Richtung bekommt. Fig. 63
giebt auch hiervon einen deutlichen Begriff. Der kräf=
tige Jahrestrieb ist aus dem nach links stehenden Auge
a hervorgegangen und hat daher an seinem Fuße eine
Krümmung nach dieser Seite. Wird nun im nächsten
Jahre der Schnitt über dem nach rechts stehenden Auge
b ausgeführt, so wird der daraus entstehende Trieb
diese Abweichung von der geraden Richtung über dem
Wurzelhals wieder ausgleichen, während, wenn über
dem Auge c geschnitten würde, der Stamm noch mehr
von der senkrechten Linie abweichen würde.

Ich bemerke jedoch, daß verschiedene Abweichungen
bei dieser Regel vorkommen und es dem Nachdenken des
Baumzüchters überlassen bleiben muß, wo er den Schnitt
länger oder kürzer führen will, was sich oft nach Lage
und Boden der Baumschule, nach der Witterung des
vergangenen Jahres, sowie nach den Sorten richtet.
Es läßt sich unmöglich eine für alle Fälle passende, aus=
führliche Anleitung geben und man muß sich mit der
oben angegebenen Hauptregel und mit dem Grundsatz:
schwache, dünne Triebe kurz, starke Triebe
lang geschnitten — begnügen. Diese Regel muß
nur richtig gedeutet werden. So bezieht sich das „lang" nicht nur auf die
wirkliche Länge, sondern auch auf die Menge der Augen. Hierbei kommt es

Fig. 63.

1 Jahr.

jedoch auch nicht auf die Zahl der Augen an, denn wollte man sich darnach richten, so würden z. B. manche Birnentriebe mit sehr weitstehenden Augen länger geschnitten werden, als ihre Stärke eigentlich erlaubt. Die erste Bedingung beim Zurückschneiden ist, daß es über starken, wohl aus= gebildeten Augen geschieht. Wird dies nicht beachtet und befinden sich unterhalb der Schnittstelle solche Augen nicht, so treiben die schwachen Augen viel später, als die ausgebildeten, bleiben also im Trieb zurück und in jedem Falle schwächer als unbeschnittene Bäumchen. Dies bringt beson= ders im ersten Jahre nach der Veredlung Nachtheil, weshalb man auch beim Schneiden von Pfropfreisern von jungen Veredlungen vorsichtig sein sollte.

Die Hauptsache ist, daß voraussichtlich sämmtliche bleibende Augen austreiben, denn das Entstehen der Seitentriebe ist ja der hauptsächlichste Zweck des Zurückschneidens. Bemerkt man Sorten in der Baumschule, die von selbst sehr zum Austreiben von Seitentrieben, Dornen und Blatt= büscheln geneigt sind, so kann man diese sehr lang schneiden. Sind aber die Augen am Jahrestriebe weit hinauf schwach, die oberen jedoch sehr gut genährt, so muß kurz geschnitten werden, weil sonst jene unteren Augen nicht treiben würden und das Stämmchen an einer Stelle schwach bliebe, wo gerade Stärke noththut.

Sind die Jahrestriebe im Allgemeinen schwach, so müssen sie sämmt= lich kurz geschnitten werden, denn die Folgen eines ungünstigen Jahres sind nicht zu vermeiden.

Auch die verschiedenen Jahre machen beim Schnitt einen Unterschied. So ist es z. B. immer besser, im ersten Jahre oder in den zwei ersten nach der Veredlung stark, d. h. 5—6, ja bei schwachen Trieben auf 3—4 Augen zu schneiden. Hat man freilich einen Trieb von 4 Fuß vor sich, so wäre es Thorheit, ihm mehr als ein Drittheil der Länge zu nehmen, denn der Unterstamm ist dann auch stark und hat im bevorstehenden Sommer genug Kraft, um sämmtliche Augen in so viele Triebe zu verwandeln. Bei gewöhnlicher Stärke der Triebe aber kann man nicht auf so viel Triebkraft des Stammes im zweiten Jahre zählen, denn es ist ein Unterschied, ob sich der Saft in ein oder zwei Augen, wie im ersten Jahre, oder in 6—8 Augen vertheilt. Man würde nach einem langen Schnitt im folgenden Jahre um so stärker schneiden müssen. Wird aber im ersten Jahre kurz geschnitten, so kann im zweiten meist lang geschnitten werden.

Das oberste Auge bringt einen starken, kräftigen Trieb hervor, welcher die Verlängerung des Stammes bildet. Entwickeln sich aus mehreren Augen starke Triebe, so werden diese an den Spitzen abgezwickt, sobald sie einige Zoll lang sind, damit sie sich nicht zum Nachtheile des Haupttriebes verstärken und Gabeln entstehen, wie schon bei der Behandlung der Edlinge im ersten Jahre (unter 98) angegeben wurde. Aus den unteren Augen ent= stehen kurze Seitentriebe oder Blattbüschel, welche unberührt bleiben und erst weggeschnitten werden, wenn der Stamm die gehörige Stärke erreicht hat. Das Beibehalten dieser schwachen, kurzen Triebe ist ein Hauptfort= schritt der neueren, auf physiologische Gesetze gegründeten Baumzucht, während früher der Baumgärtner seinen Stämmen aufzuhelfen glaubte, wenn er alle Seitenäste nach ihrem Erscheinen entfernte, wodurch er aber gerade das Gegentheil bewirkte. Die kurzen Triebe und   Fig. 64. Blätterbüschel ziehen den rohen Saft herbei, verwandeln ihn, vermittelst des Aus= und Einathmens durch die Blätter in den eigentlichen Nahrungssaft (Cambium), so daß er im Zurücktreten Holzstoff als Splint ansetzt und so der Stamm verstärkt wird. Die Seitentriebe sind daher die hauptsäch= lichsten Ernährer des Stammes und tragen das meiste zu seiner Stärke bei. Allerdings dürfen sie kein Uebergewicht bekommen und müssen in diesem Falle entspitzt und im Triebe aufgehalten werden. Im ersten Jahre nach ihrem Entstehen werden die stärkeren auf Zapfen, d. h. auf die Hälfte oder mehr zurückgeschnitten. Treiben sie im folgenden Jahre Seitenzweige, so entspitzt man diese im Juni oder Juli. Bei kurzen dornigen Zweigen schneidet man gar nichts ab. Sind die Seitentriebe ziemlich von gleicher Stärke und gleichmäßig vertheilt, so kann man auch die Hälfte oder mehr schon im ersten Sommer nach ihrem Entstehen glatt am Stamme ab= schneiden, anstatt sie auf Zapfen zu schneiden. Sind die bleibenden gleichmäßig vertheilt so verstärken sie den Stamm hinreichend und es werden ihm spätere starke Wunden erspart. Das völlige Abschneiden der Seitenäste kann nach dem zweiten Jahre ihres Entstehens geschehen, wenn anders der Stamm schon stark genug ist. In dem Jahre, wo der Stamm zur Krone geschnitten wird, muß er mit seltenen Ausnahmen bis oben glatt ausgeästet sein. So lange aber nicht der Stamm die Dicke eines mäßigen Mittel= oder Zeigefingers hat, darf es nicht geschehen. Fig. 64 zeigt einen so behandelten Baum im vierten Jahre mit den noch noch daran befindlichen Seitenzweigen und noch unbeschnittenem Leit= triebe.

101. Den gleichen Erfolg (des Zurückschneidens) erreicht man (nach einer Mittheilung in den „Illustrirten Monatsheften für Obst- und Wein-bau 1865" des Stiftsgärtners J. Kinast in St. Florian) durch Ent-spitzen der Triebe im Sommer. Man entspitzt den Trieb des Edelreises bei Kern- und Steinobst schon über dem vierten bis fünften Blatte. Dies soll zugleich ein schnelleres Ueberwachsen der Veredlungsstelle zur Folge haben, was sehr viel für sich hat. Auch die Nebentriebe werden über dem dritten Blatte entspitzt. In den folgenden Jahren wird der Frühjahrs-schnitt angewendet und das Entspitzen nur an den Seitentrieben fort-gesetzt.

Zeigt ein oder das andere Stämmchen nur einen schwachen Trieb, was oft von der Sorte abhängt, so verzichte man lieber darauf, einen Hoch-stamm daraus zu ziehen, da es zu lange dauert und am Ende doch nur un-vollkommen gelingt. Wenn nicht Mangel an Nahrung an dem schwachen Wachsthume schuld ist, so zeigen solche Stämmchen, daß sie sich zu Form-bäumen, hohen Pyramiden, Hochspalieren und Halbhochstämmen eignen. Man giebt sie dann entweder noch jung ab, was stets das Beste ist, oder beginnt die Erziehung der Form schon in der Baumschule. Es versteht sich aber von selbst, daß nur sehr gute Sorten auf solche Weise behandelt werden. Allerdings sind die so entstehenden Formbäume immer nur ein Nothbehelf und können keineswegs für alle Formen benutzt werden, oder den höheren Ansprüchen eines musterhaften Baumgartens genügen. Die Behandlung solcher zurückgebliebener Bäumchen wurde schon in §. 15 ange-geben.

102. Will man schwachwüchsige, zur frühen Tragbarkeit geneigte Obstsorten, namentlich Aepfel, zu wirklichen Hochstämmen erziehen, so thut man besser, die Stämme aus Wildlingen zu bilden und in die Krone zu veredeln. Man kommt auf diese Weise schneller zu schönen, dauerhaften Bäumen, als wenn niedrig veredelt wird. Es giebt unter den feineren Aepfeln besonders unter den Reinetten, mehrere solche Sorten, und man wird bald selbst die Erfahrung machen, welche es sind. Für solche Sorten ist auch das Doppelpfropfen (§. 63) ein gutes Verfahren.

103. Dieses Zurückschneiden, dessen Vortheile ich eben so angelegentlich hervorgehoben habe, erleidet indessen auch Ausnahmen und findet nur bei Aepfeln, Birnen, Pflaumen, Aprikosen, Pfirsichen und Mandeln statt, wenn letztere überhaupt hochstämmig gezogen werden. Selbst manche Apfel- und Birnsorten von besonders kräftigem Wuchs haben Zurückschneiden nicht nöthig. Kirschen wachsen ohnedies scharf und kräftig genug und lieben den Schnitt nicht, werden überdies meist hochstämmig veredelt. Am Steinobste

kommt es ferner seltener vor, daß die Seitentriebe so stark werden, daß der Haupttrieb bedroht ist, weil meist alle Augen des vorjährigen Triebes und oft noch im zweiten Saft die des Sommertriebes austreiben, während beim Kernobste viele Augen schlafend bleiben oder nur Blätter, die austreibenden aber starke Triebe bilden, welche eingestutzt werden müssen, um sie im Zaume zu halten. Die Verstärkung des Stammes geht daher auch bei Steinobst ohne Rückschnitt viel schneller als bei Kernobst von statten.

Kastanien läßt man unbeschnitten wachsen und sorgt nur für eine richtige Spitze. Wallnüsse vertragen das Schneiden gar nicht, weil der markige Stamm nach jedem Schnitt stark eintrocknet und zuweilen ganz zu. Grunde gerichtet wird. Sind daher an jungen Bäumen die Spitzen er= froren, was in unsern nördlichen Gegenden häufig genug vorkommt, so läßt man ein Stück des trockenen Holzes stehen und wartet ab, aus welchem Auge sich eine andere Spitze entwickeln will. Bildet sich diese weit unten, so ist nicht viel zu machen, denn in diesem Falle ist auch in der Regel der noch grün scheinende obere Theil des Stammes vom Frost beschädigt. Die sehr zahlreich erscheinenden Seitentriebe werden nach und nach abgeschnitten, wenn sie 5—6 Zoll lang sind, da die Nußstämme keine Verstärkungstriebe nöthig haben. Die neue Spitze wird an die alte erfrorene angebunden, da= mit sie gerade in die Höhe wächst. Sobald sie unten holzig wird, kann die alte glatt abgeschnitten werden.

An den Süßkirschenstämmen hat man weiter nichts zu thun, als im Sommer die Seitentriebe abzuschneiden, ehe sie zu stark werden, damit starke Verwundungen, welche den Gummifluß verursachen könnten, ver= mieden werden. Schon verholzte Triebe kann man auf einen kurzen Zapfen ohne Augen schneiden, damit sie vertrocknen und nach einiger Zeit selbst ab= fallen, oder leichter zu entfernen sind, ohne daß eine Verwundung entsteht, die bei Kirschen möglichst vermieden werden muß. Auf gleiche Weise soll man auch mit Aprikosenhochstämmen verfahren.

Pflaumen, besonders zwetschenartige Sorten, bilden viele dornige Seitentriebe, die, wenn sie zu stark werden, im nächsten Frühjahre auf kurze Zapfen geschnitten werden. Der Stamm wächst meist so stark und gedrungen, daß ein Zurückschneiden unnöthig erscheint und nur bei schwach treibenden Bäumen anzuwenden ist. Die Zapfen oder Stümpfe können im zweiten Jahre von unten auf ausgeschnitten werden, wenn der Stamm stark genug dazu ist.

Wenn auch die Mehrzahl der Stämme so stark wird, daß Pfähle unnöthig sind, so giebt es doch immer einzelne Bäume, die deren bedürfen, einige zeitweise, so lange sie im Wachsthum sind, andere immer. Der

Baumzüchter macht gar bald Erfahrungen, welche Sorten vorzugsweise angebunden werden müssen, und thut wohl, solche ganz wegzulassen, vorausgesetzt, daß es nicht vorzügliche, begehrte Sorten sind. Wenn es irgend möglich ist, so suche man vor Winter die meisten Pfähle zu entfernen, damit die Bäume sich frei bewegen können, was viel zu ihrer Stärkung beiträgt.

104. Das Schnittauge, d. h. das Auge, über welchem abgeschnitten wird, muß möglichst nach oben gerichtet sein. In der Mitte der Jahres= triebe befinden sich, namentlich bei Birnen, oft abstehende Augen, auf welche nicht geschnitten werden darf, da der Stamm sonst leicht ein Knie bekommt, denn solche Augen sind von der Natur zur Astbildung bestimmt. Dieser Umstand ist besonders bei manchen sehr sparrig wachsenden Sorten, deren es unter den Birnen viele giebt, sehr auffallend und verdient die be= sondere Aufmerksamkeit der Baumzüchter, von denen viele gar nicht darauf Rücksicht nehmen. Dagegen giebt es Augen, die förmlich einwärts gekrümmt sind, und sie geben einen eben so geraden Verlängerungstrieb als die Gipfel= knospe (das Endauge).

Der Schnitt wird entweder glatt, d. h. wie gewöhnlich dicht über dem Auge ausgeführt, indem das Messer dem Grunde des Auges gegenüber ansetzt und nahe über dem Auge den Schnitt endigt, oder man schneidet auf einen Zapfen oder Stumpf von 3—4 Zoll Länge, wie bei okulirten Wildlingen. Letzteres ist rathsam, wenn man, wie es in großen Baum= schulen oft nöthig ist, schon im Winter oder gar schon im Herbste zu schnei= den anfangen muß, um damit fertig zu werden, ehe die Zeit der Veredlung kommt. Ein bei Kälte oder vor Winter kurz über dem Auge ausgeführter Schnitt richtet oft dieses zu Grunde. Man läßt deshalb über dem Auge, welches die Stammfortsetzung bilden soll, einen Stumpf von einigen Zoll Länge, von dem man die Augen ausbricht, so daß er nicht mehr wachsen kann und bald vertrocknet. An diesen Stumpf wird der junge Trieb mit Bast locker angebunden, sobald er 6—8 Zoll lang ist, damit die Spitze eine gerade Richtung bekommt. Der Stumpf wird nach dem Verholzen des jungen Triebes im Juli glatt abgeschnitten. Dieses von Herrn Hever= beck in der „Monatsschrift für Pomologie" (1856. S. 198) zuerst bekannt gemachte Verfahren wird von Lucas als eine große Verbesserung erklärt und zur allgemeinen Anwendung empfohlen.

105. Wenn im Sommer durch Insekten (Rüsselkäfer, sogenannte Schneider, Blattläuse, Raupen ꝛc.) oder einen andern Unfall die Spitze des Leittriebes oder das Schnittauge verloren geht, so wird der nächste darunter stehende Seitentrieb (vorausgesetzt, daß ein geeigneter vorhanden ist) mit

Baft locker in die senkrechte Richtung gezogen, jedes darüber stehende Auge abgedrückt und aus diesem die Spitze gebildet. Wartet man damit bis zum nächsten Frühjahre, wie es noch in den meisten Baumschulen geschieht, so hat der geeignete Seitentrieb schon eine abstehende Richtung angenommen, bildet ein starkes Knie und ist meist nicht so stark, als wenn er schon im Sommer als Spitze begünstigt worden wäre, weil andere schwache Triebe ihm die Nahrung wegnahmen. Ich kann hier die Bemerkung nicht unter= drücken, daß viele Baumzüchter leider die irrige Meinung hegen, man brauche im Sommer an den Bäumen nichts zu thun, als etwa zu okuliren oder Räuber abzubrechen. Ich sage aber, daß die Aufmerksamkeit im Som= mer während des Wachsthums eben so nöthig ist, als der Schnitt im Früh= jahre, daß dieser dadurch erleichtert und nützlicher wird. Wie manche Wunde kann erspart werden, wenn man ein unnützes Auge oder einen solchen Trieb im Vorbeigehen abbrückt.

106. Das Hauptbeschneiden der Stämme geschieht zeitig im Früh= jahre vor Eintritt des Saftes oder, wie oben erwähnt, im Herbste und im Winter bei gelindem Wetter. Für das Winterbeschneiden sprechen verschie= dene Gründe, namentlich daß der Saft bei einem späten Schnitt im Früh= jahre unnütz vergeudet wird, während er, auf die bleibenden Augen ver= einigt, diese besser nähren kann. Das zeitige Frühjahr wird aber wol stets die Hauptzeit für das Beschneiden der Bäume bleiben, wenigstens in unsern nördlichen Gegenden. Es muß aber geschehen, wenn der Saft noch nicht in Bewegung ist.

2. Das Bilden der Krone.

107. Wenn der junge Stamm eine Höhe von 6—7 Fuß*) und die erforderliche Stärke erreicht hat, so wird zur Bildung der Krone geschritten. Diese sollte nicht unter 6 Fuß vom Boden beginnen, ja bei Bäumen, welche zur Anpflanzung an Wege und in die Felder bestimmt sind, müssen die Stämme nach der gesetzlichen Bestimmung mancher Länder 7 Fuß hoch sein. Höhere Stämme sind nicht gut.

Wenn es versäumt wird, die oberen starken Seitenzweige im Sommer zu kürzen, so bildet sich von selbst oft eine niedrige Krone, indem die Seiten= zweige so stark wie der Haupttrieb werden und dieser von der senkrechten Richtung abweicht. Baumzüchter, welche eine solche Unordnung zulassen, tragen auch meistens kein Bedenken, diese von selbst entstandene niedrige

---

*) Hier ist das am meisten verbreitete mitteldeutsche Maß gemeint. Bei rhei=
nischen (preußischen) Fußen kann man $\frac{1}{2}$—$\frac{3}{4}$ Fuß weniger annehmen.

Krone beizubehalten, und es ist, wenn der Haupttrieb eine schräge Richtung bekommen hat, oft auch schwer, denselben wieder in die gehörige Stellung zu bringen. Obschon nun auch solche niedrige Stämme ihre Abnehmer finden und zur Noth zu gebrauchen sind, so sollten aus einer guten Baum=

Fig. 65.

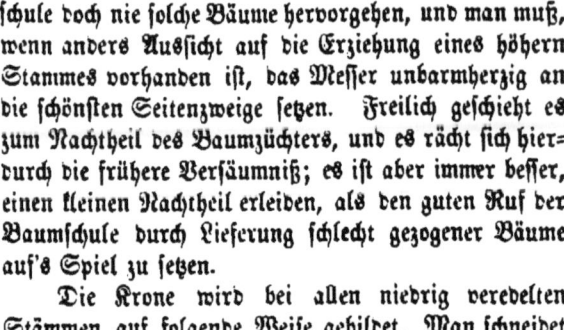

schule doch nie solche Bäume hervorgehen, und man muß, wenn anders Aussicht auf die Erziehung eines höhern Stammes vorhanden ist, das Messer unbarmherzig an die schönsten Seitenzweige setzen. Freilich geschieht es zum Nachtheil des Baumzüchters, und es rächt sich hier= durch die frühere Versäumniß; es ist aber immer besser, einen kleinen Nachtheil erleiden, als den guten Ruf der Baumschule durch Lieferung schlecht gezogener Bäume auf's Spiel zu setzen.

　　Die Krone wird bei allen niedrig veredelten Stämmen auf folgende Weise gebildet. Man schneidet den Haupttrieb in betreffender Höhe über einem schönen gut ausgebildeten Auge ab. Von den darunter befind= lichen starken Augen wählt man 4—5 der schönsten und besten aus, um daraus die Seitenzweige zu ziehen, woraus sich die späteren Hauptäste bilden. Da die Augen der Obstbäume abwechselnd um den ganzen Stamm stehen, so finden sich deren nach allen Seiten passende. Die überflüssigen dazwischen und daneben werden ausgebrochen. Doch wartet man damit lieber, bis der Trieb begonnen hat. Alle unterhalb dieser zu Aesten bestimmten Augen werden entfernt, ebenso alle noch am Stamm gebliebenen Seitentriebe, welche nun glatt abgeschnitten werden, damit aller Saft in die oberen Kronenaugen geleitet wird.

　　Der Kronenschnitt kann meistens im vierten Jahre nach der Veredlung, zuweilen auch erst im fünften aus= geführt werden. Es kommt dabei hauptsächlich auf die Güte des Bodens an. Uebrigens kommen einzelne Stämme auch früher zur Ausbildung, andere bleiben zurück.

　　Es versteht sich von selbst, daß der Schnitt auf die Krone wegfällt, wenn sich von selbst eine Krone in geeigneter Höhe bildet, wie es z. B. bei Süßkirschen, Zwetschen und starkwüchsigen Pflaumenarten, welche über= haupt des Zurückschneidens nicht bedürfen, häufig aber auch bei Kernobst der Fall iſt. Bei Wallnußbäumen und Kaſtanien ſorgt man nur dafür, daß die Krone nicht zu niedrig entſteht, ohne zu ſchneiden. Bei ſelbſtent= ſtandenen Kronen hat indeſſen der Baumzüchter immer noch das Meſſer zu gebrauchen, um die zu dicht oder ſchlechtſtehenden Triebe wegzunehmen. Eine gute regelrechte Baumkrone muß mindeſtens 4 Aeſte haben, nämlich einen Haupt= oder Mittelaſt, die Fortſetzung des Stammes, und drei bis vier Seitenäſte. Sind 5 Aeſte vorhanden, ſo baut ſich die Krone noch beſſer. Fig. 65 zeigt einen Stamm im Herbſt nach dem Kronenſchnitt, mit Andeutung der früheren Stammtriebe, wie er meiſtens aus der Baum= ſchule abgegeben wird. Bei Birnbäumen und Kirſchbäumen, welche einen pyramidalen Wuchs haben, muß man durchaus auf einen den Stamm fort= ſetzenden Mittel=' oder Leitaſt ſehen, und in neuerer Zeit fängt man an auch an Apfel= und Pflaumenbäumen einen 'ſolchen zu laſſen, weil ſo die Baumform ſchöner (eiförmig) wird und Apfelbäume ohnedies Neigung zum Herabhängen der Aeſte haben.

Die Baumkrone bildet ſich nun von ſelbſt, und man hat weiter nichts an den Stämmen zu thun, als daß man die an denſelben hervortretenden Seitentriebe und Räuber in ihrem Entſtehen entfernt, zu welchem Zwecke die Reihen alle zwei bis drei Wochen durchgegangen werden können. Im darauf folgenden Herbſt oder Frühjahre ſind die Bäume meiſtens verpflanz= bar. Zurückgebliebene Stämme werden ganz wie im vorhergehenden Jahre behandelt. Verhältnißmäßig dünne Stämme, beſonders wenn ſie oben ſtärker als unten ſind (was in einer guten Baumſchule indeß nicht vor= kommen ſollte), kann man durch Aderlaſſen, d. h. indem man über die ganze Länge der ſchwachen Stelle 2—3 nicht tief gehende Einſchnitte macht, ſtärker machen. Dieſes Mittel iſt beſonders bei ſchwach gezogenen Kirſchbäumen nützlich.

108. Pflanzer, welche die Baumzucht verſtehen, thuen wohl, die Hoch= ſtämme in dem Zuſtande, in welchem ſie ſich ein'Jahr nach der Kronen= bildung befinden, anzupflanzen, weil ſie die weitere Ausbildung der Krone dann ganz in ihrer Hand haben, während, wenn die Stämme länger in der Baumſchule ſtehen, die Kronen oft verpfuſcht werden, wie ich ſchon oben bemerkte, und mehrjährige ſtarke Kronen beim Transport viel leichter beſchädigt werden als junge. Dem Baumſchulenbeſitzer muß noch mehr daran gelegen ſein, ſeine Felder ſobald als möglich zu räumen und die Betriebszeit um ein Jahr abzukürzen. Die länger in der Baumſchule ſtehenden Bäume betrachtet er als Ladenhüter und giebt ſich mit ihnen meiſtens wenig oder gar keine Mühe mehr. Außerdem verurſachen ſtarke Kronen weit mehr Mühe und Aufwand beim Verpacken in Ballen zu einem

weitern Transport. Hierdurch entstehen, wie gesagt, oft verwilderte und verschnittene Kronen, die dem Pflanzer Mühe machen, sie wieder in Ordnung zu bringen.

Indessen trotz dieser Nachtheile sehen die meisten Baumpflanzer beim Kaufen auf schöne, große zweijährige Kronen, und der Züchter muß sich schon bequemen, sie noch ein Jahr zu behalten und einen nochmaligen Schnitt vorzunehmen. Es ist Pflicht und Ehrensache für den Baumschulenbesitzer, auch diesen Schnitt regelrecht und gewissenhaft ausführen zu lassen. Bei Mangel an Sorten= oder Mutterbäumen gelangt er überdies auf diese Weise zu Edelreisern, die er bei der Abgabe von einjährigen Kronen nicht wohl schneiden kann, ohne den Baum in den Augen der Käufer unansehnlich zu machen.

Zuerst entfernt man die schlecht oder zu dicht stehenden Kronenzweige, besonders wenn mehr als 4—5 vom Stamme aus entstanden sind, was gar oft vorkommt, wenn die Augen nicht oder nachlässig abgedrückt wurden. Die an den Haupttrieben etwa entstandenen Seitenzweige werden sämmtlich entfernt. Der Mittel= oder Haupttast wird länger geschnitten, damit der Baum eine Spitze bekommt. Er zeigt bei Birnen, Kirschen und Pflaumen schon meist von selbst die Neigung, sich über die andern zu erheben. Die Seitenäste werden auf 3—4 Augen geschnitten, sehr schwache sogar auf zwei Augen.

Sollte ein Stamm nur zwei Aeste gebildet haben, was in Folge von Beschädigung durch Insekten oder Vögel zuweilen an den kräftigsten Stämmen vorkommt, so schneidet man so kurz, daß die aus den bleibenden Augen hervorgehenden Triebe vom Stamme ausgehend erscheinen, oder man schneidet den tiefern Ast ganz weg und bildet aus dem Mittelast eine neue Krone, wenn dies die Richtung gestattet. So kann man auch mit dreiästigen Kronen verfahren, wiewol diese immerhin eine gute Form bekommen können und verkäuflich sind. Selbst Kronen, die im ersten Jahre nur durch zwei gut stehende Aeste gebildet werden, können sich noch gut bauen, und es ist deshalb ein neuer Kronenschnitt, wobei die Aeste ganz weggenommen werden, nur bei ganz verdorbenen, schiefen Kronen nöthig. Aber Gabelbäume mit zwei Aesten sind nicht gut, wenn sie auch eine volle Krone haben, weil sie leicht spalten.

Man schneidet stets über einem Auge ab, welches nach derjenigen Seite steht, wohin man den Ast haben will. Nach innen darf kein Schnittauge stehen, weil die Baumkrone luftig werden muß. Nur dann, wenn junge Bäume schon in der Baumschule Neigung zeigen, hängende Zweige zu bilden, kann mit Vortheil auf ein aufwärts gerichtetes Auge geschnitten werden. Die Spitze schneidet man so, daß der neue Trieb möglichst gerade über dem Stamme sich verlängert.

Die hochstämmig auf den Stamm geimpften Reiser bilden meist so= gleich eine hübsche Krone, die nur durch Wegnehmen der zu dicht und schlecht stehenden Zweige geordnet zu werden braucht. Im folgenden Jahre wird die so entstandene Krone wie die andern behandelt.

Wurde dagegen in die Krone, d. h. auf die Aeste des Wildlings ver= edelt, so schneidet man die etwa stehen gebliebenen wilden Zugäste im ersten Jahre nach der Veredlung weg. Wenn der Baum okulirt wurde, so geschieht das Abschneiden der wilden Zweige ganz wie bei niedrig okulirten Stämm= chen, doch ist es nicht nothwendig, einen langen Stumpf zu lassen, weil der Trieb nicht angebunden zu werden braucht. Die entstehenden Triebe werden so behandelt wie bei dem zweiten Kronenschnitt.

109. Jeder Schnitt muß, wie schon bei der Veredlung bemerkt worden ist, im Zuge ausgeführt werden. Dies gilt für alle Fälle, wo das Messer in der Baumschule gebraucht wird. Das Baummesser muß dazu die in Fig. 7 und 8 abgebildete Form haben, damit man mit der Spitze zwi= schen die einzelnen Zweige kommen und Gabeläste oder eng beisammen stehende Edelreiser rein ausschneiden kann. Jene ungeschickten, wie ein Haken gekrümmten ungeheuren Baummesser oder Hippen (Hiepen), woran man früher den Baumgärtner erkannte, sind erbärmliche Werkzeuge. Die vervollkommnete Hand=Baumscheere, welche bei dem Beschneiden größerer Bäume, besonders der Weinreben gute Dienste leistet, muß in der Baum= schule mit großer Vorsicht gebraucht werden, denn, von ungeschickten oder leichtsinnigen Arbeitern gehandhabt, kann viel damit verdorben werden, weil der Schnitt, der Schnelligkeit wegen, weder in gehöriger Richtung, noch nahe genug am Auge oder Stamme ausgeführt wird, wodurch zahl= reiche schädliche Zapfen entstehen.

Jede einigermaßen starke Wunde, von der man nicht voraussetzen kann, daß sie bis zum Herbste verwächst, muß mit Baumwachs oder Harz bedeckt werden, damit die jungen Stämme nicht schon den Keim des künftigen Ver= derbens mit aus der Baumschule bringen.

Alle Seitenäste schneidet man von unten auf glatt am Wulste ab, ohne den letztern selbst zu berühren, weil sonst die Wunde leicht noch ein= mal so groß wird. Der unbedeutende Knoten verschwindet sehr bald, sowie der Stamm sich verdickt. Man setze aber das Messer nicht so ein, daß die Schneide genau nach oben steht, sondern richte sie etwas nach innen, so daß der nach oben stehende Zweig ziemlich im rechten Winkel durchschnitten wird, weil auf diese Weise die Schnittfläche möglichst klein wird. Bei einem gut abgeschnittenen Seitenzweige muß der sichtbare Holz- oder Rindenring einen ziemlich regelmäßigen Kreis bilden, während er bei dem schrägen Abschnitte der Leitzweige über einem Auge die Form einer Ellipse zeigt. Man hüte sich besonders, Süßkirschbäumen starke Schnittwunden beizubringen, weil hier allzuleicht der verderbliche Gummifluß entsteht. Daß Wallnußbäume nicht beschnitten werden dürfen, wurde schon früher erwähnt. Muß es in Folge von Unfällen dennoch geschehen, so lasse man einen Stumpf, der erst weggeschnitten wird, wenn der darunter stehende Trieb so groß ist, daß er die Schnittfläche schnell überwachsen kann. Sollte an der Veredlungsstelle eine Wulst entstehen, was besonders vorkommt, wenn der Wildling schwächer bleibt, so macht man im Frühjahr oder Sommer mehrere 1/4 Zoll entfernte Längsschnitte an der schwachen Stelle bis auf das Holz.

3. Abweichendes Erziehungsverfahren bei einigen Obstarten.

110. Es wurde schon gelegentlich erwähnt, daß Nußbäume und Kastanien anders behandelt werden, indem man ihre Stämme unbeschnitten wachsen läßt und nur darauf sieht, daß die Spitze verlängert und in gehöriger Höhe eine Krone gebildet wird. Beide können aus Samen echt fortgepflanzt werden und bedürfen keiner Veredlung, wenn man nicht gerade eine vorzügliche Sorte fortpflanzen will.

Zeigt der echte Kastanienbaum keinen lebhaften Wuchs, so schneidet man die jungen Stämmchen dicht über dem Boden ab. Von den darauf sich bildenden kräftigen Trieben behält man nur den schönsten und stärksten bei und in einem Sommer bekommt man so in einigermaßen gutem Boden gerade, schöne Triebe von 5—6 Fuß Höhe, die im folgenden Jahre eine Krone bilden. Durch Ableger gewinnt man niedrig bleibende Bäume, die jedoch in gutem Boden immerhin 30—40 Fuß hoch werden können. Gebräuchlich ist diese Anzucht bei nordamerikanischen Zwergkastanien.

Auch von Haselnüssen lassen sich hübsche Hochstämme erziehen, die sehr beliebt und zweckmäßig sind. Um einen schönen Stamm zu bekommen, schneidet man die aus Ablegern und Ausläufern gezogenen Pflanzen im zweiten Jahre nach der Pflanzung nahe über dem Boden ab und läßt nur den stärksten Trieb aufwachsen, der bis zu gehöriger Stärke einen Pfahl bekommen muß, wenn man den Zurückschnitt nicht anwenden will. Man kann aber nur auf gutem, nicht zu trocknem Boden, wirkliche Stämme erziehen. Ganz auf gleiche Weise zieht man schöne Hochstämme von Kornelkirschen oder Herlitzen (Cornus mas). Bei beiden Obstarten hat man fortwährend mit den am Wurzelhals erscheinenden Trieben zu thun, denn diese

Sträucher können ihren Naturtrieb, mehr als einen Stamm zu bilden, nicht verleugnen.

Will man wurzelechte Quittenhochstämmchen ziehen, so muß man die portugiesische Birnquitte in guten Boden pflanzen und einen schönen Trieb fortwährend sorgfältig an einen Pfahl binden, bis der Stamm stark genug ist, die übrigen Zweige aber unterdrücken. Daß man sie auch hochstämmig auf wilde Birnstämme in die Krone okuliren kann, wurde schon früher erwähnt.

Aprikosenhochstämme sind in den deutschen Baumschulen nicht häufig. Die Aprikose gedeiht aber noch in Mitteldeutschland, ja selbst an geschützten Orten in Norddeutschland (z. B. an der Werra und dem obern Weser, am Vorderharz, bei Berlin u. s. w.) sehr gut als Hochstamm und wird z. B. bei Witzenhausen an der Werra, unweit Göttingen, noch in großer Menge auf den Bergen kultivirt. Die Hochstämme sollten deshalb viel häufiger in den Baumschulen gezogen werden, zumal im südlichen Deutschland, damit die Gartenbesitzer häufiger davon anpflanzen. Man kann die Aprikosen niedrig veredeln, bekommt aber viel dauerhaftere, kräftigere Bäume, wenn man sie auf starkwüchsige Pflaumen hochstämmig veredelt. Man kann auch sehr gute Hochstämme ziehen, wenn man sie aus Steinen von guten Aprikosen zieht. Man erhält zwar fast nie die nämliche Sorte, meist aber recht gute und zum Theil viel bessere Sorten. Vorzügliche Sorten hat man stets aus der holländischen oder Ananas-Aprikose erhalten. Die Stammbildung bleibt sich gleich, ob der Baum tief veredelt oder wurzelecht ist. Die Jahres-triebe werden nur zurückgeschnitten, wenn sie schwach sind, um kräftige Triebe daraus zu ziehen.

Noch seltener sieht man Pfirsiche als Hochstämme, und außer einigen begünstigten Gegenden von Süddeutschland geben sich die Baumschulen-gärtner nicht mit deren Anzucht ab. Gleichwol giebt es noch viele Gegenden, wo die Pfirsiche als kleiner Baum freistehend gedeiht und reichlich trägt, und in geschützten Stadtgärten und Höfen ist es selbst in Mitteldeutschland nicht zu kalt für sie. Man sollte deshalb mehr auf die Anzucht von Hoch-stämmen sehen, als bisher geschehen ist, namentlich in milden Gegenden des südlichen Deutschlands. In Gegenden, wo der Pfirsichbau im Großen nicht eingeführt werden kann, erziehe man harte Sorten aus Samen und lasse sie unveredelt. Besonders möchten hierzu die amerikanischen Sorten zu empfehlen sein, da die Pfirsiche dort fast bis an die Grenze von Canada hinaufgehen und eine strenge Kälte vertragen. Die Erziehungsweise ist ganz wie die der Aprikosenhochstämme und geht schnell, denn manche Bäum-chen (allerdings keine Hochstämme) tragen schon im dritten Jahre. Man darf überhaupt bei Pfirsichen nicht an eigentliche Hochstämme, sondern nur an Halbstämme denken.   Außerdem erhält man dauerhafte Hochstämme, wenn man auf starkwüchsige Pflaumen mit wolligen Sommertrieben, beson= ders auf Damaszener= und Julienpflaumen veredelt. Doch sind die wurzel= echten Bäume, wie schon erwähnt, sicherer und empfehlenswerther. Ich will nicht versäumen hier einige Sorten namhaft zu machen, die sich aus Samen meist echt fortpflanzen und daher gut zur Erziehung von Hoch= stämmen sind. Es sind: Grosse Mignonne, la Vineuse (pourpre hâtive, frühe Purpurpfirsich), Madeleine blanche und Madeleine rouge (beide vorzüglich hierzu), Admirable (Belle de Vitry), Pêche d'Ispahan.

Daß Mandelbäume sehr wohl hochstämmig gedeihen, obschon die Früchte nicht jedes Jahr reif werden, beweisen zahlreiche Bäume in allen Gegenden Deutschlands, selbst im nördlichsten. Man sollte daher in jeder großen Baumschule auf einige hübsche Hochstämme sehen, in milden Gegenden aber, die sich zum Mandelbau im Großen eignen, muß die Baumschule einen großen Vorrath haben, da selbst in den besten Gegenden die Mandeln nicht sehr alt werden, oder alt nicht mehr tragen. In gutem Boden wachsen die Mandeln, welche man aus Samen erzieht und nicht veredelt, sehr schnell zu Hochstämmen an. Man kann übrigens nie darauf rechnen, die gesäete Sorte wieder zu erhalten und muß bestimmte gute Sorten durch Veredeln fortpflanzen.

Von den verschiedenen Maulbeerarten gehört zwar nur die schwarze und die rothe unter die der Früchte wegen gezogenen Bäume, allein auch die Anzucht der weißen Maulbeerbäume für den Seidenbau ist gewöhnlich mit den Baumschulen vereinigt. Allerdings sind neuerdings die niedrigen Maulbeersträucher, welche aus Ablegern und aus Samen gezogen werden, beliebter als Hochstämme, weil sie für den Seidenbau praktischer sind. Die schwarzen und rothen Maulbeerbäume werden auch oft in Spalierform ge= zogen und zu diesem Zwecke aus Ablegern vermehrt und so bewurzelt aus der Baumschule abgegeben. Um schöne Stämme von diesen beiden Sorten zu bekommen, schneidet man die aus Ablegern gezogenen Sträucher ein Jahr nach dem Verpflanzen dicht über dem Boden ab., wie oben bei den Hasel= nüssen angegeben wurde. Wachsen sie indessen von selbst kräftig, so ist es unnöthig und man schneidet nur wie beim Kernobst den Stamm alljährlich zurück, so lange er noch schwach ist. Aus Samen erhält man die kräftigsten Hochstämme. Da es aber vorkommt, daß manche Bäume blos männliche oder weibliche Blüten tragen (was übrigens ziemlich selten ist), so ist man nicht gewiß, ob fruchtbare Bäume entstehen, weshalb Ableger von frucht= baren Bäumen, d. h. mit vielen weiblichen Blüten, stets vorzuziehen sind.

Dagegen ist es rathsam, die Hochstämme vom weißen Maulbeerbaum aus Samen zu erziehen. Die Stämme und Kronen werden wie bei andern Obstsorten gezogen und es ist hierbei ein Zurückschneiden des Stammes nicht wohl zu entbehren, wenn man die Stämme stark haben und ohne Pfähle ziehen will. Man erzieht auch Niederstämme, wo die Krone schon einige Fuß vom Boden beginnt.

Elfter Abschnitt.

Erziehung der Formbäume.

111. Es wurde schon früher bemerkt, daß diejenigen Bäume, welche eine künstliche Form bekommen sollen, nicht so lange in der Baumschule zu stehen brauchen und daß man ihnen deshalb ein besonderes Betriebsfeld an= weisen müsse, welches bei der Betriebseintheilung der Hochstämmezucht gar nicht zu berücksichtigen ist. Es versteht sich von selbst, daß die Abtheilung für diese beliebig zwischen die Felder für Hochstämme angebracht werden kann, wenn anders der Platz dazu geeignet ist. Wie dieser Platz beschaffen sein müsse, wurde bereits ausführlich behandelt. Außerdem thut man wohl, alle schwachwüchsigen Birnwildlinge zwischen den Hochstämmen zu Zwerg= bäumen zu benutzen, indem man schwachwüchsige und geeignete edle Sorten darauf veredelt, wodurch man schöne Pyramiden und Spaliere erhält. Es ist überhaupt hier nur von Birnen auf Wildling die Rede, da man die Quitten als Unterlagen für Birnen, die Zwergäpfelarten, Pflaumen, Pfirsiche und andere Zwergbäume immer auf besonderen Feldern erziehen sollte. Ich bemerke jedoch, daß die einzeln zwischen Hochstämmen stehenden Zwergbäume nicht lange stehen bleiben dürfen und, wenn man sie nicht jung an Ort und Stelle pflanzt oder verkauft, auf ein besonderes sonniges Beet gepflanzt werden müssen, denn wenn die Hochstämme groß werden, benehmen sie den Zwergbäumen Luft und Licht.

*) Hierbei ist vorzugsweise Harby's von mir bearbeitete vortreffliche Abhand-lung über diesen Gegenstand zu Grunde gelegt.

112. Wer einen schönen Formbaum ziehen will, sei es am Spalier oder als Pyramide, Zwerg=Kesselbaum u. s. w., muß den Stamm im ersten Jahre nach der Veredlung aus der Baumschule entnehmen, damit er es nur mit einjährigen Trieben zu thun hat, die er nach Belieben formen kann. In Frankreich wird ein Gärtner selten einen Baum anders als in diesem Zustande pflanzen. In Deutschland, wo die Zucht und Behandlung des feinern Obstes leider gegen früher zurückgegangen ist und sich erst jetzt wieder zu heben beginnt, verlangt man meist Bäume, an welchen die Form einer Pyramide oder eines Spaliers schon sichtbar ist, ja oft schon halb aus=gebildete 4—5 jährige Bäume, die schon tragen. Man versteht im Allge=meinen nicht, sie selbst zu ziehen und ist der Meinung, die so verlangten Bäume wären musterhaft gezogen, was aber meist nicht der Fall ist, wenn sie schon die Form zeigen. Aber selbst vortrefflich gezogene Bäume werden beim wirklichen Pflanzen an Ort und Stelle mehr oder weniger verdorben, weil sie bei der Pflanzung stärker geschnitten werden, als es bei ihrer Form eigentlich der Fall sein dürfte.

Ich habe mich nun zwar hinlänglich gegen den Gebrauch ausgesprochen, im Allgemeinen schon in der Baumschule geformte Bäume zu pflanzen. Da aber derselbe nicht aufhören wird, selbst wenn unsere Gärtner gelernt haben, einen Zwergobstbaum zu behandeln; weil ferner manchmal viel daran gelegen ist, schnell große Bäume zu bekommen und es bei Pfirsich=spalieren *) wirklich am einträglichsten ist, schon tragbare Bäume zu pflan=zen; endlich weil solche Bäume stets gesucht sind, gut abgehen und gut be=zahlt werden, so will ich nicht versäumen, genau anzugeben, wie sie in der Baumschule behandelt werden müssen, damit die Käufer keine verdorbenen Bäume bekommen, wie es leider nur zu oft der Fall ist. Die Baumschulen=gärtner geben sich mit diesen Bäumen meist nicht genug Mühe, verkaufen aber auch allerdings oft zu wohlfeil.**) In Holland, wo das Treiben der Obstbäume sehr gewöhnlich ist, zieht man in den Baumschulen auch espalierte Aprikosen= und Pfirsichbäume, welche sogleich tragbar und zum Treiben geeignet sind. Sie werden alle zwei Jahre verpflanzt, damit sie viele Faserwurzeln bilden und das Verpflanzen noch im fünften oder sechsten Jahre ohne starkes Zurückschneiden vertragen. Solche Bäume kosten

---

*) Ich kenne Personen, welche aus der Pfirsichzucht ein Gewerbe machen und stets große Bäume anpflanzen, die schon im zweiten Jahre tragen. Sobald sie alt sind und an Fruchtbarkeit nachlassen, wirft man sie weg.

**) Ein Formbaum muß im zweiten Jahre nach der Veredlung noch einmal so viel kosten als im ersten und im dritten doppelt so viel als im zweiten, im vierten und fünften aber noch einmal so viel als im dritten Jahre.

10—15 Gulden holl. Wo Absatz zu erwarten ist, verdient die Anzucht derartiger Bäume in den Baumschulen Nachahmung. Sie bewähren sich später sehr gut.

Indem ich in dem Folgenden Anleitung zur Erziehung der Form= bäume gebe, kann ich natürlich nur die am allgemeinsten verbreiteten und besten berücksichtigen, sonst müßte ich die ganze künstliche Obstbaumzucht be= schreiben. *)

Wo Spalierbäume gezogen werden, die unter den gesammten Bäumen am meisten Absatz haben, da muß man entweder eine Bretterplanke oder Mauer mit Spalieren, oder freistehende Spaliere haben, oder man hilft sich mit einzelnen Spalieren für jeden Baum. Bringt man Spalierreihen hintereinander an, so müssen sie mindestens 3 Fuß von einander stehen. Ganze Spalierreihen macht man am besten von Draht; für einzelne Bäumchen genügen meist Pfählchen oder bewegliche Geländer von gerissenem Eichenholz. Um an freistehenden Spalieren die starke Entwickelung der Wurzeln nach der zukünftigen Mauerseite zu verhindern, gräbt man an der Nordseite eine Reihe von Schieferplatten, oder getheerte Bretter ein. In Baltet's Baumschule in Troyes sind die Zuchtspaliere folgendermaßen eingerichtet. Die Pfähle sind etwa 7 Fuß hoch und durch Strebepfähle ge= stützt. Alle 10 Zoll stehen schwächere Pfähle. Daran wird galvanisirter (verzinkter) Eisendraht gezogen. Die Drähte bekommen durchschnittlich 5— 6 Zoll Entfernung. Außerdem werden noch schräglaufende Drähte über's Kreuz gespannt.

1. Erziehung der Spalierbäume.
a. Pfirsiche.

113. Ein einjähriger Pfirsichbaum, gleichviel, ob er okulirt oder ge= zweigt wurde, macht unter guten Verhältnissen einen Trieb von 3—4 Fuß oder mehr und treibt gewöhnlich auch Nebenzweige oder sogenannte falsche Zweige; er hat dann meist die in Fig. 66 dargestellte Form und würde so, wie gesagt, am besten an die Mauer gepflanzt. Um die zukünftigen Arme oder Hauptäste des Pfirsichbaumes zu bilden, muß er ein Jahr nach der Veredlung im Frühling bei dem Punkte A ungefähr 6—8 Zoll über der Veredlungsstelle E über zwei einander ziemlich gegenüberstehenden Augen a und b abgeschnitten werden. Die Augen a und b bilden die Mutteräste.

---

*) Ich verweise hier besonders auf meine Bearbeitung von Hardy's „Taille des arbres fruitiers", welches unter dem Titel „Obstbaumschnitt" in dritter Auflage bei dem Verleger dieses Buchs erschienen ist.

Die sich daraus entwickelnden Triebe bekommen zwei schräg eingeschlagene schwache Pfähle, an welche sie, sobald es

Fig. 66.

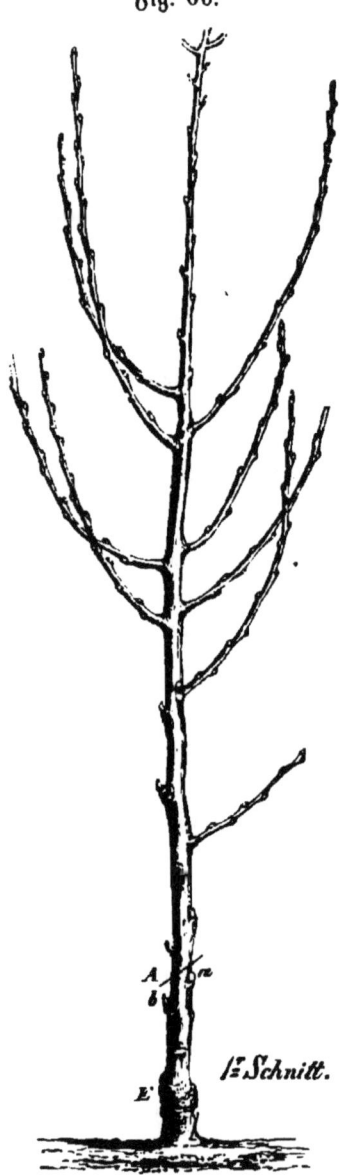

A
b

E

1=Schnitt.

sich thun läßt, so angebunden werden, daß sie unter sich etwa einen Winkel von 70—75 Grad bilden. Anfangs biegt man sie, jedoch nicht sehr stark, sondern bindet sie locker an, damit sie im Wachsthum nicht gehemmt werden. Es ist durchaus nothwendig, daß man diese Triebe während des Sommers über=wacht, damit sie sich gleichmäßig ent=wickeln. Sollte der eine auffallend kräftiger wachsen als der andere, so muß man den starken mehr nach unten ziehen und fest anbinden, den andern aber locker lassen und in die Höhe ziehen, bis er den stärkern eingeholt hat. Sollte dieses Mittel noch nicht helfen, so ent=spitzt man einige der Nebentriebe des stärkern Zweiges über dem dritten Blatt, besonders die nach vorn oder nach hin=ten stehenden. Die Nebentriebe des schwächern Zweiges bleiben unberührt, denn sie ziehen Saft herbei und ver=stärken ihn. Sollten die beiden Mutter=zweige trotz der angewendeten Sorgfalt im Herbste von sehr ungleicher Stärke sein, so schneidet man im folgenden Frühjahre lieber den schwachen Ast glatt ab, biegt den Wildling durch Entfernung von etwas Erde so, daß der andere Arm ziemlich aufrecht steht, und schneidet die=sen ganz wieder so wie im ersten Jahre. Man verliert dadurch allerdings ein Jahr, hat aber doch einen brauchbaren Baum. Kann man ihn freilich in dem ungleichen Zustande verkaufen oder pflanzen, so ist es noch besser.

Im folgenden Jahre werden die

zwei Mutteräſte auf zwei Augen zurückgeſchnitten. Durch dieſen Schnitt verlängern ſich die Mutteräſte und es entſtehen die zwei unterſten Seiten= äſte. Dieſen Abſchnitt führe man wo möglich über einem nach vorn ſtehen= den Auge. Die aus dieſen vier Augen entſtehenden Triebe werden während des Sommers ganz wie im Jahre vorher behandelt und angebunden, wozu nun ſchon ein kleines Geländer gut iſt, wiewol man ſich auch noch mit ein= geſteckten Pfählen behelfen kann. Wachſen die Zweige in ungleicher Stärke, ſo werden die zu üppigen durch Niederbinden im Wuchs gemäßigt, die ſchwachen durch freies Wachsthum geſtärkt, worauf angelegentlich geſehen werden muß, denn ein Verfahren, wie oben angegeben, kann nicht mehr ſtattfinden. Sollte ein ſolcher Baum durch den Schnitt oder einen Unfall ſo verdorben ſein, daß er kein brauchbares Spalier mehr giebt, ſo ſetzt man im Auguſt zwiſchen die Veredlungsſtelle und die Mutteräſte zwei einander gegenüberſtehende Augen ein und ſchneidet, ſobald dieſe gekommen ſind, im nächſten Frühjahr die Aeſte bis auf dieſe zurück.

Man kann nun aus dieſem Bäumchen einen Viereckbaum (nach Hardy und Lepère), oder einen Fächerbaum bilden. Letzterer unterſcheidet ſich blos dadurch, daß jeder Mutteraſt ſich nochmals theilt, und er iſt leichter zu ziehen, weil er keine Neben=Unteräſte hat, übrigens nicht zu empfehlen.

Im dritten Jahre ſind Pfirſichbäume unter guten Verhältniſſen ſchon hübſch groß, denn ſie haben bereits 4 Hauptzweige (2 Mutteräſte und 2 Seitenäſte) und eine Menge Nebenzweige, und man ſollte ſie fortzuſchaffen ſuchen. Indeſſen müſſen ſie oft noch ein Jahr Bewohner der Baumſchule bleiben und in dieſem Falle gut behandelt werden, wie folgt.

Die beiden Mutterzweige oder Arme ſind in gutem Boden anſehnlich lang geworden und werden ungefähr 3—3½ Fuß lang (vom Stamm an gerechnet) geſchnitten. Iſt der Boden geringer oder die Unterlage ſchwach= wüchſig, ſo muß der Schnitt auf 1½—2 Fuß beſchränkt werden. Die beiden unteren Hauptzweige werden in demſelben Verhältniſſe geſchnitten, man kann ihnen aber auch einige Augen mehr laſſen, damit ſie mehr Saft herbeiziehen, denn die Mutteräſte werden ohnedies immer ſtärker, und man muß Alles thun, um die unteren Seitenäſte zu kräftigen. Da der Saft ſtets mehr in die nach oben als in die nach unten ſtehenden Augen ſteigt, ſo hält es ungemein ſchwer, die unteren Seitenäſte zu ziehen, weil die Hauptäſte eine liegende Richtung bekommen. Es iſt daher unbedingt ver= werflich, obere Seitenäſte ſtehen zu laſſen, denn dieſe werden erſt ge= bildet, nachdem alle nach unten ſtehenden vollſtändig ſind.

Durch dieſen dritten Schnitt entſteht auf jeder Seite der nächſtfolgende untere Seitenaſt. Er kann von den erſten ungefähr 1½—2 Fuß entfernt

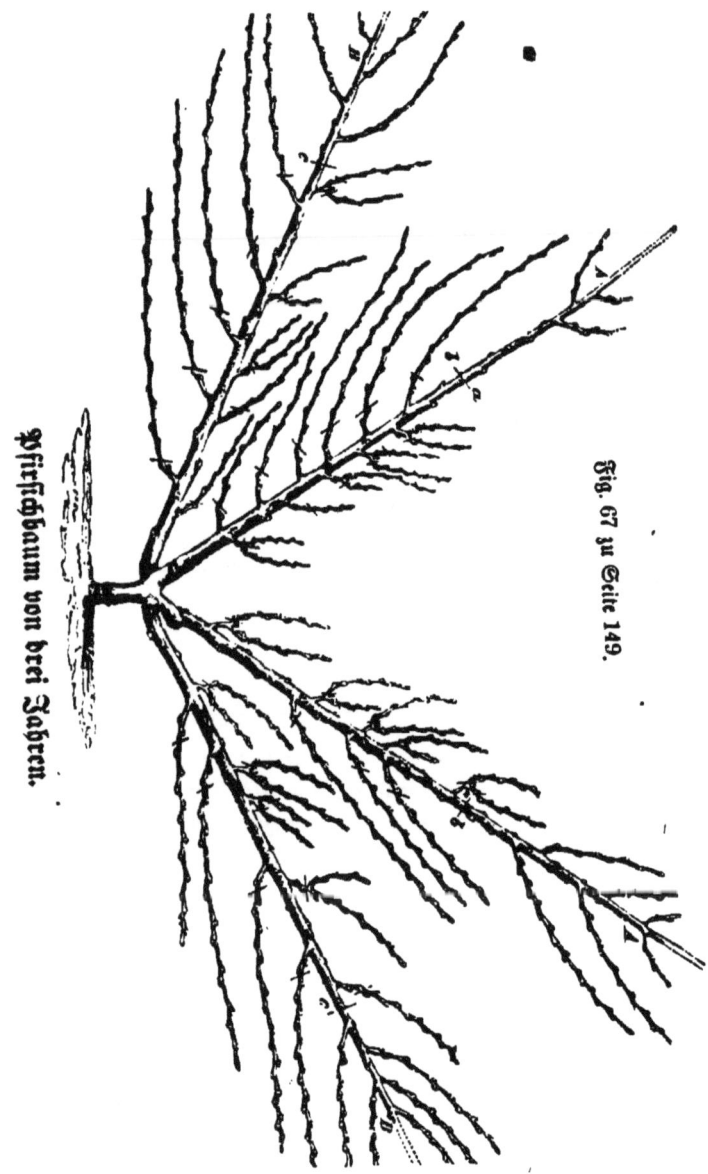

Fig. 67 zu Seite 149.

Pfirschbaum von drei Jahren.

stehen. Die schon vorhandenen ersten untern Seitenäste werden im Ver=
hältniß geschnitten, dürfen sich aber noch nicht theilen, sondern nur einfach
verlängern, weshalb die starken Seitentriebe im Sommer stets entspitzt
werden müssen, damit keiner zu stark wird. Ein gut gezogenes Pfirsichspalier
muß im dritten Jahre eine Form wie Fig. 67 haben. Hat es mehr Haupt=
äste, oder ist die eine Seite schwächer als die andere, so kann es nicht für
musterhaft gelten.

Haben alle oder die meisten Augen falsche Triebe gebildet, d. h. sind
sie den nämlichen Sommer, wo sie entstanden, ausgetrieben, so kann man
die Verlängerung des Astes durch kräftige Seitentriebe dieser Art bilden,
indem man die schönsten schon im Sommer vor dem Beschneiden an den
Hauptast anzieht, damit er die Richtung der Spitze nehme. Man muß aber
in diesem Falle schon im Sommer vorher berechnen, auf welcher Stelle die
Spitze des Hauptzweiges im nächsten Frühjahr abgeschnitten werden soll.
Die übrigen Sommer=Seitentriebe müssen dann öfters entspitzt werden,
damit die bleibenden zur Verlängerung bestimmten, desto kräftiger werden.
Sie werden beim Frühjahrsschnitt auf zwei Augen geschnitten und bilden
Fruchtholz. Man hätte an einem Auge schon genug, behält aber das zweite
zur Vorsorge bei Unfällen bei, damit ein Trieb wenigstens sicher ist.

Auf gleiche Weise, wie der Verlängerungszweig, kann auch der zweite
untere Seitenast schon im dritten Sommer aus einem gutstehenden kräftigen
Sommer=Seitentriebe gebildet werden. Hierzu gehört allerdings ein sehr
guter Boden, denn in mittelmäßigem Baumschulenboden treiben die Bäume
nicht so stark, und der zweite Seitenast kann erst im folgenden Jahre ge=
zogen werden.

Unter gleichen Verhältnissen giebt es an dreijährigen Bäumen schon
eine ziemliche Anzahl von Fruchtzweigen für das folgende Jahr, auch trägt
ein solcher Baum zuweilen schon einige Früchte, die man lassen kann, sofern
sich an dem Zapfenzweige noch ein zweiter Trieb befindet, weil der Zweig,
woran die Frucht sitzt, im folgenden Jahre weggeschnitten wird und sonst
eine kahle Stelle am Baume entstehen könnte. Besser ist es, das Frucht=
tragen in der Baumschule zu beschränken.

Das Anbinden der Sommertriebe und das Entspitzen wird wie sonst
ausgeführt. Alle unnöthigen nach vorn und hinten oder zu dicht stehenden
Augen werden abgedrückt, bevor sie treiben, oder spätestens, wenn sie einige
Zoll lang sind.

Im vierten Jahre wäre es eigentlich die höchste Zeit, die Pfirsich=
bäume aus der Baumschule zu entfernen, die Nothwendigkeit bringt es
indessen zuweilen mit sich, sie noch ein Jahr zu behalten. Die Bäume haben

in diesem Alter eine große Triebkraft und müssen, zumal in der Baumschule, durch einen kurzen Schnitt zusammengehalten werden, damit sie überall mit großen und kleinen Zweigen wohl besetzt bleiben.

Wir nehmen an, daß der Baum gut geformt, d. h. mit gleichmäßigen Armen und Seitenzweigen und schwachen Zweigen (Fruchtzweigen) versehen ist, daß er aber nur zwei untere Seitenäste hat, weil die Nebentriebe nicht stark genug oder nicht passend waren, um einen dritten Unterast zu bilden. Man schneidet die Mutteräste auf ungefähr 1½ Fuß über einem gutstehenden Auge ab. Die Seitenäste werden etwas kürzer (ungefähr 13—14 Zoll) geschnitten. Ich bemerke nochmals, daß das Schnittauge, woraus der Verlängerungszweig entsteht, wo möglich nach vorn stehen soll, weil auf diese Art die Aeste kein Knie zeigen. Die zahlreich vorhandenen Fruchtzweige werden auf 4—12 Zoll gekürzt, je nachdem sie stark sind. Besser ist es, kurz zu schneiden und auf viele Früchte zu verzichten, damit der Baum voll Zweige bleibt. Bei dem Anbinden können die Aeste wieder etwas mehr nach unten gezogen werden. Das Anbinden und Kürzen der Sommertriebe, das Abbrücken der Knospen und jungen Zweige wird wie im vorhergehenden Jahre ausgeführt. Dabei bindet man starkwachsende Triebe (wenn kein Holzzweig an dieser Stelle nöthig ist) früher an, damit sich ihr Wuchs mäßige, schwache dagegen läßt man noch einige Wochen frei wachsen.

Weiter als bis zum vierten Jahre will ich mit meiner Anleitung nicht gehen, denn was darüber ist, ist vom Uebel und führt zu den Kulturregeln der Fruchterzeugung.

Man kommt früher zu schönen Pfirsichbäumen, wenn man, anstatt in den Wildling 1 Auge oder Reis einzusetzen, 2 einander genau gegenüber stehende Augen okulirt. Die 2 aus diesen Augen entstehenden Triebe werden, wie beim zweiten Jahresschnitt angegeben, ein Jahr nach der Veredlung auf 2 Augen geschnitten, in Folge dessen sich auf jedem Reis zwei Triebe entwickeln, welche die Mutteräste und die ersten Schnittäste bilden. Käme es nicht so oft vor, daß so eingesetzte Augen ungleich austreiben, so wäre diese Art der Veredlung bei Pfirsichen vor allen andern zu empfehlen. Man hat indessen keinen Verlust dabei, wenn auch ungleiche Triebe entstehen, denn man braucht ja nur den schwach gebliebenen Trieb zu derselben Zeit wie den Stumpf abzuschneiden.

114. Ich will nun ein Verfahren angeben, wodurch man in weit kürzerer Zeit einen Baum zu einem guten Spalier bilden kann, weshalb es für Baumschulen ganz besonders zu empfehlen ist. Es ist die von Hardy erfundene, zuerst durch meine Bearbeitung von dessen „Obstbaumschnitt" (Traité de la taille des arbres fruitiers etc.) in Deutschland bekannt

gewordene Schnellmethode. Bis zum zweiten Jahre wird der Baum wie gewöhnlich behandelt. Nehmen wir nun einen solchen vor, an dem der zweite Schnitt vollzogen wer=
den soll. Das
Stämmchen,
Fig. 68, wurde
in dem ersten
Jahre, wie be=
reits früher an=
gegeben, bei a
geschnitten.
Die hieraus
entstandenen
Mutteräste
wurden dann in
einem Winkel
von 70 Grad

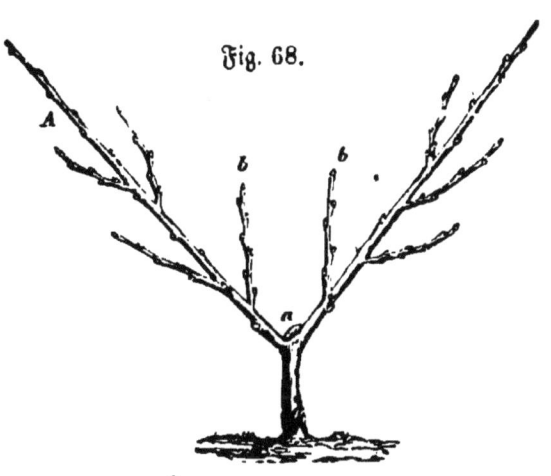

Fig. 68.

angeheftet (Fig. 68). Die Nebentriebe wurden mit Ausnahme des Triebes b entspitzt. In diesem zweiten Jahre wird der Mutterast A, ohne be=
schnitten zu
werden, so weit
niedergezogen,
daß er einen
Winkel von
50 Grad bil=
det, während
der Nebentrieb
b senkrecht an=
gebunden wird,
wodurch er sehr
an Kraft ge=
winnt. Im fol=
genden Jahre
wird der
Mutterast A
(Fig. 69) wie=

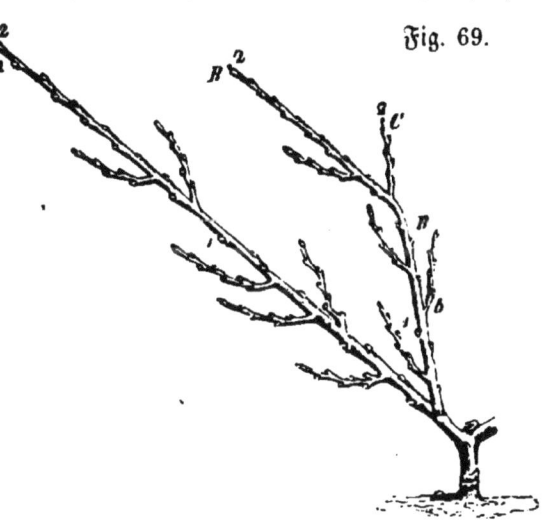

Fig. 69.

der tiefer gezogen, weil aus ihm der unterste Seitenast wird. Der aus b (Fig. 68) entstandene Trieb, welcher auf Fig. 69 mit B² bezeichnet ist, wird genau über dem Nebenzweige C² niedergebogen. Sollte an dieser Stelle kein Nebenzweig stehen, so muß man über einem günstig stehenden Auge einen Ausschnitt anbringen, damit dieses austreibt. Der neue Trieb b wird begünstigt, indem man ihn frei und senkrecht wachsen läßt, die Nebentriebe werden entspitzt. Sollte der Ast B ein zu großes Uebergewicht über den Mutterast erhalten, so muß er stark niedergebogen und durch den Sommer= schnitt im Zaume gehalten werden. Der dritte Ast wird ganz wie der zweite gebildet. Es ist aber gut, den Baum um diese Zeit aus der Baumschule zu entfernen.

115. Die Herzstammform (Palmette der Franzosen) ist bei uns für Pfirsiche nicht so bekannt, als sie es verdient, denn es kann nicht bestritten werden, daß solche Bäume am leichtesten zu ziehen und sehr tragbar sind. Im Allgemeinen ist sie bei Pfirsichen nicht von den Birnbäumen verschieden und wer diese kennt, wird den Schnitt leicht beim Pfirsichbaum anwenden lernen, weshalb ich auch auf §. 119 und Fig. 71—76 verweise. Ich be= merke ausdrücklich, daß die dort erwähnte und Fig. 77 abgebildete Leierform vorzugsweise für Pfirsiche günstig und eine der besten ist. Man schneidet die Triebe auf 4—5 Augen, läßt aber nur drei Triebe aufkommen. Der mittelste aus dem obersten Auge wird gerade angebunden, die beiden Seiten= äste zieht man etwas schräg, um sie später nach und nach in eine wagerechte Lage zu bringen.

116. Was die Phantasieformen anbelangt, welche man aus dem Pfirsichbaum bilden kann, weil alles Mögliche aus ihm zu machen ist, so will ich darüber keine Anleitung geben. Sie werden selten in der Baumschule ver= langt, und wer sie ziehen will, mag in Werken nachlesen, welche solche Künste= leien beschreiben.*) Als ein Beispiel will ich in Fig. 70 die Kreispalmette aufstellen, welche Einfachheit für sich hat. Sie ist eine Abänderung der in §. 121 beschriebenen Armleuchter=Pal= mette. Die Spitzen der Aeste werden durch Ablaktiren verbunden, so wie sie sich erreichen.

Fig. 70.

*) Mein in voriger Anmerkung genanntes Buch nach Harby enthält diese und andere Baumkünsteleien nicht, da es nur darnach strebt, wirklich Gutes zu lehren. Mehr darüber findet man in „Anleitung zum Obstbaumschnitt" von H. Grube.

b. Aprikosen.

117. Aprikosen kann man ihres starken Wuchses wegen nicht lange in der Baumschule haben, wenigstens muß dann immerwährend geschnitten werden, um sie im Zaume zu halten, wodurch der Keim des verderblichen Gummiflusses schon frühzeitig hineingelegt wird. Es empfiehlt sich deshalb das Pflanzen sogenannter espalierter Bäume weniger als bei Pfirsichbäumen, und es mag die vorstehende kurze Anleitung genügen.

Man wähle für die Aprikosen einen sehr sonnigen luftigen Platz und vermeide jede Düngung, um das Wachsthum zu mäßigen, wozu auch, wenn sie dennoch stark wachsen sollten, ein Abstechen der Wurzeln beim Graben beitragen kann. Man erzieht die Aprikose als Fächerbaum mit 5—9 Haupt= ästen, wovon sich jeder nochmals theilt.

Im ersten Jahre nach der Veredlung wird der Edeltrieb über einem schönen Auge 6—8 Zoll über dem Boden abgeschnitten. Da die Augen sehr dicht stehen, so treiben mehrere Zweige aus, von denen man die zur Bil= dung der Mutterarme am besten geeigneten wachsen läßt, während man die andern frühzeitig unterdrückt. Diese beiden Triebe läßt man ungestört wachsen und bindet sie locker und nur wenig geneigt an, so lange sie sich gleich bleiben. Sollte aber eine bedeutende Ungleichheit im Wachsthum entstehen, so bedient man sich der Mittel, die beim Pfirsichbaum angegeben worden sind. Um ein schönes Aprikosenspalier zu bekommen, müssen diese Triebe wenigstens 4 Fuß lang werden. — Im zweiten Jahre wird zuerst der von der Veredlung gebliebene Stumpf so glatt wie möglich abgeschnitten. Hierauf schneidet man die vorjährigen Triebe auf 6—8 Zoll ein, damit wo möglich alle Augen austreiben und die gutstehenden Seitenzweige bilden können. Nachdem die Triebe hinlänglich gesichert sind, drückt man die nach hinten stehenden ganz ab (was auch schon mit den Augen geschehen kann) und läßt die seitlichen nach vorn stehenden, welche den Anfang zu Frucht= holz bilden. Die obersten Triebe werden durch alle früher erwähnten Mittel besonders begünstigt, weil sie die Aeste verlängern müssen. Die nach vorn stehenden Triebe läßt man, sofern sie schwach bleiben, wachsen, oder

(Düsseldorf 1864); „Lepère's Kultur des Pfirsichbaumes" übersetzt von Hartwig (Weimar 1861); „Neueste Methode des Schnittes und der Zucht der Obstbäume ıc." nach Du Breuil, bearbeitet von A. Courtin (Stuttgart 1860); „Die Lehre vom Baumschnitt" von Dr. E. Lucas (Ravensburg 1867). Ferner in verschiedenen Jahrgängen der „Monatsschrift für Pomologie ıc.", namentlich von 1858 und 1861; den „Illustrirten Monatsheften" 1865, sowie in Regel's „Gartenflora", Jahrgang 1855.

entspitzt sie bei 6 Zoll Länge; werden sie aber stark, so schneidet man sie um
Johanni auf einen kurzen Zapfen, damit sich daran im zweiten Safte kurze,
schwache Zweige bilden, die den Baum schön voll und fruchtbar machen.
Das Spalier hat nun im dritten Jahre 4 Hauptäste und eine Menge
kleiner Zweige, die oft schon mit Blüten bedeckt sind. Muß man es noch
ein Jahr behalten, so werden die Hauptäste $1\frac{1}{2}$—$2\frac{1}{2}$ Fuß lang geschnitten.
Die schwachen Fruchtzweige schneidet man gar nicht, die stärkeren 6—9 Zoll
lang, je nach ihrer Stärke.

c. Pflaumen und Kirschen.

118. Diese Fruchtarten werden nach den nämlichen Grundsätzen ge=
zogen, wie die Pfirsich= und Aprikosen=Spaliere, doch machen sie weit
weniger Schwierigkeit. Man sieht auf eine gleichmäßige Füllung des Spa=
liers durch kräftige Seitenäste und zahlreiche kleine Zweige dazwischen.
Die Holztriebe sind meist sehr lang und dicht mit Augen besetzt, so daß sie
fast an beliebiger Stelle abgeschnitten werden können; die Fruchtzweige
dagegen sind sehr kurz und brauchen gar nicht geschnitten zu werden.
Kommen kahle Stellen vor, so füllt man sie sehr leicht durch Zurückschneiden
auf altes Holz wieder aus. Man zieht diese Bäume meist fächerförmig,
kann sie aber auch auf Herzstamm ziehen, indem man einen Trieb gerade
in die Höhe wachsen läßt, die seitlichen aber ziemlich wagerecht anbindet,
und ich ziehe für Kirschen die Herzstämmchen sogar vor.

Für Pflaumen sind besonders Hochspaliere mit einem förmlichen
Stamme zu empfehlen, ebenso für Süßweichselarten. Die, eigentlichen
Süßkirschen dagegen eignen sich nicht an Geländer. Dergleichen Hochspaliere
bildet man aus gewöhnlichen Hochstämmen, indem man bei der Bildung der
Krone solche aussucht, die sich fächerartig bauen.

d. Birnen und Aepfel.

119. Der Bedarf von Birnen= und Aepfel=Spalierbäumen ist
nicht groß; dennoch ist nach Birnen oft Nachfrage, da deren Kultur an
Wänden und Geländern in der That sehr lohnend ist. Sehr zweckmäßig
sind die oben erwähnten Hochspaliere, namentlich in Höfen. Die Anzucht
solcher Bäume gehört nicht in die Baumschule, wol kann aber der Baum=
gärtner die dazu geeigneten Bäume aussuchen und, wenn er passende
fächerartige Kronen von passenden Sorten findet, sie zu Hochspalieren vor=
bereiten, indem er unnütze Aeste beseitigt und nur die breitstehenden läßt.

Eben so wenig bedürfen gewöhnliche Fächerbäume einer besondern An=
zucht und es genügt, wenn man an den passenden Stämmchen, welche tief

unten mit Seitentrieben versehen sein müssen, die nach hinten und vorn stehenden Triebe entfernt und diejenigen, welche die künftigen Arme oder Aeste des Spaliers bilden sollen, breit anbindet und begünstigt, auch darauf sieht, daß das Gleichgewicht der beiden Seiten bewahrt wird. Man schneidet jeden Trieb auf 4—5 Augen zurück. Zwei gleich starke Triebe sind besser als drei oder vier, doch kann man, wenn der Baum kräftig wächst, auch sogleich Anfangs vier Aeste wachsen lassen, deren Leitzweige im fol= genden Jahre auf die Hälfte oder $1/3$ zurückgeschnitten werden. Zu lang darf man nicht schneiden, damit es keine kahle Stellen giebt. Zu Fächer= bäumen wählt man solche, welche sich wegen ihres unordentlichen Wuchses nicht gut zur Herzstammform eignen, z. B. Sparbirne, Arbre courbé, Wildling von Chaumontel, Colmar Nelis, Saint=Germain u. a. m.

120. Gegenwärtig haben die tüchtigsten Baumzüchter die Form des Herzstammes (Palmette) als die geeignetste für die Kernobstsstämme aner= kannt. Der Herzstamm hat die gute Eigenschaft, daß er sehr reichlich trägt, weil der Holztrieb gemäßigt wird, und daß, wenn der Baum einmal geformt ist, nicht viel daran zu schneiden ist. Hat man hohe Mauern, so sind Birn= wildlinge und Splittäpfel (doucin) als Unterlagen geeignet. Die Baumschu= lenbesitzer würden daher sehr gut thun, Bäume dieser Form vorzugsweise zu ziehen. Ich will in den folgenden Sätzen die Grundregeln dazu geben.

Man unterscheidet den einfachen und den Dop= pelherzstamm. Der Un= terschied liegt blos darin, daß bei dem einfachen Herzstamme ein Haupt= stamm mit wagerechten Aesten nach zwei Seiten gebildet wird, bei dem Doppelstamm dagegen zwei Stämme mit ein= seitiger Astrichtung ge= zogen werden. Zu be= merken ist dabei, daß die Stammhöhe keinen Un= terschied macht und daß man bei zu Hochspalieren bestimmten Stämmchen in der Kronhöhe bei 5—8 Fuß beginnt.

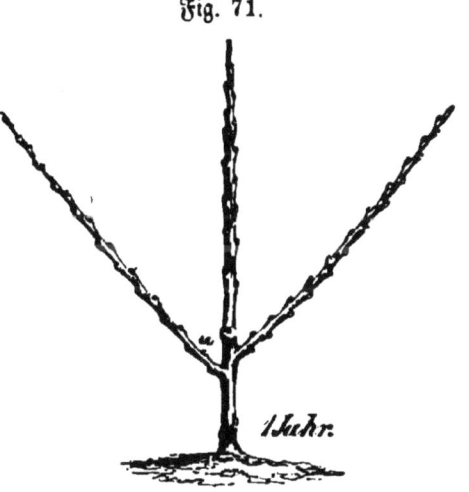

Fig. 71.

1 Jahr.

Wir haben einen im Jahre vorher veredelten Stamm vor uns. Es

handelt sich darum, drei Aeste zu bekommen, den einen, um daraus den
Stamm zu bilden, die beiden andern, um die zwei untern Seitenäste zu
erhalten. Fig. 71 mag zur Erklärung dienen. Um zu diesem Zwecke zu
gelangen, wählt man am einjährigen Edling ein Auge in der Gegend von
a, welches ungefähr einen Fuß über dem Boden steht und nach vorn ge=
richtet ist, zum Schnittauge. Der aus dem Schnittauge entstehende Trieb
wird im Sommer senkrecht angebunden, während man die aus den untern
Augen entstehenden zwei Seitentriebe schräg befestigt, ohne sie jedoch stark
niederzuziehen, damit sie im Wachsthum nicht gehemmt sind. Um die
letztern in gleicher Stärke zu erhalten, wendet man die unter 114 ange=
gebenen Mittel an. Bei dem nächsten Schnitt im zweiten Jahre nach der

Fig. 72.

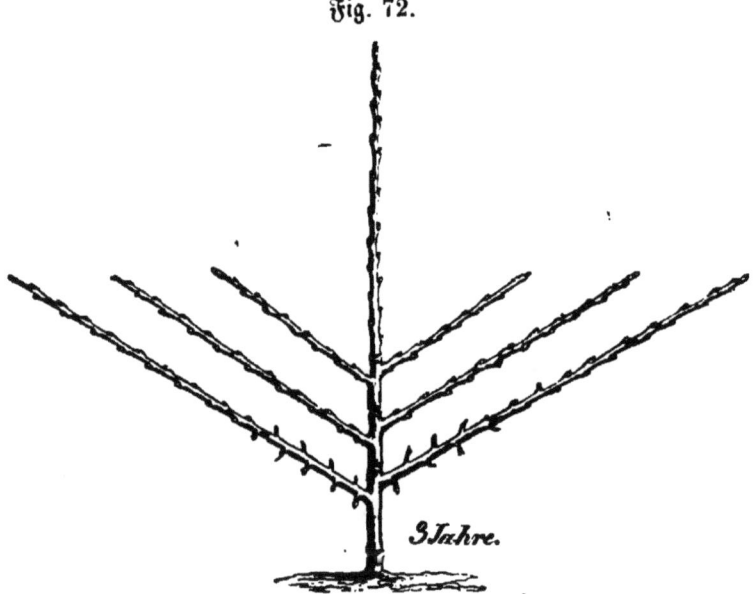

3 Jahre.

Veredlung werden die zwei Seitentriebe bis zum dritten Theil oder bis zur
Hälfte ihrer Länge gekürzt. Das Schnittauge muß nach vorn oder nach
hinten stehen. Der Leitast (die Spitze) wird auf eine Länge von 6—7 Zoll
geschnitten, damit die dadurch entstehenden zweiten Seitenäste in dieser
Entfernung über den untersten stehen. Fig. 72 zeigt den Erfolg dieses
Schnittes. Man zieht nun jedes Jahr einen Zweig nach jeder Seite, zu=
weilen bei üppigen Trieben auch zwei. Diese Schnittäste dürfen sich nicht
weiter veräsen und werden nach und nach tiefer gezogen und angebunden,

bis sie endlich eine wagerechte Lage bekommen. Es versteht sich von selbst,
daß für die Verlängerung
des Stammes gesorgt
wird. Fig. 73 zeigt einen
ganz fertig gezogenen Herzstamm am Drahtspaliere,
wie man ihn in 5 Jahren
ziehen kann, obschon es
auch manchmal schneller

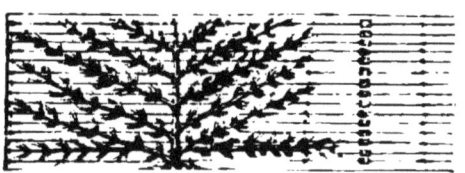

Fig. 73.

geht, mit reichlich 6 Zoll von einander stehenden Aesten. Derselbe weicht
dadurch etwas von der gewöhnlichen Form ab, daß die untersten Aeste
Doppeläste sind. Fig. 74 zeigt, wie man
Herzstamm-Spaliere (Palmetten) in der Baumschule einfach an 5 Stäben ziehen kann, welche
oben zusammengebunden werden. Es kann
aber, mit Ausnahme des Mittelpfahls, auch
Draht sein, welcher unten an einem in die
Erde gegrabenen Steine befestigt ist und dadurch gespannt erhalten wird. Oder man befestigt die Drähte an einem am Boden liegenden
Pfahl, welcher durch Haken gehalten wird.
Zieht man die Aeste erst wagerecht, dann
(wenn sie zu breit werden), aufrecht, was natürlich nur
dann möglich ist, wenn jedes Ast-Stockwerk um so viel
kürzer ist, als die Höhe beträgt (also reichlich 6 Zoll),
so entsteht dadurch das Armleuchter-Spalier
(palmette Verrier), welche am meisten Aehnlichkeit mit
dem Gabelbaume (Fig. 78) hat, aber breiter ist. Diese
Palmette gilt als eine recht gute Form, sowol für Pfirsiche als Birnen.

Fig. 74.

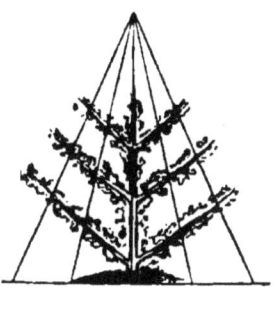

Fig. 75.

122. Der Doppelherzstamm (palmette à deux
branches) ist leichter zu bilden, weil man 2 Stämme
hat, an welchen unter günstigen Umständen jährlich
2 Aeste gebildet werden können. Man muß zuerst die
Triebe für die Stämme erziehen, wie Fig. 75 zeigt.
Das Zurückschneiden wird genau so verrichtet wie beim
einfachen Stamme, indem man auf nach rechts und
links stehende Augen schneidet. Man kann aber die
Arme (Aeste) auch so bilden, wie beim Pfirsichspalier

in §. 115 beschrieben und in Fig. 68 und 69 abgebildet ist, indem man den Stammtrieb stets in geeigneter Höhe über einem guten Auge seit=wärts biegt, so daß dieses Auge die Stammfortsetzung bil=det. Sollte es schwach sein, so bringt man über demselben einen Ausschnitt (Kerbschnitt) an.

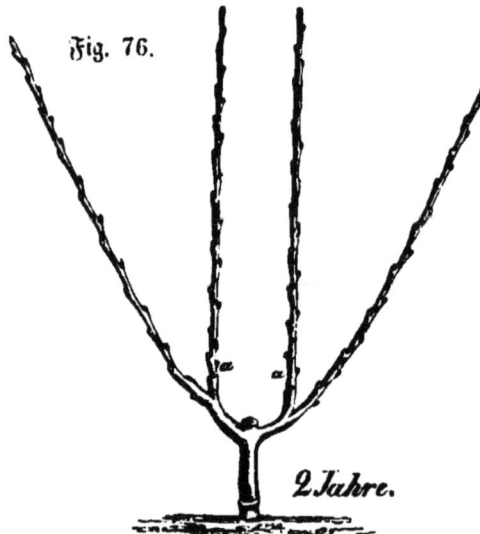

Fig. 76.

2 Jahre.

Giebt man den bei=den Stämmen in der Mitte eine Biegung nach auswärts und zieht sie oben wieder etwas zusammen, so entsteht der

Leierbaum (Palmette in Form einer Lyra (Fig. 77).

Fig. 77.

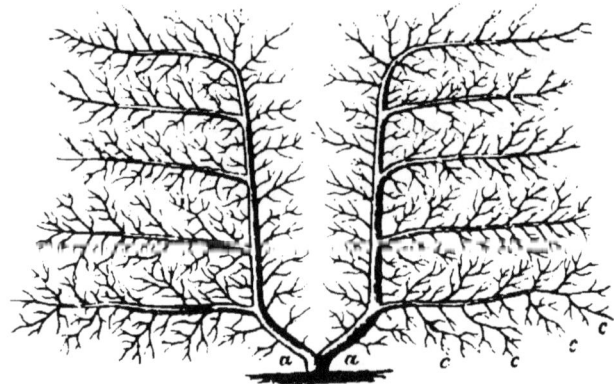

Den Zwischen=raum füllt man mit einigen nach innen stehen=den kurzen Aesten aus. Auch diese Form wird von vielen Praktikern als eine vor=zügliche ge=rühmt, und ist leicht und schnell zu bilden.*) — Eine andere Abänderung ist der wellenförmige

---

*) Das Schriftchen „Die Erziehung und der Schnitt der Spalier= und Pyra=midenbäume nach eigener bewährter Methode" von Peter Dreesen (Bonn 1867) beschäftigt sich fast ausschließlich mit dieser Form und erklärt sie für die beste.

Doppelherzstamm, indem man die Stämme so hin und her biegt, daß allemal an der konvexen Stelle ein Ast beginnt. Diese Schlangenbiegung soll den Wuchs sehr mäßigen und die Tragbarkeit befördern. Aehnlich ist ferner die „Doppelte Greffent=Palmette", welche von Lucas („Baum= schnitt") sehr gerühmt wird.

122. Eine ganz abweichende Palmette ist der Gabelbaum (pal-

Fig. 78. Fig. 79.

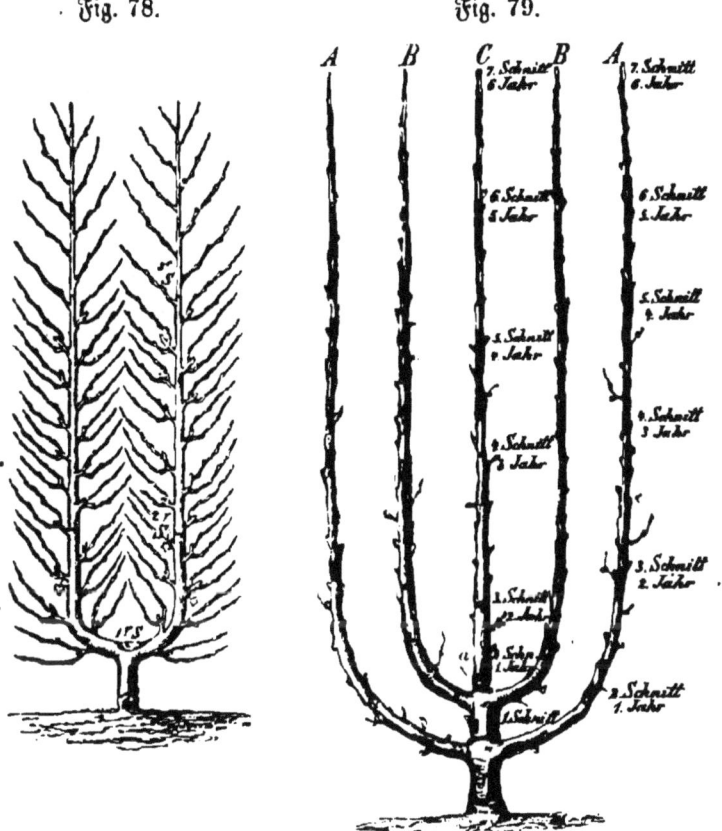

mette à branches verticales), Fig. 78 und 79. Er wird für Birnen und Pfirsiche auf geringem Boden und auf schwachwüchsigen Unterlagen für sehr gut gehalten und eignet sich für schmale Plätze, indem er nicht ganz 4 Fuß breit wird. Seine Bildung ist leicht und geht schnell von Statten. Zuerst schneidet man den Edelstamm so, daß man 4 Seitentriebe bekommt, wozu

2 Jahre gehören. Diese werden erst schräg, dann unten annähernd wage=
recht, später aufwärts gebogen angebunden. Die Seitentriebe bestehen
sämmtlich nur aus Fruchtholz. Man kann diesen Bäumen 2—6 Aeste
geben. Der Doppel=Gabelbaum nimmt zum einfachen ganz dasselbe
Verhältniß ein wie der Doppel=Herzstamm zum einfachen. Man bildet erst
3 Aeste seitwärts an jedem Stamme und macht daraus die Gabel mit
6 Zinken, während die Stämme noch 2 bilden, so daß im Ganzen 8 Stämm=
chen da sind. Er nimmt etwas mehr Raum ein, als der einfache Gabel=
baum.

123. In neuerer Zeit ist die Spalierform mit ungetheiltem
Stamm, der aufrechte Cordon der Franzosen sehr beliebt. Hier theilt
sich das Stämmchen gar nicht und ist nur dicht mit Fruchtholz besetzt. Man
unterscheidet den schiefen und geraden, einfachen und doppelten Cordon. Der
gerade Cordon mit einem Stamm stellt gleichsam eine beblätterte Stange
vor. Mit zwei Stämmchen sieht er Fig. 78 ähnlich, mit drei Stämmchen
aber Fig. 79. Diese Bäumchen eignen sich für geringe Bodenarten und
sind hier sehr fruchtbar, verlangen aber hohe Mauern und Spaliere. Man
erzieht so vorzügliche Birnen, weniger Pfirsiche, für welche die folgende Art
geeigneter ist. Der schiefe Cordon ist einfach oder doppelt. Der einfache
ist mehr für Pfirsiche, der doppelte für Birnen beliebt. Wellenförmig hin
und her gezogen entsteht der Schlangencordon. Da es am besten ist,
nur einjährige Veredlungen an die Spaliere zu pflanzen, so werden schon
ältere Bäumchen selten verlangt und man hat nur passende Stämmchen zu
wählen, recht gerade für die erste Art, okulirte mit seitwärts stehendem
Edeltrieb für die zweite. Ebenso finden sich für die Form mit zwei und
drei Stämmchen häufig passende Bäumchen, und man hat, wo solche Bäume
verlangt werden, darauf zu sehen, daß solche mit gut stehenden Trieben
nicht ausgeschnitten werden. Die Birnen dürfen nur auf Quitte veredelt
sein und es empfiehlt sich für Pfirsiche die Schlehe. Apfelbäumchen werden
nicht auf diese Art gezogen, obschon es eben so gut geht. Will man diese
beiden Formen vorbilden, so errichtet man ein 4 Fuß hohes Drahtspalier,
bei zerstreut zwischen andern stehenden Bäumchen genügt ein Pfahl.

Obstsorten, welche sich besonders für Spaliere eignen.*)

124. Pfirsiche. Es eignen sich alle Pfirsichsorten an das Spalier
und nur wenige können hochstämmig gezogen werden. Für die nördlichen

---

*) Ich nenne hier vorzugsweise die Sorten, welche in den französischen, belgischen
und holländischen Baumschulen zu diesem Zwecke gezogen werden. Es sind darunter

Gegenden Deutschlands sind die spätreifenden Sorten, z. B. Brugnon, Chevreuse tardive, Pavie tardif, Têton de Vénus, nicht zur Anzucht in großer Menge zu empfehlen, da ihre Verbreitung nicht von Nutzen für das allgemeine Beste ist.

Aprikosen. Nicht alle Aprikosen sind gut für das Spalier, die meisten besser zu Hochstämmen. Vortrefflich sind: Abricot précoce, Apri= kose von Nancy (Abricot de Nancy), die gemeine weiße Aprikose, die Muskateller A. (Abricot musqué hâtive), die neue Elsässer A. und die Zwerg=A. (Abricot nain).

Pflaumen. Alle spätreifenden oder als Hochstamm in unsern Ge= genden nicht wohlschmeckend werdenden Pflaumensorten eignen sich für das Spalier, ebenso frühe Sorten, um die Früchte früher zu bekommen. Einige der vorzüglichsten, einer warmen Lage bedürfenden Sorten sind: Coës Goldendrop (Goldtropfen), Drap d'or (große Mirabelle), die gelbe Eier= pflaume, die rothe Eierpflaumen, Jefferson, Impératrice de Milan violette, Jerusalem=Pflaume, Waterloo=Pflaume, Oktober=Pflaume ɩc. Ueberhaupt werden alle Pflaumenarten am Spaliere besser, und man darf daher die köstliche Reine Claude und die gemeine Zwetsche zu Hochspalieren nicht vergessen.

Kirschen. Nur die Weichsel= oder eigentlichen Sauerkirschen eignen sich für gewöhnliche niedrige Spaliere, Süßweichsel für Hochspaliere. Solche Bäume sind sehr beliebt, da sie auch an schattigen Mauern wachsen und so noch im Spätsommer Früchte liefern, weshalb man mehrere Sorten Schatten=Amarellen nennt.

Aepfel. Alle feinen Aepfelsorten können zu Spalierbäumen gezogen werden und ließe sich ein großes Verzeichniß passender Sorten aufstellen. Wir begnügen uns mit einigen der besten: Alexandre (großer Alexander), Ananas=Reinette, Api le gros (großer Api), Calville blanc (ausgezeichnet),

---

viele neue von van Mons, Esperen, Léon Leclerc ɩc. Diese Bemerkung gilt auch für die weiter unten genannten Pyramidenbäume.

Ich führe die Obstsorten unter ihren Originalnamen an, die, weil die meisten in Frankreich entstanden sind und zuerst bekannt wurden, meistens französisch sind. Nur auf diese Art ist es möglich, Verwechselungen zu verhüten, denn die gemachten oder übersetzten deutschen Namen haben keine allgemeine Giltigkeit. Sollten, woran ich nicht zweifle, hier und in folgenden Verzeichnissen Synonyma als Sorten und falsche Namen angegeben sein, so bitte ich erfahrenere Pomologen, mich mit der leider so allgemeinen Namensverwirrung zu entschuldigen. — Ich kann mich auch bei dieser dritten Auflage nicht entschließen, die Identitäten hier und Seite 171 festzustellen, sowie Namen zu berichtigen, da dieselben noch nicht sicher genug stehen und die an= geführten in den Katalogen der größten Baumschulen gangbar sind.

Casseler Reinette (Reinette de New-York), Court pendu (Kurzstiel), Carmeliter=Reinette, Diezer Mandel=Reinette (Amande rouge), englische Winter=Goldparmäne, Fenouillet-gris (Fenchelapfel), Ménagère (Haus= mütterchen= oder Riesenapfel, Postophe d'hiver, Astrachan=A. (Zitat=Apfel), Reinette d'Angleterre, R. de Bretagne, R. d'été, R. dorée, R. du Canada (Pariser Rambour=Reinette), R. Van Mons, Taubenapfel (Pigeon rouge), Winter=Rosenapfel, weiße Wachs=Reinette 2c. Ferner alle zu Pyra= miden geeigneten Sorten.

Birnen.*) Zu Spalieren wählt man die vorzüglichsten Sorten von mäßigem Wuchs. Die meisten eignen sich auch zu Pyramiden, weshalb sie dort aufgeführt werden sollen. Ich nenne hier nur einige, die vorzugs= weise am Spalier schön werden und so am besten gedeihen: Arbre courbé, Bergamote Crassane (wird nur am Spalier vorzüglich), Bergamote de Pentecôte, Bergamote fortunée, Beurré blanc (Doyenné blanc), B. Clairgeau (auf Wildling), B. gris, B. gris d'automne, B. gris d'hiver nouveau, B. Lombard, Bézy de Chaumontel, Bon chrétien d'Auch, Bon chrétien d'hiver, Colmar d'hiver, Épargne, Ferdinand de Meester, Messire Jean, Orpheline d'Enghien, Passe tardive, Royale d'hiver, Saint Germain, Saint Germain panaché, Triomphe de Jodoigne, Fon- dante de Malines, Forellen=Birne, Schweizerhose, Muskateller=Birne 2c.

2. Erziehung der Pyramiden oder Kegelbäume.

125. Zu Pyramiden eignen sich besonders Birnen und Sauerkirschen (Weichsel), wenigstens werden die übrigen Obstarten unter dieser Form selten schöne Bäume. Apfelbäume wachsen zu sehr in die Breite, müssen, um Form zu bekommen, stark geschnitten werden, und in Folge davon tragen sie wenig Früchte. Es giebt jedoch verschiedene Sorten, welche ziemlich gute, wenn auch etwas breite Pyramiden bilden, und solche muß man zum Formen in der Baumschule wählen. Solche sind (nach Lucas) unter andern Sorten: Muscat-Reinette, Reinette von Orleans, Winter=Goldparmäne,

---

*) Als Hülfsmittel zur Auswahl der Sorten für Spaliere, Pyramiden 2c. em- pfehle ich die vom pomologischen Kongreß zu Lyon zusammengestellte Tabelle, die sich in der „Monatsschrift f. Pom.", 1858, S. 127—135, in den „Verhandlungen des Vereins zur Beförderung des Gartenbaues in Preußen" von 1858 und wol auch in andern Schriften befindet. Sehr viel Belehrendes enthält ferner das Buch: „Aus- wahl werthvoller Birnensorten", nach dem französischen Original „Les bonnes Poires" von Ch. Baltet, übersetzt von E. Lucas. Reutlingen 1863. Man thut wohl, solche Sorten, welche nicht gut geradeauf wachsen und knieige Aeste haben, zu Spalierbäumen zu bestimmen.

Parker's Peping, Sommer=Gewürzapfel, Birginischer Rosenapfel, Schwar=
zenbach's Sommer=Parmäne, Weißer und Rother Aſtrachan, Rother
Sommer=Calvill, Scharlach=Parmäne, Clubius' Borsdorfer, Langton's
Sondergleichen, Gelber Richard, Sommer=Parmäne, Kaiser Alexander,
Alant=Apfel, Deutſcher Goldpeping, Engliſche Goldreinette, Gelber Belle=
fleur u. a. m.*) — Die Aepfelbäume und Kirſchen (Weichſel) eignen ſich
nur zu breiten Pyramiden. Die Aepfelſtämme werden ganz wie die Birnen
geſchnitten, von deren Bildung im folgenden Paragraph ausführlich die
Rede ſein wird. Bei Sauerkirſchen, wozu ſich auf gutem Boden die
Oſtheimer und Frauendorfer Weichſel, auf geringerem jede andere
Weichſelart empfiehlt, wird nur die Pyramidenform gewahrt, was am
beſten durch den Sommerſchnitt und zuweilen durch Abwerfen aller Aeſte
gelingt.

Aprikoſen= und Pflaumen=Pyramiden haben den Fehler, daß ſie unten
immer kahl werden und öfter die Spitze verlieren. Aprikoſen leiden über=
dies noch ſehr durch den Gummifluß. Uebrigens giebt es einige Pflaumen=
ſorten mit kurzen Trieben (z. B. Mirabellen), woraus ſich ſchöne Pyramiden
ziehen laſſen, die aber bei Weitem nicht ſo ergiebig ſind, als gewöhnliche
Bäume.

Die Pyramide hat einen Stamm, welcher ſich ſelbſt ſenkrecht fortſetzt
und ringsum gleichmäßig mit gleichſtarken unverzweigten Fruchtäſten
beſetzt iſt. Es giebt davon verſchiedene abweichende Formen. Die eigent=
liche Pyramide mit kurzem oder hohem Stamm, die Säulen=Pyramide, die
Armleuchter=Pyramide, die Flügel=Pyramide u. a. m.**) Jede Pyramide
kann hoch= oder niederſtämmig ſein. Die hochſtämmigen ſind etwas ſchwer
zu beſchneiden, im Allgemeinen aber zweckmäßiger, weil ſie die Benutzung
des Bodens weniger hemmen, als die faſt bis auf die Erde gehenden nieder=
ſtämmigen Bäume.

a. Die eigentliche Pyramide.

126. Die eigentliche Pyramide, wozu ſich Birnen, Aepfel und Weich=
ſeln eignen, muß nach franzöſiſcher Vorſchrift in ihrer größten Breite unge=

---

*) Eine große Auswahl findet ſich bei Lucas „Obſtbaumſchnitt" S. 173—174.
**) Ich vermeide hier ausdrücklich die Benennung Kunkel= und Spindel=
Pyramide, weil verſchiedene Autoren und Baumzüchter ganz verſchiedene Dinge
darunter verſtehen. Lucas nennt Kunkel=Pyramide die hochſtämmige Pyramide,
Grube (in Anleitung zum Obſtbaumſchnitt) nennt Spindelbaum, was andere Arm=
leuchter=Pyramide (mit quirlförmig geſtellten, künſtlich aufwärts gebogenen Aeſten)
nennen. Endlich nennen viele Gärtner die Säulen=Pyramide Kunkel oder Spindel.

11*

fähr ¹/₃ der Höhe ausmachen, kann also in der Baumschule bei 6 Fuß
Höhe 2 Fuß breit sein. Sie ist, wie schon bemerkt, hoch= oder nieder=
stämmig. Da fast nur Birnen=Pyramiden gezogen werden und diese Kultur
bei andern Bäumen ähnlich ist, so soll hier nur von Birnen die Rede
sein.

Birnen-Pyramiden. Es sei zunächst bemerkt, daß die auf Quitten ver=
edelten Birnenbäume nicht so stark treiben und daher stärker geschnitten
werden müssen, als die auf Birnwildling veredelten, weil sie sonst zu früh
tragbar werden. Auch schwachwüchsige auf Birnwildling veredelte Bäume
werden kurz geschnitten. Unter k u r z schneiden verstehe ich, über dem zweiten
oder britten Auge, unter l a n g, über dem fünften und sechsten Auge, oder
noch höher schneiden.

Daß nicht alle Birnensorten auf Quitten gedeihen, einige dagegen nur
auf Quitten vorzügliche Früchte bringen, wurde schon an einem andern
Orte bemerkt. Der Baumschulenbesitzer thut jedoch wohl, die vielseitigsten
Versuche in dieser Hinsicht anzustellen und sich nicht auf die hergebrachte
Meinung zu verlassen, denn nur bei einigen Sorten ist es untrüglich anzu=
nehmen, daß sie besser auf der einen als auf der andern Unterlage gedeihen.
Macht ein auf Wildling veredelter Baum stets so üppige Triebe, daß sie
Wasserreisern gleichen, während andere daneben einen mäßigen Wuchs
zeigen, so ist anzunehmen, daß er nicht auf Birnunterlage paßt, sondern
auf Quitte veredelt werden muß. Der Baumzüchter muß, wenn sein Ver=
kauf auf gewisse Gegenden beschränkt ist, auch Boden und Lage berücksich=
tigen und darf dem Pflanzer, wenn er den Pflanzort kennt, nicht etwa
Quittenbirnen verabreichen, wenn die Bäume in einen trockenen Boden
oder in rauhe Lagen versetzt werden sollen. Die größte Schuld des Miß=
lingens liegt freilich an dem Pflanzer, der bei der Bestellung der Bäume
nicht bemerkt, ob er Quitten oder Birnunterlagen haben will. Aber der
Baumschulenbesitzer sollte nicht versäumen, auch unaufgefordert überall
Belehrung zu verbreiten, denn je besser die Pflanzungen gelingen, desto
mehr werden Andere sich veranlaßt finden, ebenfalls zu pflanzen und bei ihm
zu kaufen.

Ein Jahr nach der Veredlung haben die Birnen gewöhnlich nur einen
Trieb von 3—4 Fuß Länge oder mehr, wie ihn Fig. 80 darstellt. Hierzu
eignen sich besonders okulirte Stämmchen, da bei gezweigten oft zwei oder
drei Triebe entstehen, die von unwissenden Baumzüchtern zuweilen bei=
behalten werden, um sogleich den Anfang zu einer Pyramide daraus zu
machen, was natürlich stets einen verdorbenen Baum giebt. Die untern
Augen dieses Triebes sind unten weniger gut ausgebildet, als die mittlern

und obern, und hiernach muß sich die Länge des Schnittes richten. Je besser und stärker die untersten Augen sind, desto länger kann geschnitten werden. Die Hauptsache ist, daß alle Augen austreiben. Wird aber lang geschnitten, so treiben blos die oberen vollkommenen Augen aus, und es giebt unten eine kahle Stelle, während durch einen kurzen Schnitt die untersten Augen austreiben müssen. Lang kann man dagegen schneiden, wenn man Pyramiden mit höheren Stämmen ziehen will. In allen Fällen muß der Trieb mindestens bis zur Hälfte eingeschnitten werden. Besser ist es, immer tiefer als höher zu schneiden, denn durch Ersteres wird nichts verdorben. Das Schnittauge muß, wie bei den Hochstämmen, der Seite, wo das Edelauge eingesetzt wurde, gegenüber stehen, wie bei b (Fig. 80) sichtbar ist, damit der Stamm gerade wird. Sind die unteren Augen sehr schwach, so ist es gut, über denselben einen leichten Ringelschnitt oder über jedem einen abwärts= gehenden, hufeisenförmigen Kerbschnitt anzubringen, wodurch der Saftlauf gehemmt und den unteren Augen zugeführt wird.

Die aus den Augen gebildeten Triebe müssen rings um das ganze Stämmchen 7—9 Zoll von einander stehen, damit die Pyramide voll wird. Natürlich kommt es auf einen Zoll mehr oder weniger nicht an, denn man muß eben die Triebe nehmen, wie sie sind. Die untersten Zweige müssen bei niederstämmigen Pyramiden 9— 12 Zoll über dem Boden beginnen, wenn die Pyramide regelrecht sein soll. Damit ist jedoch nicht gesagt, daß in vorkommenden Fällen nicht auch ein Stamm $1\frac{1}{2}$ Fuß hoch und höher sein kann. Stehen zwei Triebe neben einander, so wird der schwächere entfernt, wenn auch die Lücke etwas größer, als für die Entfernung angegeben, werden sollte. Solche Doppeläste richten leicht Ver= wirrung an und schwächen den darüberstehenden Ast. Sollten im Laufe des Sommers die obersten Triebe so kräftig wachsen, daß sie die Spitze zu benachtheiligen drohen, so werden sie vor Johanni entspitzt, wachsen sie aber blos kräftig, so kneipt man später nur das weiche Ende ab.

Sehr häufig kommt es vor, daß einjährige Birnenstämmchen ihre Augen

Fig. 80.

schon im erſten Jahre ihres Entſtehens zu Seitentrieben ausbilden. In der Regel ſtehen ſolche Triebe unregelmäßig und einſeitig und haben ſchlecht gebildete Augen. In dieſem Falle ſchneidet man die ganze Krone mit den Seitentrieben ab, wie einen Trieb ohne Seitenzweige, damit die darunter

Fig. 81.

Jahn

ſtehenden, ſchlafend gebliebenen Augen aus= treiben. Unterhalb ſtehende Seitentriebe, die aber ſelten vorkommen, weil meiſt nur die oberen Augen ſich zu Trieben ausbilden, werden kurz am Stamme abgeſchnitten, denn ſie haben meiſt an dieſer Stelle ein verborgenes Auge. Sind dagegen die Seitentriebe kräftig von Augen und gut am Stamme geſtellt, ſo kann man die erſten Seitenäſte ſchon im erſten Jahre daraus bilden und gewinnt ſo ein ganzes Jahr an der Erziehung. Dieſes iſt beſonders bei älteren Bäumen, welche wegen Beſchä= digung oder Mißbildung tief zurückge= ſchnitten wurden, der Fall, und dieſe treiben oft ſo ſtark, daß man in einem Jahre Bäumchen von 6 Fuß Höhe mit entſpre= chender Aſtzahl bilden kann.

Fig. 81 zeigt einen ſolchen brauchbaren Baum. Der Zweig 1 wird auf 4 Augen geſchnitten, 2 und 3 ſchneidet man auf 3 Augen. Der vierte Trieb bleibt unbe= ſchnitten, weil er zu kurz iſt, der 5. wird auf 3 Augen geſchnitten und zwar iſt auf der Abbildung ein nach oben ſtehendes Auge angegeben, was jedoch möglichſt zu vermeiden iſt, weil die Triebe daraus zu ſehr nach dem Innern der Pyramide wach= ſen. Sollte dies der Fall ſein, ſo muß die=

ſer Trieb niedergebunden werden, bis er die gewünſchte abſtehende Richtung hat. Da die Triebe nach oben immer ſchwächer werden, ſo ſchneidet man ſie, wie auf der Abbildung zu ſehen iſt, nur auf 3 Augen, weiter oben auf 2 und endlich nur auf 1 Auge. Eine ſolche Abſtufung wird auch durch die Form bedingt. Nahe über der Veredlungsſtelle ſtehen 2 Augen a a, die ausgebrochen werden müſſen, weil ſie zu nahe am Boden ſtehen. Dagegen

Fig. 82.

müssen die Augen bb durch eine un=
mittelbar darüber bis aufs Holz ein=
geschnittene Kerbe zum Austreiben
gezwungen werden, weil hier Aeste
nöthig sind.

Das Bilden der Sommer=Neben=
triebe (verfrühten Triebe) ist meistens
Eigenthümlichkeit gewisser Sorten
und kommt bei andern fast nie vor.
Da es für die Baumschulenbesitzer
vortheilhaft ist, ein ganzes Jahr zu
gewinnen, so kann man die Edel=
reiser nöthigen, schon im ersten Jahre
Seitentriebe zu bilden, indem man
sie, wenn sie 15—16 Zoll lang sind,
entspitzt. Die untern Augen treiben
so meist sicher aus, und auch die
Spitze ist nicht gefährdet, denn das
oberste Auge treibt sicher wieder aus.
Es versteht sich von selbst, daß man
ein solches Verfahren nur bei stark
treibenden Reisern und Sorten an=
wenden kann.

Die durch den ersten Schnitt er=
zielten Triebe werden im Sommer
sorgfältig überwacht und rechtzeitig
entspitzt, damit sich die untern Augen
gut ausbilden. Besonders ist das
Entspitzen bei den zunächst unter der
Spitze stehenden Trieben nothwen=
dig, weil sie sonst zu groß werden,
was um so nachtheiliger ist, da sie im
kommenden Jahre kurz geschnitten
werden müssen.

Wurde der Baum gut behandelt
und trat sonst kein Unfall ein, so wird
er im folgenden Jahre ungefähr die
Fig. 82 dargestellte Form haben, und
in dieser sollte er eigentlich zum

2 Jahr.

Pflanzen abgegeben werden, weil, wie ich öfters wiederholt habe, die Nach=
theile eines längern Verweilens in der Baumschule groß sind. Bleibt er
aber noch ein Jahr, so behandeln wir ihn folgendermaßen.

Der Baum ist ziemlich gleichmäßig gewachsen, nur der unterste Ast ist
schwach, weil er durch ungeschickte Hand entspitzt wurde, während bei meh=
reren oberen das Entspitzen versäumt wurde. Um ihn zu kräftigen, bringt
man oberhalb einen Ausschnitt, wie oben erwähnt, an, der aber stärker sein
muß, als bei den Augen, welche man zum Austreiben zwingen will. Die
übrigen Aeste werden geschnitten, wie es auf der Abbildung sichtbar ist,
und zwar um ein Auge länger, als im vergangenen Jahre (bei Fig. 81),
weil die Wuchskraft des Baumes größer ist. Dabei muß die Stellung des
Schnittauges und die Kegelform berücksichtigt werden. Die Spitze wird bis
auf die Hälfte zurückgeschnitten. Gabelzweige oder Verästungen werden an
so jungen Bäumen noch nicht geduldet, es sei denn, um eine Lücke damit
auszufüllen. Auf Quitten veredelte Bäume zeigen in schlechtem Boden im
zweiten Jahre schon oft Fruchtholz und Blüthenknospen. Mit solchen
Bäumen ist nicht viel zu machen. Man muß die Knospen ausschneiden und
den Schnitt der Zweige möglichst kurz halten.

Anders muß verfahren werden, wenn der junge Baum im Jahre vor=
her schlecht behandelt, d. h. zu hoch oder gar nicht beschnitten und nicht oder
zu unrechter Zeit entspitzt wurde. In diesem Falle befindet sich oben eine
Krone, während die unteren Augen schlafend geblieben sind. Das Beste wäre,
wenn der Baum sonst dazu geeignet ist, ein halbhohes Spalier zur An=
pflanzung in Höfen, oder eine hochstämmige Pyramide daraus zu ziehen.
Will man aber eine regelrechte niederstämmige Pyramide daraus machen,
so schneidet man, mit Ausnahme der Spitze, alle Triebe glatt am Stamme
d. h. bis auf den Wulst ab. Die Spitze wird auf 2 Augen geschnitten.
Um nun die untern schlafenden Augen zu nöthigen, sich in Triebe zu ver=
wandeln, bringt man über jedem einen starken Ausschnitt an, was freilich
dem Stämmchen viele Knoten verursacht. Unter günstigen Verhältnissen
treiben so die meisten Augen aus, indessen schwellen sie zuweilen doch blos
an oder bilden nur einen Fruchtspieß, in welchem Falle das Einschneiden
im folgenden Jahre stärker wiederholt werden muß. Hat die Baumschule
nicht einen sehr guten Boden, worin die Bäume üppig treiben, so thut man
am besten, so verpfuschte Bäume ganz abzuwerfen, d. h. die vorhandene
Krone abzuschneiden, so daß nur die untere Hälfte des Stammes bleibt.
Auf diese Art treiben alle unteren Augen aus, und die Pyramide kann noch
schön werden. Freilich kommt man so um ein ganzes Jahr zurück, und die
Strafe für die Nachlässigkeit bleibt nicht aus. Im Sommer wird der Baum

Fig. 83.

wie im Jahre vorher überwacht und entspitzt. Auch die vorhandenen Seitenzweige müssen gekürzt werden, damit sich aus ihnen Fruchtholz bildet, wenn es zur Ausfüllung von Lücken nöthig ist. — Durch Anbinden kann man schlechtgestellte Triebe bis Ende des Sommers wieder in die gehörige Richtung, und die Pyramidenform in Ordnung bringen.

Sollte die Pyramide noch ein Jahr in der Baumschule verbleiben, so wird der Schnitt immer verwickelter und bereitet schon auf Fruchterzeugung vor. Ist die Spitze eines Astes schlecht, oder stört sie die Ordnung der Pyramide durch zu große Länge oder falsche Richtung, so schneidet man sie über einem gutstehenden Seitentriebe glatt, (ohne Stumpf und Augen) aus und bildet eine neue Spitze. Eben so kann man verfahren, wenn die Hauptspitze schlecht ist oder von dem zunächst darunter stehenden Triebe im Wachsthume überholt wurde. Man stellt dann die Eroberer an die Stelle der unterdrückten Spitze. Sollte aber dadurch die Form zu sehr leiden, so schneidet man den frechen Trieb ganz aus.

Fig. 83 zeigt den Schnitt des dritten Jahres an dem schon zwei Mal als Beispiel aufgestellten Baume, und hiermit will ich die Unterweisung, wie Pyramiden in der Baumschule zu behandeln

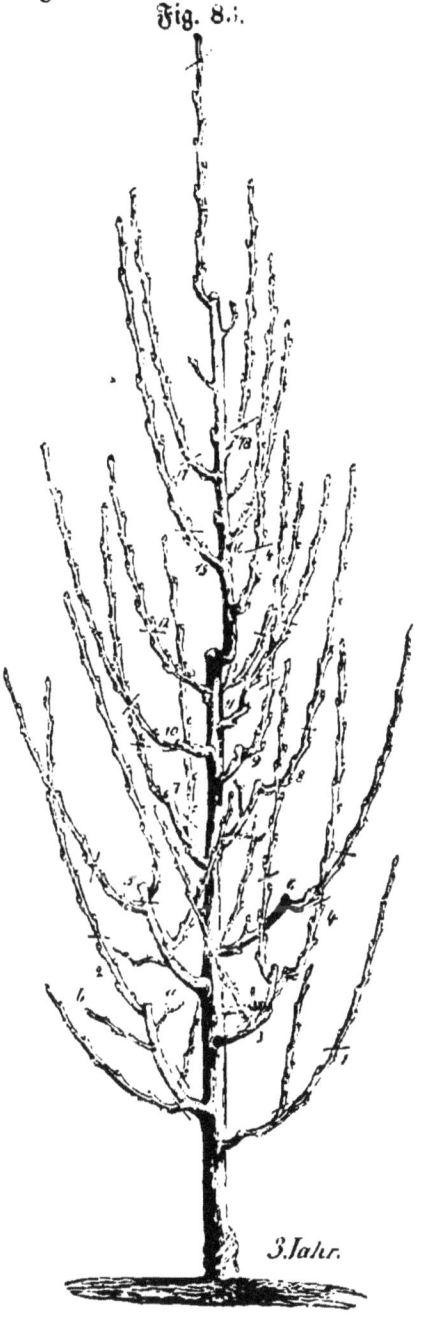

3.Jahr.

sind, schließen. Die Striche zeigen den Schnitt hinlänglich an, so daß ich das Verfahren, wie jeder einzelne numerirte Trieb beschnitten wird, über= gehen kann.

Gestelle sind bei diesen Pyramiden nicht nöthig, da die falsch stehenden Triebe leicht an andere gebunden werden können, bis sie sich selbst halten.

127. Die Säulen-Pyramide unterscheidet sich von der gewöhnlichen durch eine schlanke Gestalt, denn sie darf bei 6—7 Fuß Höhe'in der Baum= schule nicht über 10 Zoll Durchmesser haben, gleicht also einer zugespitzten Säule. Da diese Form für kleine Gärten sehr zweckmäßig, dabei leicht zu ziehen und sehr fruchtbar ist, so kann die Anzucht solcher Bäumchen, beson= ders von Birnen, nur empfohlen werden. Das Formen weicht nur im An= fang von dem der gewöhnlichen Pyramide ab. Man schneidet nämlich an den zweijährigen Bäumchen alle Seitentriebe bis an den Astwulst ab, so daß die hier verborgenen oder kleinen Augen austreiben, indem diese viel schwächer treiben. Um dies zu befördern, bringt man über dem Auge einen Kerbschnitt an, während man ungewöhnlich stark treibende Zweige durch einen unterhalb angebrachten (aufwärtsgerichteten) Kerbschnitt im Wachs= thum bändigt. Der Leitzweig (die Spitze) wird nur wenig zurückgeschnitten, jedoch natürlich so viel, daß die zu den Aesten nöthigen Augen austreiben. Im folgenden Jahre werden die Aeste sämmtlich wieder nahe am Stamme weggeschnitten, worauf sie noch schwächer treiben und bald Fruchtholz bilden. Die zu dicht stehenden Aeste werden ganz ausgeschnitten. Wächst ein Trieb so stark, daß er die andern und die Form bedroht, so wird er niedergebogen oder im Sommer eingeknickt.

128. **Pyramiden künstlicher Form.** Hierher zähle ich die **Flügel- Pyramide** und die **Armleuchter-Pyramide**, beide bisher nur bei Bir= nen im Gebrauch. Bei der ersteren stehen sämmtliche Aeste derart senkrecht übereinander, daß sie rings um den Baum in 5 Flügeln vertheilt sind, wo= durch Luft und Licht mehr Zutritt in das Innere haben. Um diese regelrechte Stellung zu bekommen, muß man nicht nur sorgfältig die Augen auswählen und die passend stehenden durch Einschnitte über denselben und Unterdrücken anderer zum Austreiben bringen, sondern auch ein Gestell von fünf oben zusammengebundenen Stangen anbringen, an welchen die Aeste angebunden werden. Im Schnitt findet keine Abweichung von dem der gewöhnlichen Pyramiden statt. Diese Form kann als Ideal einer schönen Pyramide gelten, ist aber so umständlich, daß ich sie zur Bildung in der Baumschule nicht empfehlen möchte.

Die **Armleuchter-** oder **Candelaber-Pyramide** ist eine sehr künstliche Form. Hier stehen die Aeste zu fünfen in einem Quirl zusammen und bilden regelmäßig einen Fuß übereinanderstehende Stockwerke. Um die Quirlstellung zu erreichen (die jedoch nie ganz regelmäßig ist), muß man den Leittrieb stets sehr kurz schneiden und entspitzen, damit unten dicht beisammen 6 Augen zum Austreiben kommen, welche die 5 Aeste und die Stammfortsetzung bilden. Diese Form wird ebenfalls nur mit Hülfe eines künstlichen Gestelles, am besten von Draht, welcher an einem starken Mittelpfahl befestigt ist, gebildet. Sobald die Aeste den die Form bezeichnenden Draht oder die Stange, erreichen, werden sie senkrecht aufwärts gebunden und, wenn sie die Aeste des folgenden Stockwerks erreicht haben, an dieselben ablaktirt. Ich halte das Formen solcher Bäume in der Baumschule ebenfalls für unzweckmäßig.

Außer diesen beiden Formen giebt es noch andere von höchst künstlicher Einrichtung, welche aber der Baumschulenbesitzer den Liebhabern solcher Künsteleien zu ziehen überlassen mag.

b. Birnensorten für Pyramiden.*)

Angélique de Bordeaux, Angora, Arbre courbé, Arlequin musqué, Bergamote Cadette, B. Colmar d'Aremberg (auf Wildling), B. d'Angleterre, B. d'automne, B. d'Esperen (schöne Pyramide), B. d'été, B. d'hiver, B. Parthenay, B. de Pâques, B. Delices de Hardempont (schöne P.), B. Dussart, B. Seckle-pear, B. suisse, B. Sylvange, B. Williams, Beurré Amande, B. Baronne de Mello, B. Baude (schöne P.), B. Beauchamps, B. Belle Alliance, B. Belle de Brissac, B. Belle de Jersey, B. Belle et bonne, B. Belle excellente, B. Belle lucrative (Berg. Fiévée), B. Bellissime d'hiver, B. Belmont, B. Benoist (auf W.), B. blanc (Doyenné blanc), B. blanc panaché, B. bronzé, B. Clairgeau (W.), B. Capiaumont (Aurore), B. d'Angleterre (schöne P. auf W.), B. d'Aremberg (schöne P.), B. de Rance (W.), B. Dumortier, B. des Charneuses, B. Dufour, B. Duval, B. Goubault (auf W.), B. gris d'hiver, B. Hardy (schöne P.), B. Langelier, B. Napoléon (Napoleons-

---

*) Ich verweise hier auf die §. 124, Seite 161 und 162 gegebenen Anmerkungen. W. bedeutet, daß sie auf Wildling gut gedeihen; schöne P., daß sie die Form einer schönen Pyramide leicht annehmen. Bei dieser Auswahl wurden auch die Kataloge der berühmtesten französischen, belgischen und holländischen Baumschulen benutzt. Eine strengere findet sich in der dritten Auflage von meinem „Obstbaumschnitt", S. 203—212, größtentheils nach Baltet. Die Uebersetzung der Namen mit Hinweisung auf das Illustrirte Handbuch der Obstkunde, finden sich meist in dem in der Anmerkung S. 162 erwähnten Schriftchen von Baltet, sowie im „Illustrirten Handbuche."

Butterbirne, W.), B. rouge nouveau, B. Roupé, B. Sterkmann (ſchöne
P.), B. de Bollviller (ſchöne P.), Bezy de Chaumontel, B. de Chau-
montel panaché, B. de Chassery, B. de Lamotte (ſchöne P.), Bon
chrétien fondante, Bon chrétien noble d'été, Calebasse d'été d'Esperen
(ſchöne P.), Caleb. monstre, Caleb. Tougard, Caleb. verte, Cheminette,
Citronenbirne von Sierenß, Colmar d'été (ſchöne P.), Colmar d'hiver,
Colmar de Meister, Comte de Flandre, Cops-heat, Delices de Charles,
Del. de Lovengoul (ſchöne P.), Delavigne, Délepine, Dowler's Seedling,
Downton, Doyenné (Beurré) blanc, D. Bonne de Malines (Beurré de
Malines), D. d'été, D. d'hiver (Bergamote de la Pentecôte), D.
Double Mansuette, D. Duchesse d'Angoulême (ſchöne P.), D. Duc de
Brabant, D. Fondante de Malines (ſchöne P.), D. gris (auf W.), D.
Nouveau Poiteau (ſchöne P.), D. Senteles d'automne, D. Triomphe de
Jodoigne, Duchesse de Mars, Duchesse d'Orléans, Double Philippe,
Double Mansuette, Early-Crawford, Eggermont, Emilie Bivort (ſchöne
P.), Emilie d'Heyst, Enfant prodigue (ſchöne P.), Esperine, Ferdinand
de Meester, Figue de Naples, Flemish Beauty, Florimond de Malines,
Flor. de Noël, Flor. Fondante des Charneuses (ſchöne P.), Flor.
Franchipane (ſchöne P.), Flor. Fortunée, Flor. Parent (ſchöne P.), Flor.
petite, Forme de Delices, Fortunée, Franc réal d'été, Franc réal
d'hiver, Frauenſchenkel (Cuisse la grosse), Fréderic de Wurttemberg
(ſchöne P.), Géneral Tottleben (W.), Gilogil, Goubault, Grand Bretagne d'or d'hiver, Helionte Dundas, Henriette (ſchöne P.), Henry,
Hoë longer hoë liever (ſchöne Frau), Jalousie de Fontenay Vandée,
Jaminette, Jean Baptiste, Jefferson, Impératrice, Josephine de Malines, Jutte-pear (ſchöne P.), La Juive, Leon Leclerc, Leon Leclerc
de Laval, Longueville, Louise bonne (ſchöne P.), Louise d'Orléans
(ſchöne P.), Louise de Prusse (ſchöne P.), Madame Elisa, Marie Louise
(Van Mons), Marquise (Markgrafenbirne), Messire Jean (Junker-Hans-
birne, ſchöne P.), Mignonne, Mouille-bouche, Muscat Robert, Muscat
royal, Muskateller (Muskatelung, Sommer-Muskateller), große deutſche
Wintermuskateller (Muscat l'Allemand), Passe-Colmar, Passe-Colmar
d'automne (ſchöne P.), Passe-Colmar musqué, Poire de Bavay (ſchöne
P.), P. Delpine, Poire de deux soeurs, P. de Fouqet (ſchöne P.), P. de
Tongres (ſchöne P.), P. de Lavoult (ſchöne P.), P. de Marly, P. de Mons,
P. noble d'été, P. pomme de terre (Kartoffelbirne), P. Présent royal
de Naples (beau présent d'Artois), Queen's-pear, Rousselet d'hiver
(Martin sec), Rouss. Rheims (petit Rousselet), Rouss. hâtif (Rouss.
Chypre Perdrau), Rousselet d'Anjou (Bezy de Coissy), Saint Germain,

Saint Germain d'hiver (schöne P.), St. Germain nouveau, St. Michel l'Archange (schöne P.), Savine d'hiver, Scholdencourt, Soldat laboureur, Sucrée longue d'automne, Tomson, True-Monarch, Vallé franché, Verte longue (schöne P.), Virgouleuse (schöne P.), Welbeck etc.

3. Erziehung der Zwergbäume für Land und Topf.

129. Die eigentlichen Zwergbäume werden oft schon im dritten Jahre nach der Veredlung tragbar und dürfen deshalb nicht lange in der Baumschule bleiben, ja es wäre am besten, wenn sie schon ein Jahr nach der Veredlung abgegeben werden könnten. Hierzu erzieht man Aepfelbäume, welche auf Paradies=stamm veredelt werden, Pflaumen auf schwachwüchsige Ausläufer, oder Kirsch=pflaumen und Schlehen (Prunus spinosa) veredelt, Kirschen auf Mahaleb=Kirsche, Zwergweichsel (Ostheimer) und Erdkirsche (Prunus Chamaecerasus) veredelt, Apri=kosen auf gleiche Unterlagen wie Pflaumen, auf Schlehen und Prunus sibirica, Pfir=siche auf Schlehen veredelt; seltener Bir=nen, weil diese als Pyramiden beliebter und besser sind.

Wir wollen uns vorzugsweise mit der Anzucht der Zwergapfelbäume auf Para=diesstamm beschäftigen, indem die hier geltenden Regeln meist auch auf andere Obstarten anzuwenden sind.

Ein Jahr nach der Veredlung schneidet man den Trieb ungefähr 4—5 Zoll über der Veredlungsstelle ab, um drei Triebe von guter Beschaffenheit zu bekommen. Die übrigen werden schon im Sommer unterdrückt. — Das Bäumchen hat nun im folgenden Frühjahre die in Fig. 84 dargestellte Form. Diese drei Triebe werden wieder auf beiläufig 4 Zoll über dem vorjährigen Abschnitte eingeschnitten und zwar auf seitliche oder äußere Augen, wie Fig. 84 zeigt. In Folge dieses Schnittes erhält man 6 Triebe, die übrigen werden unterdrückt. Behält man die Bäumchen

Fig. 84.

noch ein Jahr, so wird wiederum auf ähnliche Weise verfahren, so daß man zu Ende des dritten Jahres 12 Triebe hat. Ein längerer Aufenthalt in der Baumschule ist unbedingt zu verwerfen.

Andere Zwergbäume werden nach denselben Grundsätzen gezogen, können aber etwas länger geschnitten werden. Man sehe darauf, daß, wie bei den Kronen der Hochstämme, das Innere des Baumes frei und luftig ist. Zwergkirschen (Ostheimer Weichsel) kann man zu hübschen kleinen Kugeln oder Zwerg=Pyramiden ziehen, indem man wie bei dem Bilden der Pyramiden verfährt und, anstatt 3 Aeste, den Verlängerungstrieb als Fortsetzung begünstigt. Pfirsiche kann man mehr pyramidenförmig ziehen.

130. Bei einem großen Baumschulenbetrieb mit ausgebildetem Handel sollte man nicht versäumen, Zwergbäume, besonders für Töpfe ge= eignet, zu ziehen, da diese bei vielen Obstfreunden als sogenannte Obst= Orangerie sehr beliebt sind. Sollten sie aber auch als Obst=Orangerie un= verkauft bleiben, so sind sie immer noch geeignet, in das Freie gepflanzt zu werden. Außerdem können sie als Probe= und Sortenbäume dienen und, mit Früchten bedeckt, auf Ausstellungen prangen, wodurch der gute Ruf der Baumschule gewiß sehr gewinnt. Ich werde daher einige Regeln über die Anzucht solcher Bäumchen in Töpfen geben. Hiermit meine ich aber nicht, daß man viele Bäume in Töpfe pflanzen solle, denn sie würden un= verkauft bleiben, weil der Transport zu theuer kommt.

Man kann alle Baumarten und Obststräucher in Töpfen ziehen, be= schränkt sich aber im Allgemeinen doch auf Aepfel, Birnen, Pflaumen, Kir= schen, Feigen, Aprikosen und Weinreben. Pfirsichbäume sieht man selten in Töpfen, wiewol in den rauhen Gegenden Deutschlands gerade diese Frucht= art zur Topfkultur begünstigt werden sollte und die Kultur sicher und ohne Schwierigkeiten ist. Die Veredlungsunterlagen sind ganz dieselben, wie für gewöhnliche Zwergstämme, und die schwachwüchsigsten am besten.

Eine nothwendige Bedingung bei allen im Topf zu ziehenden Zwerg= Obstbäumen ist, daß die Wildlinge von Jugend auf mehrmals versetzt wer= den, damit sie viele Faserwurzeln bilden. Hierbei werden die stärkeren Wurzeln jedesmal kurz abgeschnitten, damit sie in Zukunft Raum in Töpfen haben. Nur bei dem eigentlichen Paradiesapfel ist das öftere Versetzen nicht nöthig, da er ohnedies nur feine Wurzeln bildet. Ueberhaupt eignen sich, alle durch Ableger, Stecklinge und Ausläufer gezogenen Wildlinge besser zu Topfbäumen, weil sie keine starken Wurzeln haben. Man muß die Wurzeln so beschneiden, daß sie in Zukunft in einem Topfe von 8—10 Zoll Tiefe und entsprechender Weite Raum haben.

Die Veredlung wird auf die für jede Sorte geeignete Weise vorge=
nommen. Hierauf bleiben die Stämmchen noch zwei Jahre in der Baum=
schule stehen, wo sie ganz wie gewöhnliche Zwergbäume beschnitten werden.
Das Versetzen ist, wenn es vor der Veredlung geschah, nicht mehr nöthig,
sofern man es nicht auf zeitige Früchte abgesehen hat. Will man aber bald
Früchte haben, so können die Stämmchen ein Jahr nach der Veredlung noch
einmal umgepflanzt werden, weil sie dann schwächer treiben und früher
Fruchtholz ansetzen. Wünscht man recht frühzeitig tragende Bäume und
viele Haarwurzeln, so mische man in die Erde, mit welcher das Pflanzloch
gefüllt wird, die Hälfte oder $2/_3$ Sand. Der Sommerschnitt im Juni darf
nicht versäumt werden, denn die auf 1—2 Zoll entspitzten jungen Zweige
bilden bald Fruchtholz. Bei Aepfeln, Pflaumen und Aprikosen sieht man
auf eine innen luftige Krone mit 3—4 Aesten, bei Birnen, Kirschen und
Pfirsichen auf einen den Stamm fortsetzenden Mittelast, weshalb erstere
nach den Grundsätzen der Kronenbildung für Hochstämme, letztere nach denen
der Pyramidenbildung behandelt werden müssen. Die Zwergbäume vor
dem zweiten Jahre der Veredlung einzupflanzen, ist unzweckmäßig, da sie im
freien Lande besser fortkommen und weniger Mühe machen.

Um den gewöhnlichen Anforderungen zu genügen, ist es hinlänglich,
so vorbereitete, öfter verpflanzte Bäumchen zu haben, die der vermehrten
Arbeit wegen um $1/_3$ höher im Preise stehen können, als gewöhnliche Zwerg=
bäume. Will man aber zu dem oben angegebenen Zwecke die Zwergbäume
im Topf ziehen, so ist es Zeit, sie einzupflanzen. Zum Verkauf sind in den
ersten Jahren 8—9zöllige Töpfe hinreichend, will man die Bäume aber
länger behalten, so müssen 12zöllige, zuweilen auch 15—16zöllige Töpfe
genommen werden. Die Töpfe müssen stark, gut gebrannt, mit einem sehr
großen Loch versehen und ziemlich so weit als hoch sein. Die zu verwen=
dende Erde muß kräftig und mehr schwer als leicht sein. Zwei Theile leh=
mige Rasenerde oder Schlamm, ein Theil Kuhmist und ein Theil körniger
Sand, einige Zeit vorher gemischt, geben eine vortreffliche Erde zu diesem
Zweck. Man kann auch noch etwas Hornspäne darunter mischen. Bei
dem Einpflanzen sehe man darauf, daß die feinen Wurzeln nicht zu lang
bleiben, weil sie sonst nicht gut zu vertheilen sind und, in Büscheln vereinigt,
leicht faulen. Wenn der Topf halb voll ist, müssen die oberen Wurzeln vor=
sichtig in die Höhe gezogen werden, weil sie von der eingeschütteten Erde
zusammen auf Büschel gedrückt werden. Das Einpflanzen geschieht am
zweckmäßigsten im Frühjahre, kann aber auch im Herbste vorgenommen
werden. Es versteht sich von selbst, daß die Bäumchen nach dem Ein=
pflanzen angegossen werden müssen.

Sämmtliche Töpfe werden in gehöriger Entfernung an einer durch=
aus sonnigen Stelle des Gartens in die Erde oder in den Sand eingesenkt,
so daß der Topfrand noch sichtbar ist. Gräbt man sie in Sand, so ist es
zweckmäßig, daß der Sand unter dem Topfboden nur schwach liegt, damit
die durch das Loch bringenden Wurzeln bald die gute nahrhafte Erde er=
reichen. Wenn Hitze und Trockenheit eintritt, so bedeckt man das ganze
Beet zwei Zoll hoch mit verrottetem Mist, erdig gewordenen Sägespänen,
leichter Komposterde, oder mit andern, schon früher bei der Saat von Obst=
kernen erwähnten Deckungsstoffen. Auf diese Weise wird das Gießen nicht
so oft nöthig, und die Bäume befinden sich wohler. Begossen muß aber
dennoch mindestens wöchentlich zwei Mal werden, wobei man auch die um=
gebende Erde tüchtig mit einweichen kann. Im ersten Jahre nach dem Ein=
pflanzen ist eine flüssige Düngung nicht nöthig, vom zweiten Jahre an
aber unerläßlich. Man benutzt eine sehr verdünnte Guano=Lösung, ver=
dünnte Mistjauche (Gülle), oder einen Guß von Hornspänen, Schafmist,
Kuhmist, Abtrittsdünger, Leimwasser u. s. w. Man kann während der
Vegetationszeit, also vom April bis Ende September jede Woche ein Mal
mit flüssigem Dünger gießen, darf ihn aber nie stark anwenden. Im Früh=
jahr nimmt man die obere Erde vorsichtig und, ohne die Wurzeln zu be=
schädigen, 2—4 Zoll tief weg und ersetzt sie durch eine nahrhafte Dünger=
erde, welche zu $1/_2$ aus verwesten Düngerstoffen besteht.

Aepfel, Birnen, Pflaumen und Kirschen läßt man im Winter auf dem=
selben Platze, bedeckt aber die Erde bei eintretender Kälte mit Laub oder
sonstiger Streu. Pfirsiche, Aprikosen und Weinreben bringt man am besten
an einen trockenen, frostfreien Ort, wo sie dicht zusammengestellt und leicht
bedeckt werden können. Im Oktober nimmt man alle Töpfe heraus, oder
legt sie auf die Seite, um die durchgewachsenen Wurzeln am Topfboden
glatt abzuschneiden. Das Beschneiden der Triebe geschieht im Frühjahre.
Behält man die Topfbäume längere Zeit, so müssen sie nach einigen Jahren
in frische Erde und in größere Töpfe gepflanzt werden.

Sehr wichtig ist die Wahl passender Sorten. Von Aepfelsorten nehme
man nur die feinsten frühtragenden Sorten, als Kaiser Alexander, Cal=
villen, Winter=Gold=Parmäne, Gold=Peppin, die meisten sogenannten Gold=
Reinetten, Königlicher Kurzstiel und alle zu Cordons gebräuchlichen Sorten
(§. 132), Pigeon oder Taubenäpfel, Reinette franche und Van Mons,
Ananas=Reinette, Reinette von Orleans, Rosenäpfel, besonders aber
auch solche, die sich durch ein schönes Ansehen empfehlen und voll tragen.
In England ist die Sorte Nonpareil, Sturmers-Peppin und der Zwiebel=
apfel sehr beliebt. Durch sehr frühe Tragbarkeit empfiehlt sich der weiße

Sommer=Rabeau, der schon im zweiten Jahre nach der Veredlung trägt. Bei Birnen, die überhaupt nicht sehr zur Topfkultur zu empfehlen sind, muß man noch vorsichtiger in der Wahl sein, und nur sehr frühzeitig tragende, auf Quitten veredelte Sorten nehmen. Bergamote d'Esperen, B. rouge, B. suisse, B. suisse hâtive (frühe Schweizer=Bergamotte), Beurré blanc, B. d'Aremberg, B. de Rance, B. gris, B. gris d'hiver nouveau, B. Napoléon, Crassane d'hiver, Diel's Butterbirne, Doyenné d'hiver nouveau, Doyenné Goubault, Duchesse d'Orléans, Forellenbirne, Kronprinz Ferdinand von Oesterreich, Marie Louise, Passe Colmar, Saint-Germain, Schweizerhofe, Van Mons u. a. m. sind frühzeitig tra= gende Sorten, und durch eine genaue Beobachtung der jungen Zwergbäume in der Baumschule lassen sich deren leicht noch mehr auffinden. — Von Pflaumen eignen sich alle besseren Sorten zur Topfkultur, und man sieht be= sonders auf schöne Früchte, weshalb jedoch die köstliche Reine-Claude nicht ausgeschlossen zu werden braucht. Sehr zu empfehlen sind: Coe's golden-drop, Columbia (aus Amerika), Diapré blanc, die Eierpflaumen, die Fellenberger oder italienische Zwetsche, Jefferson, Jérusalem, Impériale de Milan, große Mirabelle, Perdrigon blanc und violet, Prune Mon-sieur jaune, Prune surpasse, Monsieur, Reine-Claude de Bavay und d'Octobre, Royale de Tours, Royale hâtive, Waterloo u. a. m. — Auf Mahaleb= oder Zwergkirschen und Strauchkirschen veredelt sind zwar fast alle Kirschsorten im Topf zu ziehen, mit Vortheil jedoch nur die eigent= lichen Weichsel (Sauerkirschen) und die Süßweichseln. Außer der Ost= heimer Zwergkirsche sind sämmtliche Weichselsorten, besonders die spanische Frühweichsel, die holländische Weichsel, die Leopoldskirsche und Liegel's Frühweichsel zu empfehlen. Ferner sind alle Amarellen, besonders die frühe königliche Amarelle und die volltragende oder Trauben=Amarelle sehr ge= eignet. Von Süßweichseln empfehlen sich die Vettenburger Glaskirsche, Doktorkirsche, Herzogskirsche, die rothe Maikirsche, die Muskateller=Kirsche, rothe Oranienkirsche, Monstreuse de Bavai (Reine Hortense). — Von den Aprikosen sind ziemlich alle Sorten zu gebrauchen, ebenso die Pfirsiche und Nektarinen. Man nehme jedoch nur die besten und schönsten. Von Aprikosen scheint besonders die holländische oder Ananas=Aprikose, von Pfirsichen die Madeleine rouge tardive und Pourpre hâtive (frühe Purpur=Pfirsiche) geeignet zu sein.

4. Erziehung der Halbhochstämme und Kugel- oder Kesselbäume.

131. Die Erziehung dieser Baumform, welche man auch Halbhoch= stamm nennt, weicht von derjenigen der Hochstämme nur wenig ab. Die

Anzucht solcher Bäume ist sehr zu empfehlen, da sie in kleineren Gärten unersetzlich sind. Hierzu eignet sich besonders der Apfelbaum, welcher in der Pyramidenform selten schön und nützlich wird, die Weichsel und Ama= rellen=Kirschen, die Pflaumen und Aprikosen. Man muß bei der Erziehung zwischen den eigentlichen Kesselbäumen oder Niederstämmen, deren Krone schon 6—12 Zoll über der Erde beginnt, und den Halbstämmen, welche einen mehrere Fuß hohen Stamm bekommen, einen Unterschied machen. Die letzteren sind vortheilhafter und darum mehr anzuziehen, indem der Boden darunter benutzt und bearbeitet werden kann.

Da die Formbildung zwischen der von Hochstämmen und eigentlichen Zwergbäumen mitten inne steht, so wird ein aufmerksamer Baumzüchter sich leicht die Erziehungsregeln selbst bilden, weshalb ich sie übergehen will.

Man benutzt zunächst zu solchen Bäumen diejenigen Apfel=, Kirsch= und Pflaumenbäumchen, welche im Wuchs zurückbleiben und keine Hoch= stämme geben, während Aprikose und Pfirsiche absichtlich so niedrig gehalten werden, indem man sie zur Kronenbildung schneidet. Sollte aber viel Nach= frage sein, so muß man für Apfel auf Splittapfel (doucin), Kirschen auf Mahaleb und Pflaumen auf schwachwüchsigen Ausläufern sorgen.

Früher befestigte man im Innern der Krone einen Reif, um sie kessel= förmig zu bilden, doch ist dieses Verfahren selten mehr im Gebrauch und auch in den meisten Fällen entbehrlich, wenigsten in den Baumschulen. Da solche Stämme viel Raum einnehmen, so sucht man sie so bald wie möglich aus der Baumschule zu entfernen.

5. Der Zwergbaum an der Schnur oder der liegende Cordon.

132. Dies ist eine der besten Formen für den Apfelbaum, daher sind solche Bäumchen auch sehr begehrt, und obschon nichts leichter ist, als sie

Fig. 85.

selbst zu ziehen, so werden doch geformte viel lieber gekauft. Bir= nen zieht man seltener auf diese Art, weil sie sich im Herbst zu früh entlauben sollen. Kirschen, Pflaumen, Pfirsiche und Apri= kosen wird man wol nie mit Vor= theil so kultiviren können, indem es nicht möglich ist, Fruchtholz zu erhalten, da dieses sich immer an den Spitzen neu bildet. Ich beschränke mich hier auf die bewährte Kultur des Apfelcordons, deren Regeln der Baumzüchter leicht auf andere Obstarten übertragen kann.

Der liegende Cordon ist entweder einarmig, wie Fig. 85, oder zwei=
armig, wie Fig. 86. Man veredelt in der Regel nur auf Paradiesstamm,
um schwachwüchsige Bäumchen zu erlangen. Wer aber ganz besonders
Bäumchen für geringen

Fig. 86.

Boden ziehen wollte,
könnte auch den Splitt=
apfel als Unterlage be=
nutzen, würde dann
allerdings stärker wach=
sende Bäume erlangen, welche weiter gepflanzt werden müßten. Zu dieser
Zucht gehört schon in der Baumschule eine straff gespannte Drahtschnur,
welche auf eingeschlagenen Pfählen wagerecht ausgespannt und an den Enden
durch einen schräg geschlagenen Strebepfahl oder, wie bei Fig. 86 sichtbar
ist, durch einen in die Erde gegrabenen Stein in der Spannung erhalten
wird. An diese Drahtschnur pflanzt man einjährige Veredlungen. Es ist
zweckmäßig, die Pfählchen so weit von einander einzuschlagen, daß an jedes
ein Bäumchen kommen kann. Will man nur Bäumchen von gleicher Höhe
an einer Schnur ziehen, so genügt in der Baumschule eine Entfernung von
3 Fuß (im Baumgarten später 4 Fuß), weil sie nicht lange hier bleiben
können. Wollte man aber in derselben Reihe höhere und niedrigere Cor=
dons zugleich ziehen (wie Fig. 85), so müßte man die Bäumchen 4 Fuß
von einander pflanzen. Die niedrigen Bäumchen werden $1\frac{1}{4}$—$1\frac{1}{2}$ Fuß,
die zur obern Schnur um einen Fuß höher gezogen.

Ende Mai oder Juni des folgenden Jahres, wenn das Holz recht saf=
tig und biegsam ist, biegt man sämmtliche Bäumchen nach einer Seite so
um, daß sie an den Draht wagerecht angebunden werden können (Fig. 85).
Will man nur einarmige (einseitige) Bäumchen, so biegt man sie an einer
Stelle, wo kein Auge sitzt, um, will man aber zweiarmige, so muß sich an der
Biegungsstelle ein Auge befinden. Dieses treibt, weil hier der Saft am
meisten Zufluß hat, meist kräftig aus. Sollte es aber nicht der Fall sein,
so bringt man über demselben einen leichten Kerbschnitt an. Dasselbe ge=
schieht auch mit weiter oben stehenden Augen, falls diese nicht austreiben
wollen, denn hier muß jedes treiben, damit der ganze Arm mit Frucht=
zweigen besetzt ist. Dieses Austreiben wird auch durch Ausbrechen der
Spitze erzielt. Der zum zweiten Arm bestimmte Trieb wird erst dann nach
der andern Seite niedergebogen, wenn er fast die Stärke des Stämmchens
an der Biegungsstelle erreicht hat, meist im folgenden Frühjahre, und dann
eben so behandelt, wie der erste Arm. Die Behandlung beider Arme bleibt
nun dieselbe. Wird ein Trieb zu mächtig, so wird er im Sommer entspitzt

12*

ober noch beſſer einige Zoll vom Stamme (Arme) umgeknickt ober gequetſcht. Im zweiten Jahre werden alle Triebe auf 2—3 Augen eingekürzt, wenn ſie nicht ſchon den gedrungenen Wuchs zeigen, welcher die Bildung von Fruchtholz erkennen läßt. Der Leitzweig (die Spitze des Arms) wird um ¹/₃ der Länge eingekürzt. Alle unter der Biegungsſtelle entſtehenden Triebe werden ſorgfältig beſeitigt, wenn ſie noch klein ſind. Im Sommer werden alle Seitentriebe entſpitzt ober geknickt, wenn ſie 3 Zoll lang ſind. Der Endtrieb wird locker angebunden und nur entſpitzt, wenn nicht Augen genug treiben wollen.

Die weitere Behandlung gehört nicht hierher; denn wenn die Bäume ſo weit ſind, müſſen ſie in den Fruchtgarten gepflanzt werden, wo ſie als Einfaſſungen der Wege dienen und aneinander ablaktirt werden, ſobald ſie ſich erreicht haben.

Eine Abänderung iſt der von Lucas („Jlluſtrirte Monatshefte" 1865, drittes Heft) bekannt gemachte horizontale Doppel = Cordon, welcher einen Uebergang zum Herzſtamme (Palmette) bildet und eigentlich ein ſolcher mit nur zwei Stockwerken iſt. Er wird ganz wie das Herz= ſtammſpalier (§. 120—122) gebildet, ſowol als Einſtamm, als auch Dop= pelherzſtamm, indem man die Arme ſtets durch Umbiegen wie beim gewöhn= lichen Cordon bildet. Dieſe neue Form ſcheint mir beſondere Beachtung zu verdienen, und ich glaube, daß ſo geformte Bäumchen guten Abſatz finden werden.

Zum liegenden Zwergbaum eignen ſich alle früh tragbar werdenden Sorten; doch wählt man natürlich nur die beſſeren, ſowie einige beſonders zierende. Solche ſind: die Carmeliter=Reinette (bildet meiſt ohne Sommer= ſchnitt Fruchtholz, ſogar an den Spitzen), Gold=Parmäne, Pariſer Rambour= Reinette (Canade), Orleans=Reinette, Weißer Winter=Calville, Königlicher Kurzſtiel (trägt ſehr reich), Ananas= und Muscat=Reinette, Kaiſer Alexander, Veilchenapfel, Van Mons=Reinette, Taubenapfel (Pigeon), Hawthornden, zur Zierde der kleine Api.

Zwölfter Abschnitt.

Kurze Regeln für die Erziehung der einzelnen Obstarten.

In diesem Abschnitte will ich einige allgemeine Regeln geben und nach=holen, was über die einzelnen Obstarten noch nicht vorgekommen ist, die wichtigsten Punkte der Erziehung kurz wiederholen und dabei auf die be=treffenden Nummern verweisen.

133. Die **Apfelbäume**, welche Hochstämme bilden sollen, werden aus Samen von wilden oder kräftigen kultivirten Sorten gezogen, wobei vorzugsweise die bei der Mostbereitung gewonnenen Trester benutzt werden (§. 38). Zu Hochstämmen nimmt man Unterlagen von kräftigen Kern=wildlingen, zu Pyramiden=, Spalierbäumen und Hochstämmen Splittapfel (doucin), zu Zwerg= und Zwergschnurbäumchen (cordon horizontal), Paradiesapfel (§. 22), seltener Splittapfel. Die Veredlung geschieht vor=zugsweise durch Zweigen, kann aber auch durch Aeugeln stattfinden. Sehr zu empfehlen ist bei Hochstämmen für rauhe Lagen und oft überschwemmte Plätze die Veredlung in die Krone, wo der Wildling den Stamm bildet. Hierzu sind besonders die wilden Holzäpfel, welche in der Baumschule aus Samen gezogen werden, zweckmäßig. Die Stämme müssen jährlich zurück=geschnitten werden, bis sie die gehörige Stärke haben, wobei die Seiten=triebe stets eingestutzt, aber erst nach und nach glatt weggeschnitten werden (§. 105—108). Die Kronenbildung geschieht bei 6—7 Fuß Höhe, wobei auf das Vorhandensein von 4—5 Aesten gesehen wird. Im fünften Jahre nach der Veredlung sind die Stämme stark und verpflanzbar. Pfähle be=dürfen die Apfelbäume bei guter Erziehung meistens nicht. Schwach wach=sende Stämmchen werden zu Halb= und Niederstämmen gebildet.

Als Spalierform wähle man den einfachen Herzstamm (Palmette) und die Fächerform, aber führe nur einige der besten Sorten, welche dieselben sind, die sich auch zu Pyramiden (§. 125) und zu liegenden Schnurbäumchen (§. 132), sowie zu Zwerg= und Topfbäumchen (§. 130) eignen. Man kann auf keinen großen Absatz von Pyramiden= und Spalierbäumen rechnen.

135. **Birnenhochstämme** werden durch Veredlung auf Kernstämme gewonnen und gebildet. Viele Sorten bedürfen in der Baumschule eines Pfahles als Stütze. Schwachwüchsige Bäume werden tief zu Pyramiden= und Spalierbäumen geschnitten. — Die Form= und Zwergbäume werden auf Quitten oder schwachwachsende Wildlinge, seltener auf Weißdornarten und andere Unterlagen (§. 23, 26, 27, 28) okulirt. Birnensorten, welche nicht auf Quitten gedeihen, die aber gleichwol niedrig bleiben sollen, veredelt man auf ein Zwischenglied, indem man erst eine auf Quitte gut wachsende Sorte auf den Wildling setzt, auf diese aber erst die den Edelstamm bildende Sorte. Sehr zweckmäßig ist es, die Birnensämlinge krautartig zu pikiren. Jeden= falls müssen sie zu Ende des ersten Jahres verpflanzt werden, damit die Herzwurzel abgeschnitten werden kann. Die Quittenunterlagen erzieht man wie Paradies= und Splittäpfel. In künstlicher Form erzieht man die Birnen als Pyramiden, Säulenpyramiden, und als schräger oder aufrechter Cordon. Sehr beliebt sind vorgebildete Spalier=Birnenbäume und zwar als einfacher oder doppelter Herzstamm und Fächerbaum. Aus Hochstämmen von schwachem Wuchs bildet man leicht Hochspaliere, indem man den Aesten nur nach zwei Seiten Ausbreitung gestattet. Birnen auf Quitten ver= langen etwas feuchten, guten Boden, während Weißdornunterlagen auf dem schlechtesten fortkommen.

135. Zu **Kirschenhochstämmen** erzieht man die Unterlagen aus Samen von Waldkirschen (§. 29). Sie werden vorzugsweise hochstämmig in die Krone veredelt und zwar kopulirt oder okulirt (in Frankreich allge= mein), weil so schneller schöne dauerhafte Stämme gebildet werden, und nicht wie Kernobststämme zurückgeschnitten — Zu Halbstämmen und Formbäumen verwendet man die Mahalebkirsche (Prunus Mahaleb) als Unterlage, die aus Samen gezogen wird. Zu Zwerg= und Topfbäumen ist die Ostheimer Zwergkirsche und die Erdkirsche (Prunus Chamaecerasus) zweckmäßig, welche beide aus Ausläufern gewonnen werden (§. 42). Nach Liegel und H. Rembe tragen mehrere Sorten nicht gut, wenn sie auf Süßkirschen veredelt werden, z. B. die Doktorkirsche, die wahre englische Weichsel, die Königskirsche, Prager Muskateller, Guindoux de Province ꝛc. Einige Weichselsorten sind wurzelecht zu erziehen und vermehren sich durch Ausläufer, z. B. die Ostheimer und die größere Frauendorfer Weichsel.

Kirschen wachsen nur jung gut an und dürfen nicht lange in der Baum=
schule stehen, weshalb auch eine schnelle Erziehung besonders nothwendig
ist. Hierzu empfehle ich das Verstopfen der Sämlinge, guten Boden und
eine dichte Pflanzung, um den Trieb nach oben zu begünstigen, wobei aber
eine jährliche Düngung nicht zu umgehen ist. In Baumschulen, wo Kirschen
nicht gut wachsen, soll man die Anzucht lieber aufgeben. Formbäume
werden nicht vorgebildet, doch kann man, wie bei Birnen bemerkt wurde,
passende Kronen zu Hochspalieren zuschneiden. Zwergbäume werden nicht
viel verlangt, auch muß man sich hüten, daß auf Mahaleb veredelte
Kirschen in freie Feldpflanzungen kommen, indem sie nur für kleine Gärten
passen.

136. **Pflaumenhochstämme** gewinnt man durch unveredelt bleibende
Ausläufer und Sämlinge, sowie durch Veredlung auf solche. Die zwetschen=
artigen Sorten werden auf Zwetschenunterlage veredelt. Mit der Zwet=
schenzucht aus Samen glückt es selten, und die Früchte der so erzogenen*
Bäume sind oft schlecht. Daher ist die Anzucht durch Ausläufer von guten
Bäumen, welche man jung in die Baumschule pflanzt, vorzuziehen. Da
man aber in Böhmen und Ungarn mit großem Glück Zwetschen aus Samen
zieht, während in den meisten Gegenden die wenigsten Steine keimfähig
sind, so empfiehlt es sich, von dort Samen oder Sämlinge kommen zu lassen.
Man darf die Sämlinge oder Ausläufer von Zwetschen nie, wie andere
junge Bäume, zurückschneiden oder gar am Boden abschneiden, sonst erhält
man nur Sträucher, sondern muß sie durch Entspitzen und endliches Ent=
fernen der Seitenzweige zu Stämmen heranbilden. Zu Mittelstämmen
und Formbäumen jeder Art werden nur schwachwüchsige Ausläufer genom=
men. Zu eigentlichen Zwerg= und Topfbäumen ist der Schlehenstrauch zu
gebrauchen. Auch die Kirschpflaume (Prunus cerasifera) ist geeignet zu
Unterlagen für niedrige Bäume. Zwetschen, sowie einige andere Pflaumen=
sorten pflanzen sich durch Ausläufer und Samen rein fort. Bei der Ver=
mehrung sehe man vorzüglich auf großfrüchtige, wohlschmeckende Sorten,
da bei den gemeinen Zwetschen und Pflaumen ein großer Unterschied hierin
ist. Man verschaffe sich selbst bessere Sorten von Zwetschen aus anderen
Gegenden, z. B. aus Frankfurt a. M. und der Umgegend, aus Leipzig c.
Auch veredelte Zwetschenbäume sind sehr zu empfehlen, wozu man die Reiser
von den besten Sorten nimmt. Da einige Pflaumenarten sich echt aus
Samen fortpflanzen, wenigstens oft so ganz gute Früchte entstehen, so kann
man Sämlinge von großen Reineclauden und rothen Eierpflaumen erst Früchte
tragen lassen, indem man Zweige der noch jungen Sämlinge zur Probe auf
alte Bäume veredelt, und erst dann als Wildling benutzen, wenn sie sich

als werthlose Früchte gezeigt haben. So gezogene wurzelechte Bäume lie=
fern älter, wenn sie abgeschnitten werden, viele echte Ausläufer.

137. Die **Aprikosen** werden hochstämmig, niederstämmig, in Zwerg=
form und als Spalier gezogen. Als Unterlagen werden größtentheils
Pflaumen verwendet. Schlehen werden zu Zwergbäumchen benutzt, Kirsch=
pflaumen bilden eine gute Unterlage für kleine Bäume, müssen aber erst im
August okulirt werden. Aprikosenwildlinge sind nicht nur zärtlicher, sondern
nehmen auch seltsamerweise die Veredlung weniger gut an. Die Reiser müssen
spätestens im Januar geschnitten und kühl aufbewahrt werden. Zur Früh=
jahrsveredlung empfiehlt sich das Kopuliren, doch ist Okuliren im Allge=
meinen vorzuziehen. Man veredelt sie hochstämmig, um dauerhafte Bäume
zu bekommen. Das Okuliren ist die zweckmäßigste und gebräuchlichste Ver=
edlungsart. Auch aus Samen kann man Aprikosenhochstämme erziehen, und
es soll besonders die holländische oder Ananas=Aprikose gute Nachkommen
geben. Zu Spalieren und Zwergstämmen eignen sich nicht alle Sorten,
wie am gehörigen Orte angegeben wurde. Ebenso sind einige schon früher
genannte Sorten zu Hochstämmen vorzüglich tauglich.

138. Mit den **Pfirsichen** verhält es sich ähnlich wie mit den Apri=
kosen. Eigentliche Hochstämme werden selten davon gezogen und sind nur
für milde Gegenden zu empfehlen. Man veredelt sie in der Kronenhöhe
auf Pflaumen wie die Aprikosen, zieht sie aber noch vortheilhafter aus
Samen von guten frühen Sorten, wodurch man zwar keine eigentlichen
Hochstämme, aber doch Bäumchen bekommt, welche unter günstigen Umstän=
den schon im dritten Jahre reichlich Frucht tragen, was man in der Baum=
schule natürlich durch Beschneiden verhindern muß. Für sehr gute Gegenden
wähle man zur Samenzucht die besten Sorten mit größten Früchten, für
minder gute Sämlingsfrüchte. Als besonders hart und für rauhere Ge=
genden geeignet, haben sich Nektarinen (glatte Pfirsich) gezeigt, und es em=
pfehlen sich unter andern zur Aussaat nordamerikanische Steine, da dort
die Pfirsiche hohe Kältegrade vertragen. — Man läßt am besten die Steine
zur Saat vorkeimen und säet sie im Frühjahr dünn bei schwacher Be=
deckung. Die Veredlung auf Mandeln ist nur für Spalierbäume in milden
Gegenden statthaft. Hierzu muß man süße Mandeln mit harter Schale
nehmen, obschon einige Sorten, wie bereits früher angegeben, auch auf
bitteren Mandeln fortkommen. Die beste Veredlungsart ist das Okuliren
auf das schlafende Auge (§. 23). Die Anzucht espalirter Pfirsichbäume er=
fordert viel Sorgfalt. Da die meisten Pflanzer mit dem künstlichen Schnitt
des Pfirsichbaumes keinen Bescheid wissen, so empfiehlt sich ganz besonders
die von Schamal in Jungbunzlau eingeführte Veredlung (durch Kopuliren

im Zimmer*) auf Schlehensämlinge, weil hierauf die Bäumchen nicht stark wachsen, wenig geschnitten zu werden zu brauchen und reich tragen. Solche Bäumchen muß man aber im dritten Jahre zum Anpflanzen abgeben. Die nicht zu Spalieren geeigneten Bäumchen können zur Anpflanzung auf Beeten und Rabatten an geschützten Plätzen benutzt und hierzu geformt werden.

139. **Mandelbäume** werden wie hochstämmige Pfirsich= und Apri= losenbäume gezogen, entweder auf Pflaumen veredelt, oder aus Samen wurzelecht. Gute Sorten können aber nur durch Veredeln fortgepflanzt werden, indem die meisten Sämlinge werthlose bittre Mandeln haben. Das Okuliren ist die geeignetste Veredlungsart, darf aber erst im August vor= genommen werden, sonst treiben die Augen leicht aus. Um schöne Stämme zu bekommen, schneidet man sie ein Jahr nach der Saat nahe am Boden ab.

140. Die **Herlitzen** oder **Kornelinskirschen** (Cornus mas) werden aus Steinen und Ablegern gezogen. Die Samen liegen 2—3 Jahr in der Erde. Man erzieht hübsche Bäumchen, indem man die sehr geraden Triebe 5—6 Fuß hoch ausästet und, wenn keine solchen vorhanden sind, den Strauch dicht am Boden abschneidet. Sträucher bilden sich von selbst.

141. **Wallnußbäume** werden aus Samen von guten großfrüchtigen unr vollkörnigen Sorten erzogen, seltener durch Aeugeln, Pfeifeln, Spalt= pfropfen und Kopuliren veredelt, in welchem Falle man die Unterlagen von beliebigen gemeinen Sorten erzieht. Will man letzteres, so muß man gut ausgewählte, etwas schwach gewachsene Spitzen oder zweijähriges Holz nehmen. Am besten gelingt es, wenn man einjährige Sämlinge im Frühjahre in Töpfe pflanzt und entweder im September oder im folgenden Frühjahre im Mistbeet oder Vermehrungshause veredelt. Eine vortreffliche Sorte ist die in Belgien, besonders aber in Brüssel verbreitete Noix de Saint Michel, da sie sehr groß und ganz voll ist. Der Stamm wird nicht zurück= geschnitten, und die Krone bildet sich meist von selbst. Man hat aber darüber zu wachen, daß es nicht unter 7—8 Fuß Stammhöhe geschieht. Springt die Rinde in Folge des Frostes oder eines feuchten Standortes auf, so muß die Wunde ausgeschnitten und mit Theer oder mit Pfropfharz verstrichen werden. Der neue Zwergnußbaum Fertile de Chatenay oder Juglans

---

*) So viel mir bekannt ist, werden dort im Zimmer kopulirte Pfirsiche in ein Mistbeet gepflanzt und in den ersten Wochen mit Fenstern überdeckt, was in kälteren Lagen bei der Frühjahrs-Veredlung sich überhaupt sehr empfiehlt.

praepaturiens genannt, wird veredelt, trägt aber auch aus Samen nach 3—4 Jahren schon Früchte.

142. Die **eßbaren Kastanien** oder Maronen erzieht man aus Samen von guten Maronen, oder veredelt sie auf kleinfrüchtige deutsche Sorten. Zum Veredeln mit Zweigen nimmt man gern die Zweigspitzen mit dem Endauge. Der Stamm bildet sich ohne Zurückschneiden in gutem Boden von selbst aus, und man hat blos die überflüssigen und zu starken Seitenzweige einzustutzen und später glatt abzuschneiden. Die nordamerikanische Zwergkastanie wird durch Ableger vermehrt. Die Samen muß man sogleich im Herbst säen, am sichersten ist es aber, sie vorkeimen zu lassen, weil die Mäuse sehr darnach gehen. In Kalkboden kann man keine Kastanien ziehen.

143. **Haselnüsse** (großfrüchtige) werden in der Regel nur als Sträucher durch Ableger, Ausläufer oder aus Samen gezogen, seltener veredelt, oder als Hochstamm. Gleichwol sind Hochstämme besonders zu empfehlen, da sie sehr tragbar und den Plünderungen durch Kinder nicht so sehr ausgesetzt sind. Zu diesem Zwecke schneidet man die Sträucher, nachdem sie ein Jahr in der Baumschule gestanden haben, dicht über dem Boden ab, begünstigt von den zahlreich hervorbrechenden Trieben den stärksten, am besten stehenden, und beseitigt, sobald dieser einige Fuß hoch ist, die übrigen ganz. Auf diese Art erhält man leicht einen Stamm von 6 Fuß Höhe, der im zweiten oder dritten Jahre eine Krone bildet. Auf die reine Fortpflanzung aus Samen ist nicht sicher zu rechnen, obschon man oft gute Sorten erzieht. Will man veredelte Stämme ziehen, so muß stets für die Entfernung der Räuber gesorgt werden, denn diese erscheinen am Fuße des Stammes massenweise. Die Veredlung im Freien ist sehr unsicher. Man thut daher wohl, gut bewurzelte Sämlinge oder Ausläufer in Töpfe zu pflanzen und im September oder im folgenden Frühjahre zu veredeln und im geschlossenen Mistbeet zu erhalten, bis sie erwachsen sind.

144. **Quitten** werden entweder zu Unterlagen für Birnen oder zur eigenen Fruchterzeugung gezogen. Man zieht sowol zur Veredlung als zur selbständigen Anpflanzung die Birnquitte der Apfelquitte vor, besonders ist die portugiesische Birnquitte sehr beliebt, und es lassen sich aus ihr, wenn man sie wie die Haselnüsse behandelt, hübsche Hochstämme erziehen. Sie ist aber zärtlicher, als die gemeine Quitte und daher nur für wärmere Gegenden passend. Man kann aber die Quitten auch in Kronenhöhe auf Birnwildlinge veredeln und zwar durch Okuliren. Man vermehrt die Quitten durch Wurzelausläufer und Anhäufeln. Stecklinge vom alten

Holze wachsen nicht gut, deshalb muß man stets wenigstens die Hälfte mehr stecken, als man nöthig hat. Braucht man nothwendig Quitten, so schneide man im Juni krautartige Stecklinge und stecke sie in ein warmes Mistbeet, wo sie sich ziemlich schnell bewurzeln.

Mispeln erzieht man entweder aus Samen, was indessen sehr lang= sam geht, oder veredelt sie auf Weißdorn und Birnen. Besonders sind Birnwildlinge zu Halbhochstämmen geeignet. Man zieht vorzugsweise die großfrüchtige Gartenmispel mit glatter Frucht, ferner eine Sorte ohne Kerne mit rother kleiner Frucht und eine mit bunten Blättern.

145. Der **Speirlings-** oder **Escheritzenbaum** (Sorbus domestica), verdiente schon wegen seines ausgezeichneten, sehr theuren Holzes[*]) häufiger angezogen zu werden und ist, wenn auch als Frucht unbedeutend und mehr bei Kindern beliebt, doch ein so schöner Baum, daß er in keinem größeren Garten fehlen sollte. Man erzieht ihn am leichtesten durch Veredeln auf gemeine Eberesche, da die Samen oft nicht keimfähig sind.

146. Die **Hagebuttenbirne** (Pirus Pollveria) ist ein angenehmer Frucht= und Zierbaum und wird leicht durch Veredeln auf Birnen gezogen, würde aber auch leicht auf Sorbus wachsen. Die echte Wiedererzeugung aus Samen ist noch nicht erwiesen.

147. Die **Els-** oder **Darmbeeren** (Sorbus torminalis), welche wie Mispeln schmecken, erzieht man leicht aus Samen. Dieser ist aber nicht häufig, da jede Frucht meist nur einen ausgebildeten, oft auch keinen enthält.

148. Die **Schneebirne** (Pirus nivalis) erzieht man aus Samen echt, oder veredelt sie auf Birnen. — Die eben so selten kultivirten Azarolen (Crataegus Azarolus) werden auf Weißdorn veredelt.

Die **Beerenfrüchte** sind neuerdings, in Folge der Erzeugung aus= gezeichneter Sorten, sehr in Aufnahme gekommen und bezahlen die geringe Mühe, welche ihre Anzucht verursacht, reichlich. Obenan stehen die

149. **Weinreben,** von deren Erziehung bereits früher ausführlich die Rede gewesen ist. Die bewurzelten Ableger oder Schnittlinge werden meistens vom Anzuchtsbeete oder der Mutterpflanze abgegeben und nur selten auf besondere Beete verpflanzt. Sehr gut wachsen die Reben aus krautartigen Stecklingen im Juli, welche man in einen warmen Kasten in sandige Erde steckt. Man muß wohl berücksichtigen, ob man Weinreben für den Garten oder für den Weinbau im Großen zu ziehen hat und die geeigneten Sorten dazu auswählen. Da es in Deutschland leider so viele

---

[*]) In Baden wird der Kubikfuß mit 3 Fl. bezahlt.

Lagen giebt, wo die Trauben nicht gut reifen, so hat der Baumzüchter besonders die frühen Sorten zu begünstigen und ohne besondere Bestimmung stets solche an die Besteller abzugeben, denn sie sind immer willkommen. Die Reben müssen in rauhen Lagen im Winter bedeckt werden.

· 150. **Stachel- und Johannisbeeren** werden leicht durch Wurzel= ausläufer, Ableger und Stecklinge angezogen und nur selten durch Ver= edlung fortgepflanzt, wenn man eine neue Sorte schnell vermehren will. Die einfachste Vermehrungsart ist das Behäufeln der Stöcke, was noch im Juni geschehen kann, nachdem man die Stöcke durch Abschneiden zum Aus= treiben vieler Triebe genöthigt hat. Die bewurzelten Ausläufer, Ableger oder Stecklinge werden in guten, gedüngten Boden 2 Fuß von einander gepflanzt. Gewöhnlich giebt man sich weiter keine Mühe damit und über= läßt das Ziehen gewisser Formen dem Pflanzer. Es ist aber höchst zweck= mäßig und vermehrt den Absatz der Baumschule, wenn man von beiden Sträuchern kleine Bäumchen zieht. Um einen starken geraden Trieb zu bekommen, schneidet man die Sträucher ein Jahr nach der Pflanzung dicht über der Erde ab, wie es bei den Haselsträuchern beschrieben wurde, und behält den kräftigsten Trieb bei. Stachelbeeren bedürfen eines Pfahles, um stammartig und gerade zu werden, Johannisbeeren dagegen können ihn meistens entbehren und bilden sich, wenn man nur das schönste, geradeste Stämmchen stehen läßt und es ausästet, auch ohne Zurückschneiden zu kleinen Bäumchen. Will man schwachwüchsige Stachelbeeren hochstämmig ziehen und schnell dazu gelangen, so veredle man sie auf andere gewöhnliche Sorten mit starken Trieben. An den hoch= stämmigen Beerensträuchern hat man stets am Stamm etwas auszuputzen, weil immer junge Zweige zum Vorschein kommen, besonders unten am Fuße des Stammes.

151. **Himbeeren** machen unter allen Baumschulen = Erzeugnissen die wenigste Mühe. Man muß, um stets größere Vorräthe abgeben zu können, ansehnliche Pflanzungen von tragbaren Sträuchern haben, die einen hübschen Nebengewinn durch Früchte abwerfen. Diese liefern meistens den Bedarf, wenn man darauf sieht, daß die zahlreichen Ausläufer, welche sonst aus den Pflanzungen zwischen den Reihen entfernt werden, beibehalten werden. Sie geben im nächsten Herbst oder Frühjahr pflanzbare Setzlinge, ohne daß man sie zu verpflanzen braucht. Fehlt es an Ausläufern, so zertheilt man alte Stöcke. Neue Sorten kann man im Mistbeet oder Treibhaus durch krautartige Stecklinge von angetriebenen Pflanzen schnell vermehren.

152. Vom **Maulbeerbaum** bemerke ich nur noch, daß neuerdings die Anzucht des sogenannten Lou=Baums (Morus intermedia), welcher erst

seit einigen Jahren aus dem nördlichen China eingeführt, sehr ergiebig, hart gegen den Frost und als Nahrung für die Raupen sehr gut ist, den größten Absatz verspricht. Man zieht ihn meist in Buschform durch Ab= leger. Die Maulbeerbäume, welche zum Fruchttragen bestimmt sind (wor= unter besonders die rothschwarze Sorte und die weiße Withe-Currants zu empfehlen sind), sowol für Halbhochstämme als Spaliere, werden vor= theilhaft durch Ableger gezogen, da die Fruchtbarkeit der aus Samen ge= zogenen Bäume zweifelhaft ist. Die Maulbeerpflanzungen müssen sehr frei, sonnig und warm liegen, damit das Holz bald ausreift, weil es sonst erfriert. Die weißen Maulbeeren, welche als Unterlagen dienen sollen, er= zieht man aus Samen in Mistbeeten.

153. **Feigen,** die wir ebenfalls zu den Beerenfrüchten zählen müssen, vermehren sich massenweise durch Ausläufer, außerdem aber auch leicht durch Ableger und abgerissene Stecklinge, denen man die Spitze lassen muß. Man behandelt sie ganz wie die Johannisbeeren und schneidet an dem Stämmchen nur dann, wenn zu viele Nebenzweige zum Vorschein kommen. Die Feigen sind bei uns nur strauchartig brauchbar, weil sie im Winter in die Erde gelegt werden müssen, was auch in der Baumschule nicht ver= säumt werden darf. Man kann auch stets einen Vorrath von Feigen in Töpfen haben und diese frostfrei durchwintern.

154. **Brombeeren** sind ein seltenes Baumschulenerzeugniß, aber seit Einführung amerikanischer Sorten beliebter geworden. Man erzieht sie am leichtesten aus Samen.

Noch seltener werden Hollundersträucher (Holler) und Heidelbeeren begehrt, es sei denn der Seltsamkeit wegen die Heidelbeere mit weißen Früchten. Man zieht beide aus Samen, die Heidelbeere auch durch Zer= reißen der Stöcke. Man muß die Heidelbeere in besonders geeigneter Heide= oder Mooserde erziehen. Vom Hollunderstrauch giebt es mehrere schöne Spielarten mit geschlitzten zierlichen und bunten Blättern, die in Ziergärten gern gesehen werden und ebenfalls Beeren liefern.

155. Der **Rosenapfelstrauch** oder die große Hagebutte (Rosa pomifera v. villosa) erzieht man durch Ableger oder aus Samen. Wenn man die Samen sogleich nach der Reife säet oder im Sande vorkeimen läßt, so erhält man aus Samen schon im dritten Jahre verpflanzbare Sträucher. Da diese Rose sehr lange starke Triebe macht, so kann man leicht Bäumchen davon ziehen, die eine Zierde des Obstgartens sind. Es ist nothwendig, diese Rosen bald zu verpflanzen, da sie eine sehr lange Pfahlwurzel machen.

Dreizehnter Abschnitt.

Von dem Ausgraben, Verpacken und Versenden der Bäume.

~~~~~~

156. Das Ausgraben der Bäume, welche die Baumschule verlassen sollen, ist so einfach, daß man glauben sollte, es sei ganz unnütz, auch nur ein Wort darüber zu sagen. Gleichwol wird es in vielen Baumschulen so schlecht gemacht, daß ich mich nicht enthalten kann, mich darüber auszusprechen. Wer an seinen Pflänzlingen Freude haben oder seine Kundschaft erhalten will, sollte sich ja nicht die Mühe verdrießen lassen, die Bäume mit Sorgfalt und mit etwas mehr Zeitaufwand ausgraben zu lassen, und oft selbst dabei sein, damit die Arbeit richtig ausgeführt wird, sonst werden oft die schönsten, mühsam gezogenen Bäume jämmerlich an den Wurzeln zerhackt und verdorben. Zum Ausgraben gehören zwei Männer. Hierzu wähle man solche, denen schnelles Fertigwerden nicht die Hauptsache ist. Die Erde muß so weit um den Stamm ausgegraben werden, als es geht, ohne die Nachbarbäume (wenn diese nicht ebenfalls herausgenommen werden) zu beschädigen. Man sticht nun auf einer Seite, wohin der Stamm leicht gebogen werden kann, etwas tiefer, biegt den Stamm nieder und sucht die Wurzeln in gehöriger Entfernung zu durchstechen. Geht dies nicht sogleich, so muß weiter nachgegraben werden. Der Mann, welcher den Stamm zieht, darf ja nicht zu viel Kraft anwenden, sonst reißt er die Wurzeln ab, oder sie spalten an ihrem dicken Ende, ohne daß es bemerkt wird, wodurch sogleich der Keim zu einer Krankheit gelegt ist. Das Loch wird, wenn es nicht eilig ist, sogleich oder wenigstens bald darauf wieder zugemacht, weil sonst Wasserlöcher und schlechte Stellen entstehen. Soll ein ganzes Feld abgeräumt werden, was immer vorzuziehen ist, so werden die Bäume förmlich ausrigolt, wodurch die Arbeit sehr erleichtert wird und viele Wurzeln erhalten bleiben. Man muß dann den Rigolgraben mit den

Baumreihen gleichlaufen lassen. Die Bäume werden dann schon im Herbst ausgegraben, und sortenweise so eingeschlagen, daß man zu jeder Sorte bequem kommen kann. Besondere Mühe muß man sich mit dem Ausgraben der größeren Formenbäume (Spaliere, Pyramiden) geben, damit wo mög=lich alle Wurzeln, mit Ausnahme der Spitzen, erhalten werden, denn außerdem ist das Gedeihen sehr gefährdet. Alle ausgegrabenen Bäume muß man, wenn sie nicht sogleich gepflanzt oder verpackt werden, sofort einschlagen, wobei nicht stark auf die Wurzeln getreten werden darf. Nur bei nassem Wetter kann, wenn kein Frost droht, das Einschlagen 24 Stun=den lang unterbleiben. Bei Frost darf kein Baum ausgegraben werden, wenn auch der Boden nicht gefroren ist, denn die Wurzeln leiden schon bei 2 Grad Kälte, weshalb sie auch tief eingeschlagen werden müssen, wenn sie über Winter ungepflanzt liegen bleiben.

Wenn nicht viele Bäume auf einmal von einer Sorte ausgegraben werden, so muß man jeden einzelnen Stamm sogleich nach dem Ausgraben mit einer Etikette versehen, welche eine dritte Person, die den Bestellzettel führt und sich auch sonst beim Ausgraben nützlich machen kann, befestigt. In vielen Baumschulen herrscht die Gewohnheit, die Stämme vor die Reihen in den Weg zu legen und dann erst zu bezeichnen; allein hierdurch entstehen leicht Irrungen. Haben die Bäume in der Baumschule nur Nummern, so ist es rathsam den Bestellzettel ebenfalls mit solchen zu ver=sehen, damit das Aufsuchen im Freien nicht mehr nöthig ist. Hierdurch werden Verwechselungen vermieden, welche vorkommen, wenn der Expedient bei schlechtem Wetter im Buche suchen muß und oft zwei Nummern auf einmal sucht.

157. Bäume, welche verschickt werden sollen, muß man gut verpacken. Kann man sie nicht selbst auf den Wagen packen lassen, so daß man ver=sichert ist, daß sie nicht gedrückt oder gescheuert werden, so ist es das Sicherste, die Stämme, selbst für eine kurze Wegstrecke, ganz, wenn auch nur leicht, in Stroh oder anderes Material zu verpacken, so daß blos die Spitzen der Zweige sichtbar sind. Geschieht der Transport unverpackter Bäume bei trockner Luft und Sonne, so empfiehlt sich das Eintauchen der Wurzeln in einen Lehmbrei, um das Vertrocknen der Oberhaut zu verhin=dern. Für kurze Transporte sind Schilf, Binsen, Tannenzweige, abge=schnittene Stauden 2c. zu gebrauchen, wenn das Stroh selten und theuer sein sollte; aber für weitere sollte man nur leichtes Stroh nehmen, um das Gewicht nicht unnützerweise zu vermehren. Die Wurzeln müssen in allen Fällen in Stroh, und wenn die Reise länger als drei Tage dauert, in Moos verpackt werden. Hat man Frost zu befürchten, so soll das Moos

trocken sein*), ist es aber warm, so wird feuchtes genommen. Die Stämme selbst werden so mit den Wurzeln und Kronen in einander geschoben, daß sie möglichst wenig Platz wegnehmen. Zwischen die weitstehenden Aeste muß man weiches Gersten= oder Haferstroh wickeln. Hat man Zwergbäume dabei, so werden sie über den Wurzeln der Hochstämme angebracht, manch= mal bis zur Astkrone. Das Verpacken ist eine nicht leichte Arbeit, zu welcher ein geschickter Arbeiter und eine zweite Person zum Helfen gehört. In jeder Baumschule muß ein besonders geeigneter Mann dazu eingelernt werden, welcher das Packen stets besorgt. Da diese Arbeit unmöglich aus der Beschreibung gelernt werden kann, so will ich diese übergehen. Eine Hauptbedingung dabei ist, daß man die Ballen nicht zu groß macht (höch= stens 15 Hochstämme) und daß man gutes langes Stroh, sowie feste lange Bindweiden hat. Wenn große Pyramiden verschickt werden, so müssen die einzelnen Zweige vorsichtig an den Stamm gebunden werden, so daß keine Reibung entsteht. Bleiben inwendig größere Zwischenräume, so füllt man diese mit weichem Stroh oder dergleichen aus. In Spalierform gezogene Bäume bindet man 2—4 Stück auf einander und die längeren Zweige büschelweise zusammen. Wenn es nöthig erscheint, so müssen sie auf über's Kreuz gelegte dünne Stangen gebunden werden, damit sie durch den Seiten= druck nicht abbrechen. Die Zweige und Wurzeln werden zunächst mit dünnem Stroh bedeckt, dann in Bastmatten oder in Packleinwand genäht. Wo Bastmatten wohlfeil zu haben sind, kann man überhaupt alle Baum= stämme blos rauh in Stroh oder Moos packen und anstatt der glatten äußern Strohverpackung Bastmatten anbringen, wodurch viel Zeit erspart wird, welche um die Versendungszeit einen ungemeinen Werth hat.

Ein sorgfältiges Verpacken ist jetzt viel mehr nöthig, als früher. Man beobachte nur, wie auf Eisenbahnhöfen mit den Kolli's verfahren wird, wie lange die nicht als Eilgut gesendeten auf den Bahnhöfen liegen, ehe es dem Güterexpedienten paßt, sie zu befördern. Daher ist ein Mehr in der Sorgfalt beim Verpacken immer besser als zu wenig.

Die Baumspitzen können beim Verpacken zur größeren Bequemlichkeit sehr oft ohne Schaden abgeschnitten werden, so daß der Pflanzer schon be= schnittene Stämme bekäme, allein die Bäume werden dadurch unansehnlich, und es ist das Beschneiden ein Eingriff in die Rechte des Empfängers.

*) Ohne die Verantwortung übernehmen zu wollen, will ich doch mittheilen, daß in mehreren Fällen die Bäume, welche in feuchtem Moos verpackt waren, bei starker Kälte weniger gelitten haben, als die in trockenem Moos. Ich kann mir dies nur dadurch erklären, daß feuchtes Moos äußerlich durch den Frost bald eine Kruste oder Hülle bildet, welche tieferes Eindringen der Kälte verhindert.

Hat man einige Edelreiser nöthig, so schneide man sie mit möglichster Schonung ab. Größere Baumschulen bedürfen eines besondern bedeckten Packraums, welcher hoch und groß genug ist, um auch große Bäume darin verpacken zu können. Kann derselbe neben dem Comptoir liegen, so ist es um so besser. Aber auch vor dem bedeckten Packraum muß ein Platz sein, um im Freien packen zu können. Kann die Anfahrt so eingerichtet werden, daß die Wagen, welche die Colli's abfahren, etwas tiefer stehen, so ist es sehr bequem für das Aufladen.

Bei den Bestellungen von Bäumen muß man sich stets angeben lassen, durch welche Gelegenheit die Versendung geschehen soll, damit Klagen wegen Verspätung oder Theuerung des Transportes vermieden werden. Die schnellste Gelegenheit ist die beste.

Vierzehnter Abschnitt.

Verschiedene Kultur= und Nebenarbeiten.

1. Bodenbearbeitung und Düngung während der Erziehungszeit.

158. Bei jedem guten Kulturverfahren im Land= und Gartenbau ist Auflockerung des Bodens, wo sie anwendbar ist, eine Hauptbedingung, denn nur durch die Lockerung kommen die Wurzeln mit der Luft in Be= rührung und nur gelockertem, von Unkraut freiem Boden können die Seg= nungen des Regens und des Thaues zu Theil werden. Zudem ist eine solche Bodenbearbeitung auch schon zur Vertilgung des Unkrauts geboten. Das Behacken der Baumschule muß mindestens zwei Mal im Jahre statt= finden, nämlich ein Mal im Frühjahre nach Beendigung der hauptsächlichsten Arbeiten und zum zweiten Mal im Herbst von Mitte September an. In schwerem Boden muß im Sommer ein drittes Behacken stattfinden, und es bringt dasselbe sogar bei Trockenheit großen Vortheil, indem sich der lockere Boden viel feuchter hält. In manchen Baumschulen ist es gebräuchlich, den Boden im Herbste flach und grob umzustechen (zu felgen). Wenn es mit Vorsicht und nicht zu tief geschieht, so ist das Felgen vor Winter noch wirksamer als das Hacken, doch kann es bei unvorsichtigen Arbeitern leicht schädlich werden, indem sie hinter sich Schaden anrichten und zu tief stechen.

Soll aber gegraben werden, so sollte man den gewöhnlichen Spaten zum Um=
graben zwischen den Baumreihen nie anwenden, sondern nur den in Fig. 87
abgebildeten Gabelspatel (Grabgabel). Die Wege zwischen den Beeten mit

Fig. 87.

umzuarbeiten, wäre wol
nützlich für die Bäume,
macht aber die Arbeiten
so unsauber und beschwer=
lich, daß es besser unter=
bleibt. In der Abtheilung,
wo die verpflanzbaren
Bäume stehen, welche also im Herbste oder Frühjahre ganz abgeräumt wird
ist die letzte Bodenlockerung vor Winter unnöthig. Zum allgemeinen Be=
hacken der Baumschule sollte man sich keiner andern Hacke bedienen, als der
Zinkenhacke (Krail), wovon Fig. 1 die Abbildung giebt. Bei ihrem Ge=
brauch werden keine Wurzeln verletzt, und die Arbeit geht schnell und
leicht.

Von dem Behacken der Saatbeete ist schon früher die Rede gewesen.
Wenn bei dem Behacken das Unkraut gut vertilgt und perennirendes aus=
gelesen wird (wobei man besonders ein Auge auf die lästigen Quecken haben
muß), so wird ein besonderes Jäten nur einmal im Sommer nöthig, wenn
man überhaupt nicht im Sommer hackt. Steht sehr viel Unkraut da, so ist
es zweckmäßig, es vor dem Hacken durch Jäten zu beseitigen. Im Sommer
bei großer Hitze kann man das Unkraut sehr leicht los werden, wenn man
es mit einer geschärften breiten Hacke abschürft und verdorren läßt, nur
darf das Unkraut noch keinen Samen haben, denn in diesem Falle muß es
aus der Baumschule entfernt werden. Man bedient sich dazu der in Fig. 4
abgebildeten Baumschulenhacke oder einer andern breiten Schürfhacke.

In manchen Baumschulen nehmen die Quecken (Triticum repens) so
überhand, daß sie durch das gewöhnliche Jäten und Hacken gar nicht mehr
auszurotten sind. In diesem Falle muß man das Land bis zum Abräumen
öfter, als sonst nöthig wäre, reinigen und hacken, wobei jedes Wurzelstück
von Quecken ausgelesen werden muß. Können die Quecken selbst in zwei
bis drei Jahren, wo der Boden mit Hackfrüchten bebaut wird, nicht voll=
ständig getilgt werden, so muß man das verqueckte Land einige Monate
brach liegen lassen und es bei trockenem Wetter öfter bearbeiten und dabei
stets die Wurzeln auslesen, oder mindestens $1\frac{1}{2}$ Fuß tief unterrigolen.
Der Verkauf der Wurzeln in den Apotheken giebt einen kleinen Ersatz für
die aufgewendeten Kosten. Giebt man sich nicht diese Mühe, so wird der
Boden nie rein, und seine Erzeugnisse können nicht gedeihen.

159. Wenn die Baumschule so bewirthschaftet wird, wie es in §. 11 ff. angegeben wurde, so ist eine besondere Düngung während der Erziehungs= zeit der Bäume in der Regel nicht nöthig. Sollten aber dennoch in ein= zelnen Abtheilungen oder Reihen die Bäume kärglich aussehen, so muß man ihnen mit einer schnellwirkenden Düngung zu Hülfe kommen. Hierzu eignet sich ein Begießen mit verdünnter Mistjauche (Gülle) im Winter oder Frühjahre nach dem Behacken, das Ueberstreuen des Bodens mit Straßen= kehricht oder mit erdigem Dünger vor dem Behacken, endlich Düngesalz, Staßfurter Abraumsalz (Kalisalz), Knochenmehl, Guano, Ruß, Poudrette (gepulverte menschliche Exkremente) u. s. w. Jeder neuerdings im Land= und Gartenbau gebräuchliche schnell wirkende Dünger kann hier Anwen= dung finden, und es hat sich in neuerer Zeit besonders Rapsmehl von zer= stoßenen Oelkuchen oder eine Auflösung davon als sehr wirksam erwiesen. Herr Pfarrer C. Fischer in Kaaden bemerkt in der „Monatsschrift. f. Pom.“, daß Kirschensämlinge auf vorzüglichem Boden ohne Düngung nur 5—8 Blätter, mit Oelkuchenauflösung begossene 15—20 Blätter hatten. Dünge= salz, Guano, Raps= und Oelkuchenmehl, sowie jeder andere in Pulverform gegebene Dünger wird am besten zu Anfang der Triebzeit bei Regenwetter gestreut. Hat man Wasser in der Nähe, so ist bei jungen Bäumchen, und überhaupt während der Triebzeit, das Begießen mit einer Düngerlösung zu empfehlen. Einzelne schwachtreibende Stämme kräftigt man am sichersten, indem man die hungrige Erde um die Wurzeln entfernt und feste Compost= erde an die Stelle bringt. Seit wollene Lumpen, welche zum Putzen der Maschinen gebraucht werden und von Lumpensammlern zu bekommen sind, als vortrefflicher, lange wirkender Dünger erkannt worden sind, hat man sie auch in Baumschulen mehrfach mit bestem Erfolg angewendet. Man läßt die Lumpen unter Einfluß von Mistjauche erst mürbe werden oder macht Komposthaufen davon. Auch die Mutter= oder Sortenbäume müssen bis= weilen gedüngt werden, was am besten durch ein Begießen mit Mistjauche im Winter, nachdem man den Boden gelockert hat, und durch Austausch der schlechten Erde gegen gute Komposterde geschieht. Das ausgejätete, auf Haufen geworfene Unkraut bildet den Grund zur Komposterde, indem man es schichtweise mit Mist, Straßenkehricht, Kalk und Düngerstoffen jeder Art vermischt, die Haufen häufig umsticht, mit Mistjauche begießt und so mehrere Jahre liegen läßt.*)

*) Ueber Düngung bitte ich §. 94 meiner „Leben- und Düngerkunde“ zu ver= gleichen.

13*

2. Bewässerung.

160. Von einer Bewässerung der ganzen Baumschule kann nicht wohl die Rede sein, denn so nützlich, sie auch bei anhaltender Trockenheit wäre, so würde sie doch zu kostspielig sein. Wer nur einige Beete mit jungen Obstbäumen hat, mag es in solchen Fällen immerhin thun, und ließe sich ohne großen Aufwand eine Wasserleitung herstellen, durch welche man den ganzen Boden zuweilen bewässern könnte, so würde dies in manchen Fällen, namentlich in leichtem, heißem Boden, von großem Nutzen sein. Nothwendig ist das Begießen bei den Saatbeeten und bei frisch gepflanzten Bäumchen, wenn nach der Pflanzung anhaltende Trocken= heit eintritt. Auch die besonders bevorzugten Formbäume (Spaliere, Py= ramiden u. s. w.) sollten bei anhaltender Trockenheit in der Triebzeit ein Mal oder einige Mal tüchtig gegossen werden, denn hier macht sich die Arbeit durch den höhern Preis der Bäume bezahlt.

3. Anbinden, Ausschneiden und andere kleine Arbeiten.

161. Wenn auch die meisten Hochstämme ohne Pfahl erzogen werden können, so ist dies doch, wie wir bereits wissen, nicht bei allen der Fall. Stämme, welche nicht von selbst eine gerade Richtung annehmen, müssen nothwendig einen Pfahl bekommen, bis ihre gerade Richtung hinlänglich gesichert ist. Bei manchen ist das Anbinden nur auf kurze Zeit, bei andern für die Dauer der Erziehungszeit nothwendig. Die Pfähle müssen geschält und glatt ausgeästet sein, damit keine Reibung entsteht. Sie werden zwei Zoll weit vom Stamme fest eingeschlagen und zwar auf der Seite, wo der Stamm am besten gerade gezogen werden kann.*) Das Befestigen geschieht bei verholzten Trieben mit Weiden auf die bekannte Art, jedoch so, daß die Weide um den Stamm über's Kreuz gelegt wird, damit keine Reibung ent= steht. Moos zwischen Stamm und Pfahl zu legen, ist umständlich und hilft nicht lange, da es oft abfällt, wodurch der Schaden noch größer wird, als wenn es ganz weggeblieben wäre, denn nun entsteht erst die schädliche Reibung. Der Verband muß fest angelegt werden. Die Zahl der Bänder richtet sich nach der Höhe und Krümmung des Stammes. Das oberste Band muß nahe am Pfahlende, jedoch so, daß es nicht abrutschen kann, fest

---

*) Viele Baumzüchter halten darauf, daß alle Pfähle auf einer Seite, oder daß sie auf der Nordseite stehen, was zwar gut aussieht, aber im Grunde pedantisch und unpraktisch ist. Sind die Bäume einmal belaubt, so ist von der schönen Ordnung überhaupt nichts mehr zu sehen.

angelegt werden, weil hier die Reibung am stärksten ist. Bis in die Krone darf der Pfahl nicht reichen, weil sich sonst die Aeste daran reiben. Das Pfählen und Anbinden geschieht im Frühjahre nach oder zugleich mit dem Aus- und Zurückschneiden. Losgerissene Bänder muß man aber sofort er= neuern. Es kann nicht genug hervorgehoben werden, daß ein nur halb oder zu locker angebundener Pfahl den Stämmen stets Schaden bringt, und es wäre besser, gar keinen zu geben, als hierbei Unordnung zu dulden. Im Herbste, nach dem Laubfalle, werden alle entbehrlichen Pfähle weggenom= men und unter Dach oder luftig aufbewahrt, damit sie länger halten. Die bleibenden werden genau durchgesehen, ob sie fest stehen und die Bänder noch gut anliegen, denn schlecht angebundene Bäume leiden im Winter durch Schnee und Sturm noch viel mehr, als wenn sie ganz ohne Pfahl da= stehen. Man sollte daher die Reihen kurz vor Winter noch einmal durch= sehen und einzelne Stämme befestigen. Es ist gut, wenn die Stämme sich im Winter frei bewegen können, denn es trägt zu ihrer Stärkung bei. Wenn man aber die Arbeit berechnet, welche das Entfernen der Pfähle im Herbste und das neue Pfählen im Frühjahre kostet, so erscheint es rath= samer, die Pfähle an solchen Bäumen, welche sie noch im folgenden Jahre bedürfen, auch über Winter zu lassen. Manche Baumzüchter nehmen im Herbste alle Pfähle weg, und ich wage nicht zu bestimmen, welches Verfahren von beiden in Bezug auf den Kostenpunkt vortheilhafter ist.

Das bisher Gesagte bezieht sich nur auf das Anbinden verholzter Triebe. Außerdem müssen, wie schon früher erwähnt wurde, die Sommer= triebe, namentlich die ersten Triebe der veredelten Bäume, mit Bast oder Binsen locker angebunden werden, damit sie gerade wachsen und nicht ab= brechen. Hierzu genügen, wenn man nicht an Zapfen binden kann, kurze Pfähle, die Spitzen der eigentlichen Baumpfähle, sowie Stangen, die man mit der Hand in den Boden steckt. Diese werden, wenn kein Abbrechen zu befürchten ist, im Herbste sämmtlich weggenommen.

Das Anbinden der Triebe an den Formbäumen, namentlich an den jungen Spalierbäumen, verursacht mehr Arbeit. Es wird zuerst im Früh= jahre beim Schnitt vorgenommen, weil hierbei die alten Bänder entfernt und die Zweige neu gerichtet werden; ferner zwei Mal im Sommer, zuerst, sobald die Triebe hinlänglich hart sind, um das Anbinden zu vertragen, also gegen Johanni, dann Ende Juli oder Anfang August. Man darf es aber bei diesem Anbinden nicht bewenden lassen und muß öfters nachsehen, weil stark wachsende früher, schwache später angebunden werden müssen, um das Wachsthum zu mäßigen oder zu verstärken. Wird dieses Anbinden im Sommer versäumt, so bekommen die Zweige eine falsche Richtung oder verderben das Gleichgewicht des Baumes und sind in beiden Fällen beim nächsten Frühjahrsschnitte schwer zu behandeln.

162. Das Beschneiden des alten Holzes wird zeitig im Frühjahre, nachdem die starken Fröste vorüber sind, vorgenommen, kann aber, wie schon bemerkt wurde, auch im Herbst, sogar schon im August geschehen. Bei Wallnüssen ist es sogar besser, schon im Sommer zu schneiden. Hat man Edelreiser nöthig, so werden die passenden Abschnitte aufgehoben. Zu gleicher Zeit werden die Etiketten nachgesehen und, wo nöthig, erneuert.

Im Sommer werden die zu stark treibenden Seitenzweige an den Hochstämmen entspitzt, wobei man das Messer nur bei harten Trieben nöthig hat. Es muß zuweilen mehrmals geschehen, weil neue Triebe entstehen. Wurde das rechtzeitige Entspitzen versäumt, so knickt man die schon verholzenden Triebe blos ein, indem man sie mit dem Daumen gegen das Messer drückt und umbiegt. Noch schneller geht es mit einer Spalier- oder Quetschzange. Ueberhaupt muß man die Baumreihen zu diesem Zwecke öfter durchgehen. Dasselbe gilt von den Formbäumen.

Das Abdrücken überflüssiger Augen und junger Zweige, das Wegschneiden der sogenannten Räuber unter der Veredlungsstelle oder am Stamme und was sonst zur Ordnung des Baumes gehört, wird zugleich mit dem Sommerbeschneiden und dem Entspitzen vorgenommen. Man sollte die Baumschulenreihen alle zwei Wochen durchgehen und neben andern Arbeiten jeden Trieb, der Unordnung anzurichten droht, sogleich entfernen, anbinden oder beschneiden. Durch gelegentliches Besorgen dieser kleinen Arbeiten kann man seinen Bäumen ungemein viel nützen, manche Schnittwunde und manchen Kraftverlust durch unnütze und schädliche Zweige ersparen und die Frühjahrsarbeiten sehr abkürzen. Wenn man, wie es in vielen Baumschulen noch der Fall ist, nur im Frühjahre beschneidet und anbindet, im Sommer aber treiben und wachsen läßt, was Lust hat, so läßt sich nicht anders sagen, als daß die Baumschule schlecht bewirthschaftet wird. Die Vernachlässigung dieser kleinen Arbeiten ist um so unverantwortlicher, da sie meistens zu einer Zeit vorkommen, wo der Baumschulengärtner weniger zu thun hat, da sie in der That nicht so erheblich sind, als es auf den ersten Anblick erscheint, und sie alle zu gleicher Zeit vorgenommen werden können. Ist man aber an einer regelmäßigen Durchsicht der Baumreihen verhindert, so verwende man wenigstens einige Stunden zu dem Nothwendigsten, wozu vor Allem das Entfernen der Räuber und das Zurückschneiden der zu starken Seitentriebe gehört.

Fünfzehnter Abschnitt.

Vorkehrungen gegen Feinde, Krankheiten und klimatische Nachtheile.

———

163. Die jungen Obstbäume sind manchen Gefahren und Nachtheilen durch Thiere, Krankheiten und klimatische Einflüsse ausgesetzt, und man muß sie dagegen schützen und den Schaden wieder gut machen. Am schlimmsten wirthschaften Hasen und Kaninchen, wo es deren noch giebt. Zum Glück für die Obstbaumzucht sind sie seltner geworden. Sie benagen die jungen Kernobststämmchen, seltener Steinobst, ringsum, so weit sie reichen können, beißen die Spitzen der Edeltriebe ab und haben es meist auf die besten Stämme abgesehen. Das einzige Mittel dagegen ist, die Baumschule so zu verwahren, daß kein solches Thier hinein kann, wie bereits in §. 4 angegeben wurde. Sehr nützlich ist es, an den Rändern der Felder und in der Nähe der Umfriedigung niedrige Sträucher von Cytisus (elongatus, nigricans, capitatus, purpureus etc.) anzupflanzen, denn diese sind ein Lieblingsgericht für diese Thiere und sie gehen immer zunächst daran. Auch einige stehenbleibende Kohlstauden können manchen Baum retten, und sicher ist der erstere Schaden erträglicher als der letztere. Am besten schützen noch mit Steinöl (Franzosenöl) getränkte Fäden, welche man rings um die Baumschule zieht. Wo Hasenfraß zu befürchten ist, muß man im Winter bei Schnee die Baumschule oft umgehen und nach den Spuren sehen. Ist ein solcher Näscher in die Baumschule gedrungen, so bleibt er nicht selten auch bei Tage darin im Lager, und dann giebt es eine lustige Jagd. Sind die Stämme ringsum angefressen, so hilft blos Abschneiden des Stammes unter der beschädigten Stelle. Geringere Wunden schneidet man glatt aus und bestreicht sie mit einer der erwähnten Baumsalben.

Die Mäuse wirthschaften hauptsächlich übel in den Saatbeeten, gehen aber zuweilen auch an junge Stämmchen. Wie die Saatbeete zu schützen sind, wurde schon früher (§. 41) angegeben. Man muß so viel Mäuse als möglich wegfangen, besonders an Stellen, wo sie vom Felde oder aus Nachbargärten kommen, Töpfe eingraben, so daß sie hineinfallen. Das Legen von Gift sollte in Jahren, wo es viel Mäuse giebt, nicht unterlassen werden.

Maulwürfe bringen blos in den Saatbeeten Schaden und müssen dort abgehalten oder weggefangen werden, was am besten durch übelriechende Stoffe, welche man in die Gänge thut, z. B. sogenanntes Franzosenöl auf Baumwolle, Absud von Knoblauch, getheerte Fäden zc., bewirkt wird, denn das Wegfangen ist nur in Jahren, wo es keine Engerlinge giebt, rathsam. Wie man die Saatbeete ganz für sie undurchdringlich macht, wurde schon in §. 41 angegeben. Auch von den Pikir=(Verpflanz=)Beeten muß man sie abhalten, da sie sich besonders in der ersten Zeit nach dem Verpflanzen gern in die feuchte lockere Erde ziehen.

Engerlinge richten zuweilen großen Schaden an, besonders an den jungen Paradiesstämmen und Quitten und den darauf veredelten Bäumen. Sie benagen die Wurzeln und oft den Wurzelhals so, daß die Pflanzen zu Grunde gehen. Man kann ansehnliche Stämme zuweilen mit der Hand herausziehen. Bemerkt man bei Sonnenschein, daß eine Pflanze welkt, so beseitige man sogleich die Erde um die Wurzeln und suche darnach. Gewöhn= lich sitzen die Engerlinge noch dabei, manchmal sind sie aber auch schon weiter, und man kann bei einiger Aufmerksamkeit an der Richtung des Ganges erkennen, wohin sie sich gewendet. Oft sitzen sie aber unter dem Wurzelstock und sind dann schwer zu finden. Neben dem Aufsuchen und Tödten thut Begießen mit Mistjauche gute Dienste, denn sie sterben davon. Das Begießen mit Wasser vertreibt sie, aber nur von der begossenen Pflanze. Wenn man Drosseln und Amseln in der Baumschule hegt, wozu jedoch einige höhere Bäume nöthig sind, so bezahlen sie ihren Aufenthalt außerordentlich gut durch Vertilgen der Engerlinge, die sie geschickt auf= zufinden wissen. Pflanzt man auf die Beete etwas Salat, den die Enger= linge sehr gern fressen, so erleichtert man den Vögeln das Finden ihrer Beute sehr und kann sie auch selbst mit einem besonders dazu eingerichteten Holzspätchen ausgraben. Da der Maulwurf der größte Feind der Enger= linge ist und deren viele zu seiner Nahrung braucht, so sollte man das in dieser Hinsicht nützliche Thier in Baumschulen eher hegen als wegfangen, da es hier nur in Saat= und Stecklingsbeeten Schaden verursacht. Man könnte sogar, wie es Gärtner in Belgien thun, in Jahren wo es viele Engerlinge giebt, künstlich Maulwürfe in die Baumschule setzen. Nur müßte man dann ausgemauerte Saatbeete besitzen, denn da diese guten

Boden und mehr Feuchtigkeit haben, so ziehen sich die Maulwürfe am ersten hinein. *)

Die aus den Engerlingen entstehenden Maikäfer verwüsten die Obst=
bäume, können aber leicht beseitigt werden, indem man sie abschüttelt und aufliest, wodurch zugleich den Engerlingen der folgenden Jahre ge= steuert wird.

Raupen jeder Art sind in Baumschulen unschwer zu vertilgen, indem man sie abschüttelt, früh in den Nestern aufsucht und die Eier des Weiß= dornschmetterlings und der Ringelraupe vertilgt. Die Sortenbäume werden durch die bekannten Theerringe gegen die Spannraupen gesichert.

Verschiedene Rüsselkäfer bohren die Knospen an und thun an den jungen Edelreisern oft empfindlichen Schaden. Andere (Schneider genannt) ringeln förmlich die Rinde oder fressen junge Triebe halb durch. Zeigen sich viele solche Käfer, so muß man die angegriffenen Bäumchen umbiegen und abklopfen, so daß die Käfer und Larven in ein Tuch oder Sieb fallen. Einzelne sucht man an den beschädigten Zweigen auf, wo sie meist nicht schwer zu finden sind, übrigens sehr schnell entschlüpfen. Die angestochenen Triebe schneidet man ab und wirft sie ins Feuer, damit die hineingelegten Eier vertilgt werden.

Die Blattläuse werden hauptsächlich bei Zwerg=, Pfirsich= und Apri= kosenbäumen nachtheilig, lassen sich aber durch Bespritzen meist beseitigen. Hilft das Spritzen mit Wasser nicht genug, so muß man Kalkwasser oder Lauge nehmen. Bemerkt man an den noch blätterlosen Zweigen Eier der Blattläuse, die als schwarzgraue, eiförmige Pünktchen erscheinen, so ver= tilgt sie ein Bestreichen mit scharfem Seifenwasser (von schwarzer oder grüner Oelseife). Ein Zusatz von Urin, Tabakslauge oder Quassia soll noch wirksamer sein. Herr de Jonghs in Brüssel verwendet eine dort käuflich (unter dem Namen esprit de sel de la Seaumure) zu habende gelbliche Salzbeize mit bestem Erfolg. Die Blutlaus (wollige Blattlaus), welche be= sonders auf Apfelbäumen vorkommt, vertilgt man durch Abreibungen mit Oel, welches man mit einem beizenden Stoffe vermischt, oder nachdem man sie vorher mit Aetzlauge gewaschen.**) — Unter den Schildläusen

---

*) In Nr. 11 der Wochenschrift für Gärtnerei von Prof. K. Koch wird erwähnt, daß ein Baron Chartier einen Dünger erfunden hat, welcher die Engerlinge ver= treibt. Der Berliner Gartenbauverein will das Geheimniß kaufen und veröffent= lichen.

**) In den Zeitschriften für Garten= und Obstbau werden immer so viele Mittel gegen schädliche Insekten, besonders Blattläuse angegeben, daß es schwer hält einige auszusuchen. Und doch ist es nicht möglich und passend, alle mitzutheilen.

sind besonders die strichförmigen (Aspidiotus linearis) auf den Apfel=
bäumen häufig und schädlich. Sie erscheinen als kleine weiße Striche. An
Pflaumen und Birnen kommen die rundlichen Schildläuse häufiger vor, als
an andern Bäumen. Auch die Pfirsiche und Aprikosen sind damit be=
haftet. Gegen alle Schildläuse hilft am besten ein Anstrich von sehr dicker
Kalkmilch.

Raben und Elstern thun dadurch Schaden, daß sie sich im Winter auf
Edelreiser und schwache Triebe setzen und sie abbrechen. Man muß sie da=
her so viel wie möglich aus der Baumschule verscheuchen, was am besten
durch einige Flintenschüsse geschieht.

Von den Schmarotzerpflanzen haben die Baumschulen nicht viel zu
leiden. Wo viele Flechten (Moos) an den Bäumen wachsen, da ist der
Baumschulenbetrieb überhaupt nichts werth, denn die Lage ist dann zu feucht
und der Wuchs kümmerlich. Alles Moos muß mit einem rauhen Lappen
abgerieben werden.

164. Eigentliche Krankheiten dürfen in der Baumschule bei den jungen
kräftigen Pflanzen wenig vorkommen. Am häufigsten ist die Gelbsucht,
indem einzelne Bäume oder ganze Reihen gelbe Blätter bekommen. Ist
dies in Masse der Fall, so hat der Boden schädliche Bestandtheile, und dann
ist es am besten, sämmtliche Bäume auszugraben und den Boden zu rigolen,
dabei, wenn er feucht ist, zu drainiren. Man kann aber vorher ein anderes
Mittel versuchen, indem man die obere Erde entfernt und recht guten Kom=
post auf die Wurzeln bringt, dabei zwischen den Reihen einen flachen
Graben zieht und die Fußpfade auflockert. Baltet begießt solche erkrankte
Bäume mit einer Lösung von schwefelsaurem Eisen (Eisenvitriol). Der
Krebs pflanzt sich, wie es scheint, durch Edelreiser von den mit dieser
Krankheit behafteten Bäumen fort, ebenso der Grind oder Schorf an den
Birnbäumen. Man thut am besten, solche Stämme sogleich wegzuwerfen
oder noch einmal zu veredeln. Gilt es aber die Erhaltung einer Sorte, so
schneidet man die Krebswunden rein aus und bestreicht sie mit Theer. Man
muß mit der Vermehrung solcher Sorten sehr vorsichtig sein. Nimmt man
davon gesund aussehende Edelreiser zur Veredlung, so verliert sich die
Krankheit zuweilen an einzelnen Bäumen und man benutzt nun nur diese
zur Vermehrung. — An brandigen Bäumen kann man den grindigen Ueber=
zug abschneiden und die beschnittene Stelle mit einer Salbe von Theer und
Ruß bestreichen. Hat jedoch die Krankheit sehr um sich gegriffen, so thut
man besser, die Bäume ebenfalls wegzuwerfen, denn die Wiederherstellung
kostet weit mehr, als der zu hoffende Gewinn beträgt. Der Harz= oder
Gummifluß entsteht am Steinobst, vorzugsweise bei Aprikosen und Kirschen,

entweder durch ungeschickte starke Verwundung im Sommer, oder durch
Frost (bei Aprikosen), oder durch zu feuchten, fetten Boden. Man muß die
kranken Stellen ausschneiden und mit Theer und der oben erwähnten Salbe
oder mit Baumwachs verstreichen. Ist zu fetter Boden die Ursache, so läßt
man den Stämmen zur Ader, indem man in der ganzen Länge drei bis vier
Längsschnitte bis auf den Splint anbringt. Der Harzfluß kommt nur bei
größeren Bäumen vor, die alsbald aus der Baumschule entfernt werden
müssen. Er heilt durch das Verpflanzen oft von selbst, wenn die Stämme
in andere Erde kommen, wozu auch die Verwundung der Wurzeln beiträgt.

Ich will die übrigen Obstbaumkrankheiten hier nicht weiter berühren,
weil sie entweder keinen wesentlichen Nachtheil in der Baumschule bringen
oder nicht wohl abzustellen sind. Ist Boden, Lage und Behandlung gut,
so wird man nicht viel davon zu leiden haben. Es giebt gewisse Sorten,
die in manchen Baumschulen und Gegenden nie recht fortkommen und immer
kränkeln, namentlich mehrere zarte Birnsorten und die aus warmen
Gegenden stammenden Steinobstarten. Hat man diese Erfahrung gemacht,
so thut man am besten, solche Fruchtarten und Sorten nicht mehr zu ziehen,
denn man hat keinen Gewinn und erzieht doch nur Schwächlinge, die dem
gesammten Obstbau der Gegend nachtheilig werden.

Ich muß hier noch der Beschädigung durch Frost gedenken. Er schadet
meistens nur solchen Baumarten, denen das Klima einer Gegend zu kalt ist,
also Pfirsichen, Aprikosen, Maulbeeren, Feigen, Weinreben, Wallnüssen.
In rauher Gegend ist der Bedarf solcher Bäume nicht groß, und man muß
sie gegen die Winterkälte durch Einbinden, Bedecken mit Erde u. s. w.
schützen. Solche Bäume in großer Menge unter ungünstigen klimatischen
Verhältnissen anzuziehen, wäre Unsinn. Es werden aber auch zuweilen die
gewöhnlichen Kern= und Steinobstbäume vom Frost beschädigt, namentlich
wenn strenge Kälte eintritt, zur Zeit, wo der Saft noch nicht völlig zurück=
getreten und das Holz noch nicht gereift ist. Die Folge davon sind Brand,
Krebs und dürre Spitzen. Sollte ein Baum sogar am Stamme beschädigt
sein, was man im Frühjahre daran erkennt, daß die Knospen gar nicht,
oder nur auf der unbeschädigten Stelle schwellen, so muß er stark zurück=,
mitunter ganz abgeschnitten werden. Die im Herbste gepflanzten Stämmchen
werden oft vom Froste gehoben, so daß im Frühjahre die Wurzeln bloß
liegen. Bemerkt man dies, so bedeckt man sie leicht mit Erde. Ein Nieder=
drücken ist nicht nöthig, da sich die Erde von selbst wieder setzt. Finden sich
nach einem schlimmen Winter erfrorene Bäume, so sei man mit dem Zurück=
schneiden oder Wegwerfen nicht so eilig, denn obschon die Rinde ganz schwarz

ist, so treiben solche Bäume später doch nicht selten noch gut und es bildet sich eine neue Rinde.

165. Dieser Gegenstand führt uns von selbst auf den Winterschutz, welchen gewisse Bäume bedürfen. Es giebt in Deutschland wenige Gegenden, wo die Pfirsiche im Winter nicht bedeckt werden müßten. *) In der Baumschule ist dies noch lästiger und umständlicher als an Mauern; deshalb wird es oft unterlassen, und zwar viele Jahre ohne Nachtheil, bis einmal in einem harten Winter Alles verdirbt. Ich will es dem Gutdünken jedes Baumzüchters überlassen, ob er seine Pfirsichbäume regelmäßig jeden Spätherbst oder nur bei strenger Kälte bedecken will, oder ob er sie gar nicht bedecken und den etwa entstehenden Schaden tragen will. Aprikosenbäume sind etwas weniger empfindlich gegen Kälte, erfrieren aber in vielen Gegenden oft, besonders wenn sie noch klein sind und in sehr gutem Boden stehen, so daß die Vegetation sich in den Herbst hinein verlängert und das Holz nicht reift. Mandelhochstämme in Gegenden zu ziehen, wo sie oft erfrieren, ist nicht rathsam. Dasselbe gilt von den Wallnußbäumen und Maulbeerhochstämmen. Weinreben und Feigen legt man in die Erde. Die jungen Reben auf den Stecklingsbeeten erfrieren selten so tief, daß sie unbrauchbar würden, da man sie ohnedies tief zurückschneidet. Da aber erfrorene Rebpflanzen, obschon brauchbar, nicht gut verkäuflich sind, so thut man wohl, auch die Anzuchtbeete zu sichern. — Alle Pflanzen, welche eingebunden oder mit Erde bedeckt werden, muß man vorher vollständig entblättern, wenn noch Blätter daran sind, weil sonst Moder und Fäulniß entsteht. Das Entblättern im Oktober ist auch ein Schutz gegen das Erfrieren, indem es den Zurücktritt des Saftes zur Folge hat, so daß das Wachsen aufhört und die Zweigspitzen sich verholzen.

Zum Winterschutz gehört auch, wie schon oben erwähnt, daß man die Baumschule gegen Hasen, Mäuse u. s. w. sichert. Außerdem muß man an Orten, welche den Schneewehen (Windwehen) sehr ausgesetzt sind, Schutzhecken vor der Umfriedigung anbringen, denn der Schnee thut an solchen Stellen ungemein viel Schaden.

---

*) Als Curiosum führe ich an, daß in der unter meiner Oberaufsicht stehenden Baumschule in Wilhelmsthal, in einem hohen kalten Thale des Thüringer Waldes Pfirsichsämlinge seit 5 Jahren unbedeckt die härtesten Winter ohne den geringsten Schaden aushalten. Der Boden ist kalter sandiger Thon.

Sechzehnter Abschnitt.

Kosten und Ertrag.

~~~~~~~~~

Ueber Beides läßt sich im Allgemeinen wenig sagen, da Alles auf Boden, Bodenwerth, Lage, Betrieb und Absatz, Höhe des Arbeitslohns und mehrere Nebendinge ankommt, auch in jeder Gegend in dieser Beziehung andere Verhältnisse eintreten. Ich werde mich daher auf einige Angaben beschränken und bei den Kosten die Berechnung von Lucas für den Betrieb von Gemeindebaumschulen (in „Die Gemeindebaumschule") und deffen neuere Arbeiten über Anlage und Erhaltung eines pomologischen Gartens in dem Werke „Beiträge zur Hebung der Obstkultur" (von Oberdieck und Lucas), sowie die (in den „Illustr. Monatsheften" von 1866 III enthaltene) Abschätzung der Leonhard-Haffner'schen Baumschule in Cadolzburg (behufs einer Aktienbaumschule), zu Grunde legen. Ich bemerke dabei, daß der Tagelohn dort nur mit 30 Kreuzer oder 8½ Silbergroschen veranschlagt ist. Die Berechnung für den Boden weglaffend, weil hierbei die größte Verschiedenheit herrscht, will ich auf die einzelnen Poften übergehen.

1. Anlage- und Betriebskosten für eine große Baumschule nach E. Lucas.

166. Anlage der Saat-, Verpflanz- und Ablegerbeete für Sämlinge, Wurzelausläufer, Stecklinge, Ableger ꝛc. 60 Fl.

Jährlicher Bedarf an Samen 22 Fl., Anlage von Käften 30 Fl., Kulturaufwand 200 Fl., zusammen 252 Fl. Hierbei wurden 1 Mann für 6 Monate à 15 Fl. und 2 Knaben, zusammen für 11 Monate mit à 10 Fl. als Arbeitskräfte berechnet.

Jeder der sieben Schläge der Baumschule zu Hochstämmen hat 1½ württemberger Morgen (nahezu 2 M. preußisch). Dazu kommen 4½ Morgen Brachland für krautartige Kulturen, um jeden abgeräumten Schlag 3 Jahre lang ruhen zu laffen (§. 15) und zu düngen.

Wenn jährlich 10,000 Hochstämme gezogen werden sollen, so müssen jährlich 14,000—15,000 Stück Wildlinge angepflanzt werden, weil ⅕ auf Verlust gerechnet werden muß. Nach Abzug der Wege hat jeder Schlag 54,000 ☐F., so daß auf jeden Stamm 3½ ☐F. kommt.

Die Erziehungskosten für jeden Hochstamm belaufen sich auf 6—7 Kreuzer (2 Silbergroschen), bei kleineren Baumschulen 9 Kr. Die Erziehung von 10,000 Hochstämmen à Stück 7 Kr. kostet demnach jährlich 1166 Fl., nämlich:

1) 15,000 Wildlinge à Tausend 10 Fl. . . . . 150 Fl.
2) Rigolen und Pflanzen 2c. von einem Schlag jährl. . . 70 Fl.
3) Materialien zum Veredeln, Binden, Pfähle 2c. . . . 75 Fl.
4) Kosten für dreimaliges Behacken, von 10½ Morgen, pr. Morgen jährl. 12 Fl., Wegschaffen des Unkrauts 2c. . . 140 Fl.
5) Kosten der Veredlung und Pflege der sieben Schläge . . 550 Fl.

(Ein geübter Baumzüchter besorgt sämmtliche Kulturarbeiten auf 2 Morgen in 7 Monaten. Demnach kostet der Morgen 52½ Fl.)

Nach dieser Berechnung beliefen sich die Kosten für die sieben im Betrieb stehenden Schläge auf 1140 Fl., jeder Schlag 352 Fl.

Die Kosten für Zwerg= und Beerenobst betragen:

6000*) Wildlinge (Paradies = Splittäpfel), schwachwüchsige Birnwildlinge, Quitten, Schlehen, Pflaumen 2c. pr. 1000 St. 12—15 Fl. . . . . 90 Fl.
Anpflanzung derselben . . . . 10 Fl.
Anschaffen von Stecklingen, Zurichten, Pflanzen . . . . 25 Fl.
Umgraben, Düngen mit Kompost 2c. einer Fläche von 150 ☐Rth. (Größe des Schlags bei 2—4 jähriger Umtriebszeit) . . . 30 Fl.
Veredlung, Schnitt, Pflege 2c. . . . . 150 Fl.
(Ein Gehülfe 6 Monate à 15 Fl. = 90 Fl. und ein Arbeiter 60 Fl. = 150 fl.)
Behacken von 1¼ Morgen . . . . 40 Fl.
Material und insgemein . . . . 40 Fl.
Ausgraben der Bäume . . . . 40 Fl.
　　　　　　　　　　　　　　　　　　　　　425 Fl.

100 Stück Reben kosten zu erziehen 53 Fl.

----

*) Bei Lucas steht in der genannten Abhandlung S. 92, §. 118: 650 Wildlinge. Daß dies ein Druckfehler ist, liegt auf der Hand. Da er nun den Absatz mit 5000 Stämmchen ansetzt und 1000 in Abzug kommen müssen, welche verunglücken können, so rechne ich 6000, was auch ungefähr zu der berechneten Ankaufssumme von 90 Fl. (pr. 1000) St. 12—15 Fl.) stimmt.

Hierbei ist zu bemerken, daß die selbstgezogenen Wildlinge viel weniger (ungefähr $1/4$ des angegebenen Preises) kosten, allerdings manchmal gekauft werden müssen.

Nach Lucas kostet das Rigolen eines Feldes von einem halben württembergischen Morgen oder 19,200 ☐Fuß 20 Fl., das Bepflanzen und Nachpflanzen 9 Fl., Behacken und Reinigen der mit Bäumen besetzten Fläche ($3/10$ werden mit Gemüse bebaut) 6 Fl. 15 Kr., Veredlung 1 Fl. 30 Kr., Beschneiden, Anbinden 8 Fl., Ausgraben von 400 Bäumen (jährlich) 4 Fl. 48 Kr., in Summa 42 Fl. 30 Kr. an Arbeitslohn. Die Herstellung und Unterhaltung des Zaunes, Aufwand für Hülfsmittel (Material) jährlich 15 Fl. 30 Kr., Zinsen und Steuern sind hierbei nicht berechnet.

Den Gemeinden schlägt Lucas folgenden Akkord mit dem Baumwärter vor: Der Baumwärter übernimmt alle Arbeiten, liefert jedoch durchaus kein Material und erhält für jeden preiswürdigen Baum 4 Kr. So werde es in der großen Pleikarts-Forster-Baumschule bei Heidelberg gehalten. Jedenfalls ist es zweckmäßig, die Erdarbeiten in Akkord zu geben. Rechnet man hierzu noch 10 Fl. Pacht oder Zinsen, so ergiebt sich die Summe von 68 Fl. 3 Kr. für den halben Morgen württembergisch als Aufwand.

2. Ertrag.

167. Den Reinertrag einer mit Hochstämmen bepflanzten Baumschule von einem halben Morgen berechnet Lucas, nachdem $7/10$ der Baumschule bepflanzt sind und jedes Jahr $1/10$ abgeräumt wird, mit 40 Gulden. Nähere Angaben sind folgende:

Ein Bretterkasten (Mistbeet ohne Fenster) von 75 ☐F. Saatbeet liefert 2000 Stück Wildlinge, welche mit 20—30 Fl. zu verwerthen sind.

Jeden Hochstamm zu 21 Kr. oder 6 Silbergroschen gerechnet, giebt einen Reingewinn von 12—14 Kr. pr. Stück. Die oben berechneten 10,000 Hochstämme würden also 3500 Fl. Bruttoertrag oder 2360 Fl. Reinertrag geben. Da aber zwischen den Hochstämmen noch schwachwüchsige Zwergbäume vorkommen, so stellt er sich in der That höher. Gegenwärtig ist der Preis um mindestens $1/4$ höher, eben so bei Zwergbäumen.

Der Werth von 5000 Zwergbäumen à 15 Kr. (4 Sgr.) und 3000 Beerenobststräuchern à 4 Kr. (1 1/2 Sgr.) beträgt zusammen 1450 Fl. Dies giebt nach Abzug von 400 Fl. Erziehungskosten einen Reingewinn von 1050 Fl.*)

---

*) Dies ist offenbar viel zu gering gerechnet, was Lucas auch selbst bemerkt. Man kann füglich die Summe von 1450 Fl. als Reingewinn betrachten, wenigstens mit 1200 Fl. veranschlagen.

1000 Rebensetzlinge (Würzlinge) à 6 Kr. bringen 100 Fl. Davon die Erziehungskosten mit 35 Fl. abgezogen, bleiben 65 Fl. Hierzu genügt ein Beet von 500 ☐ F., um alljährlich so viel zu erziehen.

Für Cadolzburg berechnet Lucas den Reinertrag für 25 bayerische Tagewerke zu 5500 Fl., ohne den landwirthschaftlichen Zwischennutzen in der Brachezeit. In einer größern Baumschule giebt es jedoch noch verschiedene Nebenerträge. Zuerst gehört dahin der Ertrag von Gemüse, Feldfrüchten oder Arzneipflanzen, welche auf den Brachfeldern gebaut werden (vergl. §. 15 und 16). Dieser ist unter den schlechtesten Umständen so gut als der vom besten Felde. Der Verkauf von Edelreisern ist in großen Baumschulen ebenfalls nicht gering. Hat man das Glück, aus Samen neue vorzügliche Obstsorten zu erzeugen, so ist der Gewinn von Stämmen und Reisern oft bedeutend. Die Mutter- und Sortenbäume liefern Früchte, ebenso die zum Verkauf bestimmten Beerensträucher, besonders Himbeeren. An den Wegrändern lassen sich mit Vortheil als Einfassung Erdbeerpflanzungen anlegen, die sich durch Beeren- und Pflanzenverkauf gut bezahlt machen. In den großen Baumschulen in Boskoop in Holland werden überall zwischen den Baumreihen Erdbeeren gezogen, welche einen bedeutenden Nebengewinn bringen, ohne dem Gedeihen der Bäume zu schaden. Die Ränder werden mit den einträglichsten Arzneipflanzen (z. B. Melisse, Pfefferminze, Krauseminze, Thymian rc.) eingefaßt.

Hat man viel Raum und ist Absatz zu hoffen, so kann man sich mit der Anzucht von einigen der beliebtesten und gesuchtesten Ziersträucher und Bäume befassen (z. B. Trauerweiden, Trauereschen, Lebensbäume, Rosen, Schlingpflanzen u. s. w.), welche besser bezahlt werden als Obstbäume.

Wo viele Zwerg- und Formbäume Absatz finden und das Klima ihre Anzucht begünstigt, ferner wo Veredlungsunterlagen aller Art in Masse gezogen werden, da stellt sich der Gewinn ungleich höher heraus.

Siebzehnter Abschnitt.

Die Erzeugung neuer Obstsorten aus Samen.
· Erziehung wurzelechter Stämme und Verfahren, um bald Früchte davon zu erlangen.*)

----

168. Die Erzeugung neuer Obstsorten aus Samen ist nicht nur eine sehr angenehme Beschäftigung von großem Interesse, sondern auch ein sehr nützliches Unternehmen, durch welches man sich den Dank der Nachwelt verdient und zugleich ansehnlichen Gewinn ziehen kann, wenn mit Erfolg gearbeitet wird. Wir besitzen allerdings schon sehr viele, ja zu viele Obstsorten, aber man kann des Guten nicht zu viel haben, weil dann das Schlechte und Mittelmäßige ganz entbehrlich wird. Selbst wenn die aus Samen gezogenen Früchte die alten Sorten nicht übertreffen, so können sie doch Eigenschaften haben, die sie höchst werthvoll machen. Wie unschätzbar ist z. B. die Eigenschaft einer späten Blütezeit, wodurch die Obsternte gegen die Nachtheile der Frühjahrsfröste gesichert ist, wie z. B. bei dem von Lucas erzogenen „Ebner's Taffet=Apfel". Wie viel lohnender würde die Anpflanzung der Kirschen und Aprikosen werden, wenn aus Samen Sorten mit später Blütezeit gezogen würden, was nicht unmöglich ist. Verschiedene der neueren Birnen haben keinen anderen und besseren Geschmack, reifen nicht früher oder später als die alten längst bekannten Beurré blanc, Beurré gris ꝛc.; aber sie gedeihen besser, sind nicht so anspruchsvoll in Bezug auf Lage und Boden, oder zeichnen sich auf andere Art aus.

Ich muß jedoch ausdrücklich bemerken, daß ich Niemand verführen möchte, blos aus Spekulation sich auf Sortenzüchtung zu legen, denn

----

*) Wer sich über die Fortpflanzung der Obstsorten aus Samen besonders unterrichten will, dem sei die „Monatsschrift für Pomologie und praktischen Obstbau" von Oberdieck und Lucas bestens empfohlen. Dort befinden sich die schätzbarsten naturhistorischen Abhandlungen von Oberdieck, Lucas, Lange, v. Flotow, Filert, de Jonghé, v. Litpaßky u. A. m., welche diesen Gegenstand auf das Ausführlichste besprechen.

jedenfalls ist der Erfolg unsicher. Man muß viel Land und vor Allem be=
sondere Freude an der Sache haben, so daß schon ein glücklicher Wurf ent-
schädigt. Jedenfalls gehört die Erzeugung einer besonders werthvollen
Sorte, welche vorhandene übertrifft, immerhin zu einer Seltenheit.

Van Mons, dessen Theorie der Erzeugung neuer Sorten in diesem
Abschnitte hauptsächlich besprochen werden soll, weil von diesem berühmten
Pomologen die meisten neuen Obstsorten erzogen worden sind, und weil
neuere Baumzüchter in seine Fußtapfen traten, mißt der Befruchtung durch
fremden Blütenstaub keinen großen Einfluß bei. Als Beleg führt er wilde
Birnen an, die in seiner Baumschule mitten zwischen den besten Sorten
standen, wo also eine Mischung sehr leicht war, von deren Samen er aber
nie bessere Birnen gezogen habe. Dies widerlegt aber die Möglichkeit noch
nicht. Schwerlich hat van Mons alle Kerne solcher Bäume gesäet oder,
wenn es geschah, von allen die Erfolge gesehen, also können zufällig die
durch fremden Staub befruchteten Samen seiner Beobachtung entgangen
sein. Neue Erfahrungen lehren, daß jede Blume lieber fremden als ihren
eigenen Staub zur Befruchtung annimmt. Wilde Pflanzen (also auch die
als Beispiel angeführten Birnen) sind viel widerstrebender, ihre Eigen=
thümlichkeit aufzugeben und, wie man sagt, zahm zu werden. Sie werden
erst zahm durch veränderte Lebensweise, Verweichlichung u. s. w., was sich
bei den Pflanzen durch Ueberfluß an Nahrung; neue, ungewohnte Nahrungs=
stoffe, Schutz, Beschneiden, Impfen u. s. w. geltend macht.

Es steht uns durch die absichtliche Befruchtung verschiedener Sorten
unter einander noch ein weites Feld offen, denn so viel ich weiß, sind, außer
bei Weinreben, noch keine Erfolge durch vorher berechnete Befruchtungs=
versuche bekannt geworden. Bei den zahllosen Blüten der Obstbäume ist
indessen das Befruchten mit vielen Schwierigkeiten verbunden und nicht
wohl auf andere Weise ausführbar, als daß man Obstbäumchen in Töpfen
in' einem Gewächshaus oder fern von anderen Bäumen in einem besondern
Garten aufstellt und nur wenige Blüten daran läßt, so daß es möglich
wird, die Staubbeutel vor dem Stäuben (Moment der Befruchtung) zu ent=
fernen, damit sich die Blüten nicht selbst befruchten können.*)

Uebrigens ist keineswegs eine Kreuzung nothwendig, um andere Sor=
ten zu erzeugen, denn die Obstbäume haben, wie viele andere Pflanzen, die
Eigenschaft, in unveränderten Verhältnissen in dem Bereiche ihrer von der
Natur vorgezeichneten Hauptumrisse zu spielen, sich zu vermannichfaltigen,

---

*) Dasselbe äußert auch Herr Dr. K. Fickert in der „Monatsschrift f. P.", 1859,
S. 161, und empfiehlt zur Befruchtung die Anwendung eines Blasebalgs.

und sind so im eigentlichsten Sinne Spielarten, aber keine Bastarde oder Hybriden, wie man sie gewöhnlich nennt. Van Mons hat daher Recht, wenn er annimmt, daß auch ohne Kreuzung ganz andere Sorten entstehen, daß, wenn einmal der Baum aus seinem Urzustande herausgetreten ist und das Formenspiel begonnen hat, sich aus Samen selten die ursprüngliche Art erzeugt, daß sich die davon abstammenden Generationen immer mehr und mehr davon entfernen, daß so veränderte Sorten, der Verwilderung überlassen, doch die Natur der Stammpflanze wieder annehmen.*)

Im vorigen Jahrhunderte erhoben sich in England Befürchtungen, daß die vorhandenen alten Obstsorten nach und nach, in Folge der künst= lichen Fortpflanzung durch Vereblung, ausarten möchten, und man führte verschiedene Beispiele auf, daß dies bereits geschehen sei. Namentlich stellte zu Ende des vorigen Jahrhunderts Thomas Andrew Knight, ein großer Pflanzenphysiolog und Präsident der Gartenbaugesellschaft., die Theorie auf: Edelreiser wären nur Verlängerungen des Urstamms jeder Sorte, welche ihre Grenzen habe. Im Grunde genommen sei jeder ver= edelte Baum nichts als die Fortsetzung eines vor langer Zeit entstandenen Kernstammes, aber kein selbständiges Individuum. Ein junger veredelter Baum müsse daher oft als schon sehr alt und erschöpft betrachtet werden. Diese von Knight ausgesprochenen, keineswegs aber begründeten Befürch= tungen gaben Veranlassung zu zahlreichen Kernsaaten, um daraus urkräftige Stämme zu ziehen. Der erste und berühmteste Züchter war van Mons. Professor der Chemie in Brüssel und Löwen und großer Pomolog. Da er schon 1780 Obstsaaten veranstaltete, so kann man nicht annehmen, daß er durch Knight angeregt worden sei, aber er neigte sich zu dessen Theorie hin und stellte die Behauptung auf, daß man durch Anwendung seiner eigenen Theorie nach und nach dahin gelangen könne, aus Samen nur vorzügliches Obst zu erlangen, so daß die Fortpflanzung durch Vereblung unnöthig sein werde.**) Wir wollen in den folgenden Sätzen diese Theorie näher betrachten.

---

*) Eine große Annäherung an die Urform findet indessen doch statt. Obst= bäume und Beerenfrüchte, in den schlechten Boden eines Gebirgswaldes verpflanzt, tragen schon schlechte, kaum wieder zu erkennende Früchte. Man säe den Samen davon wieder unter gleich ungünstigen Verhältnissen aus und so fort, eben so viele Generationen als nöthig waren, um die Frucht gut zu machen, und ich zweifle nicht, daß man, wenn auch nicht auf die Stammart, doch auf eine sehr ähnliche schlechte Form zurückkommen wird.

**) Das Werk, worin van Mons zuerst seine Theorie ausführlich entwickelt und eine Fülle von pomologischen Erfahrungen niederlegte, führt den Titel: „Pomonomie bolge expérimentale et raisonnée etc. par M. J. B. van Mons" (1835).

14 *

169. Das Wesentliche in der Theorie van Mons besteht in Fol=
gendem: Wenn man den Samen von guten Obstsorten aussäet, so tragen
die daraus entstehenden Bäume nie*) die Mutterfrucht wieder, sie werden
schlechter, gleichsam wieder wild.**) Macht man aber von den ersten
Früchten dieser Sämlinge wieder Aussaaten, so werden daraus schon bessere
und früher tragbare Sorten entstehen. So verbessert sich das Obst
mit jeder Generation und wird mit jeder früher tragbar.
Van Mons erhielt von Birnen meist in der fünften Generation sehr gute
Früchte, von Aepfeln in der vierten Generation, von Steinfrüchten noch
früher. Nach seiner Erfahrung können neue gute Steinfrüchte in 12—15
Jahren erzeugt werden. Bei Kernobst dauert es länger, wenn man es
erwarten will, bis der Kernstamm trägt, nämlich in der ersten Generation
12—15 Jahre, in zweiter 10 Jahre, in dritter 8—10 Jahre, in vierter
6—8 Jahre, in fünfter 5—6 u. s. w. Es würde also, wenn man das

---

Da der Verfasser die flämische Redeweise und Wortfügung auch in der französischen Sprache gebraucht hat, also das Buch in schlechtem Französisch geschrieben ist,
so ist es für Nichtbelgier stellenweise etwas dunkel. Außerdem enthält der „Catalogue
descriptif" und das Werk: „Arbres fruitiers" zahlreiche Mittheilungen. — Nach van
Mons' Tode wurden die von ihm und seinen Nachfolgern gezogenen Obstsorten
(meist Birnen) in dem „Album für Pomologie" (Brüssel 1847—1851) beschrieben
und abgebildet. Die noch nicht bekannt gewordenen, gegenwärtig im Besitze des
Herrn de Jonghé befindlichen neuen Sorten werden in dem von der königlichen
Kommission für Pomologie herausgegebenen schönen „Album pomolog." abgebildet
und beschrieben.

*) Obschon im Allgemeinen richtig ist, daß aus Samen veredelter Obstarten
nicht dieselbe Sorte wieder entsteht, so zeigen nicht nur die bereits genannten Steinobstsorten, sondern auch einige Kernobstsorten, daß dies Ausnahmen erleidet. So
sagt z. B. ein Herr Kolz aus Luxemburg, in der „Monatsschrift f. P.", daß sich die
sehr gute, für rauhe, steinige Lagen vorzüglich geeignete Reinette des Vergers (Obst-
garten-Reinette), welche im Luxemburgischen sehr verbreitet ist, „ohne merkliche Abänderung" aus Samen fortpflanze. Etwas Aehnliches beobachtete ich hier. Es giebt
hier zwei Birnensorten, von denen behauptet wird, daß sie aus Samen sich rein fortpflanzen sollen, und man zeigte mir Bäume, die unveredelt geblieben sein sollten.
Die eine ist die „Knechtgensbirne", eine der frühesten Birnen, welche in Form und
Farbe mit der Forellenbirne Aehnlichkeit hat, übrigens, obschon hier sehr gesucht,
keineswegs eine feine Birne ist; die andere die „Wasserbirne" eine große grüne, nur
teig genießbare Frucht, die unvergleichlich guten Essig liefert, auch an Bäumen, wie
Eichen groß, reichlich wächst. Die Früchte der Knechtgensbirne sind hier in der That
so verschieden von Güte und Geschmack, daß diese Angaben wirklich viel Wahrschein-
liches haben.

**) Hierin hat sich van Mons jedenfalls getäuscht, da man schon die vortreff-
lichsten Früchte in der ersten Generation erhalten hat. Wahrscheinlich hat er diesen
Irrthum später selbst eingesehen.

Tragen der Sämlinge von Kernobst abwarten will, beinahe 50 Jahre dauern, ehe man gute Früchte bekäme. Es giebt aber verschiedene Mittel, um die Früchte früher kennen zu lernen, also die Zeit, in welcher gute Früchte zu erzeugen wären, abzukürzen. Wir werden bald darauf zurückkommen. Van Mons benutzte wol diese Mittel und brachte die Kernobststämme schon im sechsten Jahre, in den folgenden Generationen noch früher zur Trag= barkeit. Er begann seine Birnsaaten 1780 und war 1822 schon bei der fünften Generation angelangt, welche vortreffliche Früchte lieferte, 1834 aber bereits bei der achten Generation, hatte also in 12 Jahren drei Gene= rationen zum Fruchttragen gebracht. Im Ganzen versuchte er 51 Jahre lang.

Dies sind in der Hauptsache die Grundsätze der durch van Mons aufgestellten Theorie und seine Mittel, neue, gute Obstsorten zu erzeugen. Ob diese Theorie richtig ist und nicht hin und wider Täuschungen und Zufall im Spiele waren, wollen wir dahingestellt sein lassen. Jedenfalls giebt es keine bessere Lehre zur Erzeugung neuer Sorten, als die durch van Mons gegebene, über 50 Jahre lang erprobte und durch außer= ordentliche Erfolge begünstigte.

Bemerkenswerth ist, daß nach van Mons die aus Samen in letzter Generation gezogenen verfeinerten neuesten Birnen keine so lange Lebens= dauer haben sollen, als die älteren. Er sagt, daß die feinsten Sorten schon nach 50 Jahren (so lange konnte er seine Zöglinge beobachten) Zeichen der Abgelebtheit von sich geben. Sie tragen weniger beständig, setzen später Frucht an, und die Früchte verschlechtern sich. Dies sei besonders bei den= jenigen der Fall, die stets von den ersten Früchten einer Generation in ununterbrochener Folge in jüngster Generation entstanden seien, welches bei ihm auch die besten waren.*) Den Grund dieser Erscheinung weist er nicht nach, und es läßt sich in der That keiner auffinden, weshalb wir auch diese Angabe bezweifeln können. Wenn es wahr wäre, so stände es um seine ganze Theorie schlecht und man dürfte den Samen nicht von jungen Bäumen nehmen, sondern nur von solchen, die schon viele Jahre getragen haben. An einen sichtbaren Erfolg wäre aber dann, sofern der Grundsatz fortgesetzter Aussaaten befolgt werden sollte, nur zu denken, wenn der Pomolog das Alter Methusalem's erreichte. Der berühmte Pomolog mag sich hier wol geirrt haben. Wie leicht ist es nicht möglich, daß die Bäume, an denen er diese Beobachtung machte, dadurch schlechter geworden sind,

---

*) Van Mons säete bekanntlich den Samen von den ersten Früchten sogleich wieder und so fort, sobald ein Sämling Früchte brachte, und nennt dies „ununter= brochene Generation."

daß die Wurzeln, nachdem sie tiefer in die Erde gedrungen, einen schlechten Boden gefunden haben? Wie viel Störungen haben überhaupt seine Bäume durch dreimalige Verlegung seines Gartens aushalten müssen? und wie viele Verwechselungen sind, wie bekannt, bei ihm nicht vorge= kommen?

1. Verhalten der verschiedenen Obstarten bei der Fortpflanzung durch Samen.

170. Van Mbns beschäftigte sich hauptsächlich mit der Erziehung von Kernobst, namentlich von Birnen, weniger mit anderen Obstarten. Steinobst ist überhaupt weniger geeignet zu Spielarten und hat, wie die verhältnißmäßig geringe Zahl von Sorten beweist, keinen so großen Formenkreis. Das bisher Erwähnte bezog sich daher überhaupt fast nur auf Kernobst. Wir wollen nun das Verhalten der übrigen Obstarten be= trachten.

Pflaumen halten ihre Form ziemlich fest, einige pflanzen sich sogar aus Samen rein, obschon meist nicht von gleicher Güte fort, z. B. die ge= meine Zwetsche, Damaszenerpflaume, die Agener Pflaume (Prune d'Agen oder Robe de Sergent, die beste zum Trocknen, aber nur für milde Gegenden und warme Lagen geeignet), und mehrere geringe Sorten, welche unter dem Namen Kriechen und Spillinge bekannt sind.*) Die Aussaat der Pflaumen ist daher nicht lohnend und mehr dem Pomologen als dem Baumzüchter aus Spekulation zu empfehlen. Gleichwol sind die vorhan= denen guten Sorten meistens aus Samen entstanden, mit Ausnahme der reinen Arten, deren es bei den Pflaumen wol die meisten unter allen Obst= arten giebt. Van Mons und Liegel erhielten aus Samen der großen grünen Reineclaube stets eine der Stammart sehr ähnliche Frucht, meistens aber von geringerer Größe und Güte. Die von van Mons erzogenen hatten meistens kleinere, mehr gelbe und minder saftreiche Früchte als die Stammsorte. In dem Bezirke von Meudon bei Paris, wo die Reine Claude im Großen gebaut wird, zieht man fast alle Bäume aus Steinen, aber auch dort giebt es zahlreiche Spielarten mit ganz werthlosen wässerigen Früchten. Aus der herrlichen Waterloo=Pflaume, eine Art Eierpflaume, erhielt van Mons Sorten, die den Mira= bellen oder den kleinen Damaszener=Pflaumen ähnlich waren. Nur einmal

---

*) Ich rede hier nur von den Sorten, welche die Franzosen Damas nennen. Liegel, der Monograph der Pflaumen, nennt alle runden Pflaumen Damaszener, also auch die besonders genannte Krieche, Mirabelle, Reineclaube, Aprikosenpflaume, Herrenpflaume (Prune de Monsieur) 2c. sogar die Kirschpflaume (Prunus cerasifera).

glückte es ihm, aus den Steinen der Waterloo eine der Reineclaude an Güte und Größe gleichkommende, sonst aber abweichende Frucht, „die Oktober=Pflaume" zu erziehen. Am glücklichsten in der Pflaumenzucht war Dr. Liegel in Braunau.

Mit den Kirschen verhält es sich anders. Nach Truchseß und Liegel pflanzen sich die großfrüchtigen Kirschen nie echt durch Samen fort. Die Erzeugung neuer Sorten ist daher wahrscheinlicher. Gleichwol sind die Erfolge der Aussaaten im Vergleich zum Kernobst noch sehr unbedeutend gewesen. Ich glaube, man müßte, um etwas Neues hervorzubringen, die künstliche Befruchtung an Topfbäumen in geschlossenen Räumen zu Hülfe nehmen. Da es bei Birnen und Wein erwiesen ist, daß die Sämlinge meist eine früher als die Muttersorte reifende Nachkommenschaft liefern, so ist zu hoffen, daß man auch bei den Kirschen frühere Sorten durch Aussaat er= zeugen kann. Noch nützlicher aber würden Sorten mit später Blütezeit sein. Läßt man Kirschen ungestört wachsen, so tragen sie auf dem Samen= stamm schon im achten bis zehnten Jahre nach der Aussaat. Uebrigens läßt man in allen Kirschgegenden viele Bäume unveredelt aufwachsen, wo sie zufällig stehen, und erhält so oft recht gute Marktfrüchte.

Von Pfirsichen und Aprikosen pflanzen sich mehrere Sorten ganz oder fast echt fort, z. B. unter den Pfirsichen die Aprikosen=Pfirsich (Pêche abricotée, P. de Burai, P. d'Orange, Admirable jaune), die Malthefer= Pfirsich (Pêche de Malte, Belle de Paris), von Aprikosen die Ananas= oder holländische Aprikose (Abricot de Hollande), die Aprikose von Nancy (Abricot de Nancy, A. Pêche). Ich habe schon früher bemerkt, daß es rathsam sei, diese beiden Steinfruchtarten durch Samen zu vermehren, um daraus dauerhafte Bäume zu erziehen. Da die Früchte oft gut werden, so ist dies sehr lohnend. Es ist zu hoffen, daß wir durch fortgesetzte Saaten frühere und spätere Sorten, die bei Aprikosen gleich wünschenswerth sind, und härtere, mehr akklimatisirte Sorten erhalten. In Nordamerika, wo die Pfirsiche, welche dort so allgemein sind, wie bei uns die Zwetschen, fast immer aus Steinen gezogen werden, sind dadurch zahlreiche harte Spiel= arten entstanden, welche noch in Canada bei strenger Winterkälte im Freien gedeihen. Es wäre sehr wünschenswerth, daß Baumschulenbesitzer solche Steine aus den nördlichen Staaten beziehen möchten.*) Dasselbe ist in

---

*) Man baut in Nordamerika viele glatte Pfirsiche oder sogenannte Nectarinen. Die Steine werden oft an der Stelle ausgelegt, wo die Bäume bleiben sollen. Nach 6—7 Jahren sind sie tragbar, man läßt sie aber nicht alt und groß werden, benutzt sie 6—10 Jahre und ersetzt sie stets durch junge Bäume.

Südtyrol der Fall. Da man bei Aussaaten von Pfirsichen und Aprikosen fast immer darauf zählen kann, brauchbare Bäume mit gutem Obst zu erhalten, welche nicht veredelt zu werden brauchen, so sind Versuche damit um so mehr zu empfehlen.

Aussaaten von Mandeln können unsern Gegenden nicht viel nützen. Sie arten sehr aus, so daß aus der großen süßen Krachmandel die verschiedensten süßen, bittern und halbbittern Sorten entstehen, aber fast nie die Stammart. Nußbäume werden überhaupt fast nur aus Samen gezogen, weshalb auch fortwährend abweichende Spielarten entstehen. Haselnüsse sind sehr zu Bastarden geneigt, wenn verschiedene Sorten nebeneinander zu gleicher Zeit blühen. Auch ohne gegenseitige Befruchtung sind sie sehr zur Erzeugung von Spielarten geneigt, bringen aber meist eine der Stammart an Güte untergeordnete Nachkommenschaft hervor. Büttner erzog aus der Gunsleber Zellernuß zugleich die Hallische Riesennuß und noch eine andere, der italienischen Zellernuß nahe kommende, gute Sorte. Nach Burchardt pflanzt sich die frühe lange Zellernuß ziemlich rein aus Samen fort. Die Anzucht der Haselnüsse aus Samen ist sehr zu empfehlen, da, wenn auch nicht oft neue gute Sorten, doch meist große Nüsse gezogen werden, die sich zu Anpflanzungen eignen. Ich empfehle die Befruchtung der türkischen Haselnuß (Corylus Colurna) mit dem Pollen der großfrüchtigen Lamberts- oder Zellernuß, besonders auch die mit der rothblätterigen Blutnuß (Corylus tubulosa purpurea); es wäre wünschenswerth, so stattliche Bäume, wie Corylus Colurna bildet, von einer großfrüchtigen Sorte zu haben, da C. Colurna bei uns meist taube unbrauchbare Nüsse trägt. Der männliche Blütenstaub in den sogenannten Kätzchen oder Schäschen behält seine Kraft wochenlang, wenn er im Trocknen aufgehoben wird, so daß die spätere Blütezeit des C. Colurna kein Hinderniß wäre.

Zu den Kernsaaten von Weintrauben gehört große Geduld, denn vor 8—10 Jahren sind meist keine Trauben zu hoffen. Es ist besonders schwierig, die jungen Pflanzen durch die ersten Jahre zu bringen. Am besten möchte die Anzucht der Reben in kalten Mistbeetkästen unter Glas gelingen. Wir verdanken viele der frühesten Sorten der Kernsaat, und es ist bemerkenswerth, daß nach den Erfahrungen des Herrn Fuhrmann in Berlin und der Frau Burgfeld in Meseritz, welche sehr viele Weinstöcke aus Samen erzogen, die aus Samen erzogenen Reben stets früher reisende Trauben, als der Mutterstock haben. Eine Befruchtung ist schwierig, und man hätte dabei besonders darauf Rücksicht zu nehmen, daß die frühesten Sorten, welche von geringer Güte und namentlich zur Weinbereitung nicht geeignet sind, mit den besten später reifenden Sorten befruchtet würden.

Sehr glückliche Versuche hat der verstorbene Hofgärtner Karl Fintel=
mann in Potsdam gemacht. *) Er befruchtete 1829 im Mai mehrere
Stöcke vom frühen Leipziger mit Pollen vom blauen Malvasier und Saint
Laurent (Lorenztraube), umhüllte die Trauben mit Gaze und säete die
davon gewonnenen Kerne im April 1830 in ein warmes Mistbeet. Nach=
dem die Sämlinge Ende Mai 6 Zoll hoch waren, wurden sie in ein gelind
erwärmtes Beet in freien Grund gepflanzt, worin sie auch im Winter
unter trockener Laubdecke blieben. Nachdem sie noch einmal in fetten Boden
verpflanzt waren, wurden sie 1832 in den Weinberg am neuen Palais ge=
pflanzt. Unter 100 Sämlingen zeigten 6 Jahre nach der Aussaat nur 25
brauchbare Trauben, wovon im Oktober 1842 dem „Verein zur Beförderung
des Gartenbaues in den königl. preußischen Staaten" 12 späte gute Sorten
in Trauben vorgelegt wurden, während die frühen schon vorüber waren.
J. Standish wählte zur Erzeugung von frühen Sorten den Pollen von
den besten frühesten Sorten, um damit andere zu befruchten, und es glückte
ihm, 4—5 Proz. neue, gute, noch frühere Sorten zu gewinnen. Ueber=
haupt ist man in neuerer Zeit mit der Erzeugung neuer werthvoller
Traubensorten sehr glücklich gewesen. Ich erinnere nur an den Frühen
Malinger (précoce de Malingre) und Muscat de Seaumur.

Die übrigen Beerenfrüchte, als Stachelbeeren, Johannisbeeren, Him=
beeren u. s. w., machen keine Schwierigkeit und tragen schon im dritten Jahre
nach der Aussaat. Stachelbeeren sind dem Formenspiel am meisten unter=
worfen, wie die große Menge von Sorten beweist.

2. Allgemeine Regeln über die Wahl des Samens, die Aussaat und die Erziehung der Stämme.

171.   Man wähle von den besten Früchten der besten jungen Bäume
die besten, am vollkommensten gebildeten Samen. Dies ist die Hauptregel.
Will man das van Mons'sche Verfahren befolgen, so verfahre man bei jeder
Generation so. Knight hat die Erfahrung gemacht, daß Pfirsichbäume,
welche aus Steinen gezogen wurden, die zu zweien in einer Frucht waren,
viel schlechtere Sorten lieferten, als einsamige. Das kräftig wachsende
Wirthschaftsobst, von geringerer Güte, liefert stets eine Menge Samen,
aus denen wol gesunde Wildlinge zum Veredeln, aber selten bessere, da=
gegen meist schlechtere Sorten entstehen. Dagegen findet man zuweilen
feine Kernobstfrüchte mit nur einigen sehr ausgebildeten großen Samen.

---

*) „Verhandlungen des Vereins zur Beförderung des Gartenbaues in den
königlich preußischen Staaten", XVII. Bd., 1. Heft.

Diese scheinen ganz besonders geeignet. Hat man den Wunsch, spät blühende
Sorten zu erziehen, so nehme man Samen von spät blühenden Sorten und
von einem besonders spät blühenden Baume. Aus der Frucht eines im
Schatten oder in hoher kalter Lage stehenden Kirschbaumes, der später als
andere blüht, kann möglicher Weise eine Sorte entstehen, welche diese Eigen=
schaft beibehält, wie zahlreiche Beispiele an verschiedenen Pflanzen beweisen.
Van Mons hält es für gut, die Früchte etwas vor der vollkom=
menen Reife zu pflücken und die Samen bis zur Verderbniß der Frucht in
dem Fleische zu lassen. Er will, daß man den Samen nur von neu aus
Samen erzeugten, nicht aber von alten, in mehreren Generationen durch
Vereblung fortgepflanzten Sorten nehme, weil sich diese schon im Zustande
der Abgelebtheit befänden und keine gute Nachkommenschaft mehr liefern
könnten. Er hat nämlich die Erfahrung gemacht, daß die ersten Kerne,
welche er von solchen alten Sorten nehmen mußte, nur schlechtes Obst her=
vorbrachten, mit jeder neuen Generation aber besseres. Gleichwol erklärt
er, daß solche Sämlingssorten der jüngsten Generationen nur von kurzer
Lebensdauer wären. Ich denke, wir nehmen, abgesehen von diesem Wider=
spruch des großen Pomologen, die Samen von jedem Baume, der sich in
voller Kraft befindet und große, gute Früchte bringt. De Jonghé, der
jetzige Besitzer der van Mons'schen Zuchten, welcher noch einige Schritte
weiter gekommen ist, sagt, daß man bei Birnen nur Samen von auf Birnen=
wildlingen veredelten Bäumen und zwar von der (van Mons'schen) letzte=
ren Generation von kräftigen dauerhaften Bäumen nehmen solle. Wendet
man diese Regel folgerichtig an, so dürfte man keine Aepfel von Paradies=
stamm=, keine Kirschen von Mahaleb=, keine Pfirsiche x. von Pflaumen=
Unterlage nehmen. Da das bei Pfirsichen und Aprikosen fast nicht anders
möglich ist, so möchte ich auch die Nothwendigkeit bei Birnen bezweifeln.
Erfahrungsmäßig erhält man aus Samen meist früher reifende
Sorten, als die Stammsorte, selbst Sommerobst aus späten Herbstfrüchten,
wie es sich auch bei Weintrauben, Kartoffeln, manchen Gemüsearten und
Blumen bestätigt. Inwiefern man aber eine Wahl von frühen oder späten
Sorten treffen soll, wage ich nicht zu bestimmen. Nahe liegt der Gedanke,
daß man (folgerichtig zu schließen) aus Kernen eines Augustapfels oder der
frühesten Sommerbirnen noch früher reifende Sorten erziehen könne.
Natürlich hat dies seine Grenzen, denn die Zeit, welche die Frucht von der
Blüte bis zur Reife braucht, läßt sich nicht auf ein Minimum beschränken.
Gregoire Nelis in Jodoigne, welcher seit 30 Jahren neue Birnen aus
Samen erzieht und nächst van Mons wol die meisten werthvollen Sorten
erzeugt hat, nimmt zur Aussaat nur Winterfrüchte.

Da' die Kernobstsorten sich nicht rein*) fortpflanzen, ja selbst die Kerne aus einer und derselben Frucht zehnerlei verschiedene Sorten geben können, so kann es nur einen wissenschaftlichen Zweck haben, die Samen sortenweise zu säen. Van Mons that es nicht, da andere Gärtner diese Erfahrung bereits gemacht hatten und die Masse seiner Zöglinge zu groß war. Wer indeß nur wenige säet, sollte die Stammsorte immerhin be= merken, da es doch interessant ist, später Abweichungen und Aehnlichkeiten zu erkennen. **)

Bei der Aussaat selbst hat man weiter nichts zu beobachten, als was bereits früher über die Anzucht der Wildlinge aus Samen gesagt wurde. Der Boden der Sandbeete muß sehr gut und locker sein, denn es kommt Alles darauf an, daß die Sämlinge bald groß werden. Verpflanzt man sie später in geringern, aber immer noch guten Boden, so ist das baldige Bilden von Fruchtholz sehr wahrscheinlich.

Van Mons ließ seine Sämlinge zwei Jahre auf den Saatbeeten und traf vor dem vierten Jahre keine Auswahl. Das Versetzen kann aber mit Vortheil früher vorgenommen werden. Pfirsiche, Aprikosen und Man= deln müssen jedenfalls früher verpflanzt werden, wenn man die Steine nicht sogleich so legt, daß die Pflanzen stehen bleiben können, weil sie schon im ersten Jahre sehr stark werden. Weinreben läßt man mehrere Jahre auf dem Saatbeete stehen, oder man säet sie in Gefäße und läßt sie unter Glas im Warmen keimen und verpflanzt sie, sobald sie zwei Blätter ge= bildet haben, in sehr gute, lockere Erde, am besten in einen Mistbeetkasten unter Glas.

Im dritten oder vierten Jahre werden die Sämlinge ausgewählt, welche muthmaßlich gute Sorten werden können. An Steinobstsämlingen hat man, so viel ich weiß, kein anderes Zeichen, woran gute Sorten zu erkennen sind, als große Blätter und Mangel der Dornen. Für das Kern= obst giebt van Mons folgende Zeichen an.

Anzeigen von guter Vorbedeutung sind: ein schöner Wuchs, glatte, wenig glänzende Rinde, regelmäßige Vertheilung der Zweige im Verhält= niß zur Gestalt des Baumes, an den Augen gebogene, gestreifte, glatte, ohne Splitter brechende Jahrestriebe, lange, mit Augen besetzte Dornen, engstehende, anliegende braune oder graue Augen, glatte Blätter von

---

*) Vergleiche die Anmerkung 2 auf Seite 212.
**) Dies schreibt schon Major Schiller, der Vater des Dichters, welcher In= spektor verschiedener herzoglicher Baumschulen in Württemberg war, in einem durch die „Monatsschrift f. P." 1858 mitgetheilten Manuskript vor 80 Jahren vor und giebt dazu eine förmliche Tabelle.

mittler Größe, in der Nähe der Mittelrippe etwas faltig, Stiele mehr lang
als kurz, wie eine Rinne ausgehöhlt. Anzeigen baldiger Tragbarkeit sind:
starkes Holz und große, nahe aneinanderstehende Augen. — Anzeigen
schlechter Vorbedeutung sind: ein wilder, verworrener Wuchs, wie in einer
Hecke, kurze Dornen ohne Augen, kleine abstehende, runde, in einer Spitze
endigende Blätter. Anzeigen später Tragbarkeit sind: gut vertheilte, aber
hängende, schwache, an den Knospen wenig gebogene Triebe; diese bedeuten
eine spät erscheinende, aber gute Frucht. Nach de Jonghé in Brüssel,
welcher die van Mons'sche Obstzucht, jedoch abweichend und nach einfacheren
Grundsätzen fortsetzt, zeigt ein glatter, dornenloser Sämling von Birnen
durchaus geringes, meist Sommerobst an. Die Bedornung verliert sich nach
der Veredlung auf einen Probebaum.

Ob diese Zeichen untrüglich sind, wage ich nicht zu entscheiden, sicher
wird man wohl thun, die Erfahrung dieser großen Pomologen zu benutzen.

Die beizubehaltenden Stämmchen werden in gehöriger Entfernung,
jedoch mindestens, 10—12 Fuß voneinander an einen günstigen Ort gepflanzt und wie veredelte Bäume behandelt. Pfirsiche und Aprikosen pflanzt
man am besten an eine Mauer und in geringerer Entfernung. Am besten
ist es wol, wenn man Halb= oder Hochstämme davon zieht, da es bei vielen
Sämlingen mit vieler Mühe kaum möglich sein möchte, Pyramiden oder
andere Zwergformen daraus zu ziehen, weil die Wuchskraft zu stark ist.
Nur bei schwachwachsenden Sämlingen könnte man eine Ausnahme machen,
und sie bald dem Schnitte unterwerfen. Wer Geduld hat und jung ist,
mag nun die Bäume ihrem Schicksale überlassen und abwarten, bis sie
tragen. Es scheint aber doch rathsamer, durch die zu Gebote stehenden
Mittel die Tragbarkeit früher herbeizuführen, um den Werth der Säm=
linge kennen zu lernen.

3. Verfrühung der Tragbarkeit.

172. Die Mittel, die Tragbarkeit früher herbeizuführen, sind:
1) das Impfen oder Veredeln; 2) Beschränkung der Wurzeln und Nah=
rungsentziehung; 3) Verpflanzung und dadurch beförderte Faserwurzel=
bildung; 4) der Sommerschnitt und Hemmung des Saftes durch Aderlassen,
Ringeln, Biegung der Aeste und Zweige.

Duhamel, Christ und andere ältere und neuere Pomologen sind
der Meinung, daß, wenn man Reiser von Kernstämmen auf ältere Bäume
(Sortenbäume) impft, die Tragbarkeit früher eintritt, als bei den eigent=
lichen Stämmen. Es ist dies durch die Erfahrung oft bewiesen und physio=
logisch leicht erklärlich. Durch wiederholtes Impfen solcher Zweige, selbst

auf ihr eigenes Holz, würde man, glaube ich, noch eher zum Ziele gelangen, und man könnte wol mit Vortheil die Sämlinge abschneiden, um sofort ihre eigenen Zweige darauf zu impfen, wenn es nicht vernünftiger wäre, den Mutterbaum zur Beobachtung beizubehalten. Die Trennung der Gefäße bringt ohne Zweifel Saftstockung, Mäßigung des Holztriebes und in deren Folge Neigung zur Fruchterzeugung hervor. Dagegen behauptet van Mons, daß die auf andere Bäume geimpften Zweige nicht eher Früchte tragen, als die Sämlinge selbst. Vielleicht mag dies zuweilen der Fall sein, häufig jedoch gewiß nicht, wie viele Erfahrungen beweisen. Ich rathe deshalb, Zweige der Sämlinge auf ältere Probebäume zu veredeln. Den Mutterstamm wird man ohnedies behalten, also ist kein Nachtheil dabei. Van Mons hält Quitten als Unterlagen für Birnensämlinge für ungeeignet. Er sagt, daß solche Bäume bis zur Zeit der Tragbarkeit zwar gut gediehen, sowie sie aber Früchte ansetzten, alle Schwächen und Erscheinungen kranker Bäume zeigten. Er meint, eine Birnensorte müsse durch Alter erst bis zu einem Zustand von Schwäche gekommen sein, ehe sie auf Quitte gedeihen könne. Dieser Angabe können wir nicht unbedingt Glauben schenken. Wir wissen zwar bereits, daß mehrere Sorten nicht auf Quitte gedeihen, wahrscheinlich weil die Gefäße der jungen, kräftigen Sämlingstriebe der Art sind, daß die Verbindung mit der Quitte nicht vollkommen gesichert ist, oder weil der Nahrungssaft beider sich nicht verträgt. In diesem Falle könnten aber die Reiser nicht bis zum Fruchttragen gut auf Quitten gedeihen. Da man indessen weiß, daß nicht alle Birnen auf Quitten gedeihen, so wird man wohl thun, sie als Unterlagen für Sämlinge nicht anzuwenden. Am besten bleibt immer die Doppelveredlung (das Ueberpfropfen), indem man auf einen schon veredelten Baum noch einmal veredelt. Van Mons empfiehlt für Birnen den Weißdorn als eine gute Unterlage zur Probe, und wenn ich nicht irre, so wird er auch von de Jonghe dazu angewendet. Apfelsämlingsreiser kommen auf Paradiesstamm sehr gut fort, was auch durch van Mons bestätigt wird.

Durch Beschränkung oder Verletzung der Wurzeln wird allemal dem Baume Nahrung entzogen, wodurch der Holztrieb gemäßigt und der Fruchtansatz beschleunigt wird. Das Erstere findet statt, wenn man die Sämlinge oder die damit veredelten Stämme in Töpfen kultivirt, an Mauern und in enge Gruben pflanzt, worin sie zwar Anfangs gut wachsen, zur Zeit aber, wenn die Frucht sich erzeugen kann, Hindernisse finden und den Holztrieb mäßigen. — Solche Gruben müssen aber entweder ausgemauert oder von schlechtem Boden umgeben sein. Die Behandlung würde sich gleich bleiben, ob die Bäume veredelt sind oder nicht. Um aber nicht aus Mangel an

Nahrung schlechte Früchte zu erziehen, müßte man diese Bäume düngen, sowie sich die ersten Früchte zeigen. Doppelt würde der Zweck erreicht, wenn man veredelte Stämmchen in Töpfen kultivirte.

Durch öfteres Umpflanzen wird erfahrungsmäßig die Tragbarkeit ver= früht, weil der Holzwuchs dadurch gemäßigt wird, und weil sich mehr feinere Wurzeln bilden. De Jonghé hält das Verpflanzen für das Hauptmittel einer verfrühten Tragbarkeit und sagt: „Bei der Erziehung des jungen Stämmchens ist dahin zu trachten, so schnell wie möglich 5, 6 oder 7 Fuß über dem Boden eine Kronenverzweigung zu erlangen (also Hochstämme zu erziehen), indem sich da die Fruchtknospen und Früchte bilden. Durch drei= maliges Umpflanzen bei zweijähriger Zwischenzeit beschleunigt man die Epoche einer ersten Fruchttragung, denn hierdurch erzielt man eine große Veräftelung der Wurzeln, eine Vermehrung der Fasern (Haarwurzeln), der Spongiolen, welche den die Fruchtorgane nährenden Saft aufnehmen."

Durch den Sommerschnitt wird bekanntlich der Ansatz von Fruchtholz am leichtesten herbeigeführt, weshalb man ihn auch an den ersten Säm= lingen anwenden sollte, sobald diese die nöthige Stärke erreicht haben.

Ein wichtiges Mittel ist ferner die Hemmung des Saftlaufes, welche auf verschiedene Weise hervorgebracht werden kann. Aderlassen mit Längs= und Querschnitten (Schröpfen), Ringelschnitte, Ringeln der Aeste und Wurzeln, mit einem umgelegten Draht sind bekannte Mittel, um unfrucht= bare Bäume fruchtbar zu machen, wenn zu üppiger Holztrieb die Ursache der Unfruchtbarkeit ist. Alle diese Verrichtungen werden daher auch hier gute Dienste thun. Nicht minder wirksam ist das Niederbinden der Zweige und ganzer Aeste und Einknicken der Triebe im Sommer oder wenn es ver= säumt wurde, Drehen derselben im Frühjahre, wodurch die Fruchtbildung sehr befördert wird.

4. Bestimmung des Fruchtwerthes.

173. Wenn die Sämlinge Früchte zur Reife gebracht haben, so gilt es, den Werth oder Unwerth der Früchte zu bestimmen. Die erste Probe entscheidet jedoch niemals sicher. Eine Frucht kann im ersten Jahre gut oder schlecht, in den folgenden umgekehrt sein. Es erscheint rathsam, die Früchte mindestens von drei verschiedenen Jahren zu versuchen, ehe man sie viel vermehrt und weiter verbreitet. De Jonghé will die dritte Produktion (Fruchttragen) abgewartet haben und sagt, daß man 5—6 Jahre beobachten müsse. Dann solle man anfangen zu vermehren, um wiederum zu versuchen, um die Eigenschaften des Baumes, als: Wuchs, Verhalten auf verschie= denen Wildlingen, Haltbarkeit, Standort ꝛc. kennen zu lernen.

Bei der Bestimmung des Fruchtwerthes verlasse man sich nicht zu sehr auf das eigene Urtheil, sondern nehme Obstzüchter und Kenner guter Früchte mit seinem Geschmack zu Hülfe. Jedermann hat seine eigenen Kinder am liebsten und urtheilt oft zu gut von ihnen. So auch mit den erzeugten Pflanzen. Man fühlt ein Widerstreben, eine Sorte, deren Er=zeugung viel Mühe gekostet hat, wegzuwerfen. Wer die Anzucht von neuen Obstsorten blos aus Liebhaberei treibt und die Stämme für sich behält, mag es halten, wie er will; wer aber neue Sorten verbreitet, sei es durch unentgeltliche Mittheilung oder auf dem Wege des Handels, wer sie zieht und stark vermehrt, so daß ihre Verbreitung gesichert ist; wer es endlich mit der Verbesserung des Obstbaues ernstlich meint, der sollte ein strenger Richter seiner Kinder sein, sollte nur wirklich werthvolle, durch irgend eine gute Eigenschaft ausgezeichnete, noch nicht vorhandene Sorten verbreiten. Reichliche Tragbarkeit und Gedeihen in jeder Lage und Erziehungsform, besonders als Hochstamm, sind zwei nicht genug zu schätzende Eigenschaften. Leider kann man darüber erst nach langer Zeit urtheilen. Ueber die Eigen=schaften des Baumes und der Frucht muß besonders Buch geführt werden, so daß man von der neuen Sorte eine förmliche Monographie erhält. Da über den verschiedenen Beobachtungen 5—6 Jahre vergehen, so würde ein gewissenhafter Baumzüchter eine neue Sorte erst 12—16 Jahre nach der Aussaat in den Handel geben dürfen. Dies gilt jedoch nur von Kernobst=bäumen. Brauchbare Früchte braucht man deswegen nicht wegzuwerfen. Man pflanzt oder verkauft sie als gewöhnliche Bäume ohne Namen, ver=mehrt sie aber nicht. Bäume, welche werthlose Früchte haben, werden hoch=stämmig umgepfropft.

Ob der Baumzüchter es mit der ersten Generation bewenden lassen will, wie es wol die meisten Züchter neuer Sorten thun, oder ob er selbst die Samen schlechter Früchte wieder säen will, wie es van Mons that, der endlich gute Früchte erhielt, dies mag dem Gutdünken eines Jeden über=lassen bleiben. Ich habe die Theorie van Mons' mitgetheilt und so den Weg gezeigt, wie viele der besten neueren Obstsorten erzeugt worden sind. Jeder wähle das ihm am meisten Zusagende.

Schluß des ersten Bändchens.

Druckfehler.

S. 28 3. 20 v. oben lies Riegels statt Bingels.

„ 39 „ 19 v. oben lies praepaturiens statt praematuriens.

„ 39 „ 15 v. unten lies Chineapin statt Chimoapin.

„ 44 „ 18 v. oben lies Pflanzhecke statt Pflanzenhacke.

„ 56 „ 1 v. lies seltener statt seltenen.

„ 59 „ 1 v. oben lies ¼ Zoll statt 1 Zoll.

„ 59 „ 14 v. unten lies Brechannchen statt Brechangen.

„ 65 „ 1 und 3 v. oben lies die statt der Pfirsich.

„ 84 „ 11 v. oben lies vorübergehende statt vorübgehnde.

„ 85 „ 7 v. unten lies Sohlweide statt Soolweide.

„ 121 „ 14 v. unten lies Augen statt Angen.

„ 138 „ 16 v. unten lies Haupttrieben statt Hauptrieben.

„ 186 „ 4 v. unten lies Canada statt Canade.

„ 189 „ 10 v. unten lies Haide statt Heide.

Illustrirte Bibliothek

des

landwirthschaftlichen Gartenbaues.

Der praktische Obstgärtner.

3.

Hardy-Jäger, Obstbaumschnitt.

Dritte Auflage.

Illustrirte Bibliothek
des
landwirthschaftlichen Gartenbaues
für
Gärtner, Landwirthe und Gartenbesitzer.

Mit besonderer Berücksichtigung
des Obst= und Gemüsebaues und des Gartenbetriebes
in Frankreich und England.

Herausgegeben
von
H. Jäger,
Großherzogl. Sächs. Hofgärtner und Inspektor von Gemeindebaumschulen 2c.

I.
Der praktische Obstgärtner.
In drei Bänden.

3.
Der Obstbaumschnitt.
Dritte Auflage.
Mit zahlreichen in den Text gedruckten Abbildungen.

Leipzig,
Verlag von Otto Spamer.
1867.

Der

Obstbaumschnitt.

Neueste Methode

zur Behandlung der feinern Obstarten am Spalier

sowie

in allen anderen gebräuchlichen Formen.

Nach

J. A. Hardy,

Ritter der Ehrenlegion und Vorsteher des Luxembourg-Gartens in Paris rc.

Bearbeitet unter Benutzung von dessen „Traité de la taille des arbres fruitiers"
und durch Zusätze und Erläuterungen unseren Verhältnissen angepaßt

von

H. Jäger,

Großherzogl. Sächs. Hofgärtner, Mitherausgeber der „Gartenflora",
Ehrenmitglied verschiedener Gartenbauvereine, Inhaber der Königlich Württemberg'schen
großen goldnen Medaille für Wissenschaft und Kunst rc.

Dritte vermehrte und verbesserte Auflage.

Mit 96 in den Text gedruckten Abbildungen.

Leipzig,
Verlag von Otto Spamer.
1867.

Leipzig,
Druck von Giesecke & Devrient.

Seinem Freunde,

Herrn Dr. Eduard Lucas,

Königl. Garteninspektor, Gründer und Direktor des ersten deutschen
pomologischen Gartens 2c.,

dem thätigen Beförderer der Obstbaumzucht durch Beispiel, Schrift und Wort,

widmet diese Blätter

H. Jäger.

Vorwort des Verfassers.

Der Gedanke, ein Buch zu veröffentlichen, lag mir sehr fern, und ich würde mich nie dazu entschlossen haben, wenn nicht eine große Zahl von Schriftstellern mir die Ehre erzeigt hätte, meinen Vorträgen mit wohl= wollender Ausdauer zu folgen. Sie wünschten meine Lehren zu einem übersichtlichen Ganzen zusammengestellt, und ich konnte, ohne undankbar zu sein, dieses nicht länger verweigern.

Das Buch, welches ich jetzt dem Gutachten der Gartenverständigen übergebe, ist also, mit Ausnahme einiger weniger Zusätze, die Darstellung der Vorgänge und Lehren unserer öffentlichen Verhandlungen. Dieser durchaus praktische Unterricht, bei welchem ich, so viel in meinen Kräften stand, den Fortschritten meiner Kunst gefolgt bin, begann 1836 in der Baumschule des Luxembourg=Gartens, unter dem hohen Schutze des Herzogs von Decazes, damals Großreferendarius der Pairskammer. Diese Vorträge waren, so zu sagen, die Fortsetzung der öffentlichen Vorträge meines Onkels, M. Hervy, ehemaligen Direktors der genannten Baumschule, der, als einer der Ersten, praktischen Unterricht mit dem Messer in der Hand ertheilte. Ich folgte darin seinem Beispiele in der Ueberzeugung, daß eine durch und durch praktische Wissenschaft sich nur durch Experimentiren und Belehrung durch Thatsachen, also durch praktischen Unterricht, vollständig erlernen lasse.

Ich habe nicht darnach gestrebt, Neuerungen einzuführen, und gebe diejenigen Anweisungen, welche ich für die richtigsten und zweckmäßigsten halte, doch überall, wo ich es für nöthig hielt, durch meine Erfahrungen erprobte Verbesserungen anbringend. Ich habe mich bestrebt, mich kurz zu fassen, und den Text so viel als möglich beschränkt, indem ich Zeichnungen

beigab, weil ich diese Lehrmethode für nützlicher halte, da letztere die ver=
schiedenen Verrichtungen besser erklären als eine längere Beschreibung, die
immer ermüdend ist und oft sogar verwirrt.

Dieses Werk ist hauptsächlich für Solche bestimmt, welche von dem
Schnitte der Obstbäume noch keinen Begriff haben, und ist deshalb ganz
elementar, d. h. die Anfangsgründe enthaltend. Ich wage nicht zu hoffen,
daß es ganz nach meinem Wunsche ausgefallen ist, aber ich würde mich
glücklich schätzen, wenn ich durch Veröffentlichung meiner Erfahrung einigen
Liebhabern der Obstbaumzucht und besonders den jungen Gärtnern, die
— was ich mit freudiger Anerkennung ausspreche — jetzt mehr als je sich
in ihrer Kunst auszubilden streben, von einigem Nutzen sein könnte.

Zum Schlusse erlaube ich mir, einer großen Anzahl von ehrenwerthen
Schriftstellern, welche seit 18 Jahren meinem Unterrichte gefolgt sind, hiermit
meinen Dank auszusprechen. Ich werde nie vergessen, mit welcher gütigen,
mir so nothwendigen Nachsicht sie mir begegnet sind. Möchte ich, mich ihren
Wünschen fügend, bei den Lesern dieselbe Nachsicht und dasselbe freundliche
Wohlwollen finden.

Paris, im Februar 1853.

Vorwort des Bearbeiters der ersten Auflage.

Als ich die Aufforderung erhielt, dieses ausgezeichnete Werk in das Deutsche zu übertragen, war es mir noch nicht bekannt, und ich übernahm eine deutsche Bearbeitung hauptsächlich aus dem Grunde, damit es keinem Uebersetzer von Profession in die Hände fallen sollte, denn daß das Buch einen Uebersetzer finden würde, war nach dem überaus günstigen Urtheile der französischen Kritik kaum zweifelhaft. Ich brauche wol kaum zu erklären, wie mangelhaft alle Uebersetzungen von wissenschaftlichen oder technischen Fachwerken sind, wenn sie nicht von einem des Gegenstandes ganz mächtigen Sachverständigen herrühren, wie sehr die Dinge verdreht werden und wie nachtheilig daher ihre Benutzung für den Unerfahrenen werden kann. Was nun meine eigene Befähigung zu dieser Arbeit betrifft, so erlaube ich mir zu bemerken, daß ich, in Folge eines längeren Aufenthaltes in Frankreich, in verschiedenen Gärten von Paris, namentlich aber auch in der Provinz, als Chef der Gärten des Grafen Talleyrand-Perigord in Verneuil bei Triel (beiläufig gesagt einer Gegend, wo sich ein großer Theil der Bevölkerung vom Obstbau, namentlich von der Aprikosenzucht nährt), die französische Obstbaumzucht genügend aus eigener Anschauung und Uebung kenne und sehr wohl zu beurtheilen weiß, welche Anwendung die französische Lehre in Deutschland finden kann. Ja, ich kenne sogar die schönen Spaliere und Bäume des geehrten Verfassers, da ich einige Zeit ein Bewohner und Arbeiter des Jardin du Luxembourg, obschon nicht unter Herrn Hardy selbst, gewesen bin.

Bemerkungen über das Original könnte ich übergehen, denn der Name des Verfassers überhebt mich jedes Lobes. Herr Hardy gilt als ein wahrer Meister der Obstbaumzucht, und die französischen Gärtner und Gartenfreunde haben sich um das längst erwartete Werk so zu sagen gerissen, so daß es in wenigen Monaten vergriffen war und eine neue Auflage, nach welcher diese Bearbeitung gemacht ist, nöthig wurde. Die Franzosen sind seit 200 Jahren unsere Lehrer in der Kultur der Obstbäume gewesen und werden es voraussichtlich noch lange bleiben. Was La Quintinie, der scharfsinnige Beobachter der Natur, der Schöpfer der Spalierbaumzucht und des Baumschnittes, erfunden, was nach ihm die Pariser Karthäuser in ihrem berühmten Baumgarten und verschiedene ausgezeichnete Baumzüchter vervollkommnet, ist nun eine wirkliche Lehre geworden, die, gestützt auf die neueren Fortschritte in der Pflanzenphysiologie, auf fester wissenschaftlicher Grundlage ruht, und deren Anwendung unzweifelhaft zu einem guten Erfolge führen muß. Leider bedürfen wir in Deutschland noch sehr der Belehrung in der Obstbaumkultur, ja wir haben sie mehr als je nöthig. Wer unbefangen um sich blickt, muß die traurige Erfahrung machen, daß wir in Bezug auf die Kultur der dem Schnitte unterworfenen Obstbäume im Zurückschneiden begriffen sind. Die alten Gärtner wußten sonst, außer ihrer Orangerie, einigen Feigen, Myrten, Rosmarin und Levkoyen u. s. w., verwünscht wenig von der Blumenzucht und Pflanzenkultur, aber sie verstanden meistens ihr Spalier und ihre Pyramiden u. s. w. eben so gut wie ihre Hecken zu ziehen. Davon sind nur noch wenige am Leben, und bald werden auch diese aussterben. Wer wird in Zukunft unsere feinern Obstarten ziehen? Die jungen Gärtner, so scheint es, wollen es meistens nicht, denn sonst würde man nicht unter zehn derselben kaum einen finden, der einen Obstbaum nur einigermaßen richtig zu behandeln versteht. Auch geht die ganze Erziehung darauf hinaus, die neueren Gärtner von der Nutzgärtnerei, d. h. vom Obst- und Gemüsebau, abzuziehen. Sie wollen sogenannte Kunstgärtner sein und sich nur noch mit der Kultur seltener Pflanzen und Samen beschäftigen. Obst- und Gemüsebau — das sei für die „Krauthasen" und Bauern da, meinen sie. In Baumschulen und Gemüsegärten zu arbeiten, fällt jetzt selten einem jungen Manne ein. Nun, sie werden es erfahren, wie weit sie mit ihren Kenntnissen kommen, denn die wenigsten bekommen einst Orchideen u. s. w. zu kultiviren. Glücklich der junge Mann, der noch zu einem alten Gärtner in die Schule kommt, früher oder später, und die Gelegenheit sucht und findet, den Obstbaumschnitt und was damit zusammenhängt zu erlernen. — Möchte auch dieses Buch dazu beitragen, den Verfall dieses Kulturzweiges aufzuhalten, möchte es die jungen Gärtner daran erinnern, was ihnen noth thut.

Ich habe nun noch Einiges über meine deutsche Bearbeitung zu bemerken. Das Original enthält nämlich außer der Lehre vom Baumschnitte, die ich vollständig und unverändert gebe, einen Anhang über die Vereblungsarten, über Krankheiten und Feinde der Obstbäume, endlich über Düngung und Aufbewahrung des Obstes. Man wird mir beistimmen, daß dies zwar wissenswerthe Dinge sind, daß sie aber durchaus nicht zum Baumschnitte gehören. Da diese Abhandlungen, mit Ausnahme der über die Vereblung, überdies sehr kurz und daher ungenügend sind, so habe ich sie mit gutem Grunde weggelassen und nur einige unentbehrliche Bemerkungen über die Beziehungen der Krankheiten und der Vereblung zum Baumschnitte dem Original entnommen. Auch den letzten Abschnitt, ein Verzeichniß der besten Obstarten enthaltend, mußte ich, um ihn für die deutschen Leser nützlicher zu machen, insofern verändern, daß ich nur die auch von anderen Autoritäten als vorzüglich gut anerkannten Sorten aufnahm, dagegen die besten in Deutschland bekannten und zu habenden feineren Obstsorten hinzufügte.

Was die Schreibart anbelangt, so bin ich keineswegs mit meiner Arbeit zufrieden, und ich bitte den gütigen Leser wegen mancher Härten im Style um Nachsicht. Sie würden, wenn ich mich hätte frei bewegen können, nicht vorgekommen sein und sind eine fast unvermeidliche Folge treuer Uebersetzung und der Gewohnheit des Verfassers, der sonst bewundernswürdig klar und praktisch ist, seine einfachen Gedanken zuweilen mit einem gelehrten Mantel zu umgeben, ganz wie es bei uns manche sonst recht praktische Gärtner thun, wenn sie ein Buch schreiben.

Der Verleger hat es für gut befunden, die vortrefflichen Abbildungen in den Text drucken zu lassen, was die Benutzung jedenfalls erleichtert. Es mußten allerdings die Figuren zu diesem Zwecke zum Theil verkleinert werden, was jedoch der Deutlichkeit nicht Eintrag gethan hat.

Eisenach 1854.   H. Jäger.

Vorwort zur zweiten Auflage der deutschen Bearbeitung.

Meine Hoffnungen bei der Publikation der ersten Auflage haben sich schnell verwirklicht: die Freunde der Obstbaumzucht haben von Hardy's vortrefflichem Buche nach meiner Bearbeitung so viel Gebrauch gemacht, daß es gänzlich vergriffen und eine neue Auflage nöthig wurde. Diese noch vollkommener zu machen, als die erste, war mein eifrigstes Bestreben, und ich hoffe, daß es mir gelungen ist. Die jetzige Bearbeitung enthält nicht nur die auf den Baumschnitt Bezug habenden Zusätze, welche Herr Hardy seit dem Erscheinen unseres Buches in zwei neuen Auflagen machte, sondern auch viele schätzbare Mittheilungen aus anderen vorzüglichen Werken, besonders nach Lepère, Dubreuil, de Jonghé, A. Puvis, M. A. Cassonet, Dupuy, Graf Lelieur, Joigneaux, dem Manuel d'arboriculture der belgischen Gouvernementsausgabe, sowie aus den besten fremden und inländischen Zeitschriften, vermehrt durch eigene Erfahrungen. Damit man aber die fremden Zusätze von Hardy's Worten, die immer noch den Kern des Buches bilden, unterscheiden kann, so wurde, wo wirkliche Einschaltungen stattfanden, zu Anfang und Ende ein Sternchen (*) angebracht. Diese Behandlung brachte es mit sich, daß ich mich bei dieser Bearbeitung weniger streng an die Worte des französischen Stammwerkes als an den Sinn hielt. Einige Zusätze, welche zum Baumschnitt gar nicht gehören, ließ ich abermals ganz weg, ebenso alles Ungehörige, welches schon in der ersten Auflage wegblieb. (Siehe die Vorrede zur ersten Auflage.) Endlich ließ ich diesmal die Einleitung über das Entstehen und Wachsthum der Bäume u. s. w. ganz weg, indem solche Vorkenntnisse von den Lesern wol vorausgesetzt werden können und in deutschen Büchern besser als bei Hardy zu finden sind, indem jene botanischen Mittheilungen zum Theil dem jetzigen Stande der Wissenschaft (Pflanzenphysiologie) nicht mehr entsprechen.

Die Abbildungen wurden um zehn vermehrt, und es sind diejenigen, welche die neue Methode des fortgesetzten Entspitzens der Pfirsichbäume zur Erzeugung von Fruchtholz ohne Winterschnitt darstellen, sowie die neuen Spalierformen für Birnen und Pfirsiche, ganz besonders werthvoll.

An dem Verzeichniß der Obstsorten fand ich nicht für gut viel zu ändern, obwol nach den kritischen Bemühungen der letzten Jahre manche Ungenauigkeiten im Betreff der Namen, besonders vom Kernobst, darin vorkommen mögen. Diese aber zu berichtigen und ein besseres Obstverzeichniß herzustellen, hätte ich fast die ganze neue pomologische Literatur studiren müssen, was jetzt nicht möglich war. Ueberdies sind die Quellen, aus denen ich hätte schöpfen können, immer noch nicht recht schöpfbar und geklärt, die für uns bequemste und neueste, das „Handbuch der Obstkunde" von Jahn, Lucas, Oberdieck u. A., noch nicht fertig, überdies auch nicht unfehlbar.

Bringe ich diese neue Arbeit in Verbindung mit den thatsächlichen praktischen Bemühungen von anderer Seite, namentlich der praktischen Anleitung zur Pfirsichzucht durch den jüngern Herrn Lepère aus Montreuil in Norddeutschland und der Gründung des neuen Pomologischen Gartens zu Reutlingen durch Herrn E. Lucas und unter dessen Direktion, so darf ich mich der Hoffnung hingeben, daß mein Buch noch mehr als in seiner ersten Gestalt zur Hebung der höheren Obstkultur beitragen wird.

Eisenach, im Herbste 1859.

Der Verfasser.

Vorwort zur dritten deutschen Auflage.

Auch diese neue Auflage hat viele wichtige Zusätze erhalten, sowol im Text als in den Abbildungen. Die Grundlage derselben war das seit der letzten Bearbeitung in sechster Auflage erschienene französische Original, welches ungemein reich an Zusätzen ist. So darf ich denn hoffen, daß dieses Buch nicht nur gleichen Schritt hält mit den immermehr hervortretenden praktischen Bestrebungen durch Anlage von Obstgärten nach französischem Muster, sondern — wie es auch bei einem Lehrbuche der Fall sein muß — als Führer vorangehen kann.

Seit dem Erscheinen der ersten Bearbeitung haben sich manche Ansichten geändert, namentlich in Bezug auf die Anpflanzung. Man pflanzt in den Gärten der Obstbaumfreunde jetzt gern schon geformte Bäume an, welche bald tragen. In der Form werden auf diese Art die Bäume wol mangelhafter werden, aber materiell kommt man sicher besser dabei weg. Aus demselben Grunde — dem Verlangen nach schnellen Erfolgen — haben auch diejenigen Formen neuerdings am meisten Verbreitung gefunden, welche in kürzester Zeit Erträge liefern. Diese wurden daher auch mehr als früher berücksichtigt und ausführlich besprochen. Die in der zweiten Auflage gebrauchte Einrichtung, meine Zusätze mit einem * (zu Anfang und Ende) zu bezeichnen, ist zwar auch hier beibehalten worden, konnte aber doch nicht streng durchgeführt werden. Eine wesentliche Veränderung und Verbesserung erhielt das Verzeichniß der empfohlenen Obstsorten am Schlusse des Werkes. Das von Hardy gegebene genügte schon bei der ersten Bearbeitung nicht zu meinen Zwecken; dagegen war die dafür gegebene Zusammenstellung für Deutschland in mehr als einer Hinsicht fehlerhaft, weil es damals an kritischen Quellen fehlte. Nachdem aber manche Hindernisse hinweggefallen, konnte ich auch ein richtigeres, besser begründetes Obstverzeichniß aufstellen, das bei dem immer noch schwankenden Zustande unseres pomologischen Wissens allerdings noch nicht fehlerfrei sein wird.

Bei den Abbildungen wurde insofern eine Abänderung getroffen, als die noch vorhandenen von größtem Umfang im Format des Buches hergestellt worden sind, wodurch die Deutlichkeit nicht verloren, die Handlichkeit gewonnen hat. Das französische Original hat nach diesem Vorgange ebenfalls Holzschnitte angenommen und nach diesen Vorlagen sind die in Rede stehenden sechs Tafeln sorgfältig verkleinert worden.

Eisenach, Ende 1866.

H. Jäger.

Inhalt

zu

Jäger's Obstbaumschnitt.

Dritte Auflage.

Einleitung.

Ueber Pflanzung, Mauern, Geländer und Schutzvorrichtungen.

Erste Abtheilung.

Ueber den Schnitt der Obstbäume.

Erstes Kapitel.

Vorläufige allgemeine Bemerkungen.

Zweites Kapitel.

Verrichtungen, welche den Schnitt ergänzen und ähnliche Zwecke haben.

Drittes Kapitel.

Vom Schnitt der Pyramidenbäume.

Viertes Kapitel.

Schnitt der Bäume am Spalier.

Fünftes Kapitel.
Die Kultur des Weinstockes im Garten.

Sechstes Kapitel.

Ueber den Schnitt der Obststräucher.

Zweite Abtheilung.

Berichtigungen.

Der Baumschnitt.

Einleitung.

Ueber Pflanzung, Mauern, Geländer und Schutzvorrichtungen.

Das Ausroden.

1. Das Gedeihen der Bäume hängt größtentheils von der Sorgfalt ab, mit welcher sie gepflanzt werden. Der große Wechsel, welchen sie durch das Herausnehmen aus der Baumschule erfahren, macht besondere Aufmerksamkeit bei der Pflanzung nöthig, damit ihr Gedeihen gesichert ist, damit die Bildung der Haarwurzeln befördert wird und in den folgenden Jahren das Wachsthum so schnell, wie es die Bodenbeschaffenheit erlaubt, vor sich geht.

Die erste Bedingung des Gedeihens ist ein mit Sorgfalt ausgeführtes Ausgraben und eine gute Pflanzung. Man kann nie zu viel Vorsichtsmaßregeln anwenden, um das leider so häufige Verstümmeln und Zerreißen der Wurzeln zu verhüten. Es ist sicher, daß, je mehr diese geschont werden, desto reicher die Bildung der Haarwurzeln, desto sicherer das Anwachsen sein wird.

Die Wurzeln dürfen so wenig wie möglich an der Luft liegen bleiben und müssen vor Allem gegen Frost gesichert werden. Wenn sie in Folge der Versendung lange unterwegs sind und ausgetrocknet ankommen, ist es sehr zweckmäßig, sie einige Stunden ins Wasser zu legen. *Kommen Bäume sehr vertrocknet an, so daß selbst die junge Rinde eingeschrumpft ist, so ist es am besten, sie ganz mit feuchter Erde zu bedecken und diese noch anzufeuchten, auf welche Art sie sich am ehesten wieder erholen.* Kann die Pflanzung nicht sogleich vorgenommen werden, so muß man sie einschlagen, und zwar geschützt gegen Kälte und Wind. Sollten die Bäume bei starker Kälte ankommen, so darf man sie nicht auspacken. Man legt sie dann an einen frostfreien, jedoch nicht warmen Ort, damit sie langsam aufthauen.

Wahl und Vorbereitung des Bodens. Pflanzlöcher.

2. Wenn man den Boden nach Belieben auswählen kann, so ziehe man einen fruchtbaren, nicht zu trockenen oder nassen Boden von mittlerer Bündigkeit vor. Im Allgemeinen sind die Kernobstbäume in Bezug auf den Boden wählerischer als die Steinobstbäume; sie verlangen einen reicheren, tieferen Boden, welcher hinsichtlich der letztern nur für den Pfirsichbaum nöthig ist, obschon dieser auch in leichtem, wenig tiefem Boden fortkommt. Wie aber auch die Natur des Erdreichs sei, auf alle Fälle muß es für die Aufnahme der Bäume vorbereitet werden. Diese Vorbereitung besteht im Umgraben und Düngen der Erde, manchmal sogar im Herbeischaffen von guter Erde (Kompost), damit das Wachsthum so schnell wie möglich angeregt wird.

Das Umarbeiten, welches wir hier nicht beschreiben wollen, geschieht entweder vollständig oder theilweise. Das erstere ist vorzuziehen, weil hierbei die verschiedenen Erdschichten, welche oft in verschiedener Tiefe wechseln, besser durcheinander kommen. Das vollständige Umarbeiten oder Rigolen wendet man überall an, wenn man ein ganzes Stück Land oder eine Rabatte bepflanzt. Die theilweise Umarbeitung besteht in dem Ausgraben von Gruben oder Baumlöchern von verschiedener Größe.

Das Umarbeiten des Bodens muß mindestens zwei Monate vor der Pflanzung geschehen, damit die oben aufgebrachte rohe (todte) Erde dem Einflusse der Luft ausgesetzt und dadurch fruchtbarer wird.

Die Tiefe, in welcher das Umarbeiten des Bodens geschieht, ist je nach der Beschaffenheit des Bodens und des Baumes verschieden. Wir wollen hier einige durchschnittliche Angaben folgen lassen, nach welchen man sich in den meisten Fällen richten kann. Ist der Boden leicht, so können die Wurzeln von selbst eindringen, und es genügt, wenn er 60 — 70 Centimeter [1] tief umgearbeitet wird. Ist er hingegen sehr fest und schwer, so grabe man ihn 80 Centimeter bis 1 Meter tiefer um. Ist Bodenwasser vorhanden, so ist es zweckmäßig, den Grund der Rigolgräben oder der Gruben in einer Höhe von 20 Centimetern (ungefähr dem fünften Theil von 3 Fuß) mit Steinen oder Kalkschutt aufzufüllen, damit das Wasser aus den oberen Erdschichten hinabsickert und die Wurzeln vor der schädlichen

---

[1] Da doch wol in kurzer Zeit das Meter-Maß auch in Deutschland eingeführt werden wird, so unterlasse ich die Reduktion auf Zolle und Fuße in vielen Fällen. 100 Centimeter sind gleich 10 Decimeter, gleich 1 Meter (Mètre). Der Meter (gewöhnlich zu 3 Fuß oder einer halben Toise angenommen) ist die Einheit des französischen Flächenmaßes. 100 Meter sind gleich 318,₈₈ rheinländischen Fuß. Der rheinländische Fuß verhält sich zum Pariser (⅓ Meter oder 33⅓ Centimeter) wie 27 zu 28. Demnach sind 60—70 Centimeter ca. 2 Fuß.

Einwirkung des Stauwassers bewahrt werden. Man wird wohl thun, in diesem Falle den Boden mit breiten Dachziegeln oder Steinplatten gleichsam auszupflastern, um das Eindringen der Wurzeln in die Tiefe zu verhindern. Dieses Mittel gegen schädlichen Feuchtigkeitsüberfluß wird man jedoch nur für einzeln stehende Bäume anwenden. Handelt es sich aber um die Entwässerung ganzer Gärten oder Landstücke, so muß das Land drainirt werden. Hierbei richtet sich die Entfernung der Stränge (Röhrenlagen) nach den Baumreihen [1]).

3. Macht man Baumgruben in mittelmäßig gutem Boden, so dürfen sie nicht unter 2 Meter breit und unter 80 Centimeter bis 1 Meter tief sein, vorausgesetzt, daß es der Boden zuläßt. Ist der Boden von Natur ganz unfruchtbar, so schafft man gute Erde herbei, um die Gruben zu füllen, was allerdings die Pflanzung theurer macht. In gutem, d. h. nicht völlig unbrauchbarem Boden genügt eine Breite von 1½ Meter und eine Tiefe von 80 Centimetern; hat man indessen die Ausgabe nicht zu scheuen, so mache man diese Auffüllung eher größer als kleiner. Bei den Baumlöchern muß Sorge getragen werden, daß die obere fruchtbare Erde allein geworfen wird, um sie für die Umgebung der Wurzeln aufzubewahren. Ist dagegen die untere Erde besser als die obere, so läßt man diese der Luft ausgesetzt liegen, wo sie bald bessere Eigenschaften annimmt und fruchtbar wird. Der Boden der Grube wird mit der Rodehaue tief gelockert. Es ist immer rathsam, die Baumgruben im Herbst und Winter zu machen und sie offen liegen zu lassen; dadurch wird nicht nur der aufgeworfene Boden, sondern auch die Erde der Grubenwandungen fruchtbar und mild.

Wenn man die Absicht hat, ein ganzes Spalier zu bepflanzen, so rathe ich, jedenfalls die Rabatte in ihrer ganzen Länge zu rigolen und zwar wenigstens 2 Meter breit und 70—80 Centimeter tief. Sollte der Boden noch nicht gut kultivirt, wie man sagt, noch roh, oder die humusreiche Bodenschicht nur schwach sein, so darf man den obern Boden nicht unten hinbringen, sondern muß guten und schlechten Boden vermischen. Man wird dann wohl thun, verwesten Dünger oder Komposterde dazwischen zu bringen.

Wird das ganze Land rigolt, so ist es natürlich nicht mehr nöthig, bei der Pflanzung so große Löcher (wie oben angegeben) zu machen, und man macht sie nicht größer als nöthig ist, um die Wurzeln bequem hineinbringen zu können, ohne sie zu biegen.

Wir dürfen nicht vergessen, hier wieder in Erinnerung zu bringen,

---

[1]) Ueber das Drainiren enthält „Der praktische Gemüsegärtner", 1. Band, ein Theil dieser Bibliothek, ausführliche Anweisung.　　　　　J.

daß, wenn ein vor Alter oder durch Beschädigung abgestorbener Baum durch einen jungen ersetzt werden soll, man genöthigt ist, die Erde des Pflanz=loches in der oben angedeuteten Ausdehnung ganz zu wechseln, damit das Gedeihen gesichert ist. Man nimmt die Erde von einem benachbarten Land=stücke, und zwar, wenn man die Wahl hat, von der besten. Ohne diese Vorsichtsmaßregel kann ein Baum nicht freudig wachsen, sei es, daß sein Vorgänger die Erde erschöpft oder nachtheilige Stoffe ausgeschieden und im Boden zurückgelassen hat. Pflanzt man aber einen andern Baum (von anderer Art, z. B. einen Weinstock, wo eine Pfirsiche gestanden hat, so ist ein vollständiger Bodenwechsel unnöthig, und es genügt, die Wurzeln mit neuer guter Erde zu umgeben.

Zeit und Zurichtung für die Pflanzung.

4. Die günstigste Pflanzzeit ist der Herbst, besonders wenn das Pflanzen frühzeitig geschehen kann. Man kann damit beginnen, sobald die Vegetation in Stillstand gekommen ist, was in unserm Klima in der zwei=ten Hälfte des Oktobers der Fall ist. Bäume, welche man um diese Zeit oder Anfangs November an den Platz bringt, bilden sogleich neue Haar=wurzeln und treiben im Frühling viel kräftiger als die nach dem Winter gepflanzten. In kaltem, nassem Boden oder wo das Land im Winter der Ueberschwemmung ausgesetzt ist, ist die Pflanzung im Frühjahr vorzuziehen. In den rauhen Gegenden Deutschlands, wo die Pfirsich= und Aprikosen=bäume im Winter bedeckt werden müssen, ist die Frühjahrspflanzung immer vorzuziehen. Doch muß sie so bald als möglich ausgeführt werden.

5. Ehe der Baum gepflanzt wird, muß man zu seiner Zurichtung schreiten. Diese erleiden sowol die Zweige als die Wurzeln. Was die Wur=zeln betrifft, so genügt es, alle diejenigen, welche beim Ausroden und Trans=port gequetscht, abgestoßen oder sonst beschädigt wurden, zurückzuschneiden. Man muß hierauf die größte Sorgfalt verwenden, denn es kommt oft vor, daß die verwundeten Wurzeln, anstatt zu vernarben, krebsig werden, in Folge dessen der Baum kränkelt und endlich abstirbt. Man schneidet die vertrockneten Faserwurzeln ab, damit sich an dieser Stelle neue bilden kön=nen, was zum Gedeihen mächtig beiträgt. Der Schnitt geschieht stets nach unten, so daß die Abschnittsstelle genau auf die Erde kommt, was die Ver=narbung ungemein begünstigt. [1]

[1] Das neuerdings von Frankreich aus und auch vom Pomologischen Institut in Reutlingen empfohlene sehr starke Zurückschneiden der Hauptwurzeln halte ich für sehr bedenklich als Regel aufzustellen, obschon ich zugebe, daß in gutem Boden die so be=handelten Bäumchen keinen Nachtheil davon haben. J.

Was die Zweige betrifft, so schneidet man vorläufig (im Herbst) die zerbrochenen oder stark beschädigten ab und wartet mit dem eigentlichen Zurückschneiden (welches nöthig ist, um das richtige Verhältniß zu den wenigen Wurzeln herzustellen) bis zum Frühjahr, kurz vor Eintritt des Saftes. Was die Hochstämme anbelangt, so läßt man ihnen nur die zu einer guten Krone nöthigen Aeste, schont aber möglichst die Wurzeln.

Wahl der Bäume.

6. Man soll nur Bäume wählen, welche gesund, gut gewachsen und ohne Zeichen von Schwäche sind. Je jünger sie sind, desto leichter ist das Verpflanzen und desto sicherer das Anwachsen. Ich bin weit entfernt von der allgemeinen Meinung, daß Bäume, welche in einer Baumschule mit sehr gutem Boden aufgewachsen und daher sehr kräftig sind, weniger gut wachsen, wenn sie in einen geringeren verpflanzt werden, als wenn sie in einer Bodenart von gleicher Beschaffenheit gezogen worden sind. Im Gegentheil, die Erfahrung hat uns hinlänglich gezeigt, daß so gezogene Bäume viel besser gegen den Einfluß des neuen, schlechteren Bodens kämpfen, als schwache, die aus Boden von gleicher oder ähnlich schlechter Beschaffenheit kommen. Die Wurzeln kräftig gezogener Bäume sind viel mehr zur Aufnahme von nährenden Flüssigkeiten geeignet, haben viel weitere Saftgänge und ein besser gebildetes, dauerhafteres Holz als Schwächlinge, sie können daher viel eher Widerstand leisten. Deshalb rathen wir, nur Bäume aus Baumschulen mit fruchtbarem Boden zu nehmen.

Das Pflanzen. Entfernung.

7. Ist der Baum, wie oben angegeben, zugerichtet, so wird er gepflanzt. Eine der ersten Vorsichtsmaßregeln ist, daß die rechte Tiefe gewählt wird. Diese wechselt je nach der Bodenbeschaffenheit und der Art des Wildlings, auf welchen der Baum veredelt ist. *Es ist fast immer rathsam, die Bäume höher zu pflanzen, als sie gestanden haben, denn das tiefe Pflanzen bringt unsäglichen Schaden. Ist die Erde leicht und heiß, so kann man lieber ringsum auffüllen. In nassem Boden ist es sogar vortheilhaft, die Bäume auf Hügel zu setzen. Werden die Baumlöcher 2½—3 Fuß tief gemacht, so kann man sie fast ganz zufüllen und den Baum oben aufsetzen, denn wenn sich die Erde setzt, so kommt er später gerade recht zu stehen.* In allen Fällen lasse man die Veredlungsstelle über der Erde, denn sie darf nicht mit bedeckt werden. Es ist stets vortheilhaft, wenn die Wurzeln von der Luft erreicht werden können, und darum darf man sie nicht stark bedecken.

Indem man pflanzt, muß man berücksichtigen, daß der lockere Boden sich setzt. Man kann 8—12 Centimeter Senkung auf den Meter gelockerten Boden annehmen, je nachdem er leicht oder schwer, locker oder fest ist.

Das Pflanzen selbst wird auf die bekannte Art mit möglichster Sorg= falt ausgeführt. Es sei nur noch bemerkt, daß es immer nachtheilig ist, den Baum viel zu rütteln und zu heben, nachdem schon viel Erde auf die Wurzeln geworfen ist; ferner beachte man, daß man nicht mit den Füßen darauf herumtritt, als sollte der Boden steinhart werden, denn hält man dabei den Baum fest, so reißen Wurzeln ab; hält man ihn aber nicht, so kommt er tiefer, als er stehen sollte. Bei sehr später Pflanzung ist es anzu= rathen, die Wurzeln einzuschlämmen, indem man eine oder einige Kannen Wasser darauf gießt, um das Anlegen der Erde um die Wurzeln und das Zusammensetzen zu befördern. In schwerem Boden schlämme man dagegen nicht an, sondern gieße blos nach beendeter Pflanzung, weil sonst der Boden zu fest und dicht wird.

Verpflanzt man schon ziemlich starke Bäume, so ist es sehr nützlich, den Stamm und die Zweige mit Baumsalbe von Lehm und Rindermist oder auch blos mit Lehmbrei zu bestreichen, wodurch sie vor Hitze und Aus= trocknung bewahrt werden und das Gereihen mehr gesichert wird.

Am Spalier pflanzt man auf die nämliche Weise, nur sehe man darauf, daß der Stamm 12—15 Centimeter (4—5 Zoll) von der Mauer abkommt, damit er in die Dicke wachsen kann; ferner, daß man ihn schräg mit der Pfropfstelle gegen die Mauer hält, damit er sich leichter an das Spalier ziehen läßt. Man vertheilt hierbei die Wurzeln links und rechts, um sie vom Grund der Mauer abzuweisen. Das Bäumchen wird erst an das Geländer festgebunden, nachdem sich der Boden gesetzt hat.

Es ist vortheilhafter, bei gutem Wetter als bei Regen zu pflanzen, denn die frische, nur feuchte Erde legt sich besser an die Wurzeln als die sehr feuchte, welche sich zusammenballt und der Entwickelung der Haar= wurzeln nachtheilig wird.

Nachdem im Frühjahr die Pflanzungen beendet sind, gebe man der Erde rings um den Stamm, so weit die Wurzeln reichen, eine leichte Bodenbedeckung [pailli[1])], welche die Erde feucht hält. Endlich gehört

---

[1]) Pailli nennen die französischen Gärtner die Bedeckung der Erde mit kurzem Mist, um das Austrocknen zu verhindern. In leichtem Boden werden vom Ende Juni an alle Gemüse- und in vielen Gärten sogar die Blumenbeete auf diese Weise bedeckt. Es ist dies ein ausgezeichnetes, nicht genug zu empfehlendes Kulturmittel. Eine genaue Anweisung von mir enthält der erste Band des „Gemüsegärtners".— Die Uebersetzer französischer Gartenaufsätze nennen pailler stets „mit Stroh bedecken", was doch nie geschieht. In Ermangelung von Mist kann man auch Gerberlohe, Häcksel (geschnittenes Stroh), Flachsscheben (Brechanchen), Moos ꝛc. anwenden. J.

Behacken (zur Vertilgung des Unkrautes und zur Auflockerung) und einigemal Begießen zu der nöthigen Abwartung. Das Gießen braucht nicht oft, muß aber stark geschehen.

8. Was die Entfernung der verschiedenen Baumarten von einander betrifft, so ist das ein wichtiger Umstand, von dem oft die guten Erfolge der Pflanzung abhängen. Ehe diese Frage besprochen werden soll, bemerke ich, daß man sich zum Grundsatz machen sollte, auf einen gewissen Raum stets Bäume von dem nämlichen Wachsthum zu bringen, was viel vor= theilhafter ist, als das in den meisten Gärten noch gebräuchliche Durch= einanderpflanzen der verschiedenen Baumarten. *An hohen Mauern ver= trägt es sich jedoch sehr gut, den wagerecht gezogenen (im Winkelzug be= handelten) Weinstock zwischen Pfirsichbäume zu pflanzen, sobald Platz genug ist, ihn über den Pfirsichbäumen zu ziehen. Beide Baumarten stören sich auf diese Art gar nicht. Was wir hier zu sagen haben, bezieht sich haupt= sächlich auf die Spalierbäume.

Man pflanzt in der Regel zu eng. Indem man den jungen Baum vor sich hat, kann man sich dessen künftige Ausdehnung nicht recht vorstellen. Und doch ist hinreichender Raum so nothwendig zu einem reichlichen und regelmäßigen Fruchttragen!

Die Entfernung der Bäume von einander hängt ab: 1) von ihrer einstigen Größe und der Art zu wachsen, welche zum Theil von der Ver= edlungsunterlage abhängt; 2) von der Bodenbeschaffenheit; 3) von der Form, in welcher sie gezogen werden; 4) von der Höhe der Mauer mit Strohdach (vergl. 12.), wie man sie meist findet.

Wir wollen diese Umstände nach einander ins Auge fassen und beginnen bei dem Spalier.

An einer Mauer von 2 Meter und 30 Centimeter Höhe (etwas über 8 Fuß) pflanzt man:

Pfirsiche auf gutem Boden: a. auf die gewöhnliche Art im Viereck (à la forme de carrée) gezogen, 8 Meter; b. auf Herzstamm (en pal= mette), 6—8 Meter. In mittelmäßigem Boden erstere 6 Meter, letztere 5 Meter.

Gabelbäume (Palmetten mit aufrechten Aesten) bekommen 2½ Meter Entfernung, wenn sie 5 Aeste, 1½ Meter, wenn sie 3 Aeste haben.

Schiefe Pfirsichbäume werden 0,80—1 Meter von einander gepflanzt.

Birnbäume in gutem Boden auf Herzstamm (en palmette) 5 Meter, auf geringerem 4 Meter. Gabelbäume mit 8 Aesten (Fig. 38) bekommen 2 Meter, mit 5 Aesten (Fig. 37) 1¼ Meter, mit 4 Aesten (Form eines U) 1 Meter, mit 3 Aesten ¾ Meter, mit nur 2 Aesten ½ Meter Abstand.

Aprikosen, Kirschen und Pflaumen auf Herzstamm in gutem Boden 6 Meter, in geringerem 4 Meter.

Weinstöcke, nach der Weise von Thomery behandelt, pflanzt man 50—60 Centimeter (je nachdem die Mauer hoch) von einander. Wir werden in dem Kapitel über den Weinstock noch ganz besonders davon sprechen. Auf Herzstamm und auf einfachen Winkelzug 70—75 Centimeter, gleichviel in welchem Boden und ob die Mauerhöhe verschieden.

Birnpyramiden, sowol auf Quitten als auf Wildlingen veredelt, pflanzt man durchschnittlich 3 Meter im Verband (auf schlechtem Boden 2¹/₂ Meter), und zwar in beiden Fällen die Stämme 1 Meter vom Wege entfernt. Freistehende Apfelpyramiden, auf Wildling (Kernstamm) veredelt, pflanzt man 2¹/₂ Meter von einander; aber man kultivirt selten derartige Bäume und pflanzt lieber Apfelstämme auf Paradiesstamm veredelt, denen man dann 1 Meter oder 1 Meter 20 Centimeter durchschnittlich giebt. Auf Splittapfel [doucin ¹)] veredelte, am Gegenspalier zu ziehende Bäume pflanzt man 4 Meter von einander. Pflanzt man aber an das Gegenspalier Stämme, die auf Kernwildling veredelt sind, so gebe man ihnen 4—5 Meter Raum zum Wachsen.

Wir haben bisher nur von der Entfernung der allgemein in Gärten von mittlerer Ausdehnung angenommenen Zuchtformen der Obstbäume gesprochen, wo man selten eigentliche Hochstämme pflanzt, die eigentlich nur für Baumgüter und große Gärten geeignet sind. Es würde hier zu viel kosten, den ganzen Boden zu rigolen, und man begnügt sich mit großen Baumgruben, deren Umfang wir bereits oben bemerkt haben. Die Entfernung der Hochstämme mag durchschnittlich 8—10 Meter betragen, mag der Boden sein wie er will, denn es ist stets vortheilhaft, wenn die Bäume Luft und Licht von allen Seiten haben. Dies ist auch schon oft wegen der daneben und darunter betriebenen Gemüsekultur nöthig, besonders wenn sie das ganze Jahr fortdauert. Die Baumgärten (Baumgüter) sind in der Regel wenig kultivirt, und die beste Gelegenheit, den Boden zu benutzen, bietet hier immer der

---

¹) Die französischen Gärtner nennen doucin eine zur Unterlage für edle Sorten gebrauchte wilde Apfelart, den sogenannten Splittapfel oder süßen Johannisapfel, welche aus Wurzelausläufern und Stecklingen gezogen wird. Solche Stämme wachsen etwas kräftiger und höher als die auf Paradiesstamm (paradis) veredelten und geben Mittelbäume. In Deutschland kannte man bis vor Kurzem diesen Unterschied nicht und verwechselte beide Sorten, den Johannis- und den Paradiesstamm und nennt noch jetzt in den Baumschulenkatalogen und Schriften über Obstbau bald den Paradiesapfel, bald den Splittapfel Johannisstamm. Man vergl. hierüber „Baumschule", Seite 31 der zweiten Auflage. Um jede Verwechselung unmöglich zu machen, werde ich die Bezeichnung „Johannisstamm oder -Apfel" gar nicht mehr gebrauchen. J.

Graswuchs. Man kann jedoch in den ersten Jahren gewöhnliches Gemüse darunter ziehen, z. B. Kartoffeln, Bohnen ꝛc.

Die Reihen= oder Randpflanzung wird in den Feldern in einem sehr großen Maßstabe ausgeführt, z. B. an den Wegen in einer Entfernung von 10—12 Meter von einander. Die Sorgfalt, welche man diesen Bäumen zuzuwenden hat, besteht darin, daß man die zu dicht verwachsenen, Ver= wirrung hervorbringenden Aeste abschneidet, das trockene Holz entfernt und die Erde um die jungen Stämme auflockert und von Unkraut rein erhält.

Von den Mauern.

9. Da der Bau von Mauern von verschiedenen örtlichen Verhält= nissen abhängt, von der Seltenheit des Baumaterials u. s. w., so wollen wir uns nicht lange bei diesem Gegenstand aufhalten und blos einige Worte über ihre Einrichtung erwähnen.

Man giebt den Mauern in der Regel eine Höhe von $2^1/_2$ — 3 Meter, und dies genügt vollkommen für alle Arten von Spalierbäumen. Ist der Kalk (Gyps) wohlfeil zu haben, so ist es vortheilhaft, die Mauer abzutünchen, damit die Zweige mittelst kleiner Tuchläppchen und Nägel[1]) angeheftet wer= den können, ein Kulturverfahren, wovon weiter unten die Rede sein wird.

Die besten Mauern sind freistehende Umschließungs= und Scheide= mauern. Terrassenmauern sind nicht gut, denn sie sind im Winter zu feucht und im Sommer zu heiß. Mit einiger Sorgfalt kann man sie übrigens dennoch gut benutzen. Die Auswahl der Lage ist bei der Einrichtung des Gartens nicht immer möglich, und ich will daher nur von der der Mauern sprechen.

Wenn man die Wahl nach Belieben treffen kann, so gebe man ihnen eine Richtung von Norden nach Süden, so daß die eine Seite gegen Osten, die andere nach Westen gerichtet ist[2]). Diese beiden Lagen sind günstiger als die nördliche und oft sogar günstiger als die südliche für die Kultur der Obstbäume. Da man aber vor allen Dingen Das benutzen muß, was man hat, so pflanze man auf die Nordseite Birnen und Kirschen (wozu noch be= sondere Sorten auszuwählen sind), gegen Süden, Ost und Südost die Pfirsiche, Weinstöcke und Aprikosen, auf die Westseite aber Birnen und (früh= zeitige) Weinreben. Uebrigens haben diese Vorschriften keine allgemeine

---

[1]) Dies Verfahren wird palissage à la loque genannt. Man kann es mit „anlappen“ übersetzen.

[2]) In Deutschland möchte dies nur für sehr günstige Gegenden und Lagen Geltung haben, denn in Norddeutschland und in rauhen Gegenden bedarf selbst der Weinstock einer südlichen Mauer, um gut reif zu werden. Das Obige gilt auch nur von Mauern, welche auf beiden Seiten benutzt werden können.   3.

Giltigkeit und sind nicht unbedingt maßgebend, ausgenommen was von der Nordseite gesagt wurde. Späte Pfirsichbäume pflanzt man am besten stets an die Südmauern, damit ihre Reife sicher ist.

Vom Geländer oder Spalier. [1)]

10. Wo das Anheften durch Läppchen (à la loque) nicht ausführbar ist, muß nothwendig ein Geländer oder Gitter (Spalier) angelegt werden. Am allgemeinsten werden die Holzspaliere angewendet, obgleich man auch Drahtspaliere anbringen kann, wo jene zu theuer zu stehen kommen. Das Geländer wird von Eichen= oder Kastanienholz gemacht und besteht aus senkrechten Latten oder Stangen und Querlatten, auf welchen die aufrecht= stehenden befestigt sind. Ich will mich hier nur mit der zwischen den Längs = und Querlatten nöthigen Entfernung beschäftigen, da diese in Bezug auf das Anbinden von Wichtigkeit ist [2)].

Diese Entfernung ist je nach der Art des Baumes verschieden. Für den Birnbaum kann eine durchschnittliche Entfernung von 20—25 Cen= timeter (gegen $3/4$ Fuß) als maßgebend angenommen werden. Bei den Pfirsichbäumen, wo jeder kleine Zweig sorgfältig angeheftet werden muß, ist die Entfernung der Längslatten auf 15 Centimeter (nicht völlig $1/2$

[1)] Es ist hier eine Bemerkung über die Bedeutung des Wortes Spalier nöthig, weil es sonst Mißverständnisse geben könnte. Wir Deutschen nennen Spalier einen an einem Geländer gezogenen Baum, wol gar das Geländer selbst. Ganz anders die Franzosen. Bei ihnen bedeutet Spalier (espalier) die beschränkte Form eines an einer Mauer oder einem Geländer gezogenen Baumes, der sich weder vor= noch rückwärts davon entfernen darf. Das Geländer selbst heißt treillage. Dieses ist aber, wie das Anlappen der Zweige an die Mauer beweist, nicht immer noth= wendig für den Spalierbaum. — Ich gebrauche das Wort Spalier hier ganz in der bei uns gewöhnlichen Bedeutung.

[2)] Ich will hier mehrere Bemerkungen zu diesem und dem folgenden Satze ver= einigen. Die Geländer oder Spaliere (treillages) in Frankreich sind ganz anders als an den meisten Orten in Deutschland. Sie bilden ein förmliches Gitterwerk von sehr schwachem, fein bearbeitetem Eichen- oder Kastanienholz (von der eßbaren Kastanie), an welches sich die Zweige und Reben bequem anheften lassen. Auf diese Art läßt sich ein Pfirsichbaum freilich besser ziehen als an einem Geländer, wo blos senkrechte, oft über einen Zoll dicke und über einen Fuß von einander entfernte Latten oder Stangen von weichem Holz das Gerüst für den Baum bilden, wo zwei Querlatten nur dazu da sind, um die Längslatten darauf zu nageln. Diese Spaliere sind er= bärmlich und ungeeignet für eine nach französischen Grundsätzen eingerichtete Baum= kultur. — Größere Verbreitung verdienen die Spaliere oder Gitter von starkem Draht. Das sehr dünne Eichenholz zum Gitter muß gerissen sein, weil geschnittenes nicht hält. Gegenwärtig giebt es in Deutschland mehrere Möbelfabriken von ge= rissenem Holz (z. B. in Wien), wo man auch Spalierholz wird bekommen können. Fertige Spaliere nach französischer Art liefert der Gärtner Alt in Frankfurt a. M. (Sandweg Nr. 40), à ☐' 3 Kreuzer.

Fuß) anzunehmen. Für den Kirschbaum gilt das Verhältniß des Birn=
baums, bei welchem nur die Leitzweige angebunden werden, während man
die stets kurzen Fruchtzweige nicht anbindet und die Holztriebe abkneipt.
Die Weinreben werden auf gleiche Weise angebunden, indem man die Latten,
sowol nach der Länge als nach der Quere, 25 Centimeter ($^3/_4$ Fuß) von ein=
ander anbringt, damit sowol Zucht= als Fruchtreben bequem angebunden
werden können. Hierzu eignen sich Drahtspaliere ganz vorzüglich. *Zu Herz=
stamm = Bäumen (Palmetten) kann man die horizontalen Spalierlatten, an
welche die Hauptäste angebunden werden, beweglich machen, indem man sie,
anstatt sie festzunageln, nur anstiftet. Auf diese Art können die Aeste be=
liebig über oder unter die Horizontale gestellt werden, indem man sie mit
der Latte aufwärts oder abwärts zieht.*

Wenn man Draht anwendet, so genügt Nr. 17 für die horizontalen,
schwächerer für die vertikalen Fäden des Spaliers. Für Weinreben, Birn=
und Aprikosenbäume ist die Entfernung von 25 Centimeter für die Horizon=
taldrähte hinreichend, Pfirsichen dagegen müssen 10—15 Centimeter entfernte
Drähte haben. Die Drähte werden so nahe an der Mauer hingezogen, daß
man eben nur mit der Hand dahinterkommen kann. Deshalb dürfen die
eingemauerten oder eingeschlagenen Halteisen, welche alle 8—10 Fuß von
einander angebracht sind, nicht zu weit vorstehen. Wenn die Drähte und
kleinen Streckmaschinen, welche die Spannung halten, galvanisirt oder ver=
zinkt sind, was vorzuziehen ist, so ist die Dauer solcher Gitter sehr groß, und
die Unterhaltung kostet nichts. Außerdem muß man sie von Zeit zu Zeit
anstreichen.

Ueber die Schutzvorrichtungen.

11. Die Obstbaumzucht am Spalier kann ohne Schutzvorrichtungen
nicht bestehen. Unter unserm Klima, wo die Temperatur so ungemein wechselt,
kommt es sehr darauf an, daß die Spalierbäume gegen die Wirkung der
Spätfröste, gegen schädliche Regen und Sonne (unmittelbar nach Frösten),
besonders zur Blütezeit, geschützt werden können, damit die Ernten weniger
unsicher sind. Zu diesem Zwecke ist es schon eine gute Vorsicht, die Mauer
oben mit einem Dache (einer sogenannten Kappe) zu versehen, welches einen
starken Vorsprung bildet und dazu bestimmt ist, das Wasser vom Baume
abzuhalten und theilweise gegen die Kühle der Nächte etwas Schutz zu ge=
währen. Je höher die Mauer, desto stärker sollte das Dach vorspringen.
Für die von uns angegebene Mauerhöhe kann es an südlichen und östlichen
Mauern 18—20 Centimeter, für die übrigen Lagen aber 20—24 Centi=
meter (7—8 Zoll) vorspringen. An Wänden, wo die Zweige mit Läppchen

an die Mauer befeſtigt werden, kann der Vorſprung um den fünften oder
ſechſten Theil geringer ſein.

12. Außer dieſem Mauerdach iſt es noch ſehr vortheilhaft, ein be=
ſonderes Wetterdach zu dem nämlichen Zwecke anzubringen, wie Fig. 1 ver=

Fig. 1.

anſchaulicht. Man
bringt oben an der
Mauer, 10 Centime=
ter unter dem Mauer=
dächelchen, eiſerne
oder hölzerne Halter
oder Stützen, unge=
fähr 1 Meter von
einander, an und be=
feſtigt darauf, wenn
die Blüte beginnt, eine leichte, abnehmbare Bedachung von Stroh oder Tan=
nenbrettern, ungefähr 40—50 Centimeter breit und 2 Meter lang, welche man
liegen läßt, bis der Fruchtanſatz geſichert iſt. Die Wetterdächer von Stroh
dürfen nicht länger ſein, als wie angegeben, weil ſie ſonſt nicht leicht zu hand=
haben und nicht dauerhaft ſind. Bei der Bretterbedachung iſt die Länge da=
gegen beliebig, je nachdem man ſie hat, weil ſie haltbarer ſind. Iſt das
Wetter im Frühling ſehr abwechſelnd und ungünſtig, ſo iſt es vortheilhaft,
die Dächer bis zum Eintritt beſſerer Witterung liegen zu laſſen, alſo un=
gefähr bis Ende Mai. Die Früchte bekommen dann keine Flecken und werden
viel ſchöner. Iſt die Mauer mit einem Spalier (Geländer) verſehen, ſo
können die beſondern Stützen für das Dach entbehrt werden, indem man
Arme, ſogenannte Träger, von Holz oder Eiſen an das Spalier anbringt,
an welche man die einzelnen Dachtheile befeſtigt.

Sind wirkliche Fröſte zu befürchten, ſo bringt man außer den Dächern
noch Strohdecken oder Tücher von grober Leinwand an. Damit dieſe
Bedeckung die Blüten nicht reibt, ſpannt man ſo weit als nöthig von
der Mauer Draht, oder bringt dünne Stangen an, um ſie zu befeſtigen.
Man nimmt dieſe Bedeckung bei Tage weg, wenn es warm geworden iſt.
Dieſe Manchen vielleicht kleinlich und zu ſehr ins Einzelne gehend er=
ſcheinende Sorgfalt giebt dem Baumzüchter, welcher ſie nicht verſchmäht
und vernachläſſigt, die völlige Gewißheit, daß die Ernte, welche vielleicht
eine einzige Nacht vernichtet hätte, vollſtändig erhalten wird, und daher
große Befriedigung.

Eine andere Art von Schutz, welche auch ihren beträchtlichen Nutzen
hat, iſt, daß man vor die Wein= und Kirſchwände locker gewebte Tücher

(sogenannte Gaze) hängt, wenn die Reife der Früchte beginnt. Man beugt dadurch der Verwüstung durch die Vögel vor und kann die Früchte auf diese Art sehr lange am Stocke erhalten, besonders die Weintrauben lange hängen lassen, ohne Etwas vom Froste befürchten zu müssen.

*Man kann sich diese Schutzdecken sehr bequem einrichten, wenn man die Tücher von grober Packleinwand nach Art einer sogenannten Marquise einrichtet. Das Zeug wird nicht aufgerollt, sondern wie ein gewöhnlicher verschiebbarer Vorhang am Draht, vermittelst eingenähter Ringe, aufgezogen, so daß es sich faltet oder zusammenschiebt. Sorgt man dafür, daß die Tücher immer trocken sind, ehe man sie aufzieht, so können sie fortwährend unter dem Schutzdach aufgezogen bleiben, so lange man sie an der Mauer braucht. Die Bedeckung muß so eingerichtet werden, daß das Tuch von selbst herab= fällt, sobald man die Zugschnur losläßt. Die Drähte, an welchen die Ringe des Zuges hinauf= und hinablaufen, müssen so gespannt sein, daß die Tücher die Zweige nicht berühren[1]). Daß solche Vorhänge auch einigermaßen gegen die Näschereien der Gartenarbeiter, Besucher und Kinder schützen, ist gleich= falls in Anschlag zu bringen. Gegen Wespen, Hornissen u. s. w. hingegen schützt nur das Umgeben mit Pferdehaarsäcken und Gaze.

Wir empfehlen diese Schutzvorrichtungen sehr warm. Außerdem daß die Ernten dadurch viel sicherer werden, sind sie auch als Vorbeugungsmittel für mehrere Baumkrankheiten anzusehen, unter andern gegen die Kräusel= krankheit (la cloque), welche besonders die Pfirsichbäume betrifft, wenn plötzlicher Witterungswechsel im Frühling eintritt. Sie sind ferner ein Mittel, das zu starke Wachsthum der oberen Zweige zu mäßigen, indem die Dächer ihnen einen Theil des Lichtes entziehen, was, wie wir später sehen werden, dazu dient, ein richtiges Verhältniß der verschiedenen Theile des Baumes zu erhalten.

Ueber Talutmauern.

13. *Ich will nicht versäumen, hier der sogenannten, von Hardy nicht erwähnten Talutmauern zu gedenken, welche ebenfalls eine Schutzvor= richtung sind und in allen nicht besonders günstigen Gegenden eine allge= meine Verbreitung verdienen, leider aber nur in Treibgärten bekannt sind. Es sind dies Mauern, welche zu kleinen Treibhäusern eingerichtet werden können, indem man einen 3 Fuß von der Mauer abstehenden steinernen

---

[1]) Man hat in Frankreich eine dort patentirte Einrichtung zum Beschützen ganzer Spalierwände durch eine Vorrichtung. Die Abbildung einer recht brauchbaren Vor- richtung zum Bedecken befindet sich in „Wiegand's [Garten= und Volkskalender" für 1864.   R.

Unterbau von 1—2 Fuß Höhe, oder auch nur auf einer festen Holzunter=
lage große Fenster anbringt, die oben unter ein kleines Dach geschoben
werden. Wenn das Dach 1¹/₂ Fuß überspringt, also der Raum unter
Fensterdeckung unten 3, oben 1¹/₂ Fuß Tiefe hat, so bilden die Fenster
ungefähr einen Winkel von 70 Grad. Es versteht sich, daß die Seiten
durch Mauervorsprünge oder Bretterbau mit demselben Winkel geschlossen
sind, und es ist gut, deren mehrere anzubringen, welche beweglich gemacht
werden, so daß man nach Belieben einen oder mehrere Fruchtbäume mit
Fenstern bedecken kann. Auf diese Weise wird der Weinstock förmlich ge=
trieben, so daß die köstlichsten, spätesten Sorten vollkommen reif werden und
andere Sorten etwas früher kommen. Durch Mistumschläge kann man

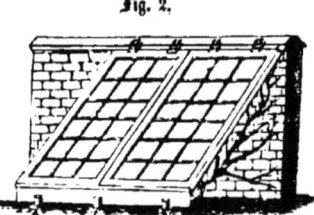

Fig. 2.

die Stöcke sogar etwas antreiben. Außer=
dem haben sie den Vortheil, daß unter
den Fenstern die Trauben den halben
Winter hindurch hängen bleiben und auf
diese Art am besten aufbewahrt werden
können. Eben so nützlich sind diese
Mauern für späte Pfirsiche. Nothwendig
dabei ist, daß im Winter viel Schnee an
die Mauern geworfen wird, weil sonst die Stöcke von der Trockenheit leiden.
Wer Gewächshäuser mit Doppelfenstern hat, kann es sehr gut einrichten,
daß diese vom Frühjahr bis zum Winter an die Mauern gestellt werden.
Daß man Vorrichtungen zum Lüften treffen muß, ist selbstverständlich.
Fig. 2 zeigt eine einfache Einrichtung, wie sie in jedem Garten anzubringen ist.

14. Die wichtigste und bei uns am häufigsten vorkommende Schutz=
vorrichtung ist die Bedeckung im Winter, von der die französischen Garten=
schriftsteller, weil sie unnöthig und wenig gebräuchlich ist, nicht sprechen.
Wir müssen bekanntlich Pfirsichbäume, Aprikosenbäume und Weinreben ein=
binden oder sonst bedecken. Die erstern hängt man mit Stroh= oder Binsen=
matten, Tannenreisig oder irgend einem andern Deckmantel und läßt die
Decke gern darauf, bis die Bäume in voller Blüte stehen, damit die Blüten
von der Sonne nicht zu früh herausgelockt werden. Weinstöcke bindet man
zusammen und bedeckt sie mit Erde, wo sie am besten aufgehoben sind, oder
bindet sie in Stroh ein, wenn sie sich nicht niederlegen lassen, oder keine
Gelegenheit, sie mit Erde zu bedecken, vorhanden ist.*

Erste Abtheilung.
Ueber den Schnitt der Obstbäume.

Erstes Kapitel.
Vorläufige allgemeine Bemerkungen.

1.
Die Ausführung des Schnittes.
Zweck des Schnittes.

15. Der Schnitt im allgemeinen Sinne des Wortes hat zum Zwecke:

a) den Bäumen eine regelmäßige Form zu geben und zu erhalten, indem der Saft in alle Theile derselben so regelmäßig wie möglich vertheilt wird;

b) diejenigen, welche von selbst nicht zur Fruchtbarkeit geneigt sind, fruchtbar zu machen;

c) sie in einem Zustande fortwährender Ergiebigkeit zu erhalten;

d) größere, frühere und bessere Früchte zu erhalten;

e) oft die Lebensdauer zu verlängern.

Es ist sehr nützlich, den in den Gärten gezogenen Obstbäumen regelmäßige Formen zu geben, damit man sie ohne Schwierigkeit ziehen kann. Der zur Obstkultur gestattete, oft beschränkte Raum macht es ebenfalls nöthig, die Bäume dem Schnitt zu unterwerfen, damit sie, ohne zu viel Platz wegzunehmen, dennoch einen reichlichen Ertrag geben.

Einige Obstarten können in unserm Vaterlande in den meisten Gegenden nur am Spalier mit Vortheil gezogen werden. Es ist rathsam, indem man sie längs einer Mauer anbringt, sie auf solche Art zu ziehen, daß dieselbe vollständig benutzt wird.

Es giebt Bäume, welche, sich selbst überlassen, schwer Früchte ansetzen; der Schnitt aber giebt uns das Mittel an die Hand, ihre Fruchtbarkeit zu erregen.

Ihr Ertrag ist durch den Schnitt eben so gesichert als gleichmäßig, denn indem man ihnen jedes Jahr nur eine gewisse Menge von Früchten

läßt, wird die Erschöpfung und die darauf folgende Unfruchtbarkeit ver=
mieden. Der Schutz, welchen man ihnen giebt, sichert ebenfalls gegen
widrige Zufälle.

Die einem Baume im Verhältniß zu seiner Kraft gelassenen Früchte
müssen, da jede den zuträglichen Antheil von Sonne und Luft erhält, noth=
wendig an Umfang und Güte zunehmen. Ihre Reife wird verfrüht durch
den Einfluß der an den Mauern sich steigernden Hitze, indem sich um sie die
nöthige Wärme erzeugt.

Nützlichkeit des Schnittes.

16. Der Schnitt ist daher von großem Nutzen, aber nur unter der
Bedingung, daß er nach den richtigen Grundsätzen der Pflanzenphysiologie
ausgeführt wird. Schlecht ausgeführt verhindert er die Tragbarkeit und
bedroht sogar das Leben der Bäume; richtig ausgeführt hält er sie in gutem
Zustande des Ertrags und der Gesundheit, ja er verlängert sogar ihre
Lebensdauer, indem er das Mittel bietet, Erschöpfung und Krankheit zu .
verhindern.

Zeit des Beschneidens.

17. Die Zeit des Beschneidens hängt von der Lage des Ortes und
von der Art und Sorte der Bäume ab. Man könnte im Allgemeinen sagen:
das Beschneiden des blätterlosen Holzes (Kahl= oder Winter= und Frühjahrs=
schnitt) beginnt, sobald der Saft völlig zurückgetreten ist, und hört auf,
wenn er von Neuem zu steigen beginnt und die Knospen austreiben; also
vom November bis zum März [1]).

Für Länder, welche ungefähr gleiches Klima wie Paris haben, ist die
günstigste Zeit für den Haupt= oder Winterschnitt der Februar und März,
nachdem die große Kälte vorüber ist. Die Wunden sind nicht so lange Zeit
der Luft ausgesetzt, haben von der Winterkälte nichts mehr zu leiden und
überwachsen schneller und besser. In südlichen Ländern, wo man vom
Winter nicht viel gewahr wird, kann man im November mit dem Beschneiden
anfangen.

Uebrigens kann man in einem Klima, wie das von Paris, manche Bäume
allenfalls den ganzen Winter beschneiden, ausgenommen während der großen
Fröste, wenn die Bäume mit Reif bedeckt sind, weil dann das sehr leicht
brechende Holz unter dem Messer reißt und hierdurch schwer verwachsende
Wunden entstehen. In diesem Falle muß man Sorge tragen, daß der
Schnitt nicht so nahe über dem Auge geführt wird, wie es im Frühjahr

---

[1]) Für viele Gegenden Deutschlands kann man sagen: bis zum April.

geschieht; denn wenn das Holz in Folge der Kälte eintrocknet, so wird das Auge selbst gefährdet.

Was bisher gesagt wurde, bezieht sich auf die Kernobstbäume, vorzüglich auf den Birnbaum, denn Apfelbäume, welche immer am spätesten austreiben, läßt man gewöhnlich bis zuletzt. Was die Steinfrüchte, namentlich die Pfirsichbäume betrifft, so muß man mit dem Beschneiden warten, bis die Blütenknospen sich zeigen, damit man gut unterscheiden kann, welche Augen auf Frucht und welche auf Holz geschnitten werden müssen. Die Schnitt= wunden dieser Bäume überziehen sich schnell mit Gummi und heilen darum besser im Sommer als im Winter. *Die Pfirsichzüchter von Montreuil bei Paris, wo bekanntlich die schönsten Pfirsiche der Welt gezogen werden, schneiden bei mildem Wetter auch die Pfirsichbäume früher, weil sie so geübt sind, daß sie jedem Auge ansehen, ob es Früchte oder Laub bringen wird, was ungeübteren Baumgärtnern unmöglich ist, bevor nicht die Knospen schwellen.* Der Sommerschnitt wird vom Mai bis Ende August ausgeführt, ohne Einhalten einer gewissen Zeit.

Uebrigens soll man den ganzen Schnitt so viel als möglich, besonders aber bei dem Weinstock, stets vor Eintritt des Saftes ausführen, damit der Baum nicht durch Saftverlust geschwächt wird. *Man kann das Beschneiden im Saft übrigens als Hülfsmittel zur Tragbarkeit benutzen, indem man sehr üppig in's Holz wachsende Bäume, besonders Weinstöcke, stark beschneidet, so daß ein Theil der Kraft verloren geht und der Holztrieb nicht so groß sein kann, als wenn der ganze Saft den früh beschnittenen wenigen Zweigen zuflösse.*

Fig. 3.

Werkzeuge zum Beschneiden.

18. Die Werkzeuge, deren man sich bei dem Beschneiden bedient, sind: 1) das gewöhnliche Gartenmesser; 2) die Hand= baumschere (sécateur); 3) die Baumsäge.

Das Gartenmesser ist in der Form sehr verschieden. Wir wollen hier nicht auf diesen Gegenstand eingehen und bemerken nur, daß dasselbe stets sehr scharf und immer glatt und reinlich sein muß, damit es leicht durch das Holz geht, ohne zu reißen. Es ist dies das beste Schneid=Instrument. *Fig. 3 zeigt eine sehr gute Form; ist am unteren Ende eine Stahlplatte angebracht, so dient diese zugleich zum Einschlagen kleiner Nägel, wenn man die Pfirsichzweige auf diese Art befestigt (vergl. Nr. 49).*

Nach dem Messer kommt die Baumschere. Sie besteht aus einer Klinge und einem Haken. Diese Schere hat den Nachtheil, daß sie einen Druck auf das Holz übt, welcher eine Quetschung

hinterläßt und oft schwer heilt; wenn sie aber gut gearbeitet ist, so wird, besonders in geschickter Hand, dieser Nachtheil wenig fühlbar. Man hat früher
stets die Baumschere als untauglich für den Baumschnitt betrachtet und wir
selbst haben diese Meinung lange Zeit getheilt. Dies war lediglich der
schlechten Einrichtung dieses Werkzeuges zuzuschreiben; gegenwärtig ist es'
aber so verbessert, daß wir gern gestatten wollen, dasselbe zu· gebrauchen.
Man muß die Baumschere so halten, daß der Haken nach oben, die Klinge
nach unten steht. Auf diese Weise wird der Schnitt glatt und hinterläßt
einen geringen Druck an der Stelle, wo der Haken anliegt. Mit diesen
Vorsichtsmaßregeln kann man die Baumschere nicht nur zum Beschneiden
der Weinreben und Pfirsichbäume benutzen, was schon lange gebräuchlich ist,
sondern überhaupt für alle Obstbäume. Durch den Gebrauch der Baumschere erspart man ungemein an Zeit, und sie ist bequemer zu handhaben
als das Messer. Indessen schließt der Gebrauch der Schere den des Messers
nicht aus, da man es nöthig hat, um Aeste und Zweige nahe an der
Theilungsstelle abzuschneiden. *Will man die Baumschere gut erhalten, so
hüte man sich, damit stärkere todte Aeste abzuschneiden, wozu man, weil man
damit ungemein viel leisten kann, gern geneigt ist. Auch muß der bei dem
Schneiden sich ansetzende grüne Rindenstoff oft von der Schere entfernt
werden.* Man ziehe das Messer ferner vor zum Beschneiden der Leit- oder
Verlängerungszweige, denn es giebt mehr Sicherheit als die Schere, daß
das Verwachsen der Wunden sicherer stattfindet, weil der Schnitt stets glatter

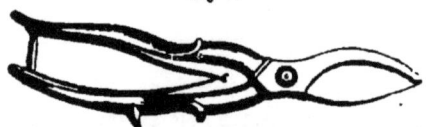

Fig. 4.

ist. Wir geben in Fig. 4 die
Abbildung einer sehr gut eingerichteten Baumschere. Gegenwärtig gilt die Baumschere
von Trotzes für die beste.[1]
Dieselbe läßt sich auch auf einer Stange befestigen und zum Beschneiden
hochstehender Zweige, Abschneiden von Edelreisen u. s. w. gebrauchen.

Die Baumsäge ist überall nöthig, wo es sich darum handelt, starke
Aeste, welche mit dem Messer oder der Baumschere nicht abgeschnitten werden
können, zu entfernen. Das Sägeblatt muß stark und biegsam sein, die Zähne
müssen gut gestellt (weit geschränkt) sein, damit sie den Schnitt rein herausnehmen; endlich muß der Bügel oben schmal in eine Spitze auslaufen, damit
man damit zwischen die Aeste' gelangen kann.

---

[1] Vorräthig im Pomologischen Institut in Reutlingen, sowie in den Fabriken von
Garten- Instrumenten der Gebrüder Dittmar in Heilbronn und Hoffmann in Nürnberg.
                            J.

2.
Von der Form der Bäume.

19. Die verschiedenen Formen, welche man den Bäumen giebt, sind keineswegs zufällig oder gleichgiltig, denn sie hängen theilweise von der Natur des Baumes und dem Klima ab. Wir verstehen hier unter Form nur die großen Umrisse und sehen vorläufig von den mehr oder minder wichtigen Einzelheiten ganz ab, da wir später beim Schnitt jeder einzelnen Fruchtart darauf zurückkommen.

Wir sprechen auch nur von den am allgemeinsten verbreiteten und als besten anerkannten Baumformen. Es sind: 1) die Pyramide oder der Kegelbaum; 2) der Hochstamm oder Kronenbaum; 3) der Kessel= baum oder Becher; 4) der Busch oder Zwergbaum; 5) das Spalier und Gegenspalier; 6) die Laube und der Laubengang. Letztere kann als eine Art von Spalier betrachtet werden, aber die Art und Weise, sie zu beziehen, ist so abweichend von der anderer Bäume, daß ich sie mit Grund besonders aufführen konnte.

Die Pyramide oder der Kegelbaum.

20. Die meisten in den Gärten kultivirten Bäume können auf diese Weise gezogen werden, indessen eignet sich der Birnbaum ganz besonders dazu und besser als andere. Diese Form gestattet auf einem gegebenen Raume die größtmögliche Menge von Bäumen.

Die Pyramide besteht aus einem geraden, senkrechten Stamm, von unten bis an die Spitze mit Zweigen versehen, deren Länge von unten nach oben abnimmt, wie es die Form eines Kegels mit sich bringt. Die Zweige bilden mit dem Stamm einen mehr oder weniger spitzen Winkel und erheben sich schief, so daß sie einen Kegel bilden, dessen größter Durchmesser ungefähr den dritten Theil der Höhe betragen kann. Es ist dies eine der besten Kulturformen; sie läßt Luft und Licht frei zu allen Theilen des Baumes dringen, nimmt wenig Raum auf den Gartenbeeten ein und ist sehr tragbar. *Bei den gewöhnlichen Pyramiden beginnen die Aeste nahe über dem Boden, bei den Hochstamm=Pyramiden in verschiedenen Höhen von 3—6 Fuß. Die letztere hat zwar das Unbequeme einer schwierigeren Bearbeitung, aber die Früchte bekommen mehr Sonne und Licht und die Zwischenkulturen von Gemüse ꝛc. gedeihen besser.*

Der Hochstamm.

21. Der Hochstamm kann für alle eigentlichen Obstbäume angewendet werden, doch wird der Pfirsichbaum selten auf diese Art gezogen, obschon er überall in warmen, geschützten Lagen gedeiht. Die auf diese Art gezogenen

2*

Bäume bilden ihre Krone erst auf einem Stamme von 6—8 Fuß Höhe. Es ist die zweckmäßigste Form für Baumgärten und Baumreihen im Felde an Wegen.

Der Kesselbaum oder Becher.

22. Auf diese Art können alle Obstbäume gezogen werden, mit Aus= nahme des Pfirsichbaums; man wendet diese Form aber hauptsächlich für die auf Paradiesstamm veredelten Apfelbäume an. Aus einem sehr niedrigen Stamme (15—20 Centimeter höchstens) beginnen zwei oder drei Aeste, welche, wie ihre Zweige, sich kugelförmig bilden müssen. Die Zwerg= äpfel tragen, auf diese Art behandelt, sehr schöne Früchte, ebenso die Johannisbeeren.

Der Busch oder Zwergbaum.

23. Hier fehlt der Stamm ganz oder ist sehr kurz. Die Zweige be= ginnen daher schon dicht über dem Wurzelhals und vertheilen sich nach allen Seiten. Hierzu eignen sich manche Fruchtarten, z. B. der Feigenbaum, der Himbeer= und Stachelbeerstrauch. Da die Feigen bei uns im Winter auf die Erde gelegt werden, so ist die Strauchform hierzu am besten geeignet.

Das Spalier

eignet sich für alle Obstarten, vorzüglich aber für solche, deren Reife im freien Garten nicht gesichert ist.

24. Diese Form besteht darin, daß man den Baum an eine Mauer oder andere Wand pflanzt und ihn hier zieht, wie man ihn haben will. Das Gegen= oder Doppelspalier wird an einem freistehenden Geländer oder an Stützen anderer Art gezogen, niemals aber an einer Mauer. Mit Aus= nahme der Pfirsichbäume wird es für alle Obstsorten angewendet.

Die Baumzucht am Spalier und Gegenspalier wechselt sehr in der Form. Wir werden diejenige, welche wir für die beste halten, später bei den einzelnen Baumarten besprechen.

Das Weingeländer ist eine besonders für den Weinstock bestimmte Art von Spalier oder Gerüst, und es wird davon später noch die Rede sein.

3.

Vom Baume, welcher als Pyramide gezogen werden soll.

A. Die Holzbildung.

Der Stamm (tige).

25. Man nennt Stamm denjenigen Theil des Baumes, welcher die Mitte bildet und die Haltung bewirkt. Der Stamm beginnt am Wurzel=

ſtock, erhebt ſich ſenkrecht und endigt in einem Zweige, welcher Spitze oder Leitzweig heißt. Seine Höhe ſteht im Verhältniß zu der Stärke des Baumes, ſo daß der unter 20 angegebene Maßſtab in Bezug auf die Breite der Aeſte (wie 1 zu 3) beibehalten wird. Aus dem Stamme entſtehen die Aeſte, welche von dem Stamme ihre Nahrung erhalten.

Die Aeſte (branches latérales).

26. Die Aeſte müſſen hinreichend von einander entfernt und ſo viel als möglich abwechſelnd (alternirend) um den Stamm ſtehen. Man muß es vermeiden, daß mehrere zugleich an einer Stelle des Stammes beginnen, denn ſonſt ſchwächen ſie den darüber ſtehenden Theil des Stammes durch Saftentziehung, und es hält ſchwer, das nöthige Gleichgewicht wieder her= zuſtellen. Sie ſind durch fortgeſetzten Schnitt und zuweilen durch eine falſche Richtung oft in ihrer ganzen Länge knieförmig hin= und hergebogen. Man ſucht dieſe Ausbiegungen, die nicht nur den Baum ſchänden, ſondern auch den Saftlauf hindern, durch angebundene Holzſchienen etwas zu verringern.

Die angemeſſenſte Entfernung der Aeſte von einander iſt, je nach ihrer Stellung, 18—25 Centimeter (ungefähr 7—9 Zoll). Sie ſollten eigentlich einfach ſein; indeſſen kommen Fälle vor, wo man eine Aſttheilung zulaſſen muß, um eine Lücke, welche ſonſt am Baume entſtehen würde, auszufüllen.— In den meiſten Fällen ſind dieſe die eigentlichen Fruchtholzträger.

Die Zweige oder einjährigen Triebe (rameaux).

27. Sie bilden die Fortſetzung der Aeſte, entſtehen aus dem vorjährigen Holze und dienen dazu, die Aeſte zu verlängern. Wenn der Baum regel= mäßig wächſt, ſo wird an dieſen Zweigen der Schnitt ausgeführt. Junge Zweige des erſten Jahres nennt man, ſo lange ſie noch wachſen und beblättert ſind, ausnahmsweiſe auch noch das blätterloſe Holz, Triebe (bourgeons).

Die verfrühten oder Afterzweige entſtehen aus Augen, welche ſich erſt im nämlichen Jahre gebildet haben, und können alſo nur an jungem Holze im zweiten Safte entſtehen. Sie treiben entweder von ſelbſt aus oder werden durch Abkneipen der Zweigſpitze dazu genöthigt. — Sowol die Zweige als die Afterzweige ſind mit Seiten= und Endaugen beſetzt.

Die Blattknoſpen-Augen.

28. Das Auge iſt nichts Anderes als der Keim, die Grundlage aller Triebe und Blüten. Es befindet ſich an allen Baumarten und an allen Theilen in verſchiedenem Zuſtande. Es kann lange vorhanden ſein, ohne ſich zu entwickeln, oder es treibt regelmäßig aus.

Die Augen bilden Holz oder Blüten (Früchte), je nachdem die Um= ſtände ſind.

Das Auge tritt in zwei Formen auf. Es ist länglich=spitz (konisch), wenn es an der Spitze eines Triebes steht, und heißt alsdann Endauge, oder es ist abgeplattet, wenn es um den Zweig steht, und heißt dann Seitenauge. Die Seitenaugen sind um so platter und schwächer, je weiter sie von der Spitze abstehen. Am Grunde jedes Auges und jedes Triebes stehen an den Seiten zwei kleine Neben= oder Hülfsaugen, die sich nur dann entwickeln, wenn das Hauptauge beschädigt oder schlecht ausgebildet ist. Sie sind oft nicht sichtbar oder unvollkommen, manchmal aber, z. B. beim Weinstock, sehr ausgebildet. Die daraus sich entwickelnden Triebe sind schwächer als die der Hauptaugen.

Die Augen nehmen vier verschiedene Stellungen ein, was wohl beachtet werden muß: vorn, hinten, unten und oben. Wenn der Zweig geschnitten ist, so nennt man das dem Schnitt zunächst stehende Auge das Schnittauge.

Die ruhenden Augen (yeux latents).

29. Sie sind wenig sichtbar und kommen nur an altem Holze vor, wo sie oft mehrere Jahre im Ruhestand bleiben und erst austreiben, wenn das Holz darüber abgeschnitten wird. Eine Abweichung des gewöhnlichen Saftlaufes oder das Absterben einer Zweigspitze kann ebenfalls ihr Aus= treiben hervorrufen.

Die verborgenen Augen oder Adventivknospen (yeux adventices).

30. Sie finden sich ebenfalls nur am alten Holze in der Nähe der Wülste, Knoten und Astbiegungen, sind niemals sichtbar, treiben aber oft ganz von selbst oder in Folge des Schnittes aus.

Diese beiden Arten von Augen bieten ein vorzügliches Hülfsmittel für verschiedene Verrichtungen des Schnittes.

Der Raum, welcher sich an einem Zweige zwischen zwei Augen be= findet, heißt Zwischenknotenraum oder Merithalle (entre-noeuds, mérithalle). Er ist bei verschiedenen Obstarten und Sorten größer oder geringer, doch hängt noch mehr von der Ueppigkeit der Triebe, also auch von der Boden=Beschaffenheit und Witterung ab.

Das Wasserreis oder der Räuber.

31. Das Wasserreis (gourmand, Schmarotzer) ist ein Zweig, welcher auf Kosten seiner Nachbarzweige ganz besonders stark und groß geworden ist. Man kennt ihn sogleich an seiner Stärke. Die unteren Augen daran sind ungemein schwach und weit entfernt von einander, die oberen dagegen sehr stark und oft mit Nebentrieben bekleidet. Das Wasserreis entsteht am Stamme, auf den Aesten in der Nähe von Krümmungen, überhaupt da, wo

Stocung der Saftbewegung vorkommt. In Folge dessen sucht es sich zum Nachtheile anderer Zweige zu vergrößern und das Gleichgewicht des Baumes zu stören. Man kommt der durch Wasserschosse zu befürchtenden Unordnung dadurch zuvor, daß man ihnen die Spitzen abkneipt, was zuweilen wiederholt werden muß, um dem unbändigen Wuchse zu wehren. Auf sorgfältig ge= haltenen Bäumen darf man keinem Wasserreis begegnen. Dessenungeachtet ist es zuweilen wichtig, sie entstehen zu lassen, um geschwächte Theile des Baumes wieder mit kräftigem Holze zu bekleiden. Die Pfirsichzüchter benutzen das Wasserreis sogar sehr vortheilhaft dadurch, daß sie es an einen schwachen Trieb oberhalb anplatten (ablaktiren), um diesem Saft zuzuführen. Wir werden bei der Verjüngung alter Bäume auf diesen Gegenstand zurück= kommen. Er ist bei den Pfirsichen häufiger zu finden als bei anderen Bäumen.

Die Fruchtruthe (brindille). [1) Fig. 5 (s. S. 24).

32. Dieselbe, durch Fig. 5 dargestellt, ist ein dünner, länglicher, bieg= samer kleiner Zweig von 10—15 Centimeter (4—6 Zoll) Länge, mit sehr kleinen, schwachen Augen. Man findet sie an allen Theilen der Aeste und Zweige. Sie hat schon von Natur keine Neigung, stark zu wachsen, und bildet daher die beste Anlage zum Fruchtholz, weshalb man sie auch auf jungen, stark wachsenden Bäumen so lange beibehält, bis die Fruchtbarkeit an allen Zweigen eingetreten ist. Man bildet sie leicht zu Fruchtholz, wenn man sie umbiegt oder das Endauge ausbricht. Hat aber dieses letztere das Ansehen einer Blütenknospe, so läßt man es stehen und biegt auch den Zweig nicht um. Auf großen, fruchtbar gewordenen Bäumen braucht man den Fruchttrieb nicht beizubehalten, wenn man ihn sonst nicht nöthig hat, um eine Lücke auszufüllen, und in diesem Falle schneidet man ihn auf zwei Augen, um einen Fruchtzweig daraus zu bilden.

Der Fruchtspieß (dard). Fig. 6 (s. S. 24).

33. Der Fruchtspieß ist ein kleiner Zweig von ½—4 Zoll Länge, in der Regel im rechten Winkel am Zweig stehend und mit einem kegelspitzen

---

[1) Es herrscht in den Ausdrücken für die einzelnen Zweige u. s. w. bei uns eine große Willkür. Unsere technischen Ausdrücke dafür sind meist den Franzosen, von denen die ganze Theorie stammt, nachgebildet und rühren meistens von den ersten Uebersetzern her. Andere übersetzten anders und berücksichtigten dabei die deutsche Gärtnersprache. So sind verschiedene Deutungen entstanden, und wir gebrauchen unsere Ausdrücke bei weitem nicht so sicher, wie die Franzosen ihr brindille, dard, bouton, lambourde, bourse, branche à fruits etc. Ich bitte daher die Leser, sich haupt= sächlich an die Abbildungen der Zweige zu halten, die möglichst genau ausgeführt worden sind.

(konischen) Auge entrigend, welches sich´aber später abrundet und in ein Blütenauge verwandelt. Er neigt sich selten zu stärkerem Wachsthum, weshalb man ihn auch nicht beschneidet. Er bedarf indessen doch oft mehrere

Fig. 5.

Fig. 6.

Fig. 7.

Fig. 8.

Fig. 9.

Jahre, um wirkliches Fruchtholz zu werden und Früchte zu tragen. Im ersten Jahre seiner Bildung ist er nur ein kleines, etwas längliches Auge, welches, anstatt einen Trieb zu machen, schlafend bleibt und nur drei Blätter nebenan austreibt, welche es erhalten und stärken. Im zweiten Jahre wird dieses Auge schon viel stärker und runder als ein Auge an gewöhnlichen vorjährigen Trieben, verlängert sich ein wenig, bildet kreisförmige Wülste (Wulstringe) und ist von vier oder fünf Blättern begleitet. Im dritten Jahre wird der kleine Spieß etwas länger und das Auge auf der Spitze bildet sich zu einer von fünf bis sechs Blättern kreisförmig umgebenen Blütenknospe aus (vgl. Nr. 35). Dies ist nun eines der vorzüglichsten Fruchtbildungsorgane, und man unterdrückt diese Spieße nur, wenn mehrere dicht neben einander stehen. Uebrigens sind die Fruchtspieße auf jungen Bäumen nicht häufig. Es giebt auch Bäume, welche frühzeitig fruchtbar werden und alle Jahre tragen,[1] an denen der Fruchtspieß in einem Jahre fruchtbar wird. Diese Fruchtspieße kommen eigentlich nur an Kernobstbäumen vor. Bei dem Steinobst wird ihre Stelle von den kurzen Bouquetzweigen oder

---

[1] Derartige Obstsorten sind z. B. die Reinette von Orleans, die Muskatreinette, der weiße Sommerrabau, die Kasseler Reinette u. a. m. Rothe Stettiner und Winterborsdorfer dagegen brauchen 3—8 Jahre.

3.

Sträußchen eingenommen, die besonders bei einigen Kirschen und Pflaumen (Herzkirsche, Mirabelle, Reineclaude) sehr häufig, bei Pfirsichen aber nur an ausgezeichnet kultivirten Bäumen zu finden sind.

B. Die Bildung der Frucht.

Die Blütenknospe oder das Fruchtauge.

34. Die Blütenknospe schließt die fruchtbildende Blüte ein, ist stets größer, dicker und runder als die Holzaugen des nämlichen Baumes und tritt eher in Vegetation.

Bei den Kernobstbäumen erscheinen die Blütenknospen mit seltenen Ausnahmen stets am alten Holze, denn nur bei ungemeiner Fruchtbarkeit einer Sorte kommt es vor, daß junges Holz blüht und Früchte bringt. Man erkennt die Blütenknospen des nächsten Jahres zuerst im August.

Der ausgebildete Fruchtspieß oder Ringelspieß (lambourde).[1]
Fig. 7 und 8.

35. Es ist dies der mit einer Blütenknospe endigende Fruchtspieß. Bei sehr fruchtbaren Bäumen (vergl. Nr. 33) kommt es vor, daß ein kleiner Zweig mit einem Fruchtauge an der Spitze im ersten Jahre seiner Bildung erscheint. Diese letzteren haben eine glatte Rinde, während die eigentlichen Ringelspieße rauh und wulstig sind.

Der Fruchtkuchen oder Fruchthalter (bourse).[2] Fig. 9.

36. Es ist dies der Theil des Fruchtholzes, wo die Blüten und Früchte des vorhergehenden Jahres gesessen haben. Man erkennt ihn an folgenden Zeichen: er bildet einen kleinen, fleischigen Holzkörper, ist weich am oberen Theile abgeplattet und ungleich gebildet und trägt ringsum verschiedene Augen, welche sich zur Blütenknospen-Bildung neigen. Man findet dieses Organ auf allem Fruchtholze. Dieses Holzgebilde ist ganz vorzüglich fruchtbar,

---

[1] Mehrere deutsche Obstbaumzüchter nennen die Fruchtruthen und Fruchtzweige Lambourden (lambourde), namentlich Rubens. Ich kann dagegen nichts einwenden, wenn der Gebrauch im Rheinlande es so mit sich bringt, bemerke aber, daß die Lambourden, von welchen hier die Rede ist, wie die Abbildung zeigt, nicht mit jenen gleichbedeutend, sondern die Ringelspieße oder Ringelwülchse von Rubens und Anderen sind. Was diese Fruchtruthen nennen, heißt bei Hardy branche à fruit, brindille, branche chiffonne etc. 3.

[2] Fruchtkuchen ist der ziemlich allgemein angenommene Name dieses Organs. Da aber Manche nur den oberen Theil darunter verstehen, so habe ich das Wort Fruchthalter beigefügt. Aus ihm entstehen wieder kurze Fruchtspieße und Ringelspieße, zuweilen sogar kurze Fruchttriebe oder Ruthen. Im gemeinen Leben nennt man beim Kernobst den Fruchthalter Tragknospe, weil er im ausgebildeten Zustande mit Blütenknospen versehen ist. 3.

neigt sich stets zur Fruchtbildung, obschon man, wenn es noth thut, auch Holz daraus erzeugen lassen kann.

Der Fruchtzweig oder Fruchtast (branche à fruits).[1]) Fig. 10.

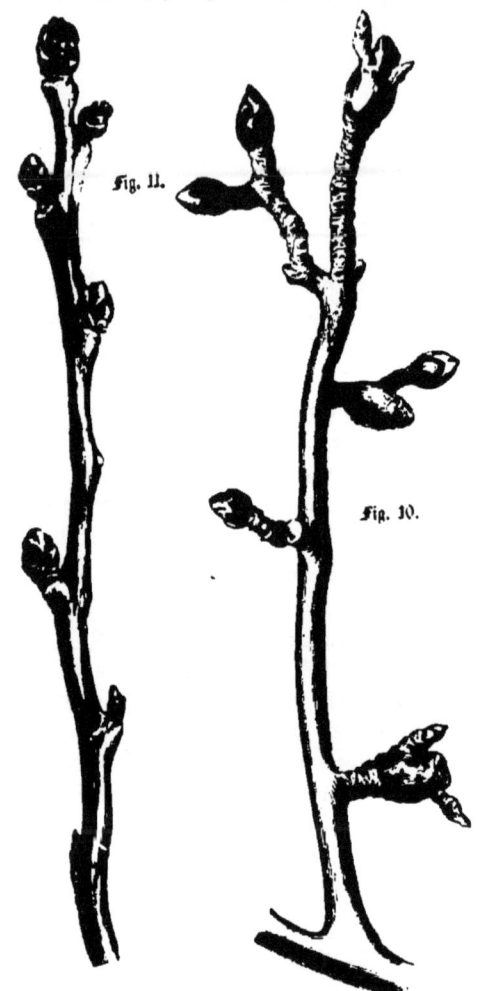

Fig. 11.

Fig. 10.

37. Dieser kommt hauptsächlich bei Birnen vor und ist gewöhnlich mehrere Jahre alt. Man muß ihn so kurz wie möglich halten; dessen ungeachtet giebt es Zweige von 10—20 Centimeter Länge. Er ist mit ausgebildeten Fruchtspießen (lambourdes), Fruchtkuchen, kleinen Fruchttrieben (dards), mit Fruchtaugen und zuweilen mit kleinen Fruchttrieben (Fruchtruthen) besetzt. Hat ein solcher Zweig einmal Früchte gebracht, so hört er nicht zu tragen auf, abgesehen von widrigen Zufällen der Jahreszeiten. Man muß diese Zweige schonen und nicht im Ueberfluß tragen lassen, weil sie sich sonst immer erschöpfen.

Der fruchtbare Holzzweig (rameau à fruits). Fig. 11.

38. Der fruchtbare Holzzweig kommt selten zur wirklichen Fruchterzeugung, und man ist beim Schnitt genöthigt, ihn zu unterdrücken, da er sich meist an den Spitzen der Seitenzweige sehr fruchtbarer Bäume

---

[1]) Hier und da nennt man solche Zweige in Teutschland Quirlholz   Z.

befindet, wo es Fruchtholz in Fülle, aber wenig Holzzweige giebt. Es ist daher gar kein Nachtheil, wenn man denselben unterdrückt.

Die aufgeführten Formen des Fruchtholzes kommen nur bei Kern= obst vor. Was Steinobst betrifft, so wird beim Pfirsichbaum ausführlich davon die Rede sein.

Zweites Kapitel.
Verrichtungen, welche den Schnitt ergänzen und ähnliche Zwecke haben.

1.
Winterverrichtungen.
Das Beschneiden. Fig. 12.

39. Das Beschneiden begreift das ganze oder theilweise Entfernen der Zweige oder Aeste, welche dem Schnitt unterworfen werden sollen. Es ist nicht gleichgiltig, wie diese Arbeit ausgeführt wird. Man *Fig. 12.* muß den Schnitt stets 3—4 Millimeter über den Augen an hartem Holze und 8 oder 10 Millimeter über den Augen an weichem Holze ausführen. Die Schnittfläche muß dem Auge entgegengesetzt sein, damit der ausfließende Saft darüberrieseln kann, ohne das Auge zu beschädigen, und muß abgerundet (kurz) sein, damit sie so wenig wie möglich Oberfläche hat (Fig. 12).

Man hält den Zweig so in der Hand, daß der Daumen gleichsam als Stütze unter das zu beschneidende Auge faßt, und zieht mit dem Messer in der andern Hand schief durch den Zweig, damit er glatt abgeschnitten wird. Man muß hierbei immer Herr seiner Bewegungen sein, damit man keinen benachbarten Zweig beschädigt. Das zwischen dem Auge und der Schnittfläche stehende Holzstück heißt der Stumpf oder Zapfen. An weichen, holzigen Bäumen, z. B. bei Weinreben, trocknet der Stumpf sehr ein und man schneidet ihn beim nächstfolgenden Be= schneiden der Zierlichkeit des Baumes wegen rein ab. Hier muß der Stumpf lang sein, weil Luft und Feuchtigkeit auf solches Holz austrocknend wirken, so daß immer ein Theil davon abstirbt, wodurch, wenn der Stumpf zu kurz ist, das Auge selbst gefährdet werden kann. Bei harten Holzarten kann man den Schnitt näher am Auge führen, doch darf man ihm nicht zu nahe kommen, weil es sonst geschwächt würde und nur einen sehr schwachen

Trieb bilden könnte. Man nennt ein solches Verfahren Lüften oder Bloßlegen..

Zuweilen lüftet man ein Auge absichtlich, um einen starken Trieb zu verhindern. Wir werden später den sehr seltenen Fall, wo dieses Mittel von Nutzen ist, näher besprechen. Man darf jedoch dieses Abschneiden nicht mit dem verwechseln, welches den Zweck hat, ein durch früheren Schnitt entstandenes Knie auszugleichen, in welchem Falle man eine sehr lange Schnittfläche macht, aber einen Stumpf über dem Auge läßt, um dem Auge nicht zu schaden. Nimmt man einen Zweig mit der Säge weg, so muß die Wunde stets mit dem scharfen Messer glatt geschnitten werden, damit sie schneller vernarbt, weil die Säge niemals einen glatten Schnitt macht.

Das Einkürzen oder halbe Verjüngen (rapprochement).

40. Das Einkürzen besteht in dem Zurückschneiden auf mehrjähriges Holz, indem man den Schnitt näher nach der Mitte des Baumes zu ausführt. Man verrichtet diesen Schnitt an allen Baumarten. Er hat den Zweck, die Bäume wieder zu kräftigen und das Wachsthum anzuregen, indem der Saft wenigen Zweigen zu Gute kommt. Man schneidet die Zweige an Knoten und Krümmungsstellen ab, um die versteckten und schlafenden Augen zum Leben zu bringen und durch sie neue Leitäste für das Gerippe (Skelett) zu erhalten. Wir empfehlen diese Art von Verjüngung für solche Bäume, welche man zu früh hat ausbilden (fertig ziehen) und Früchte tragen lassen wollen. Durch dieses Mittel haben wir in wenigen Jahren Birnbäume am Spalier, welche geringe, erbärmliche Ernten gaben, vollständig wiederhergestellt. Man wendet es bei Bäumen an, die schwächlich und fehlerhaft, aber noch nicht zu sehr herabgekommen sind.

Das Abwerfen oder vollständige Verjüngen (ravalement).

41. Das Abwerfen ist ein noch stärkeres Mittel als das Einkürzen. Man entfernt alle Aeste einer Pyramide oder eines Herzstamm = Spalierbaums (palmette) bis an ihre Basis, um neue Triebe zur Bildung neuer Leitäste zu erhalten. Man verrichtet das Zurückwerfen an Bäumen, die sonst gesund, aber schlecht gebildet sind; doch darf der Stamm durchaus nicht krank und schadhaft sein. Durch dieses Verfahren werden die Bäume bald und sicher wieder in guten Stand gebracht. Da die neuen Triebe aus den verborgenen Augen entstehen, so entferne man, wenn es noththut, die alte Rinde durch Abkratzen, wodurch der Erfolg viel sicherer ist. Von den neu entstehenden Trieben wählt man die am besten stehenden zur Bildung der neuen Krone aus.

Das Abhauen oder Abtreiben (récepage).

42. Bei dem Abhauen auf Stockausschlag wird der ganze Baum bis nahe an den Wurzelhals abgeschnitten, um ein ganz neues Baumgerippe

zu erhalten. Dieses Mittel kann bei allen Fruchtbaumarten angewendet werden, (obschon es beim Pfirsichbaum weniger glückt), sowol an alten, aber noch kräftigen, zur Bildung starker Triebe fähigen, als auch an jungen, schlecht gebildeten Bäumen. — Sind die Wunden sehr groß, wie es bei den drei letzten Verrichtungen vorkommt, so ist es gut, sie mit Baumwachs, Baumkitt oder Theer zu bestreichen.

Der Ausschnitt oder die Kerbe (entaille). Fig. 12.

43. Der Ausschnitt besteht in der Wegnahme eines Stückchen Holzes aus dem Stamme oder Zweige bis an den Splint, welcher nur so viel eingeschnitten wird, um den Saft für den Augenblick zu unterbrechen. Man macht ihn unter oder über einem Zweige und Auge.

Der Ausschnitt wird u n t e n gemacht, wenn man dem zu starken Wachsthum eines Zweiges Einhalt thun will, und in die=sem Falle am Anfange des Zweiges selbst, und zwar um so tiefer, je stärker der Zweig ist (Fig. 13 a). Ueber dem Zweige oder Auge dagegen hat der Einschnitt den Zweck, einem schwachen Zweige oder Triebe zur besseren Entwickelung zu verhelfen (Fig. 13 b).

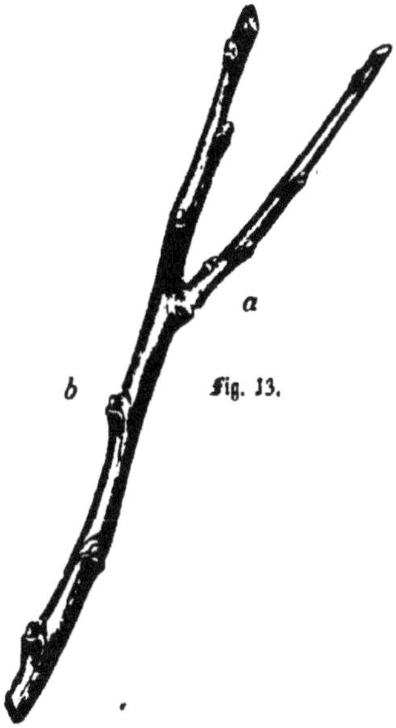

Fig. 13.

Es muß hierbei vermieden werden, den Zweig oder das Auge weiter zu verletzen. Der Schnitt unter dem Zweige oder Auge verhindert den Saft, in großer Menge in den Zweig zu dringen, und schwächt so denselben. Der obere Schnitt bewirkt das Gegentheil, indem der Saft stärker in das Auge oder in den Trieb strömt. — Zuweilen treibt das Auge dennoch schwach, in welchem Falle der Ausschnitt im folgenden Jahre wiederholt wird. Hilft es aber auch im zweiten Jahre nichts, so ist es unnütz, denselben zu wieder=holen. Um eine noch stärkere Wirkung hervorzubringen, macht man einen Winkelschnitt von der Form Λ, so daß das Auge mehr umschnitten ist und der Saft reichlicher zuströmt.

Auch bei Steinfruchtbäumen bringt dieser Ausschnitt eine sehr gute Wirkung hervor; da sie aber dem Gummiflusse unterworfen sind, so muß für das Verstreichen der Wunden mit Baumwachs oder Baumsalbe gesorgt

werden. Bei den Pfirsichen muß er überhaupt mit der größten Behutsam=
keit angewendet werden.

Der Querschnitt in die Rinde (incision).

44. Er geschieht an der Rinde auf verschiedene Weise. Die Wir=
kung ist nach der Art und Weise, wie er ausgeführt wird, verschieden.
Der halbe Ringelschnitt (incision transversale) ist ein schwacher
Einschnitt über dem Auge bis auf's Holz, aber nicht in dasselbe. Er wirkt
ähnlich wie der Ausschnitt oder die Kerbe und wird etwa 3—4 Millimeter
= 2—3 Linien über dem Auge ausgeführt. Seine Wirksamkeit ist geringer,
aber er genügt in vielen Fällen, um ein schlafendes Auge zum Austreiben
zu bringen. Man wendet ihn hauptsächlich an Zweigen und Aesten an, die
zu schwach sind, um den Ausschnitt von Holz zu vertragen, und zieht ihn
bei den Pfirsichbäumen vor.

Der Längsschnitt oder das Schröpfen und Aderlassen.

45. Er wird an denjenigen Theilen des Baumes ausgeführt, wo die
verhärtete Rinde den Saftlauf hemmt und die Zweige an der naturge=
mäßen Vergrößerung verhindert. Dies geschieht mit der Spitze des Messers,
mit der man die Rinde leicht einschneidet, um sie zu erweitern, und zwar
bis auf den Splint, ohne ihn jedoch zu beschädigen. Man kann diesen
Einschnitt unterbrechen, indem man die Rinde in Zwischenräumen von
einem Centimeter ganz läßt, wodurch also viele einzelne Einschnitte ent=
stehen. Dies ist ein vortreffliches Mittel, den eingeschnittenen Theilen mehr
Stärke (Umfang) zu geben, und besonders im Frühjahr sehr nützlich, kann
aber auch zu jeder andern Zeit, wenn der Saft im Umlauf ist, ausge=
führt werden.

*Man unterscheidet das sogenannte Schröpfen vom Aderlassen. Bei
dem Schröpfen macht man viele kürzere Längs= und Querschnitte, welche
sich durchkreuzen, wie es durch das Schröpfeisen auf der thierischen Haut
geschieht. Beim Aderlassen macht man entweder einen geraden Schnitt
durch die ganze Länge des Stammes oder Zweiges, oder beschreibt mit dem
Messer eine Schlangenlinie. Der Schlangenschnitt wirkt stärker, weil mehr
Gefäße verletzt werden. Gewöhnlich macht man an einem Stamme oder
Aste mehrere Längsschnitte an verschiedenen Seiten.*

Bei den Pfirsichbäumen wendet man diesen Längsschnitt an, um den
Harz= oder Gummifluß zu verhindern oder denselben zu heilen. Einige
Gärtner wenden dieses Einschneiden der Rinde auch an den starken Wurzeln
an, welche man zu diesem Zweck auf= und wieder zudeckt. *In diesem Falle
macht man die Einschnitte nicht so stark und häufig. Das Aderlassen und

Schröpfen wird auch an Bäumen, welche so stark von Frost gelitten haben, daß die Rinde abstirbt, mit Vortheil angewendet. *

Der Ringelschnitt (incision annulaire). [1]

46. Der Ringelschnitt besteht darin, daß man mit Hülfe eines passen=
den besonderen Instrumentes, der Ringelzange [2]), oder auch einfach mit dem Gartenmesser ein Stück Rinde ablöst, dessen Breite sich nach der Stärke des Zweiges oder Stammes richtet, aber nach unserer Ansicht nie breiter als einen Centimeter sein sollte, damit die Wunde in einem Jahre vernarben kann. Er hat zum Zweck, den darüber befindlichen Theilen Fruchtbarkeit zu verleihen und an den untern Theilen junges Holz zu erzeugen. Er befördert außerdem die frühere Reife der Früchte, schadet aber ihrer Güte.

Man darf diesen Schnitt an einem Baume nur nach und nach stückweise ausführen, selbst an Bäumen, welche zu üppig wachsen und deshalb nicht fruchtbar sind, denn er hat stets Schwächung zur Folge, besonders wenn er wiederholt angewendet wird. Ein schwächlicher oder schon fruchtbarer Baum würde den Ringelschnitt nicht aushalten. Man wendet diesen Schnitt beson=
ders bei den Kernobstbäumen und den Weinstöcken an: bei den letztern in der Blütezeit, um das Abfallen der Beeren (Verrießen, la coulure) zu verhindern, bei dem Kernobst, wenn der Saft aufzusteigen beginnt. Bei den Weinreben erreicht man durch das Ringeln eine um 1—2 Wochen frühere Reife, und hier empfiehlt es sich schon aus dem Grunde, weil die geringen Tragreben in den folgenden Monaten ohnedies abgeschnitten werden. Man darf bei Obstbäumen damit nicht zu lange warten, damit die Wunde vor dem völligen Zurücktreten des Saftes vernarben kann, weil sonst die geringelten Zweige der Gefahr ausgesetzt sind, abzusterben. Auf gleiche Weise, doch nicht so stark, wirkt das Einschnüren, welches darin besteht, daß man einen Drahtring fest um den Ast legt, welchen man zum Frucht=
tragen zwingen will.

Das Abdrücken der Augen (éborgnage).

47. Das sogenannte Verdrücken der Augen geschieht beim Beschnei=
den, wenn man sicher weiß, daß sie völlig unnütz sind und später bei dem Ausbrechen der Triebe ohnedies entfernt werden müssen. Man erspart

---

[1]) Es ist dies der sogenannte pomologische Zauberring, der seiner Zeit so großes Aufsehen machte, als ein wahres Wundermittel angepriesen und deshalb sehr gemißbraucht und übel angewendet wurde. J.

[2]) Von der Ringelzange enthalten andere Bändchen unserer Bibliothek, nämlich der „Obstbau" (1. Auflage, Fig. 9) und die „Baumschule" (2. Auflage, Fig. 13), Abbildungen. J.

also dadurch die Vergeudung des Saftes, welcher zwecklos zum Treiben des Zweiges verwendet worden wäre. Man muß das Abdrücken mit großer Sparsamkeit und Umsicht anwenden. Der gewöhnlichste Fall ist, wenn ein Fruchtzweig am Pfirsichbaume lang geschnitten wurde, daß die Früchte zu weit oben angesetzt haben. Man drückt in diesem Falle alle zwischen den zwei obersten Trieben und den Tragknospen befindlichen Augen ab.

Das Krümmen oder Umbiegen der Zweige (arcure).

48. Es besteht darin, daß man sie in einem Bogen oder Halbkreis nach unten krümmt und mit einem Bund so befestigt, daß sie unverrückt bleiben. Man macht dadurch Zweige und selbst Aeste fruchtbar. Der Saft, welcher sich in Folge des Bogens aufgehalten findet, bewirkt das Austreiben von Fruchtspießen und Fruchtruthen, sowie Knospenansatz. Es ist dies ein sehr kräftiges Mittel, aber wir empfehlen seine Anwendung in Bezug auf die Endzweige nur im äußersten Falle, das heißt, wenn ein Baum so üppig treibt, daß weder ein langer Schnitt noch das Abkneipen der Spitzen Frucht= holz hervorbringt. Wir wenden das Bogenmachen nur theilweise an solchen Seitenzweigen an, welche auf sehr starken Aesten stehen, ferner auf Frucht= ruthen (brindilles), wobei das Endauge weggenommen wird.

Einige Baumgärtner wenden das Bogenmachen durchweg am ganzen Baume an, um ihn zur Fruchtbarkeit zu nöthigen. Dies gelingt ihnen, aber wir mögen ihnen nicht nachahmen, denn solche Bäume erschöpfen sich bald und haben kein langes Leben. Dabei werden die Früchte klein, weil der Saft sie nicht hinlänglich ernähren kann, was bei sparsamerer Anwendung der Bogen nicht vorkommt.

Hat der Baum auf diese Art einmal Fruchtholz genug, so werden die gekrümmten Holztriebe und Fruchtreiser entfernt, denn die entstandenen Fruchtspieße und Ringelspieße (dards et lambourdes) geben hinreichendes Fruchtholz. Aehnliche Erfolge erzielt man durch Drehung der Triebe, wenn diese allzu üppig wachsen und kein Fruchtholz ansetzen. Man verfährt dabei wie bei Bindweiden. Da so behandelte Bäume sehr wüst aussehen, so wird man es nur anwenden, wenn andere Mittel nicht helfen.

Vom Anbinden der Zweige oder dem Heften.

49. Das Anbinden bezweckt, den Baum an einer Mauer zu befestigen, entweder unmittelbar oder vermittelst des Geländers, oder auch an letzteres allein, wie es beim Gegenspalier (freistehendem Spalier) vorkommt.

Es giebt zwei Arten des Anbindens: 1) das Anbinden des nackten Holzes im Frühjahre, oder das Richten (dressage); 2) das Anbinden der jungen Zweige mit Blättern.

Das Frühlingsheften geschieht nach dem Beschneiden und dient dazu, dem Baume die gewünschte Form zu geben. Bindet man den Baum unmittelbar an die Mauer, so bedient man sich dazu kleiner Tuchläppchen, welche man um den Zweig legt, ohne ihn einzuengen, und mit einem Nagel an die Mauer befestigt. Man nennt dies Anlappen oder Nageln (palisser à la loque). Es ist dies das vortheilhafteste Verfahren, denn man kann den Zweig jederzeit an der Stelle befestigen, wo man ihn haben will. Bindet man am Spaliere an, so bedient man sich der Weiden, deren Stärke sich nach derjenigen der Zweige richtet.

Soll ein Pfirsichbaum gut angebunden sein, so müssen die Frucht= zweige mit den starken Holzzweigen (branches de charpente) einen spitzen Winkel bilden und diese Richtung in ihrer Verlängerung beibehalten, so daß sie das Ansehen eines Skeletts von Fischgräten haben, wie an den weiter unten gegebenen Abbildungen deutlich zu sehen ist. Die oben am Leitaste stehenden Zweige müssen etwas mehr abwärts geneigt sein als die untenstehenden, weil der Wuchs in den oberen immer üppiger ist als in den unteren. Man mäßigt dadurch das zu starke Wachsthum der oberen Zweige und hat die Gewißheit, daß das an der Basis des Fruchtzweiges stehende Auge, welches im folgenden Jahre den Ersatzzweig bilden muß, erstarkt und austreibt. Was die Verlängerungszweige der Hauptäste anbelangt, so befestigt man sie in der bestimmten Richtung ohne auffallende Biegung, denn bei in gerader Linie angebundenen Aesten findet der Saft nirgends Aufenthalt und kann sich frei nach allen Richtungen bewegen. Der Baum erhält durch das Anbinden im Frühjahr diejenige Form, welche er später behalten soll; man gelangt aber dazu nur nach und nach, indem man die Zweige jedes Jahr etwas tiefer zieht, bis sie endlich diejenige Richtung haben, welche sie für immer behalten sollen.

Das Anbinden des nackten und des belaubten Holzes bildet ein sehr wichtiges Mittel, das Gleichgewicht an den Bäumen zu erhalten oder wieder herzustellen. Der Saft steigt vorzugsweise nach den aufrechtstehenden Zweigen, und Luft und Licht unterstützen diesen Naturtrieb. Will man daher das Gleichgewicht eines Baumes erhalten, so binde man die schwachen Zweige in dieser Richtung an, mögen es Holz= oder Fruchtzweige sein, und ziehe sie ein wenig von der Mauer ab; die starken Zweige hingegen biege man nach unten und binde sie bei Zeiten an. Bindet man an Geländern mit weitstehenden Latten oder Drähten an, so wird es oft nöthig, kleine Stäbchen oder Schnüre und Draht dazwischen anzubringen, um kleinere Zweige, welche angebunden werden müssen, in der gehörigen Richtung befestigen zu können.

50. Das Anbinden der Sommertriebe oder das Sommerheften (palisser en vert) geſchieht während der ganzen Wachsthumsperiode. Es bezweckt die Haltung der Zweige durch Anbinden mit Binſen, Baſt oder Erdbeerranken, und ihre Vertheilung, ſo daß ſie ſich nicht gegenſeitig beengen, und ver= hindert das Verkümmern der unteren Blätter und in Folge deſſen das Ab= ſterben der Augen. Die Zeit des Anbindens wechſelt nach der Stärke der Sommertriebe; die beſonders ſtark wachſenden muß man früher anbinden als die ſchwächeren, welche man gern frei wachſen und zunehmen läßt. Bevor man aber die Zweige befeſtigen kann, müſſen ſie hinreichend feſt ſein, um eine veränderte Richtung zu vertragen, ohne Gefahr zu laufen, ſie zu zer= brechen. An noch ſehr zarte Triebe, welche angebunden werden müſſen, befeſtige man eine Ruthe (Gerte) und binde dieſe am Spalier in gehöriger Richtung an. Man vermeide auch, daß ein Trieb über den andern herwächſt, ſo daß ſie einander drücken. Man binde ſie in gerader Linie, d. h. ohne ſie zu biegen (außer wenn es abſichtlich geſchieht), an und vermeide, daß Blätter mit eingebunden werden. Die Spitzen muß man frei laſſen, beſonders an ſchwachen Zweigen. Dabei dürfen die Früchte nicht zu ſehr bloßgeſtellt werden, da ſie, der Sonne zu ſehr ausgeſetzt, langſam ſich vergrößern und ſpäter reifen.

Man muß ſorgſam darüber wachen, daß die Bänder nicht zu feſt an= gezogen werden, ſo daß ſich ſpäter an den Trieben Eindrücke des Zuſchnürens zeigen und, wenn ſie ſtärker werden, Wülſte entſtehen. Auch behalte man einige ſonſt überflüſſige Triebe bei, um ſie über die nackten Aeſte zu binden und dieſe gegen die Sonne zu ſchützen, beſonders bei den Pfirſichbäumen. Endlich trage man Sorge, daß man Triebe, welche hinter das Geländer wachſen wollen, bei Zeiten hervorzieht, ehe ſie zu groß werden. Was die Endtriebe der Verlängerungszweige an den Hauptäſten (Zugäſten) anbelangt, ſo ziehe man ſie immer in der Richtung, in welcher ſie die Fortſetzung der letzteren bilden, damit nicht das Gleichgewicht des Baumes und deſſen ſchönes Anſehen geſtört wird, ohne daß man ſich genöthigt ſieht, ſie ſpäter nieder= zuziehen oder höher zu binden. Zu dieſem Anbinden nimmt man am liebſten haltbare Binſen (am beſten Juncus glaucus), auch ſind die Räuber oder Ranken der Erdbeere ein ſehr brauchbares Material, wenn man ſie vorher erſt welken läßt. Man bindet damit förmliche Knoten.

Das Ausbrechen der Triebe (ébourgeonnement).

51. Das Ausbrechen iſt bei allen Zuchtformen gut, nöthig aber beſon= ders an Spalierbäumen, namentlich bei den Pfirſichbäumen und Weinſtöcken. Es bilden ſich ſtets mehr Triebe, als für das Beſtehen und die gute

Form des Baumes nöthig sind. Das Abkneipen (Entspitzen oder Einkürzen) bewirkt nur Aufenthalt des Wachsthums, darum ist es oft nützlich, sie ganz wegzunehmen, um das Anbinden im Sommer wirksamer und leichter zu machen. Man entfernt also durch das Ausbrechen die unnützen Triebe, welche Unordnung herbeiführen und einen Theil des Saftes verzehren würden, welcher nun für die stehenbleibenden besser verwendet wird.

Diese den Baumschnitt ergänzende Verrichtung verlangt eine große Sorgfalt und muß nach und nach ausgeführt werden. Man muß dabei genau wissen, welche Triebe man beibehalten soll, um sie anzubinden und, wenn es nöthig ist, an den Spitzen abzuschneiden oder einzukneipen. Man beginnt mit dem Eintritt der Vegetation, vorzüglich bei den alten Bäumen, sowie bei den kränklichen und schwachen. Es ist indessen hierbei zu befürchten, daß, wenn es an Pfirsichbäumen zu bald geschieht, Triebe, welche das folgende Jahr zum Tragen bestimmt sind, zu stark werden, was nur so selten wie möglich vorkommen darf. Man warte also damit ein wenig, damit die Ersatztriebe (bourgeons de remplacement) in einer gewissen abhängigen (relativen) Zurücksetzung bleiben. Wenn sich auf dem nämlichen Baume dreifache und doppelte Augen oben auf den Holzzweigen entwickeln, so behalte man nur den schwächsten Trieb bei. Ist es aber an der Unterseite der Fall, so wird der stärkste beibehalten. Entstehen an der Spitze des Verlängerungszweiges zwei oder drei Triebe, so werden die schwächeren weggenommen und man läßt nur den stärksten, denn es gehört ein starker Wuchs zu einem schönen Verlängerungszweig.

Uebrigens warte man in allen Fällen nicht, bis die Triebe über 5—6 Centimeter lang geworden sind, ehe man sie unterdrückt, damit die bleibenden Platz haben und angebunden werden können. Das Wegnehmen geschieht glatt mit dem Messer, damit die Wunde leicht verwachsen kann. Zu früh vorgenommen, hat das Ausbrechen zur Folge, daß falsche Triebe entstehen, die auf Steinobstbäumen bei dem Beschneiden oft Unordnung und Verlegenheit verursachen. Bricht man aber zu spät aus, so stört man das Wachsthum, indem man dem Saft einen Ausweg benimmt, weshalb dieser sich einen anderen Weg sucht und andere Theile des Baumes zu sehr stärkt. Es ist indessen zuweilen nothwendig, erst spät auszubrechen, oder es ganz zu unterlassen und nur die Spitzen wegzunehmen. Dies ist der Fall, wenn ein schwacher Zweig kräftig gemacht werden soll, denn wenn man ihm eine große Menge von Seitentrieben läßt, so erhält er durch diese einen Zufluß von Saft, welcher seine Stärke zu Stande bringt.

Schlechtstehende Triebe, wie die vor und hinter den Holzzweigen eines Spaliers, werden stets weggenommen, es sei denn, daß man sie nöthig hätte, um eine leere Stelle damit auszufüllen, und selbst in diesem Falle ist es besser, ein Reis aufzusetzen, wovon später die Rede sein wird.

Das Abkneipen oder Entspitzen (pincement). Fig. 14, 15 und 16.

52. Dies ist eine der wichtigsten Verrichtungen bei der Behandlung der Obstbäume. Sie besteht darin, daß man mit den Fingern oder einem scharfen Instrumente den oberen Theil eines Triebes wegnimmt, um ihn in seinem Wachsthum aufzuhalten. Man verrichtet das Entspitzen zu jeder Zeit des Jahres, und zwar 8—10 Centimeter lang, an den Trieben, welche unmittelbar unter der Holzzweigspitze stehen, und 20—30 Centimeter ($^3/_4$—1 Fuß) lang an denen, die auf Fruchtzweigen oder in deren Nachbarschaft hervorkommen. In allen Fällen müssen die Triebe an ihrem unteren Ende schon ein wenig hart, oben aber noch krautartig und weich sein, so daß sie leicht mit den Nägeln abgezwickt werden können. Kneipt man zu früh ab, so zieht sich der Saft aus dem Reis zurück, es trocknet ein und bringt nichts mehr hervor; thut man es aber zu spät, so treiben die ausgebildeten Augen fast unmittelbar darnach aus; man müßte daher wieder von

Fig. 14.

vorn anfangen, ohne die beabsichtigte Wirkung zu erreichen. Man läßt, je nachdem die Baumart ist, an dem abgezwickten Theile 4—6 Blätter, um der Fortdauer der in den Blattwinkeln sitzenden Augen versichert zu sein.

Das Entspitzen hat die Wirkung, daß der Saft in die nützlichen Triebe über-

geht, damit diese Holz bilden und die entspitzten Reiser in Fruchtholz verwandeln. Man wendet es ferner an, um gewisse Triebe schon im ersten Jahre ihrer Bildung zu Gabelzweigen (Doppelzweigen) zu bilden, wie wir später zu sehen Gelegenheit haben werden. Es ist außerdem von der Wuchskraft und Fruchtbarkeit der Bäume abhängig.

Das Entspitzen muß bei jungen, noch nicht fertig gezogenen Bäumen

sehr ernstlich betrieben werden, denn dadurch erhalten sie sicher die ihnen
zugedachte Regelmäßigkeit der Gestalt. Es ist, wie wir schon gesagt haben,
ein wirksames Mittel, die Bäume zu Früchten zu bringen, denn auf dem
der Spitze beraubten Reise schwellen die Augen an und werden oft zu
Blütenknospen (Fig. 16). Es kommt aber auch vor, daß das oberste Auge
wieder austreibt, in welchem Falle man von Neuem abkneipen muß.

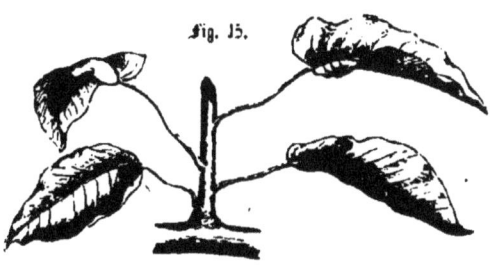

Fig. 15.

Bei den Pfirsich=
bäumen muß das Ab=
kneipen der Spitzen
mehr befolgt werden
als bei den Kernobst=
bäumen, hauptsächlich
in der Absicht, den
Ersatzzweig zu begün=
stigen. Da bei dieser
Baumart die Vegetation sehr üppig ist, so müssen hauptsächlich die auf den
Holzzweigen sitzenden Triebe bis auf 6—8 Centimeter eingespitzt werden.
Entwickeln sie sich zu stark, so fängt man wieder von
vorn an, so oft es nothwendig ist. Treiben sie aber nur
mäßig, so stutze man sie ein, wenn sie 30—40 Cen=
timeter lang sind, jedoch nur an der Spitze, damit die
Augen unthätig bleiben (nicht austreiben), wodurch man
für das folgende Jahr einen bessern Fruchtzweig erlangt.
Die schwächsten Zweige läßt man unberührt. Die nach
unten stehenden Triebe werden nur eingekürzt, wenn ihr
Trieb zu stark wird, was bei jungen Bäumen oft
vorkommt.

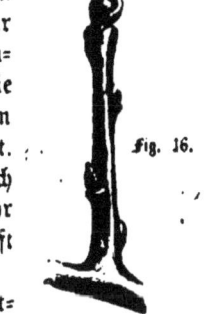

Fig. 16.

Wenn die Kernobstbäume mit ausgebildeten Frucht=
spießen (lambourdes) und Fruchtzweigen besetzt sind, so muß das erste Ein=
kürzen zeitig und stark geschehen, die nachfolgenden können aber sparsam aus=
geführt werden, und man läßt dabei die Triebe ziemlich lang. Im ent=
gegengesetzten Falle müßte man, weil der Saftlauf einen Ausgang verliert,
befürchten, daß er den sich bildenden Knospen zuströmte, welche sich dann
zum Nachtheil der Früchte für das nächste Jahr zu Trieben entwickeln
würden. Befinden sich auf einem Holzzweig oder auf einem Fruchtzweig
zwei Triebe zugleich an einer Stelle, so kürzt man erst den einen und
viel später den anderen nur an der weichen Spitze ein (Fig. 14). Hätte man
beide Triebe auf einmal eingekürzt, so würde der Saft zu den Augen der
entspitzten Theile gezogen sein und diese zum Austreiben gebracht haben, in

Folge dessen man mehrere Male dieselbe Verrichtung ausführen müßte, ohne den gewünschten Erfolg zu erlangen, mit andern Worten: die Umwandlung der Augen in Blütenknospen. Indem man also einem Theile vorläufig die Spitze läßt, wenn er sie auch später verlieren muß, damit er nicht zu stark wird, zieht sich der Saft vorzugsweise in das entspitzte Reis; dieses wächst dann wenig, und die Augen, anstatt auszutreiben, bilden sich zu Tragknospen um. Dieses Verfahren wendet man am besten bei den zum Fruchttragen bestimmten Trieben an. Fänden sich drei Triebe auf derselben Stelle, so schneidet man den am schlechtesten stehenden ganz und gar ab und behandelt die beiden anderen in der eben angegebenen Weise. Da sich nun auf einem Holzzweige viele Triebe dieser Art finden können, so kneipe man die stehen= bleibenden nur nach und nach ab, damit sie nicht etwa von dem starken An= brange des Saftes Schaden leiden. Kurz, es können alle diese Triebe dem Sommerschnitt unterworfen werden, wenn man meint, daß die zuerst entspitzten Triebe nicht gut genug im Stande sind, gutes Fruchtholz zu bilden. Das Entspitzen muß besonders in nassen Jahren, wo der Safttrieb sehr stark und lange anhaltend ist, mit Umsicht und sparsam geschehen, damit nicht der Saft genöthigt wird, den Tragknospen zuzuströmen und diese in Holztriebe zu verwandeln.

Diese Verrichtung muß in der Nähe der Verlängerungstriebe mit großer Sorgfalt ausgeführt werden, damit letztere stets stark werden und eine große Menge von Nahrungsstoff verbrauchen können. Schwache Zweige können etwas später eingekürzt werden, damit sie zu ihrer Vergrößerung noch Saft anziehen können. Dieses Verfahren trägt sehr viel zur Erhaltung der Symmetrie des Baumes bei. Man vermeidet dadurch auch die Wasser= reiser und hält den zu üppigen Wuchs gewisser zu starken Triebe auf Kosten der anderen geneigten Zweige zurück, wie es z. B. mit den oberen Zweigen der Pfirsichbäume der Fall ist.

Die falschen Triebe desselben Baumes werden eingekürzt, ausgenommen diejenigen, welche für den Holzzweig nöthig sind, wie wir in der Folge sehen werden, und um einen Theil des Saftes aufzunehmen, weil man sonst befürchten müßte, daß die Augen noch austreiben. Wenn sie oben stehen, so schneidet man sie über dem vierten oder fünften Blatte ab; stehen sie aber unten, so werden sie unverkürzt angebunden.

Der erste Sommerschnitt (taille en vert).

53. Er wird an allen Bäumen ausgeführt, besonders an den Pfirsichen. Es ist eine nachhelfende, verbessernde Verrichtung, gleichsam ein Nachtrag zu dem Winterschnitt. Man nimmt dabei Alles, was seit dem Beginn der

Vegetation unnütz geworden ist, weg. Der Sommerschnitt wird in folgenden Fällen angewendet.

1) Wenn man am Pfirsichbaume einen Fruchtzweig lang geschnitten und er keine Früchte angesetzt hat, so schneidet man ihn über dem zweiten Triebe von unten auf ab. Man begreift, wie nutzlos es sein würde, einen Zweig, den man behalten hat, um Früchte daran zu bekommen, länger bei= zubehalten, wenn er davon entblößt ist, denn er würde den Saft zum Nachtheil der Ersatzzweige verzehren. Auch das Anbinden wird dadurch sehr erleichtert.

2) Wenn ein Ast oder Zweig beliebiger Art zu viel an Kraft und Größe zunimmt, so ist es oft nützlich, ihn bis auf ein Auge oder einen Trieb abzuwerfen, in welchem Falle der letztere zum Leitzweige bestimmt wird.

3) Um einen früher entspitzten Trieb zu beseitigen, welcher nach dem Einkürzen mehrere falsche Triebe (Triebe aus jungen Augen) gebildet hat; der Schnitt wird dann über dem untersten Triebe ausgeführt.

Man führt beim Sommerschnitt zuweilen auch das Zurückschneiden auf altes Holz (rapprochement) aus, besonders bei Kernobstbäumen, in der Absicht, das Fruchtholz zu erneuern, wenn unten an demselben ein schöner Trieb entsteht.

Der August= oder zweite Sommerschnitt (taille d'août).

54. Diese Verrichtung wird auf Steinobstbäumen ausgeführt, wenn der Saftlauf im Juli und August im Zurücktreten begriffen ist. Hierbei werden die meisten Triebe, welche früher beim Entspitzen verschont wurden, um den Saft herbeizuziehen und um das Austreiben der zur Frucht des nächsten Jahres bestimmten Augen zu verhindern, bis auf drei oder vier Blätter eingekürzt. Dies bewirkt, daß die Augen, welche an dem beschnittenen Theile bleiben, kleine Fruchtspieße (Sträuß= chen) für das nächste Jahr bilden. Ist das Auge, über welchem man schneidet, so stark, daß ein sehr starker Trieb davon zu erwarten ist, so lüftet man dasselbe. (Vergl. Nr. 35.) Wollte man dieses bis zum Frühjahr lassen, so wäre der Erfolg zweifelhaft, während zu der Zeit, von welcher wir sprechen, der schon langsam und sparsam fließende Saft nicht sowol einen starken Schoß als einen schwachen Trieb hervorbringen wird, der in Folge dessen zum Fruchttragen geneigt ist.

Fig 17.

Dieser Vorbereitungsschnitt der Fruchtzweige will mit genauer Erwägung und Unterscheidung ausgeführt sein; man verrichtet ihn daher nur nach und nach an einem Theile der Triebe, um durch das Unterdrücken einer zu großen Menge nicht die Vegetation zu stören. Dies ist übrigens ebenfalls eine dem nächsten Frühjahrsschnitt zugehörende Arbeit, und man kann auch die Triebe unberührt laffen. Sie ersetzt auch zum Theil das Einknicken oder Brechen, welches oft den Nachtheil hat, zu starke Fruchtzweige zu verursachen, welche beim Frühjahrsschnitt noch einmal vorgenommen werden müssen. Das Einknicken kann auch das Ausbilden der Früchte zurückhalten, wenn es zu stark

Fig. 18.

und zu häufig geschieht, indem zu viele Zweige auf einmal weggenommen werden. Man kann zur nämlichen Zeit auch die Fruchtzweige, welche keine Früchte angesetzt haben, noch zurückschneiden.

Diefer zweite Sommerschnitt kann auch mit Vortheil an kleinen mehrjährigen Zweigen mit Wulstringen vorgenommen werden. Man schneidet sie bis auf die Runzeln oder Wülste, welche mit kleinen Augen

befetzt sind, zurück, und in Folge deffen bilden sich die Augen zu Blütenknospen (Fig. 17 und 18). Der Schnitt muß bei diefer Gelegenheit gerade geführt werden, damit die Augen geschont bleiben.

Das Einknicken oder Brechen der Triebe (cassement).

55. Dies ist ein besonders bei den Kernobstbäumen gebräuchliches Verfahren. Es besteht darin, daß man die Zweige, wenn sie vollkommen holzig sind, förmlich bricht. Dies geschieht zu zwei verschiedenen Zeiten, entweder beim Frühjahrsbeschneiden, wobei man die Fruchtruthe (brindille) oder den Zweig bis auf 5 — 6 Centimeter Länge einknickt, ohne ihn abzuschneiden, oder gegen Ende des Sommers, im August, wenn die Triebe nicht entspitzt werden konnten, oder zu lang gelaffen worden sind. Die am untern Theile der geknickten Zweige stehenden Augen haben noch Zeit, stark zu werden und sich zum Fruchttragen vorzubereiten. Wenn aber das Entspitzen richtig befolgt wird, so wird das Einbrechen nutzlos, und man fängt daher an, es aufzugeben. Es ist wirksamer, zu brechen als abzuschneiden, denn da

die Wunde schwerer verwächst, so schwächt sie den Zweig und macht ihn, indem sie seine Kraft vermindert, fähiger zum Fruchttragen.

Das Entblättern oder das Ablauben (effeuillage).

56. Man wendet es vorzüglich bei dem Weine und den Pfirsichen an, und es hat zum Zweck, den Früchten Farbe zu geben, die Reife zu befördern und ihre Güte zu verbessern. Diese müssen aber schon ziemlich ausgewachsen sein, denn außerdem vergelben sie und fallen ab, wenn sie stark von der Sonne getroffen werden, oder werden wenigstens im Wachsthum aufgehalten. Man wähle dazu wo möglich bedeckten Himmel und nehme die Blätter nur nach und nach weg, damit die Früchte nicht plötzlich bloßgelegt werden. Es ist immer gut, ein oder zwei Blätter zu lassen, um die Früchte noch zu schützen, bis man nach einigen Tagen auch diese wegnehmen kann. Die späten Pfirsiche können früher entblättert werden als die anderen, d. h. stets im Verhältniß zur Reifzeit. Ferner kann das Entblättern dazu dienen, das gestörte Gleichgewicht eines Baumes wiederherzustellen, indem der entblätterte Zweig im Wachsthum nachläßt. Man nimmt diese Operation an solchen Trieben und Aesten vor, welche durch allzufrühes Wachsthum andere unterdrücken. Uebrigens darf man ja nicht sämmtliche Blätter abschneiden.

Die Blätter dürfen nicht abgerissen, sondern müssen abgeschnitten werden, wobei man den Blattstiel stehen läßt, damit das darin sitzende Auge geschont bleibt. Die Blätter sind, wie bereits erwähnt wurde, unentbehrliche Erhaltungswerkzeuge der Vegetation, und man soll sie daher so viel als möglich schonen.

Das Auslichten oder Verdünnen der Früchte (éclaircie des fruits).

57. Auslichten oder Verdünnen der Früchte heißt die zu reichlich vorhandenen, welche der Schönheit und Güte der übrigen und dem Baume selbst schaden könnten, wegnehmen. Es kann bei allen Bäumen geschehen, doch ist es vorzüglich beim Weine und bei den Pfirsichen in Gebrauch. Ohne dieses Mittel kann man keine der beiden genannten Fruchtarten in einem preiswürdigen Zustande erlangen, besonders in sehr fruchtreichen Jahren.

Die Menge der wegzunehmenden Früchte richtet sich nach der Natur des Baumes und nach der Fruchtbarkeit des Jahres. An den Pfirsichbäumen bricht man schon im Juni die überflüssigen Früchte aus. Man hat dabei darauf zu sehen, daß die Früchte, nachdem sie ausgewachsen sind, sich nicht berühren. Eine oder höchstens zwei Früchte genügen an einem Zapfenzweig (coursoune), und dies ist auch für die unteren Fruchtzweige und die fruchtbaren Holzzweige hinlänglich. Bei den Weintrauben nehme man keinen Anstand, den dritten Theil der Beeren auszulichten, ja oft sogar die Hälfte der Beeren einer Traube. Dies geschieht, wenn die Beeren ungefähr so groß wie eine kleine Erbse sind. Die daran bleibenden gewinnen an Umfang und Güte, und in Ansehung des Verkaufes oder Nutzens wiegt eine aus= gebeerte Traube eben so viel wie eine unberührte und ist weit besser.

Was die anderen Fruchtarten betrifft, so zeigt ihre Stellung auf dem Tragzweige hinlänglich, welche man lassen und welche man ausbrechen soll.

Drittes Kapitel.
Vom Schnitt der Pyramidenbäume.

1.
Vom Birnbaume.
Schnitt des erften Jahres.

58. Fig. 19 (Seite 43) zeigt einen Baum, welcher sein Entstehen der Entwickelung eines im vorhergehenden Jahre okulirten Auges auf einem Birnenwildling verdankt. Wir haben es also mit dem Triebe eines Jahres zu thun. In gutem Boden kann der Trieb im ersten Jahre seines Wachs= thums eine mittlere Höhe von 1⅓ Meter erreichen, was natürlich sehr vom Boden abhängt und bei den verschiedenen Sorten wechselt.

In den meisten Fällen sind die Augen, welche an dem unteren Theile des Triebes sitzen, weniger gut ausgebildet, als die' mittleren und oberen, und auf diese Beobachtung hin muß die Länge des Schnittes berechnet werden. Je auffallender und besser genährt die unteren Augen sind, desto höher kann der Abschnitt über der Stelle, wo das Auge am Wildling eingesetzt ist (a), geführt werden. Im entgegengesetzten Falle aber muß man näher an dieser Stelle schneiden, um das Austreiben der unteren Augen zu erleichtern, indem der Saft zusammengehalten wird.

In allen Fällen darf der Schnitt nicht über der halben Länge des Triebes ausgeführt werden. Ist man schwankend, so rathen wir sogar, stets etwas tiefer als höher abzuschneiden, damit das Austreiben der unteren Augen sicher erreicht wird, denn diese unteren Triebe müssen die ersten Seitenäste des Baumes und den Grund zu der zukünftigen Pyramide bilden.

Wir haben bereits wiederholt bemerkt, daß der Saft mit größerer Leichtigkeit in die nach oben gerichteten Zweige steigt, also auch in die der Spitze näher liegenden Augen. Es kommt nun sehr darauf an, bei der Bildung der untersten Zweige diesem Naturtriebe entgegenzuwirken, damit diese so kräftig wie möglich treiben können. Man wähle daher, um den

Schnitt anzufangen, ein gut gebildetes Auge (b), welches auf derselben Seite steht, wo der Abschnitt des Wildlings über dem okulirten Auge d sich befindet, damit der junge Stamm eine gerade, aufrechte Rich= tung bekommt. Wird dies vernachlässigt, so kann die ganze Form und Eintheilung des Baumes unangenehme Störungen erleiden. Wollte man also, anstatt das Auge b, das auf der anderen Seite stehende Auge c als oberstes Auge lassen, so würde der sich daraus entwickelnde Trieb eine seitliche Richtung bekommen, von der geraden Linie, welche den Stamm bilden muß, merklich abweichen und ein auffallendes Knie oder eine Krümmung bilden, welche den Saftlauf hemmen und die Her= stellung des Gleichgewichtes der Pyramide erschweren würde.

Bei dem angeführten Beispiele sind die unten am Triebe stehenden Augen vortrefflich gebildet. Es ist nun nöthig, über den drei oder vier untersten Augen einen leichten Querschnitt (incision transversale, vergl. Nr. 44) auszuführen. Wären diese Augen aber weniger gut gebildet, so müßte der Einschnitt etwas stärker sein.

Diese aus den Augen entstehenden Zweige müssen den ganzen jungen Stamm bedecken und beiläufig 18—25 Centi= meter (6½—9 Zoll) von einander entfernt so viel wie möglich abwechselnd um den ganzen Stamm stehen, damit Ungleichheit vermieden wird und Luft und Licht alle Zweige gleichmäßig berühren. Hiermit wollen wir aber keineswegs sagen, daß man sich streng an diese Entfernung halten soll; man muß eben die Zweige benutzen, wo sie stehen, und auf einige Centimeter weiter oder näher von einander entfernt kommt es nicht an. Die untersten Zweige müssen ungefähr 25 Centimeter (gegen 9 Zoll) über der Erde beginnen, damit der Boden darunter bearbeitet werden kann. *Viele Gärtner, welche mehr auf einen guten Ertrag und auf bessere Bodenbenutzung sehen, als auf schulgerechte Bäume, lassen die Aeste erst bei 2—4 Fuß be= ginnen, wodurch die unteren Blüten auch nicht so leicht dem Er= frieren ausgesetzt sind, als näher am Boden. Herr de Jonghe in Brüssel zieht sogar seine Pyramiden hochstämmig.*

Man hüte sich so viel als möglich, mehrere Seitenäste auf einer Stelle des Stammes neben einander aufkommen zu lassen, denn sie verbrauchen zu viel Saft und lassen nur wenig in die oberhalb stehenden gelangen.

Wenn die zwei oder drei zunächst unter dem End= oder Leitast (der Spitze) stehenden Triebe zu stark würden, und zu befürchten steht, daß sie die Spitze benachtheiligen, so müssen die Spitzen abgezwickt werden, sobald sie eine Länge von ungefähr 6—7 Centimetern erreicht und eine ge= wisse Festigkeit haben. Ist aber ein Nachtheil nicht zu befürchten und wachsen sie, blos kräftig, so entspitzt man später blos das weiche Ende. Ehe man jedoch entspitzt, muß man sich überzeugen, ob der Mitteltrieb vollkommen gut zur Stammbildung ist, weil man im entgegengesetzten Falle den am besten stehenden Seitentrieb zur Verlängerung der Pyramide benutzen und zu diesem Zwecke begünstigen müßte. Die übrigen Triebe bleiben ganz unberührt.

Der in Rede stehende Baum hat keine Afterzweige (rameaux faux ou anticipés, vergl. Nr. 27), aber es finden sich deren oft genug auf solchen einjährigen Trieben, was von der Sorte abhängt.

Figur 20 zeigt uns einen solchen Stamm, den wir schneiden wollen. Sind solche falsche Triebe gut am Stämmchen gestellt und stark, so müssen sie benutzt werden, um die ersten Seitenäste daraus zu bilden; außerdem ist es aber nicht möglich, auf diese Weise schöne Bäume zu erziehen. In der Regel haben die falschen Triebe schlechte, schwache Augen, mit Ausnahme des obersten, sind dünn, wenig fest und gereift, und machen daher große Mühe, wenn daraus brauchbare Seitenäste gebildet werden sollen. Sind sie also schlecht gestellt oder wenig ausgebildet, so schneidet man die ganze Krone mit den falschen Trieben ab; der Baum ist dann förmlich abgeworfen und wird neue kräftige Triebe bilden.

Der Zweig 1 wird auf 4 Augen geschnitten. Die Zweige 2 und 3 schneidet man auf das dritte Auge (d. h. über dem dritten Auge), welches sich nach unten oder vorn befindet. Diese Stellung ist für die Verlängerung des Seitenastes sehr vortheilhaft, weil dadurch nur eine leichte Krümmung entsteht und die schiefe Richtung leichter zu erreichen ist.

Der Zweig 4 wird nicht geschnitten, denn er ist im Verhältniß zu den anderen zu schwach und wird dadurch, daß er unberührt bleibt, kräftig, weil das bleibende Endauge die Fähigkeit hat, den Saft stärker herbeizuziehen.

Der Zweig 5, ebenfalls auf drei Augen geschnitten, zeigt einen be= sondern Fall, eine Ausnahme, die man so viel als möglich vermeiden muß. Das Auge ist, wie man sieht, nach oben gestellt. Dies ist unter allen Stellungen die am wenigsten wünschenswerthe, denn der Trieb davon hat die Neigung, aufwärts und in der Richtung des Stammes zu wachsen, anstatt davon abzustehen; er wird also in dem Innern der Pyramide Un= ordnung veranlassen. Um diesen Nachtheil zu verhüten, muß dieser Zweig, so lange er im Wachsthum begriffen ist, vom Stamme ab in der nöthigen schiefen Richtung mit einer Weide festgebunden werden.

Der Zweig 6 wird an der bezeichneten Stelle (über dem dritten Auge) geschnitten und zeigt nichts Auffallendes.

Der Zweig 7, dessen unterstes Auge etwas weit entfernt vom Stamme ist (was bei falschen Zweigen vorkommt), wird auf das zweite nach der Seite stehende Auge geschnitten. Diese Stellung ist gut und hat zur Folge, daß der Trieb die vorgeschriebene Richtung bekommt.

Fig. 20.

Die Zweige 8, 9 und 10 haben ungefähr gleiche Stärke und werden ebenfalls auf zwei Augen geschnitten, wie wir eben angegeben haben. Ebenso der Trieb 11, obschon er schwächer ist.

Der 12. und 13. Zweig sind sehr klein und behalten nur ein Auge.

Der 14. Zweig endlich wird bis auf den Grund oder einen Stumpf abgeschnitten.

Wir erinnern hier, daß sich zu Anfang des Zweiges zwei Augen befinden, die beide austreiben. Beim Ausbrechen behält man den am besten stehenden Trieb bei und entfernt den anderen.

Wir haben, wie man bemerken wird, die Zweige um so kürzer geschnitten, je näher sie der Spitze des Baumes stehen, damit schon jetzt die kegelförmige Gestalt begründet und der Saft in die unteren Seitenzweige gezogen wird, welche ohne diese Fürsorge schwach bleiben würden.

Die Spitze schneidet man über einem Auge ab, welches gut gebildet ist und die Fähigkeit verspricht, den Stamm in gerader Linie fort= zusetzen. Unmittelbar unter dem Schnittauge steht rückwärts ein anderes, welches wahrschein= lich einen starken Trieb bilden wird. Dieses wird zu der angegebenen Zeit in der ganzen Länge entspitzt, damit der Endtrieb immer die Oberhand behält.

Dasselbe geschieht mit allen anderen unnützen und schlecht gestellten Trieben der Seitenäste, vorzüglich mit den nach oben stehenden, denn sie

geben Veranlaſſung zu Verwirrung und verbrauchen Saft zum Nachtheil
der Leitzweige.

Nahe an der Einſchnittſtelle des okulirten Auges, alſo am unteren
Ende des Stämmchens, befinden ſich zwei Augen (a a), deren Triebe aus=
gebrochen werden müſſen, im Falle daß ſie austreiben. Was aber die
darüberſtehenden (b b) betrifft, ſo befördert man ihr Austreiben durch einen
Ausſchnitt. (Vergl. 43.)

Wächſt der einjährige Trieb eines veredelten Baumes ohne Afterzweige,
wie es bei vielen Sorten der Fall iſt, ſo nimmt man ihnen die Spitzen,
wenn ſie ungefähr 40 Centimeter (14²/₅ Zoll) lang ſind. Dies geſchieht
zu dem Zwecke, das Entwickeln und das Austreiben der unteren Augen zu
befördern, welche ſpäter die erſten Seitenäſte der Pyramide bilden. Das
Auge, über welchem man entſpitzt hat, treibt vermöge ſeiner Stellung ſicher
aus und bildet die Spitze. Dieſes in den Baumſchulen noch wenig ge=
bräuchliche Verfahren erſcheint mir ſehr vortheilhaft-zur Bildung junger
Bäume. Wäre aber der Trieb des Edelreiſes zu ſchwach, ſo dürfte man
nicht wagen, ihn im erſten Jahre zu beäſten (mit falſchen Trieben zu ver=
ſehen), und es iſt daher dieſes Verfahren nur bei ſehr kräftig treibenden
Sorten anzuwenden.

Einige Pflanzer rathen, die Bäume im erſten Jahre der Pflanzung
nicht zu beſchneiden, weil nach ihrer Meinung das Anwachſen ſicherer ſei.
Ich habe über dieſe Methode und die alte (wo die Bäume beim Verpflanzen
beſchnitten werden) vergleichende Verſuche angeſtellt und durchaus keinen
Unterſchied gefunden; alſo iſt das eine ſo ſicher wie das andere. Andere
Baumzüchter, welche nicht ſchneiden, wollen damit im folgenden Jahre
kräftigere Triebe erzielen, als wenn im Jahre der Pflanzung geſchnitten
worden wäre. Sie glauben, daß in Folge des Schnittes bei der Pflanzung
die Triebe ſchwach und ſchmächtig werden, ſo daß es mit ihnen ſchwer wird,
den Anfang einer guten Pyramide zu bilden. Man ſei genöthigt, dieſe
ſchwachen Triebe im folgenden Jahre an ihrer Baſis abzuſchneiden, um
beſſere hervorzulocken, und dieſe Unterdrückung im zweiten Jahre verzögere
die Ausbildung des Baumes um ein ganzes Jahr. Ich (Hardy) theile dieſe
letztere Anſicht, wenn man ſpät pflanzt; wird aber die Pflanzung zeitig, d. h.
vom Oktober bis Januar ausgeführt, wie es vortheilhaft iſt, ſo iſt es un=
nöthig, dieſe Vorſchrift zu befolgen. Ich ziehe daher das Beſchneiden ſofort
nach der Pflanzung vor, weil ich bemerkt habe, daß auf dieſe Weiſe die
unteren Augen ſicherer austreiben und daß die Zweige voller werden,
während, wenn ich nicht beſchnitt, ſie öfters ziemlich kahl ausfielen. Alles,
was hier geſagt wurde, bezieht ſich auf die auf Birnenwildlinge veredelten

Stämmchen, denn wenn die auf Quitten veredelten nicht abgeschnitten werden. so setzen sie bald Früchte an und machen nur schwache Triebe. Es versteht sich übrigens von selbst, daß jedenfalls beim Pflanzen die beschädigten und schlecht stehenden Zweige abgeschnitten werden müssen. Es wird sogar gut sein, wenn man nicht vollständig schneiden will, die Triebe wenigstens um ⅓ einzukürzen, damit sie weniger Saft verbrauchen und von den Wurzeln leichter ernährt werden können.

Was gezogene ältere Bäume betrifft, so ist es durchaus nöthig, sie beim Pflanzen zu schneiden, denn das Verpflanzen ist immer mit Verlust von vielen Wurzeln verbunden, so daß die bleibenden nicht genügen, alle Aeste mit Nahrung zu versorgen.

Die Steinobstbäume müssen bei der Pflan= zung alle geschnitten werden, weil man mit Sicherheit schließen kann, daß verborgene oder schlafende Augen vorhanden sind, welche zur Bildung von Fruchtholz geneigt sind, bald ab= sterben und die Zweige kahl machen.

Schnitt des zweiten Jahres. Fig. 21.

59. Wir sagten oben, beim Schnitt des ersten Jahres, daß viel darauf ankomme, daß der vorjährige Trieb des Edelreises nicht zu lang geschnitten werden dürfe, damit für die Seitenzweige ein guter Grund gelegt werde. Figur 21, die wir hier darstellen, um den Schnitt des zweiten Jahres daran zu zeigen, ist davon ein Beispiel. Es zeigt einen aus der Baumschule gekommenen jungen Baum, wie man sie unter der Benennung Kunkel=Pyramide (quenouille) oft bekommt. Das Stämmchen wurde im ersten Jahre zu hoch geschnitten, und die unteren Augen blieben aus diesem Grunde im Ruhestande, denn blos die oberen haben sich zu kräftigen Trieben entwickelt. Dieser Baum, bereits schadhaft und verpfuscht, ist schlecht zur Bildung einer schönen Pyramide geeignet, dennoch wird es uns nicht schwer fallen, ihn dazu umzuformen. Wir bemerken hier sogleich, daß die Triebe nicht einge= kürzt worden sind. Man hätte sollen die drei obersten Triebe entspitzen,

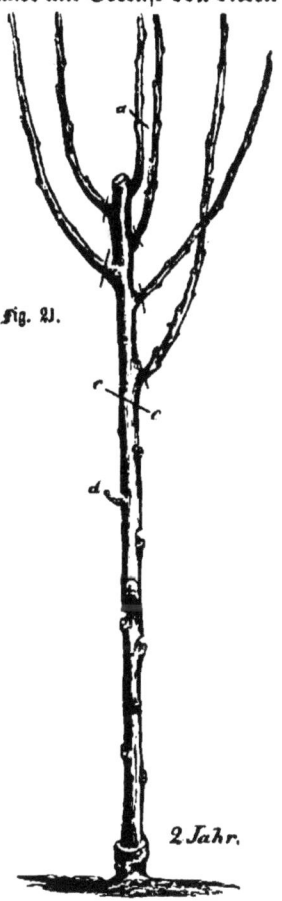

Fig. 21.

2 Jahr.

um den Saft in den unteren Theilen festzuhalten und die dort fitzenden
Augen zu stärken.

Wir schneiden alle Zweige dieses Baumes bis auf den Grund am
Stamme ab, jedoch mit Ausnahme der Spitze (a), der wir aber ebenfalls
nur zwei Augen lassen. Der kleine Fruchtspieß (d), welcher sich bereits
unter diesen Aesten am Stämmchen befindet, kann bleiben. Dabei geben
wir Acht, daß der Schnitt nicht zu nahe über dem am Anfange des Zweiges
fitzenden Auge geführt wird, sondern ein kleiner Stumpf bleibt, damit die
Augen nicht darunter leiden, da wir auf sie rechnen, um die Seitenäste
daraus zu ziehen, oder, wie man sagt, Zugäste zu gewinnen.

Es ist immer unangenehm, einem jungen Baume so starke Wunden
beibringen zu müssen, und wäre das Entspitzen in der Baumschule nicht
verabsäumt worden, so hätte man dieses Gebrechen vermieden, und man
würde Zweige tiefer unten haben. Hier wird uns nun nöthig, über den
unthätig gebliebenen Augen Ausschnitte anzubringen (wie Fig. 20 zeigt),
um davon Triebe zu bekommen. Die Folgen der Ausschnitte sind so ziemlich
sicher; indessen kommt es zuweilen doch vor, daß aus den Augen, anstatt
der gehofften Zweige, kleine Fruchtspieße entstehen, oder daß das Auge nur
etwas anschwillt, ohne auszutreiben. In diesem Falle muß man dasselbe
Verfahren im folgenden Jahre wiederholen, was ohne Gefahr für den Baum
geschehen kann. Man hält die Spitze des Baumes sehr niedrig, wie auf
der Abbildung angezeigt ist. Dies ist ein mißlicher Umstand, denn er ver=
ursacht sehr starke Knoten auf der Stammfläche. Der Stamm ist nun freilich
schwach, weil die unten stehenden Triebe zu viel Kraft verbraucht haben;
aber er ist noch gut genug, um ihn nicht gänzlich abwerfen zu müssen.

Wenn die Triebe, welche in Folge des Schnittes bis auf die Astwurzel
(empatement, Wulstringe) entstehen, zu lang zu werden scheinen, so werden
sie entspitzt, besonders der der Spitze zunächststehende. Entstehen zwei Triebe
neben einander auf der nämlichen Stelle, so wird der eine entfernt und der
am besten stehende beibehalten, um den Seitenzweig daraus zu bilden. In
dem Falle, daß man befürchtet, den Baum während seines Wachsthums nicht
genug überwachen zu können, kann man sogleich bei dem Beschneiden das=
jenige Auge, welches man beizubehalten gedenkt, auswählen, indem man
den Astgrund durchschneidet, wodurch das eine Auge vernichtet wird und
das andere allein austreibt. Durch Anwendung dieser verschiedenen Mittel
ist es leicht, die Form einer Pyramide zu erlangen.

Dieses Alles findet bei solchen Bäumen Anwendung, wie wir einen
dargestellt haben und wie sie oft beschaffen sind. Aber es kommt vor, daß
man junge Bäume im ersten Jahre noch länger geschnitten hat wie den

obigen. Hier genügt das eben Gesagte nicht, und man muß noch kräftiger ein= schreiten. Man schneidet in diesem Falle den ganzen oberen Theil des Stämmchens rein ab und läßt nur die untere Hälfte, wie es schon bei dem ersten Beschnei= den hätte geschehen sollen. Der Schnitt wird an der mit c c bezeichneten Stelle (Fig. 21) ausgeführt. Das Auge ist hinter dem Stämmchen und daher nicht sichtbar.. Der Baum wird nun in der Folge behandelt, wie wir für das erste Jahr vorgeschrieben haben, was freilich die Bildung der Pyramide um ein gan= zes Jahr zurückbringt. Aber der Zeit= verlust, welcher durch eine geschicktere Behandlung in der Baumschule hätte erspart werden können, darf uns nicht abhalten, dieses Mittel, welches in den meisten Fällen immer noch vortheilhafter ist als das erste, in Anwendung zu bringen.

Der in Fig. 22 dargestellte Baum ist zwei Jahre alt und das Ergebniß vom Schnitte des Baumes Fig. 19. Man wird sogleich den Unterschied zwischen die= sem und dem Baume Fig. 20 erkennen und sehen, von welcher Wichtigkeit das Einkürzen der Triebe ist, um den Saft in den unteren Augen zu vereinigen. Er hat eine ziemlich regelmäßige Form, und nur der Ast 1 steht nicht im Ver= hältniß zu den übrigen, weil ihn ein Unfall betroffen hat, der sein Wachs= thum beeinträchtigte, indem er abge= brochen wurde. Um das Gleichgewicht wieder herzustellen, lassen wir diesem Aste alle Augen, damit sie ihm eine hin= reichende Menge von Saft; herbeiziehen

Fig. 22.

2.Jahr.

können; wir schneiden ihn also gar nicht, bringen oberhalb am Stamme einen Ausschnitt an und schneiden den Stumpf an der Bruchstelle über dem End= auge weg. Da das natürliche Endauge am stärksten treibt, so stellt sich das Gleichgewicht in der Form schnell genug her.

Der Ast 2, welcher ihm am Stamme gegenübersteht, ist sehr kräftig gewachsen, was von dem Unfall, welcher den Nachbar betroffen hat, herrührt, indem der Saft ihm in Fülle zuströmte. Wir werden ihn auf fünf Augen schneiden, denn es ist nothwendig, ihn lang zu halten, um den Saft herbei= zuziehen, da es der unterste ist.

Die Aeste 3, 4, 5 und 6, welche ziemlich gleiche Stärke haben, werden in demselben Verhältnisse geschnitten, d. h. auf das vierte Auge. Wir ver= längern den Schnitt in Folge der größeren Wuchskraft des Baumes, denn je kräftiger der Baum ist, desto länger kann man ihn schneiden, mit andern Worten: desto mehr Augen kann man jedem Zweige lassen. Das Einkürzen, welches ungefähr in der Höhe des Grundes der Spitze geschah, hat die unteren Aeste stark gemacht. Der Ast 3, welcher fast senkrecht gewachsen ist, wird niedergebunden, um ihm die gehörige Richtung zu geben.

Die Aeste 7 und 8 werden auf das dritte Auge geschnitten, der 9. auf zwei Augen, aus den schon früher (bei dem Baume Fig. 19) angegebenen Gründen. Die vier eingekürzten (obersten) Zweige [1] sind ein wenig lang geworden, daher sind wir genöthigt, sie so zu schneiden, wie in der Zeichnung angegeben ist. Sie bilden ebenfalls noch Seitenzweige. Wäre das Ein= kürzen zeitiger oder kürzer ausgeführt worden, so brauchten wir daran nichts zu schneiden, und wir haben in §. 52 angegeben, was dann mit diesen Zweigen würde. Die Spitze wird auf ein gut stehendes Auge geschnitten, um den Stamm senkrecht zu verlängern, und wir haben sie etwas kurz gehalten, um den Saft unten zu vereinigen, da die unteren Aeste, wie man weiß, vergleichsweise schwach sind. Da dieser junge Baum uns hinlänglich gleichförmig erscheint und hinreichende Zweige hat, so wäre es nutzlos, Gabelzweige und Veräftungen erzeugen zu wollen; denn man muß diese, der Regelmäßigkeit der Form wegen, so viel wie möglich zu vermeiden suchen. Man wende sie daher nur dann an, wenn es Lücken auszufüllen giebt, wo

---

[1] Wenn von den vom Stamme ausgehenden Zweigen eines jungen Baumes die Rede ist, sind die Worte Ast und Zweig gleichbedeutend, wie es bei Hardy ebenfalls der Fall ist. Genau genommen ist Alles, was vom Stamme ausgeht, Ast, und erst durch weitere Theilung dieser Aeste entstehen Zweige, die man, wenn sie stark werden, freilich wieder Aeste nennt. Man kann aber, wie es auch hier geschieht, mit gutem Grunde die Aeste eines jungen Baumes Zweige nennen. Ist von großen Bäumen die Rede, so führt hier nur das mehrjährige Holz den Namen Ast.

es allerdings nothwendig ist. Wir beobachten den Baum während seines Wachsthums fortwährend, um, wie angegeben, alle unnützen und schlecht stehenden
Zweige, besonders die auf den mittleren, schon starken Zweigen, einzukürzen.

Es kommt oft genug vor, daß die auf Quitten veredelten Birnbäume
im zweiten, manchmal schon im ersten Jahre ihrer Pflanzung Fruchtholz
ansetzen, besonders in nicht gutem Boden, und dies zuweilen so stark, daß
ein großer Theil der vorhandenen Augen sich zu Blütenknospen umbildet.
Es ist in diesem Falle schwer, den Schnitt nach den von uns angegebenen
Regeln durchzuführen. Man muß dann alle Knospen mit dem Messer bis
an das Holz abschneiden, in Folge dessen sich die darunter sitzenden seitlichen
Augen zu Trieben ausbilden, welche im folgenden Jahre auf die Zweige,
welche sie ausgestoßen haben, beschnitten werden. Man lasse auf derartigen
Bäumen in den ersten Jahren nur wenige Früchte.

Schnitt des dritten Jahres.

60. Der Baum, welchen Fig. 23 darstellt, ist das Ergebniß vom
Schnitte des vorhergehenden Jahres. Das Wachsthum war so regelmäßig
wie möglich, daher ist er sehr gleichmäßig in allen Theilen, obschon im Sommer
nur wenig daran geschah, mit Ausnahme der nöthigen Einkürzungen.

Der Ast 1, welcher, wie bekannt, im letzten Jahre nicht geschnitten
wurde (vergl. Fig. 22 und §. 59), hat, was wir im Voraus gesagt haben,
sehr kräftig getrieben und steht gegenwärtig in gutem Verhältniß zu den
übrigen, früher stärkeren. Der darüber stehende wird bis auf seinen Grund
(empatement) weggenommen und der Haupt= oder Leitast (Zugast) auf ein
nach unten stehendes Auge geschnitten.

Der Ast 2 hat drei Verzweigungen bekommen; davon werden zwei ganz
abgeschnitten, der Haupt= oder Verlängerungszweig (die Spitze) aber wird
auf das vierte Auge geschnitten. Man wird bemerken, daß im vorigen Jahre
ein Seitenzweig an der Stelle a eingekürzt worden ist, ebenso der Frucht=
trieb (brindille) darunter. Man behält beide bei, drückt aber das Endauge
an dem letztern ab, damit sich eine Blütenknospe bildet. Dieser Verlänge=
rungszweig hat Neigung, nach dem Stamme zu zu wachsen, und man muß
ihn durch das Bilden eines Bogens (vergl. §. 48) davon abzuziehen suchen,
um ihm eine bessere Richtung zu geben.

Am Aste 3 wurde der obere Zweig bis auf den Grund geschnitten
(er hätte im vergangenen Jahre entspitzt werden müssen), der Leitzweig auf
das vierte Auge. Dieser Ast ist im vorhergehenden Jahre auf ein oberes
Auge geschnitten worden (weil es nicht anders anging), und der Trieb hat
daher eine zu sehr nach oben stehende Richtung erhalten. Dies ist, wie

4*

3. Jahr.

Fig 23.

wir wiſſen, ein Fehler, denn die
Aeſte müſſen ſtets möglichſt vom
Stamme abſtehen. Dieſes Mißver=
hältniß muß (wie bei dem Zweige 2)
durch einen Bogen aufgehoben werden.
Der Aſt 4 iſt im Vergleich zu den
anderen etwas ſchwach. Der Ver=
längerungs= oder Endzweig wird über
dem fünften Auge geſchnitten, damit
er ein wenig länger wird, und wir
laſſen den daran ſitzenden Fruchtſpieß
ſtehen, damit er tragbar wird.

Der Aſt 5 zeigt einen beſonderen
Fall: die Spitze davon ſteht ſchlecht
und neigt ſich zu ſehr nach dem
Stamme, weil das Schnittauge, aus
welchem er entſtanden iſt, etwas nach
oben ſtand. Wir ſchneiden ihn daher
bis auf das alte Holz, nämlich bis
an den zunächſt darunter ſtehenden
Seitenzweig, dieſen aber auf das
vierte nach oben ſtehende Auge,
um daraus die Spitze zu bilden. Es
muß bei ſeiner Fortbildung wohl
aufgemerkt werden, damit dieſer Feh=
ler, welcher uns eben zum Zurück=
ſchneiden auf altes Holz nöthigte, in
Zukunft vermieden wird. Man
binde dieſen jungen Trieb (weil er
Neigung hat, aufwärts zu wachſen)
mit einer Binſe etwas an, um ihm
die nöthige Richtung zu geben. Der
nahe am Stamme ſtehende Zweig
wird glatt abgeſchnitten. Dagegen
wird der Fruchttrieb, welcher nach
unten ſteht, beibehalten, aber ſeines
Endauges beraubt, damit er wirk=
liches Fruchtholz bildet.

Die Aeſte 6 und 7 werden auf

vier Augen geschnitten. An dem letzteren schneide man den unten stehenden
Seitenzweig, welcher schon im Sommer hätte eingekürzt werden sollen,
ganz ab.

Der Ast 8 hat ein eingekürztes Aestchen und einen Fruchttrieb (brindille).
Dem letzteren wird das Endauge abgedrückt, der gekürzte Zweig bleibt
unberührt.

Die Aeste 9, 10, 11, 12 und 13 werden an der auf der Zeichnung
bemerkten Stelle abgeschnitten, der 14. auf das dritte Auge, der 15. auf
zwei, der 16. auf drei Augen, weil sie sämmtlich schwach sind; der 17. auf
drei und der 18. auf zwei Augen.

Dem Aste 14 gegenüber steht auf der Rückseite (auf der Zeichnung nicht
sichtbar) ein schlafendes Auge am Stamme. Man bringt darüber einen
Ausschnitt an, um sein Austreiben zu erzwingen, denn es ist hier ein Zweig
nothwendig, um eine leere Stelle der Pyramide auszufüllen. Derselbe Fall
besteht bei dem 16. Aste. Ueber demselben befindet sich ein kleiner Zweig,
an dem nichts geschieht.

Oben, nahe an der Spitze, giebt es eingekürzte Zweige, an denen wir
nichts schneiden. Die Spitze der Pyramide selbst ist schön und kräftig gebildet, sie wird daher, wie auf der Zeichnung zu ersehen ist, ziemlich lang
geschnitten. — Alle Zweige, welche sich unter der Abschnittstelle befinden,
hätten im Sommer gekürzt werden sollen. In Folge dieses Verfahrens
werden die Nebenaugen verstärkt und treiben aus. Diese Triebe werden
gekürzt, wenn sie sich nicht selbst zu Fruchtspießen und Fruchttrieben bilden.

Dritter Jahresschnitt eines schlecht gezogenen Baumes. Fig. 24.

61. Bisher haben wir es mit einem Baume von ziemlich guter Form
zu thun gehabt. Aber es kommt oft vor, daß man dreijährige Bäume aus
der Baumschule pflanzen muß, wo die Zucht der jungen Bäume noch nicht
verstanden oder vernachlässigt wird. Wir halten es daher für nützlich, einen
solchen Baum abzubilden, um Belehrung darüber zu ertheilen, wie er zu
einer schönen Pyramide umzuformen ist. Der abgebildete Baum ist mit der
Baumschere beschnitten und ohne Beachtung der Grundregeln behandelt
worden. Dessenungeachtet kann dieses Uebel leicht beseitigt werden, denn
der Baum ist kräftig und voll.

Der erste Fehler war, daß der einjährige Trieb des Edelreises von
Anfang an zu hoch geschnitten wurde, in Folge dessen die unteren Zweige
schwach sind und zum Theil ganz fehlen. Die ganze Wuchskraft hat sich
auf die Mitte geworfen. Vor Allem ist es unvermeidlich, über den schlafenden Augen unten am Stamme starke Ausschnitte anzubringen, eben so
über dem vierten Aste, den man überdies ganz unbeschnitten gelassen hat.

Die Aeſte 1 und 2 ſind ſchwach, und wir werden ſie daher ſehr ver=
längern. Der eine wird auf ein nach unten ſtehendes Auge, der andere auf
ein nach oben ſtehendes geſchnitten, in Folge deſſen der Trieb des erſteren
nach oben wächſt und den nach unten ſtehenden Aſt wieder aufrichtet. Sollte
dies nicht genug helfen, ſo muß er durch Anbinden in die gehörige Richtung
gebracht werden.

Am Aſte 3 befinden ſich drei Seitenzweige, wovon die zwei entfernteſten
vom Stamme an der bezeichneten Stelle abgeſchnitten werden, während der
dritte auf acht Augen geſchnitten wird. Da er nach oben ſteht, ſo muß er
durch Niederbinden in die gehörige Richtung gebracht werden.

Der Schnitt des Aſtes 5 erfordert 2 Meſſerſchnitte: einmal, um den
Stumpf mit dem Zweige, ſodann um den in der Zeichnung bemerkten Theil
der Spitze zu entfernen. Dieſer Aſt muß durch einen Bund oder eine
Stütze in die rechte Lage gebracht werden.

Dem Aſte 6 nimmt man den alten Stumpf und den unteren gebogenen
Zweig und ſchneidet ihn ein, wie angezeigt.

Der 7., nach vorn ſtehende Aſt hat einen auf ſeinem Grunde ſtehenden
Nebenaſt, welcher, da er ſchlecht ſteht, weggenommen wird. Was den blei=
benden, beſchnittenen Zweig betrifft, ſo nähert er ſich zu ſehr der Mitte,
und er muß daher, wie früher angegeben, durch Binden abgezogen werden.

Der Aſt 8 iſt früher zu lang geſchnitten worden, er muß daher bis
auf den tiefer ſtehenden abgenommen werden, weil dieſer beſſer ſteht und
geeigneter als Zug= oder Verlängerungsaſt iſt. Derſelbe wird auf ein nach
oben gerichtetes Auge geſchnitten. Der Aſt 9 wird geſchnitten wie die
Abbildung zeigt.

Bei dem 10., ebenfalls im vorhergehenden Jahre zu lang geſchnit=
tenen Aſte iſt man zum Zurückſchneiden auf das alte Holz, zur Entfernung
des ganzen Aſtes mit allen Seitenzweigen bis an ein ſchlafendes Auge ge=
nöthigt. Man wird hieraus einen Trieb erhalten, welcher ſchief gezogen
werden muß. Sollte er zufällig zu lang und kräftig werden, ſo kann, da der
Grund dieſes Aſtes ſtark iſt, ein Ausſchnitt darunter angebracht werden.

Der Aſt 11 iſt aus einem verborgenen Auge entſtanden; wir ziehen
davon Nutzen und ſchneiden ihn auf drei Augen. Der 12. Aſt wird am
Grunde abgeſchnitten. Da unter demſelben ſich ſchlafende Augen befinden,
ſo bringt man über denſelben Ausſchnitte an, damit ſie austreiben, denn es
iſt nothwendig, an dieſer Stelle Aeſte zu bekommen.

Die Aeſte 3, 5, 6 und 8 bekommen Ausſchnitte unterhalb, um ihr
Wachsthum zu mäßigen.

Das Schnittauge an der Spitze hat, entweder weil es ſchwach war

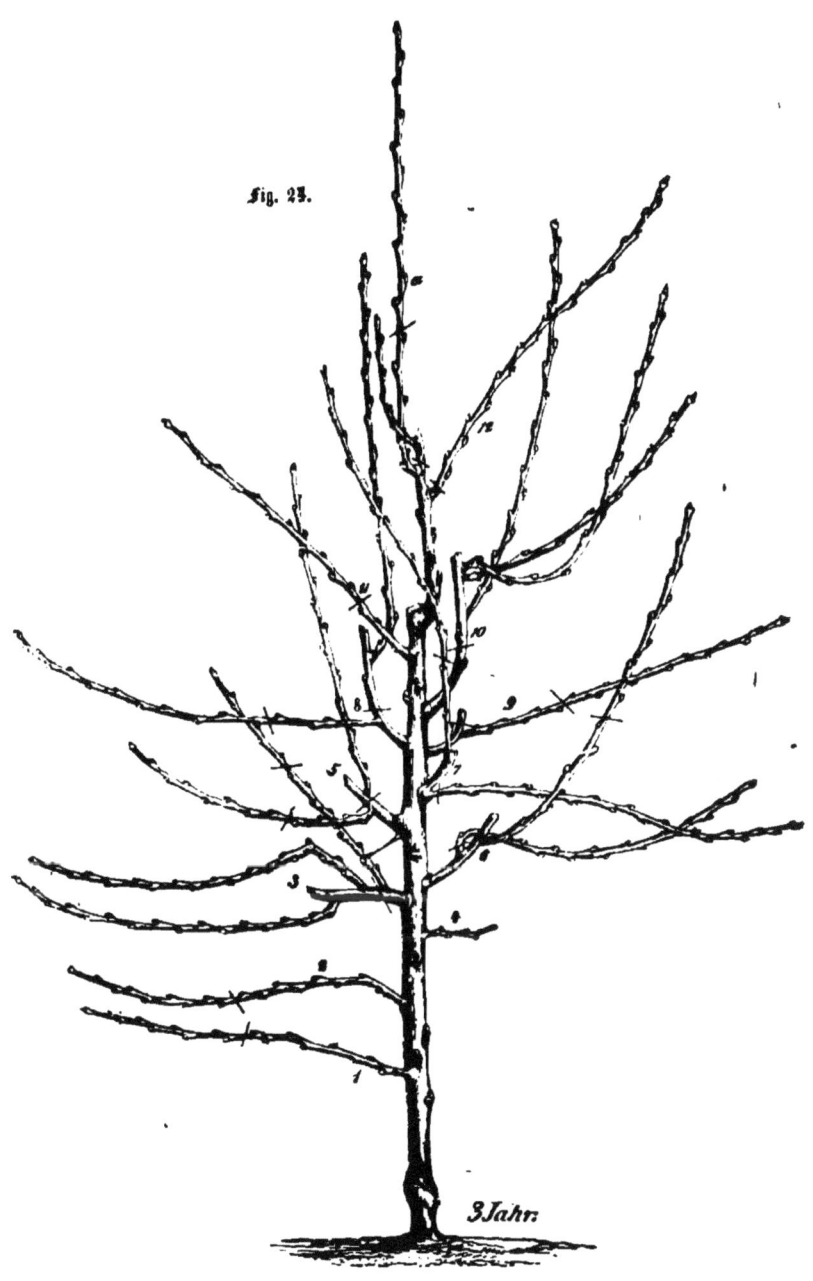

Fig. 23.

3 Jahr.

ober von einem Unfall betroffen worben ift, nur einen fehr fchwachen Trieb-
gebilbet, unb bie Spitze ift bemnach niebriger als bie Spitzen mehrerer
Seitenäfte, benn bas barunter ftehenbe Auge hat aus bemfelben Grunbe
einen kräftigen Trieb auf Koften ber Spitze gemacht unb biefe bebeutenb
überwachfen. Wir fchneiben baher bie Spitze mit einem Stücke bes vorjährigen Holzes ganz zurück unb bilben aus bem Triebe a eine neue Spitze,
welche über einem Auge, welches zur Fortfetzung bes Stammes günftig er-
fcheint, abgefchnitten wirb. So oft man Trieben von biefer Art begegnet,
verfahre man auf bie angegebene Weife.

Es werben in ber Mitte bes Baumes Triebe erfcheinen, welche forg-
fam eingekürzt werben müffen, um ben Saft für nacktere Theile ber Pyra-
mibe zu fparen. Sollte es nöthig erfcheinen, fo breche man fogar bie Spitzen
ber ftarken Zweige aus, wenn bie Triebe eine Länge von wenigftens 40
Centimetern (15 Zoll) haben. Es ift bies ein Ausnahmefall, aber anwenbbar
bei Bäumen ber angegebenen Art. Ift ber Baum kräftig, fo kann man auf
biefe Weife bas Gleichgewicht wieber herftellen.

Es ift oft vortheilhaft, Bäume biefer Art ganz abzuwerfen (auf altes
Holz zurückzufchneiben), felbft zweijährige, wenn fie fo verftümmelt unb
fehlerhaft finb. Dies gefchieht ein Jahr nach ber Pflanzung. Man erhält
bann neue Triebe am Stamme, bie man zweckmäßig, b. h. in ber rechten
Richtung, vertheilen kann unb wovon man nicht mehr beibehält, als nöthig
finb, um bie neuen Aefte baraus zu bilben.

Der Schnitt des vierten Jahres. Fig. 25.

62. Der abgebilbete Baum ift feiner Form nach fo regelmäßig wie
möglich unb hat bas rechte Gleichgewicht, benn er ift bas Ergebniß bes
letzten Schnittes bes Fig. 23 abgebilbeten Baumes. Man fieht, baß bie
Erfolge, welche wir vorausgefagt haben, eingetroffen finb. (Vergl. §. 60.)

Der Aft 1 wirb auf bas fünfte Auge, ber barunter ftehenbe ganz abgefchnitten, b. h. bis auf ben Grunb. Der letztere hätte im Sommer eingekürzt werben follen. Es finb baran einige kleine Fruchtfpieße unb Ringelfpieße (lambourdes), bie, wie wir wiffen, bas befte Fruchtholz bilben. Der
Verlängerungszweig (bie Aftfpitze) wirb, wie gefagt, auf fünf Augen gefchnitten, benn ba ber Baum jung unb kräftig ift, fo muß lang gefchnitten
werben, befonbers an ben unten ftehenben Aeften.

Der Aft 2 hat brei Zweige. Wir fchneiben ben oberen unb ben unteren
auf ihren Grunb zurück, ben Verlängerungszweig aber auf bas fünfte Auge.
Diefer Aft hat zwei Ringelfpieße unb zwei Fruchttriebe, wovon bie erfteren
noch in biefem Jahre zur Fruchtbarkeit gelangen werben, währenb bie

Fruchttriebe, wegen ihrer aufrechten Stellung, das Auge an der Spitze einbüßen müssen, um ihrem Wuchse Einhalt zu thun, sowie es sich auch nöthig macht, sie im Sommer im Auge zu behalten und einzukürzen, wenn es nöthig erscheint.

Der Ast 3, welcher oben am Schnitte des zweiten Jahres des Stammes sitzt, wird, weil er Unordnung verursacht (zu dicht neben anderen steht) und unnöthig ist, glatt am Stamme weggeschnitten.

Der Schnitt der übrigen Aeste ist leicht auszuführen, und es genügt, sie an der bezeichneten Stelle abzunehmen. Was die unterdrückten Zweige auf dem Astgrunde anlangt, so wurden sie gelassen, um den Saft zu verbrauchen, welcher sonst vielleicht in das Fruchtholz gelangt wäre und seine Bestimmung hätte ändern können. Auf der dritten Schnittlänge des Stammes ist ein Auge zurückgeblieben, welches durch einen darüber angebrachten Ausschnitt genöthigt werden kann, auszutreiben, um den Baum an dieser Stelle voller zu machen.

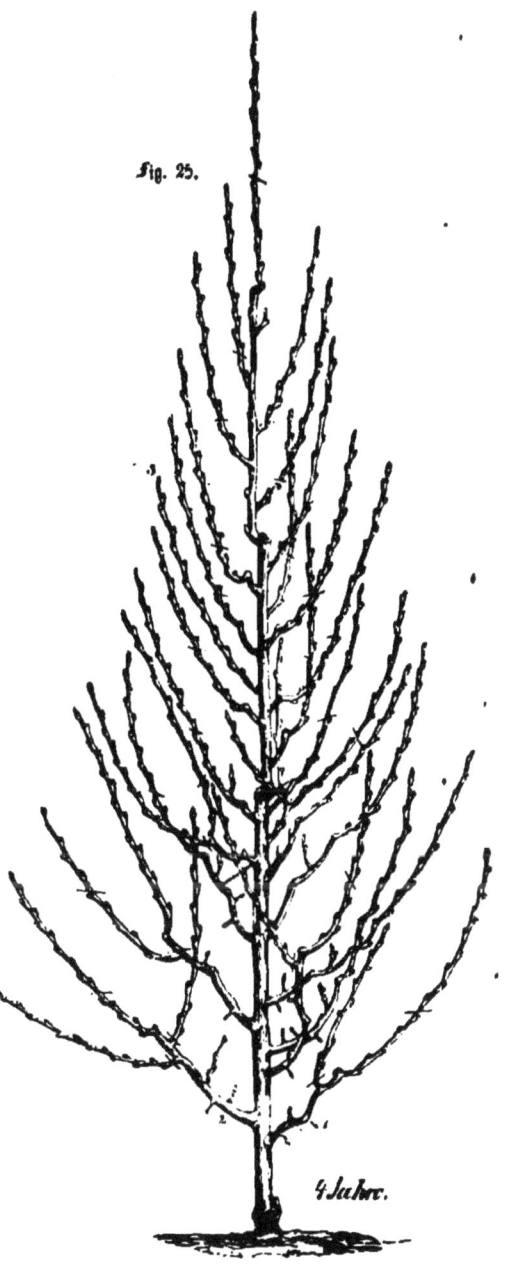

Fig. 25.

4 Jahr.

Man bemerkt an diesem Baume schon einiges Fruchtholz und er hat das Alter, in welchem man ihn tragen lassen kann, was durch Entspitzen der gut bezweigten Aeste befördert werden kann. Was die nachfolgenden Verrichtungen während der Vegetation betrifft, so sind es dieselben, deren wir schon oft gedacht haben.

Der Schnitt des fünften Jahres. Fig. 26.

63. Der Baum, an welchem wir den Schnitt des fünften Jahres zeigen wollen, hat eine schlechte Vorbereitung zu diesem Zwecke erhalten: er ist zu kurz geschnitten worden, hat stark hervortretende Krümmungen an Stamm und Aesten und andere Unregelmäßigkeiten mehr. Wir wollen ihn so behandeln, daß er wieder gut wird und eine weniger unregelmäßige Form bekommt.

Der Ast 1 neigte sich früher zu sehr auf die Erde, man hatte ihn daher, um diesen Fehler zu verbessern, durch eine Stütze etwas in die Höhe gebracht; aber es war nicht ordentlich geschehen und daher die nöthige, aufwärts stehende Richtung nicht erreicht worden. Die sehr starken Biegungen haben das Austreiben eines Zweiges unter dem Knie veranlaßt, was wir benutzen wollen, indem wir die Spitze des Astes mit einem Stücke alten Holzes über diesem Zweige abschneiden und ihn daher nun zum Verlängerungszweige machen, was am ersten durch einen sehr langen Schnitt erreicht wird, damit er im Verhältniß zu den übrigen Aesten steht. Nahe am Stamme steht ein Fruchttrieb, der sorgfältig geschont werden muß.

Der Ast 2 hat ebenfalls sehr starke Krümmungen, ein Fehler, der immer zu vermeiden ist, da der Saftlauf dadurch sehr gehemmt wird. Da er mit seinen Nachbarn im rechten Verhältniß steht, so behalten wir ihn bei und schneiden ihn, wie auf der Abbildung bemerkt ist.

Der Ast 3 ist in sehr gutem Stande, denn er hat einen kleinen Fruchtzweig, welcher aus einem im vorigen Sommer eingeknickten Fruchttriebe entstanden ist.

Das Aestchen a ist ein Fruchtzweig, entstanden aus einem verkümmerten Holzaste und immer noch schwach, weshalb er sich auch in Fruchtholz verwandelt hat.

Der Ast 4 ist in den ersten Jahren zu kurz geschnitten worden und dadurch außerdem stark gekrümmt, was, wie wir nochmals wiederholen, ein großer Nachtheil ist. Junge, kräftige Bäume, welche man zu ziehen anfängt, müssen so lang wie möglich (im Verhältniß zur Stärke ihrer Zweige) geschnitten werden, um diese Krümmungen zu vermeiden. Man darf dies natürlich nicht übertreiben, denn zu lange Zweige werden stets

kahl, weil zu
viele Augen un=
thätig bleiben.
Schneidet man
aber auf fünf
bis acht Augen
je nach der
Stärke der
Triebe, so ist
das Kahlwer=
den nicht zu be=
fürchten. Am
Anfange der
Spitze dieses
Zweiges, d. h.
wo der Trieb
des letzten Jah=
res beginnt, be=
findet sich ein
zu lang einge=
kürzter Trieb;
diesen schneiden
wir nahe am
untersten Auge
ab, so daß dieses
gelüftet wird. —
Der auf der
anderen Seite
des Baumes
stehende Ast 5
steht zu sehr
nach oben, und
wir müssen diese
falsche Stellung
durch Nieder=
binden des Astes
beseitigen.

Der Verlän=
gerungstrieb

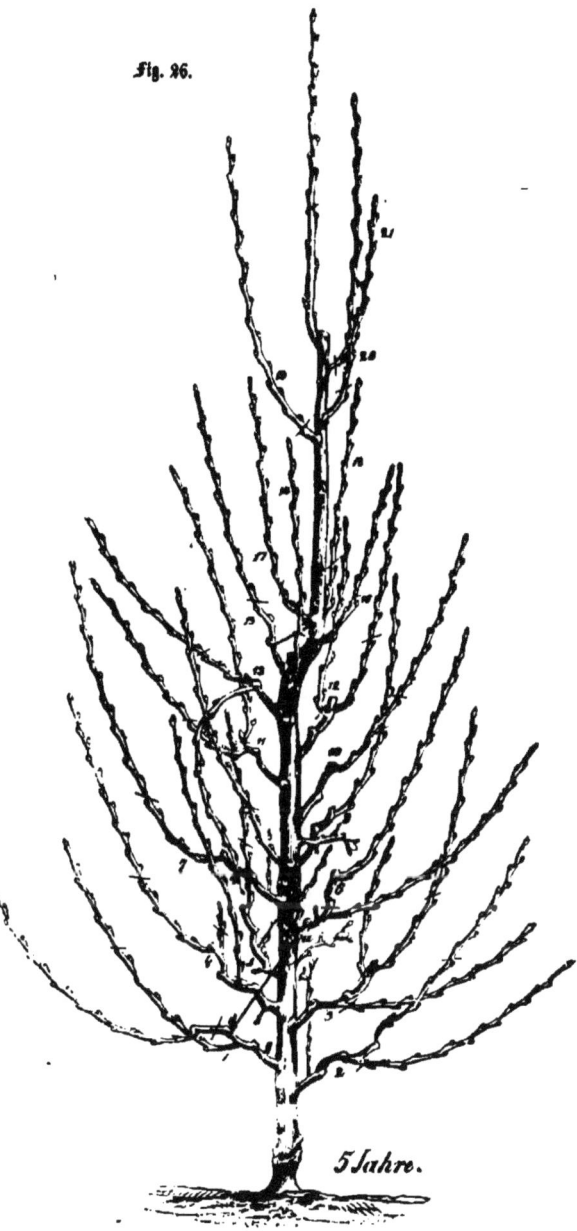

Fig. 26.

5 Jahre.

des Astes 6 hat eine gute Stellung, da er aber einige Krümmungen macht, so sind wir genöthigt, ihn zurückzuschneiden und den unteren, besser gebildeten Zweig als Verlängerungs= oder Hauptast anzunehmen. Wir schneiden ihn auf ein nach oben stehendes Auge und bringen ihn noch außerdem durch eine angebrachte Stütze in die rechte Lage.

Der im vergangenen Jahre auf ein nach oben stehendes Auge geschnittene Ast 7 hat seine frühere falsche Stellung vortheilhaft verändert, indem er sich früher nach unten neigte. Es ist Schade, daß er keinen tiefer stehenden Zweig hat, in welchem Falle wir ihn, weil er gekrümmt ist, wie den vorigen hätten behandeln können, denn die Krümmungen schaden immer seiner guten Bildung. Die Spitze des kleinen Fruchttriebes, daran muß ausgebrochen werden, weil er nach oben steht; befände er sich an der Unterseite des Astes, so ließen wir ihn unberührt. — Der Ast 8 befindet sich unter den nämlichen Verhältnissen, weshalb wir ihn auf gleiche Weise behandeln. Er ist unten ganz und gar nackt, wir bringen daher Einschnitte und sogar Ausschnitte darüber an, um einige Triebe hervorzulocken, welche später entspitzt werden, um sie in Fruchtholz zu verwandeln. — Die Aeste 9 und 10 werden ganz auf dieselbe Weise behandelt. — Bei dem 11. Aste war das vorjährige Schnittauge nach oben gerichtet, in Folge dessen derselbe zu sehr aufwärts steht. Er wird deshalb bis an den nächsten Zweig abgeschnitten. — Der 12. Ast zeigt nichts Besonderes.

An dem 13. Aste ist ein abwärts gebogener und in dieser Richtung befestigter Zweig. Dieser Bogen hat, wie wir wissen (vergl. §. 48), den Zweck, Fruchtholz zu erzeugen. — Am 14. Aste haben wir unterhalb am Stamme einen Ausschnitt angebracht, weil er einen zu starken, wülstigen Grund (empatement) hat, was fast immer der Fall ist, wenn die Aeste unmittelbar unter einem Knoten oder Knie stehen.

Der 15. Ast steht zu gerade und wir binden ihn daher im Bogen nieder.

Die Aeste 16, 17 und 18 sind gewöhnlicher Art und werden geschnitten, wie auf der Figur bezeichnet. — Der 19. und 20. Ast wird auf ein Auge zurückgeschnitten, der 21. auf den Wulstring [couronne [1])].

---

[1]) An dem gegenwärtigen Beispiele ist bei Hardy Wulstring (couronne) mit Ast- oder Zweiggrund (empatement) gleichbedeutend, wenigstens kann ich keine Verschiedenheit entdecken. In der Regel gebraucht aber der Verfasser das erstere Wort für die wülstigen, ringförmigen Anschwellungen am Grunde schwächerer Zweige. Der Schnitt auf Wulstringe (taille en couronne) bezweckt das Austreiben der dort sich befindenden verborgenen oder schlafenden Augen, um Fruchtholz daraus zu bilden.   A.

Am vierten Stockwerke[1]) des Stammes sind mehrere Augen schlafend geblieben, welche durch darüber angebrachte Ausschnitte zum Austreiben genöthigt werden müssen. Während des Sommers muß große Aufmerksam= keit auf diese entstehenden Triebe verwendet werden; auch entspitze man die naheftehenden unnützen Triebe, um den Saft mehr auf diese Augen zu wenden, damit sie treiben müssen.

Die Spitze wurde kurz gehalten, damit der Saft auf dem unmittel= bar darunter befindlichen kahlen Theile vereinigt wird und hier die Zweige sich bilden können.

Dies sind die Verrichtungen, welche an derartigen Bäumen ausgeführt werden. Wir wollen mit der Anweisung über den Schnitt der Birnbäume in Pyramidenform nicht weiter gehen, denn sie werden nach den aufgestellten Grundsätzen fortbehandelt.

Nach dem Vorausgegangenen kann man urtheilen, daß es leicht ist, dem Birnbaum diese Form anzueignen. Sie ist ganz und gar passend für denselben und er läßt sich ohne Widerstreben dazu bringen[2]).

Schnitt des sechsten Jahres.

64. Eine gut. gezogene und im Stande fortwährender Fruchtbarkeit befindliche Pyramide (die auch eine Reihe von Jahren, deren Dauer man allenfalls nach der Güte des Bodens und nach der Behandlung abschätzen kann, fruchtbar bleiben soll) muß in ihrer größten Breite ungefähr den dritten Theil der ganzen Höhe haben: die Aeste müssen in ihrer ganzen Ausdehnung reichlich Fruchtholz tragen und im vollkommensten Gleichgewicht zu einander stehen.

Der Fig. 27 abgebildete, ganz ideale Birnbaum zeigt ein solches gutes Verhältniß. Die Pyramide ist in einem richtigen Verhältniß der Höhe zur Breite gezogen (proportionirt) und durchaus mit Fruchtholz bedeckt, mit

---

[1]) Stockwerk ist die Verlängerung des Stammes mit seinen Aesten in einem Jahre, also der Inbegriff des in einem Jahre entstandenen Holzes. Das Holz, welches nach dem Beschneiden des ersten Jahres bleibt, bildet demnach das erste Stockwerk, und· so fort. Das vierte Stockwerk ist die Länge des Stammes und der Aeste, wie es nach dem Schnitte des vierten Jahres beschaffen war. Ich habe dafür auch den Aus= druck Schnittlänge gebraucht, weil Hardy oft blos sagt, wie oben, „auf dem vierten Schnitt". Z.

[2]) Um unsere Behauptung mehr zu unterstützen, können wir die Bäume des Herrn Orbelin, Gartenbesitzers und Liebhabers in Saint-Maur bei Paris, als Beispiel anführen. Dieser geschickte Baumzüchter hat gezeigt, was auf diese Art selbst in einem mittelmäßigen Boden geleistet werden kann. Seine Pyramiden sind die schönsten, welche wir gesehen haben. Hardy.

Fig. 27.

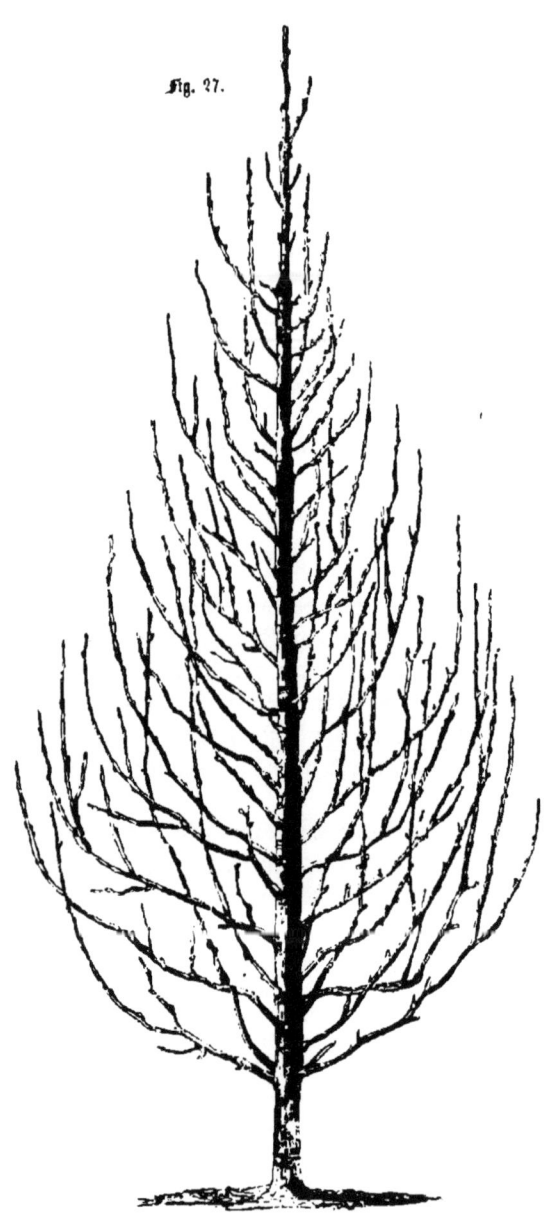

Ausnahme der obe=
ren Theile mit nur
jungem Holze. Man
giebt von nun an
diesem Baume un=
gefähr dieselbe Be-
handlung, wie vor=
her beschrieben.
Man bemühe sich,
das Gleichgewicht zu
halten, indem man
die Aeste nach ihrer
Stärke schneidet.
Man bemerkt an
diesem Baume (Fig.
27), daß Diejenigen,
welche ihn behandelt
haben, sich bemühten,
das Gleichgewicht
schön zu erhalten,
denn der Schnitt des
Stammes war fast
gleichmäßig lang,
was der Vegetation
die nöthige Regel=
mäßigkeit ertheilte.
Mit dem sechsten
Jahre steht dieser
Baum in voller
Fruchtbarkeit, seine
Aeste sind stark, er
treibt nicht mehr so
sehr in das Holz,
wie in früheren Jah=
ren, und es kommt
viel darauf an, daß
die Holzzweige und
die Stammspitze kür=
zer geschnitten wer=

den als sonst, damit der Saft für die Früchte gespart wird. Was indessen das Letztere betrifft, so muß dennoch darauf gesehen werden, daß die Spitze stets vorherrschend ist, damit die Verlängerung der Pyramide den rechten Gang geht. Andernfalls würde der Saft sich in die unteren Partien des Baumes vertheilen, seine Spitze würde kränklich werden und der Baum könnte endlich ganz absterben.

Ehe wir dieses Kapitel schließen, werden wir noch einige allgemeine Regeln über das gegenseitige Verhältniß und das Gleichgewicht der Vegetation in der Baumpyramide geben. Ist ein Baum schwach und kränklich in allen seinen Theilen, aber dabei gut gewachsen und im rechten Verhältniß, so muß er kurz, d. h. über dem zweiten oder dritten Auge, geschnitten werden; ist er hingegen jung und starkwüchsig, so muß er lang, also ungefähr über dem fünften Auge und höher, geschnitten werden. Haben diese Aeste nicht das rechte Verhältniß, indem sie für ihre Länge nicht stark genug oder für ihre Stärke nicht lang genug sind, so schneidet man die starken kurz und die schwachen lang [1]). An den ersteren entspitzt man alle Triebe, selbst den Verlängerungszweig (die Spitze), wenn es nöthig erscheint, und läßt die Früchte

---

[1]) Wer hierbei an die gewiß richtige Grundregel: starke Triebe müssen lang, schwache kurz geschnitten werden, denkt, muß sich billig über obigen Satz wundern. Dennoch ist die Sache so. Bei dem Aste einer Pyramide, welcher eine bestimmte Länge haben muß, würde der kurze Schnitt eines schwachen Zweiges nicht zum Ziele führen. Ebenso bei Spalierbäumen, wenn man eine gewisse Länge braucht. Es ist dies einer der scheinbaren Widersprüche, welche auch bei anderen berühmten Schriftstellern über Baumschnitt, wie Dubreuil, Pakel, Puvis, Lepère, Dalbret rc., häufig vorkommen. Sie haben in ihrem Sinne Recht, sollten aber den Satz: schwache Triebe schneidet man lang, um ihnen durch viele Augen und Blätter viel Saft zuzuführen, starke Triebe im Gegentheil kurz, um sie zu schwächen, nicht als Regel aufstellen, da es in der That nur Ausnahme ist und von Nebenrücksichten abhängt. Das einzig Wahre für alle Fälle ist, daß bei mit gut ausgebildeten Augen versehenen Trieben ein kurzer Schnitt kräftigeren, ein langer Schnitt schwächeren Trieb zur Folge hat, daß man also in gewöhnlichen Fällen schwache Triebe kurz, starke lang schneiden muß, um erstere zu stärken, letztere zu schwächen. Sind aber die unteren Augen schwach, so verursacht ein kurzer Schnitt schwache Triebe. Die lang geschnittenen schwachen Aeste würden unfehlbar schwach treiben, vielleicht gar vorzeitig Fruchtholz bilden, wenn man nicht durch Entspitzen der Triebe der stärkeren Zweige im Sommer dafür sorgt, daß diese nicht stark treiben, in Folge dessen sich der Saft dem lang geschnittenen schwachen Zweige zuwendet und diesen kräftigt. Das Entspitzen thut also eigentlich die Hauptsache.

Ich bitte, diese Bemerkung auf alle Fälle anzuwenden, wo in diesem Buche vom langen Schneiden schwacher Triebe und kurzen Schnitt starker die Rede ist. — Sehr ausführlich ist dieser Gegenstand auch in der „Monatsschrift für Pomologie und praktischen Obstbau" von Lucas und Oberdieck, Jahrg. 1855, S. 184—189, behandelt.

3.

daran, wenn der Ast deren trägt; bei dem zweiten läßt man so viel Triebe wie möglich, unterdrückt blos die, welche Unordnung hervorbringen, über= wacht diejenigen, welche der Spitze schaden könnten, indem man sie lang einkürzt, und läßt endlich nur einige oder gar keine Früchte. Wird der Baum während der Begetationszeit so behandelt, so wird man ihn im Herbste vollkommen im rechten Gleichgewicht finden. Dieses bezieht sich besonders auf die in der Nähe von Gebäuden, großen Bäumen und selbst von Mauern gepflanzten Pyramiden, welche oft auf der Seite des genannten Hindernisses schwächer sind als auf der anderen. Dieses Mißverhältniß wird zuweilen so groß, daß es nöthig wird, die stärkere Seite auf altes Holz zu schneiden, um beide Seiten in das rechte Verhältniß zu bringen; ferner, daß auf der schwachen Seite Längsschnitt (Aderlasse) angebracht werden müssen, um den Saft herbeizuziehen. Uebrigens vermindert sich das starke Wachsthum, je älter und fruchtbarer die Bäume werden. Man halte sie dann kurz im Schnitt, damit der Saft den Früchten zu Gute kommt.

Im Allgemeinen muß man bei dem Birnbaume den Wuchs zu Gunsten der Früchte zu mäßigen suchen, nachdem der Baum seine Form erhalten hat. Es kommt oft vor, daß Birnbäume nicht fruchtbar werden wollen, was ent= weder von der Starkwüchsigkeit oder von der Sorte abhängt. Es giebt dagegen mehrere Mittel, von denen wir einige bereits genannt haben, wie das Bogenkrümmen, das Einknicken der Zweige und der Ringelschnitt. Es giebt aber außer den genannten Mitteln noch andere für gewisse Fälle, als: das künstliche Aufsetzen von Fruchtspießen (durch Pfropfen), das Drehen der Zweige, das Abhauen von Wurzeln, das Verpflanzen, der Schnitt während des Saftes. Mit Ausnahme des Pfropfens von Fruchtspießen (lambourdes) rathen wir zu keinem dieser Mittel, außer wenn sonst gar nichts helfen will. Ein länger Schnitt, fleißiges Bogenkrümmen und Entspitzen, der zweite Sommerschnitt (im August) oder Einknicken der Triebe, zu rechter Zeit an= gewendet, genügen, um den Baum zur Tragbarkeit zu bringen.

Von der Wiederherstellung oder Verjüngung alter Birnpyramiden.

65. Der Birnbaum kann sehr alt werden, was besonders von dem Boden, in welchen er gepflanzt ist, und von dem Unterstamme, auf welchen er veredelt ist, abhängt. Dennoch kommt ein Zeitpunkt, wo er seine Trag= barkeit einstellt, obschon er noch kräftig genug ist, das heißt, er bringt nur noch wenig Holz und kleine Früchte hervor. Das Fruchtholz erschöpft sich und muß nach und nach erneut werden.

Wir wollen hier einige Regeln geben, was man mit solchen Bäumen machen muß, um ihr Leben zu verlängern und sie wieder fruchtbar zu machen.

Düngung ist ein vortreffliches Mittel, aber sie wird im Allgemeinen zu wenig angewendet. Die beste Düngung ist die, welche zunächst auf die Wurzeln wirkt und von ihnen aufgesogen werden kann, vorausgesetzt, daß sie für die Bodenbeschaffenheit geeignet ist. Ist der Dünger flüssig, so darf er nicht zu sehr in die Nähe des Stammes gebracht werden, sondern etwas davon abwärts, damit die jungen Wurzeln ihn sogleich aufnehmen können. Wendet man Mist an, so wählt man den am meisten zersetzten, kurzen, nimmt die Erde über den Wurzeln weg, ohne diese ganz zu entblößen, weil man sich hüten muß, sie unmittelbar mit dem Mist in Berührung zu bringen, legt eine Schicht Mist darauf und deckt die Erde wieder darüber.

So oft man bemerkt, daß der Baum wieder schwach wird, indem die Triebe schwach und die Früchte klein werden, erneuere man diese Mist= düngung auf gleiche Weise.

Zuweilen liegt die Schwäche des Baumes an dem Zustande der Wur= zeln und ist nicht Folge der Erschöpfung; man muß sie daher untersuchen. Sollten sie eingeengt oder gedrückt sein, so schneide man sie ein, wie wir bei den Aesten angegeben haben (mit Längsschnitten); sind sie aber von Schwäm= men angegriffen oder verfault, so hilft blos Ausroden des Baumes und neue Pflanzung, also nichts. In sehr leichten und nassen Bodenarten wer= den die Birnbäume sehr bald hinfällig und man muß sie sehr oft durch junge ersetzen oder den Boden verbessern.

Kränkelt der Baum trotz der angewandten empfohlenen Mittel fort, so kann man ihn stark auf altes Holz zurückschneiden oder ganz abwerfen (vergl. §§. 41 und 42). Endlich kann man den alten Baum umpfropfen, denn wenn die Rinde verhärtet ist und die Zweige erschöpft sind, so ist dieses Unternehmen vorzuziehen. Man sägt die Holzäste oder selbst ein Stück vom Stamme ab und pfropft darauf in den Spalt oder in die Rinde, indem man die Sorte wechselt, wenn man es für nöthig hält. Hierauf bildet man aus den neuen Augen, welche durch das Verjüngen oder das Um= pfropfen entstehen, ein ganz neues Holzgerippe, das noch eine geraume Zeit erfolgreiche Ernten hervorbringen kann. Will man den Baum umpfropfen, so ist es nöthig, eine kräftig wachsende Sorte zu wählen, welche den Saft stark herbeizieht und die Wunden schneller verwächst, als eine schwachtreibende.

Bei dem Abwerfen des Baumes beseitigt man mit einem dazu geeig= neten schneidenden Werkzeuge die alte rauhe Rinde vom Stamme bis auf die unteren lebenden Theile. Sollte Moos daran sein, so kratze man es bei feuchtem Wetter ab und gebe dem Stamme und den starken Aesten einen Kalkanstrich, was außerdem noch den Vortheil hat, daß die Insekten da= durch zerstört werden.

Fig. 28 a.

Fig. 28. *b.*

Grundriß der Flügelpyramide.

Die Flügel-Pyramide.
Fig. 28 a und b.

66. Wir wollen jetzt
einer anderen Art von
Pyramide mit einigen
Worten gedenken, der in
Figur 28 dargeſtellten
Flügel = Pyramide. Das
Weſentliche daran iſt, daß
die Aeſte in fünf quirl=
förmige Linien vertheilt
werden, welche eben ſo
viele ſogenannte Flügel
bilden (ſiehe Fig. 28 b).
Die Zwiſchenräume,
welche man zwiſchen den
Aeſten laſſen muß, ſind
dieſelben wie bei anderen
Pyramiden. Leider ver=
langt dieſe Pyramide ein
Drahtgeſtell, welches an

einen neben dem Stamme stehenden starken Pfahl (x) angespannt ist. Man befestigt die Zweige an diese fünf Drahtlinien, damit die Flügel in gerader Richtung bleiben, so daß die Aeste in einer Linie und stets gleichweit von einander bleiben. Abgesehen von dieser Nothwendigkeit, ist diese Form die beste, welche man von einer Pyramide verlangen kann, denn Luft und Licht können von allen Seiten bis in das Innere des Baumes wirken, wodurch die Fruchterzeugung sehr erleichtert werden muß. Hat man nur eine beschränkte Anzahl von Bäumen, so kann man die Flügel=Pyramide in Anwendung bringen, denn der Aufwand, welchen der Draht und das Aufbinden verursacht, wird durch Schönheit der Früchte beinahe auf= gehoben; aber in einem großen Maßstabe ist es unmöglich, diese Zuchtart in Anwendung zu bringen, denn die Ausführung der Arbeit nimmt zu viel Zeit weg.

Was die Grundsätze des Schnittes, sowol der Aeste als der Frucht= zweige, betrifft, so unterscheiden sie sich nicht von denen, welche wir bei der gewöhnlichen Pyramide gegeben haben.

*Eine andere Art von Flügel = Pyramide, die Armleuchter = Pyramide (Kandelaber = Pyramide), von Lucas in der Monatsschrift f. P. „Reinhold's Flügel = Pyramide" genannt, ist noch künstlicher. Ohne sie empfehlen zu wollen, weil ich sie nicht kenne und überhaupt solche Künstelei verwerfe, will ich ihre Beschreibung nach Lucas [1]) geben. Sie ist unten 3 Fuß breit und 6—12 Fuß hoch. „Man zieht in Abständen von $1\frac{1}{2}$ Fuß Etagen von je 3 Aesten, die auf derselben Höhe quirlförmig stehen müssen, was durch zwei= maliges Abspitzen des Leitzweiges, etwas unterhalb der Stelle, wo die Aeste sich bilden sollen, bewirkt wird. Dieselben werden mit einander abwechselnd an die sechs Drähte geheftet, an diesen pyramidenförmig in die Höhe gezogen und, sowie sie sich erreichen, an einander ablaktirt. Man zieht auch unten zuerst sechs Aeste, um die untersten Theile der sechs Drähte gleichmäßig be= kleiden zu können. Statt sechs Drähten werden auch oft nur fünf oder vier Drähte angebracht und dem entsprechend auch die Verzweigung gebildet." Das Ablaktiren (vgl. auch §. 85 über den Apfelbaum) an der Schnur hat den Nutzen, daß der Saft sich gleichmäßig vertheilt, schwache den Ueberfluß der starken bekommen.

Die Spiral-Pyramide.

67. Ich will nicht versäumen, hier noch eine ähnliche gekünstelte Form zu erwähnen, welche an dem gleichen Orte (Monatsschrift f. P.) beschrieben und abgebildet ist. Sie wird dort „Spiral=Guirlande in Pyramidenform"

---

[1]) „Monatsschrift f. P." ꝛc. von 1858, 8. Heft.

5 *

genannt. Man bildet ein Drahtgestell wie bei der Flügel=Pyramide von
Hardy, um welches ein schwächerer Draht spiralförmig bis zur Spitze läuft.
Diesem Draht folgend wird der Leitzweig der Pyramide angebunden, bis
das Ganze bekleidet ist. Diese Form bildet sich am schönsten aus drei gleich=
langen Aesten, und es ist auf die Erzeugung von 3 Trieben an den jungen
Bäumen hinzuarbeiten. Es ist dies eine unnatürliche Nachahmung der
Weinreben=Pyramide an 3 Pfählen. Wer nichts Besseres zu thun hat, mag
sich auch an dieser „geschraubten" Form erfreuen. Größere Vortheile bietet
jedenfalls die §. 76 erwähnte ganz ähnliche Säulenform.*

Die Säulen=Pyramide oder Kunkel.

68. Diese Form unterscheidet sich von der gewöhnlichen Pyramide
durch eine mehr säulenförmige Gestalt. Die Bäume haben bei 15 Fuß Höhe
oft nicht über 2 F. Durchmesser. Aus diesem Grunde können sie in kleinen
Gärten, wo man gern viele Sorten haben möchte, oder wo die Bäume so
wenig wie möglich beschatten sollen, recht vortheilhaft sein. Die Zucht dieser
Form weicht nur in den ersten Jahren von gewöhnlichen Pyramiden ab.
Man schneidet an dem zweijährigen Bäumchen alle Triebe bis auf den Ast=
wulst ab, so daß nur der Stamm mit dem Leittriebe bleibt. Aus den ver=
borgenen und kleinen Augen, welche sich hier vorfinden, bilden sich schwache
Triebe. Sollten dieselben an einer Stelle, wo es nothwendig ist, nicht von
selbst austreiben, so bringt man einen Ausschnitt über der Stelle an. Trei=
ben dagegen andere Zweige zu stark, so bringt man einen Ausschnitt
darunter an. Im folgenden Jahre werden die Triebe abermals ganz ab=
geschnitten, worauf sie noch schwächer treiben und bald Fruchtholz bilden.
Die zu dicht stehenden Aeste werden ausgeschnitten. Wächst ein Trieb un=
gewöhnlich stark, so daß er die Form zu stören droht, so wird er nach unten
gekrümmt angebunden. Man kann überhaupt sämmtliche Aeste, anstatt sie
abzuschneiden, am Stamme niederbinden, wodurch sich noch sicherer Frucht=
holz bildet. Sobald dieses der Fall ist, werden die gebogenen Triebe abge=
schnitten. Man kann diese Form mit Vortheil nur bei Birnen, allenfalls
auch bei Sauerkirschen erreichen, und sollte nur schwachtriebige, bald frucht=
bare Sorten dazu verwenden.*

2.

Pyramiden von anderen Baumarten.

Der Birnbaum ist nicht der einzige, welcher als Pyramide gezogen werden kann, und man unterwirft noch andere Fruchtarten derselben Form, obschon sie sich nicht so gut dazu eignen.

Die Apfel-Pyramide.

69. Apfelbäume, in Pyramidenform gezogen, bilden niemals eine schöne Pyramide, und es giebt viele Sorten, welche auf diese Art nur wenige Jahre leben und stets fehlerhafte und schadhafte Bäume geben. Bei dieser Fruchtart hat der Saft eine vorwiegende Neigung, sich nach den Seiten zu verbreiten, wodurch die Aeste einen großen Umfang erhalten und man genöthigt ist, die obere Partie lang zu schneiden. Und dennoch ist es trotz dieser Sorgfalt selten, daß man Apfel-Pyramiden von großer Höhe er= langt. Die Grundsätze der Erziehung des Apfelbaumes sind, außer dem eben Angeführten, ganz dieselben wie bei dem Birnbaume.

Die Fruchtzweige sind in der Regel ziemlich lang, so daß es oft vor= kommt, daß die Fruchttriebe (brindilles) weniger lang sind, und sie haben an der Spitze fast immer eine Tragknospe. Hat der Baum sonst keinen Ueberfluß an Fruchtholz, so ist es nöthig, diese Knospen beizubehalten. Die unnützen Triebe müssen ohne Unterlaß entspitzt werden, wenn sie in der Nähe der Spitzen und der Seitenpartie hervorkommen, damit das Gleichge= wicht in der Verlängerung der Spitze gewahrt wird.

Man zieht für diese Form stets die auf Kernwildling veredelten Bäume vor. *Nach deutschen Erfahrungen bilden folgende Aepfelarten schöne und reichlich tragbare Pyramiden: englische Goldparmäne, Reinette von Orleans, Muskat=Reinette, Parker's Pepping. *

Die Kirschen-Pyramide.

70. In der Regel bildet der Kirschbaum schöne Pyramiden, wovon jedoch mehrere Sorten, deren Holz sehr sparrig wächst, auszunehmen sind. In einem Boden, wo er sich wohl befindet, treibt er ungemein üppig. Aus diesem Grunde muß man ihn in den ersten Jahren in allen seinen Theilen lang schneiden; er erhält dann an den Aesten kleine Bouquetzweige oder Sträußchen (kleine Fruchttriebe), welche unfehlbar tragen. Dieses Fruchtholz ist oben fast immer weit, dagegen werden die unteren Aeste sehr leicht kahl und bringen, in Folge des Verderbens der Augen, kein neues Holz hervor.

Das Entspitzen ist bei den Kirschen=Pyramiden unumgänglich nothwen= dig. Alles auf diese Weise behandelte und erhaltene Holz wird zu Frucht= holz. Man vermeidet dadurch auch sehr starke Triebe, welche man sonst beim Beſchneiden bis auf den Grund abſchneiden müßte, wodurch, ohne heilſame Wirkung, Wunden entſtehen, weil es oft vorkommt, daß auf dem zurückgeſchnittenen Zweige nicht ein einziges Auge austreibt und man am Aſte nackte Partien hat. Man kann auch die Bäume durch häufiges Bogen= krümmen zum Hervorbringen einer großen Menge von Früchten nöthigen. Dies geſchieht aber nur an Sorten, die ſonſt nicht leicht tragbar ſind.

Einige Sorten Sauerkirſchen (auch Amarellen) und Glaskirſchen fügen ſich ziemlich leicht in dieſe Form; bei den Süßkirſchen und Herzkirſchen iſt es aber geradezu unmöglich, ſchöne Pyramiden zu erhalten, da das Holz zu geſperrt wächſt. Man muß dieſe Bäume ſich ſelbſt überlaſſen, mit anderen Worten, als Hochſtämme ziehen. * Vortreffliche, leicht zu behandelnde Pyramiden (freilich mehr von kugliger Geſtalt) ſind aus der Oſtheimer Zwergkirſche zu bilden, wenn dieſelbe auf gutem Boden ſteht, denn in ſchlechterem Boden gedeiht ſie wol, hat aber einen nur ſchwachen Wuchs. Die Behandlung iſt leicht. Hat der Baum einmal die gewünſchte Form, ſo wird im Frühjahre nur das todte und überflüſſige Holz ausgeſchnitten. Das Uebrige thut der Sommerſchnitt und das Entſpitzen. Alle 6—8 Jahre ſchneidet man die Bäume auf altes Holz zurück, denn ſonſt vermindert ſich die Tragbarkeit und die Früchte werden klein.*

Die Aprikoſen-Pyramide.

71. Der Aprikoſenbaum wird ſelten als Pyramide gezogen, und er gefällt ſich beſſer am Spalier, Gegenſpalier oder als Hochſtamm. Es giebt indeſſen einige Sorten, die in gutem Boden ziemlich gut auf dieſe Art ge= deihen, freilich nicht ohne eine ſehr umſichtige Behandlung. Der Aprikoſen= baum wächſt in der Jugend ungemein üppig; man muß ihn daher in allen ſeinen Theilen lang ſchneiden, um dem Saft hinlänglichen Abzug zu ver= ſchaffen und den Harz= und Gummifluß zu vermeiden, eine Krankheit, welcher dieſe Baumart ſehr unterworfen iſt und die viele große Unfälle verurſacht. Er hat auch den Fehler, daß ſeine unteren Aeſte kahl werden, nachdem ſie Früchte gebracht haben, ein Nachtheil, der zum Theil durch Entſpitzen der Triebe beſeitigt werden kann. Man muß daher das Entſpitzen mit der größten Aufmerkſamkeit beſorgen, damit Wunden vermieden werden und der Baum das rechte Gleichgewicht behält. Die Spitze muß lang gehalten werden, damit ſich der Saft zu ihr hinzieht, weil er von Natur geneigt iſt, mehr nach den Seitenäſten zu ſtrömen, wodurch die Spitze des Baumes in Gefahr kommt und ſelbſt der ganze Baum bedroht iſt.

Man erhält durch das Entſpitzen ſchönes Fruchtholz, indem man die Triebe in einer Länge von 10—12 Centimeter abzwickt, denn das entſpitzte Reis bringt im folgenden Jahre Früchte. Oft werden die Aeſte zu lang und stehen zu dicht, in welchem Falle man sie ein wenig kürzt und, so viel als nöthig ist, ausschneidet, bis sie die rechte Entfernung von einander haben. Der Gummifluß läßt eine Aprikosen=Pyramide niemals lange schön. Er erreicht endlich einige Aeste so, daß man sie nicht wiederherstellen kann, macht den Baum lückenhaft und bringt ihn, wenn er anhält, endlich um das Leben.

Die Pflaumen-Pyramide.

72. Der Pflaumenbaum hat die nämlichen Fehler wie der Aprikosen= baum, besonders was die Spitze anbelangt. Indessen giebt es doch einige Pflaumensorten, welche sich zu schönen Pyramiden ziehen lassen, während andere, so behandelt, nur wenige Jahre leben. Die Grundsätze des Schnittes und des Entspitzens sind dieselben wie beim Aprikosenbaum. Der Pflaumen= baum hat den Vorzug, daß er aus dem alten Holze leicht Triebe bildet, weshalb man ihn sehr gut verjüngen kann. Dies muß auch geschehen, sobald die Aeste erschöpft sind oder zu viel leere Stellen am Stamme entstehen, was oft vorkommt, weil die Aeste oft ganz absterben. Durch dieses Ab= werfen erhält man eine ganz neue Baumkrone. Bevor man sich aber dazu entschließt, ist es nothwendig, den Stamm zu untersuchen, ob er nicht viel= leicht von Krankheiten oder durch den aus dem Gummiflusse entstehenden Krebs angegriffen ist. Die sämmtlichen Bäume, von denen wir hier ge= sprochen haben, bringen, in Pyramidenform gezogen, viel schönere Früchte hervor, aber bei weitem nicht eine so große Menge, als dieselben Baum= arten als Hochstamm gezogen.

3.
Der Zwergapfelbaum oder Paradiesstamm.

73. Wir haben bereits dieses Baumes bei den Pyramiden mit einigen Worten gedacht, aber man zieht ihn vorzugsweise als Zwergbaum oder am Gegenspalier. Man nimmt hierzu die auf Paradiesstamm und Splittapfel (doucin) veredelten Bäume. Für die wirklichen Zwergbäume ist der Para= diesstamm vorzuziehen, denn die Früchte davon werden schöner und saftiger. Er erreicht nur einen sehr geringen Umfang und wird selten einen Meter (reichlich 3 Fuß) hoch, außer wenn er sich frei macht [1]), während der stärker wachsende Splittapfel vorzugsweise am Spalier und Gegenspalier ange= wendet wird. Dieser letztere Baum hat dieselbe Art zu wachsen und zu produziren wie der Birnbaum, und Alles, was in Beziehung auf jenen

---

[1]) Frei machen (affranchir) nennen die Franzosen, wenn ein veredelter Baum in Folge tiefer Pflanzung an der Pfropfstelle Wurzeln bildet, so daß die Eigenschaften der Unterlage unwirksam werden, weil der Baum auf eigenen Wurzeln steht.

gesagt wurde, findet auf diesen Anwendung. Man muß jedoch im Allge= meinen kürzer entspitzen, damit sich der Leittrieb (die Spitze) stärker ent= wickeln kann. Dieser darf höchstens ganz an der weichsten Spitze abgezwickt werden, wenn er das Uebergewicht zu sehr bekommt. Will man daher Spaliere oder Gegenspaliere von Aepfeln auf Herzstamm anlegen, so befolge man die über diesen Gegenstand angegebenen Lehren.

Fig. 29.

Was nun die wirklichen Zwergapfelbäume betrifft, so ist ihre in den Gärten gebräuchliche Erziehungsart sehr einfach. Sie wachsen sehr schwach, also brauchen sie nicht weit von ein= ander gepflanzt zu werden. Ein gegenseitiger Abstand von 1 Meter 30 Centimeter (4 Fuß) ist hinreichend [1]).

74. Wenn man ein einjähriges Stämm= chen pflanzt, so schneide man es 10 bis 12 Centimeter (gegen 4—4$^{1}/_{2}$ Zoll über der Ver= edlungsstelle ab, um drei Triebe von guter Beschaffenheit zu erhalten, die man so viel als möglich in gleicher Größe und Stärke erhält (Fig. 29). Die übrigen werden unterdrückt. Ist aber der Boden nicht kräftig, so daß man befürchten müßte, schwache Triebe zu bekommen, so schneidet man auf nur zwei Augen.

Das folgende Jahr wird jeder Zweig 10—12 Centimeter über dem vorjährigen Abschnitte anf zwei seitliche Augen geschnitten, um daraus die Bogenzweige zur Bildung des Bechers (Kessels) zu erziehen. Es sind die Augen a und b (Fig. 29), also im Ganzen sechs an den drei Zweigen. Im dritten Jahre verfährt man eben so, so daß man am Ende der dritten Jahresvegetation zwölf Zweige oder Aeste hat, über welche Zahl man nicht geht. Schneidet man im ersten Jahre nur auf zwei

---

[1]) In Frankreich bepflanzt man oft größere Landstücke mit Hunderten von solcher Zwergbäumen und nennt eine solche Pflanzung eine Normandie, weil die Normandie die obstreichste Gegend Frankreichs ist. In Deutschland waren sonst solche Pflanzungen selten anzutreffen, und doch sind sie so vortheilhaft, indem der Pomolog auf einem klei= nen Raume viele Sorten des besten Obstes ziehen kann, welches meist alljährlich geräth. Gegenwärtig hat man auch diese Form häufiger zu kultiviren angefangen.   J.

Augen, so bekommt man nur acht Aeste, eine Zahl, die in vielen Fällen hinlänglich ist. Während dieser Zeit von drei Jahren muß man im Sommer das Entspitzen nicht versäumen und überhaupt die Bäume sonst überwachen und die nöthigen Verrichtungen nicht unterlassen.

Im vierten Jahre ist der Baum schon in voller Tragbarkeit und wird geschnitten, wie Fig. 30 zeigt. Der Zweig a, welcher hätte entspitzt werden sollen, wird bis auf seinen Grund oder seinen Wulst weggeschnitten, denn er steht zu sehr nach der Mitte des Baumes, macht darin Unordnung, und seine Stellung nach oben schadet überdies dem Zweige, von dem er ausgeht, und der aus diesem Grunde, im Vergleich zu den anderen, schwach getrieben hat. Der Ast b wird aus demselben Grunde weggeschnitten. Die übrigen bleibenden Zweige werden an der bezeichneten Stelle geschnitten. Man läßt ihnen nicht mehr als drei Augen, damit der Saft sich in die unteren Zweige ziehen und dort die Früchte begünstigen kann. Wir brauchen die kleine Krone nun nicht mehr zu vergrößern, daher werden die Verlängerungszweige sehr kurz geschnitten. Hätte man, statt eines einjährigen Stämmchens, ein zweijähriges gepflanzt, so müßte

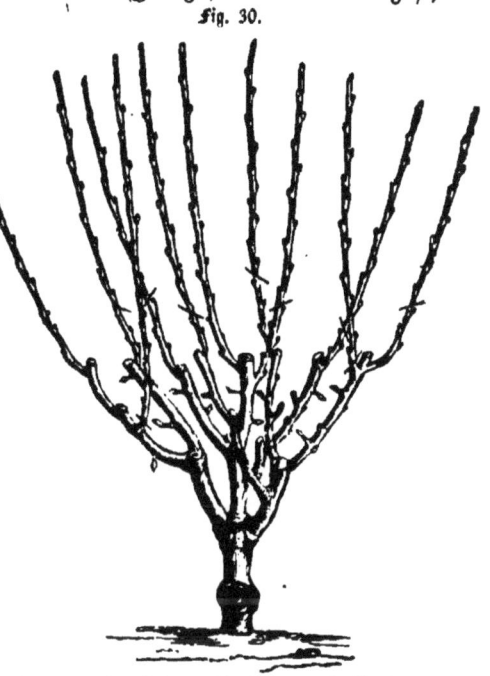

Fig. 30.

man jeden Zweig 8—10 Centimeter über seiner Veräftungsstelle schneiden. Später wird er behandelt wie bereits angegeben.

Die auf Paradiesstamm veredelten Apfelbäume zeigen eine große Neigung, sich zu befreien, wenn es vorkommt, daß die Veredlungsstelle mit Erde bedeckt wird. Der Veredlungswulst schlägt Wurzeln, diese nähren den Baum und machen die Wurzeln des Wildlings unnöthig, welche in Folge dessen endlich eingehen. Dies ist eine unangenehme Eigenschaft dieses Zwergstammes, denn einmal frei, d. h. auf eigenen Wurzeln stehend, verliert er die Eigenschaften, welche die Unterlage ihm mittheilte, und er wächst stärker, zum Nachtheile für die Schönheit und Güte der Früchte. Man muß dieses Selbstwurzeln sorgsam zu vermeiden suchen, es sei denn, daß man entgegengesetzte Absichten hat und den einmal selbstbewurzelten Baum einem stärkeren Wuchse überlassen will. Man muß daher dafür sorgen, daß die Bewurzelung des Edelstammes unmöglich wird. Sollte nicht schon das Abräumen der Erde vom Stamm genügen, so muß man den Baum heben oder verpflanzen, was indessen nur bei jungen Bäumen angeht.

4.
Der große Kessel- oder Becherbaum.

75. Diese Form wird immer seltener und man begegnet ihr heutzutage nur noch in großen Gärten oder in Obstgärten für wirkliche Hochstämme. Man wirft diesen Bäumen vor, daß sie zu viel Raum wegnehmen und, wenn sie ausgewachsen sind, die Rabatten, auf denen sie stehen, fast ganz in Beschlag nehmen.

Die Krone (der Becher) beginnt 15—20 Centimeter über dem Boden, also fast ohne Stamm, und breitet sich nach und nach weit aus. Man bringt im Innern Reisen an, an welche die Aeste im Kreise gebunden werden.

Man zog sonst in dieser Form hauptsächlich Birn- und Apfelbäume. Wir haben uns verpflichtet gefühlt, sie zu erwähnen, weil solche Bäume sehr viele und schöne Früchte tragen, und muntern Besitzer, welche viel Raum zu Verfügung haben, auf, einige derartige Bäume anzuziehen, weil sie sich sicher belohnt finden werden.

Was die Becherhochstämme betrifft, so ist ihre Kultur mehr in Gebrauch, denn sie haben nicht wie die ersteren den Nachtheil, daß sie zu viel Boden in Beschlag nehmen. Sie sind daher den stammlosen Bäumen vorzuziehen.

5.
Die Säulenform.

76. *Obschon dieser Form großen praktischen Werth absprechend, will ich doch nicht versäumen, sie zu erwähnen, da Dubreuil sie empfiehlt und von ihr sagt, daß sie in kleinen Gärten, wo man für Pyramiden keinen Raum habe, zweckmäßig sei. Sie gleicht im Allgemeinen der §. 67 erwähnten Spiralpyramide, nur bildet sie, anstatt einen Kegel, eine Walze oder Säule. Das Gestell wird von fünf Latten hergestellt, die so angebracht werden, daß sie einen 20—22 Zoll im Durchmesser haltenden hohlen Cylinder bilden und 10 Fuß hoch sind. Diese Latten werden durch Reisen oder Kreuze gehalten. Die Zucht ist einfach. Man bindet den Leitzweig, ohne ihn zu beschneiden, spiralförmig (in einem Winkel von 25 Grad) um die Säule, auf

welche Art sich ohne Schnitt Fruchtholz bildet. In 6—7 Jahren ist die Höhe von 9—10 Fuß erreicht und die Säule bekleidet. Die Bäumchen brauchen nur 3—4 Fuß Entfernung, so daß man deren viele in einem kleinen Garten anbringen könnte. Sollte sich diese Zucht auch bei Pfirsichbäumen anwenden lassen, so wäre die Bedeckung leicht, und ich empfehle, sie zu versuchen. Obschon der Holzwuchs durch die Biegung des Stammes sehr gemäßigt wird, so darf man doch nur schwachwüchsige Bäume und Sorten von Birnen und Aepfeln dazu verwenden [1].*

Viertes Kapitel.
Schnitt der Bäume am Spalier.

1.
Der Birnbaum.

77. Die Pyramide ist nicht die einzige für den Birnbaum geeignete Form und er wird oft und mit eben so großem Erfolg am Spalier gezogen. Eben so gelingt die Kultur am Gegenspalier gut, obschon nicht alle Jahre mit gleichem Erfolg, weil es schwer hält, Schutzvorrichtungen anzubringen, um die Blüten und Früchte gegen widrige Zufälle zu sichern. Spalier und Gegenspalier sind schon aus dem Grunde für den Birnbaum höchst vortheil= haft, weil sich das Gerippe mit Leichtigkeit bilden läßt und die Bäume von ungemeiner Fruchtbarkeit sind. Da die Früchte an von allen Seiten freien Zweigen sitzen und gegen üble Witterungs=Einflüsse bewahrt bleiben, so sind sie meist viel schöner und besser als von freistehenden Bäumen.

Wir wollen die Leitung dieses Baumes am Spalier und Gegenspalier betrachten, denn die Grundsätze und der Gang, welche zu befolgen sind, bleiben für beide Arten gleich.

Die von dem Baumgärtner heutzutage mit gutem Grunde am allge= meinsten angenommenen Formen sind: der Herzstamm (palmette simple) und der Doppelherzstamm (palmette à deux tiges). Wir wollen uns zunächst mit dem ersten beschäftigen.

a. Herzstamm (Palmette) mit seitwärts stehenden Aesten.

1. Der einfache Herzstamm. Fig. 33.

Dieser besteht aus einem aufrechten Stamme, von welchem nach der rechten und linken Seite gleichweit von einander entfernte, möglichst wage=

---

[1] Siehe Monatsschrift für Pomologie rc. 1856, S. 200, wo auch eine Abbildung sich befindet. J.

recht gezogene Seitenäste ausgehen, an denen sich das Fruchtholz befindet. Dieses Ganze bildet das Baumgerippe und ist auf die in §§. 49 und 50 angegebene Weise an einer Mauer oder an einem Geländer befestigt.

Wir haben bereits (unter §. 7) erwähnt, wie mit dem Birnbaum bei der Pflanzung an Mauern verfahren werden muß. Also angenommen, daß der Baum gepflanzt ist, daß wir Sorge getragen haben, einen einjährigen oder höchstens zweijährigen Stamm zu pflanzen, welcher unten hinlängliche Augen besitzt, um durch den Schnitt Aeste zu erhalten, die zu der Bildung des Holzgerippes geeignet sind, so verfahren wir wie folgt.

Schnitt des ersten Jahres.

78. Wir schneiden einen Trieb, welcher dem, woraus die Pyramide gebildet wurde (Fig. 19), ganz ähnlich ist. Es handelt sich darum, drei

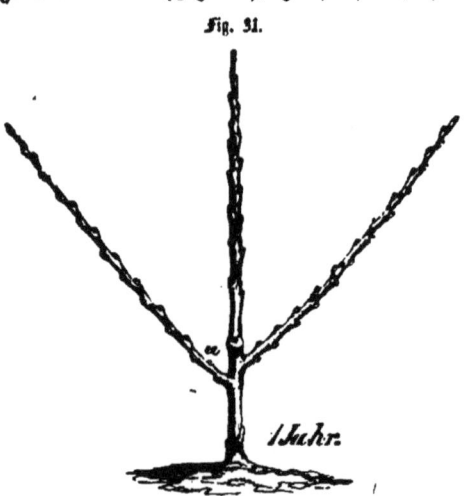

Fig. 31.

/ Jahr.

Aeste zu bekommen: der eine, bestimmt, den Stamm zu bilden, die zwei anderen, um die zwei untersten Seitenäste oder Arme zu erhalten. Um diesen Zweck zu erreichen, wähle man ein Auge an der Stelle a (Fig. 31), welches nach vorn und beiläufig 30 Centimeter (knapp 1 Fuß) über der Erde steht. Der daraus entstehende mittelste Trieb wird senkrecht angebunden, während man die beiden Seitentriebe schräg befestigt, jedoch ohne sie zu sehr niederzubeugen, damit sie im Sommer üppig und lang wachsen. Bleiben beide Triebe einander ziemlich gleich, so ist daran nichts zu thun, im anderen Falle wendet man zur Erreichung möglichst gleicher Stärke die Mittel an, welche wir bereits kennen (vergl. §. 50).

Schnitt des zweiten Jahres. Fig. 32.

79. Bei dem nächsten Schnitt werden die Zugäste bis zum dritten Theil oder auf die Hälfte ihrer Länge eingekürzt, vorausgesetzt, daß die Triebe kräftig sind, außerdem stärker. Man schneidet auf ein nach vorn stehendes Auge, fehlt aber ein solches an der geeigneten Stelle, auf ein

·hinteres. Diese Länge bietet verschiedene Vortheile: sie genügt, um den Aesten das nöthige Wachsthum zu verschaffen, und hält das richtige Ver= hältniß zu den oberen Aesten fest; endlich gestattet sie die Entwickelung aller Augen, legt den Grund zu Fruchtholz und füllt den Baum aus. Wäre zu lang geschnitten worden, so hätten mehrere Augen nicht getrieben, und es wären leere Stellen entstanden. Hätte man aber im Gegentheil zu kurz ·geschnitten, so würden die Augen, anstatt Fruchtholz·und Trag= knospen hervorzubringen, zu kräftig getrieben haben, und die Fruchtbarkeit des Baumes wäre, troß der Einkürzungen im Sommer, verspätet worden, ja die Zweige hätten einen solchen Umfang erreichen.·können, daß man sie hätte unterdrücken müssen.

Fig. 32.

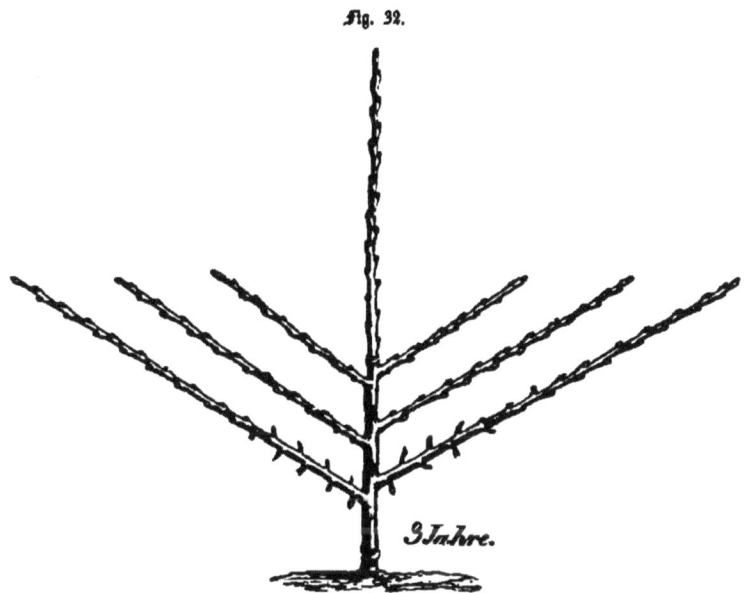

Man schneidet beim Spalier= und Zwergspalier=Baum ein für alle Mal verhältnißmäßig länger als bei Pyramiden, weil die an das Geländer gebundenen Triebe ein weniger starkes Wachsthum haben. Man kann schwache Zweige sogar ganz unbeschnitten lassen, indem an solchen das End= auge Saft genug herbeizieht und schöner wächst als ein Schnittauge. In solchen Fällen thut es gute Dienste, wenn man vorn und oben schwache Längsschnitte (§. 45) anbringt.

Was den Leitast (die Spitze) betrifft, so schneide man ihn auf ein Auge,

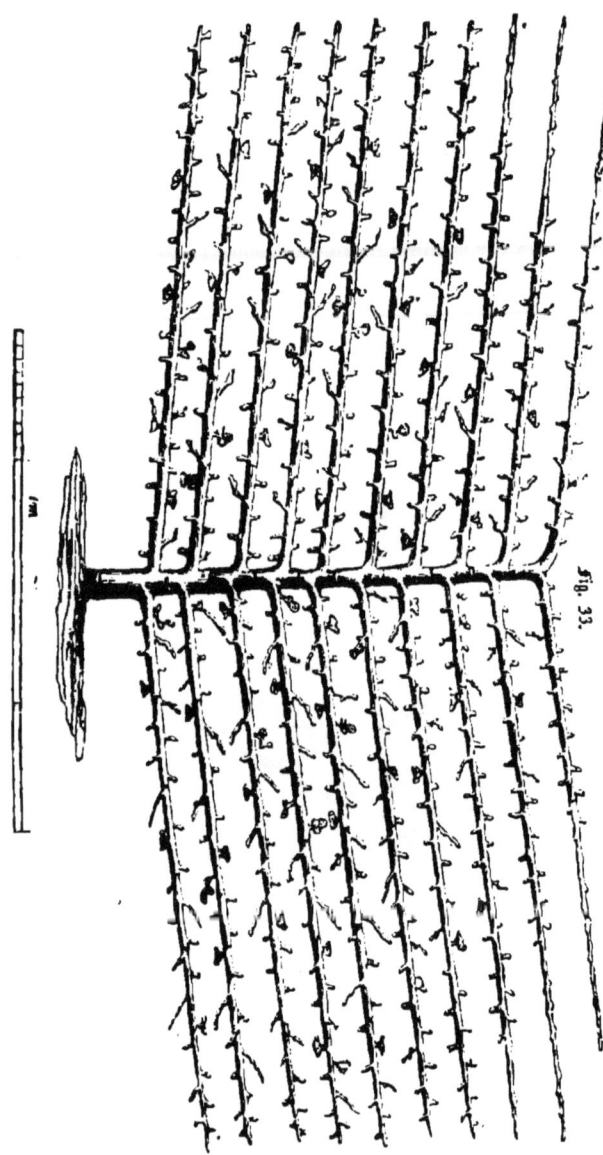

welches so ge=
stellt ist, daß
die zwei Aeste
(Arme) unge=
fähr 18—20
Centimeter
über den ersten
zu stehen kom=
men, eine Ent=
fernung, welche
für alle Stock=
werke (Stamm=
länge von Arm
zu Arm) ein=
gehalten wer=
den kann (Fig.
32). In dem
Maße, wie die
Seitenäste stär=
ker und länger
werden, bringt
man sie in eine
immer mehr
wagerechte La=
ge, ohne die
Richtung nach
oben ganz auf=
zugeben, wie
der Fig. 33 ab=
gebildete voll=
kommene Herz=
stamm zeigt.
Man zieht jedes
Jahr einen
Zweig nach bei=
den Seiten,
ohne Gabeläste
zu bilden, mit
anderen Worten, der Baum muß jedes Jahr zwei wagerechte und einen

senkrechten Ast bekommen. Es giebt übrigens Bäume, an welchen man in sehr gutem Boden zwei Aeste nach jeder Seite in einem Jahre gewinnen kann, den einen durch den Frühjahrsschnitt, den andern durch zeitgemäßes Einspitzen. Ein solcher Erfolg kann jedoch nur im zweiten Jahre erzielt werden.

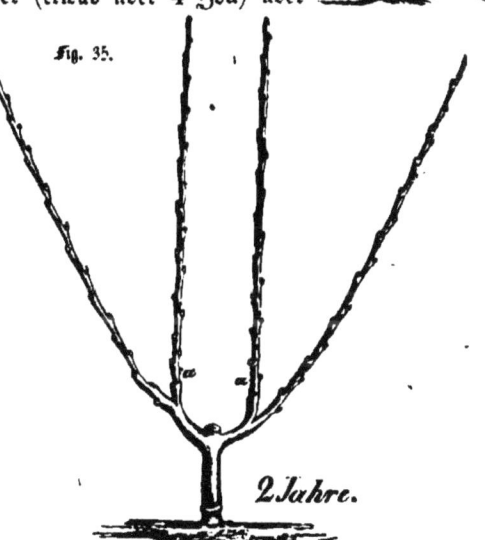

Fig. 34.

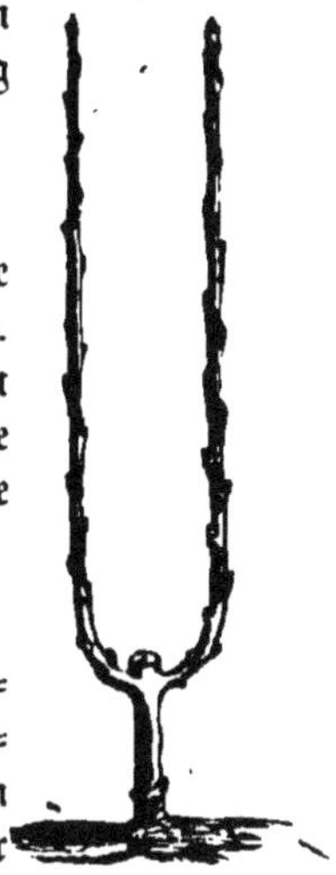

2. Der Doppelherzstamm.

80. Wir halten den Doppelherzstamm, was seine Leistungen betrifft, für vollkommen so gut wie den einfachen. Er besteht, wie gesagt, aus zwei Stämmen, welche senkrecht neben einander stehen und als Mutterzweige oder Hauptäste gelten können, woran die eigentlichen Seitenäste oder Arme stehen und wodurch diese ihren Saftzufluß erhalten.

Schnitt des ersten Jahres. Fig. 34.

81. Da man, anstatt einen Stamm und zwei Seiten= zweige oder Arme, bei dieser Form zwei aufrechte Mutter= zweige, gleichsam zwei Stämme erzielen will, so wählt man zwei ungefähr 12 Centimeter (etwas über 4 Zoll) über dem Boden und möglichst gegenüber stehende Seiten= augen, über welchen der Schnitt ausgeführt wird. Die dadurch erhaltenen Triebe werden senkrecht angebunden, und zwar so, daß sie (wie Fig. 34 zeigt) unten einen Bogen in der Form eines U bilden, und in ihrer ganzen Länge ge= lassen, vorausgesetzt, daß einer den andern nicht über= wächst, in welchem Falle man den stärker wachsen= den mehr wagerecht binden müßte.

Fig. 35.

2 Jahre.

Schnitt des zweiten Jahres. Fig. 35.

82. Man schneidet im zweiten Jahre die beiden Zweige a auf ein nach vorn stehendes Auge, ungefähr 20—25 Centimeter über der Veredlungs=

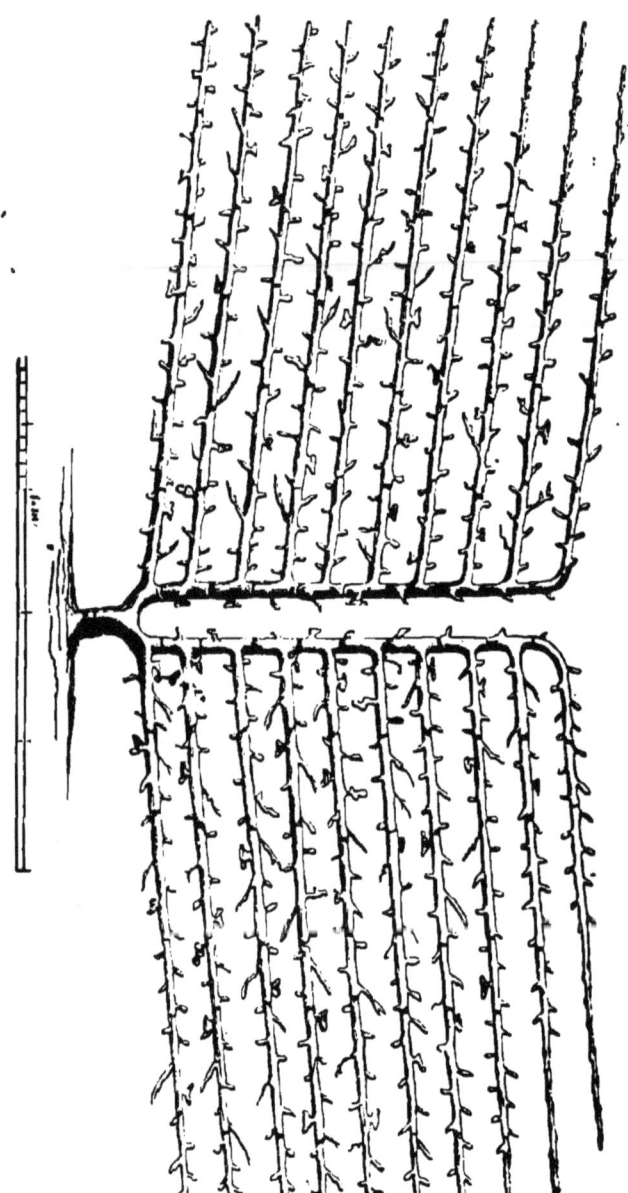

Fig. 36. Form des vollkommen ausgebildeten Baumes.

stelle, um auf jeder Seite einen Verlängerungszweig für den Mutteraft und
einen Seitenzweig zu erhalten. Man gewinnt so jedes Jahr ein Stockwerk
oder eine wagerechte Zweigstufe von der bei dem einfachen Herzstammschnitt
angegebenen Höhe. Die Seitenäste werden genau so geschnitten, wie wir bei
der ersteren schon angegeben. Das Einkürzen der Spitzen geschieht an den
jungen Bäumen, so oft es nothwendig erscheint. So gelangt der Baum nach
und nach zu der Fig. 36 abgebildeten Form, welche einen vollkommen aus=
gebildeten Baum darstellt.

83. Was wir über das Fruchtholz zu sagen haben, bezieht sich auf
beide Formen des Herzstammes. Man läßt das Fruchtholz sich so reichlich
wie möglich oben und unten an den wagerechten Aesten bilden, zuweilen
muß man es jedoch auf der Vorderseite dulden, um leere Stellen am Spalier
auszufüllen. Die Fruchtzweige müssen sehr kurz gehalten werden, damit
die Früchte nahe an den Holzästen sitzen und an Umfang gewinnen. Sie
werden erneuert, so oft sich Gelegenheit dazu bietet, je nachdem sie erschöpft
sind. Das erste Entspitzen muß man auf zwei Mal vornehmen, wenn die
Triebe etwa 20 Centimeter lang sind. Man beginnt mit der unteren Partie
des Baumes, indem man auf zwei schon ausgebildete Augen entspitzt.
Sobald nun diese Augen Anstalt machen, auszutreiben, entspitzt man an
dem oberen Theile des Baumes hie und da Zweige über einem gut gebilde=
ten Auge, so lange die Vegetation dauert. Diese treibenden Augen erhalten
die Vegetation rege, verbrauchen den Saft und verhindern, daß sich die
oberen Triebe zu Fruchtholz bilden, was den Baum in seiner Ausbildung
aufhalten würde. Im Allgemeinen kann man annehmen, daß, je dünner
die Fruchtzweige sind (im Verhältniß zum Holze des ganzen Baumes), desto
eher von ihnen schöne und gute Früchte zu erwarten sind; sie müssen jedoch
bei aller Schwachheit gesund und kräftig sein.

Was wir hier über den Birnbaum erwähnt haben, läßt sich auch auf
Aepfelbäume anwenden, nur mit dem Unterschiede, daß diese meist an das
Gegenspalier gebracht werden, wo sie vorzüglich gedeihen.

b. Herzstamm mit aufwärts stehenden Aesten oder Gabelbaum.
(Palmette à branches verticales.)
1. Einfacher Gabelbaum. Fig. 37.

84. Der Herzstamm mit aufrechten Aesten eignet sich besonders für
geringere Bodenarten und an hohe Mauern. Es kommt die Richtung der
Aeste einem schwachen Wuchs (wie er in geringem Boden ist) zu Hülfe,
mehr als die seitliche, fast wagerechte. Ferner bekleidet man damit sicher und

ſchnell eine Mauer, denn man pflanzt die Bäume ſehr nahe nebeneinander, nämlich 2—3½ Fuß, je nachdem man die Aeſte von einander entfernt.

Die Erziehung dieſer Form unterſcheidet ſich wenig vom Schnitt des gewöhnlichen Herzſtammes (§§. 77—81). Im erſten Jahre ſchneidet man, wie in §. 78 angegeben wurde, zieht jedoch die beiden Triebe A A nicht ſeitwärts, wie bei Fig. 31, ſondern giebt ihnen, wenn ſie ſtark genug ſind, eine ſolche Biegung, daß ſie ungefähr 40 Centimeter vom Mittelſtamm entfernt ſenkrecht aufwärts gerichtet werden, ungefähr wie auf Fig. 34 und

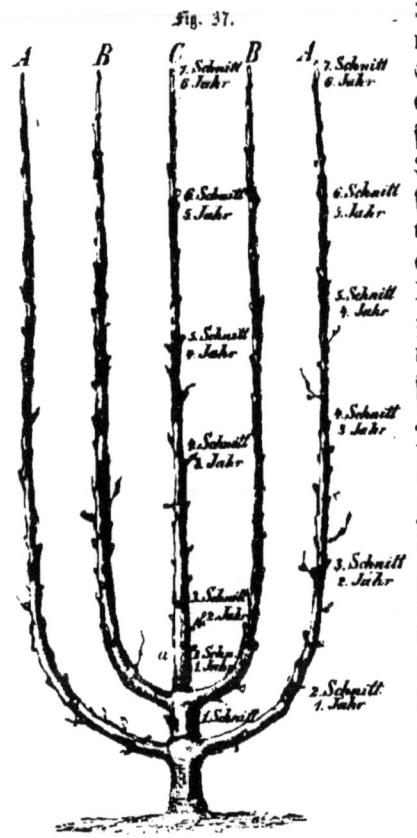

Fig. 37.

35, und wie es auch Fig. 37 in der Ausbildung noch zeigt. Der Stamm= oder Verlängerungszweig C wird nach den bekannten Regeln ſenkrecht angebunden. Im zweiten Jahre wird der Leitzweig (Mittel= ſtamm) C bei a (Fig. 37) geſchnit= ten, um 20 Centimeter über den erſten die zweiten Seitenzweige B B zu bekommen. Dieſe werden zwiſchen dem Stamm C und dem untern (äußern) Zweige A A ſenkrecht angebunden. Da auf der Zeichnung Fig. 37 der Schnitt ge= nau angegeben iſt, ſo ſoll er nicht in's Einzelne beſchrieben werden. Der Zwiſchenraum von 20 Centimetern iſt natürlich eben ſo wenig genau ein= zuhalten, wie bei anderen Formen, und er kann bis 25 Centimeter be= tragen, je nachdem ſich günſtige Schnittaugen vorfinden. Man ſehe in der Folge darauf, daß die äußeren Zweige A A immer etwas länger ge= ſchnitten werden, als die innern B B, damit ſie die Oberhand behalten, weil der Saft mehr nach B B ſtrömt.

Sollte man fürchten, daß die Bäume bei 2—3. Fuß Entfernung zu nahe zuſammenkommen, ſo kann man noch einen Aſt auf jeder Seite zie= hen. Aber in dieſem Falle ziehen wir die folgende Form (§. 85, Fig. 38), als ſchöner und leichter zu ziehen, der erſteren vor.

2. Der doppelstämmige Gabelbaum. Fig. 38.

85. Alles, was von dem Doppelherzstamm (§. 80) und dem einfachen Gabelbaum gesagt wurde, findet auch auf diese Form Anwendung, und man wird sich die dabei zu beobachtenden Regeln auch ohne besondere An= weisung zusammensetzen können. Es sei nur bemerkt, daß ein solcher Baum, wie Fig. 38, zu seiner Ausbil= dung 5—7 Fuß Raum braucht und in dieser Entfernung von einander gepflanzt wer= den muß. Zu= erst werden die Aeste A und B gezogen, und man muß sie sogleich so weit von einander in die Höhe bin= den, daß die zwei Zweige CC hinreichen= den Raum ha= ben, um ihre Triebe auszu= breiten, näm= lich ungefähr 40 Centimeter. Ein anderer Vorzug dieser

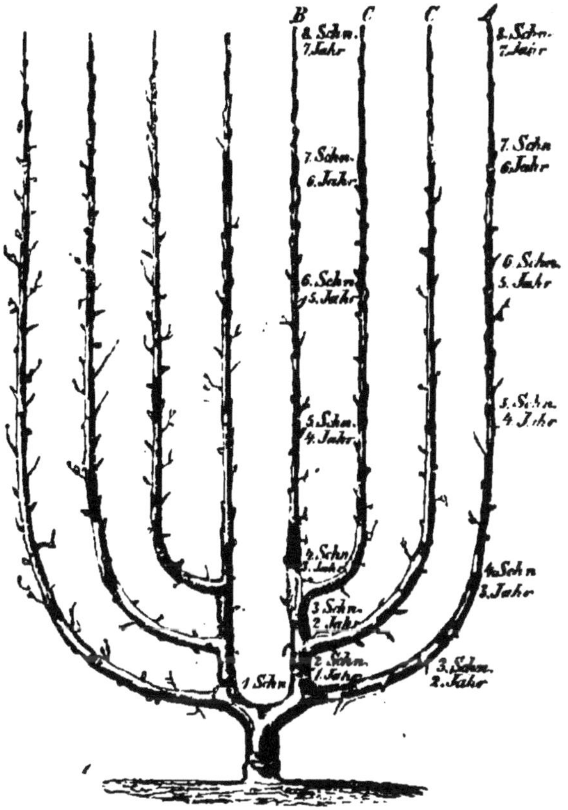

Fig. 38.

beiden Formen (Fig. 37 und 38) ist, daß man bereits auf andere Art (als gewöhnlicher Herzstamm) gezogene Bäume, welche kein kräftiges Wachsthum zeigen, zu einem Gabelbaum umwandeln kann, indem die aufrecht angebun= denen Aeste kräftiger wachsen. Ferner ist es ein Vortheil, daß man bei der geringen Ausdehnung dieser Bäume in die Breite an einer kleinen, aber hohen Mauer eine Menge Sorten kultiviren kann. Die Fruchtzweige wer= den ganz wie bei anderen Formen behandelt.

6 *

Außer Birnen und Aepfeln eignet sich diese Form sehr gut für Kirschen, Aprikosen und Pflaumen. Bei diesen Steinobstbäumen giebt man den Aesten bis 1 Fuß Entfernung.

Der Zwergapfel an der Drahtschnur. Fig. 39. (Cordon horizontal.)

86. Dieses ist eine der besten Formen, welche man dem Apfelbaume geben kann, da hierzu ein nur zeitweises Stützen genügt und die Bäumchen sehr fruchtbar sind, und früh (schon vom dritten Jahre an) tragen. Es bedarf dazu meist keines besonderen Platzes, indem man die Reihen der liegenden Bäumchen als Einfassung von Rabatten und Landstücken anbringt wo diese Guirlanden im Frühling durch Blüten, im Herbst durch die, Schönheit der Früchte erfreuen. Es ist jedoch zu beachten, daß in warmen Gegenden und sehr brennenden Sonnenlagen die Früchte, welche sehr frei hängen, schlecht und fleckig werden, was durch einen längeren Schnitt der Fruchtzweige verhütet wird, indem diese, reicher beblättert, Schatten ge= währen. Man bringt entweder eine Reihe oder Linie, oder deren mehrere über einander an. Bei dem Beispiele, welches wir Fig. 39 zeigen, haben wir zwei Reihen angenommen. Die erste Reihe ist 20—25 Centimeter über der Erde, die zweite 20 Centimeter über der ersten. Der Raum, welchen

Fig. 39.

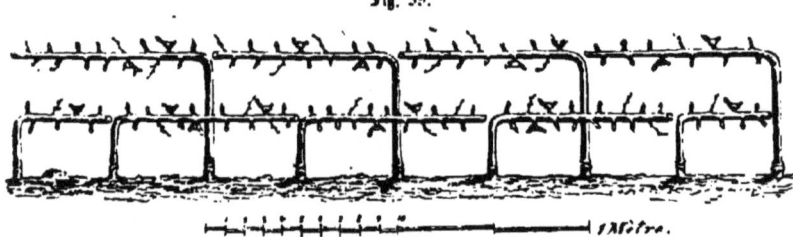

wir für jede Reihe und jeden Baum bestimmen, beträgt einen Meter, mithin sind die Bäume einen halben Meter von einander entfernt.

Man nimmt junge einjährige, auf Paradiesstamm veredelte Stämmchen, biegt sie in der Höhe der Reihe um und befestigt sie an starkem, gut ge= spanntem Eisendraht. Auch ist es gut, den Stamm mit Hülfe eines Pfahles gerade zu halten. Man schneidet das Reis zwei oder drei Augen über der Biegungsstelle, bindet den Verlängerungszweig zu rechter Zeit an und entspitzt die anderen. Da der Saft einen krummen Weg machen muß (wobei überdies die Gefäße durch die Biegung zusammengepreßt sind), so steigt er langsam, und der Baum bequemt sich sogleich zum Fruchttragen. Unter diesem Gesichtspunkte erscheint dieses Verfahren sehr vortheilhaft. Im zweiten Jahre schneidet man den Verlängerungszweig im Verhältniß zu seiner Stärke, bindet den neuen Trieb an und läßt ihm die erwähnte Sorgfalt angedeihen. Wenn der Baum an der Schnur die bestimmte Länge erreicht hat, d. h. bis an den nächsten Stamm gelangt ist, so wird er durch Ablaktiren an der Biegungsstelle des Nachbarstammes mit diesem verbunden. Ist das Verwachsen beider Bäume vollständig geschehen, so kann man den Draht wegnehmen, denn das Holzgerippe des Baumes hält sich dann von selbst.

Wir haben vorgezogen, den Stamm blos einfach nach einer Seite um= zubiegen, anstatt zwei Aeste oder Arme zu bilden, weil es oft vorkommen kann, daß die eine Seite viel schwächer bleibt als die andere, indem der Apfelbaum, auf Paradiesstamm veredelt, sehr oft Triebe von ungleicher Stärke bildet und das Gleichgewicht schwer herzustellen ist, was natürlich bei einem Zweige nicht vorkommen kann. Außerdem nimmt der Saft bei diesem Verfahren in allen durch Ablaktiren verbundenen Bäumen einen und denselben Weg von der Rechten zur Linken, oder, wenn man die Arme nach rechts biegt, wie es bei der obern Schnur der Fall ist, umgekehrt. Dieses Pfropfen durch Annäherung (Ablaktiren) bietet außerdem noch den Vor= theil, daß die ganze Guirlande (wenn ich so sagen darf) einen viel gleich= mäßigeren Wuchs bekommt, so daß ein schwacher Baum von dem stärkeren einen Zuschuß von Nahrung erhält, der ihn mit vorwärts bringt. Die Bäume helfen sich so gegenseitig, und die Schnüre bleiben längere Zeit in einem guten Zustande der Gesundheit und Tragbarkeit. In sehr gutem Boden, wo man einen zu üppigen Wuchs zu fürchten hat, pflanze man die Bäume so weit von einander, als man es für nothwendig hält, so daß die einzelnen Bäume den bestimmten Raum eben ausfüllen. Man hüte sich, die Stämmchen tief zu pflanzen, damit der veredelte Theil nicht eigene Wurzeln bekommt und seine Eigenschaft als Zwergbaum verliert. An Abhängen zieht man die Reihen der einarmigen Bäume von unten nach oben. In allen anderen Lagen und bei An= wendung von zweiarmigen Bäum= chen läßt man, wo es angeht, am liebsten die Reihen von Ost nach West laufen, indem man einarmige Bäumchen nach Osten biegt.

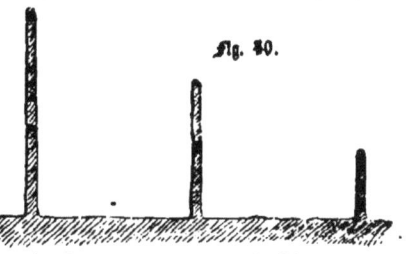

Fig. 40.

Will man ein ganzes Landstück mit so gezogenen Aepfelbäumen be= pflanzen (wodurch die Bodennutzung zu kleinen Gemüsen und Blumen

nicht verhindert wird), so bringt man die Reihen auf die Fig. 40 dar=
gestellte Weise an, indem man zwei bis drei Stockwerke aus einem Stamme
erzieht.[1]

2.
Der Pfirsichbaum.

87. Der Pfirsichbaum gedeiht in unserm Klima nur im Schutze einer
Mauer gut und muß daher am Spalier gezogen werden. Man kann diesen
Baum in sehr verschiedene Formen bringen, ich werde mich aber nur mit
denjenigen beschäftigen, welche ich für leicht ausführbar und für die Er=
zeugung der Früchte besonders vortheilhaft halte.

Ehe ich jedoch von diesen einzelnen Formen spreche, soll von den
Eigenthümlichkeiten und dem Wuchse des Baumes besonders die Rede sein.
Ganz abgesehen von der Form, muß man bei allen Bäumen zwei Arten von
Zweigen unterscheiden: 1) die Holzzweige oder Holztriebe (später die eigent=
lichen Aeste); 2) die kleinen Zweige oder Fruchtzweige.

a. Die Holzzweige oder Holztriebe.

88. Durch diese wird die für den Baum bestimmte Form gebildet.
Es entsteht einer aus dem andern und sie sind mit kleinen oder Frucht=
zweigen besetzt. Ihre Hauptverrichtung ist, den Saft für die letzteren her=
beizuziehen und diese zu ernähren.

Die Holztriebe werden beim Schnitt so lang gehalten, als es die Ve=
getation und die Form des Pfirsichbaumes erlaubt, damit der Saft durch
sie hinreichende Aufnahme findet und man zu einer guten Bildung des Bau=
mes gelangt. Sie müssen immer stark und glatt sein und dürfen keine
anderen Krümmungen machen, als die für die Form nöthig erscheinenden.
Die Länge des Schnittes ist der Form oft untergeordnet; aber so oft dies
nicht der Fall ist, wechselt sie, je nach der Stärke der Triebe, von der Hälfte
bis zum dritten Theil ihrer ganzen Länge. Es kommen sogar gewisse Fälle
vor, wo es rathsam ist, sie gar nicht zu beschneiden; je mehr man von den
Trieben behalten kann, desto besser ist es, vorausgesetzt, daß die Ge=
sundheit des Baumes in keiner Weise darunter leidet, und daß die
Holztriebe hinlänglich mit Fruchttrieben besetzt bleiben. Man folge auf=
merksam dem Schnittauge in seiner Entwickelung, welcher Trieb den Verlän=
gerungszweig bildet. Dieser Trieb, welcher zur Verlängerung und Ausbrei=

---

[1] Ein neues zweckmäßiges Verfahren der Bildung von Aepfelcordons findet sich
beschrieben und abgebildet in den „Illustrirten Monatsheften für Obst= und Weinbau"
1866, viertes Heft, sowie mehr über die Bildung in der demnächst erscheinenden dritten
Auflage meiner „Baumschule", welche das erste Bändchen des „Obstgärtners" bildet.

tung des Baumes bestimmt ist, muß durch alle uns bekannten Mittel in einem vorherrschenden und bevorzugten Zustande erhalten werden. Alle Triebe, welche diesem Verlängerungstriebe vorauskommen, sowie die auf der Oberseite stehenden und deshalb zu stark wachsenden, werden stets eingekürzt. Später bilden die Verlängerungstriebe falsche oder Nebentriebe. (Vgl. §. 27.) Die nach vorn und nach hinten stehenden werden ganz entfernt, die nach oben ge= richteten kürze man auf das dritte oder vierte Blatt, die nach unten stehenden aber laſſe man ganz, damit sie Saft ziehen, und binde sie in gehöriger Lage an. (Fig. 41.)

Sollte der Verlängerungstrieb nicht stark genug treiben und schwach bleiben, so muß man auf einen tiefer stehenden kräftigeren Trieb zurück= gehen, den man von nun an als Ver= längerungstrieb behandelt. Es kann vorkommen, daß alle Augen sich zu falschen oder Nebentrieben entwickeln. In diesem Falle wählt man einen der besten nach vorn stehenden Neben= triebe auf der Stelle, wo der nächste Schnitt ausgeführt werden soll, biegt und befestigt ihn mit einer Binse an den Haupttrieb, so daß er sogleich die Richtung bekommt, welche er in Zu= kunft als Verlängerungstrieb behal= ten soll, und schneidet die Spitze im folgenden Jahre über diesem Neben= triebe ab. (Fig. 42 a Seite 90.) Man vermeidet hierdurch eine starke Krüm= mung und verhindert deren Schädlich= keit in Bezug auf den gestörten Saft= lauf, der so frei wie möglich sein muß.

Fig. 41.

Als ein noch besseres Mittel, den unangenehmen Folgen der Nebentriebe zu begegnen, empfehlen wir, im Monat August an der Stelle, wo das nächste Jahr geschnitten werden soll, ein sehr gut gebildetes Auge (durch Okuliren) einzusetzen.

Aus Allem, was wir bisher über den Verlängerungstrieb sagten, geht hervor, in welchem Grade derselbe gepflegt und bevorzugt werden muß. Es kommen jedoch auch Fälle vor, wo es räthlich ist, seinen Wuchs durch Ent=

ſpitzen oder durch einen Sommerſchnitt aufzuhalten, ſei es, um eine Ver=
zweigung zu erzielen, oder um das in einigen Theilen des Baumes geſtörte
Gleichgewicht wiederherzuſtellen.

89. Will man an einem Baume Veräſtungen erzielen, ſo muß man
im Voraus die Form beſtimmen, welche gegeben werden ſoll, damit dieſes
nicht dem Zufalle überlaſſen bleibt. In dieſem Falle iſt dann die Wahl der
Augen, durch welche die Gabeltheilung erfolgen ſoll, leicht. Einer der wich=
tigſten Punkte bei der Bildung der Holzzweige iſt, daß bei dem gewöhnlichen
Fächerbaum (on carré und à la Montreuil) alle horizontalen und
unteren Seitenzweige vor den aufwärts gerichteten gebildet
werden, indem man mit den unteren anfängt, welche ganz beſonders gut
im Stande ſein müſſen. Der Saft ſteigt nur ſchwer in dieſe Zweige, und
es muß dem entgegengearbeitet werden, denn das Streben des Saftes, auf=
wärts zu ſteigen, würde alle Bemühungen, welche man zu dieſem Zwecke
machen könnte, unnütz machen, ſobald man dem Safte den freien Zutritt zu
den oberen Aeſten geſtattete. Es dürfen deshalb die oberen Zweige des
Baumes erſt dann gebildet werden, wenn die unteren bereits eine hin=
reichende Stärke erreicht haben.

Die Aeſte, welche das Gerippe des Baumes bilden ſollen, dürfen nicht
zu ſehr vervielfältigt werden und einander nicht zu nahe ſtehen. Eine zu
große Menge von Aeſten würde den Saft zu ſehr vertheilen und die Er=
haltung des Gleichgewichtes erſchweren. Sie müſſen ſo weit von einander
entfernt ſein, daß das Anbinden der kleinen Zweige dazwiſchen mit Be=
quemlichkeit geſchehen kann, zu welchem Zwecke ein Zwiſchenraum von 50—60
Centimeter (18—21 Zoll) nöthig iſt. Die Menge der Aeſte und ihre Ent=
fernung von einander muß ſo berechnet ſein, daß die Mauer ſtets vollſtändig
bedeckt und kein leerer Platz daran zu ſehen iſt, was natürlich auch von der
Höhe der Mauer abhängt. Wir haben bereits bemerkt, daß die Holzäſte an
ihrer Theilung ſenkrecht oder wagerecht ſtehen können. Will man einen ſeit=
wärts ſtehenden (horizontalen) Aſt bilden, ſo wähle man ein Auge, das ſich
unmittelbar unter dem befindet, welches den Verlängerungstrieb bilden ſoll.
Da aber ſeine Stellung an der Unterſeite des Zweiges es mit ſich bringt,
daß der Trieb ſchwach wird, ſo richtet man ihn beim Anbinden ſo, daß er
dem Verlängerungstriebe nahe kommt, und bringt ihn erſt nach und nach
in die horizontale Lage, welche er in der Folge einnehmen ſoll. Wählt man
hierzu ein Auge nahe am Schnittauge und hält man den Trieb ziemlich in
derſelben Linie mit dieſem, ſo wird dieſer untere Trieb immerhin ein ſtarkes
Wachsthum bekommen, weil er eine größere Menge von Saft, der ſich immer
in großer Fülle nach den oberen Theilen zieht, erhält, während er, weiter

vom Schnittauge entfernt und nach der Seite angebunden, nur schwach ge=
trieben haben würde. Handelt es sich darum, einen vertikalen (nach oben
stehenden) Ast zu gewinnen, wozu das Auge auf der Oberseite stehen muß,
so wird es, wie entfernt es auch von der Spitze stehen möge, immer einen
kräftigen, selbst zu kräftigen Trieb bilden, trotz wiederholten Entspitzens.
Daher ist es besser, sich dann eines kleinen Zweiges zu bedienen, der, da er
seit mehreren Jahren in einem Zustande von Kümmerlichkeit gehalten worden,
leichter in der wünschenswerthen Beschränkung zu halten ist.

In Fällen, wo man einen Baum behandelt, dessen Form es nicht
nöthig macht, die Holzzweige zu beschneiden, wie wir später sehen werden,
nimmt man zur Bildung von Gabelästen zu Nebentrieben, die man im
Nothfalle künstlich hervorrufen kann, seine Zuflucht.

b. Die kleinen Zweige.

90. Wir begreifen unter diesem Namen alle Zweige, welche nicht zum
Baumgerippe gehören. Sie stehen auf den Hauptästen und bedecken sie in
ihrer ganzen Ausdehnung. Sie dürfen oben und unten stehen, niemals aber
nach vorn oder hinten, wenigstens nur, wenn eine leere Stelle der Mauer
nicht anders ausgefüllt werden kann. In diesem Falle ist es immer noch
besser, sich durch krautartiges Pfropfen (Ablaktiren eines nahestehenden
Zweiges) Zweige zur Ausfüllung der kahlen Stelle zu verschaffen (§. 27).
In den beiden ersten Stellungen (nach oben und unten) sind sie leichter
anzubinden. Die Entfernung dieser Zweige unter einander wechselt zwischen
10 und 16 Centimtern, damit sie leicht in Ordnung zu halten und die Früchte
der Luft und Sonne ausgesetzt sind. Die Bestimmung dieser kleinen Aeste
ist, Früchte hervorzubringen. Da sie jedoch nicht alle wirkliches Frucht=
holz bilden, so unterscheiden wir ferner: 1) die Holzzweige, welche den
Zapfenzweig (branche coursonne), die Wasserreißer oder Räuber (gour-
mands) und das Aestchen (rameau) in sich begreifen; 2) die Fruchtzweige
im eigentlichen Sinne, zu welchen der unsichere oder mangelhafte Frucht=
zweig (branche chiffonne), das Sträußchen oder der Bouquetzweig und
die gewöhnlichen Fruchtzweige oder Fruchtruthen gehören [1]).

---

[1]) Abermals muß ich erklären, daß ein vollständiges Uebereinstimmen der französischen und der deutschen technischen Ausdrücke nicht möglich ist. So giebt es z. B.
für den Ausdruck branche coursonne und branche chiffonne kein bekanntes deutsches
Wort; ich mußte daher suchen, die wahre Bedeutung in das gebrauchte deutsche Wort
zu legen, denn eine wörtliche Uebersetzung hätte zu gar nichts geführt. Die Hauptsache bleibt immer der rechte Sinn. Die beigefügten Abbildungen werden übrigens
alle Zweifel in Bezug auf die Bezeichnung der verschiedenen Theile beseitigen.

3.

Fig. 42.

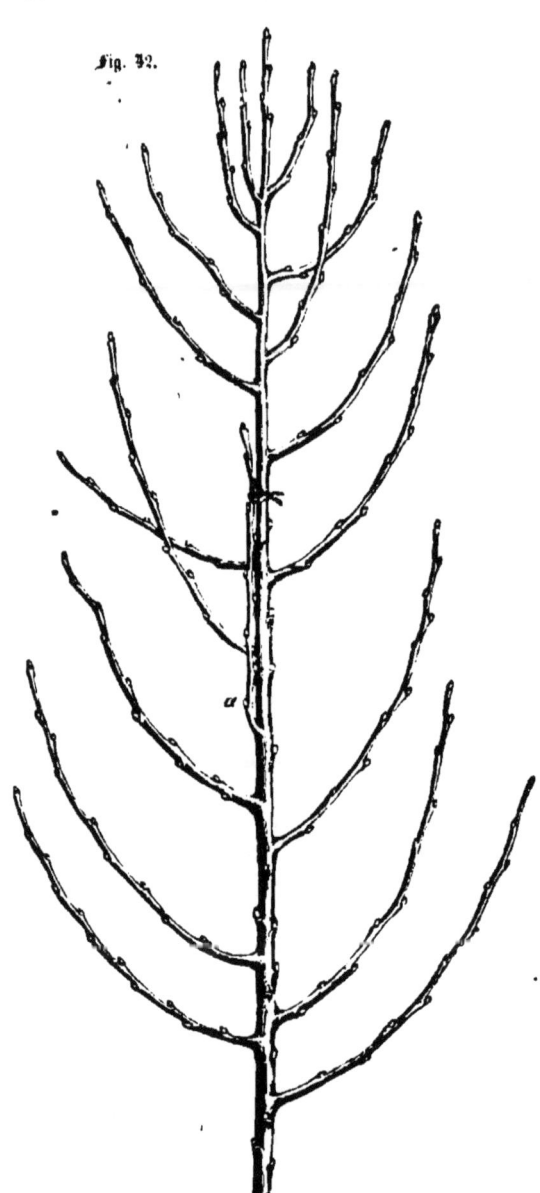

91. Das Holzäst=
chen (rameau). Man
findet solche Aestchen
hauptsächlich auf jungen
und sehr kräftig wach=
senden Bäumen. Sie
sind gleichmäßig mit
Laubaugen bedeckt und
haben nie Blütenkno=
spen, geben daher auch
nur Holz. Man unter=
scheidet beim Pfirsich=
baume einfache und
mehrfache Holzau=
gen. Ihr Verrichtun=
gen sind übrigens die
nämlichen, doch werden
sie bei dem Ausbrechen
der Triebe anders be=
handelt, worauf wir
seiner Zeit zurückkom=
men werden. Manche
können mehrere Jahre
im schlafenden Zustan=
de bleiben und ent=
wickeln sich später den=
noch. Es giebt ferner am
Pfirsichbaume auch ver=
borgene und schlafende
Augen, die sich auf die
von uns über diese
Art angegebene Weise
(§§. 29 und 30) be=
nutzen lassen.

Das Wasserreis (Fig. 42)
oder der Räuber.

92. Dies ist ein
Zweig von außerordent=
licher Wuchskraft, wel=

cher meistens in der Nähe von Knoten und Krümmungen auf den Hauptästen vorkommt. Er ist auf dem Pfirsichbaume, besonders wenn dieser jung ist, häufiger als auf an deren Bäu= men, und seine Wirkung ist hier viel gefahrvoller, weshalb man sie sorgfältig vermeide. Man erkennt den Räuber an dem mächtigen Umfange und dem raschen Wachsthum. Er er= reicht zuweilen eine Länge von 2 Metern (reichlich 6 Fuß). Fast alle Augen dieses Triebes bilden Nebentriebe und er zeigt in seinem Wachsthume an man= chen Stellen auffallende Unter= schiede. In gewissen Fällen ist es nöthig, von dem Wasserreise Gebrauch zu machen, z. B. bei Verjüngung und Wiederher= stellung alter Bäume.

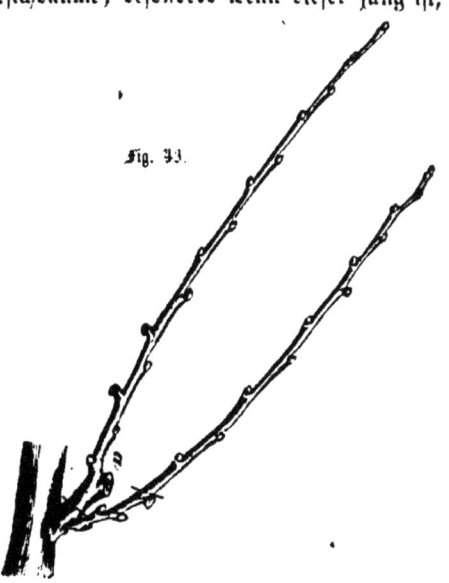

Fig. 43.

Der Zapfenzweig (branche coursonne). Fig. 43.

93. Diese Zweige stehen zwischen den Holzästen und den eigentlichen Fruchtzweigen und unterstützen die letzteren. Sie entstehen nach und nach durch wiederholten Schnitt. Man verhüte sorgfältig ihre Verlängerung und suche sie bald ganz, bald theilweise zu erneuern, so oft sich Gelegenheit dazu bietet. Man muß sie stets so kurz wie möglich schneiden, denn lang ge= schnitten werden sie zu schwach und es ist dann schwer, sie zu erhalten.

Der unsichere oder schlechte Fruchtzweig[1]) (branche chiffonne). Fig. 44.

94. Er ist klein, dünn und in seiner ganzen Länge mit Blütenknospen ohne Blattaugen besetzt, mit Ausnahme der Spitze, welche stets in einem Holzauge endigt. Zuweilen befindet sich ein solches am Grunde des Zweiges, was ihn dann sehr brauchbar macht. Die Früchte, welche auf diesem Zweige aufkommen, sind eben so schön wie auf den übrigen, aber viel unsicherer als die auf gut gebildeten Fruchtzweigen mit Blattaugen. Man begegnet diesem Zweige viel häufiger auf alten Bäumen als auf jungen, und zwar in Stellungen, wohin Luft und Licht wenig gelangen.

[1]) Man nennt in Deutschland solche Triebe hier und da taube Fruchtruthen, weil sie oft keine Frucht geben.

Fig. 44.   Fig. 46.

Fig. 45.

95. **Die Blütenknoſpe.** iſt die Hülle der Blüten. Sie iſt dicker und abgerundeter als die Blattknoſpe (das Holzauge) und unterſcheidet ſich von dieſer leicht beim erſten Anblick. Sie tritt im Frühling zuerſt in Vegetation und man findet ſie nur auf ein= jährigem Holze.

Das Sträußchen oder der Bouquetzweig (brancho à bouquet). Fig. 45.

96. Dieſes iſt nur 2—8 Centimeter ($^2/_3$—3 Zoll) lang und zeigt eine Ver= einigung von vier bis fünf Blütenknoſpen an der Spitze, ein kleines Sträußchen oder einen Büſchel, in deſſen Mitte ſich ein Holz= auge befindet. Auf ſolchen Zweigen ſitzen die ſchönſten Früchte, und zwar mit ziemlicher Sicherheit alljährlich. Man findet die Sträußchen ſtets am alten Holze in den ver= ſchiedenſten Stellungen. Man ſchneidet ſie niemals und beſeitigt blos einige, wenn zu viele auf einer Stelle beiſammenſitzen.

Die gewöhnlichen Fruchtzweige oder Fruchtruthen (branches ordinaires) Fig. 46.

97. Dies ſind die zahlreichſten. Ihre Länge iſt ſehr verſchieden, und ſie ſind gleichmäßig mit Blütenknoſpen und Holz= augen (Blattaugen) beſetzt. Die Knoſpen ſind einfach oder doppelt und haben ſtets ein Blattauge neben ſich ſtehen, welches bei den Doppelknoſpen in der Mitte ſteht.

Gute Fruchtzweige dürfen nicht über 5—6 Millimeter (ungefähr wie eine Schreibfeder) im Durchmeſſer haben, denn wenn ſie ſtärker ſind, ſo ſitzt die Frucht zu weit oben, wodurch ein langer Schnitt ver= anlaßt wird, der, wie wir ſpäter ſehen werden, viele Nachtheile mit ſich bringt.

Schnitt der kleinen Zweige.

98. Zeit des Beschneidens. Man kann an diesem Baume die Knospen und die Augen erst dann gut unterscheiden, wenn die ersten Saft=bewegungen eingetreten sind, weil dann die Knospen zuerst dick werden und sich entfalten. Der Pfirsichbaum muß daher im Frühjahr, d. h. von Anfang Februar bis Ende März [1]), beschnitten werden. Man kann zwar früher anfangen, ist aber seiner Sache nicht so gewiß und des guten Erfolges nicht sicher. Es kommt zuweilen vor, daß die Bäume überraschend schnell zu grünen beginnen und man genöthigt ist, den Schnitt auszuführen, wenn die Blüten bereits ganz geöffnet sind. In diesem Falle ist die Baum=schere sehr gut zu gebrauchen, weil dann die Zweige, um den Abfall der Blüten zu vermeiden, nicht stark erschüttert werden dürfen, was bei dem Schnitte mit dem Gartenmesser nicht zu vermeiden ist.

Lepère in Montreuil hält für gut, die Fruchtzweige über dem Er=satzzweige schon vor dem eigentlichen Beschneiden, also sofort nach der Ernte, zurückzuschneiden. Er will ferner während des Sommerschnittes alle Zweige entfernt haben, welche nicht tragen und nicht zur Bekleidung einer leeren Stelle nöthig sind, und räth schon im Herbste alles unnütze Holz zu ent=fernen, um sich den künftigen Schnitt leichter zu machen und die bleibenden Zweige zu kräftigen.

Man beginnt damit, alle Aeste am Spalier loszuschneiden, d. h. die alten Bünde zu entfernen, ebenso die trockenen Blätter und andere Un=reinigkeiten, welche hinter dem Geländer sitzen geblieben sind, damit das Anbinden in passender Weise ausgeführt werden kann.

Lepère will beim Schneiden mit den kleineren Zweigen begonnen und den Schnitt von oben nach unten vorgenommen haben. Die Verlän=gerungszweige und Hauptäste werden erst beschnitten, nachdem die kleinen Zweige fertig sind, weil man erst dann die günstige Länge des Schnittes beurtheilen kann.

Das Abkneipen der Spitzen, das Ausbrechen der Triebe, der Som=

---

[1]) Ich habe schon bemerkt, daß man in Deutschland, wenigstens in nördlichen und rauheren Lagen, nicht so früh beschneiden kann, als hier angegeben ist. Man warte stets bis zu dem Augenblick, wo sich die Blütenknospen von den Holzaugen unterscheiden lassen. Dies ist Regel einer guten Kultur. Dagegen kann ich nicht ver=schweigen, daß auch in Norddeutschland viele Gärtner die Pfirsichbäume im Herbst vollständig fertig schneiden, darauf dieselben bedecken und die Bedeckung ganz oder theilweise (je nach dem Deckmaterial) bis nach der Blüte auf den Bäumen lassen. Bei diesem Verfahren bekommt man zwar keine regelrecht gezogenen Bäume, aber bennoch schöne und reichlich Früchte.   J.

merschnitt u. s. w. werden nach den von uns aufgestellten Grundsätzen aus=
geführt. (Vergl. §§. 51, 52 und 53.)

Der Pfirsichbaum erlangt, wenn er unter günstigen Verhältnissen ge=
pflanzt ist, einen sehr großen Umfang, er ist fortwährend in Vegetation und
verlangt daher unaufhörliche Aufmerksamkeit. Die Knospe steht einzeln (ist
einfach) und giebt nur eine Frucht. Lange Zeit hat man an die Nothwen=
digkeit geglaubt, daß sie von einem Blattauge begleitet sein müsse, sei es
unmittelbar daneben oder nahe darüber. Heutzutage ist man von diesem
Glauben abgekommen, denn man hat die Erfahrung gemacht, daß die Frucht
auch ohne diese Bedingung zur vollständigen Reife gelangen kann.

99. Schnitt der Ersatzzweige oder die Ausfüllung (remplacement). Die Fruchtzweige sind im Verhältniß zu den Holzzweigen schwach.
Der Pfirsichbaum hat zwar die Fähigkeit, aus dem alten Holze auszutrei=
ben, giebt aber nur auf einjährigem Holze Früchte. Deshalb bringt ein
Zweig, der einmal Frucht getragen hat, deren nicht wieder, und es ergiebt
sich daraus die Nothwendigkeit, diese Zweige durch andere zu ersetzen.
Dieser Grundsatz muß durchaus festgehalten werden, wenn man nicht will,
daß das Innere des Baumes kahl werden und die Frucht sich blos in den
oberen Theilen des Baumes bilden soll. Diese alljährliche Erneuerung der
Fruchtzweige, begründet auf das Austreiben des zunächst am alten Holze
stehenden Auges, stehe es oben oder unten (das letztere ist vorzuziehen),
heißt die Ersatzkunst. Dies ist die wichtigste Angelegenheit bei dem
Schnitte der Pfirsichbäume. Alles, was zu Gunsten der Entwickelung dieses
Auges, welches den Ersatztrieb für den Fruchtzweig des nächsten Jahres
bilden soll, geschehen kann (und wovon später die Rede sein wird), muß mit
größter Gewissenhaftigkeit geschehen.

100. Das Holzästchen (rameau à bois). Es kann eine Länge von
50—60 Centimetern (18—22 Zoll) und darüber erreichen, unterscheidet
sich in der Stärke aber wenig von dem Fruchtzweige und wird auf die beiden
ersten Augen geschnitten. Treiben sie stark, so muß fleißig entspitzt werden;
im entgegengesetzten Falle wird der zunächst am Absatze (das oberste Zweig=
stück des vorjährigen Holzes) stehende Trieb, also der Trieb des unteren Auges,
welcher den Ersatzweig bilden soll, sogleich an der Stelle befestigt, welche der
daraus entstehende Fruchtzweig des nächsten Jahres einnehmen soll. Man
lasse ihn nicht zu stark wachsen, indem man den anderen kräftiger werden läßt.
Wir müssen zwei Augen behalten, um den Saft zu vertheilen und um
einen Zweig im Rückhalte zu haben, wenn den einen ein Unglück treffen
sollte. Wenn es nöthig erscheint, d. h. wenn das Wachsthum des Holz=
triebes zu üppig ist, so entspitze man denselben zur Zeit, wenn die Vege=

tation nachläßt *). Wäre durch Vernachläßigung dieses Entspitzens der Holz=
trieb übermäßig start geworden, so schneide man ihn im folgenden Früh=
jahre, anstatt auf zwei Augen, ziemlich lang, etwa 20 Centimeter. Die
obersten Augen verbrauchen dann in der ersten Zeit den Saft und ver=
hindern den starken Trieb der unteren Augen. Entspitzt man später
rechtzeitig diesen Trieb, so verwandeln sich die unteren Augen in schwächere
Triebe (als bei kurzem Schnitt der Fall sein würde), welche zu guten
Fruchtzweigen werden. Hilft das Entspitzen nicht genug, so schneidet man
tiefer, um denselben Zweck zu erreichen.

101. Das Wasserreis, welches man durch Abkneipen hätte verhindern
sollen, kann, wenn es nicht zu groß ist, in folgender Weise zur Bildung
von Fruchtholz gebracht werden. Man schneidet es auf einige Augen ein
und biegt es start nach unten. Das niedergebogene Wasserreis wird immer
noch ziemlich start treiben. Man läßt diese Triebe einige Zeit fortwachsen,
hierauf wählt man einen nahe am Zweiggrunde sitzenden und legt ihm durch
zeitiges Anbinden Fesseln an, damit er nur die wünschenswerthe Stärke er=
langt. Die übrigen Triebe, mit Ausnahme von einem oder zweien, werden
entfernt. Sollte das Wasserreis zu start sein, um sich biegen zu lassen, so
schneidet man es lang (etwa 30—40 Centimeter), um die unteren Augen
schwach zu erhalten. Hierauf beseitigt man die stärkeren Augen des Triebes
bis auf zwei gut stehende, welche dann austreiben. Sind diese Seitentriebe
entwickelt, so schneidet man das Wasserreis über denselben zurück, sobald sie
25—30 Centimeter lang sind, und entspitzt die Triebe in einer Länge von
40 Centimetern. Später schneidet man sie zurück und erhält so gute Frucht=
zweige. Wäre jedoch dies Wasserreis ungewöhnlich start geworden, so
schneidet man es ganz weg und verstreicht die Wunde mit Baumwachs,
vorausgesetzt, daß man diesen Zweig nicht nöthig hat, um an einem bereits
fertig gezogenen Baume einen abgängigen Holzast zu ersetzen. Sollte durch
das Abschneiden eine kahle Stelle entstehen, so füllt man sie durch das Ab=
laktiren guter Zweige (wovon später die Rede sein wird) wieder aus.

102. Der Zapfenzweig (branche coursonne) wird nicht geschnit=
ten, denn er trägt Früchte und man entfernt nur den Zapfen bis auf den
Ersatzzweig, wenn einer vorhanden ist. Befindet sich aber an seinem Grunde
(am Wulstringe) oder auf ihm selbst ein Auge, so muß der Fruchtzweig kürzer
geschnitten werden, als es sonst geschehen könnte; ferner muß durch das Ab=
kneipen und Ausbrechen der etwa erscheinenden Triebe in der Nähe der Saft

---

*) Dieser in die neueren Auflagen des französischen Originales aufgenom=
mene Satz ist mir nicht ganz klar.

auf dieses Auge geworfen werden, damit es austreibt. Sollte es damit zögern oder zu schwach treiben, so schneide man beim Sommerschnitt den ganzen Frucht= zweig ab und opfere die Frucht, um sich dieses Zweiges ganz zu versichern. In den folgenden Jahren wird der alte Zweig mit dem Zapfen (Fig. 43 n) ganz oder theilweise abgeschnitten, und der junge Ersatzzweig wird einen neuen Fruchtzweig näher an dem alten Holze des Baumes bilden. Man kann sogar ein solches Auge hervorzulocken suchen, indem man den Zapfenzweig sehr nach unten biegt und so befestigt, oder selbst indem man ihn leicht ein= knickt. Dieser Versuch glückt jedesmal, wenn sich der Anfang zu einem Auge an dem Zapfen befindet. Zuweilen sterben jedoch die Zapfenzweige ganz ab und ihr Abgang verursacht häßliche leere Stellen am Baume. Wir werden in dem die Wiederherstellung alter Pfirsichbäume behandelnden Abschnitte das Nöthige über das Ausfüllen solcher Stellen erwähnen.

103. Der unsichere oder schlechte Fruchtzweig (branche chiffonne) kann in gesundem Zustande einige Früchte tragen. Für diesen Fall schneidet man ihn auf 2—3 Augen; ist er aber schlecht, so schneidet man ihn bis auf das unterste Auge, damit aus diesem ein neuer Trieb entsteht. Sollte unten am Grunde des Zweiges kein Auge sitzen, was zuweilen vor= kommt, so läßt man den Zweig ganz und benutzt ihn als Fruchtzweig.

104. Das Sträußchen wird, wie schon erwähnt, durchaus nicht be= schnitten; man entfernt es erst, wenn es keine Frucht mehr bringt. Sollte aber eine leere Stelle am Spalier auszufüllen oder ein Ersatzzweig nöthig sein, so behält man es bei und macht daraus einen Fruchtzweig, welcher sich aus dem in der Mitte stehenden Holzauge bildet.

Die eigentlichen Fruchtzweige. (Fig. 47 u. 48.)

105. Dieselben werden sämmtlich geschnitten. Die Länge des Schnit= tes hängt ganz von ihrer Stellung ab. Stehen sie an den Holzzweigen (Aesten) nach oben, so schneidet man sie auf die vierte Knospe; stehen sie aber nach unten, auf die zweite oder dritte Knospe, je nachdem sie stark sind. (Fig. 47.) Bei dem abgebildeten Zweige wurde auf vier Knospen geschnitten. Die Augen, welche daran sitzen, entwickeln sich um so stärker zu kräftigen Trieben, je weiter sie von der Anfangsstelle des Zweiges am alten Holze entfernt sind. (Fig. 48.) Diesem Bestreben des Saftes, die oberen Augen zu begünstigen, muß entgegengearbeitet werden. Auf Fig. 47 ist das Auge a, welches den Ersatzzweig geben soll, das schlechteste von allen, und doch haben wir hier einen Zweig nöthig. Will man daher versichert sein, daß es austreibt, so müssen die oberen Triebe, ohne Rücksicht auf die Frucht, welcher es nicht schadet, entspitzt werden. Sollte das Auge ungeachtet

dieser Vorsichtsmaßregeln schwach treiben, so darf man nicht zaudern, einen oder zwei Triebe, ohne die Frucht zu schonen, abzuschneiden. (Fig. 49.)

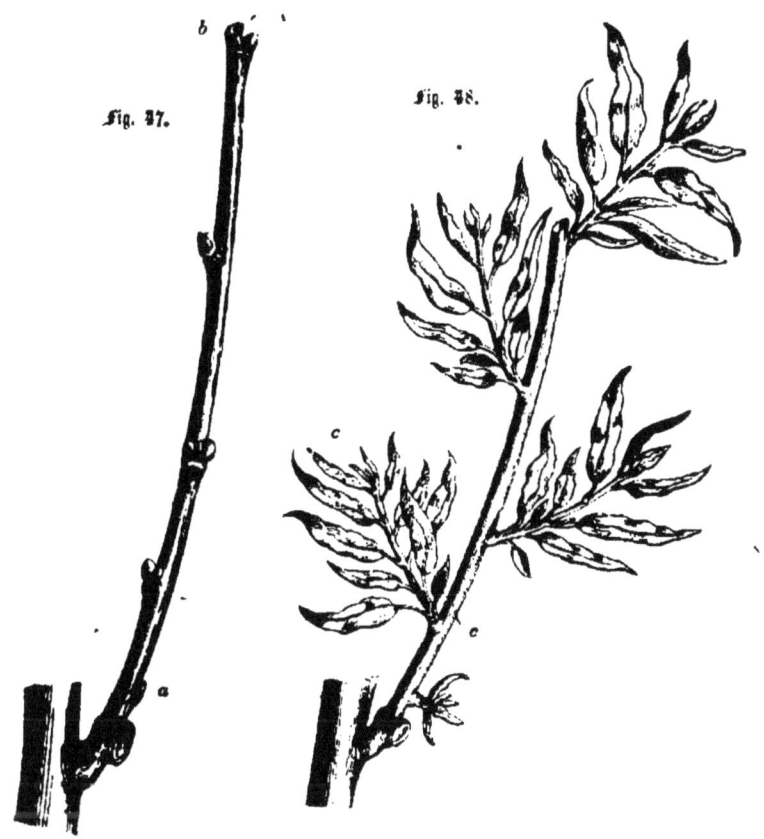

Fig. 47.

Fig. 48.

Wäre das gute Fortkommen dieses untersten schwachen Triebes dennoch nicht genug gesichert, so gebe man die Früchte ganz auf und schneide den Zweig über dem zweiten Triebe (Fig. 48 bei c) ab, um den Ersatzzweig in die Höhe zu bringen und vorherrschend zu machen.

Hin und wieder ist ein so gewaltsames Mittel nicht nöthig, um den Ersatzzweig zu gewinnen, nachdem er sich von selbst entwickelt. Wächst er nur mäßig, so ist es um so besser; treibt er aber zu stark, so muß er geschwächt werden. Zu diesem Zwecke wird er zeitig und fest angebunden, während man die übrigen frei wachsen läßt und nicht oder erst spät entspitzt. Will er sich durch diese Mittel im Wachsthum nicht einhalten lassen, so muß er selbst

entſpitzt oder, wenn es noth thut, dem Sommerſchnitt unterworfen werden.
Iſt dieſer Trieb aber ſchwach, ſo binde man ihn ſpät und ganz locker an. Im

Fig. 39.

Allgemeinen entſpitze man den
Fruchtzweig jedenfalls, wie auch
ſeine Stellung ſein möge, wenn
man bemerkt, daß der Erſatzzweig
zu ſchwach treiben ſollte. Dies ge=
ſchieht, je nachdem die Augen eng
ſitzen, 10 bis 12 Centimeter über
der Frucht, was deren Ausbil=
dung nicht ſchadet. Dadurch wird
der Saft in jenen ſchwachen Trieb
geleitet, wodurch derſelbe Kraft
bekommt. Sollte im Gegentheil
dieſer Erſatzzweig zu ſtark werden,
ſo muß das Entſpitzen des Ver=
längerungszweiges unterbleiben.

*Sollte ein Fruchtzweig kein
Auge am Grunde haben, welches
den Erſatzzweig liefern kann, und
doch ein ſolcher zur Erhaltung der
Schönheit des Baumes nöthig ſein,
ſo binde man ihn im Frühjahr
dicht über ſeinem Urſprunge ſo
weit nach unten, als er es ver=
trägt, ohne zu brechen. Dadurch
bildet ſich oft an der Biegungsſtelle ein verborgenes Auge aus, welches
den Erſatzzweig liefert. Den Nachtheil, welcher der Frucht etwa daraus
erwächſt, darf man nicht hoch anſchlagen.*

Es darf nicht vergeſſen werden, daß ein guter Fruchtzweig nicht zu
ſtark ſein darf, weil ſonſt die Früchte weit oben an der Spitze ſitzen und oft
beim Schnitt geopfert werden müſſen.

Um übrigens Früchte zu bekommen, muß, wenn die Knoſpen nicht zu
weit von einander ſtehen, ſtets lang geſchnitten werden. Die unnützen
Augen, das heißt diejenigen, welche zwiſchen den beiden unterſten Holzaugen
am Fuße des Zweiges und an den unterſten Knoſpen ſitzen, werden abge=
drückt. Durch dieſes Mittel wird die Verwirrung, welche eine zu große
Menge von Trieben hervorbringt, beſeitigt. *Treiben die unterſten Augen
nicht oder nur ſehr kurz, ſo bilden ſie ſpäter Bouquetzweige.*

Wir haben auf vier Augen geschnitten und können daher auf vier Früchte hoffen. Dies würde aber zu viel sein, denn eine oder zwei ge= nügen, je nach der Stärke des Zweiges. Aber es setzen nicht alle Blumen an, daher sichern wir uns durch den langen Schnitt gegen alle Zufälle. Setzen daher die Blüten keine Frucht an, oder fallen diese ab, so kann der Zweig (bei c auf Fig. 48) bis auf zwei Triebe (von unten) eingekürzt werden. Bleiben nur einige Früchte am Zweige, so unterdrückt man, wie Fig. 49 bei c schon angegeben ist, die Triebe, woran keine Früchte sind. Sollte man jedoch ein zu starkes Treiben des untersten Ersatztriebes befürchten, so führt man diesen Sommerschnitt oder dieses Ausbrechen der Triebe erst spät aus.

Der Fruchtzweig kann aber in Folge eines zu langen Schnittes oder wegen Schwäche des Baumes zu schwach sein, um Früchte daran erwarten zu können. Man darf in solchen Fällen sich nicht verführen lassen, sie bei= zubehalten, muß im Gegentheil schon bei dem Beschneiden alle Knospen unterdrücken und nur darnach streben, einen neuen Fruchtzweig zu erhalten. Man schneidet zu diesem Zwecke sehr kurz, also ungefähr auf zwei Augen, vom Fuße des Zweiges an gerechnet. Da der Zweig keine Frucht zu er= nähren hat, so wird er Triebe bilden, welche im folgenden Jahre brauch= bares Fruchtholz geben. Wäre der Zweig so kurz, daß er einem Bouquet= zweige (Sträußchen) ähnlich ist, so läßt man ihn, anstatt auf zwei Augen zu schneiden, unberührt, damit er sich verlängert, und entfernt blos die Blütenknospen. Sehr üppig wachsende, daher wenig fruchtbare Bäume müssen an den Fruchtzweigen länger geschnitten werden, als angegeben wurde. Auch müssen dieselben im Sommer entspitzt werden. In Folge davon treiben nur die oberen Augen, während die unteren schwach und eben nur am Leben erhalten werden. Treiben sie aus, so bilden sie Bouquetzweige, außerdem Ersatzzweige für das folgende Jahr, welche später auch aus den Bouquet= zweigen entstehen. Läßt später die Wuchskraft der Bäume nach, so schneide man sie wie gewöhnlich.

Das gewöhnliche Beschneiden. Fig. 50.

106. Ehe ich hiervon rede, will ich bemerken, daß der Fruchtzweig aus zwei Trieben oder Zweigen zusammengesetzt ist: 1) einem in demselben Jahre Früchte tragenden; 2) dem Ersatzzweig für das folgende Jahr, wie es Fig. 50 zeigt. Der Zweig a ist der tragende Fruchtzweig und wird nach= her weggeschnitten; der Zweig b bildet den Ersatzzweig, das Fruchtholz des nächsten Jahres, und wird auf vier Augen eingeschnitten. Das nächste Jahr wird der letztere Zweig b wie dieses Jahr der erstere behandelt und giebt dann Frucht und den Nebenersatztrieb.|

7*

Schnitt auf Haken (taille en crochet). Fig 51. 52.

107. Oft bildet ein Fruchtzweig, anſtatt einen, drei neue Triebe, welche Erſatzzweige werden können. Iſt der Zweig kräftig, wie der Fig. 51 ab= gebildete, ſo ſchneidet man einen Theil des Zapfens (alten Holzes, worauf

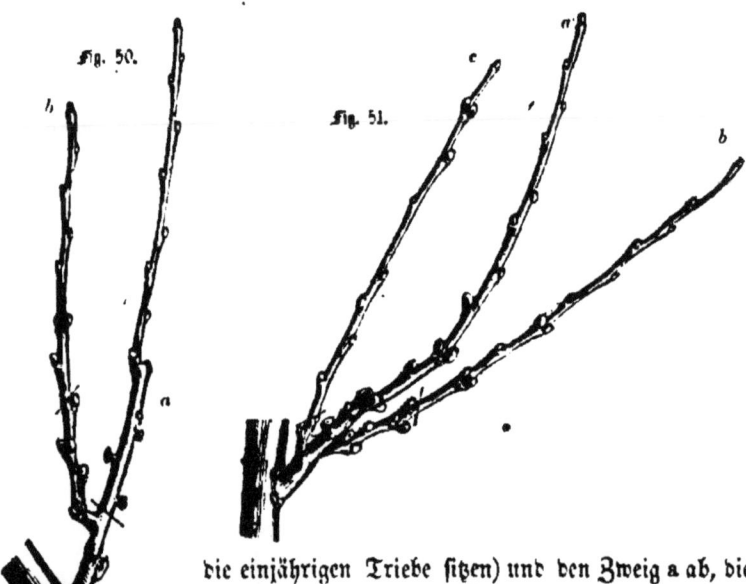

Fig. 50.

Fig. 51.

die einjährigen Triebe ſitzen) und den Zweig a ab, die anderen aber in folgender Weiſe: der am weiteſten von dem Holzaſte entfernte Zweig b wird über der vierten Knoſpe geſchnitten, denn er ſoll Früchte tragen; der nächſte am Aſte c wird auf zwei Augen geſchnitten und iſt beſtimmt, den Erſatzzweig für das nächſte Jahr zu liefern. Dies iſt der Schnitt auf Haken: der eine Trieb wird kurz geſchnitten, der andere lang. Man wendet ihn auch an, wenn der untere nächſte Zweig keine Frucht hat, oder wenn er ſehr weit vom alten Holze entfernt iſt. Fig. 52 zeigt dieſen Schnitt noch deutlicher. Er macht ſich häufig an alten Bäumen nöthig, um die kahl werdenden Aeſte mit Blättern zu verſehen.

Schnitt auf Abnutzung (taille en toute perte). Fig. 53.

108. Wir bemerkten früher, daß die kleinen Zweige ungefähr 10—16 Centimeter von einander entfernt ſein ſollten. Zuweilen ſtehen ſie jedoch einander ſo nahe, daß ſie ſich ſchaden. Man ſollte ſie in dieſem Falle eigent= lich unterdrücken, aber anſtatt dies zu thun, behält man an kräftigen Bäumen

den Zweig noch ein Jahr bei, um Nutzen davon zu ziehen. Man schneidet solche Zweige sehr lang, damit sie viele Früchte bringen, vernachlässigt den für die Zukunft ganz unnöthig gewordenen Ersatzzweig und schneidet das folgende Jahr den ganzen Zweig ab. Dieser Schnitt ist auf sehr kräftigen Bäumen anwendbar, welche dadurch etwas gezügelt werden; aber er würde sie unfehlbar schwächen, wenn man ihn durch zu häufige Anwendung mißbrauchen wollte. Fig. 53 zeigt diesen Schnitt; a ist das Reis, welches abgenutzt werden soll.

Fig. 52.

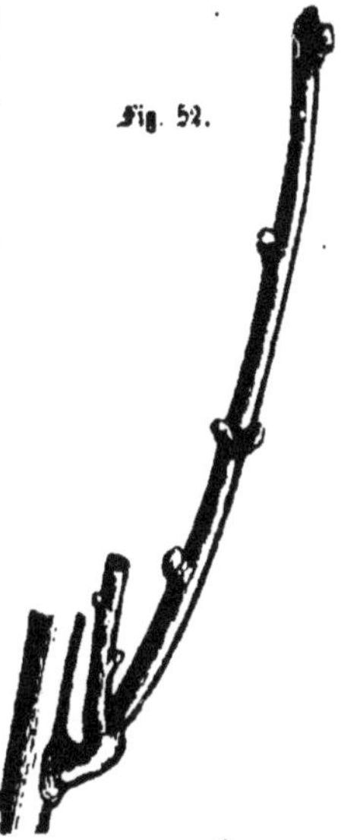

Fig. 53.

Allgemeine Regeln über den Schnitt der Triebe und Aftertriebe.

109. Der Trieb entsteht aus dem Auge. Am Pfirsichbaume sind die Augen einfach oder doppelt, indem meist an dem Hauptauge (im Sommer an der Basis des Hauptblattes) noch ein oder zwei schwächere Augen (mit unausgebildeten Blättchen) stehen, im letzteren Falle zu beiden Seiten des Hauptauges. Befinden sich Doppelaugen auf der Oberseite der Zweige, so wähle man das schwächere zur Erziehung eines Triebes und vernichte das starke, sobald der Trieb beginnt. Sollte der junge Trieb (des schwachen Auges) ungewöhnlich stark treiben, so wird er kurz entspitzt, bei mäßigem Wuchs länger, etwa 25—30 Centimeter. Hierauf wird der Sommerschnitt angewendet, indem man die Vegetation so zu regeln sucht, daß ein guter (nicht zu starker) Fruchtzweig daraus wird, vor Allem aber, daß die unteren Augen nicht austreiben und Afterzweige bilden. Beim Frühjahrsschnitt verfährt man wie schon angezeigt. — Will man dagegen an der Unterseite der Zweige Triebe haben, so läßt man dies starke Hauptauge sich entwickeln, denn nur dieses wird nach unten einen guten Fruchtzweig bilden.

Die Afterzweige werden auf gleiche Weise behandelt, mit Ausnahme

der obersten, welche sehr kurz entspitzt werden. Sie können sich zu Frucht=
zweigen bilden, die schon im folgenden Jahre tragen, besonders wenn die
Bäume in guten, warmen Lagen und auf trockenem Boden stehen, wo das
Holz schneller die gehörige Reife erlangt. Treiben die Afterzweige sehr
stark, so haben sie meist die nachtheilige Eigenschaft, daß die untersten
Augen sehr weit vom Mutterzweige beginnen, so daß man genöthigt ist,
diese zu Fruchtzweigen bestimmten Triebe sehr lang zu schneiden. Es giebt
aber ein leichtes Mittel, den massigen Trieb dieser Zweige zu mäßigen
und den genannten Uebelstand zu vermeiden, welches darin besteht, daß
man den Aftertrieb an seiner Basis mit einem Federmesser spaltet oder
durchsticht. Geschieht dies zeitig genug, wenn der junge Trieb hinlänglich
ausgebildet ist, um diese Operation zu vertragen, so ist der Erfolg sicher,
denn indem die Vegetation durch diese Verwundung augenblicklich gehemmt
wird, bilden sich die Augen nahe an der Basis. Beim Frühjahrsschnitt
schneidet man den Aftertrieb über den zwei untersten Augen ab und bildet
aus dem besten der beiden entstehenden Triebe den Ersatzzweig, welcher das
folgende Jahr trägt. Man erhält auf diese Art einen recht guten, kurzen
Zapfenzweig und einen viel besser stehenden Fruchtzweig.

Bei dem Schnitt der Holzzweige muß man sorgfältig die Schnittaugen
(über welchen geschnitten wird) auswählen. Für die Astfortsetzung (den
Verlängerungstrieb) wähle man das Hauptauge, für die inneren oberen
Zweige ein Nebenauge, für die unteren ein Hauptauge.

Zucht durch wiederholtes Entspitzen.

110. Nachdem wir die verschiedenen Arten des Schnittes der Frucht=
zweige, welche allgemein angewendet und als vorzüglich anerkannt sind,
besprochen haben, will ich die obengenannte Behandlung beschreiben, welche in
neuerer Zeit in Gebrauch gekommen und von vielen Praktikern wegen ihrer
größeren Einfachheit angenommen worden ist. Das wiederholte Entspitzen
dieser Zweige hat man bis jetzt nur an den Pfirsichbäumen angewendet,
und es sprechen sich viele Züchter sehr günstig über den Erfolg aus.

Dieses Verfahren besteht darin, daß man alle zu künftigen Frucht=
zweigen bestimmten Triebe über dem zweiten oder dritten Blatte abkneipt,
wenn sie 8—10 Centimeter lang sind. (Fig. 54.) Das erste Entspitzen
muß zeitig, Ende April oder Anfang Mai vorgenommen werden, um dem
Wachsthum der noch ganz weichen Triebe Einhalt zu thun. Dadurch wird
der Trieb so geschwächt, daß ein Stillstand von 3—4 Wochen eintritt.
Da die Triebe eines Baumes nicht alle zugleich treiben, so muß das Ent=
spitzen nach und nach vorgenommen werden. Aus diesem Grunde schadet es

aber auch dem Baume nicht. Bei Fig. 54 ist der Trieb bei a über dem
zweiten Blatte (die kleinen Anfangsblättchen ungerechnet) entspitzt worden.
Daburch bezweckt man, daß zwei Aftertriebe a' a' entstehen.

111. Die zwei oder drei Augen, welche die bleibenden Blätter be=
gleiten, werden sich entwickeln. Die Aftertriebe a' a', welche daraus ent=
stehen, werden wieder entspitzt, sowie sie zwei oder drei Blätter haben,

Fig. 53.

genau wie der erste
Trieb, wodurch wie=
der ein Wachsthums=
stillstand eintritt.
Da diese Triebe in
der Regel einen
schwächeren Trieb
haben als die ersten,
so werden sie auch
beim Entspitzen kür=
zer. Es haben nun
(Fig. 54) die After=
triebe a'a', welche
bei b über dem zweiten Blatte entspitzt wurden, jeder zwei neue Triebe
b'b'b'b' gebildet.

So werden die vier oder sechs Triebe (je nachdem man über dem
zweiten oder dritten Blatte entspitzt) regelmäßig entspitzt und in ihrem
Wachsthum aufgehalten, sowie sie zwei Blätter gebildet haben, zuweilen (bei
schwachem Trieb) sogar über-dem ersten Blatte. Meist genügt schon dieses
dritte Entspitzen. Auf Fig. 54

Fig. 55.

sind die zweiten Triebe b'b'b'b'
bei c über dem zweiten Blatte
entspitzt worden. Wenn die aus
den dritten Trieben c'c'c'c'c'c'c'c'
entstehenden nicht weiter entspitzt
zu werden brauchen, so läßt man
sie unberührt oder man schneidet
sie später dicht über c' ab.

Durch dieses Entspitzen bil=
den sich an dem ersten und zwei=
ten Triebholze Blumenknospen
und kleine Bouquetzweige, die man schon beim nächsten Schnitt als solche
erkennt. Fig. 55 zeigt diesen Erfolg an einem blätterlosen Zweige.

112. Der Erfolg dieses Verfahrens hängt vorzüglich vom ersten Ent=
spitzen ab. Man muß es, wie gesagt, zeitig vornehmen, damit der e r s t e Trieb
in einem schwächlichen Zustande bleibt und seine üppigen Triebe nicht Un=
ordnung verursachen durch sehr lange zweite Triebe, so daß das Fruchtholz
weiter oben entsteht. Es genügt jedoch selten ein dreimaliges Entspitzen, und
man muß damit oft den ganzen Sommer fortfahren, in welchem Falle der Som=
merschnitt unentbehrlich wird. Um eine allzugroße Verzweigung zu verhüten,
ist man oft genöthigt, bis auf die Stelle des ersten Entspitzens zurückzuschneiden.

Der Frühjahrsschnitt solcher entspitzten Zweige ist höchst einfach, wie
Fig. 55 anzeigt. Wenn die Zweige hinlänglich mit Knospen besetzt sind,
so entfernt man einige überflüssige (zu dicht stehende) Zweige ganz und läßt
nur so viele stehen, daß man an jedem Zapfenzweig zwei Früchte behält,
diese immer so tief als möglich (nahe am alten Holze) wählend. Fig. 55
zeigt durch die Striche, wie ungefähr geschnitten werden muß. Wir haben
7—8 Blumen gelassen, um später die Wahl unter den Früchten zu haben,
wenn wir die überflüssigen ausbrechen. Man lasse sie lieber auf dem ersten
Triebe, da hier der zweite Saft eher hingelangt und ihr Bleiben sicherer ist.
Sollten durch das Entspitzen weder Bouquetzweige noch Knospen ent=
standen sein, so schneidet man den ganzen Zweig bis auf die zwei untersten
Augen ab. Wenn diese austreiben, so behält man nur einen Trieb und
beginnt das Entspitzen von Neuem.

Die Augen der kleinen Zweige sollen Triebe und Früchte für das
folgende Jahr bilden, thun es aber zuweilen nicht.

Fig. 56.

Dieser Ausnahmefall tritt besonders dann ein, wenn
Aftertriebe vor dem Entspitzen entstehen. Jeder
Trieb bildet bei kräftigem Wachsthum Aftertriebe,
welche unten meist keine oder schlechte Augen haben.
Man muß diese Triebe über den ersten zwei Blättern
abschneiden, wie Fig. 56 zeigt. Die Aftertriebe bb
werden entspitzt, in Folge dessen sich an den vorher
augenlosen Trieben verborgene Augen cc bilden.
Der Schnitt im folgenden Frühjahr wird ausgeführt,
wie die Striche (Fig. 56) anzeigen. Sollte kein Auge
da sein, was oft vorkommt, so ist der Zapfen=(Frucht=)
Zweig erschöpft und man bekommt eine leere Stelle am Baume. Um diese
auszufüllen, läßt man einen nahestehenden Zapfenzweig unentspitzt fort=
wachsen und verbindet ihn, wenn er lang genug ist, durch Ablaktiren an
die nackte Stelle. Der Zweig c (Fig. 56) wird weniger darum beibe=
halten, um eine Frucht zu bekommen, als um ein Holzauge zu behalten.

113. Wenn der Fruchtzweig schon einmal beschnitten worden ist, wie Fig. 57 a zeigt, so entspitzt man seine Triebe höchstens über dem zweiten Blatt, damit der Saft sich nach unten wendet, der Trieb nicht zu lang wird und der fruchttragende Zweig nicht zu weit vom Mutteraste steht. Den Schnitt halte man zu demselben Zwecke gleichfalls kurz, natürlich immer mit Berücksichtigung der gehörigen Zahl von Früchten. Hat man an diesem Zapfenzweig den Grünschnitt richtig ausgeführt, so stehen die Zweige weniger verwirrt und der zweite Saft hat besser auf ihre Ausbildung gewirkt.

Fig. 57.

In den folgenden Jahren werden Entspitzen und Schnitt ganz ähnlich wie angegeben ausgeführt. Man suche vorzüglich die Entwickelung der untersten beibehaltenen Triebe zu begünstigen, damit man durch sie die abgetragenen Fruchtzweige ersetzen und einen neuen Zapfenzweig bilden kann.

114. Man sieht, daß dieses Verfahren, das Fruchtholz zu bilden, sehr einfach ist. Man braucht sich weder um den Ersatzzweig zu kümmern, noch hat man das Anbinden nöthig (weil die Triebe stets kurz bleiben). Man erhält mehr Früchte, indem man (was beim gewöhnlichen Schnitt nicht der Fall ist) das kurze Fruchtholz auch vorn an den Holzzweigen stehen läßt, und weil überhaupt viel mehr Fruchtzweige Raum haben. Hier genügt eine Entfernung von 25—30 Centimeter der Mutteräste, und diese werden durch das Fruchtholz gegen die brennende Sonne geschützt, welche zuweilen den Tod der Bäume herbeiführt.

Indessen ist dies Verfahren doch nicht ohne Mängel und Nachtheile. Abgesehen von den bereits angezeigten, nimmt das fortgesetzte Entspitzen fast eben so viel Zeit in Anspruch, als das Anbinden der Zweige und Sommertriebe, und kahle Stellen, welche aus Mangel an Augen an den freiwilligen Aftertrieben entstehen, kommen häufig vor. Daher erleidet der Baum in seiner Bildung eine Verzögerung, wenn man die bisher gebräuchlichen Erziehungsformen anwendet, mit Ausnahme des senkrechten Herzstammes (Gabelbaumes) und des schiefen Pfirsichbaumes. Ferner bringt der Frost in zeitigen, kalten Wintern oft Schaden an den jungen Trieben, welche nach dem letzten Entspitzen noch nicht verholzt genug sind. Man hat zu

fürchten, daß nach und nach die unteren an den Holzzweigen sitzenden Frucht=
zweige absterben, wenn man sie wie die oberen behandelt, denn wir wissen,
daß man jene im Schnitt länger halten muß, um sie gesund zu erhalten.
Endlich ist die Fruchterzeugung keineswegs so regelmäßig auf solchen Bäumen,
wie auf gewöhnlich behandelten, noch sind die Früchte so vorzüglich. Dieser
letztere Uebelstand würde sehr schwer wiegen, wenn man nicht durch Ver=
dünnen der großen Masse von Früchten das Mittel in der Hand hätte, ihn
zu beseitigen.

Indessen trotz alledem denke ich, daß man immerhin diese Kultur ver=
suchen und mit Vortheil betreiben kann. Wie bei jedem neuen Verfahren
wird die Zeit, werden die dabei in Anwendung kommenden Verbesserungen
allein über den wirklichen Werth entscheiden und bestimmen, ob man diese
Neuerung allgemein in Anwendung bringen darf.

Diese Behandlung des Pfirsichbaumes ist nach Hardy's Bemerkung
nicht neu. Sie wurde zwar neuerdings zuerst in Chartres und Aincoust ge=
übt, aber schon in einem im Jahre 1777 in neunter Auflage erschienenen
Buche: „Le jardinier solitaire", dessen Verfasser wahrscheinlich ein Pariser
Karthäusermönch war, beschrieben.

115. **Abweichendes Entspitzungsverfahren.** Obschon dies
neue Verfahren sehr einfach anzuwenden und sicher ist, so läßt es sich nach
meiner (Hardy) Meinung doch verbessern, indem man ein gemischtes Ent=
spitzen anwendet. Man entspitzt die ersten Triebe, welche an den Holzästen
erscheinen, in einer Länge von 5—20 Centimeter später durch den Sommer=
schnitt nochmals tiefer. Hierauf entspitzt man die Aftertriebe über dem 5.—8.
Blatte und läßt beim Grünschnitt davon 3—4 stehen. Von dem Augenblicke
an, wo der Stein anfängt fest zu werden, bis zur Fruchtreife, vermeide man
das fortgesetzte Entspitzen und entspitze nur die am stärksten wachsenden
Triebe möglichst lang. Sobald aber die Früchte abgenommen sind, in ein=
zelnen Fällen (bei späten Sorten) sogar schon vor der Ernte (was noch
besser ist, indem die neuen Triebe noch holzreif werden), nimmt man
das unterbrochene Entspitzen und den Grünschnitt wieder auf, indem man
die Triebe kurz schneidet und 3—4 Triebe lang läßt, um die Fruchtbarkeit
für das folgende Jahr ganz sicher zu stellen. Von diesen werden beim Kahl=
schnitt (Frühjahrschnitt) die zwei besten beibehalten. Man sichert durch diese
Abweichung die Tragbarkeit des Baumes mehr als beim fortgesetzten Entspitzen.

Obgleich wir nun überzeugt sind, daß die früher beschriebene gewöhn=
liche Art, den Pfirsichbaum zu behandeln, bessere Erfolge giebt als das fort=
gesetzte Entspitzen, so kann es doch Fälle geben, wo es, besonders nach
unserm Vorschlag (in diesem §.) abgeändert, durch die große Vereinfachung

des Schnittes Werth erhält. Dies wird nämlich der Fall sein, wenn Leute, welche den richtigen Schnitt des Pfirsichbaumes nicht verstehen, dennoch die Bäume behandeln müssen (ein Fall, der bei uns der häufigere ist), ferner, wenn die Bäume an schlechten Mauern mit unzweckmäßig eingerichtetem Geländer stehen, wo es gar nicht möglich ist, die Regeln des Schnittes gewissenhaft in Anwendung zu bringen. Hier kann dennoch die neue Methode des wiederholten Entspitzens angewendet werden und man kann trotz aller Mängel der Einrichtung noch leidliche Ernten erlangen.

In rauheren Gegenden gebe man jeden Versuch auf, durch das wie= derholte Entspitzen Erfolge zu erzielen, denn das Holz reift nicht hinläng= lich aus, erfriert im folgenden Winter, oder wird wenigstens unfähig, Frucht zu tragen. Aus diesem Grunde sind die meisten so behandelten Bäume in Deutschland kaum etwas Besseres als eine Hecke, die nur beschnitten wird, um neue Zweige hervorzulocken, ohne jemals Nutzen zu bringen. Vielleicht bringt die von Hardy erdachte Veränderung bessere Erfolge hervor.

Die Formen des Pfirsichbaumes am Spalier.

Der Pfirsichbaum ist ein Baum, der sich so zu sagen unseren Launen fügt. Man kann ihn in allen Arten von Formen erziehen. Um dieses zu bestätigen, genügt es, an die Kulturen des Herrn M. A. Lepère in Montreuil zu erinnern. Die Freunde schöner Pfirsichbäume wissen, welchen Grad von Vollkommenheit die Bäume unter den Händen dieses großen Praktikers erreichen.

Wir geben hier mehrere verschiedene Methoden und beginnen mit der= jenigen, welche man das Viereck (forme carrée) oder den Fächerbaum[1]) nennt. Es ist dies mit einigen Abweichungen die Methode der Pfirsich= gärtner zu Montreuil oder der Schnitt à la Montreuil.

Der gewöhnliche viereckige Baum. Fig. 66.

116. Die abgebildete Form hat einen sehr kurzen Stamm, von wel= chem auf beiden Seiten zwei Haupt= oder Mutteräste A schräg aus= gehen, die wieder mit Seiten= oder Mittelästen (branches secon= daires), B und C, versehen sind. Die letztern werden untere oder Unter= äste genannt, wenn sie nach unten stehen, B, obere oder Oberäste, wenn

---

1) Wir nennen in Deutschland auch diese Form Fächerbaum. In Frankreich dagegen nennt man Fächerbaum (arbre en eventail) einen Baum, an welchem sogleich von unten auf vier Mutteräste gezogen werden, wie bei dem altfranzösischen, von Dumoutier verbesserten eventail à la Dumoutier oder à la Française (siehe §. 139) der Fall ist.

sie nach oben stehen, C. Sie sind gleichweit und in den von uns (§. 89) vorgeschriebenen Zwischenräumen von einander entfernt. Man bringt diese Aeste erst nach und nach in die vorgeschriebene Richtung und hält sie immer etwas schief, was das Ziehen der Zweige sehr erleichtert und den Saftzu= fluß, besonders für die unteren Zweige, mehr begünstigt, als wenn sie ganz wagerecht angebunden wären. Ob der Mutterast etwas mehr oder weniger nach oben oder unten gerichtet ist (die Schiefe seiner Richtung), ist gleich und hängt überdies von der Höhe der Mauern und von der Ausdehnung des Baumes ab. Man vermeide jedoch eine zu starke Neigung, damit die oberen Seitenäste nicht zu lang sein müssen, um das Spalier auszufüllen, weil diese sonst durch ihren starken Wuchs den Mutter= und den unteren Seitenästen Schaden bringen könnten. Die Anzahl der oberen und unteren Seitenäste ist je nach der Höhe der Mauer verschieden; jedoch hüte man sich, deren zu viele zu ziehen, damit der Saft nicht zu sehr vertheilt wird. Es ist auch von großer Bedeutung, daß, je weniger man Aeste hat, desto einfacher die ganze Behandlung wird. Wir bezeichnen die Zahl von acht Seitenästen an jedem Mutteraste (auf jeder Hälfte des Baumes) als die äußerste; das wären mit den beiden Mutterästen achtzehn Aeste höchstens an einem großen Baume. Wir rathen ferner, die oberen Seitenäste nicht eher zu bilden, als bis die unteren schon hinlänglich gesichert sind, denn dieses ist die Hauptsache bei einer guten Zucht. Das ganze Astgerippe des Baumes muß so gleichmäßig wie möglich sein, und die Aeste und Zweige des einen Flügels (so heißt man die Seiten des Baumes zu beiden Seiten des Stammes) müssen genau in derselben Richtung auslaufen, wie die des anderen entgegengesetzten.

Beschäftigen wir uns nun mit den Einzelheiten, wie man zu dieser Form gelangt.

Schnitt des ersten Jahres. Fig 58 (siehe Seite 110).

117. Wir nehmen an, daß der Pfirsichbaum gepflanzt ist und man bei der Veredelung Sorge getragen hat, daß, wie bei Fig. 61, zwei Augen vor= handen sind, deren Stellung zur Bildung der beiden Mutteräste geeignet ist. Oder man hat, wie Figur 58 zeigt, einen jungen Baum von $1\frac{1}{2}$ Jahren, wie man sie am häufigsten aus den Baumschulen bekommt und pflanzt. Er wurde in dem vorhergehenden Jahre (wenn im Herbst gepflanzt wird) auf das schlafende Auge okulirt. Es handelt sich darum, daß man 12—15 Centimeter ($4-5\frac{1}{2}$ Zoll) über der Veredelungsstelle (bei dem Punkte E) zwei so viel wie möglich einander entgegengesetzte Augen a und b findet und das Stämmchen darüber bei A abschneidet. Man wird wohl thun, diesen beiden Augen beim Schnitt nicht zu nahe zu kommen, damit das

mögliche Nachtrocknen des Stumpfes bei schlechtem Verwachsen der Wunde dieselben nicht gefährdet. Man schneidet den Stumpfen erst im folgenden Jahre während der Vegetationszeit ab, wo dann die Wunde schnell überwächst. Die Augen a und b haben die Aufgabe, die beiden Mutteräste des Pfirsichbaumes zu bilden. Die sich daraus entwickelnden Triebe werden ohne Biegung so schief angebunden, daß sie unter sich einen Winkel von 70—75 Grad bilden. Sie werden erst, nachdem sie eine gewisse Länge haben, in dieser Lage an die Mauer oder das Geländer befestigt, jedoch ohne ihnen Zwang anzuthun, damit das Wachsthum nicht gehemmt wird. Es ist sehr wesentlich, daß diese Triebe während der Vegetationszeit über= wacht werden, damit sie gegenseitig sich vollkommen gleichmäßig entwickeln. Sollte der eine dem andern auffallend voranwachsen, so muß man ihn stärker nach unten biegen, d. h. in einer mehr wagerechten Richtung befestigen, den schwachen muß man aber losbinden und in möglichst gerader Richtung in die Höhe wachsen lassen, ohne ihm seine Freiheit zu nehmen. Sollte dieses Mittel noch nicht helfen, so kneipe man einen Theil der Nebentriebe des stärkeren Zweiges auf das dritte Blatt ein, besonders die nach vorn und nach hinten stehenden; die Nebentriebe des schwächeren Zweiges aber läßt man unberührt, damit sie Saft in Fülle herbeiziehen. Durch diese Sorg= falt wird man bald das Gleichgewicht vollständig herstellen. Unter den Augen a und b giebt es andere, welche überflüssig sind, deren Entfernung aber gefährlich sein würde, so lange die Muttertriebe nicht ganz gesichert sind. Man läßt sie austreiben und schneidet die Triebe ab, ehe sie eine große Länge erreicht haben, so daß die Muttertriebe nicht benachtheiligt werden.

Bei aller Sorgfalt kann es übrigens vorkommen, daß die beiden Zweige im Herbst dennoch von ungleicher Stärke sind, und zwar so auf= fallend, daß auf die Wiederherstellung des Gleichgewichtes kaum zu hoffen ist. In diesem Falle verfahre man in der Weise, wie wir sogleich weiter unten angeben wollen. Wir zählen das Alter des Baumes nur von seiner Pflanzung an und nehmen für ein Jahr die Zeit vom Ende der Jahres= zeit bis zum Anfang derjenigen, wo er gepflanzt wurde.

Schnitt des zweiten Jahres. Fig. 59, 60, 61, 62.

118. Wir nehmen an, daß die beiden Triebe eine gleiche Stärke und Größe erreicht haben, was auch am häufigsten der Fall ist, und sehen den Erfolg des ersten Schnittes in dem Fig. 59 dargestellten Baume. Hier ist der Schnitt sehr einfach, denn es handelt sich nur um die Verlängerung der Mutteräste und um das Entstehen der zwei unteren Seitenäste. Wir schneiden die Aeste bei dem Punkte a ab. Man wird bemerken, daß

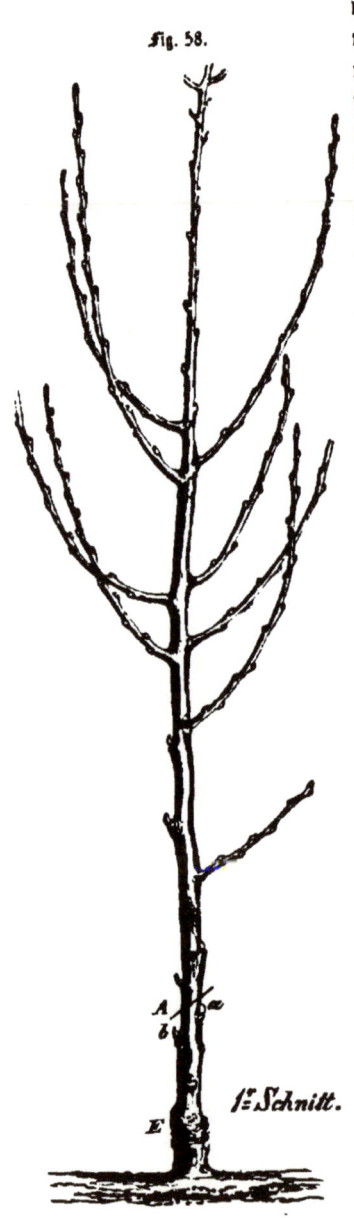

Fig. 58.

1ᵉʳ Schnitt.

das Schnittauge des rechten Aſtes nach vorn ſteht; dies iſt die beſte Stellung, um den Mutterzweig zu verlängern, weil ſo die Krümmungen nur ſehr unbedeutend werden und der Wuchs regelmäßiger vor ſich geht. Das Schnittauge des linken Zweiges dagegen ſteht nach oben (wobei wir daran erinnern wollen, daß dies die ſchlechteſte Stellung iſt, weil der Winkel [das Knie] ſo am ſtärkſten wird und die Triebe meiſtens zum Nachtheile und im Mißverhältniß zu den übrigen ſtark wach=ſen), weil wir kein anderes paſſendes in der gleichen Stellung wie am linken Aſte finden konnten. Man binde den Trieb dieſes letzteren Auges etwas früher an und führe ihn nach und nach der Richtung zu, welche er in Zukunft einnehmen ſoll, und wovon er ſich, in Freiheit gelaſſen, zu weit abziehen würde, da er Neigung hat, gerade in die Höhe zu wachſen.

Die Augen b, welche unter den Augen a ſitzen, müſſen die beiden unteren Seiten= äſte liefern, welche ſo nahe wie möglich am Stamme ſtehen müſſen. Man hat ſie deshalb unmittelbar unter den Augen a gewählt, damit ſie den Vorzug haben, eine große Menge Saft aus erſter Hand zu empfangen, und tüchtig wachſen. Die aus dieſen vier Augen entſtehenden Triebe werden während der Vegetationszeit ganz nach den ſchon früher angegebenen Grund= ſätzen behandelt, und man wende zur Er= haltung des Gleichgewichtes die ſchon be= kannten Mittel an. .

Wenn die beiden Mutterzweige nicht gleich lang und ſtark ſind, wie bei Figur 60, ſo daß der eine viel ſchwächer iſt als der andere, und an

die Herstellung des Gleichgewichtes durch die angegebenen Mittel nicht zu
denken ist, so muß man den linken Ast A ganz wegnehmen und den stär=
keren, B, ganz wie einen jungen Baum vom vorigen Jahre behandeln.

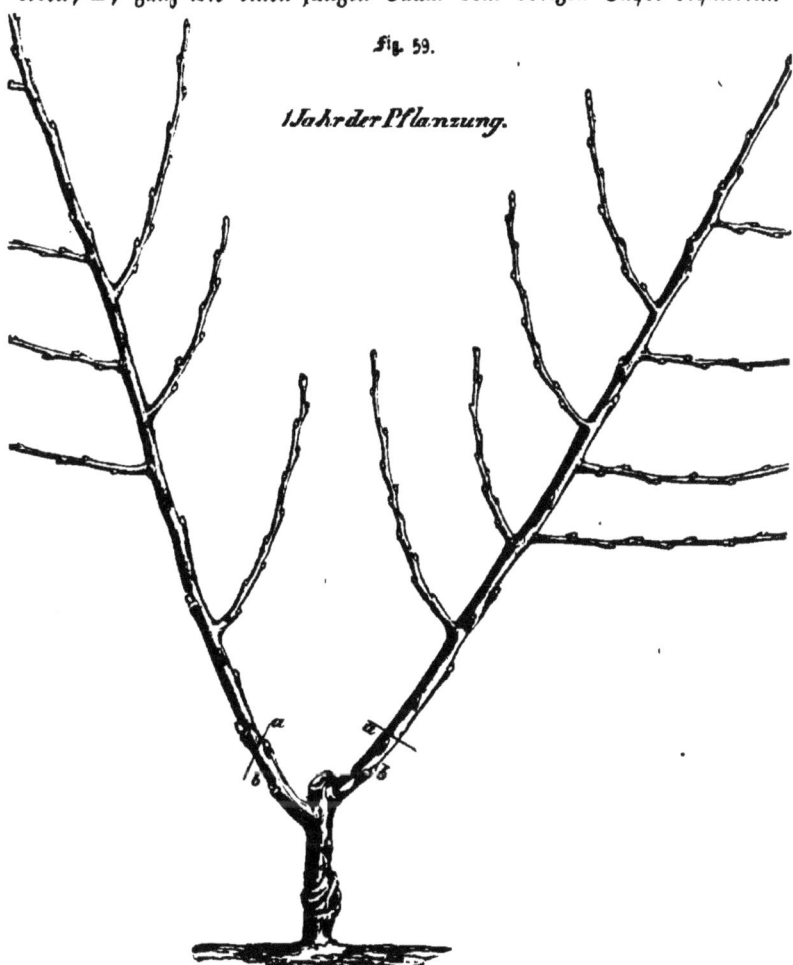

Fig. 59.

1 Jahr der Pflanzung.

(Vgl. §. 117 u. Fig. 58.) Man verliert zwar dabei ein Jahr, aber es ist immer
noch besser, diesen Baum so zu behandeln, als einen neuen zu pflanzen, weil
dieser Unfall ganz auf dieselbe Weise wiederkehren könnte. Außerdem ist
man bei einem solchen schon gut bewurzelten Baume des kräftigen Wachs=
thums viel gewisser. Etwas Unangenehmes, aber nicht zu vermeiden, ist

das häßliche Knie, welches an dem bleibenden Aſte entſteht; dies wird aber mit der Zeit ſo gut wie unſichtbar. Es iſt dabei weſentlich nothwendig, daß der Aſt B gerade aufwärts gerichtet wird, damit er den Stamm fort=ſetzt. Sollte man übrigens fürchten, keinen ſchönen Baum zu bekommen, ſo bleibt noch der Ausweg, daß man Ende Auguſt oder Anfang September

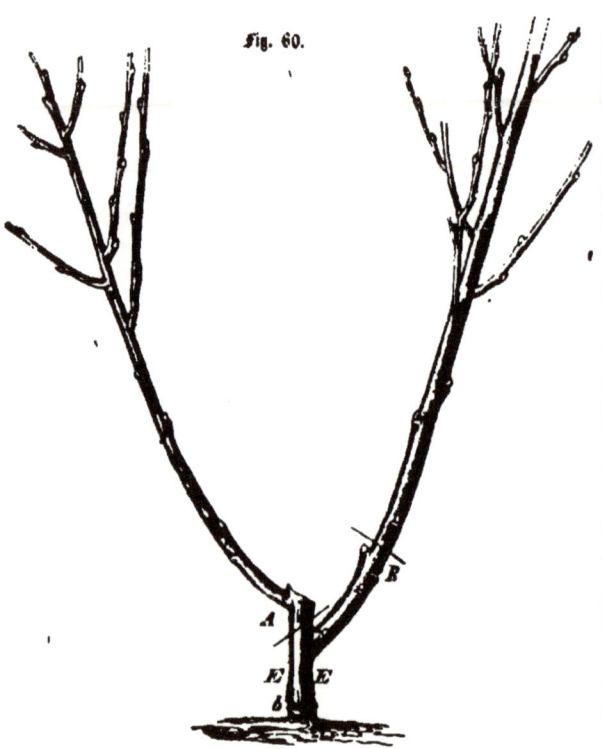

Fig. 60.

in den Stamm, zwiſchen der al=ten Veredlungs=ſtelle und den Zweigen b, zwei entgegen=geſetzte Augen bei EE einſetzt. Sind dieſe gut gekommen, ſo wird der Stamm im fol=genden Früh=jahre oberhalb abgeſchnitten, worauf ſich die Augen ent=wickeln und die beiden Mutter=zweige bilden. Dieſe Behand=lung iſt ſogar vorzuziehen, da die eingeſetzten Augen zwei

ſchöne Triebe geben, die ganz ſo behandelt werden, wie im vorigen Paragra=phen angegeben.

*Lepère giebt an, daß man einen ſchwächeren Mutteraſt dadurch ſtärker machen kann, daß man Längsſchnitte an der unteren und äußeren Seite in der Rinde anbringt (Aderlaſſen), wodurch der Saft nach dieſen Stellen gezogen wird. An Bäumen, welche ſchon Früchte tragen, läßt man an der ſchwächeren Seite keine oder weniger Früchte, dagegen auf der ſtarken alle. — Ein anderes in Montreuil angewendetes und von Lepère angegebenes Mittel, das Nichtbeſchneiden oder ſehr lange Schneiden des ſchwächeren Aſtes und

starkes Beschneiden des stärkeren, hilft nur in dem Falle, wenn zugleich durch
Entspitzen der zu stark wachsenden Zweige und Niederbinden des starken

Fig. 61.

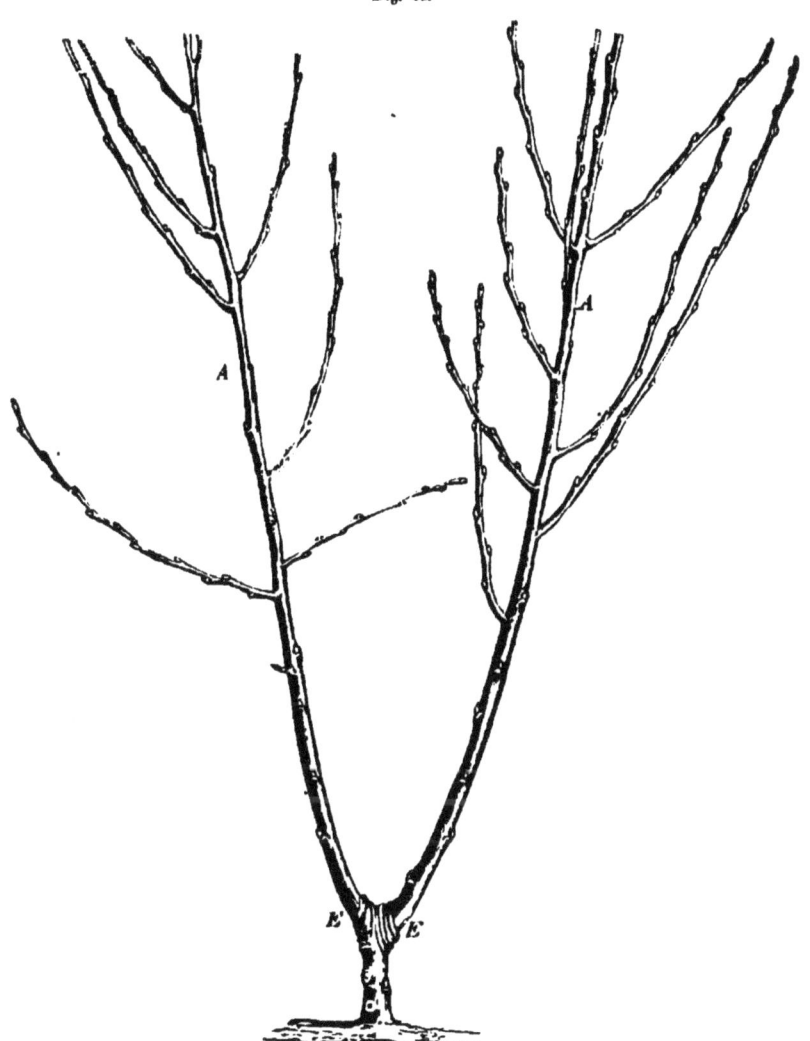

Astes die anderen angegebenen Mittel, das Gleichgewicht herzustellen, an=
gewendet werden, denn allein angewendet und ohne die sorgfältigste Ueber=

wachung, mit dem Beftreben, dem fchwachen Afte allen Saft zuzuwenden, damit alle Augen treiben und fich kräftig entwickeln können, würde ein langes Schneiden nur das Gegentheil, nämlich fchwachen Trieb, hervor= bringen. (Man vergleiche über diefes Schneiden und die abweichenden An= fichten der Franzofen die Anmerkung S. 66.)*

Der Baum Fig. 59 ift zwei Jahre alt und hat zur Zeit des zweiten Baumfchnittes noch keine zwei Aefte. Man könnte, anftatt (wie oben Fig. 58) eines anderthalbjährigen Baumes (in Ermangelung eines folchen), einen jährigen jungen Pfirfichbaum, dem man fogleich zwei Augen EE

fig. 62.

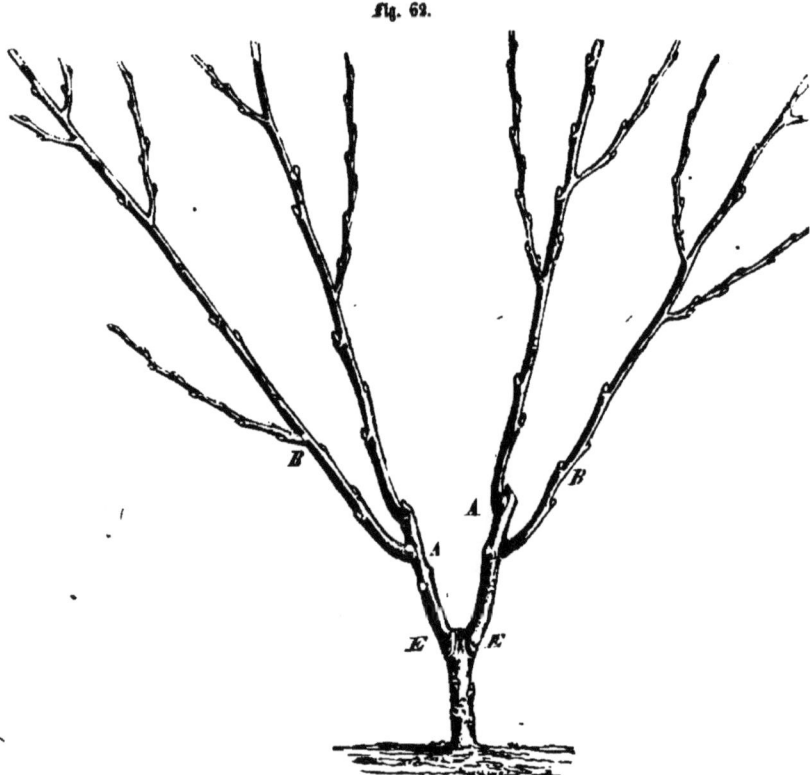

an jeder Seite eingefetzt hat, eines dem andern gegenüber, pflanzen, wie Fig. 61 zeigt, der fogleich in demfelben Jahre zwei Mutterzweige AA bildet. Man gewinnt durch ein folches Verfahren ein ganzes Jahr und die gleich= mäßige Entwickelung der beiden Triebe ift viel geficherter. Die Behandlung des Baumes bleibt ganz dieselbe, wie wir sie oben für den zweiten Schnitt angegeben haben.

Wenn ein solcher Baum, der beim Okuliren zwei gegenüberstehende Augen erhalten hat, sehr kräftig treibt, so kann man die Triebe, nachdem sie eine Länge von 25 Centimeter (gegen 9 Zoll) erreicht haben, an den Spitzen abkneipen, um dadurch die Aeste BB (Fig. 62) zu erhalten, die man sogleich als die ersten (unteren) Seitenäste benutzen kann, wodurch wiederum ein Jahr gewonnen wird, wie Fig. 62 zeigt. Die Länge von 25 Centimeter ist übrigens nicht genau maßgebend; man muß sich im Gegentheil mehr durch das Vorhandensein gut stehender Augen (woraus die Seitenäste entstehen sollen) bestimmen lassen, in welcher Höhe das Ab= kneipen geschehen soll.

Man hat durch ein solches Verfahren dieselben Erfolge, wie sonst nach der gewöhnlichen Weise in drei Jahren; aber leider kann man es nicht immer mit gutem Erfolge anwenden. Eine wesentliche Bedingung dabei ist, daß der Pfirsichbaum an Ort und Stelle, d. h. am Spalier, veredelt wird, oder daß man ihn zeitig im Herbst (nach dem Okuliren) in ausge= zeichnet guten Boden pflanzt. Außerdem muß man immer noch mit großer Behutsamkeit verfahren, denn man bekommt, in der Meinung, Etwas recht schnell zu erreichen, zuweilen gar nichts.

Die Verlängerungszweige werden, ganz abgesehen von der Art und Weise, wie der Baum gezogen wurde, auf jedem Flügel in der nämlichen Höhe geschnitten, damit beide gleich bleiben, und auch das Entspitzen wird ausgeführt, wie wir bereits angegeben haben.

Schnitt des dritten Jahres. Fig. 63. 64.

119. Fig. 63 zeigt einen Pfirsichbaum, wie er sich nach vollendeter Vegetation und in Folge des zweiten Schnittes gestaltet hat. Man erkennt daran, daß die Mutteräste A A und die unteren Seitenäste B B im besten Stande sind, daß die ersteren sich günstig verlängert, die anderen gut entwickelt haben. Ihr Verhältniß ist gut, und diese Ausdehnung erreichen sie leicht in gutem Boden. Wir schneiden nun die Mutteräste bei a, ungefähr einen Meter (3 Fuß) über der Veredlungsstelle, in gleicher Länge. Wir lassen den unteren Seitenästen einige Augen mehr, um sie in den Stand zu setzen, in Zukunft in Bezug auf Stärke mit den Mutterästen gleichen Schritt zu halten. Daß wir ihnen einige Augen mehr lassen, geschieht in der Absicht, damit sie den Saft stärker anziehen, als ihre Stellung nach unten sonst zulassen würde, eine Vorsicht, ohne welche sie sehr bald aus dem richtigen Verhältniß zu den Mutterästen kommen würden.

8 *

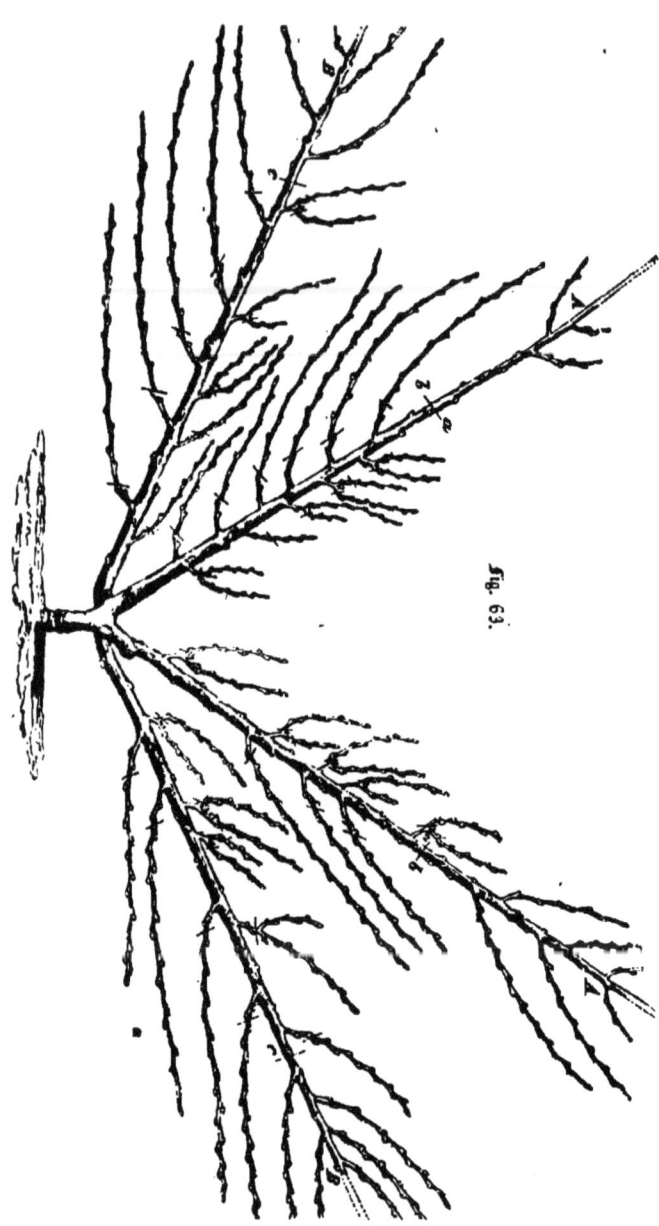

Fig. 63.

Die große Schwierigkeit bei dem Ziehen des Pfirsichbaumes ist, den unteren Zweigen eine hinreichende Stärke zu bewahren, welche sie befähigt, eben so lange zu leben wie die oberen und dabei hinreichend Früchte zu bringen. Wir wissen bereits, daß der Saft stets mehr in die aufwärts stehenden Zweige zu steigen strebt und die nach unten stehenden in demselben Maße vernachlässigt. Nur indem man den unteren Zweigen in ihrer frühesten Jugend schon eine hinlängliche Stärke verschafft, befähigt man sie zu einstiger anhaltender Kraft und Stärke. Man darf des= halb nicht vernachlässigen, den letzteren schon in den ersten Jahren ein Ueber= gewicht zu verschaffen, denn sie werden dennoch nur zu früh schwach.

Die von uns bestimmte Länge von einem Meter gilt übrigens nicht für alle Fälle. Man begreift, daß dies von dem Stande der Augen, über welchen geschnitten werden soll, abhängt. Jedenfalls aber ist es zweckmäßig, bei der in Rede stehenden Form nicht zu weit davon abzugehen, da in Folge der Neigung, welche die Aeste bekommen müssen, um die Mauer auszufüllen, ein Zwischenraum von 50—60 Centimeter (gegen 18—22 Zoll) hin= reichend ist, um sie zweckmäßig anzubinden.

Bei diesem dritten Schnitt beginnt man nun auch, die zweiten unteren Seitenäste an den Mutteräsften zu bilden. Es sind die Augen b dazu be= stimmt, dieselben hervorzubringen. Die beiden unteren Hauptäste werden bei c geschnitten. Sie bekommen keine weitere Veräftung (Theilung), son= dern werden nur verlängert.

Es kommt vor, daß man, anstatt ein Auge, einen Aftertrieb findet. Man benutzt denselben, um sogleich den Seitenast daraus zu bilden, indem man ihn auf zwei Augen schneidet, wovon das eine den Verlängerungs= zweig, das andere ein kurzes Tragästchen (courson) bildet, welches, wenn es nicht nothwendig ist, auch weggeschnitten werden kann. Wenn an der Schnitt= stelle, selbst an den Hauptästen, Aftertriebe (faux bourgeons) entstehen, so behandelt man sie, wie in §. 88 angegeben worden ist.

Die nach oben stehenden Aftertriebe, welche entspitzt wurden, sowie die unteren an den Hauptästen, werden sämmtlich auf zwei Augen geschnitten, wie es auf der Zeichnung angegeben ist, und bilden in Zukunft die Zapfen= zweige (vergl. §§. 93 und 102). Wir brauchen zwar nur ein Auge, behalten aber das andere für den Fall einer Beschädigung des ersten Triebes einst= weilen bei. Die beiden Zweige, welche daraus entstehen, werden rechtzeitig angebunden und bilden zukünftige Fruchtzweige oder Fruchtruthen. — Sollte während der Vegetationszeit nicht das rechte Gleichgewicht der beiden Flügel (Seiten) des Baumes vorhanden sein, so biege man die stärkere Seite nach unten möglichst horizontal und ziehe die schwächere in die Höhe. In Folge dieser veränderten Stellung zieht sich der Saft aus den nieder= gebogenen Aesten in die aufgerichtete Seite des Baumes, oder vielmehr, er strömt nicht mehr so stark hin. Zu gleicher Zeit kann man über der stark wachsenden Seite ein kleines Wetterdach (vergl. §. 12 u. Fig. 1) anbringen, um ihr den unmittelbaren Einfluß des Lichtes und der Luft zu entziehen, wodurch das Wachsthum vermindert wird. Zur Verstärkung dieser Maß= regel kann man die schwachen Aeste auf einige Zeit von der Mauer abziehen und durch untergeſtellte Stützen in dieſer Lage halten, ferner die ſtarken Zweige ſtark anziehen und ſehr feſt binden. Zu Ende der Triebzeit (im Herbſt) wird in den meiſten Fällen das Gleichgewicht und gute Verhältniß wieder hergeſtellt ſein. — Fig. 64 zeigt das eben Geſagte.

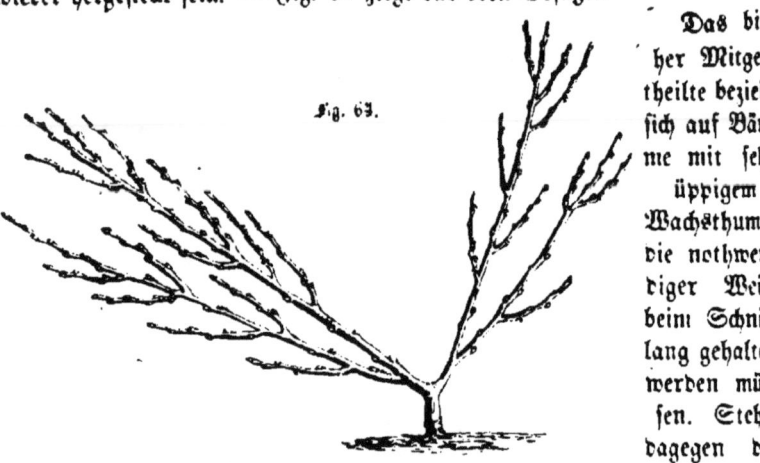

Fig. 63.

Das bisher Mitgetheilte bezieht ſich auf Bäume mit ſehr üppigem Wachsthum, die nothwendiger Weiſe beim Schnitt lang gehalten werden müſſen. Steht dagegen der Baum in einem weniger günſtigen Boden, wo er nur mäßig getrieben hat, ſo dürfen die Hauptäſte nicht einen Meter, ſondern nur die Hälfte ſo lang geſchnitten werden. Man braucht alsdann zwei Jahre, um die Seitenäſte zu erhalten, was leider in mittelmäßigem, für die Pfirſichen nicht günſtigem Boden unvermeidlich iſt. Im Uebrigen wird der ganze Baum behandelt, wie angegeben.

Schnitt des vierten Jahres. Fig. 65.

120. Wir nehmen an, daß der Baum gut getrieben hat. Die Hauptäſte werden in derſelben Weiſe, wie das Jahr vorher bei A (Fig. 65), geſchnitten, wodurch wir einen dritten Seitenaſt auf jedem Mutteraſt erhalten.

In dieſem Alter giebt es ſchon eine Menge von Fruchtholz, deſſen Schnitt wir im Einzelnen vornehmen müſſen. Wir bitten den Leſer hier um beſondere Aufmerkſamkeit, und indem wir uns der möglichſten Kürze beſtreben, wird er uns leicht zu der Ausführung der verſchiedenen einzelnen Verrichtungen begleiten.

Wir erinnern zunächſt, daß am Pfirſichbaume nur einjährige Triebe Früchte tragen, und daß die älteren Zweige nur dazu da ſind, den jungen Zweigen, welche auf ihnen ſtehen, Saft zuzuführen (vergl. §. 93). An Bäumen von der Stärke und Kraft, wie wir einen vor uns haben, hat jeder gut gebildete Zweig Knoſpen von Blattaugen begleitet. Die hieraus entſtehenden Triebe werden behandelt, wie oben (§. 105) angegeben wurde.

Der Zweig 1 (Fig. 65) auf dem erſten Seitenaſte iſt aus einem verborgenen Auge entſtan= den. Er hat eine den ge= wöhnlichen Verhältniſſen angemeſſene mittelmäßige Stärke und Länge, giebt uns daher einen guten Fruchtzweig. Wir ſchneiden ihn demnach auf drei oder vier Augen. Aber es kommt oft vor, daß ſolche aus verborgenen Augen her= vorgegangene Zweige, hauptſächlich wenn ſie auf den Holzäſten nach oben ſte= hen, ſchwer Knoſpen an= ſetzen, oder nur an der Spitze einige haben. Ihr Wachsthum iſt zu ſtark und ſie haben gro= ße Neigung,

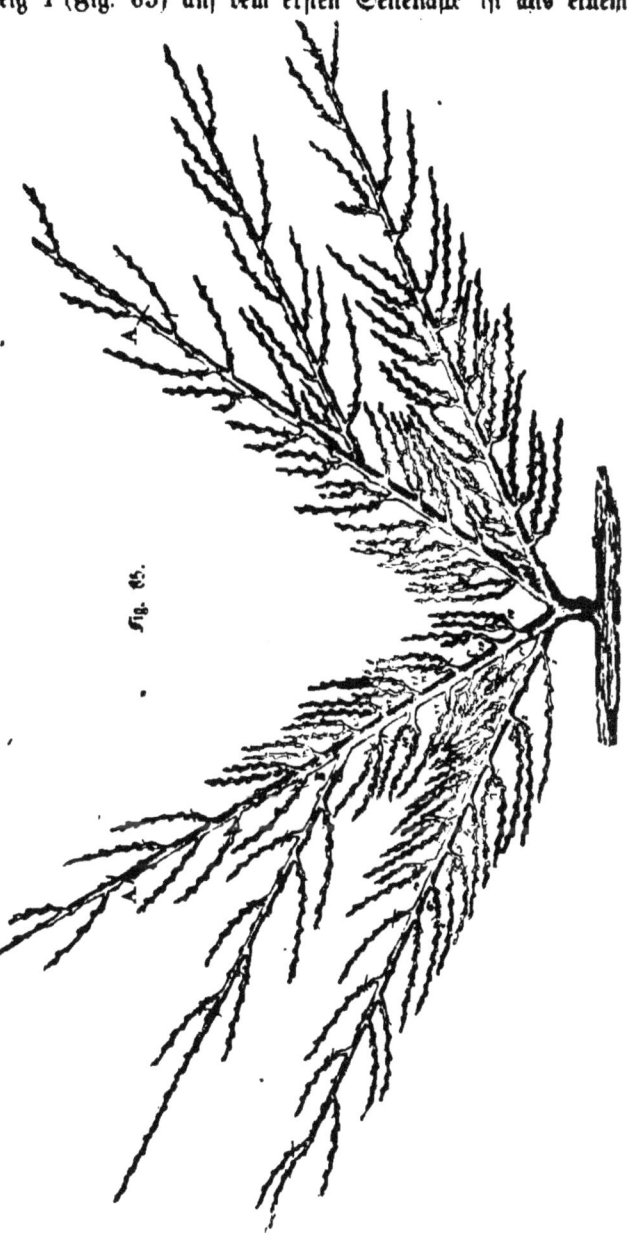

Fig. 65.

Wasserreiser zu werden. In diesem Falle schneidet man sie auf zwei Augen ein und hält sie durch fleißiges Entspitzen in diesem Zustande. Sollte man befürchten, daß sie dennoch zu stark würden, so schneidet man sie auf fünf oder sechs Augen, denn auf einem so lang geschnittenen Zweige hat man nicht zu befürchten, daß das Auge, welches den Ersatztrieb giebt, nicht austreibt. Die oberen Augen bilden ansehnlichere Triebe, als die unteren zu Ersatztrieben bestimmten. Man kneipe sie in einer Länge von 8—12 Centimeter ab und schneide später beim ersten Sommerschnitt gegen Mitte Juni auf den Ersatztrieb. Dieses Verfahren hat den Zweck, daß der Ersatztrieb sich sehr spät entwickelt und nicht zu stark wird, damit er die Eigenschaften eines guten Fruchtzweiges behält.

Die Zweige 2, 3 und 8 erleiden denselben Schnitt. Man schneidet ein Stück des Zapfenzweiges (courson) und den jungen Fruchtzweig über der dritten Knospe ab.

Die Zweige 4 und 6 sind dem ersten ähnlich und werden auf gleiche Weise behandelt.

Der fünfte Zweig wird auf Haken geschnitten (vgl. §. 107, Fig. 51 u. 52). Hier hat der Ersatzzweig keine Augen. Wir sind also genöthigt, diesen Zweig auf den vom Holzaste am weitesten entfernten Trieb zu schneiden und dem andern nur zwei Augen zu lassen, wodurch wir einen Fruchtzweig für das nächste Jahr erhalten.

Die Zweige 9, 10 und 11 werden glatt (dicht) am Fruchtzweige geschnitten, und dieser selbst über dem vierten Auge.

Der 12. Zweig, welcher im Sommer entspitzt wurde, wird auf zwei Augen geschnitten, um daraus einen Zapfenzweig und einen gewöhnlichen Fruchtzweig zu bilden.

Der 13. Zweig auf dem Mutteraste wird auf das vierte Auge und der Zweig darunter ganz dicht an dem jungen abgeschnitten.

Der Zweig 14 wird, wie 5, auf Haken geschnitten, und zwar aus denselben Gründen.

Zweig 15 gleicht dem 1. Zweige und wird ähnlich behandelt, 16 und 17 sind auf der Zeichnung (Fig. 65) hinlänglich angezeigt.

Zweig 18 besteht aus zwei Zweigen. Der eine wurde zu Gunsten des Ersatzzweiges entspitzt und wird nun auf das vierte Auge, der andere auf Zapfen (courson) geschnitten, wodurch er zum Theil verjüngt wird.

Der 19. Zweig ist etwas sehr stark und hat nur am äußersten Ende einige Knospen. Da wir aber einige Früchte daran wünschen, so schneiden wir ihn lang und tragen Sorge, daß die Augen zwischen den Knospen, über welchen geschnitten wird, abgedrückt werden; ebenso die untersten;

dagegen bleiben die unmittelbar neben den Knospen sitzenden Augen un=
berührt. Sollte der neue Ersatzzweig schwach bleiben, so müßte· man ihn
später abkneipen.

Zwischen Zweig 19 und 20 ist ein Auge, o, über welchem ein Aus=
schnitt angebracht wird, um es zum Austreiben zu nöthigen, damit die leere
Stelle ausgefüllt wird.

Die Zweige 20, 21 und 22 zeigen nichts Besonderes und werden wie
die anderen ähnlichen behandelt.

Zweig 23 ist ein Trieb, der wegen seiner Nähe an dem Verlängerungs=
zweige des Mutterastes im Jahre vorher entspitzt wurde, weil man sein
starkes Wachsthum fürchtete; er wird auf zwei Augen geschnitten.

Die Nebentriebe des Verlängerungszweiges werden auf zwei Augen
eingeschnitten, um daraus in Zukunft Zapfenzweige zu ziehen. Die Ver=
längerungstriebe der Mutteräste selbst werden nach den schon bekannten
(§. 88 erwähnten) Grundsätzen geschnitten und man erhält dadurch den
dritten unteren Nebenast auf jeder Seite.

Auf dem entgegengesetzten Flügel des Baumes wird ganz auf ähn=
liche Weise verfahren, und es ist daher unnöthig, das Gesagte zu wie=
derholen.

Der Mutterast ist an der Stelle A über ein nach vorn stehendes Auge
geschnitten worden, aus welchem der Verlängerungszweig entsteht. Das
unmittelbar darunter stehende Auge giebt den dritten unteren Nebenast.
Wir haben hierzu ein Auge gewählt, welches sich ungefähr in der nämlichen
Entfernung wie der zweite untere Seitenast am Mutterast befindet, ein
Umstand, den man nie vergessen muß, ohne welchen die regelrechte Form
nicht bestehen, der Saft sich nicht gleichmäßig vertheilen und das Anbinden
nicht bequem geschehen kann. Es muß also der Zwischenraum zwischen
A und B so viel als möglich dem Raume zwischen B und C gleich sein.

Man findet jedoch nicht immer Augen an der passenden Stelle, um
eine wirklich genaue Entfernung der Seitenäste zu bekommen, und muß bei
dem Anbinden der Zweige den für die unteren Zweige nöthigen Raum aus=
zufüllen suchen. Wenn man auf eine vollkommene Regelmäßigkeit hält, so
kann man, sofern an der rechten Stelle kein passendes Auge steht, um den
Seitenast daraus zu erhalten, im August durch Okuliren ein Auge schaffen.
Sollte der Trieb dieses Auges Nebentriebe bilden, was ihn zu einem Holz=
aste weniger tauglich macht, so kann man noch einmal äugeln. Treibt ein
natürliches oder eingesetztes Auge an·dieser Stelle nicht aus, oder leidet
der Trieb Schaden, so kann man im Juni durch Ablaktiren eines jungen
Triebes (greffe en approche herbacée) einen Zweig an dieser Stelle

bilden [1]). Während der Vegetationszeit werden die schon früher angegebenen Verrichtungen (Abkneipen, Ausbrechen, Nieder- oder Lockerbinden u. f. w.), je nachdem der Wuchs mehr oder minder regelmäßig ist, wiederholt.

Wir wollen nun zum weitern Schnitt übergehen und beschränken uns darauf, den ganzen Gang bis zur vollständigen Ausbildung des Baumes nur anzuzeigen.

Schnitt der Bäume vom fünften Jahre ab. Fig. 66.

121. Hier sehen wir einen sogenannten fertigen Baum. Wir wollen an ihm den Schnitt vom fünften Jahre an weiter verfolgen. Das fünfte Jahr muß uns den letzten unteren Seitenast bringen. Wir schneiden das folgende Jahr den Mutterast ungefähr einen Meter lang, aber ohne ihn weiter zu theilen, denn wir kommen erst im siebenten Jahre am Rande der Mauer an. Die unteren Zweige werden folgendermaßen behandelt: der Mutterast A erhielt seinen ersten Schnitt im zweiten Jahre seiner Pflanzung und hat im siebenten Jahre die Grenzen seiner Ausdehnung erreicht, nachdem er sechsmal beschnitten worden ist. Der erste untere Seitenast B hatte schon im zweiten Jahre die Länge erreicht, welche er noch im sechsten hat. Wenn nichts dazwischen gekommen ist, so ist der ganze vom Mutterast nach unten befindliche Theil im siebenten Jahre vollständig ausgebildet, und man bemerkt nur, daß der erste und zweite untere Seitenast den anderen ein Jahr voraus ist.

Alle diese Aeste sind (wohl verstanden!) erst nach und nach abwärts gebogen worden, bis sie die gegenwärtige, zu behaltende Stellung bekommen haben. Erst nachdem die unteren Seitenäste auf diese Weise vollständig gebildet sind, kann man an die oberen denken; man wird also erst im achten Jahre den ersten oberen Seitenast zu ziehen anfangen. Dieser und der zweite Oberast wird erst im zehnten Jahre den Rand der Mauer oder die für den Baum bestimmte Grenze erreichen. Treibt der Baum kräftig, so können die beiden anderen Oberäste im elften Jahre gezogen werden. Der Baum ist dann, wie man sagt, vollkommen fertig. Sind die Unteräste (untern Seitenäste) stark, so kann man, wenn man des kräftigen Triebes des Baumes gewiß ist, in einem Jahre zwei Oberäste erziehen, beginnt aber damit von oben und zieht die beiden unteren (tiefer stehenden) erst im folgenden Jahre.

Die Oberäste müssen in allen Fällen etwas oberhalb der Unteräste am Mutteraste entspringen, damit die ersteren nicht den Saft an sich ziehen,

---

[1]) Dieses Ablaktiren ist weiter unten (§. 128) ausführlich beschrieben und in Fig. 79 und 80 abgebildet.   Anm. Harty's.

bevor die unteren Aeste versehen sind. Ständen die Oberäste tiefer nach dem Stamme zu als jene, so würden sie zum großen Nachtheile der Unteräste erstarken, weil in letzteren der Saft nicht so leicht strömt. Wir verweisen hier auf das (§. 89) über die Herstellung sehr schwacher Aeste Gesagte.

Wenn der Pfirsichbaum so weit gelangt ist, daß er den bestimmten Raum ausfüllt, so hält man ihn durch kurzen Schnitt der Holzzweige in den vorgeschriebenen Grenzen, indem man auf zwei oder drei Augen schneidet und die davon ausgehenden Triebe entspitzt. Auf diese Weise wird das Wachsthum des Baumes aufgehalten. Genügt das Entspitzen noch nicht, so wendet man den Sommerschnitt an. Die Triebe der Oberäste müssen außerdem einige Zeit nach dem Entspitzen auf einen schwachen Nebentrieb (den man zeitig anbindet) zurück geschnitten werden, damit

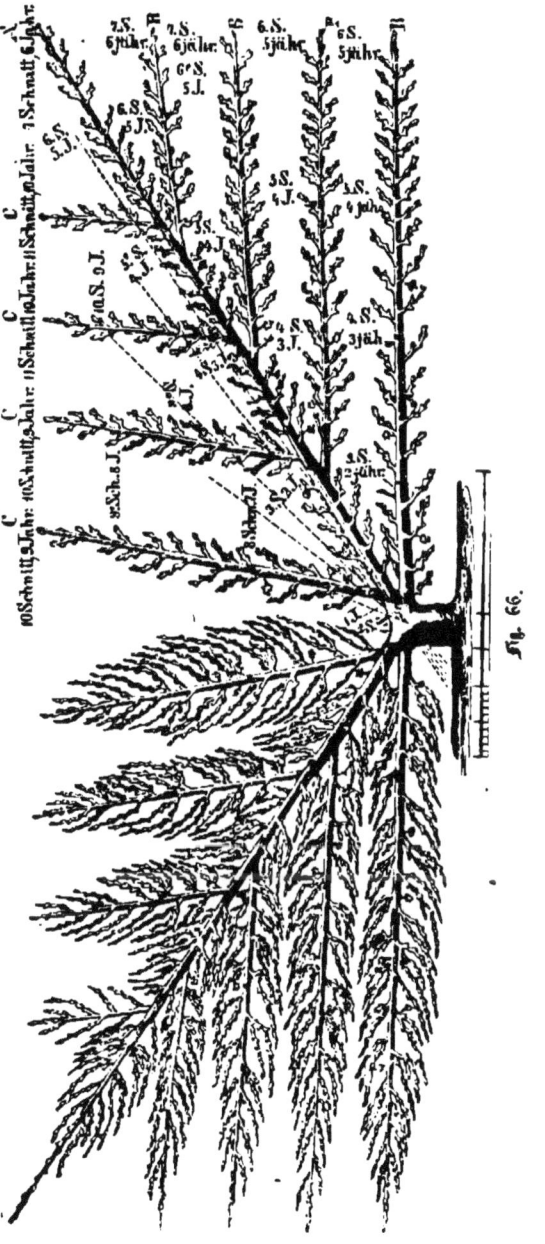

Fig. 66.

ſie ſtets einem gewiſſen Zwange unterworfen bleiben. Ein Baum von die=
ſem Alter iſt in voller Tragbarkeit und ſein Wachsthum iſt von Natur
langſamer; es kommt daher viel darauf an, daß durch einen kurzen Schnitt
der Saft zu Gunſten der Früchte zuſammengehalten wird, die, wie wir
wiſſen, den Baum erſchöpfen.

Neue Methode zur früheren Ausbildung der Bäume. Fig. 67. 68. 69. 70.

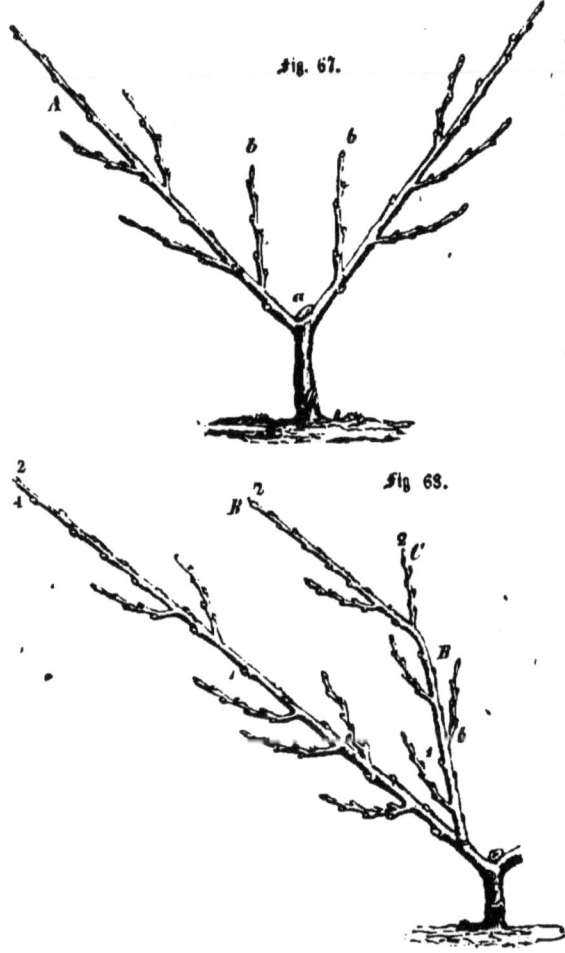

Fig. 67.

Fig 68.

122. Man ſieht
aus dem Vorherge=
henden, daß eine
lange Zeit dazu
gehört, um einen
ausgewachſenen
Pfirſichbaum in der
angegebenen Form
zu ziehen, denn wir
haben dabei noch an=
genommen, daß der
Boden gut iſt und
daß den Baum kein
Unfall betrifft. Dazu
kommt der Umſtand,
daß bei dieſem Ver=
fahren die oft mit
großen Koſten auf=
geführten Mauern
mehrere Jahre nicht
den geringſten
Nutzen gewähren,
was doch in den
meiſten Fällen nicht
gering und als Ver=
luſt anzuſchlagen iſt.
Wir haben Verſuche
gemacht, den Pfir=
ſichbaum mit gleich
gutem Erfolge in
dieſer Form auf eine
neue Methode zu ziehen, wobei wir zugleich Zeit gewinnen, ein Vortheil,
der nie aus den Augen zu laſſen iſt. (Dieſe Methode iſt keineswegs Verſuch

geblieben, denn seit 1852, wo Hardy diese Worte wiererschrieb, hat diese Methode große Anerkennung und Nachahmung gefunden.) Man darf jedoch

Fig. 69.

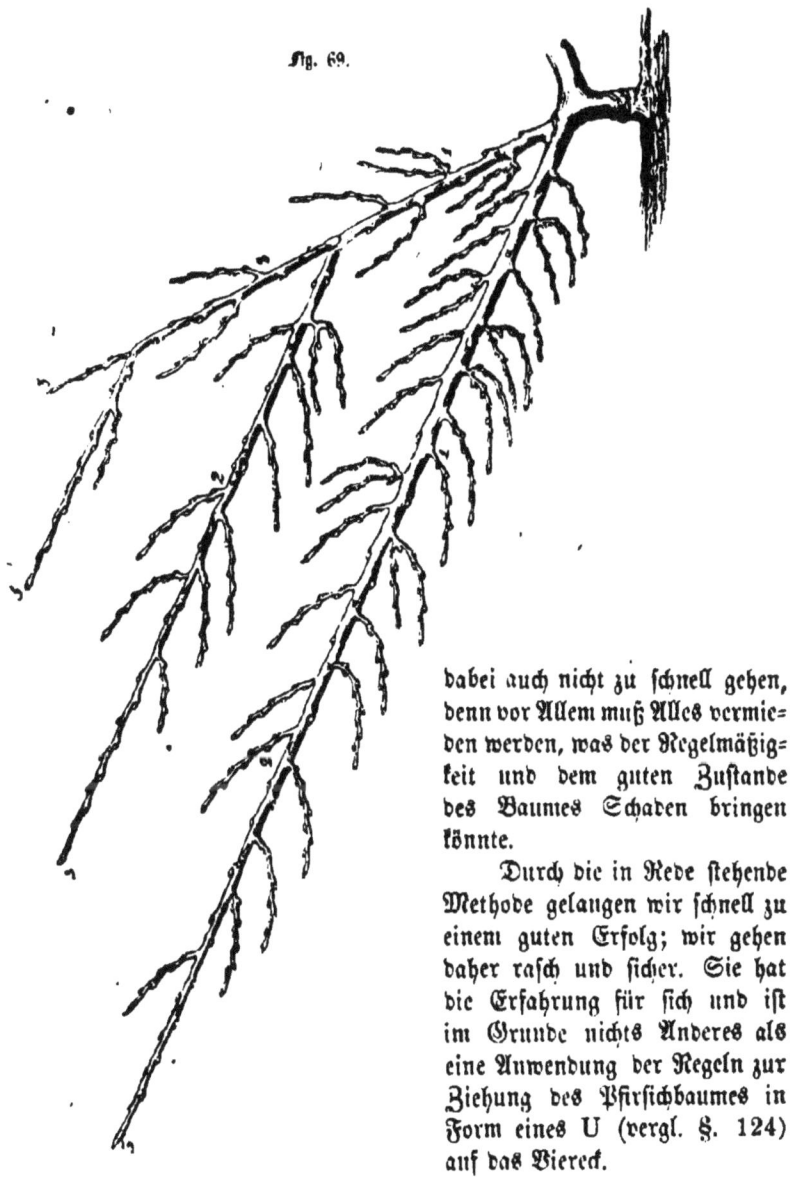

dabei auch nicht zu schnell gehen, denn vor Allem muß Alles vermieden werden, was der Regelmäßigkeit und dem guten Zustande des Baumes Schaden bringen könnte.

Durch die in Rede stehende Methode gelangen wir schnell zu einem guten Erfolg; wir gehen daher rasch und sicher. Sie hat die Erfahrung für sich und ist im Grunde nichts Anderes als eine Anwendung der Regeln zur Ziehung des Pfirsichbaumes in Form eines U (vergl. §. 124) auf das Viereck.

Fig. 67 zeigt einen jungen einjährigen Baum, welcher einmal beſchnitten worden iſt, an dem alſo der zweite Schnitt vorgenommen wird. Der Trieb

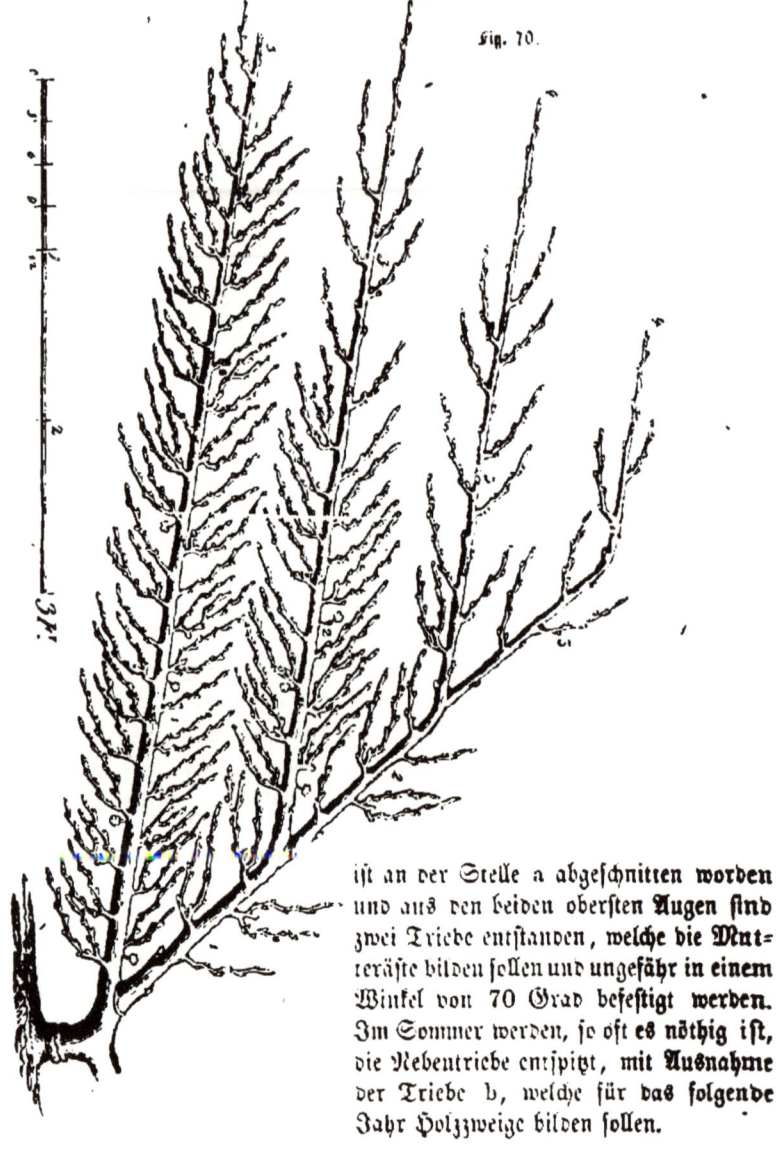

Fig. 70.

iſt an der Stelle a abgeſchnitten worden und aus den beiden oberſten Augen ſind zwei Triebe entſtanden, welche die Mut= teräſte bilden ſollen und ungefähr in einem Winkel von 70 Grad befeſtigt werden. Im Sommer werden, ſo oft es nöthig iſt, die Nebentriebe entſpitzt, mit Ausnahme der Triebe b, welche für das folgende Jahr Holzzweige bilden ſollen.

Im zweiten Jahre wird, wie Fig. 68 zeigt, der Mutter= ast A so weit niedergezogen, daß er ungefähr einen Winkel von 50 Grad bildet. Er wird durch allmäliges Niederziehen nach und nach der unterste Seitenast und darum nicht ge= schnitten. Man erkennt schon daraus, inwiefern diese Me= thode neu ist. Die Holzäste werden ebenfalls nicht be= schnitten, wodurch sie eine große Wuchskraft erhalten. Da man nun keinen Ast be= schneidet, so können sie bald die gewünschte Größe erreichen, denn sie verbrauchen sämmt= lichen Saft. Der Nebentrieb b, den wir beibehalten hatten, treibt sehr stark, aber ohne seinem Mutterast A gefährlich zu werden. In Folge der Biegung, welche man diesem zu Ast B werdenden Triebe giebt, sobald er die Höhe der Mauer erreicht hat, wird sein Wachsthum mäßiger, und an der Biegungsstelle beginnt ein neuer Nebentrieb C2. Sollte auf dieser Stelle kein Neben= trieb von selbst zum Vorschein kommen, so macht man über dem Auge, welches ihn hervor= bringen soll, einen Einschnitt. Man bindet ihn zeitig an und kneipt gewissenhaft allen etwa entstehenden Nebentrie= ben die Spitzen ab, um ihn im

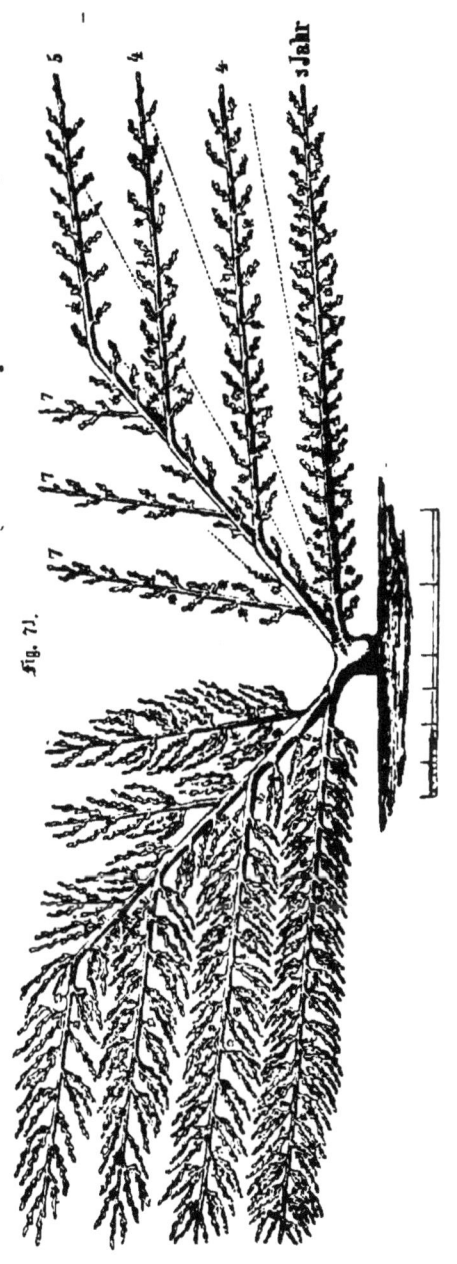

Fig. 71.

Vergleich zum Aſte B in einem Zuſtande der Unterordnung und Schwäche zu erhalten. Der (neue) Nebentrieb C wird begünſtigt, um den Ver= längerungsaſt zu bilden. Sollte jedoch der Aſt B ein zu großes Uebergewicht gegen den Mutteraſt A bekommen wollen, ſo wird ein zu rechter Zeit aus= geführter Sommerſchnitt dieſen Nachtheil beſeitigen; in der Regel genügt jedoch ſchon das Ausbrechen der Zweige und ein wohlüberlegtes Anbinden im Sommer, um Herr über den Aſt zu werden.

Im dritten Jahre erreicht der erſte Aſt ſeine vollſtändige Ausbildung. (S. Fig. 69.) Man biegt ihn jetzt mehr nach unten, was nun jedes Jahr geſchieht, bis er eine Lage wie in Fig. 70 einnimmt. Man bildet nun den dritten Unteraſt ganz wie den zweiten. Endlich im vierten Jahre (Fig. 70) biegt man den vierten Aſt um, gewinnt ſo den letzten (oberſten) Unteraſt, und im fünften Jahre füllen bereits ſämmtliche Unteräſte den ihnen be= ſtimmten Raum aus. Im ſechſten Jahre (Fig. 71) erzieht man den erſten Oberaſt, welcher im ſiebenten Jahre ſein Endziel erreicht. Ebenſo wird es mit den andern Aeſten gemacht. Zu Ende des ſiebenten Jahres iſt der Baum ganz fertig gezogen. Man gewinnt alſo drei Jahre ohne Nach= theil für die Dauer und das Gleichgewicht des Baumes. Man benutzt eben die ganze Wuchskraft des Baumes und kommt darum ſchnell zum Ziele. Auf dieſem Punkte angelangt, werden die Spitzen von fernerer Ausbreitung zurückgehalten, was ganz in der Weiſe geſchieht, wie wir früher bei dem gewöhnlichen Verfahren angezeigt haben. Das Fruchtholz wird ganz nach den früher (§§. 98—105) aufgeſtellten Grundſätzen behandelt. Bei dieſer wie bei der vorigen Methode haben wir eine kräftige Vegetation voraus= geſetzt; aber leider geht nicht immer Alles ſo gut und das Wachsthum bleibt zurück. Man verliert in dieſem nicht ſeltenen Falle mehrere Jahre, welche noch auf die Bildung des Baumes verwendet werden müſſen, was immerhin ein zu beachtender Nachtheil iſt. Aus dieſem Grunde ziehen wir die nach= ſtehend beſchriebenen Formen unbedingt vor.

Schnitt des Pfirſichbaumes auf Herzſtamm mit ſeitlichen Aeſten.
Fig. 72. 73. (Palmette à branches horizontales.)

123. Wir haben bisher nur von der Form des Vierecks geſprochen, und obſchon wir ein neues Verfahren angegeben haben, um dieſe Form ſchneller zu erlangen, ſo ſind wir doch keineswegs eifriger Verfechter deſſelben. Im Gegentheil, wir halten jene Form durchaus nicht für beſonders vortheilhaft und finden an derſelben viel mehr Nachtheile als Vortheile.

Die ungemeine Schwierigkeit, alle Theile des Baumes im gehörigen gegenſeitigen Gleichgewicht und in Kraft zu erhalten, würde für uns ſchon

Beweggrund genug sein, sie den Liebhabern, welche nur wenig Zeit an die Pflege des Pfirsichbaumes wenden können, nicht zu empfehlen. Das gefahr= volle Bilden der Oberäste, welche fortwährend das Bestehen der Unteräste bedrohen und deren starker Wuchskraft stets entgegengearbeitet werden muß, macht solche Bäume noch weniger brauchbar. Endlich entmuthigt die Länge der Zeit, welche dazu gehört, einen Baum, selbst in gutem Boden, in dieser Form vollständig fertig zu 'ziehen, fast die meisten Personen, welche sie an= wenden möchten, und zuletzt gehört noch dazu, daß die Mauern hierzu ganz besonders geeignet sein müssen, was nicht immer der Fall ist.

Aus diesen Gründen schlagen wir in allen Fällen, wo man nicht darnach strebt, verschiedene Formen zu haben, den einfachen Herzstammzug [Palmette Legendre], wie ihn Fig. 73 darstellt, anstatt des Vierecks vor. Wir betrachten diese Form als die beste von allen, die in allen Fällen vor= gezogen zu werden verdient. Die ungemeine Einfachheit der ganzen Ein= richtung und Anlage, die Leichtigkeit, alle Theile des Baumes stets im rechten Gleichgewicht zu erhalten, die Geschwindigkeit der Ausführung, die geringe Mühe der Erhaltung, die Eigenschaft, sich für alle Mauern von jeder Höhe, von 1—5, ja von 6 Meter zu eignen, endlich selbst die Zierlichkeit der Form selbst, alles Dieses veranlaßt uns, die Zucht des Pfirsichbaums auf Herz= stamm ganz besonders zu empfehlen.

Auch diese Form ist, wie jene des Vierecks, nicht neu. Sie wurde schon vor 200 Jahren in Anwendung gebracht,*) später — vielleicht aus Laune der Mode — wieder verlassen, wahrscheinlich aber hauptsächlich, weil man nicht den rechten Vortheil daraus zu ziehen wußte. Wir wollen uns be= mühen, sie den Pflanzern in das Gedächtniß zurückzurufen, und dazu bei= tragen, daß sie, wenn auch nicht ausschließlich, doch vorzugsweise vor andern angewendet wird.

Hier geben wir nun das sehr einfache Verfahren, den Pfirsichbaum auf Herzstamm zu ziehen, und es werden wenige Worte genügen, die Vor= züge dieser vortrefflichen Spalierform einzusehen.

Wir nehmen den Pfirsichbaum Fig. 72 vor. Er wurde bei a 25—30 Centimeter über dem Boden geschnitten. Aber anstatt wie sonst darnach zu trachten, nur zwei Triebe zu bekommen, geht unser Bestreben auf drei; der eine, vom Auge a ausgehend, soll den Mutterast (Herzstamm) A bilden; die beiden Triebe bb sind bestimmt, nach links und rechts die zwei Seiten= arme BC zu liefern. Diese Triebe werden nun nach den schon bekannten Grundsätzen behandelt. Die Abbildung 72 zeigt uns den Baum ein Jahr nach

---

*) Der Erfinder war Le Gendre, Pfarrer in Hénouville.

der Pflanzung. Wir haben um diese Zeit also drei Aeste (Triebe) ABC. Der Trieb A wird in derjenigen Höhe geschnitten, in der man die zweiten Seitenäste (das erste Stockwerk; vgl. §§. 79—81) haben will, also ungefähr 55 Centimeter (20 Zoll) über der ersten Berästung. Hier sind nämlich 4 Centimeter auf die Fortsetzung des Stammes gerechnet, denn die Aeste oder Arme brauchen blos 50 Centimeter (1½ Fuß) über den untersten Armen zu stehen. Die Arme werden doppelt so lang wie der Mutterast (Herzstamm), also auf einen Meter bei c geschnitten. Hierdurch erzielen wir ein Ueber-

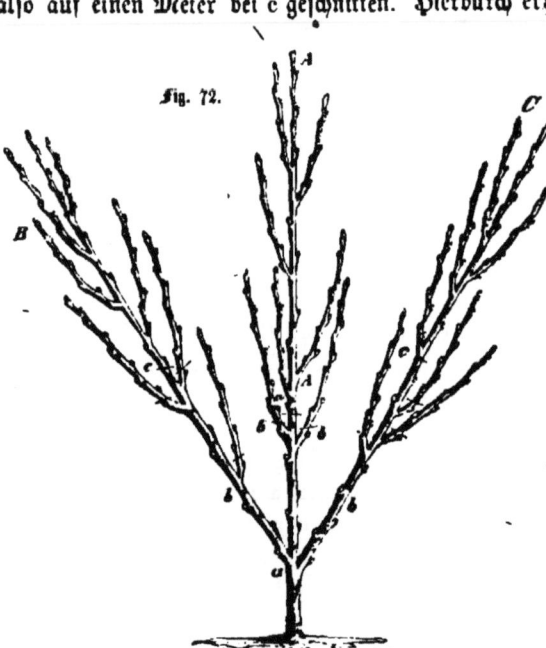

Fig. 72.

gewicht der Arme über den Verlängerungsast (Stamm). Sollte indessen das Wachsthum nur schwach sein, so schneide man kürzer, als wir angegeben, jedoch stets im nämlichen Verhältniß, so daß die Arme doppelt so lang werden wie der aufrechte Ast. Es kommen sogar Fälle vor, wo man die untersten Arme gar nicht zu schneiden braucht.

Auf diese Weise wird jedes Jahr ein neues Stockwerk von Armen gebildet. Man sieht schon aus diesen wenigen Worten, wie einfach und leicht dieses Verfahren ist. Man kommt hierbei nicht in Verlegenheit, die unteren Aeste im rechten Gleichgewicht fortzuerhalten, denn die langgeschnittenen unteren Arme erhalten eine hinreichende Menge Saft, um stark zu bleiben. Diese Form eignet sich für Mauern von jeder Höhe (über 3 Fuß), denn man kann dem Baume so viele Stockwerke (Asttheilungen) geben als man will. Will man nur zwei oder drei Stockwerke ziehen, so pflanzt man die Bäume weiter von einander; sollen aber sechs oder sieben Stockwerke gebildet werden, so bringt man sie näher zusammen, und so gelangt man stets dazu, die Mauer voll zu machen. Zierlichkeit, Genauigkeit und Gewißheit des Erfolgs sind die Vortheile dieser Form vor anderen, und in Bezug auf Tragbarkeit giebt sie den andern nichts nach.

Fig. 73 zeigt einen acht Jahre alten, fertig gezogenen Baum, der eine Mauerfläche 22½ ☐Meter bedeckt. Jeder Flügel breitet sich 4 Meter nach der Seite aus, und die 2 Meter 80 Centimeter (ungefähr 8 Fuß 4½ Zoll) hohe Mauer gestattet uns, fünf Stock= werke anzulegen, so daß die Mauer vollkommen benutzt ist. Die Arme B, C, welche vier Jahre nach einander jedesmal einen Meter lang geschnitten wurden, sind dadurch gewonnen worden. Die auf einander fol= genden Arme sind jedesmal ein Jahr jünger als die vorhergehen= den (unter ihnen stehenden), also erhält der oberste Arm in dem= selben Verhältniß seine Aus= bildung im achten Jahre. Es ist daher, ungeachtet der Wuchskraft des Stammes (Mutterastes), leicht, sämmtliche Aeste in einem richtigen gegenseitigen Verhältniß in Bezug auf Stärke zu erhalten. Sobald der Stamm die Mauer= höhe erreicht hat, wird er, ohne beschnitten zu werden, umgebogen, so lange er noch einfacher Trieb ist, damit vermittelst eines Ne= bentriebes (falschen Triebes) in dem nämlichen Jahre die Gabel= theilung (Bildung von zwei Ar=

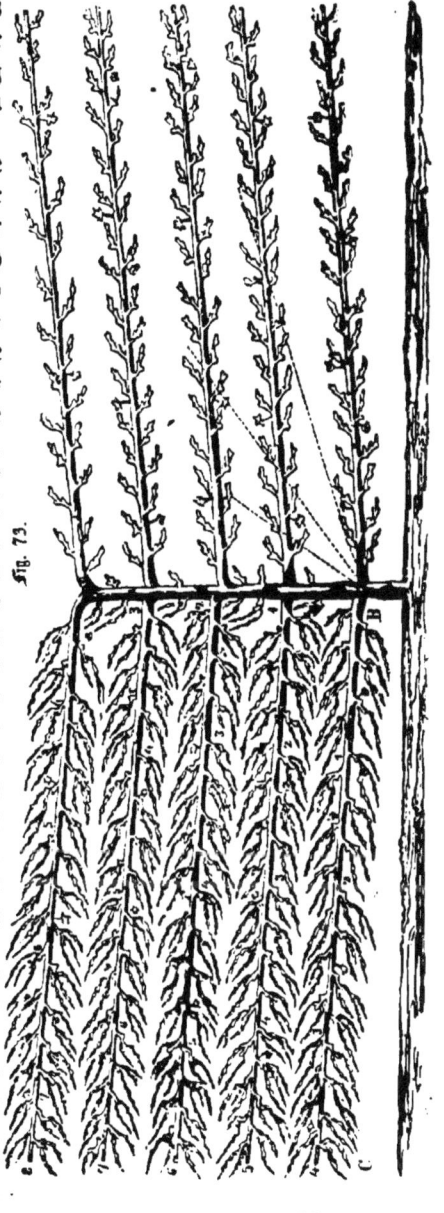

Fig. 73.

9 *

men) erreicht wird. Es versteht sich von selbst, daß sämmtliche Arme erst nach und nach in die fast wagerechte Stellung, welche sie behalten sollen, gebracht werden, und daß sie stets etwas nach oben stehend verbleiben, damit sie in gutem Gesundheitszustande erhalten werden. (Vergl. §. 83.) Die Spitzen der Aeste der neben einander stehenden Bäume berühren sich, was, wenn das Anbinden gut ausgeführt wird, einen angenehmen Anblick gewährt.

Dieses Kulturverfahren ist so leicht, daß es, nach unserer Meinung, keiner weiteren Anleitung bedarf. Der einzige Fehler, welchen man dieser Form vorwerfen könnte, ist die senkrechte Stellung des Stammes; dieser verschwindet aber, wenn die Seitenäste nach der vorgeschriebenen Weise gezogen werden. Gewiß muß uns die Leichtigkeit der Ausbildung und der Erhaltung bestimmen, diese Form jeder anderen vorzuziehen.

Um die Schwierigkeit der Erhaltung der an der unteren Seite der Aeste stehenden Fruchtzweige zu beseitigen, hat man Bäume gezogen, an welchen nur oben Fruchtholz steht. Es müssen aber, um viel Früchte zu ernten und keinen leeren Raum zu lassen, die Aeste doppelt so eng stehen, folglich braucht man auch zur Ausbildung eines solchen Baumes längere Zeit. Mit großem Nutzen müßte sich hier die neue Methode des wiederholten Entspitzens (Fig. 54, theilweise bis 57) in Anwendung bringen lassen. Eine von Vielen empfohlene Abweichung bei der Bildung ist die schlangenförmige Biegung des Stammes. Man bindet den jungen Stamm an den Stellen, wo Seiten= äste entstehen sollen, rechts und links fest an, so daß der ganze Stamm schlangenförmig aussieht. Diese veränderte Richtung des Stammes hat den Vortheil, daß die Bildung der Seitenäste sicherer ist und diese kräftiger bleiben, indem sie sich in der Richtung der Stammbiegungen fortsetzen. An= genommen, man wollte den großen Ast rechts bilden, so biegt man den Stamm über dem Auge, woraus der Ast entstehen soll, links und bindet ihn an. So treibt das an der äußeren Biegungsstelle stehende Auge sicher und kräftig und der ganze Saft strebt mehr nach den Seiten als nach oben. Die Aeste stehen bei dieser Bildung nicht einander gegenüber, sondern ab= wechselnd an der äußeren Seite der Biegung.

Schnitt auf Doppelherzstamm oder in Form eines U. Fig. 74. 75.
Palmette à deux tiges.

124. Außer dem einfachen Herzstamm wird der Pfirsichbaum noch in Form eines U, die man füglicher Weise Doppelherzstamm nennen kann, gezogen. Da sich diese Form in schlechtem Boden nicht mit Vortheil an= wenden läßt, so wird, denken wir, deren Gebrauch weniger allgemein werden. Sie bietet stets einen großen Vortheil, der aber in ungeübten Händen leicht

zum Nachtheil werden kann: die ungemein schnelle und sichere Ausbildung des Baumes, die aber den Nachtheil hat, daß unten schwache Aeste bleiben, wenn man zu geschwind an die Bildung der oberen Aeste denkt. Fig. 75 zeigt einen fertigen Baum in dieser Form. Die verschiedenen Arme oder Stockwerke sind 50 Centimeter (1½ Fuß) von einander entfernt, ebenso die beiden Mutteräste. Die Einrichtung ist ungefähr wie bei dem einfachen Herzstamme, dagegen die Art der Erziehung verschieden.

Wir wollen an Fig. 74 die Erziehung eines solchen Baumes kennen lernen. Er wird wie gewöhnlich gepflanzt und auf der Stelle a über zwei nach den Seiten stehenden Augen, das eine nach rechts, das andere nach links, geschnitten. Die daraus entstehenden Triebe werden aufrecht an= gebunden, so daß sie die Form eines U bilden. Sind sie ungefähr 50 Cen= timeter (1½ Fuß) über den Punkt B hinaus, wo sie horizontale Aeste bilden müssen, so biegt man sie nach und nach abwärts, so daß sie nach drei Jahren sich bei B in ziemlich wagerechter Richtung befinden. Man be= günstigt die Entwickelung des Nebentriebes c, welcher über B steht, um den Verlängerungszweig daraus zu bilden. Sobald dieser in aufrechter

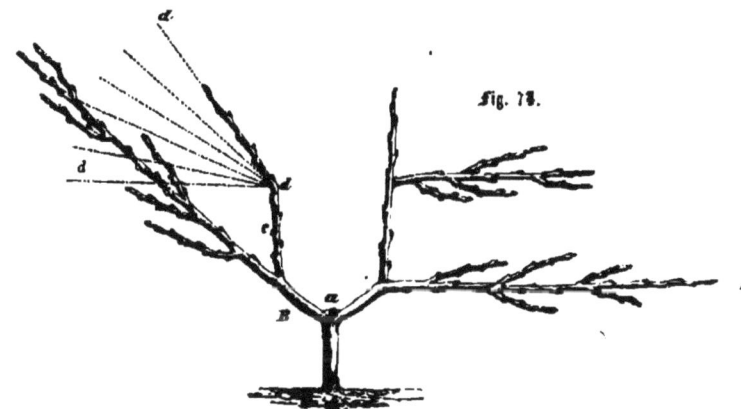

Fig. 74.

Richtung 1½ Fuß über d angekommen ist, biegt man ihn an dieser Stelle um und zieht ihn nach und nach in die Linie d d, so daß er mit dem untersten Aste parallel läuft. An der Biegungsstelle d entsteht ein neuer Nebentrieb, mit welchem ganz auf dieselbe Weise verfahren wird. Sollte das Auge, woraus sich an der Biegungsstelle der Trieb bilden soll, nicht austreiben, so hilft man mit einem Querschnitte (vergl. §. 50) nach. Jedes Jahr wird auf beiden Seiten (Flügeln) des Baumes ein neues Stockwerk ganz auf

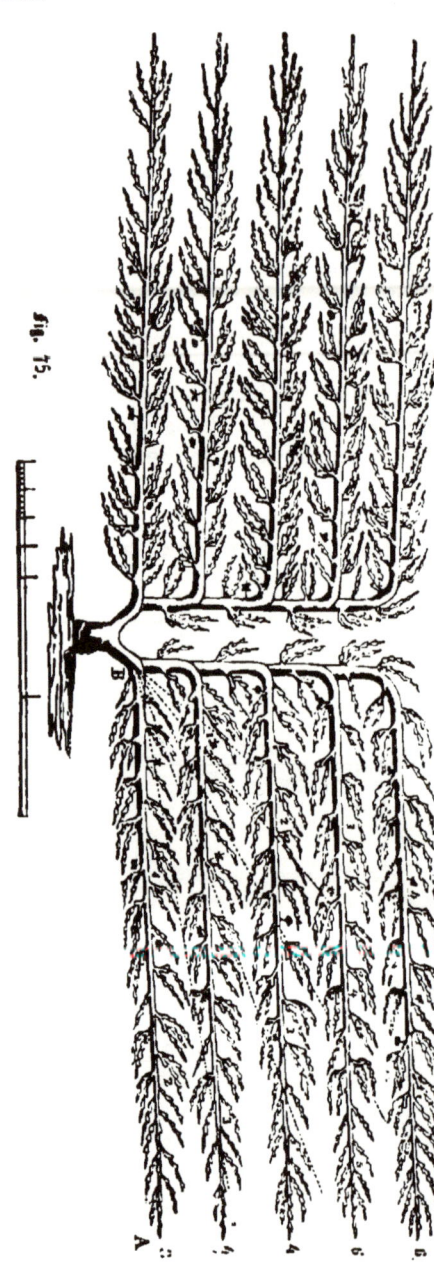

Fig. 75.

gleiche Weise gewonnen. Da die
Spitzen der Aeste nicht beschnitten
werden, so wird die Mauer sehr
schnell voll. Der Seitenast, wel=
cher in demselben Jahre seiner
Bildung durch seinen aufrecht
gezogenen Nebentrieb an der
Biegungsstelle einen neuen Ast
hervorbringt, ist in Folge seiner
Biegung in Gefahr, schwach zu
werden. Man muß ihn daher
sorgfältig schonen, um diesem Un=
falle zu begegnen. Befürchtet
man einen solchen Zustand, so
beschneidet man den Nebentrieb
noch im Sommer. Auf diese
Weise wird zwar die Ausbildung
des Baumes verzögert, dagegen
aber auch das nöthige Ueberge=
wicht des unteren Astes gesichert.

Die linke Seite des jungen
Baumes (Fig. 74) zeigt die Rich=
tung, welche die Seitenäste nach
und nach bekommen.

Bei Fig. 75, welche einen voll=
kommen fertig gezogenen Baum
zeigt, ist der Ast A, als der un=
terste Seitenast, nach drei Jahren
an der Grenze seiner Ausdehnung
in die Länge. Erst in dieser Zeit
darf er die fast wagerechte Linie
BA bilden und so befestigt wer=
den. Jeder Ast wird erst dann
in seine beständige Lage gebracht,
wenn er seine Ausdehnung in die
Länge erreicht hat. Da die ganze
Wuchskraft ohne Zurückschnitt
benutzt wird, so erhalten wir in
sechs Jahren einen ganz fertigen

Baum. Auf der Abbildung ist dieser Bildungsgang durch entsprechende Zahlen angezeigt.

Die Pfirsich als Gabelbaum (Palmette à branches verticales).

125. Wir schließen die Abhandlung über die Herzstammform des Pfirsichbaumes mit einigen Worten über den Gabelbaum, welche Form wir schon beim Birnbaum als sehr vortheilhaft auf geringem Boden kennen lernten. Im Allgemeinen ist die Bildung dieselbe, wie beim Birnbaum, und wir wollen daher auch die Abbildung Fig. 37 und 38 als erläuternde Beispiele annehmen. Es ist aber nöthig, daß man beim Pfirsichbaum die Hauptäste weiter von einander bringt und sie länger schneidet. Um das Anbinden der kleinen Zweige zu erleichtern, giebt man den Aesten einen Abstand von 50 Centimeter (1½ Fuß), so daß die Bäume 2 Meter 50 Centimeter (7½ Fuß) von einander zu stehen kommen. Da die Behandlung der Aeste und Fruchtzweige in nichts von Dem abweicht, was schon in §§. 84 und 85 gesagt wurde, so wollen wir uns dabei nicht aufhalten. Wir wollen nur noch die Vortheile dieser Form hervorheben. Da die Bäume nahe beisammenstehen, so sind die Mauern schnell bekleidet, wozu schon vier Jahre genügen. Es ist daher diese Methode recht eigentlich für Kulturen zum Verkauf geeignet, indem man bei ihrer Anwendung in der kürzesten Zeit zu Früchten gelangt. Ein anderer Vortheil ist, daß auf diese Art hohe Mauern auf die leichteste Weise bezogen werden. Untere Fruchtzweige (welche bekanntlich nur schwer gut zu erhalten sind) hat man gar nicht, denn sie sind alle an den Seiten gezogen. Ihre Behandlung ist leicht und sie bleiben lange gut. Will man hier das neue Verfahren mit dem Entspitzen (§§. 109—115 und Fig. 54—57) in Anwendung bringen, so kann es leichter als bei jeder anderen Form geschehen, denn es fallen die dort bemerkten Nachtheile meist weg, namentlich das Bedenkliche der Erhaltung der nach unten stehenden Fruchtzweige. Man muß bei dieser veränderten Behandlung die Hauptäste näher zusammenziehen, nämlich nur ungefähr einen Fuß von einander, weil es hierbei kein langes Fruchtholz giebt. Der Nachtheil, welchen die aufrechte Richtung alles Holzes bringen könnte (besonders in gutem Boden), wird leicht durch einen gut angewendeten Sommerschnitt, besonders am Verlängerungszweige, und durch das überstehende Mauerdach beseitigt. Um die Mauer auf's beste zu benutzen, so pflanze man bei Anwendung des Entspitzens die Bäume nur 4—5 Fuß von einander. Sollte man aber in gutem Boden eine zu üppige Vegetation fürchten, so müßte man sie weiter pflanzen und anstatt zwei Aeste drei auf jeder Seite oder einen Doppelgabelbaum (vergl. §. 85 und Fig. 38) ziehen.

An dieſer Form des Pfirſichbaumes laſſen ſich eben ſo viele Verände=
rungen anbringen wie beim Birnbaum. Will man die Bäume noch enger
zuſammenpflanzen, ſo erzieht man ſie mit vier Aeſten, wie Fig. 76, in Form
eines doppelten U. Man ſchneidet den jungen Baum ſo, daß man zwei

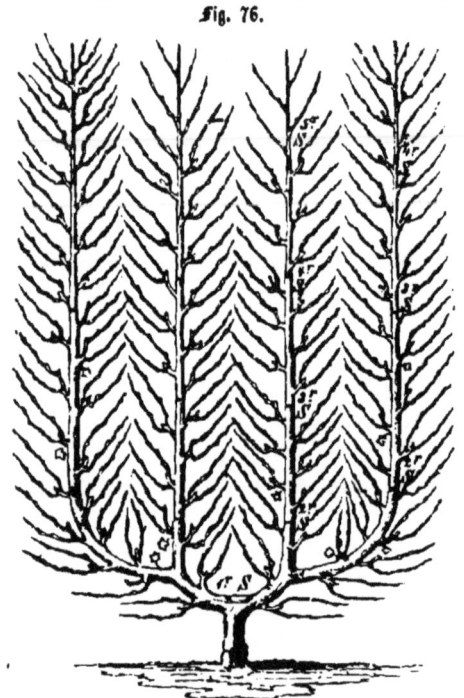

Fig. 76.

Aeſte bekommt (wie beim
Doppelherzſtamm, Fig. 74
§. 124). Dieſe bindet man
ſo an, daß ſie einen flachen
Halbkreis bilden, und erhält
ſie durch die bekannten Mittel
in gleicher Stärke. Wenn der
Trieb lang genug iſt, wird er
über dem Punkte B (Fig. 74)
befeſtigt und mit der Spitze
niedergebogen, ſo daß derſelbe
ein Knie bildet, wodurch an
dieſer Stelle das Austreiben
eines Auges hervorgerufen
wird, welcher Trieb den in=
neren Aſt bildet (ganz wie
beim Doppelherzſtamm und
dem Viereckbaum nach der
Schnellmethode, vgl. §. 122).
Sollte dieſer Erfolg im erſten
Sommer auf ſolche Art nicht
erreicht werden, indem das
Auge nicht austreibt, ſo muß dieſe Aſttheilung durch den folgenden Früh=
jahrsſchnitt bewirkt werden, was keiner weiteren Anweiſung bedarf. Geht
aber Alles nach Wunſche, ſo ſchneidet man die Aeſte alljährlich an dem auf
Fig. 76 mit Zahlen (1—5 S) bezeichneten Stellen. In fünf Jahren iſt
der Baum vollſtändig gebildet. Die Aeſte ſtehen 50 Centimeter, die Bäume
2 Meter von einander.

Auf ähnliche Weiſe kann man den Pfirſichbaum in noch kleineren
Formen ziehen, wodurch man die Wände noch eher voll bekommt und den
Vortheil hat, auf beſchränktem Raume mehrere Sorten zu ziehen. Man
bildet Bäume mit drei Aeſten, indem man ganz wie beim Baum mit fünf
Aeſten (§. 84 Fig. 37) verfährt, wobei nur die beiden äußeren Aeſte fehlen.
Dieſe pflanzt man 1½ Meter von einander. Oder man bildet blos einen
zweiarmigen Baum, wie Fig. 77, wobei ganz wie beim Doppelherzſtamm

verfahren wird, nur daß man keine Aeste, sondern blos Fruchtzweige zu bilden hat. Den ersten Schnitt führt man tief unten, wodurch man die zwei Aeste (Fig. 77) erhält. Die hieraus entstehenden beiden Triebe werden so angebunden, daß die Form des U herauskommt und dieselben in der ganzen Länge der senkrechten Stellung einen halben Meter von einander ent= fernt sind. In drei Jahren ist ein solcher Baum ausgebildet und trägt schon reichlich. Die Bäume werden 1 Meter weit von einander gepflanzt.

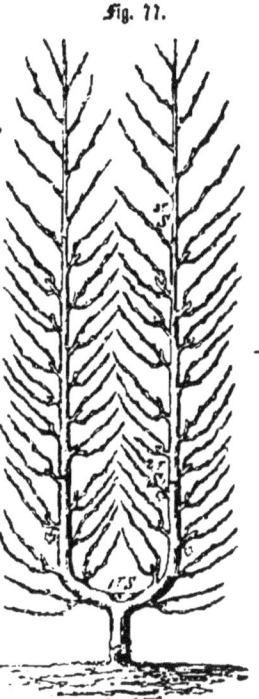

Fig. 77.

Ich (Hardy) ziehe den Gabelbaum mit fünf Aesten diesen kleineren mit 2 und 3 Aesten vor, die letzteren aber dem im folgenden §. beschriebenen schiefen Baume, mit welchem sie viel gemein haben. Diese Kulturform hat indessen auch ihre Schatten= seiten: nämlich die Gefahr, daß die zwei oder drei inneren Aeste durch ihre Stellung schwächer bleiben als die äußeren, welche immer das Uebergewicht behalten. Man muß daher diese durch den Ein= schnitt im Zaume halten und zu ihrer Verlänge= rung bei mehrfachen Augen die schwächeren zur Fortsetzung wählen, denn wenn sie zu schnell und zugleich mit den äußeren Aesten die völlige Höhe erreichen, so werden sie meist schlechter mit Fruchtholz besetzt und verhältnißmäßig schwach bleiben.

Der schief gezogene Pfirsichbaum. Fig. 78.

126. Diese noch ziemlich neue Art, den Pfirsichbaum zu ziehen, ist von Einigen über die Gebühr gelobt, von Anderen verschrieen worden. Ohne diese Form an die Stelle der übrigen setzen zu wollen, denken wir, daß sie unter gewissen Umständen recht gut Anwendung finden kann, da sie wirklich nicht ohne Vorzüge ist. Sie besteht darin, daß man junge Bäume von einem Jahre, also mit ganz einfachen, unverzweigten Stämmchen, sehr dicht, un= gefähr 80 Centimeter (gegen 2 Fuß 5 Zoll), neben einander pflanzt und denselben sogleich eine Neigung von 45 Grad giebt, so daß sie sofort schief aufwachsen. Sie behalten diese Lage während ihrer ganzen Dauer, sind also ganz gleichbleibend. Man läßt einen einzigen Ast oder Stamm auf= wachsen, der sich nicht verästet, und begnügt sich, ihn alljährlich in bestimmter Weise, je nach der Wuchskraft des Baumes, zu schneiden, jedoch mindestens

auf die Hälfte ſeiner Länge, auf ein gut ſtehendes vorderes Auge, welches
geeignet iſt, eine gute neue Spitze zu bilden. Die kleinen Zweige werden
zur Rechten und Linken ausgebreitet. Man ziehe ſie möglichſt nach der
Sonnenſeite, damit die Früchte, ohne Blätter abbrechen zu müſſen, eine ſchöne
rothe Färbung bekommen.

Bei der Neigung von 45 Grad bleiben für jeden Baum 60 Centimeter
Raum, um ihn bequem ausbreiten und binden zu können, und der Stamm
kann an einer Mauer von 3 Meter Höhe auf dieſe Art eine Länge von

4 Meter 20 Centimeter (gegen
12 Fuß 8½ Zoll) erreichen.
Die äußerſten Seiten der Mauer
werden etwas abweichend bezogen,
damit der Baum am Ende eine
ſenkrechte Linie bildet, weil ſonſt,
wenn man ſich die Eckbäume
(Fig. 78) wegdenkt, auf jeder
Seite ein Dreieck leer bleiben
würde. Die linke Seite wird
durch eine Art Herzſtammform,
wobei die Aeſte die Richtung der
übrigen ſchiefen Bäume bekommen,
bezogen (Fig. 78), die andere
durch einen Baum, deſſen Seiten=
aſt ſich nochmals theilt (Fig. 78
rechts B). Dieſe Aſttheilung
wird wie der untere Seitenaſt
eines gewöhnlichen Herzſtammes
gezogen und am Ende der Mauer
aufwärts gebogen.

Eine ſehr glückliche Neuerung
beſteht darin, daß man (wie es
auch auf der Zeichnung Fig. 78 a
angegeben iſt) die Bäume nicht
ſchief pflanzt, ſondern wie ge=
wöhnlich. Durch einen 10—12

Fig. 78.

Zoll über dem Boden ausgeführ=
ten Schnitt über einem nach der rechten Seite ſtehenden Auge erreicht man
am leichteſten die ſchiefe Richtung des Stammes von 45 Grad, was ganz
allmälig geſchehen kann. Man kann den Stamm auf dieſe Art ſogar noch

tiefer ziehen, wenn es nöthig scheinen sollte, den zu starken Wuchs zu bändigen.

Nach diesem Systeme wird eine Mauer sehr schnell bezogen, man hat aber ein zu starkes Wachsthum zu befürchten, welches der Tragbarkeit und der Ordnung des Baumes schädlich wird. Wir sind nicht der Meinung, daß es sich für alle Bodenarten eignet; wir haben nämlich erfahren, daß diese Form nur in untergeordnetem Boden gut thut; denn obschon sehr nahe neben einander gepflanzt, würden sich die Wurzeln in gutem Boden immer so stark ausbreiten, daß die so gepflanzten Bäume ein zu üppiges Wachs=thum annehmen würden, demnach sich nur für sehr hohe Mauern, wie sie selten zu finden sind, eignen.

Man könnte also in solchen Bodenarten, wo der Pfirsichbaum nicht gut gedeiht und schwach wächst, diese schiefe Form in Anwendung bringen. Sie bietet den Vortheil, daß man sich keine Mühe mit dem Gleichgewichte des Baumes zu geben braucht, weil überhaupt keines vorhanden ist. Wir fügen hinzu, daß so gezogene Bäume schnell eine Mauer bedecken und daß sie sehr fruchtbar sind, denn hier können die Zapfenzweige ebenfalls Früchte tragen, wodurch das Wachsthum in das Holz ein wenig gezügelt und der Saft von der Spitze abgezogen wird, was sehr nöthig ist. Die Fruchtzweige müssen immer in dem Verhältniß forterhalten werden, welches wir früher als gut erkannten; endlich sind die Wasserreiser sorglich zu vermeiden.

Durch diese Art, den Pfirsichbaum zu ziehen, wird es möglich, an einer Mauer ein großes Sortiment anzubringen, und sie ist besonders für Dilettanten, welche sich mit Vorliebe mit Pomologie beschäftigen und gern viele Sorten haben wollen, zu empfehlen. Für die Baumschulen ist der schiefe Pfirsichbaum eben so einträglich, als für den Käufer die Anlage theuer, denn man braucht zehnmal so viel Bäume als Fächer= und Herzstammbäume.

Ueber die Verjüngung alter Pfirsichbäume. Fig. 79. 80. 81.

127. Der Pfirsichbaum treibt sehr gern junge Schosse aus dem alten Holze, ist also für ein starkes Zurückschneiden geeignet. Er bildet alsdann neue Triebe, welche zur Erneuerung des Holzgerippes dienen. Guten Erfolg hat man übrigens nur dann zu erwarten, wenn der Baum noch nicht zu alt ist. Wenn die Holzäste erschöpft sind, die Zapfenzweige (coursons) fast in ihrer ganzen Länge absterben, oder die Aeste schlecht stehen, dann ist es Zeit, die Wasserreiser, welche sich etwa an ihrem Anfange bilden könnten, zu benutzen; denn sie sind sehr vortheilhaft, um die schwachen Aeste zu er=setzen. Man begünstige die Entwicklung dieser Triebe daher so viel als möglich durch kurzen Schnitt und durch Entspitzen aller übrigen Triebe. Das

Wasserreis, so bevorzugt, wird nun ohne große Mühe in diejenige Richtung gebracht, welche es in Zukunft einnehmen soll. · Selbst der Stamm kann bis auf eine Höhe von 15—20 Centimeter (6—7 Zoll) über der Ver= edlungsstelle abgeschnitten werden. Die aus verborgenen Augen entstehenden Triebe werden nach den früher gegebenen Regeln angebunden und gezogen. Sind sie sehr stark, so suche man, wenn die Form sich dazu eignet, eine Beräftung des Triebes zu bewirken, was durch Abkneipen der Spitzen er= reicht wird, damit die Bildung der Holzäste schneller von Statten geht. Da der Umfang der Wurzeln im Verhältniß zu den Aesten ein sehr beträcht= liches Uebergewicht hat, so strömt der Saft in Ueberfluß herbei und er= leichtert den guten Erfolg.

Man führt dieses Unternehmen nicht eher aus, als bis der Baum schon in Vegetation zu treten beginnt, und es wird der Erfolg um so sicherer sein, wenn man einige kleine Zugäste (welche den Saft herbeiziehen) stehen läßt. Allerdings ist ein solches Abwerfen des ganzen Baumes bei den Pfirsichen weniger sicher als bei Kernobstbäumen; indessen ist es immerhin zu versuchen, bevor man den Baum ganz ausrodet und wegwirft. Es ist selbstverständlich, daß man es nur mit solchen Bäumen versucht, die noch einige Triebkraft zeigen, denn außerdem ist es besser, davon abzustehen. Hierbei müssen alle Wunden sorgfältig mit Baumwachs oder Theer ver= strichen werden, damit dem verderblichen Gummiflusse (Harzfluß) vorge= beugt wird, der ohne diese Vorsicht nicht ermangeln würde sich einzustellen.

128. Die Holzäste nutzen sich zuweilen auch bei sonst gesundem und kräftigem Wuchse so ab, daß sie stellenweise kahl und vom Fruchtholze ent= blößt werden, indem die Zapfenzweige trotz einer guten Behandlung zu= weilen absterben. Sind solche kahle Stellen nicht zu groß, so können sie vermittelst des krautartigen Ablaktirens (greffe en approche herbacée) wieder mit Fruchtholz besetzt werden. Die Abbildungen 79 und 80 zeigen dieses Verfahren.

Fig. 79 zeigt einen Zapfenzweig (courson) mit zwei Trieben, wovon der eine angeplattet (ablaktirt) ist, und Fig. 80 eine ganze Reihe von jungen Trieben, B, welche durch Anplatten des längern Triebes nach und nach mit dem kahlen Zweige verbunden wurden, sowie sie sich nach einander entwickelten. Diese Triebe B werden die abgestorbenen Zapfen= und Frucht= zweige ersetzen, nachdem sie mit dem Holzaste an den bezeichneten Stellen förmlich verwachsen sind. Im folgenden Jahre werden diese einzelnen Triebe gelöst, d. h. an den Punkten c abgeschnitten, so daß sie ohne den Mutter= zweig fortleben und selbständige Zweige bilden.

Das Ablaktiren geschieht folgendermaßen: Man macht zu diesem

Zwecke auf dem Aste einen Ausschnitt, oder eine andere Wunde von passender Form, biegt von unten einen benachbarten Trieb herauf, welchen man der

Fig. 79.

Fig. 80.

Länge nach eckig ausschneidet, so daß er in den Ausschnitt des Astes paßt, und zwar vom Anfange des Triebes bis an die Verzweigungsstelle, ganz der Länge des Ausschnittes angemessen, paßt den Trieb hinein und bindet beide Theile fest zusammen. Wenn das Verwachsen gesichert ist, wird das Band entfernt. Das angeplattete Reis braucht nicht losgeschnitten (abgelöst) zu werden.

Wir empfehlen diese Art des Pfropfens angelegentlich, denn sie bietet vor allen andern die größten Vortheile. Man kann es zu jeder Zeit ausführen, sobald die Triebe hart genug sind, um sich biegen zu lassen, ohne zu brechen. Es giebt indessen alte Holzzweige mit rauher, harter Rinde, an welchen auf diese Weise keine Zweige gebildet werden können, und

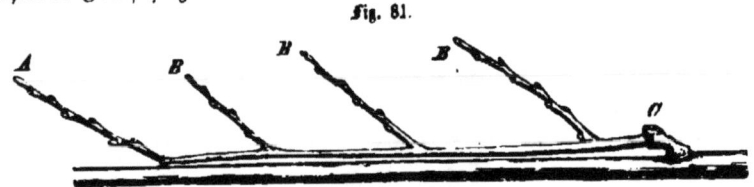

man bedient ſich in ſolchen Fällen des Fig. 81 dargeſtellten Verfahrens. Man legt nämlich den wohlgebildeten Trieb A eines Zapfenzweiges C der Länge nach dicht auf die nackte Aſtſtelle und bindet ihn hier feſt. Von den darauf ſich befindenden Augen läßt man nur diejenigen ſtehen, welche die Triebe B bilden ſollen, alle andern werden abgedrückt. Dieſe Triebe B bilden das fehlende Fruchtholz.

Fig. 81.

Die auf dieſe eben beſchriebene Weiſe verjüngten Pfirſichbäume können noch lange leben und ſind an ſchönen Früchten eben ſo reich wie in ihrer beſten Zeit.

129. *Ich will hier noch etwas über die Behandlung ausgebildeter alter Bäume nach Lepère's Anweiſung hinzufügen. Kommt ein Hauptaſt der Höhe der Mauer, alſo dem dieſe bedeckenden Dach zu nahe, ſo ſchneidet man ihn auf altes Holz zurück und bildet aus dem beſtſtehenden oberſten Triebe eine neue Spitze. Sollte aber dieſer immer noch zu üppig treiben, ſo muß man bis auf einen untern Fruchtzweig ſchneiden und aus dieſem die Spitze bilden. Entſteht durch das öftere Abſchneiden eines Aſtes ein ſogenannter Weidenkopf, d. h. eine Anhäufung von Stumpfen, welche von den abgeſchnittenen Aeſten herrühren und ſelbſt glatt geſchnitten die Stelle verdicken, ſo muß man den Aſt noch weiter bis über einen ſchlanken, gut ſtehenden Trieb zurückſchneiden.

In Montreuil werden die Rabatten, auf denen Pfirſichbäume ſtehen, alle zwei Jahre (meiſt mit Abtrittsmiſt) gedüngt, und zwar im Herbſt oben auf, und nur leicht mit Erde bedeckt. Der Boden wird nicht mit Gemüſe bebaut, ſondern mit einer zweizinkigen Hacke (Karſt) aufgelockert, wenigſtens zweimal, beſſer noch dreimal, nämlich im Frühjahr nach dem Schnitt, unmittelbar nach dem erſten Sommerſchnitt und im Auguſt. Man pflanzt an die Ränder der Rabatten gern Salat, um die Engerlinge von den Obſtbaumwurzeln abzuhalten. Bei großer Hitze iſt es gut, die Bäume zu beſpritzen und den Boden mit kurzem Miſt, Moos, Spreu ꝛc. gegen das Austrocknen und Erhitzen zu ſichern. Zu gießen braucht man nur dann, wenn die Trockenheit außerordentlich iſt.

Andere Bäume am Spalier.

3.

Der Aprikosenbaum.

130. In kalten Lagen und Gegenden läßt sich dieser Baum mit Vortheil nur am Spalier ziehen. Die auf solche Weise gezogenen Früchte sind sehr schön, haben aber nicht die Güte und den Wohlgeschmack der auf Hochstämmen gewachsenen Aprikosen. Die besten Lagen für den Aprikosen=baum bilden östliche und südliche Mauern. Er blüht sehr frühzeitig, und die Blüte leidet oft durch Spätfröste, welche sie zuweilen ganz zerstören. Aus diesem Grunde halten wir in milden Gegenden die nördliche Lage für vortheilhaft, weil hier die Blüte verspätet und daher die Ernte weniger un=sicher wird. Allerdings werden die Früchte später reif, haben weniger Röthe und sind nicht so saftreich, aber alle diese Nachtheile sind immer noch besser, als wenn man gar nichts bekommt. Jedenfalls ist die Kultur der Hochstämme überall, wo sie stattfinden kann und durch schöne Früchte lohnt, der am Spalier vorzuziehen.

Der Aprikosenbaum macht übrigens in jeder Form Schwierigkeiten. Die gebräuchlichsten Formen an einer Mauer oder überhaupt am Geländer sind der Herzstamm (palmette) und die Fächerform [1] (éventail); beide sind jedoch sehr mangelhaft. Der Gummifluß (Harzfluß) verursacht traurige Un=fälle, und am Aprikosenbaum ist diese bei ihm sehr gewöhnliche Krankheit viel schwerer zu heilen, als bei allen übrigen Bäumen. Die Aeste müssen 25—30 Centimeter ($^3/_4$ Fuß bis 11 Zoll) weit von einander entfernt sein.

Entschließt man sich zum Herzstamm, so muß man in einem Jahre zwei Seitenäste (Arme) zu erhalten suchen, den ersten beim Frühjahrsschnitt, den zweiten beim Sommerschnitt.

Die Triebe werden stets entspitzt und bilden im folgenden Jahre Frucht=holz. Die Fruchtzweige werden gekürzt, wenn sie zu viel Ausdehnung gewinnen.

Man kann den Aprikosenbaum auch an der Schnur (cordon) ziehen, wie den Apfelbaum (§. 86 Fig. 39). Dadurch hat man den Vortheil, daß die Bäume gegen Frost geschützt werden können (weil sie frei stehen), die Früchte gleichwol den Wohlgeschmack und das schöne Ansehen der an Hochstämmen gezogenen haben. [2] Tritt an den Bäumen Erschöpfung ein, so

---

[1] Die altfranzösische Fächerform unterscheidet sich nur dadurch von dem Vierecke, daß sogleich von unten auf vier Mutteräste gezogen werden.

[2] Die Einrichtung eines ganzen Gartens mit Schnurbäumen, besonders auch für Aprikosen, welche an senkrechter Schnur (cordon vertical) gezogen werden, befindet sich beschrieben und abgebildet im dritten Bändchen des „Obstgärtners", Abtheilung „Obstbau", Seite 55—59 und Fig. 32—34 der zweiten Auflage.

daß die Aeste kahl und die Früchte klein werden, so schneidet man die Aeste ab, damit sich neue bilden (§§. 40 und 41). Man beugt der Erschöpfung am leichtesten vor, wenn man in Jahren großer Fruchtbarkeit einen großen Theil der Früchte ausbricht, wodurch zugleich die bleibenden schöner werden.

Die Früchte erscheinen bei den Aprikosen wie bei den Pfirsichen am einjährigen Holze, aber das Fruchtholz dauert ohne Schnitt und Ersatz zu=weilen mehrere Jahre. Die Holzzweige treiben überall aus, wo man sie abschneidet, weshalb auch dem Kahlwerden leicht abzuhelfen ist. Ganz nothwendig ist der Sommerschnitt und das Entspitzen im Juni, wodurch sich die Triebe in Fruchtholz verwandeln. Ganz kurze Fruchtzweige oder sogenannte Sträußchen sind hier viel häufiger als bei dem Pfirsichbaume. Man muß die Triebe stets kurz schneiden, weil der Wuchs sehr stark ist und die Zweige und Aeste sonst leicht kahl werden. Entsteht zu viel Holz, so schneidet man alle zwei bis drei Jahre die längsten Aeste, welche sich nicht mehr in den abgewiesenen Raum bannen lassen wollen, tief unten zurück, jedoch ehe sie zu stark werden, weil sonst Gummifluß entsteht. Kahle Stellen werden durch die sehr häufig erscheinenden Wasserschosse bekleidet. Die Aprikosenbäume leiden oft vom Frost, und man muß dann häufig starke Aeste ausschneiden. Es ist immer gut, sie zu bedecken, jedoch nicht zu warm, damit die Blüten nicht zu früh erscheinen. Es ist rathsam, diese Decke bei warmen Frühlingswetter mit Sonnenschein an den Bäumen zu lassen, damit die Blüte möglichst verspätet wird. Bei dem Beschneiden hüte man sich, zu nahe an den Augen zu schneiden, weil das Holz leicht nachtrocknet, schwarz wird und so das Schnittauge oft zu Grunde geht. — Der so ge=fährliche Harzfluß wird am ersten durch Aderlassen (Längsschnitte) geheilt. Das beste Vorkehrungsmittel ist, die Aprikosenbäume nicht in zu fetten Boden zu pflanzen. — Was hierbei etwa noch unklar wäre, kann bei der Behandlung der Pfirsichbäume nachgelesen werden, da beide nach gleichen Grundsätzen zu behandeln sind.

4.
Der Kirschbaum.

131. Der Kirschbaum eignet sich sehr gut für Spalier und Gegen=spalier, ist leicht zu ziehen und bringt herrliche Früchte in Menge. Man zieht ihn als Herzstamm, so daß die Aeste 20—25 Centimeter von einander stehen. Man kann ebenfalls zwei Arme in einem Jahre erhalten, wie vom Aprikosenbaume. Die Triebe werden stets entspitzt und bilden so leicht Fruchtholz. Für den Kirschbaum eignen sich alle Lagen. An der Süd= und Ostseite werden die Kirschen zeitig reif, nach Norden reifen sie spät, so daß

man eine sehr lange anhaltende Erntezeit hat. In sehr vielen Fällen bietet der Kirschbaum die einzige Gelegenheit, nördliche Mauern zu benutzen, da diese sich nur für sehr wenige Fruchtarten eignen.

*Zu Spalierbäumen eignen sich von den Kirschen nur die eigentlichen Sauerkirschen (Weichseln) und die Amarellen. Hat man aber hohe Mauern, so können auch manche Süßkirschen und Süßweichseln so gezogen werden, besonders an Häusern, und wenn sie auf Mahalebkirschen (Prunus Mahaleb) veredelt sind. Die Süßweichseln, z. B. Maikirschen, Doktorkirschen, werden nur der Form halber zuweilen geschnitten, im Sommer aber eingespitzt, um lange, starke Zweige zu vermeiden und Fruchtholz für das kommende Jahr daraus zu bilden. Man schneidet die Triebe der Sauerweichseln und Süß= weichseln meist auf fünf Augen, von denen das oberste den Leitzweig bildet, während die unteren zu Fruchtholz und im nächsten Jahre tragbar werden. Es ist gut, stets auf ein Holzauge zu schneiden, weil sonst die unterwärts stehenden Knospen oft keine Frucht ansetzen. Sind die Knospen stets mit Laubaugen verbunden, wie es bei manchen Sorten der Fall ist, so schneidet man erst spät, wenn die Knospen gut zu unterscheiden sind. Die wichtigste Arbeit bleibt stets der Sommerschnitt. Im Frühjahre sind oft alle Triebe bis in die Spitze mit Knospen besetzt. Die im Sommer zurückgeschnittenen Triebe bilden die unteren Augen meistens zu Knospen um und treiben nur oben aus zwei Augen Holzzweige.

Es eignen sich für das Spalier besonders die volltragende und die königliche Amarelle, die Bouquetkirsche; für höhere Mauern die rothe Mai= kirsche, die Doktorkirsche, die Herzogskirsche, die große Glaskirsche; für ganz niedrige Spaliere die Ostheimer Zwergweichsel, welche selten über 6 Fuß hoch wird, meistens aber nur 4—5 Fuß. — Die Kirschbäume dürfen am Spalier nicht in sehr gutem Boden stehen, sonst wachsen sie zu sehr in das Holz. Hiervon macht jedoch die Ostheimer Zwergkirsche eine Ausnahme, obschon sie auch in dem schlechtesten Boden fortkommt.*

5.
Der Pflaumenbaum.

132. Man bringt ihn selten an Mauern. Er blüht spät und seine Blüte kann einen ziemlichen Grad von Kälte ertragen, auch trägt er als Hochstamm viel reichlicher. Wir erwähnen ihn nur deshalb unter den Spalierbäumen, weil er, auf diese Art gezogen, ausgezeichnet schöne Früchte giebt. Man zieht ihn als Herzstamm und in Fächerform. Die Aeste müssen 20—25 Centimeter von einander entfernt sein. Die Fruchtzweige werden stets sehr kurz gehalten.

*In Deutſchland iſt der Pflaumenbaum am Spalier ſehr zu empfehlen und auch ſehr beliebt, da viele der beſten Sorten in den rauheren Gegenden nicht reifen oder wohlſchmeckend werden, und die Bäume ſo beſſer tragen. Selbſt die gemeine und die Fellemberger (italieniſche) Zwetſche wird mit Vortheil in Höfen am Spalier gezogen.

Am geeignetſten ſind die wohlſchmeckenden, reichlich tragenden Sorten, als die grüne Königsreineclaude, die Königspflaume von Tours, die Jefferſon=, violette Kaiſerin=, Coës Golden=, Drop=, Waſhington=, rothe und gelbe Eierpflaume. Man zieht die Pflaumen am beſten als Hoch= ſpalier, indem man erſt einen Stamm bildet und die Krone hoch veredelt. Der Schnitt weicht nur wenig von dem des Aprikoſenbaums ab, doch darf man die Triebe nicht ſo kurz ſchneiden, weil ſonſt zu viele Holzzweige ent= ſtehen. Auch dieſe Baumart iſt dem Gummifluſſe häufig unterworfen, doch verträgt ſie ohne Schaden einen guten und ſogar feuchten Boden.*

Dieſe Bäume bekleiden bei gutem Wachsthum eine Mauer ſehr geſchwind. Die Triebe müſſen ein= oder zweimal entſpitzt werden, damit ſie Seitentriebe bilden. — Der Platz, welchen ſie einnehmen, wurde bereits bei der Pflan= zung (§. 7) genau beſtimmt.

Verſchiedene neue Spalierformen. [1]

*Hardy, der erfahrene Praktiker und große Kenner, iſt ſo vernünftig, nur ſolche Formen zu beſchreiben und zu empfehlen, welche wirklichen prak= tiſchen Nutzen und Vorzüge haben, und die beſten Obſtzüchter halten ſich an das Einfachſte. So denken aber nicht Alle. Müßige Grübelei und Spieltrieb des Dilettantismus, wol auch Streben nach wirklicher größerer Vollkom= menheit, hat noch zu einer Menge der künſtlichſten Formen geführt, von denen ich einige der ausgezeichnetſten, andere nur der Seltſamkeit wegen angeben will.

133. Müller's Palmette[2]), zuerſt von Lucas beſchrieben, unter=

---

[1]) Die meiſten finden ſich in Dubreuil's „Arboriculture", der hier alles Seltſame aufgehäuft hat. Abbildungen will ich, um nicht den Raum mit ſo nutzloſen Dingen zu verſchwenden, nicht geben, und ich verweiſe auf Dubreuil's genanntes Werk, wovon auch eine Ueberſetzung von Albert Dietrich erſchienen iſt, auf die „Monats= ſchrift für Pomologie" und Regel's „Gartenflora", die „Lehre vom Baumſchnitt" von Lucas und auf andere Schriften. Wie weit es ein geſchickter Baumgärtner mit Künſteleien bringen kann, beweiſen die Kunſtformen des (jüngeren) Alexis Lepère in Montreuil, z. B. der Namenszug Napoleons und der Kaiſerin.

[2]) Herr Müller in Straßburg, Beſitzer und Dirigent einer Obſtbauſchule (école d'arboriculture), worin die künſtliche Obſtbaumzucht gelehrt wird und Bäume in jeder Form zum Verkauf angezogen werden. In einer ſolchen Anſtalt ſind derartige Verſuche ganz an ihrem Platze.

scheidet sich von dem in §. 84 beschriebenen und Fig. 37 abgebildeten „Ga=
belbaum" nur dadurch, daß der Mittelstamm 3 Aeste, aber keine Spitze hat,
und daß diese Aeste so gezogen sind, daß sie vollständige Kreise bilden. Um
diese Kreise zu bilden, werden die Aeste an Reifen festgebunden. Da sich die
Spitzen nach der Ausbildung des Baumes berühren, so werden sie später
durch Ablaktiren verbunden (wie der Fig. 39 abgebildete Apfelbaum an der
Schnur), so daß der Baum drei vollständige Ringe oder Kreise bildet. Ohne
Zweifel wäre die Form einer Ellipse zweckmäßiger, weil weniger Raum
verloren geht; der leere Raum in der Mitte und an den Ecken ist ein
Mangel dieser Form, dem aber durch eine Behandlung wie die der Ecken
unserer Fig. 78 abzuhelfen wäre. (Abgebildet in der „Monatsschrift für
Pom." 1858, S. 256, Fig. 1.)

134. Die doppelte Luizet=Palmette (Lucas) gleicht noch mehr
unserm Gabelbaum (Fig. 39). Denn hier besteht ein Mittelast als Stamm=
fortsetzung. Der Unterschied liegt nur darin, daß die Aeste, anstatt in
sanften Bogen wie bei Fig. 39, fast im rechten Winkel nach oben gebogen,
ebenso oben wieder einwärts gebogen sind, was jedenfalls große Saftstockung
veranlaßt und nur bei einem durch kein anderes Mittel zu bändigenden
Holztriebe von einigem Nutzen sein könnte. Der wagerecht liegende Theil
der unteren Aeste hat nach unten kein Fruchtholz. Sie ist 9 Fuß hoch und
6 Fuß breit. Alle Astspitzen werden durch Ablaktiren verbunden, sowie sie
sich berühren. Platz geht dabei nicht verloren, und wenn die winkelrechte
Biegung in der Praxis keinen Nachtheil bringt (die jedoch auch gemildert
werden könnte), so könnte diese Form, abgesehen von der größeren Mühe,
welche sie verursacht, unserm einfachen Gabelbaum an die Seite gestellt
werden. (Abgebildet in der „Monatsschrift f. Pom." 1858, S. 256, Fig. 5.)

135. Das Schlangenspalier (Lucas) besteht aus zwei unten sich
theilenden Aesten, welche sich in Schlangenwindungen rechts und links nach
oben ziehen, sich kreuzen und die Figur einer 8 bilden. An dem von Müller
in Straßburg gezogenen, von Lucas abgebildeten und beschriebenen Baume
sind drei Reife oder Kreise über einander angebracht, und er hatte 8 Fuß
Höhe bei 4 Fuß Breite. Bei dieser Form geht der ganze Zwischenraum
innerhalb der Kreise verloren, was sehr tadelnswerth ist. Man könnte
diesen Fehler dadurch abstellen, daß man einen Mittelast zöge. (Abbildung
in der „Monatsschrift f. Pom." 1858, S. 256, Fig. 2.)

136. Das zusammengesetzte Reifspalier (Lucas) vereinigt die ge=
nannten drei Formen und bildet wegen ihrer Verwicklung eine fast unbeschreib=
liche Form. Die Mitte bilden Reife (Kreise), zum Theil durch einen Mittel=
stamm ausgefüllt. Ueber den ersten drei Ringen steht noch ein einfacher, durch

eine Asttheilung gebildet. Die Ecken und Seiten werden wie bei dem in §. 134 beschriebenen Baume ausgefüllt, die Winkel zwischen Kreis und Ecken von Seitenästen. Sämmtliche Aeste sind an den Berührungsstellen verbunden. Die Breite beträgt nach Lucas 10 Fuß, die Höhe 9 (nach der Zeichnung umgekehrt). Obgleich Lucas diese Form anwendete, so nehme ich doch keinen Anstand, sie als zwecklose Baumspielerei zu bezeichnen. (Abgebildet in der „Monatsschrift f. Pom." 1858, S. 256, Fig. 3.)

137. Der astlose Herzstamm [wie ich den französischen cordon vertical[1]) nennen will] ist unser „schief gezogener Pfirsichbaum", Fig. 74, in senkrechter Richtung. Diese Form hat den Nachtheil, daß der Wuchs zu stark ist, und könnte allenfalls bei sehr schwach wachsenden (vielleicht auf Schlehen veredelten) Bäumen angewendet werden, um damit die schmalen Räume zwischen den Fenstern eines Hauses auszufüllen. (Abgebildet in der „Monatsschrift f. Pom." 1858, S. 256, Fig. 8.)

138. Die Lucas-Palmette ist dadurch entstanden, daß von dem Erfinder an Bäumen, welche in der vorigen Form zu stark wuchsen, die kräftigsten Seitentriebe erst horizontal (wie beim gewöhnlichen Herzstamm), dann senkrecht in die Höhe gezogen und sämmtlich an den Berührungsstellen verbunden wurden. Der schmale Raum, welcher dem Züchter zu Gebote stand, mag diese Form rechtfertigen, denn außerdem wäre ein einfacher Herzstamm oder eine schiefe Richtung des Baumes das einfachere Mittel gewesen, den frechen Wuchs zu zügeln. Die Höhe beträgt 8 Fuß, die Breite 4 Fuß. (Auf der Abbildung in der „Monatsschrift f. Pom." 1858, S. 256, Fig. 4, ist jedoch das Verhältniß wie 7 : 2.)

139. Der Fächerbaum nach Dumoutier oder à la française. Dieser altfranzösische Baum unterscheidet sich von dem Baum von Montreuil dadurch, daß er von unten auf jeder Seite 3—4 Mutteräste hat, die sich in der Mitte noch einmal theilen. Fällt hier die Schwierigkeit weg, die unteren Aeste zu bilden und gut zu erhalten, so tritt doch der Nachtheil ein, daß die mittleren Aeste zu viel Saft bekommen, deshalb zu stark wachsen und der Baum schwerer zu bilden ist. (Abgebildet in der „Gartenflora von Regel" 1855, Taf. 141, Fig. 1 und 2.)

140. Dubreuil's Fächerbaum mit rechtwinkligen Oberästen (à branches convergentes) unterscheidet sich vom Montreuiler

---

[1]) Lucas nennt diese Form „senkrechte Guirlande." Da würde doch „senkrechter Cordon" noch besser sein, weil das französische Wort unverändert bleibt und „Guirlande" ebenfalls fremd ist. Es klingt sonderbar und fällt schwer, einen mehrere Zoll starken Baum mit ausgebreiteten Zweigen sich als Guirlande vorzustellen.

3.

nur dadurch, daß die Oberäste so nach innen gekehrt sind, daß sie mit dem Mutteraſt einen rechten Winkel bilden. Dadurch soll der zu üppige Wuchs der fonst fast senkrecht stehenden unteren Oberäste mehr gemäßigt werden. Zu demselben Zwecke wurde auch der Fächerbaum mit gekreuzten Aesten von Dubreuil erfunden, welcher aber nicht so gut iſt. Beide finden sich abgebildet in Dubreuil's „Arboriculture", im „Manuel d'arboriculture" der belgischen Gouvernements=Ausgabe u. a. O.

141. Der schiefe Fächerbaum von Noisette bildet einen halben Baum oder Flügel der gewöhnlichen Form à la Montreuil und soll den Vortheil haben, daß kein Gleichgewicht zwischen den zwei Flügeln zu erhalten iſt. Wer einen auf einer Seite verdorbenen Baum hat, mag diese Form anwenden, und in der That sieht man solche Bäume häufig genug. Was den gerühmten Vorzug betrifft, so scheint er mir ungefähr mit dem zu ver= gleichen zu ſein, daß ein einarmiger an dem fehlenden Arm nicht friert und der vorhandene geschickter wird. (Abgebildet in der „Gartenflora" 1855, Taf. 141, Fig. 4.)

142. Dalbret's Fächerbaum hat nur zwei Mutteräste, die nur vier untere Seitenäste und senkrecht (wie ein U) stehende Oberäste haben, welche sich nach auswärts theilen. Dieser Baum iſt in Form eines U (Doppelherzstamm Fig. 74 und 75) mit der gewöhnlichen Viereckform ver= bunden. (Abgebildet in der „Gartenflora" 1855, Taf. 141, Fig. 5.)

143. Der Herzstamm mit aufwärts gerichteten Aeſten unterscheidet sich vom gewöhnlichen nur durch die etwas schiefe, nach oben gerichtete Stellung der Aeſte. Diese Richtung kann bei schwach wachsenden Bäumen von Nutzen sein. Man wird wol überhaupt selten Herzstammbäume mit ganz wagerechten Aeſten haben. („Gartenfl." 1856, Taf. 156, Fig. 3.)

Der Herzstamm mit niedergebogenen Aeſten iſt das Gegen= theil davon und kann angewendet werden, wenn bei der gewöhnlichen wage= rechten Richtung der Aeſte der Trieb noch immer zu stark iſt. (Abgebildet in Joigneaux' „Les arbres fruitiers" (Brüssel 1859), Fig. 66, und in Belgien für Aepfel= und Birnbäume sehr häufig angewendet, auch für Kir= schen und Pflaumen gut. [1])

144. Der Kandelaberbaum (Candelabre à branches verticales) iſt eine Form, deren Baumgerippe mit einem Kamm oder Harken (Rechen) die größte Aehnlichkeit hat. Es werden knapp über der Veredlungsstelle zwei wagerechte Haupt= oder Mutteräste gezogen, die am äußersten Ende

---

[1] Diese alte Form wurde vor mehreren Jahren von Wien aus als Erfindung des angeblichen bekannten „Erfinders der Inklination", Herrn Hoibrenk, ausgegeben.

J.

senkrecht in die Höhe gezogen werden. Von diesem wagerechten Theile der Aeste werden in der Entfernung, wie beim Herzstamm, senkrechte Seiten=äste gezogen. Das Ganze hat mit der weiter unten beschriebenen Weinzucht von Thomery die größte Aehnlichkeit, ferner mit unserem Fig. 76 abgebil=deten Gabelbaume, nur daß mehr Aeste vorhanden sind. Diese Form wird selbst von den Franzosen getadelt und ist schwer zu erreichen. („Gartenfl." 1856, Taf. 162, Fig. 1.)

-　Eine Abänderung dieser Form besteht darin, daß die Seitenäste nicht senkrecht, sondern sämmtlich in einem Winkel von 45 Grad nach der Mitte des Baumes geneigt stehen, wodurch die mittleren natürlich immer kleiner werden. Dieses sonderbare Baumspiel ist in der „Gartenflora" 1856, Taf. 162, Fig. 2 abgebildet.

Noch seltsamer und zweckloser ist dieselbe Form mit gekreuzten Zweigen, von Dubreuil erdacht. Hierbei entspringen stets 2 Seitenäste auf einer Stelle des Hauptastes, wovon der eine rechts, der andere links gezogen wird. (Abbildung in der „Gartenflora" 1856, Taf. 162, Fig. 3.)

145. Der wellenförmige Doppelherzstamm, wie ich eine in Montreuil von Lepère gezogene und beobachtete Form nennen will, ist unser Doppelherzstamm (Fig. 74 und 75) mit wellenförmig hin= und herge=bogenen Stämmen. Die Biegung nach außen geschieht stets an der Stelle, wo ein Seitenast entspringt. Denkt man sich auf unserer Abbildung, Fig. 75, anstatt der geraden Stämme gebogene, so hat man diese Form. Die Bie=gung soll das starke Strömen des Saftes etwas hemmen und den Wuchs mäßigen. Wenn die Seitenäste durch Umbiegen des senkrechten Hauptastes (Stammes) gebildet werden, so ergiebt sich diese Biegung leicht von selbst, und es ist diese Form nicht so gekünstelt und zwecklos, wie es auf den ersten Blick erscheint. (Abgebildet in der „Gartenflora" 1856, Taf. 165, Fig. 2.)

Bei dem schon §. 123 erwähnten gebogenen einfachen Herz=stamm ist derselbe Grundsatz beobachtet. Man bildet die Seitenäste wie gewöhnlich, oder noch besser durch Umbiegen des Verlängerungstriebes, wie den Doppelherzstamm, giebt aber dem Stamme die oben erwähnte wellen=förmige Biegung. (Abgebildet in der „Gartenflora" 1856, Taf. 165, Fig. 3.)

Bei der Palmette mit gekreuzten Aesten wird die wellenförmige Biegung so weit getrieben, daß die beiden senkrechten Mutteräste (Stämme) des Doppelherzstammes sich kreuzen, so daß jeder Stamm abwechselnd einen Seitenast nach links und rechts bildet. Diese wunderliche Form, welche (was mir unbegreiflich ist) alle Mängel der übrigen Herzstammformen be=seitigen soll, befindet sich abgebildet in der „Gartenflora" 1856, Taf. 165, Fig. 4.)

146. Der zweiarmige Pfirsichbaum. Auf Dubreuil's Vorschlag hat man den Pfirsichbaum ganz wie den Weinstock à la Thomery (s. §. 157) mit zwei wagerechten Armen, welche nur mit Fruchtholz besetzt sind, also fast ganz wie den Apfelbaum an der Drahtschnur (cordon horizontal), siehe §. 89, gezogen. Um eine Mauer damit zu bekleiden, könnte man ganz so verfahren, wie bei der Weinpflanzung à la Thomery, so daß jedes Stockwerk von einem Baume gebildet wird, wie Fig. 86 zu sehen ist. Kann ich auch das Beziehen ganzer Wände auf diese Art nicht gut heißen, so finden Pfirsichfreunde doch Gelegenheit, mit Anwendung dieser horizon=talen Richtung ganz niedrige Mauern, z. B. unter Fenstern, mit Pfirsich=bäumen zu beziehen.

Die Stammfortsetzung wird durch die Seitenäste gebildet, so daß stets der eine Stufe höher stehende mit dem gegenüber stehenden tieferen (alter=nirenden) verwachsen ist. Man brauchte nur noch die Aeste an der Kreuzungs=stelle durch Ablaktiren zu verbinden, so wären alle Aeste desselben Baumes ohne Stamm mit einander verbunden. Man könnte diese Form „stammlose" Palmette nennen.

Fünftes Kapitel.

Die Kultur des Weinstockes im Garten[1]).

Vorbemerkungen und Anzucht der Stöcke.

147. Es giebt in unseren Gegenden nur wenige Orte, wo die Trauben freistehend eine solche Reife erlangen, daß sie sich zum frischen Genuß eignen oder sogenannte Tafeltrauben bilden, besonders die südlichen besseren Sorten, deren Reife selbst am Spalier nicht immer erreicht wird. Sie bedürfen daher eines besonderen Schutzes. Der Weinstock hat eine ganz ungemeine Wuchskraft und treibt eine Menge von Reben, durch deren verlängerte Vegetation viel Saft verbraucht und die Reife der Früchte verspätet wird. Diesen Wuchs zu bändigen oder zu vermindern und den Saft zu Gunsten der Trauben zu verwenden, ist der Zweck der Gartenkultur.

Der Weinstock kommt fast in allen Bodenarten gleich gut fort, ent=

---

[1]) Ich gebe hier nur diejenige beschränkte Anleitung zur Weinzucht, welche Hardy's Werk enthält. Mehr davon enthält das Bändchen „Obstbau".

wickelt jedoch besonders in einem reichen, frischen Boden seine ganze Kraft und Geschwindigkeit des Wachsthums. Dennoch hat die Traube davon keine besondere Schmackhaftigkeit, und ungeachtet des guten Ansehens ist die Reife zweifelhaft, wenn das Jahr nicht günstig ist.

Man wähle daher einen mittelmäßigen, nicht zu bündigen Boden, ein wenig steinig, damit er sich leicht erwärmt und die Nässe durchläßt. Ist der Boden kalt (schwer, thonig), so muß er durch Sand oder Kompost mit viel Kalktheilen oder auch mit Gips verbessert werden. Die günstigste Lage ist die Südseite und der südliche Abhang.

Die Erde wird zubereitet, wie wir in dem Artikel über die „Zubereitung des Bodens" genügend beschrieben haben. Man vernachlässigt die Boden= bereitung sehr oft zum großen Nachtheil des Weinstockes, denn je mehr die Ausbreitung der Wurzeln erleichtert wird, desto schöner werden die Erfolge sein.

Der Weinstock vermehrt sich sehr leicht durch Stecklinge, Knothölzer, Ableger, Pfropfen und Samen.

Zu Stecklingen nimmt man einjährige Reben mit gut gereiftem Holze und schneidet sie in Stücke von 60—80 Centimeter ($1^3/_4$ — $2^1/_4$ Fuß) Länge, welche man, nachdem sie mehrere Tage im Wasser gelegen, gerade in die Erde steckt. Man läßt nur zwei Augen aus der Erde vorstehen, welche die künftige Rebe bilden. Es ist noch besser, die Stecklinge schräg in einen zu diesem Zwecke geöffneten Graben zu legen, wo sie schneller Wurzeln bilden. Die Vermehrung durch Stecklinge ist nicht besonders zu empfehlen, denn die so gezogenen Reben treiben lange Zeit schwach. Eine große Ver= besserung bietet folgendes Verfahren. Vor dem Pflanzen (Stecken) löst man vorsichtig die Oberhaut vom Stecklinge in einer Länge von etwa 20— 30 Cent. ab. Diese obschon dünne, doch sehr feste Oberhaut ist ein Hinder= niß der Wurzelbildung, indem diese nur an der Schnittstelle der Rebe stattfindet. Durch die Beseitigung derselben dagegen wird eine sehr reiche Wurzelbildung bewirkt, indem dieselben überall entstehen, so weit die Ober= haut entfernt ist, was ein viel stärkeres Wachsthum in den ersten Jahren zur Folge hat.

Man macht auch Augenstecklinge, indem man ein Auge mit etwas Holz ausschneidet und wie einen Samen in die Erde legt, so daß nur das Auge sichtbar ist. *Im Freien ist aber der Erfolg sehr unsicher, und man wendet diese Vermehrungsart nur bei neuen Sorten und bei Mangel an Reben an. Auch Sommerstecklinge von Nebentrieben (Geiz) und schwachen Trieben wachsen im Mistbeet sehr gut.*

Knothölzer[1]) sind einjährige Reben, an welchen unten ein Knoten, d. h. ein Stück vom alten (vorjährigen) Holze, gelassen wird. (Fig. 82.) Man pflanzt sie wie die Stecklinge, aber der Erfolg ist viel sicherer, denn solche Reben treiben kräftig. Die daraus gezogenen Rebstöcke tragen erst nach drei oder vier Jahren. Man sollte deshalb die Ableger vorziehen, da die= selben früher fruchtbar werden.

Die Ableger oder Haarreben (Märzlinge, Reiflinge, Fächser), Fig. 83, werden im Frühjahr gemacht, und man wählt hierzu die schönsten Reben.

Fig. 82.

Fig. 83.

Man bringt um den Rebstock einen kleinen, 20—25 Centime= ter (8—9 Zoll) tiefen Graben an, legt die Rebe 30—40 Cen= timeter (11—15 Zoll) lang hinein, indem man sie ein wenig krümmt, und bedeckt sie, die zwei obersten Augen ausgenommen, mit Erde. Die bloßliegenden Augen zwischen dem Rebstock und der Erde werden ganz unterdrückt, damit hier zum Nachtheile der Ableger keine Triebe entstehen. An dem in die Erde gelegten Theile hingegen werden alle Au= gen beibehalten, weil sich hieraus Wurzeln entwickeln. Im fol= genden Herbst können die Ableger gelöst, d. h. vom Mutterstocke losgeschnitten werden, und sind zum Pflanzen tauglich.

Man macht die Ableger auf gewöhnliche Weise oder in Körben. Die ersteren heißen nackte, weil beim Verpflanzen die Erde von den Wurzeln fällt. Der Korbableger hingegen wird mit dem durchwurzelten Korbe, also mit starkem Erdballen, verpflanzt, wächst ungestört fort und bringt schon im zweiten Jahre Trauben. Man nimmt hierzu längliche Körbe von starken Weiden (sogenannten Wännchen) von ³/₄—1 Fuß Länge, biegt die Rebe hinein und befestigt sie mit einem Haken, oder steckt sie unten durch den

---

[1]) Ich habe für crossette das in manchen Gegenden gebräuchliche Wort Knotholz gewählt, weil an solchen Stecklingen unten ein Knoten sitzt. Gewöhnlich macht man in Deutschland zwischen Steckling und Knotholz keinen Unterschied und nennt beide nach Landessitte Blindholz, Raubholz, Schnittling ꝛc. 3.

Boden des Korbes, zu welchem Zwecke man ein Loch lassen kann. Der Korb wird alsdann mit guter Erde gefüllt und eingegraben. Der Korb verfault im folgenden Jahre und läßt die Wurzeln frei wachsen.

Zuweilen legt man Reben mit zweijährigem Holze ab, welche sich eben so gut bewurzeln als einjährige.

Ein neues, sehr zu empfehlendes Ableger=Verfahren, welches die besten Erfolge sicher stellt, ist folgendes. Man öffnet einen Graben von etwa 15 Centimeter Tiefe, legt die Rebe hinein und befestigt sie mittels Haken so, daß 2 Augen über die Erde zu stehen kommen. Wenn im Frühjahre die Triebe der so niedergelegten, am Boden befestigten Rebe etwa 10 Centimeter lang sind, umgiebt man sie vorsichtig mit Erde, so daß sie damit 4—5 Centimeter bedeckt sind. Nach und nach füllt man den Graben zu. Im folgenden Herbst hat man reich bewurzelte Reben und so viel Pflänz=linge, als Augen an der Rebe eingelegt waren. Damit die jungen Reben keinerlei Nachtheil erleiden, giebt man im Sommer jeder einen Stab. Bei großen Massen und Mangel an Stäben könnte man sich jedoch auch ohne dieselben durch Entspitzen über dem achten Blatte (nachdem der Graben gefüllt ist) helfen.

Das Veredeln der Reben wendet man an, um eine gewisse Sorte zu vermehren, oder auch, um die Natur (den Wuchs) der Rebstöcke zu ver=ändern, am häufigsten aber, um einen alten Stock zu verjüngen; endlich um eine kahl gewordene Astrebe mit Zapfen (Fruchtholz) zu bekleiden. Wir werden auf diesen Gegenstand später zurückkommen.

Die Erziehung aus Samen ist ebenfalls ein Mittel, den Weinstock zu vermehren, sie ist jedoch wegen Unsicherheit und Langsamkeit des Erfolgs wenig gebräuchlich. Sie wird indessen das Mittel, neue, frühere Sorten zu erhalten, wodurch es möglich wird, die Rebenkultur in den Gärten auch in nördlicheren Lagen zu betreiben, und kann zu diesem Zwecke im größeren Maßstabe betrieben werden. Es ist dies eine gute Gelegenheit für Baum=züchter, welche bei ihren Beschäftigungen hinlängliche Zeit zu Aussaatver=suchen mit verschiedenen Baumarten haben, um neue frühe Spielarten zu erzielen, die gewisse Kulturen sicherer und einträglicher machen können und eine größere Verbreitung ermöglichen.

Ich gestehe, daß solche Aussaaten außer viel Zeit auch eine große Geduld und die größte Sorgfalt in Anspruch nehmen. Auch dürfen sie bei dem gegenwärtigen Stande unserer naturwissenschaftlichen Kenntnisse nicht auf's Gerathewohl gemacht werden. Es ist hauptsächlich hierbei von der gegenseitigen Befruchtung zur Erzeugung neuer Spielarten Nutzen zu ziehen und daher die Wahl des befruchtenden Samenstaubes von Wichtigkeit. Es ist hier nicht der Ort, diesen Gegenstand weiter zu besprechen, und ich erwähne ihn bloß als das einzige wahre Mittel zu einem glücklichen Erfolge.

Ueber das Pflanzen des Weinstockes. Fig. 84.

148. Ehe gepflanzt wird, muß der Boden rigolt und, wenn es nöthig ist, verbessert werden. Wenn es sich um eine Pflanzung frei stehender oder am Gegenspalier zu ziehender Stöcke handelt, so genügt es, daß man einen Graben von 25 Centimeter (9—10 Zoll) Breite und 30 Centimeter (11 Zoll) Tiefe macht und die Schnittlinge oder bewurzelten Ableger (denen man nur die stärkste Rebe läßt) so hineinlegt, wie man die Stöcke haben will. Will man aber eine ganze Mauer bepflanzen, so ist das Beste, von einem Ende zum anderen einen 2 Meter breiten und 50 Centimeter (1½ Fuß) tiefen Graben zu machen. Man kann auf den Grund des Grabens eine Lage von verrottetem Mist bringen, der 4—6 Zoll hoch mit guter Erde bedeckt wird. Man pflanzt nun die bewurzelten Ableger oder Schnittlinge in gleichmäßigen Abständen von einander und richtet sich dabei nach der durch die Art der Kultur und die Mauerhöhe bedingten Entfernung. Man pflanzt (wie Fig. 84 zeigt) im ersten Jahre 80 Centimeter (über 2 Fuß bis einen Meter weit von der Mauer, bedeckt die jungen Setzlinge 25— 30 Centimeter (9—10 Zoll) mit Erde und schneidet die Reben auf zwei Augen. Wenn diese treiben, so

Fig. 84.

giebt man den jungen Reben einen Pfahl. Die Nebentriebe (der Geiz) werden sorgfältig eingekürzt und im August, oder bei sehr starkem Wachsthum früher, kürzt man die Haupttrebe ebenfalls ein. Dieses Beschneiden hat den Zweck, den Saft in den unteren Theilen zu halten, damit die Ruthe starkes, reifes Holz bildet. Die Wuchskraft der nächstjährigen Triebe hängt großentheils von dieser Behandlung ab, denn ohne das Sommerbeschneiden würden die Reben dünn bleiben und daher nur schwache Triebe bilden. Im zweiten Jahre schneidet man von den beiden erzielten Reben die schwächere ab und schneidet die stärkere wieder auf zwei Augen. Im Sommer verwendet man auf den Stock die schon angegebene Sorgfalt, d. h. man bindet die zwei jungen Reben an, schneidet den Geiz aus und entfernt später die Spitzen, wenn Letzteres nöthig ist, in einer Höhe von $1^1/_3$ Meter (4 Fuß) bis $1^1/_2$ Meter. Im dritten Jahre schneidet man die schwächere Rebe wieder ganz ab und legt die bleibende in einen vor dem Stocke anzubringenden Graben, bis an den Fuß der Mauer. Dieser Graben kann gegen 30 Centimeter (11 Zoll) tief und 25 Centimeter (9 Zoll) breit sein und wird mit sehr guter, lockerer Erde angefüllt, damit die eingegrabene Rebe zur Wurzel=bildung gereizt wird. Die angegebene Tiefe ist der Bodenbearbeitung wegen nöthig. Die eingelegte Rebe wird noch einmal, wie früher, auf zwei Augen zurückgeschnitten. Durch ein solches Pflanzungsverfahren verschafft man dem Weinstocke eine große Menge von Wurzeln und sichert dadurch einen kräftigen Wuchs für alle Zeiten. Sollte man aber in einem sehr reichen Boden befürchten, daß der Weinstock in zu großer Ueppigkeit wachse, so pflanze man lieber sogleich an die Mauer, wodurch zwei Jahre gewonnen werden. *Dieses 2—3 Fuß von der Mauer entfernte Pflanzen, welches in Deutschland kaum gekannt ist und selten ausgeführt wird, kann mit Ausnahme auf vorzüglichem Boden nicht dringend genug empfohlen werden.*

Es giebt Leute, welche vorziehen, sogleich an Ort und Stelle bewur=zelte Stecklinge zu pflanzen, und sie haben damit eben so gute Erfolge als mit Ablegern. Aber das Gelingen ist nur dann sicher, wenn die Stecklinge sorgfältig auf Anzuchtsbeeten angezogen sind, damit man sie schon stark an den Platz setzen kann.

Ueber die verschiedenen Theile des Weinstockes und über die Art seines Wachsthums.

149. Der Weinstock zeigt einen ungemeinen Hang, stark zu wachsen. Ueberläßt man ihn daher sich selbst, so ist seine Tragbarkeit in unseren nordischen Gegenden so viel als Null; daher bedarf der Weinstock mehr als irgend ein anderer Obstbaum des Beschneidens.

Wir unterscheiden am Weinstocke, je nach der Art und Weise, wie er gezogen wird, die Haupt= oder Holzreben und die Fruchtreben. Man hat für die ersteren verschiedene Benennungen, je nach der Form, in welcher der Weinstock gezogen wird; man nennt sie Stockreben bei freistehenden, Arm=reben (cordon) bei am Spalier gezogenen Weinstöcken. Die Fruchtreben bestehen aus den eigentlichen Reben, welche sich aus den einjährigen Trieben oder Ruthen bilden, die entweder unmittelbar auf den Holzreben oder auf einem Zapfen (gekürzter Rebe) wie beim Pfirsichbaume sitzen. Das Auge wird bei dem Weinstocke gewöhnlich das Pelzchen [1]) genannt und ist an seinem Fuße meistens mit zwei kleinen Nebenaugen versehen, die sich entweder von freien Stücken oder in Folge eines Unfalles entwickeln und Seitentriebe oder Seitenruthen bilden. Wenn diese Nebenaugen in Folge des Erfrierens oder eines anderen Unfalles austreiben, so können sie Trauben bringen, die jedoch nie so groß sind wie die der Triebe aus Hauptaugen. Der Weinstock hat die Fähigkeit, aus dem alten Holze gut auszutreiben, aber diese Triebe tragen nie Frucht, bevor sie nicht wirklich am nackten Holze (als Reben) beschnitten worden sind. Das erste Ausbrechen oder Aus= schneiden der Triebe geschieht im Mai und wird mit den Nebentrieben (Geiz) bis zum August fortgesetzt. Die Blüten erscheinen bei dem Weinstocke stets nur an dem diesjährigen Holze, also an den jungen Trieben. Erst wenn die Triebe einige Centimeter lang sind, kann man die Scheine (Blüten= trauben) bemerken, und es sind in den meisten Fällen nur zwei. Die Rebe, welche einmal Trauben gehabt hat, bringt deren keine wieder; man muß daher, wie beim Pfirsichbaume, das Fruchtholz erneuern. Die ungemeine Wuchskraft dieses Baumes bewirkt das Treiben vieler Nebentriebe (Seiten= ruthen), welche entfernt werden, außer unter gewissen Umständen, wo sie zu benutzen sind, weshalb man auch ihre Entwickelung hervorrufen kann. Sie verursacht auch eine Menge von unentwickelten Trauben [2]), die unter dem Namen Gabeln oder Ranken bekannt sind und die zum Festhalten der Reben an den umgebenden Gegenständen dienen, die aber bei der Kultur, wo die Reben hinreichend befestigt werden, sorgfältig entfernt werden müssen.

Da der Weinstock eine sehr dünne und wenig lebensthätige Rinde besitzt, so darf man ihm nicht häufig Wunden beibringen, da diese nie ganz vernarben und immer sichtbar bleiben.

Zeit des Beschneidens.

150. Die günstigste Zeit, den Wein zu beschneiden, sind in unserm Klima die Monate Februar und März. Im Süden dagegen schneidet man schon im November und Dezember. Diese Arbeit muß in der Zeit geschehen,

---

[1]) Das Wort Pelzchen (bourre), wie man in Frankreich die stark behaarten Knospen nennt, ist im Deutschen nicht gebräuchlich.   S.

[2]) Die Umbildung der Trauben in Ranken anzunehmen und sie „fehlgeborene Trauben" (avortements de grappes) zu nennen, ist jedenfalls sehr gewagt. Wollte

wenn die großen Fröfte vorüber find und der Saft noch nicht in Bewegung
ift, um den durch die Wunden verurfachten Saftverluft zu vermeiden und
die Augen vor der durch das fogenannte Bluten erzeugten Näffe, die bei
Froft fehr fchädlich werden kann, zu bewahren. Ich wiederhole bei diefer
Baumart mit fehr lockerem Holzgewebe, daß man den Schnitt ungefähr einen
Centimeter über dem Auge ausführen foll, weil der Stumpf fehr nachtrocknet.
*In Deutfchland, wo der Weinftock in den meiften Gegenden im Winter
eingebunden oder mit Erde bedeckt werden muß, fchneidet man am häufig-
ften im Herbfte, um weniger Holz bedecken zu müffen. Sehr ftark wuchernde,
unfruchtbare Weinftöcke kann man im Saft befchneiden, um die Wuchskraft
ein wenig durch Schwächung zu vermindern.*

Schnitt der Reben nach franzöfifcher Art im Winkelzug.

151. Schnitt der Holzreben. Da der Weinftock fo ftark wächft,
fo könnte man glauben, daß die Holzreben fehr lang gefchnitten werden
müßten. Aber man würde fich fehr täufchen, wenn man fo verfahren wollte,
und würde fehr üble Folgen davon verfpüren. Man muß im Gegentheil
den Weinftock fehr kurz fchneiden. Schneidet man lang, fo zieht fich der
Saft hauptfächlich in die oberen Augen und die untern bleiben in Folge
deffen zurück, treiben entweder gar nicht oder nur fchwach aus. Man würde
dadurch die Fruchtreben [coursons[1])] verlieren und unfehlbar leere Stellen
am Stocke bekommen. Die Fruchtreben find fchwer regelmäßig zu erhalten,
und nur dadurch, daß man fie langfam und nach und nach bildet, können
fie ftark gemacht werden. Außerdem läßt ein kurzgehaltener Holzaft (Rebe)
eine größere Menge von Saft zu den Tragreben gelangen, wovon die
Trauben größer und wohlfchmeckender werden, und er felbft wird dabei
ftärker und kräftiger.

Mag auch die Wuchskraft der Reben noch fo groß fein, fo fchneide
man die Holzreben nie länger als vier bis fünf Augen, was
oft noch zu viel ift. In den erften Jahren, wo man den Stock bald groß
haben möchte, ift man fehr geneigt, lang zu fchneiden; aber nach acht oder
zehn Jahren bemerkt man, welcher Fehler begangen wurde, denn bei geringem

---

man eine folche Metamorphofe zugeben, fo wäre der Weinftock nur durch Zufall eine
Kletterpflanze. Ich denke, die Ranken find da, um im natürlichen Zuftande die Reben
zu befeftigen.   J.

[1]) Hardy nennt alle Tragäfte coursons, d. h. Zapfen, während wir im Deut-
fchen unter Zapfen nur die kurz gefchnittenen Reben verftehen. Die hier befchriebene
Kultur ift eine ganz andere als in Deutfchland.   J.

Wuchse und wenig Trauben erhält man einen dünnen, zu schnell gezogenen Stock. Es ist daher in Wirklichkeit der langsamste Weg der beste.

152. Schnitt der Reben auf Frucht. Das Fruchtholz muß bei dem Weinstocke wie bei dem Pfirsichbaume erneuert werden, aber es ist hier sehr leicht, sich die Ersatzzweige zu verschaffen. Nehmen wir an, daß die Rebe A auf Fig. 85 zu schneiden wäre, so schneiden wir sie auf das zweite Auge b, mit Inbegriff des Auges c am Grunde, welches letztere die neue Fruchtruthe giebt, die nächstes Jahr auf Frucht zu schneiden ist. Wir sehen an Fig. 86 den Erfolg dieses Schnittes. Im folgenden Jahre wird der Zapfen d dicht an der Rebe c abgeschnit= ten, welche letztere nun ganz wie der Zapfen im vorhergehenden Jahre auf zwei Augen geschnitten wird.

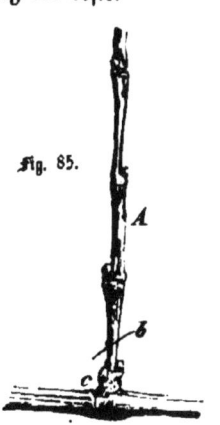

Fig. 85.

Man muß die Verlängerung der Zapfen zu Knoten vermeiden, da diese knorrig und krankhaft werden, endlich absterben und kahle Stellen ver= ursachen. Man muß daher die Gelegenheit benützen, dieselben zu erneuern, sowie tiefer unten am alten Holze junge Triebe entstehen.

Obschon dem Zapfen nur zwei Augen gelassen werden, so treiben doch bei jungen, kräftigen Rebstöcken oft auch verborgene und Nebenaugen aus. Man entfernt alle solche Triebe beim ersten Ausbrechen, wenn die beizu= behaltenden Haupttriebe 10—12 Centimeter (4—5 Zoll) lang sind und man die Blütentrauben bemerken kann. Sollte einer oder der andere jener Triebe sehr gut stehen und eine ansehnliche Stärke haben, so kann man ihn beibehalten, um eine schlecht gewordene Zapfenrebe zu ersetzen, welche dann beseitigt wird, vorausgesetzt, daß sie keine Frucht hat. Einige Zeit darauf, wenn die jungen Reben 40—50 Centimeter lang sind, zeigen sich in den meisten Blattwinkeln Nebenruthen (Geiz), welche man sorgfältig entfernt[1]), eben so die Gabeln, welche, ohne zu nützen, Saft verzehren. Um dieselbe

[1]) Hardy spricht hier nur von den kurzen Fruchtruthen, an welchen Trauben hängen. Im Allgemeinen berührt er diese Arbeit, das sogenannte Geizen, nur obenhin, vermuthlich weil er es als bekannt voraussetzt. Ich bemerke daher für die deutschen Leser Folgendes. An den Fruchtreben wird der Geiz über dem ersten Blatte abgeschnitten, aber nicht ausgebrochen, wie es oft geschieht. An den Schenkeln, an welchen das Fruchtholz des nächsten Jahres entsteht, läßt man die schwächeren Seiten- triebe ganz und schneidet nur die zu lang wachsenden zurück. Sie verstärken die Haupt- triebe und führen den Augen derselben Nahrung zu. Ueber den Nutzen dieser Triebe sind die besten Weinzüchter gleicher Meinung.   J.

Zeit beginnt man auch mit dem Anbinden der stärksten Triebe, während die schwächeren noch frei bleiben und erst nach und nach, sowie sie grö= ßer werden, angebunden werden. Wenn die Triebe die Höhe des Ge= länders erreicht haben, welches ihnen zum Ausfüllen angewiesen ist, so werden sie entspitzt (gekappt). Dieses sogenannte Anhalten oder Kappen

Fig. 86.

hat den Zweck, daß der Saft den unteren Theilen der Reben zu Gute kommt, sie verstärkt, die Reife des Holzes mächtig beschleunigt und den Trauben mehr Nahrung zuführt, in Folge dessen sie schöner werden.

Das Auge, über welchem die Spitze abge= schnitten wurde, und oft auch das nächste darunter, treibt meistens eine Nebenruthe, welche aus den schon angegebenen Gründen entfernt werden muß.

Das Verdünnen der Trauben oder Ausbeeren.

153. Während die angegebenen Arbeiten nach und nach vorgenommen werden, haben sich die Trauben ausgedehnt und die Beeren vergrößert. Diese letztern verlangen zu einer gewissen passen= den Zeit eine Verrichtung, die in der Regel unter= lassen wird und doch höchst wichtig und von Nutzen ist; ich meine das Verdünnen der Trauben oder Ausbeeren. Es besteht, wie schon in dem Worte liegt, in der Verminderung der zahlreichen Beeren, wenn sie die Größe von grünen Erbsen erreicht haben. Man be= dient sich dazu der Traubenschere mit schmalen, zugespitzten Klingen, aber abgestumpften Spitzen, damit die Beeren nicht beschädigt werden. Man entfernt vorzugsweise die durch das sogenannte Verrießen klein gebliebenen und die inneren Beeren und behält die äußeren, dem Einfluß des Lichtes ausgesetzten bei, insofern sie nicht zu dicht stehen. Die so behandelten Trauben werden viel schöner, die einzelnen Beeren erreichen einen größeren Umfang und reifen früher, so daß ein Minderertrag durchaus nicht zu fürchten ist. Hin und wieder kann man etwas von der Spitze der Traube, welche später reift als der obere Theil, mit wegnehmen. Das Verdünnen erstreckt sich auch auf die ganzen Trauben, indem man in der Regel nur eine an jedem Triebe [1]) läßt, und zwar die unterste, da diese stets am schönsten ist.

---

[1]) Ich bemerke ausdrücklich, daß die Fruchtreben bei dieser Kultur stets schwach und kurz sind und nicht über 2—3 Trauben tragen.   J.

Es ist hier natürlich nur von Tafeltrauben, die man besonders schön haben will, die Rede. Bei einigen Sorten, z. B. bei den meisten Gutedel=arten mit lockeren Trauben, ist das Ausbeeren nicht nothwendig. Das Verdünnen der ganzen Trauben bezieht sich nur auf so kleine Fruchtreben, wie sie bei der französischen Kultur gewöhnlich sind.

Das Verdünnen der Blätter oder Ablauben.

154. Es gehört zur Schönheit der Tafeltrauben, daß sie nicht nur sehr reif, sondern auch schön gefärbt sind. Um das Letztere zu erreichen, muß man in unserem Klima einen Theil der Blätter, welche die Trauben bedecken, entfernen, damit sie von der Sonne getroffen werden. Dies ist das Ablauben. Man beginnt in der Regel gegen Ende Juli an solchen Stellen, wo die Blätter sehr dicht stehen, mit den nach hinten stehenden und die Trauben berührenden Blättern, damit die Mauer von der Sonne erwärmt werden kann, und fährt fort, wenn die Trauben durchsichtig werden. Hierzu wählt man gern einen trüben Tag, damit die Trauben nicht plötzlich von der Sonne berührt und hart werden. Anfangs entfernt man blos ein=zelne Blätter, die abgeschnitten werden, so daß der Blattstiel, an dessen Fuße stets ein Auge sitzt, daran bleibt und das Auge nicht Schaden leidet, Nach einiger Zeit nimmt man wieder einige Blätter weg, endlich später zum dritten Male, bis die Trauben ganz frei hängen, von der Sonne getroffen werden können und die gewünschte Färbung erhalten. *Man hüte sich ja, die Trauben ganz zu entblößen, bevor sie durchsichtig zu werden beginnen, weil sie sonst klein bleiben und überhaupt schlecht reifen.*

Behandlung freistehender Weinstöcke in Buschform. Fig. 84.

155. Es handelt sich hier um die Kultur solcher Weinstöcke, die frei im Garten ohne Geländer, also nach Winzerart, gezogen werden.

Fig. 87 zeigt einen Weinstock, welcher mit Wurzeln gepflanzt und dabei auf zwei Augen geschnitten wurde. Aus diesen Augen sind zwei Reben a a entstanden, welche zur gehörigen Zeit gegeizt, gelappt und angebunden wurden. Im zweiten Jahre wurden diese bei b wieder auf zwei Augen ge=schnitten, aus welchen die Reben c entstanden sind. Diese wurden im dritten Jahre bei d noch einmal auf zwei Augen geschnitten, und so entstanden vier Fruchtreben, welche den Stock bilden, dessen Stamm A ist. In den folgen=den Jahren schneidet man alle Reben wieder genau wie die Abbildung zeigt, indem man sie auf die Schoßreben zurücksetzt, d. h. indem man den im vorigen Jahre geschnittenen Zapfen mit der jungen Rebe entfernt, so daß man nach jedem Schnitt, einmal wie das andere, nur vier Zapfenreben er=hält, die zusammen acht Triebe (Ruthen) mit sechzehn Trauben bilden.

Fig. 88 zeigt einen schon älteren Stock, welcher wie der vorhergehende behandelt wurde. Wir wollen ihn schneiden und dabei einige oft vortheil=hafte Abweichungen angeben. Die Reben a werden auf dem Zapfenstumpf geschnitten, die übrigen auf zwei Augen, wobei man die Stumpfen oder Haken des vorjährigen Abschnittes als unnütz entfernt. Es bleibt daher nur die Rebe b und die Bogenrebe (long bois) C.

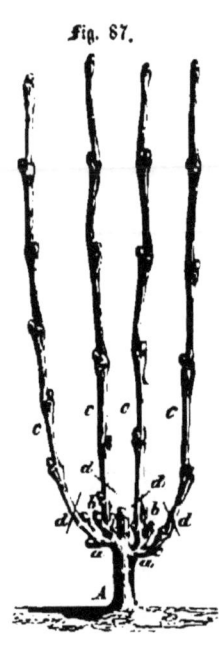

Fig. 87.

Diese Bogenrebe ist ein zweijähriger langer Trieb, der im vorhergehenden Jahre wagerecht nieder=gebogen und bei d sehr lang geschnitten wurde, um viele Trauben zu bekommen. Man bemerkt darauf fünf Triebe, von welchen jeder zwei Trauben bringen kann. Sollte einer darunter sein, der nicht trägt, so wird er unterdrückt. Die übrigen wer=den im Sommer zwei Blätter über der obersten Traube entspitzt. Solche Reben kann man nur an sehr kräftigen Stöcken ziehen, weil eine so starke Fruchterzeugung sehr erschöpfend wirkt. Sollte man den Weinstock gern vermehren wollen, so be=deckt man diese niedergebogene Rebe mit Erde, so daß die vorläufig bei c abgeschnittenen Reben und die Endrebe f aus der Erde hervorsehen. Es werden sich an den Stellen e Wurzeln er=zeugen, und so erhalten wir sehr gute junge Stöcke, die im Herbst von der Mutter gelöst werden können. Was die Rebe b im Innern des Stockes betrifft, so macht man daraus ebenfalls eine Bogenrebe, indem man sie mit Eintritt des Saftes niederbiegt. Man wählt hierzu immer eine am Stamme oder auf den Zapfenreben sitzende Rebe, die außer=dem weggeschnitten werden müßte.

Das Geizen, Ausschneiden der Ranken (Gabeln) und das Kappen wird wie gewöhnlich ausgeführt. Die Reben werden an einem Pfahle befestigt.

Der Weinstock als Herzstamm (palmette). Fig. 89.

156. Diese in Fig. 89 abgebildete Form, welche aus einer aufrechten Stammrebe mit wagerechten Frucht= oder Zapfenreben besteht, fängt an, in den Gärten allgemeiner zu werden, denn sie hat den Vortheil, daß die Behandlung sehr einfach und leicht ist, und daß solche Stöcke sich gut an schmale Mauern und Wände eignen. Wäre aber die Mauer hoch und räumlich, so ist es besser, den Winkelzug von Thomery (treille en cordons),

von welchem sogleich die Rede sein
wird, anzuwenden, da die Bildung
eines Herzstammes sehr langsam
geht und die Fruchtreben nur kräf=
tig bleiben, wenn sie nicht zu zahlreich sind.

Wenn die von der Mauer etwas ent=
fernt gepflanzte Rebe (wie oben angegeben)
sich bis an den Fuß der Mauer ausgebreitet
hat, wird sie auf zwei Augen geschnitten
und die beiden daraus entstehenden Triebe
werden nach der angegebenen Weise behan=
delt, worauf das Ziehen des Herzstammes
beginnt. Zuerst wird die schwächere Rebe
abgeschnitten oder, wenn beide von gleicher
Stärke sind, die weniger gut stehende. Die
beibehaltene Rebe wird auf drei Augen ge=
schnitten, wovon das oberste den Stamm
verlängert, die anderen aber die beiden
ersten Fruchtreben bilden, so daß · die
unterste 25 Centimeter (9 Zoll) über dem
Boden beginnt. Die Fruchtreben müssen
am Stamme so regelmäßig wie möglich
vertheilt werden, und es wechselt, je nach=
dem die Knoten (Augen) enger oder weiter
stehen, die Entfernung zwischen 12—16
Centimeter. Da die Augen unten an der
Verlängerungsrebe dichter stehen als oben,
so zähle man bei dem zweiten Schnitt

Fig. 88.

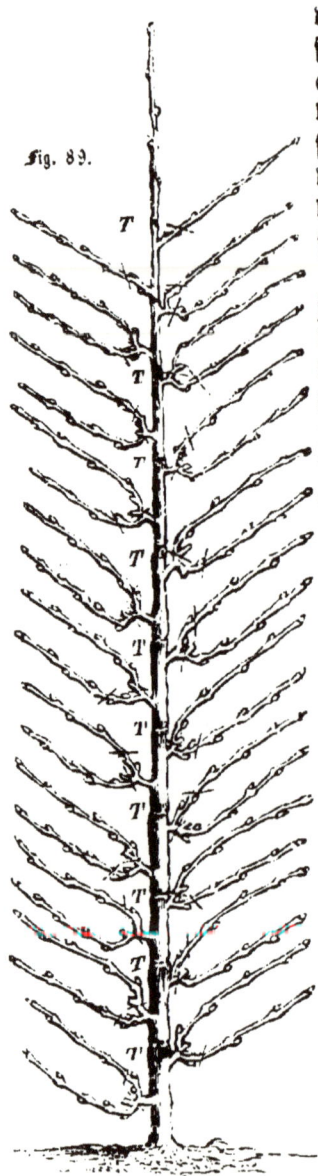

Fig. 89.

das unterste Auge nicht mit, damit die Ent=
fernung regelmäßig wird. Sollte das Auge,
aus welchem man eine Fruchtrebe zu ziehen
beabsichtigt, etwas zu weit vorn oder hinten
stehen, so versucht man, die Rebe so zu
drehen, daß die Stellung besser wird, und
bindet sie etwas fester als gewöhnlich, damit
sie in dieser Richtung bleibt.

So fährt man jedes Jahr fort, nach
jeder Seite eine Fruchtrebe zu erziehen, die
bereits Trauben bringt, bis nach und nach
die Höhe der Mauer erreicht wird. Wenn
die Spitze noch gegen 30 Centimeter (knapp
1 Fuß) vom Mauerdache entfernt ist, so
schneidet man die beiden obersten zu Zapfen
(Fruchtreben), ohne die Spitze zu verlängern.
Fig. 89 zeigt einen fertig gezogenen Herz=
stamm und zugleich die verschiedenen an dem=
selben ausgeführten Verrichtungen. Die
Punkte T bezeichnen die nach einander er=
folgten Abschnitte, und die kleinen Striche den
Schnitt der Fruchtreben für alle Zeiten.
*Dieser Schnitt eignet sich auch besonders
für Weinbogen über Wegen und an Wein=
lauben, kann aber in guten, warmen Lagen
auch an hohen Pfählen ausgeführt werden.
Den meisten Werth hat diese Erziehungsart
an Häusern zwischen den Fenstern, wo oft
nicht viel Raum ist.*

Will man ein ganzes Spalier auf diese
Weise beziehen, so pflanzt man die Stöcke
nur 40 Centimeter anstatt 75—80 Cen=
timeter von einander. Diese Entfernung ge=
nügt hinlänglich, um die schief gezogenen
Fruchtreben ausbreiten und anbinden zu
können, denn sie werden zwei Blätter über
den Trauben eingekürzt.

Ein Theil der Stöcke füllt den unteren Theil der Mauer, indem jeder
seine Fruchtreben bis an den Stamm der oberen Stöcke ausbreitet, der

andere bie barüber liegende Fläche, wie Fig. 90, barstellt. So greifen bie Stöcke gut in einander unb füllen stets sicher bie ihnen angewiesene Fläche. Die einzelnen Stöcke werden ganz wie oben angegeben behandelt, nur baß bie Fruchtreben ber oberen Stöcke erst in ber Mitte ber Mauerhöhe beginnen. Wenn bas Wachsthum gut ist, so sucht man bie Stämme so schnell wie möglich in bie Höhe zu ziehen. Die Punkte T zeigen ben Rück= schnitt ber Stammreben an. Diese abwechselnbe Stellung ber Palmetten hat ben großen Vorzug, baß man eine Mauer viel schneller bebecken kann, als wenn man bie Stöcke ent= fernter pflanzte unb bie Fruchtreben bei allen Stöcken von unten auf ziehet. Die Stöcke haben nur halb so viele Frucht= reben, können baher auch viel schönere Trauben tra= gen. In Thomery, wo sich biese Form zuerst verbreitet hat, nimmt sie an Belieb= heit zu, unb man wenbet

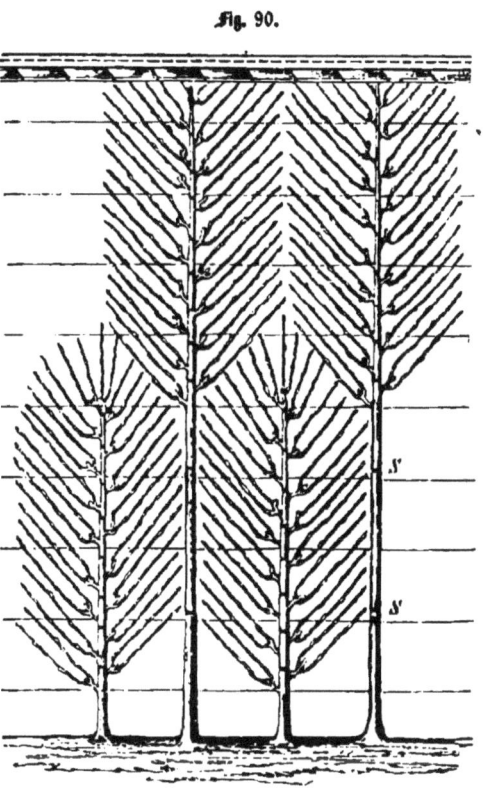

Fig. 90.

sie im Verein mit ber bort fast allgemein gebräuchlichen (im folgenben §. be= schriebenen) Zuchtart an, wo es passenb gefunden wirb. Hat man Rebsorten von kräftigerem Wuchs unb mit weiter von einander stehenden Augen als ben Gutebel (chasselas), so pflanzt man bie Stöcke anstatt 40 Centimeter 50 unb barüber von einanber, so baß auch bie Fruchtreben länger werben können.

Erziehung des Weinstockes nach der Weise von Thomery (treille à la Thomery) im Winkelzug [1]. Fig. 91.

157. Diese Methode ist ohne Zweifel eine der besten, eignet sich für Mauern von jeder Höhe und macht den dazu bestimmten Raum so nutzbar wie möglich. Durch sie wird die Mauer so regelmäßig und schön bekleidet, daß sie einen angenehmen Anblick gewährt; endlich ist der Ertrag dabei ungemein groß. Die Erziehung des Weinstockes auf diese Art verlangt zwar mehr Sorgfalt als die auf Herzstamm, aber sie bietet durchaus keine Schwierigkeit, und einmal vollendet, ist die zur Erhaltung der Stöcke in gutem Zustande nöthige Arbeit höchst unbedeutend und leicht ausführbar.

Man unterscheidet an den auf diese Art gezogenen Stöcken den Stamm oder die aufsteigende Rebe A und die Seitenreben oder Arme B, welche wagerecht liegen, also mit dem Stamme einen rechten Winkel bilden. Die Entfernung der Stöcke von einander hängt von der Höhe der Mauern ab, der Zwischenraum der einzelnen Arme aber von der Länge der letzteren. Als Regel ist jedoch anzunehmen, daß der Zwischenraum (die Entfernung der Arme von einander) 50 Centimeter, und die Länge der Arme 1½ Meter nach jeder Seite nicht überschreiten darf. Man pflanzt also um so enger zusammen, je höher die Mauer oder je enger die Armreben über einander sind. Die Entfernung und Stellung der Stammreben 1, 2, 3, 4 wechselt ebenfalls nach der Höhe der Mauer. Oefters kommt es vor, daß man die auf der Abbildung angegebene Ordnung der Armstockwerke 1, 2, 3, 4 über einander nicht genau einhalten kann, daß sie gerade umgekehrt ist, was dem Gutdünken des Pflanzers überlassen werden muß, der zu berechnen hat, wie seine Mauer am besten zu bekleiden ist.

Die Zapfenreben sind bei dem Winkelzuge, anstatt nach den Seiten, wie bei dem Herzstamme, nach oben gerichtet und stehen stets auf der Ober= seite der Armreben. Wollte man deren nach unten erziehen, so würden sie nicht lange am Leben erhalten werden können, denn der Saft würde sich bald von ihnen weg in die nach oben stehenden Reben ziehen. Bei Fig. 86 sind die Weinstöcke an einer Mauer von 2 Meter 35 Centimeter (7 Fuß 1 Zoll) ausgebreitet. Die erste (tiefste) Armrebe (cordon) befindet sich 30 Centimeter (beiläufig 1 Fuß) über der Erde; die übrigen je 50 Centimeter (1½ Fuß) über einander, so daß im Ganzen vier Stockwerke herauskommen.

---

[1] Ich habe diese Benennung zuerst in einem diesen Gegenstand behandelnden Artikel der „Agronomischen Zeitung" von 1849 gebraucht, weil die ganze Methode den rechten Winkel als Grundform hat. Lucas und Rubens haben diese Benennung ebenfalls angenommen und zur Einführung dieses ausgezeichneten Kultur- verfahrens das Mögliche gethan.

Man hätte ei=
gentlich fünf
Stöcke über
einander an=
legen können,
indem der
unterste der
Erde und die
übrigen un=
tereinander
etwas näher
gerückt wür=
den. Die Ar=
me haben 1
Meter 20
Centimeter
Länge auf je=
der Seite des
Stammes, so
daß die wage=
recht gezogene
Rebenlinie 2
Meter 40
Centimeter
(gegen 7 Fuß
7 Zoll) be=
trägt.

Zu vier so
über einander
gezogenen
Armreben
oder Stock=
werken von
solcher Aus=
dehnung ge=
hört eine Ent=
fernung der
Stämme von
60 Centim.

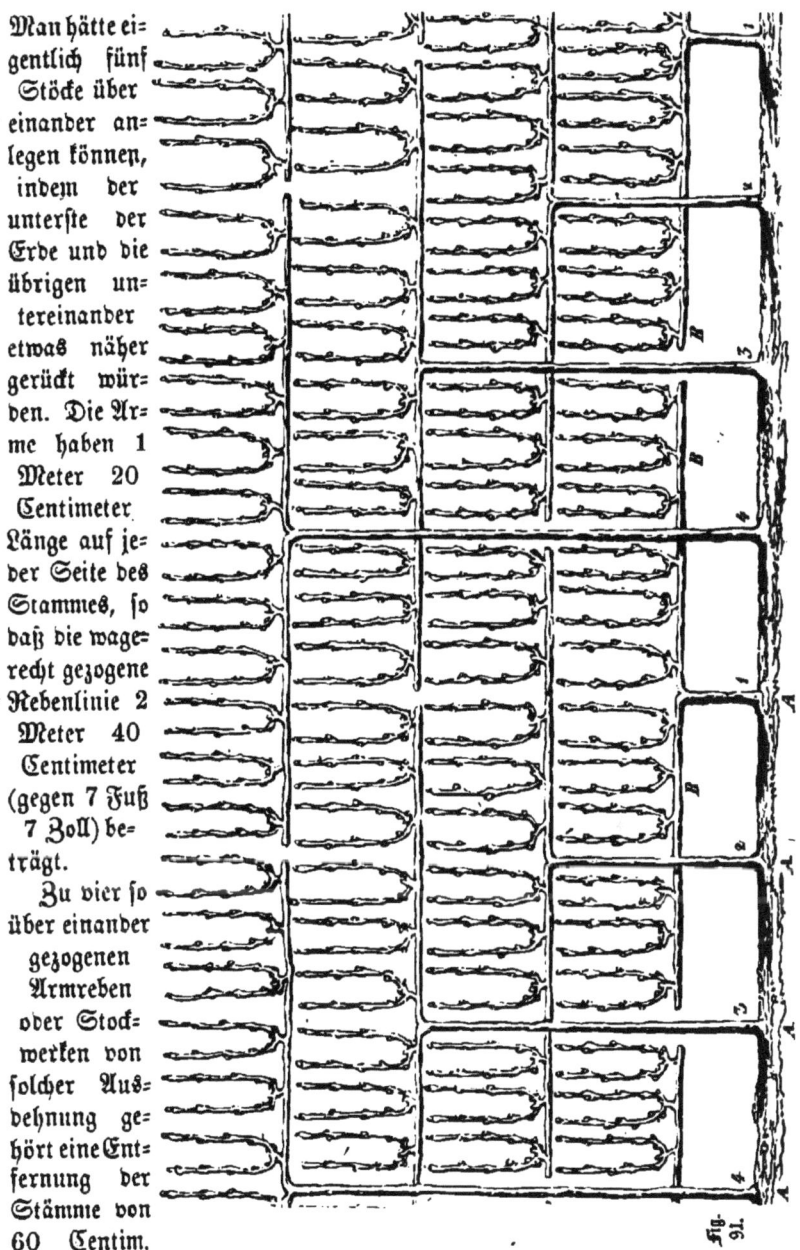

Fig. 91.

(1 Fuß 10 Zoll), und es ist wesentlich nothwendig, daß die Stöcke enger gepflanzt würden, wenn man fünf Stockwerke anlegen wollte.

Wenn die jungen, auf die früher angegebene Weise angepflanzten Stöcke bis an den Fuß der Mauer gezogen und auf zwei Augen geschnitten sind, so werden sie auf folgende Weise weiter behandelt. Die eine der aus den beiden Augen entstandenen Reben wird abgeschnitten; die andere, welche den Stamm bilden soll, schneidet man auf vier bis fünf Augen, je nachdem sie stark ist. Die Fruchtreben, welche daraus entstehen, werden beibehalten, um einige Trauben zu bekommen, die Nebentriebe (der Geiz) hingegen ausgebrochen (abgeschnitten). Man verfährt nun jedes Jahr auf die nämliche Weise, bis der Stamm an der Stelle angekommen ist, wo er sich in Arme theilen soll, welche schon im Voraus an der Mauer bezeichnet wird. Die Asttheilung, wodurch die Arme gebildet werden, muß so genau wie möglich die Form eines T haben, nicht sowol, um einen gefälligen An=

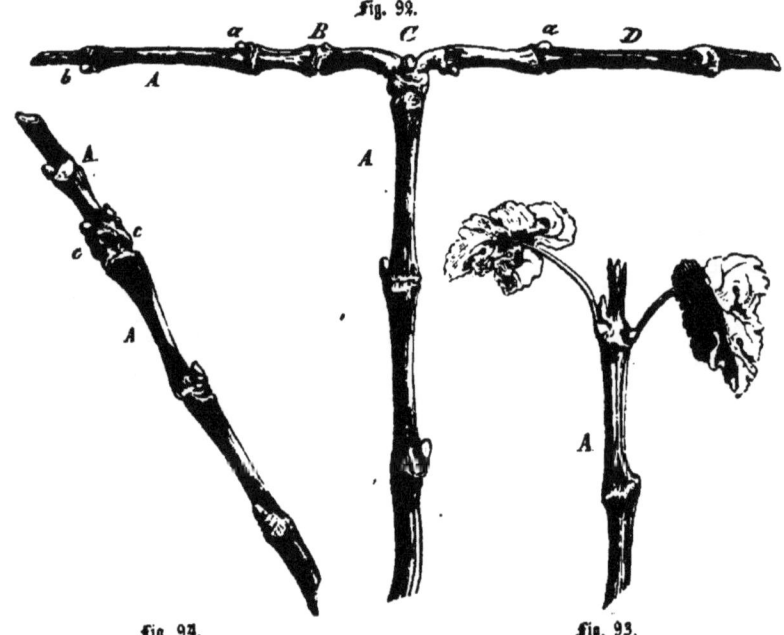

Fig. 92.

Fig. 93.   Fig. 93.

blick zu gewähren, als vielmehr, damit der Saft sich so gleichmäßig wie möglich in die beiden Arme vertheilt. — Um diese Form zu bekommen, giebt es verschiedene Verfahrungsweisen. Ich will hier nur zwei anzeigen, die leicht auszuführen sind und den gewünschten Zweck vollkommen erfüllen.

Die erstere, Fig. 92 abgebildete, besteht darin, daß der Verlänge=
rungstrieb des Stammes A so gebogen wird, daß er genau an der Stelle
C, wo das T gebildet werden soll, ein Knie bildet, wobei darauf zu sehen
ist, daß sich auf der Außenseite der Biegung ein Auge befindet. Der (links
gebogene) Trieb wird nun, bei B angelangt, entspitzt, so daß der Saft in
diesem Triebe (A) augenblicklich stockt, nach dem Auge, welches sich auf der
Biegungshöhe C befindet, strömt, und das Austreiben einer Nebenruthe D
zur Folge hat. Einige Zeit darauf treibt der entspitzte Verlängerungstrieb
A bei B ebenfalls eine Seitenruthe. Beide Nebentriebe (D und B) werden
nun angebunden und in möglichst gleichmäßiger Entwickelung gehalten.

Das zweite, Fig. 93 und 94 dargestellte Verfahren besteht darin,
daß der Verlängerungstrieb A (der Stamm) abgeschnitten wird. Wenn
dieser Trieb an der Stelle, wo die Theilung der Arme geschehen soll, oder
nahe dabei angelangt, entspitzt wird, so treibt das darunter befindliche
Auge eine Nebenruthe A (Fig. 93), an deren Fuße sich zwei fast gegen=
überstehende Augen C C (Fig. 94) befinden. Im folgenden Jahre schneidet
man den Stamm über diesen beiden Augen ab, worauf sich aus diesen die
zwei den Anfang der Arme bildenden Ruthen entwickeln. Dieses letztere
Verfahren, obschon das T regelmäßiger formend, ist indessen weniger vor=
theilhaft. Die Theilungsstelle (das T) kann nämlich etwas höher oder tiefer
als an den bestimmten Punkt kommen, von wo die Arme sich wagerecht
ausbreiten sollen (wobei, des Anbindens wegen, die tiefere Stellung vor=
gezogen wird); ferner wird die Bildung der Arme um ein Jahr verspätet,
während bei dem ersteren Verfahren der Anfang der Arme schon in dem
nämlichen Jahre gebildet wird. Man muß aber beide Verfahren benutzen,
wie es gerade mit den Augen passen will.

Die Arme werden möglichst wagerecht angebunden. Die Augen a
(Fig. 92) bilden die ersten Zapfen= oder Fruchtreben, die ungefähr 15
Centimeter (5 Zoll) von einander zu stehen kommen. Die Arme werden
stets auf ein nach unten stehendes Auge geschnitten, so daß das vorher=
gehende, aus welchem die Zapfenrebe entsteht, beständig nach oben gerichtet
ist, was sich, weil die Augen (mit seltenen Ausnahmen) bei dem Weinstocke
abwechselnd stehen, dann von selbst giebt. Die Bildung der Zapfenreben
ist auf diese Art nicht schwer gemacht.

Man bildet nun jedes Jahr eine oder zwei Zapfenreben (je nachdem
der Boden gut und der Wuchs stark ist) auf jeder Seite, niemals aber mehr,
wenn man dauerhafte Arme und schöne Trauben bekommen will. Sobald
die Arme ihr Endziel erreicht haben, so setzt man ihrer Verlängerung
Grenzen, indem man entweder den Verlängerungstrieb in die Höhe zieht,

um später nach oben zu schneiden und eine Zapfenrebe daraus zu bilden (wie es auf Fig. 91 vielfach zu sehen ist), oder indem man ihn auf ein oberes Auge schneidet, so daß ebenfalls eine Zapfenrebe entsteht. Um den unnöthig gewordenen Verlängerungstrieb bekümmert man sich nicht weiter.

Sollte es nöthig werden, einen schlecht gewordenen Arm ganz zurück= zuschneiden, was oft vorkommt, wenn die Arme zu schnell gebildet werden, so wählt man zum Ersatz eine der Theilungsstelle so nahe wie möglich stehende Rebe, biegt sie nieder und bringt sie allmälig in die Richtung des zu ersetzenden Armes, welcher im folgenden Jahre hinter der Rebe abge= schnitten wird. Der junge Arm (die niedergezogene Rebe) wird nun auf ein nach unten stehendes Auge geschnitten und ferner behandelt, wie früher angegeben worden ist.

In Bezug auf die übrigen Stämme gelten dieselben Regeln. Welches auch ihre Höhe sein mag, man schneide sie nie länger als auf 4—5 Augen, wie ich schon angegeben habe. Nur wenn das Wachsthum der Rebe un= bändig sein sollte, kann man den Schnitt etwas verlängern. Diese Stamm= reben bringen schon von unten auf Trauben, lange vorher, ehe sie in Arme getheilt werden, indem man ihnen die seitlichen kurzen Zapfenreben läßt und diese ganz wie bei dem Herzstamme behandelt, weshalb das langsame Erziehen dem Ertrage auch wenig schadet.

158. *Da vielen deutschen Lesern diese Art, den Weinstock zu ziehen, noch ganz fremd ist, so will ich noch Einiges nachtragen, was der Verfasser den französischen Gärtnern und Weinzüchtern gegenüber als selbstverständ= lich nicht erwähnt hat. Zuvörderst will ich auf die Pflanzung zurückgehen. Die Entfernung wird manchem Leser, der an unsere deutschen, oft 20 Fuß und darüber von einander entfernt stehenden Weinstöcke denkt, sehr gering vorkommen. Man muß aber bedenken, daß die Stöcke 6 Fuß weit und darüber von der Mauer gepflanzt werden und in dieser ganzen Länge mit Wurzeln versehen sind, während unsere dicht an die Mauer gepflanzten Stöcke gewöhnlich mit den Wurzeln auf die in der Nähe der Mauern meist trockene Erde angewiesen sind. Ferner ist es bei dieser Methode Grund= satz, daß der Holztrieb zu Gunsten der Frucht gemäßigt wird, wie schon aus den kurzen, aufrecht stehenden Fruchtreben, die selten 2 Fuß lang werden, zu ersehen ist. Anfangs hat der Boden Kraft genug, einen raschen Holzwuchs zur Bildung von Stamm und Armen hervorzubringen; sind aber einmal die Arme mit den Fruchtreben gezogen, so verlangt man keinen üppigen Wuchs mehr, und die Beschränkung der Wurzeln durch die enge Pflanzung wirkt heilsam, ohne zur Schwächung zu führen. Läßt aber die

Triebkraft so sehr nach, daß die Trauben an Zahl, Größe und Güte ab=
nehmen, so kommt man (wie bei den Obstbäumen angegeben wurde) mit
wiederholten Düngungen zu Hülfe, giebt aber nur so viel Nahrung, als
man für die Fruchterzeugnisse für nöthig hält.

Die Querlatten sind bei diesem Spalierzug durchaus unentbehrlich,
denn an einem deutschen Spaliergeländer, welches blos aufrecht stehende
Latten oder Stangen hat, können die kurzen Fruchtreben nicht gehörig an=
gebunden werden. Man sehe darauf, daß die das Geländer haltenden
stärkeren Latten genau an die Stelle kommen, wo der Stamm befestigt wird,
weil sonst das schwache Gitterwerk den alten Stamm nicht hinlänglich
halten kann. Dasselbe gilt von den starken Querlatten, auf welchen die
schwachen befestigt sind, für die Arme, und es ist gut, es so einzurichten,
daß stets eine stärkere Latte mit einer schwachen abwechselt, so daß die
ersteren an die Stelle kommen, wo die Arme entlang gezogen werden sollen,
die schwächeren aber $3/4$ Fuß darüber, um das aufrecht stehende Fruchtholz
bequem anbinden zu können. Wollte man ein bereits vorhandenes deutsches
Spaliergeländer für derartige Weinstöcke benutzen, so müßte man 9—12
Zoll über den Armreben Draht ziehen, um die Triebe daran zu binden.

Man muß zwar stets darnach streben, die Tragreben aus oberen Augen
zu erziehen, allein dies geht doch nicht immer an, wie man sich bei der
Ausführung leicht überzeugen wird. Sollten daher die nach oben stehen=
den Augen die Arme nicht genug bekleiden, so daß Lücken entstehen, so kann
man auch (zur Noth) nach vorn und unten gerichtete Augen austreiben
lassen. Diese ausnahmsweise gebildeten Fruchtruthen werden aber sogleich
ganz entfernt, wenn zufälliger Weise an einer geeigneten Stelle in der
Nähe junge, nach oben stehende Triebe aus dem alten Holze entstehen
sollten, was zuweilen der Fall ist.

Bildet man die Arme aus Doppelaugen, so treibt in der Regel das
eine stärker als das andere, und in diesem Falle wird die stärkere Ruthe
wagerecht oder im Bogen angebunden, um das Wachsthum zu mäßigen,
während man die schwächere anbindet, bis sie jene eingeholt hat, jedoch
noch bevor das Holz erhärtet und sie ebenfalls in eine wagrechte Lage bringt,
weil sonst der Arm eine Krümmung bekommen könnte. Es finden sich zu=
weilen Doppelaugen von selbst an der Stelle, wo die Arme auslaufen
sollen, und in diesem Falle ist das Bilden derselben bequem. Obschon
es wünschenswerth ist, daß die Armtheilung möglichst genau in Form eines
T vor sich geht, so ist doch eine kleine Abweichung von keinem wesentlichen
Nachtheil. Findet man daher an der Theilungsstelle zwei gegenüberstehende
Augen, die nur wenig von einander entfernt sind, vielleicht nur einige

Zoll, ſo kann man getroſt daraus die Arme auf die vom Verfaſſer vorge-
ſchriebene Weiſe durch Umbiegen oder Abſchneiden bilden, denn dieſe Un-
regelmäßigkeit wird wenig bemerkt. Man muß jedoch dabei die Vorſicht
anwenden, daß der höher ſtehende Trieb nicht auf einmal in eine Linie mit
dem gegenüber tief ſtehenden gebracht wird, weil ſonſt die Krümmung abwärts ſo ſtark würde, daß eine Saftſtockung entſtehen könnte. Die tiefer
ſtehende Rebe wird bis zur Armlinie ſenkrecht angebunden. Sollte das
Wachsthum dieſer vom Saft mehr begünſtigten Rebe ein zu großes Uebergewicht bekommen, ſo kann man ihr einen gleichen Bogen wie der anderen
Armrebe geben, d. h. ſie etwas höher ziehen, dann abwärts biegen, wodurch die Saftvertheilung geregelt wird. Solche Ausnahmen dürfen aber
nur im Nothfalle vorkommen, beſonders wenn mehrere Stockwerke über
einander angelegt werden, weil, wenn die Armlinie einige Zoll höher oder
tiefer ſteht, der ganze Plan der Anlage geſtört wird.

Der Schnitt der Fruchtreben wurde ſchon im Allgemeinen (§§. 151,
152) von Hardy genau beſchrieben, und ich wiederhole nur, daß von den
aus den gelaſſenen zwei Augen ſich entwickelnden Fruchtreben im folgenden
Jahre die obere mit einem Stück des alten Holzes (Zapfens) nahe an der
unteren abgeſchnitten wird, ſo daß nie mehr als zwei Augen bleiben, welche
wieder zwei Reben bilden. Auf dieſe Art iſt der Erſatz der Fruchtreben
ſtets gleichmäßig geſichert. So beſchnitten, bildet ſich unter den Händen
eines geſchickten Weinzüchters keine eigentliche Verlängerung des Zapfens,
ſondern nur ein Knoten auf der Armrebe, der nach vielen Jahren kaum
ein Zoll lang wird, wenn nicht falſch geſchnitten wird. Es wurde ſchon erwähnt, daß, wenn unten am Knoten verborgene Augen ſichtbar werden,
man dieſe Triebe wachſen läßt, und wenn die neue Rebe geſichert iſt, der
alte Knoten nahe am Arme abgeſchnitten wird. Man bedient ſich hierzu
der früher erwähnten Baumſchere, da es mit dem Meſſer bei weitem nicht
ſo gut geht. Die Wunden müſſen gut verſtrichen werden. Dieſer Schnitt
iſt ſo leicht, daß ihn ein Kind ausführen kann. Im Sommer beſteht die
ganze Arbeit darin, daß man die Fruchtreben ſenkrecht anbindet, die Gabeln
und den Geiz ausſchneidet und die Spitzen zwei Blätter über der oberſten
Traube abſchneidet. Dieſes Letztere (das Anhalten) geſchieht, wenn ſich das
dritte Blatt über der Traube zeigt. Während der Blüte darf es nicht geſchehen, bei einzelnen Ruthen kann aber ſchon vor dem Aufblühen entſpitzt
werden. Kommen am Stamme oder an unpaſſenden Stellen der Arme
Triebe zum Vorſchein, ſo werden ſie im Entſtehen ausgebrochen.

Wir haben bisher nur von ſolchen Mauern geſprochen, wo nach der
Weiſe von Thomery der ganze Raum von Weinſtöcken bedeckt wird. Ich

werde nun noch Einiges über den einfachen Winkelzug erwähnen, wo der Weinstock in Verbindung mit anderen Spalierobstbäumen gezogen und ver= schiedenen Räumlichkeiten angepaßt wird. Das Verfahren von Thomery, wie es oben beschrieben wurde, wird außer diesem Orte [1] nur selten so systematisch angewendet, wol aber ist den Grundregeln nach dasselbe über die meisten Gärten von Frankreich verbreitet. Durch Zufall wird es auch in Deutschland hier und da geübt, nämlich an Wohnhäusern, wo zwischen den Fenstern nur wenig Raum ist, so daß man keine andere Wahl hat, als einen hohen Stamm zu ziehen und diesen über den Fenstern in wagerechte Arme zu theilen. Man kann bemerken, daß so gezogene Stöcke stets viel reichlicher tragen, als viel größere, den Raum ganzer Wände bedeckende, mögen auch jene, wie es meist der Fall, dem Zufalle überlassen bleiben.

Es ist in Frankreich sehr gewöhnlich, daß höhere Mauern unten mit Pfirsich= und anderen Bäumen, oben aber mit Weinreben bezogen sind. Hierzu eignet sich der Winkelzug ausschließlich. Gewöhnlich macht man das Geländer etwas höher als die Mauern (wenn diese kein Dach haben, was keineswegs so allgemein ist), pflanzt zwischen zwei andere Spalierbäume einen Weinstock, so daß man seinen Stamm hinter den Zweigen oft gar nicht bemerkt, und zieht die beiden Armreben über den Pfirsichbäumen etwa einen Fuß unter der Mauerhöhe, so daß die Triebe zwar über die Mauer empor= stehen, die Trauben aber von der Mauer geschützt sind und zeitig reifen. Auf diese Weise bekommt man allerdings nicht so frühzeitig Trauben, als von den tiefer gezogenen Stöcken, weil es oben nicht so warm ist. Außerdem wird der Weinstock in guten Lagen auch an freistehenden Geländern auf diese Weise gezogen, und zwar meistens in zwei Stockwerken über einander, wozu das Geländer einfach mit Querlatten (wagerecht liegenden) gebildet wird.

Wenn eine neue Weinanlage gemacht wird, so ist es natürlich besser, sich nach den angegebenen Regeln zu richten; hat man jedoch schon schöne, junge Weinstöcke an einer Mauer, so können auch diese für den so nützlichen und einfachen Winkelzug eingerichtet werden, indem man einige möglichst gerade gewachsene Hauptreben so einschneidet und anbindet, daß sie einen Stamm bilden. Kann man die Arme auf die vorgeschriebene Weise bilden, um so besser; geht es aber nicht, so läßt man an den Stammreben einige Seitenreben, so daß der Platz ausgefüllt wird, und bildet aus diesem Arme.

---

[1] Thomery liegt im Departement der Seine und Marne, in der Nähe von Fontainebleau, beiläufig 10—12 Stunden südlich von Paris. Von hier werden die meisten und besten Weintrauben nach Paris gebracht und zwar meistens Gut- oder Schönedel (chasselas). Die dortigen Rebgärten sind vielfältig mit Mauern durch= schnitten, um Raum für Spaliere zu bekommen. J.

An Regelmäßigkeit iſt dabei freilich nicht zu denken, und es kommt auch nicht darauf an, wenn eine oder die andere Rebe in ſchiefer Richtung gezogen wird, wenn nur der Raum ausgefüllt werden kann und Trauben geerntet werden. Hat man ſich von der Güte dieſes Verfahrens überzeugt, ſo iſt es Zeit, regelrechte Stöcke jung anzuziehen, was, da die Pflanzung von der Mauer entfernt ſtattfindet, geſchehen kann, während der vorhandene alte Weinſtock noch benutzt wird. Ganz ausgezeichnet eignet ſich dieſer Spalierzug für Gebäude mit vielen Fenſtern, weil jeder nur 2 Fuß hohe Raum zwiſchen den oberen und unteren Fenſtern benutzt werden kann, ferner an die Seiten der Lauben.

Niederlegen laſſen ſich ſo gezogene Weinſtöcke nicht; ſie müſſen daher in Gegenden, wo der Wein im Winter bedeckt werden muß, mit Stroh eingebunden oder ſonſt mit Decken verhängt werden.

Der Ertrag des Weinſtocks, nach dieſem Verfahren gezogen, iſt unge= mein groß und faſt ſtets ſicher. Man zieht in Thomery in mittelmäßigen Jahren auf einer Fläche von 75 ☐ Fuß an tauſend der herrlichſten Trauben, eine Menge, die ſchwerlich durch eine andere Kultur erzielt wird. Jede Fruchtrebe bringt in der Regel zwei Trauben, die man bei kräftigen Stöcken in gutem Boden getroſt laſſen kann, da der Stock keinen Saft auf den Holzwuchs zu verwenden braucht.

Zum Schluſſe will ich noch erwähnen, daß der rühmlichſt bekannte verſtorbene Weinzüchter Bronner in Wiesloch in ſeinen beiden Schriften über den Weinbau eine etwas abweichende Theorie des Winkelzuges aufge= ſtellt hat. Er bildet nämlich die Stämme aus zwei neben einander gepflanzten Reben und biegt ſie an der gewünſchten Stelle im rechten Winkel um, wo= durch das Bilden der Arme erleichtert wird. Bei dem Schnitt weicht er inſofern ab, daß er abwechſelnd eine Rebe auf 4—5 Augen, die anderen auf zwei Augen ſchneidet. Aus den kurzen Zapfen bilden ſich die Tragreben für das nächſte Jahr. Man ſchneidet ſtets die vorher lang geſchnittenen Reben kurz (auf zwei Augen) und die kurz geweſenen lang. Den Vortheil dieſes Verfahrens ſehe ich nicht ein; wenn es daher in Bezug auf Trag= barkeit dem franzöſiſchen gleichſtehen ſollte, ſo iſt doch letzteres einfacher und daher vorzuziehen. Bei dem Bronner'ſchen Verfahren müſſen die auf fünf Augen geſchnittenen Schenkel meiſt angebunden werden; da ſie aber häufig nicht bis an die Latte gehen, ſo muß man die Reben länger ſchneiden und die oberen überflüſſigen Augen ausbrechen. Bei der franzöſiſchen Methode hat man hingegen im Frühjahr gar nichts anzubinden, als etwa die losge= gangenen Arme. Ich will hier noch an eine andere, durch Kolbe zuerſt bekannt gewordene Erziehungsweiſe erinnern, welche ebenfalls auf dem

Grundfatze der wagerechten Vertheilung der Hauptreben zur Mäßigung des Holzwuchfes beruht. Eine genaue Beschreibung mit Abbildung befindet sich außer in Kolbe's „Weinbau" (zweite Auflage, Erfurt 1828) im zweiten Bändchen dieses Werkes (Obstbau), ferner in meinem „Katechismus der Nutz= gärtnerei" (zweite Auflage, Leipzig 1858).

Ueber die Wiederherstellung alter Weinstöcke.

159. Häufig genug stirbt ein Theil der Fruchtreben oder Zapfen an alt gewordenen Stöcken ab, oder diefelben werden, ungeachtet der angewen= deten Sorgfalt, wenigstens schwach und unfruchtbar. In diefem Falle ist das Pfropfen ein herrliches Mittel, die leeren Stellen aus= zufüllen. Man wendet zu diefem Zwecke zwei Propfungsarten an: 1) das Okuliren in den Spalt (greffe en navette), oder Pfropfen in Form eines Weberschiffchens; 2) das beim Pfirfichbaum schon berührte krautartige Anplatten (Ablaktiren junger Zweige). *Die erstere Pfropfart (Fig. 96) ist nicht sehr und nur bei dem Weinstocke gebräuchlich. Man macht in das alte Holz einen Spalt, in die Mitte der Rebe, ohne sie abzuschneiden, zwängt diefen mit einem Meißel aus einander, schneidet ein Stück Rebe mit einem gesunden Auge in Form eines Weberschiffchens (oben und unten spitz) zu und paßt es genau in den Spalt, den man auch mit dem Messer erweitern kann. Die Wunde wird mit Baumwachs verstrichen.* Das Anplatten ist bei weitem vorzuziehen. Es wird, wie Fig. 95 zeigt, auf die schon (S. 129) angegebene Weise ausgeführt, jedoch so, daß nur ein Auge verwächst.

Fig. 96.

Fig. 95.

Sind beide Theile endlich gut verwachsen, so wird die eingelegte Rebe einerseits hinter der Verbindungsstelle, andrerseits an ihrer Mutterrebe abgeschnitten. Der daraus entstehende Trieb wird im nächsten Frühjahr wie jeder andere auf einen Zapfen und zwei Augen geſchnitten. Man nimmt, wie auch auf der Abbildung zu ſehen iſt, diejenige Fruchtrebe zum Anplat= ten, welche ohnedies weggeſchnitten werden müßte. Auf dieſe Art kann man jede leere Stelle auf den Armreben ausfüllen und ſelbſt ſchlecht (nach unten oder nach der Seite) ſtehende Fruchtreben durch beſſer ſtehende erſetzen.

Müſſen ganze Arme erneuert werden, ſo ſchneidet man ſie über der erſten Zapfenrebe ab und behandelt die daraus entſtehende ſtarke Rebe ganz ſo, wie früher die junge Armrebe.

Sollte ein Weinſtock, ohne förmlich entkräftet zu ſein, im Tragen ſehr nachlaſſen, ſo kann er ganz nahe an der Erde abgeworfen werden. Man düngt dann den Boden ſtark und bildet aus den neu entſtehenden Reben den Spalierzug von neuem. *Das Abwerfen alter Stöcke darf erſt geſchehen, wenn ſich ſchon junge Triebe zeigen, weil dann der Saftverluſt nicht mehr ſo groß iſt. Man verfährt wenigſtens bei erfrorenen Stöcken auf dieſe Weiſe.* Das Abwerfen kann indeſſen nur an Stöcken vorgenommen werden, die noch nicht zu alt ſind.

Endlich iſt es vortheilhaft, alte Weinſtöcke durch Niederlegen zu ver= jüngen, wodurch in Wirklichkeit ganz neue Pflanzen entſtehen. Man macht vor der Mauer einen 2 oder 3 Meter breiten und 40—50 Centimeter tiefen Graben, bringt hinreichend Dünger in denſelben, oder ſchafft gute Erde herbei. Man bindet nun alle ſchwachen (ſchlechten) Weinſtöcke los und biegt die Stämme im Graben in einen ſolchen Bogen, erſt auswärts, dann wieder gegen die Mauer, daß die Spitzen ungefähr einen Fuß weit von der Mauer ſtehen. Man befeſtigt hierauf ſämmtliche Stöcke mit paſſenden Holzhaken auf der Erde (im Graben). Auf dieſe Weiſe kommen die Reben genau an den Fuß der Mauer. Man bedeckt nun den ganzen Stock mit guter Erde und ſchneidet die vorſtehenden Reben auf zwei Augen. Sie treiben, auf dieſe Art behandelt, auf eine ganz außerordentliche Weiſe, und ich habe einen Trieb geſehen, der von der Erde 4 Meter lang im erſten Sommer nach dem Niederlegen getrieben hatte. Dieſes Verfahren hat zur Folge, daß bei ſo ungemein raſchem Wachsthum das Spalier ſchneller wie= der bezogen werden kann, als wenn man es ganz neu bepflanzte. Eine vollſtändige neue Pflanzung braucht nicht eher gemacht zu werden, bis alle Stöcke erſchöpft und ſchlecht geworden ſind.

Man kann auch alte Weinſtöcke dadurch verjüngen, daß man ſie um= pflanzt. Man gräbt ſie mit hinreichenden Wurzeln aus und pflanzt ſie wieder ſo tief (wobei man die Erde erneuert), daß ſie bis an die beginnenden Reben mit Erde bedeckt werden und die Zapfenreben nur mit zwei Augen hervorſehen. Die alten Wurzeln erhalten den Stock, bis er neue gebildet hat, was am jungen Holze bald geſchieht. So behandelt, tragen die Stöcke ſchon im zweiten Jahre wieder, treiben kräftig und bleiben noch lange tragbar.

Wenn die Weinſtöcke alt werden, ſo müſſen ſie gedüngt werden, was alſo geſchieht, ſobald man eine Abnahme der Wuchskraft und der Tragbar= keit bemerkt. *Das Düngen kann nach Umſtänden alle 2—3 Jahre geſchehen, je nachdem man lange wirkende Stoffe dazu nimmt oder nicht. Flüſſiger Dünger wirkt nur ein Jahr, Hornſpäne, Knochen, Lederſtücke ꝛc. halten mehrere Jahre an. Sehr gut iſt das Eingraben alter, in Miſtjauche ge= tauchter Lumpen von Wolle. Von ausgezeichneter Wirkung auf Fruchter= zeugung iſt Kali, daher auch mäßige Anwendung von Potaſche höchſt nützlich iſt. Verſuche mit Guano und Würfelſalpeter ſind zu empfehlen.*

Sechſtes Kapitel.
Ueber den Schnitt der Obſtſträucher.
1.
Der Feigenbaum.

160. Der Feigenbaum gehört vorzugsweiſe dem Süden an, jedoch giebt es einige Abarten, die auch bei uns im Freien gezogen werden können und deren Erzeugniſſe einen ziemlichen Handelsartikel bilden [1]).

In ſüdlichen Gegenden verlangt die Feige ſo zu ſagen gar keine Pflege; ich befaſſe mich daher nur mit der Kulturweiſe, die für dieſen Baum in Gegenden von einem Klima, wie in Paris nothwendig und zweckmäßig iſt.

Der Feigenbaum kommt in jedem Boden fort, doch gedeiht er natür= lich vorzugsweiſe in reichem Boden und erreicht darin eine anſehnliche Größe und eine große Fruchtbarkeit. Die Wurzeln haben eine ganz unge= meine Lebenskraft, die ſich jedesmal zeigt und benutzt wird, wenn der Stamm durch harte Fröſte, gegen welche er ſehr empfindlich iſt, getödtet wird.

161. Die Vermehrung der Feigen geſchieht am meiſten durch Ableger und Wurzelausläufer, doch wird auch die Vermehrung durch Steck= linge und durch Veredelung angewendet. Am beſten werden ſie durch Pfropfen in die Rinde und durch Pfeifeln [2]) (greffe en ſifflet) veredelt. Die Ableger

---

[1]) Es iſt hier allerdings nur von Paris die Rede; indeſſen ſind friſche reife Feigen auch in anderen großen Städten gut verläuflich und auf die Tafel geſucht. J.

[2]) Das ſogenannte Pfeifeln, Röhreln oder Pfeifenpropfen iſt eine wenig gebräuchliche und meines Erachtens auch entbehrliche Veredelungsart. Sie beſteht darin, daß man, ſo lange die Schale (Rinde) ſich gut löſt, einen Rindenring mit

werden, wie bei dem Weine, in Körben oder frei gemacht. Die Ausläufer sind Wurzeln, welche nahe an der Oberfläche des Bodens bleiben und, wenn sie an das Licht kommen oder verletzt werden, in einem Triebe endigen. Hinreichend ausgebildet trennt man sie von den Mutterpflanzen.

162. Die Pflanzung im März ist günstiger als im Herbst, weil die jungen, fleischigen Wurzeln in Folge des Verpflanzens im Winter leicht verfaulen könnten. Der günstigste Standort ist die Südseite und die wärmste Stelle des Gartens. Die besten Pflanzen liefern die Ableger.

Will man eine ganze Feigenpflanzung anlegen, so macht man einen Graben von 50—60 Centimeter Tiefe und 50 Centimeter Breite, in welchen die bewurzelten Ableger liegend gepflanzt und wobei die Wurzeln nach allen Seiten ausgebreitet werden, so daß keine Büschel beisammen bleiben. Man pflanzt sie so tief, daß Etwas von dem jungen Holze in die Erde kommt, und zwar schief stehend, um die Stämme im Winter leicht niederlegen und bedecken zu können. Die Wurzeln der jungen Pflanzen werden 25—30 Centimeter hoch mit Erde bedeckt, jedoch läßt man rings um den Stamm eine Vertiefung von 20—25 Centimeter, welche stets er= halten wird, um den Feigenstock feucht erhalten zu können.

Man pflanzt die Feigenbüsche in zwei Reihen im Verband und biegt dabei abwechselnd den einen rechts, den andern links vom Graben, so daß sie in der Linie 2 Meter von einander entfernt zu stehen kommen. Damit die Büsche stark werden, dürfen sie aus nicht mehr als fünf vom Boden beginnenden Stämmchen bestehen, die sich später noch zwei= und dreimal theilen, wenn der Busch größer wird. Besser ist es, wenn der Stamm sich nur in zwei oder drei Aeste theilt, weil er so besser in Ordnung zu halten ist. Will man mehrere derartige gleichlaufende Gräben bepflanzen, so macht man sie ungefähr 5 Meter von einander.

Will man nur einzelne Büsche pflanzen, so macht man Löcher von der oben angegebenen Breite und Tiefe wie bei den Gräben; doch wäre es vortheilhaft, sie noch größer zu machen. Um schnell große Büsche zu be= kommen, kann man zwei starke, mehrästige Ableger in eine Grube pflanzen[1]).

Nach dem Pflanzen läßt man die Büsche zwei Jahre unberührt wachsen.

---

einem Auge versehen von einem Zweige ablöst (wie es die Kinder beim Pfeifenmachen von Weiden thun), ein gleiches Stück von dem zu veredelnden Baume wegnimmt, jenes an diese Stelle bringt und wie beim Oculiren verbindet. Abbildung und genaue Be= schreibung in meiner „Baumschule", welche nächstens in dritter Auflage erscheint. J.

[1]) Dieselben Pflanzungsregeln giebt auch Herr Aligard. Ich freue mich sehr, daß ich mit diesem ausgezeichneten Baumzüchter über diesen noch streitigen Punkt einer Meinung bin.   Harby.

Im britten Jahre aber ſchneidet man alle Aeſte (Stämmchen) bicht an ber Erbe ab, um einen ſchönen Strauch zu bekommen. Von ben austreibenden Schoſſen behält man bie ſchönſten bei. Wenn zwei Ableger neben einander gepflanzt werben, ſo iſt bas Abwerfen bes ganzen Holzwuchſes unnöthig.

163. Bebeckung im Winter. Da ber Feigenbaum in unſerem Klima ſehr leicht erfriert, ſo iſt es von Wichtigkeit, baß er jeben Winter vor Kälte bewahrt wirb. Zu bieſem Zwecke macht man an ber Seite einen Graben, breit genug, um bie ganzen Büſche hineinlegen zu können, unb bebeckt ſie, nachbem bie Aeſte mit Haken befeſtigt worben, 20—30 Cen= timeter hoch mit Erbe, aus welcher man einen Rücken bilbet, bamit bas Waſſer ablaufen kann unb bie Zweige nicht von ber Näſſe leiben. Auf bieſe Weiſe verhütet man bas Erfrieren unb bie burch bas Aufthauen be= wirkte Fäulniß. So lange ber Strauch noch jung iſt, binbet man ihn in ein einziges Bünbel zuſammen; wirb er aber ſtärker, ſo muß man aus ben Aeſten mehrere Bünbel machen. Man legt ſie in ber Erbe ſo regelmäßig wie möglich, um ben Raum gut zu benutzen. Das Eingraben geſchieht, ehe ſtarke Fröſte kommen, wenn bie Blätter im November abgefallen ſinb. Zu einem ſtarken Buſch genügen brei bis vier Gräben, unb man richtet es ſo ein, baß man ben erſten Graben mit ber Erbe bes zweiten füllt u. ſ. w.

Die Zweige bes Feigenbaums ſinb nicht leicht zerbrechlich; bennoch würben ſie zerbrechen, wenn man ſie in eine ihrer natürlichen Haltung zu ſehr entgegengeſetzte Richtung bringen wollte. Inbeſſen erhält ſie bas all= jährliche Nieberlegen in einer gewiſſen Biegſamkeit, ſo baß ſie ſich an bas Umbiegen gewöhnen, ohne zu brechen. Dieſe Arbeit, welche bei trocknem Wetter vorgenommen werben muß, verlangt eine reinliche, nicht mit Blät= tern, Stroh unb Gras vermiſchte Erbe, bamit bieſe Gegenſtänbe bei bem Eingraben nicht an bie Zweige kommen unb zu Flecken unb Fäulniß Ver= anlaſſung geben, woburch bas Abſterben herbeigeführt werben könnte. Man muß auch Sorge tragen, baß vor bem Bebecken bie kleinen grünen Herbſt= feigen, welche man Nachwuchs nennt, abgebrochen werben, benn bieſe Früchte reifen ſelten, ſterben meiſtens zugleich mit ben Blättern ab unb veranlaſſen Fäulniß. Die Erbe zum Bebecken barf nicht naß ober grob ſein, bamit bie Zweige trocken liegen unb kein hohler Raum entſteht.

In Gärten, wo bie Feigenſträucher nicht ſo gepflanzt wurben, um ſie nieberlegen zu können, iſt bas einzige Mittel, ſie gegen Kälte zu ſchützen, baß man ſie in Stroh einbinbet, was jeboch nicht ſo gut iſt, benn bie ein= gegrabenen Feigen tragen beſſer unb bringen frühere, ſchönere Früchte.

164. Das Ausgraben ber Feigen geſchieht, wenn bie Witterung es zuläßt; im März, unb es iſt zweckmäßig, bieſe Arbeit bei feuchtem Wetter

vorzunehmen, um ein schädliches Austrocknen der Zweige zu vermeiden,
wenn sie plötzlich mit der Luft in Berührung kommen. Es ist dies die
beste Zeit, weil sie dann anhaltender und besser Frucht bringen, als wenn
man sie später aufdeckt. Es ist dabei nur der mißliche Umstand, daß die
Feigen zuweilen noch vom Froste leiden, weshalb man auch öfter bis Anfang April mit dem Aufdecken wartet, wodurch die Ernte freilich weniger
vortheilhaft ausfällt. *Wenn man noch Frost zu befürchten hat, so thut
man wohl, die Feigen, nachdem die Erde davon genommen wurde, noch
einige Zeit mit Reisern von Nadelholz, Wachholder, Heidekraut u. s. w.
zu bedecken, wodurch auch das schnelle Austrocknen verhindert wird. *Es ist
gut, die Sträucher sogleich, nachdem sie aufgedeckt wurden, aufzubinden,
damit der wohlthätige Einfluß der Luft jeden einzelnen Zweig trifft.
Sollten die Zweige durch das Niederlegen eine zu große Neigung gegen
den Boden behalten, so giebt man ihnen Stäbe zum Halten, damit die
Früchte nicht zu nahe an die Erde kommen. Alle etwa an den Aesten
hängen gebliebene Erde wird sorgfältig beseitigt. Deckt man die Feigen
zu spät auf, so setzen sie, wenn Trockenheit eintritt, schlecht Frucht an, oder
die Feigen reifen später und sind weniger schön als an den früher an die
Luft gebrachten Sträuchern.

Man kultivirt in Gegenden, welche ein ähnliches Klima wie Paris
haben, am vortheilhaftesten die frühe weiße Feige oder Blanquette (blanche
ronde), da sie sehr zeitig reif wird. *Für mehr nördliche und rauhere
Gegenden ist besonders die große violette Braunschweiger Feige, welche
schon im August reift, zu empfehlen.*

165. Schnitt und Ausbrechen. Außer dem Ausbrechen der Augen
am alten Holze im Frühjahr, welches mit unnützen Augen jedes Jahr geschehen muß, sorgt man dafür, daß bei mildem Wetter mit dem Messer alle
Augen an der Spitze der Zweige weggeschnitten werden, ehe sie treiben,
ferner die schwachen oder zu dicht stehenden inneren und die todten Zweige.
Wird ein Stämmchen schwach und kränklich, so schneidet man es ab und
ersetzt es durch den stärksten der zahlreichen Triebe, die stets unten am
Stocke entstehen. Dasselbe geschieht mit Stämmchen, welche zu hoch werden,
um sie gut behandeln zu können. Ehe man aber den alten Stamm wegnimmt,
läßt man den jungen Ersatztrieb zwei bis drei Jahre stehen.

Im Laufe des April, einige Zeit nach dem Wegnehmen der Augen,
durchsucht man die Büsche abermals und entfernt alle neben den Früchten
stehenden Augen durch Abdrücken, ohne dabei die Feigen zu beschädigen,
welche stets an der Seite sitzen. Sie bekommen dann mehr Saft und
schwellen schneller an. Vernachlässigt man dieses Ausbrechen der die Feigen

begleitenden Augen, so daß sie treiben, so fällt ein Theil der Früchte un=
reif ab. Später bringt das Ausbrechen nicht mehr eine so vortheilhafte
Wirkung hervor. Man muß indessen zwei bis drei junge Triebe an jedem
Zweige lassen: den einen nahe an der Spitze, um den Verlängerungszweig
für das nächste Jahr zu bilden und die Feigen zu beschatten (welche ohne
Schatten hart, dickschalig und weniger groß werden), den andern, um
Fruchtholz für das nächste Jahr zu bilden. Wir bemerkten bereits, daß
jeder Busch 5—6 Stämmchen haben soll. Jeder derselben muß so mit
Fruchtzweigen besetzt sein, daß diese 35—40 Centimeter von einander
stehen, worauf bei dem Ausbrechen der Triebe Bedacht genommen werden
muß. Diese Zweige werden in Zukunft, je nachdem sie länger werden, so
verästet, daß stets ein voller Busch vorhanden ist. Man ersetzt diese Zweige
alljährlich durch den am tiefsten am Zweige (vor der Theilung) stehenden
jungen Trieb, doch darf solches nur in den mittleren Astpartien stattfinden.
Wünscht man die Entwickelung tiefer stehender Augen, um einer zu großen
Ausdehnung in die Höhe vorzubeugen, so kann man mit Vortheil einen
Ausschnitt am Stamme (vergl. §. 43) anbringen, wie wir es mit gutem Er=
folg ausgeführt haben. Dies darf aber nicht mit solchen Aesten geschehen,
welche sich in Zweige theilen sollen, da diese sich verlängern müssen. Auf
diese Art hat man den Strauch in der Gewalt und kann ihm eine wün=
schenswerthe regelmäßige Form geben, was bei der gebräuchlichen Feigen=
kultur durchaus noch nicht der Fall ist.

Sobald der Feigenstrauch die Höhe erreicht hat, welche man ihm lassen
will, entspitzt man den Verlängerungstrieb bis auf drei bis vier Blätter.
Auf diese Art behandelt, nimmt der Strauch wenig an Größe zu. Die
Fruchtzweige sucht man so viel wie möglich an der Außenseite des Busches
zu erzeugen und wählt hierzu immer die dicksten Triebe, weil diese die schön=
sten Feigen geben. Die Blätter müssen die Frucht beschatten, ohne sie zu
berühren, denn sie würden dieselben reiben und schwarz machen, weil sie unter=
halb sehr rauh sind. Man schneidet aus dieser Ursache solche Blätter ab.

Die Behandlung der Feigen mit rother und violetter Frucht weicht
davon insofern ab, daß man das Ausbrechen der Augen unterlassen muß,
weil dieses Verfahren, anstatt zu nützen, der Fruchtbarkeit schaden könnte.

166. Wenn die Feige gelblich zu werden anfängt, was den Anfang
der Reife bezeichnet, so kann man auf folgende Weise das Reifen der Früchte
sehr beschleunigen. Man nimmt ein kleines Hölzchen oder die Spitze der
Fahne von einer Feder, taucht die Spitze in reines Olivenöl und tupft vor=
sichtig einen Tropfen Oel auf das Auge der Feige (die Oeffnung am oberen,
dickeren Theile der Frucht), so daß der innere, hohle Raum der Frucht von

der Luft abgeschlossen ist. Man nennt dieses Verfahren Tupfen oder Vor=
bereiten. Man kann mit einmal Eintauchen vier bis fünf Früchte betupfen.
Nach acht bis neun Tagen sind die Früchte reif. Dieses Mittel ist so un=
trüglich, daß man so viele Früchte zur Reife bringen kann, als man eben
wünscht. Die Reife wird hierdurch um zwölf bis vierzehn Tage beschleunigt
und die Feigen werden größer; indessen verlieren sie etwas an Güte und
stehen deshalb den auf natürlichem Wege reif gewordenen nach. Man
betupft oder ölt die Feigen nur nach und nach, um nicht zu viele reife
Früchte auf einmal zu haben, und ja nicht zu früh, weil sie sonst abfallen
oder nicht größer werden. Die rechte Zeit lernt man am besten durch die
Erfahrung kennen. *Dieses Betupfen mit Oel ist auch in Italien und im
Morgenlande bekannt und wird als Ersatz der Kaprifikation und zu dem=
selben Zwecke ausgeführt. Der Erfolg ist so groß, daß die Ernte daburch
verdoppelt werden kann. Die schon den Griechen und Römern bekannte
Kaprifikation besteht darin, daß man über die kultivirten Feigenbäume einen
Zweig mit Früchten von der wilden Feige hängt, in welche die Feigengall=
wespe (Cynips psenes) ihre Eier legt, die dann auskriechen, in die kulti=
virten Feigen schlüpfen und diese befruchten, wodurch der Ertrag sich sehr
steigert, aber die Früchte weniger gut werden.* — Das Zeichen der Reife
ist, wenn die Feigen sich am Auge leicht eindrücken lassen, und man darf
sie durchaus an keiner anderen Stelle drücken. Man pflückt die Feigen früh
in der Morgenkühle bis fünf oder sechs Uhr, denn später, gegen neun Uhr,
ist es nicht mehr gut. Wenn man voraussetzen kann, daß in der Nacht kein
Thau fällt, so ist es vortheilhaft, am Abend vor dem Abpflücken durch Be=
spritzen einen künstlichen Thau auf den Sträuchern hervorzubringen.

167. Nach der Feigenernte bemerkt man an den Jahrestrieben eine
Menge von jungen Früchten, und zwar auf schwachen Bäumen mehr als
auf kräftigen. Es ist dies der oben genannte Nachwuchs (regain) der
Sommerfeigen, welcher in warmen Jahren sehr häufig ist. Werden diese
Feigen reif, so sind sie, obschon klein, sehr gut; sie kommen aber in kalten
Jahren (was in Deutschland meistens der Fall ist) nicht zur Reife. Um
diese zweite Ernte mehr zu sichern, entspitzt man die mit Früchten besetzten
Triebe über dem dritten Blatte. Nach diesem Entspitzen bleiben noch drei
Früchte am Zweige, welche sehr schön und vollkommen reif werden können.
Man darf von diesen zweiten Früchten (den sogenannten Sommerfeigen)
nicht zu viele am Baume lassen, weil sie der nächstjährigen Ernte schaden,
und man bricht sie deshalb oft ganz aus. Dies darf aber nicht sogleich
nach ihrem Erscheinen geschehen, weil sonst andere entstehen, und man wartet
daher, bis sie die Größe einer Haselnuß erreicht haben.

Unmittelbar nach der Feigenernte, im Auguſt oder Anfang September, ſchneidet man den abgetragenen Fruchtzweig über dem Erſatztriebe ab und entfernt alles zu dicht ſtehende Holz. Man darf damit nicht bis zum Herbſt warten, weil die friſchen Wunden durch das Eingraben der Pflanze ſchaden könnten.

168. Wenn man die unangenehme Gewißheit erlangt hat, daß es, in Folge des Froſtes oder des Abfalls (coulure), keine Feigen giebt, was im Mai entſchieden iſt, ſo ſchneidet man alle Spitzen und Seitenzweige ohne Ausnahme auf zwei bis drei, höchſtens vier Augen, damit ſich die Triebe nicht nutzlos verlängern. Durch dieſes Abſchneiden entſteht in jedem Blattwinkel ein Trieb, beſonders am jungen Holze. Es hat auch das Austreiben zahlreicher Knoſpen am alten Holze zur Folge, ſo daß, wenn das Ausbrechen der Triebe Ende Mai oder im Juni geſchieht (je nachdem die Vegetation mehr oder minder vorgerückt iſt), man ſpäter viel mehr Triebe zu unterdrücken hat, weil man nur die zum Fruchtholz nöthigen Zweige laſſen darf. Man zieht die Triebe am jungen Holze vor, denn die auf altem Holze ſind dünn und bringen keine ſchönen Früchte. Sind jedoch leere Stellen vorhanden, ſo läßt man auch Triebe am alten Holze ſtehen.

Wenn die Stöcke alt oder krank werden, ſo ſchneidet man ſie 12—15 Centimeter (4—5 Zoll) unter der gewöhnlichen Bodenhöhe ab und erzieht neue Büſche. In trockenem Boden iſt der Feigenbaum keiner erheblichen Krankheit unterworfen, in naſſem Erdreiche dagegen ſehr. — Unter den Inſekten iſt die Feigen=Cochenille (wollige Blattlaus an Feigen), Coccus Fici Caricae, das einzige, welches ernſtlich ſchadet, denn es geht gern an die jungen Feigen. *Ich ·empfehle die Kultur am Spalier in warmen Lagen an ſüdlichen Mauern, wo die Früchte ſehr ſüß und gut werden. Dieſe Kultur wird nach den oben ausgeſprochenen Grundregeln mit Anwendung auf das Spalier betrieben. Man hat dabei nur zu beobachten, daß die nach den Seiten ſtehenden Aeſte und Zweige begünſtigt und die vor= und rückwärtsſtehenden unterdrückt werden.*

2.
Der Johannis- und Stachelbeerſtrauch.

169. Dieſe Fruchtſträucher gedeihen in jedem Boden, ſie leben aber in geringem Boden nicht lange und tragen nur wenig. Man vermehrt ſie leicht durch Ableger, Stecklinge und Ausläufer, die man mindeſtens ein Jahr in der Baumſchule erſtarken läßt, ehe man ſie pflanzt. Sie werden meiſtens in Zwergbecherform und als Büſche gezogen, eignen ſich aber auch gut für das Spalier und Gegenſpalier, obſchon ſie wenig Höhe haben, und die Früchte werden hier ſchöner als in ganz freier Lage. Man kann

diese Sträucher am Spalier in allen Formen ziehen, eine der besten ist aber die Kronleuchterform (vergl. §. 144).

Der Johannisbeerstrauch bringt seine Früchte zunächst am einjährigen Holze. Jeder Fruchtzweig hat mehrere Knospen. Sämmtliche Zweige werden zu Fruchtholz, sowie sie sich verlängern. Man pflanzt sie in Löcher oder in Gräben, entweder der Erde gleich oder vertieft, wodurch es möglich wird, die Stöcke aufzufüllen und neu zu kräftigen. Die Wurzeln verbreiten sich nahe am Boden. Man giebt den Sträuchern, freistehend wie am Geländer, einen Abstand von 1 Meter 50 Centimeter (4½ Fuß).

Will man einen Johannisbeerstrauch in Becherform (vergl. §. 22) er= ziehen, so nimmt man einen gut bewurzelten Busch mit nur einem Triebe und schneidet ihn auf drei Augen. Die drei daraus entstehenden Triebe bleiben den Sommer über unberührt. Bei dem nächsten Schnitt im Früh= jahre schneidet man jeden Zweig 12—16 Centimeter über seinem Ursprunge auf drei Augen, welche die ersten neuen Zweige zur Bildung des Bechers oder Kessels bilden. In dem Maße, wie sich die Zweige entwickeln, schneidet man dieselben jedes Jahr auf nach der Seite stehende Augen, um neue Ver= ästungen zu erhalten, welche zur Bildung des Bechers geeignet sind. Erscheint es nöthig, so bindet man sie an Stäbe oder im Bogen an andere, stärkere Zweige an. Alle unnützen und schlecht stehenden Triebe werden entfernt, besonders die oberen, nach innen stehenden, denn die Mitte muß stets hohl bleiben, damit Licht und Luft Zugang finden. Alle bleibenden Zweige werden 1—2 Centimeter über der Theilungsstelle abgeschnitten, und es bilden sich darauf kleine Büschel mit Knospen und Früchten.

170. Die Kandelaberform[1]), welche wir für die am Geländer gezo= genen Sträucher empfehlen, ist leicht herzustellen. Im Pflanzungsjahre schneidet man den Trieb auf zwei Augen, deren austreibende Zweige, der eine rechts, der andere links, ein wenig schief gezogen werden. Im fol= genden Jahre schneidet man diese Arme so lang, als ihre Stärke es erlaubt, jedoch wenigstens auf die Hälfte ihrer Länge, und bindet sie in der Richtung, welche sie behalten sollen, fast wagerecht an. Die neuen Verlängerungs= triebe werden ebenfalls in dieser Richtung befestigt. Sobald sie die be= stimmte Länge erreicht haben, biegt man sie aufwärts und befestigt sie in senkrechter Richtung. Man beginnt nun die senkrechten Zweige zu ziehen. Sie müssen einen Zwischenraum von 25 Centimeter (9 Zoll) haben und die Länge des Mutterzweiges darf nicht über einen Meter über der Hori= zontallinie auf jeder Seite betragen.

---

[1]) Vergl. §. 144 bei den Spalierbäumen.

Der Johannisbeerſtrauch hat die Fähigkeit, junge Triebe am alten Holze zu bilden. Man benutzt dieſe Eigenſchaft, um ihn zu verjüngen, ſo oft es nöthig erſcheint und die Zweige kleine oder wenige Früchte bringen. Die Kultur des Stachelbeerſtrauches und der ſchwarzen Johannisbeere weicht nicht weſentlich von der oben angegebenen ab. Die Früchte erſchei= nen bei beiden am einjährigen Holze. Man muß daher die Fruchtzweige öfter erneuern. Sie eignen ſich auch gar wohl für die angegebenen Formen. *Ich will nicht verſäumen, daran zu erinnern, wie vortheilhaft es iſt, die Stachelbeeren und Johannisbeeren, beſonders die erſteren, in der Form kleiner Bäumchen zu ziehen. Solche Bäumchen ſchaden der Benutzung des Bodens weniger als niedrige Büſche, bringen ſchöne Früchte, laſſen ſich bequem beſchneiden und abernten und ſind kleinen Kindern nicht zugänglich, ein Umſtand, der gewiß für jeden ſorgſamen Familienvater von Wichtigkeit iſt. Um einen Stamm zu bekommen, ſchneidet man im zweiten Jahre den Strauch am Boden ab, begünſtigt nur einen ſtarken Trieb, der an einen Pfahl angebunden wird, und ſchneidet ihn in paſſender Höhe zur Krone, welche ſpäter ſtets ausgeſchnitten und locker gehalten wird.*

3.

Der Himbeerſtrauch.

171. Die Kultur dieſes Strauches iſt ſehr einfach; ſoll er aber einen reichen Ertrag ſchöner Früchte geben, ſo verlangt er einige Sorgfalt, die wir um ſo mehr hervorheben wollen, da ſie meiſt ſehr vernachläſſigt wird.

Der Himbeerſtrauch wächſt kräftig, erſchöpft ſich aber ſchnell. Man vermehrt und erneuert ihn durch Wurzelſproſſen und zieht ihn als einzelnen Buſch, in Büſcheln und in Reihen. Er wird in der Regel auf die Nord= ſeite von Mauern und Hecken gepflanzt, eine Stellung, die ihm gut zuſagt, ſobald ſie nicht zu ſchattig iſt. Man thut wohl, auch einige Sträucher gegen Mittag, d. h. in die volle Sonne zu pflanzen, um zeitig Früchte zu bekommen. Man weiſt, aber ſehr mit Unrecht, den Himbeeren meiſt den ſchlechteſten Platz im Garten an, denn der Ertrag iſt auf dieſe Art ſehr gering.

Wählt man die Reihenpflanzung, ſo macht man einen 60 Centimeter breiten und 40 Centimeter tiefen Graben, pflanzt die gut bewurzelten Ausläufer (Sproſſen) parallel neben einander, in der Entfernung von 80 Centimeter bis 1 Meter ($2\frac{1}{2}$—3 Fuß), je nachdem der Boden frucht= bar iſt, und zwar ſo tief in den Graben, daß etwas Erde an den Seiten bleibt, um nach und nach jedes Jahr etwas davon aufzufüllen. Die Stengel werden ungefähr bis auf die Hälfte ihrer Länge eingeschnitten, und man läßt im ersten Jahre keine Früchte daran, um die Stöcke zu kräftigen.

Die Frucht entsteht auf den jährigen Trieben, und der Stengel, welcher getragen hat, stirbt bei den gewöhnlichen Himbeeren gegen den Herbst ab und wird jedes Jahr durch neue, am Fuße des Stockes austreibende Sprossen ersetzt. Bei den Monatshimbeeren, welche im Herbst noch einmal tragen, läßt man die Stengel, welche getragen haben, so lange, bis sie ab= sterben, denn die, welche im Herbst getragen haben, sterben erst im folgenden Jahre nach der Ernte ab.

Man beschneidet, sobald der Winter vorüber ist. Der Schnitt besteht in dem Abschneiden der Triebe, welche man zum Fruchttragen beibehält, um 1/3 oder 1/4 ihrer Länge (80 Centimeter), je nachdem das Holz stark ist, wodurch der Saft sich auf eine geringere Anzahl von Zweigen beschränkt und schönere Früchte erzeugt werden, als wenn man alle Augen beibehält. Man darf aber auch nicht zu niedrig schneiden, damit die Zweige der Erde nicht zu nahe kommen und die Beeren beschmutzt werden, überhaupt, um nicht die Ernte ohne Ursache zu verringern. Die Wurzeln treiben viel mehr neue Stengel, als man beibehalten kann und nöthig sind, und man entfernt im Juni alle unnützen, zu dicht und zu weit stehenden bis auf fünf bis sechs der schönsten, einen Busch bildenden Triebe. Diese werden um so schöner und tragen im folgenden Jahre um so mehr.

Bei der Buschform pflanzt man zwei und drei Triebe in ein Loch zusammen, nachdem der Boden gehörig umgearbeitet worden ist. In der Kultur ist kein Unterschied, nur daß man die Büsche 1 Meter 30 Centi= meter bis 1 Meter 50 Centimeter (4—4 1/2 Fuß) von einander pflanzt.

Der Himbeerstrauch braucht viel Nahrung und erschöpft den Boden sehr schnell, in welchem Falle er nur noch schwach treibt und fast keine Ernten mehr bringt. Man düngt ihn daher stets bei der Auffüllung, aber trotzdem muß man die Pflanzungen alle fünf bis sechs Jahre erneuern.

Die Himbeeren gedeihen, gleich den Erdbeeren, am besten auf neuem, d. h. erst in Kultur genommenem Boden. Von allen Düngerarten bringt der Schweinemist die vortheilhafteste Wirkung hervor. Um eine große Menge von Himbeeren zu ernten, pflanzt man auf einem mehr feuchten als trocknen Boden ganze Länder voll, jedoch jeden Busch wenigstens 4 Fuß von dem andern. So beschatten sie sich gegenseitig, ohne Sonne zu entbehren.

Die beste Spielart ist die Himbeere der vier Jahreszeiten oder Monats= himbeere, die im Herbst eben so reichlich trägt, wie im Sommer. [1]

---

[1] Näheres über die Himbeerkultur f. meinen „Obstbau", Bd. II dieser Bibliothek.

Zweite Abtheilung.

I.

Einfluß der Wildlinge und der Veredelung auf den Schnitt. [1])

172. Das Kernobst wird auf Wildlinge oder Kernstämme, Quitten und Weißdorn veredelt, auf letztere jedoch nur die Birne. Steinfrüchte veredelt man auf andere Steinfrüchte, und zwar die Pfirsiche auf Pfirsich= wildlinge, Mandeln und Pflaumen sogar auf eine Art Zwergkirsche (Prunus pumila), auch Heckenschlehen und Kirschpflaume (Prunus cerasifera); Aprikosen auf eigene Wildlinge, Mandeln und Pflaumen; Pflaumen auf andere Pflaumenarten; Kirschen auf eigentliche Kirschen, Weichseln und Mahalebkirschen.

Die auf Wildlinge oder Kernstämme veredelten Birnen bilden die dauerhaftesten, kräftigsten Bäume, sind aber nicht zu jedem Zwecke zu ge= brauchen, weil sie zu stark treiben und daher schwer in einer gewissen Form zu halten sind. Es giebt jedoch manche schwachwüchsige Sorten, die auf Wildling veredelt zu jeder Form geeignet sind.

Die Quitte, als Unterlage von Birnstämmen, macht die Bäume früh= zeitig fruchtbar, aber sie leben nicht lange, oder bringen aus Mangel an Wuchskraft keine Frucht mehr. Außerdem giebt es verschiedene Birnensorten, welche auf Quitten gar nicht fortkommen, z. B. Bergamote d'Angleterre, Beurré d'Angleterre, Bergamote Silvange, Beurré Napoléon, Beurré Dumortier, Ferdinand de Meester, Beurré gris d'hiver, doyenne, Goubault, Seckle-pear etc. Verlangt die Natur des Bodens die Quitte, so muß man, um Sorten, welche nicht darauf gedeihen, zu bekommen, das Jahr vorher erst auf die Quitten eine darauf gut gedeihende Spielart ver= edeln und dann erst die gewünschte Birnsorte, also zweimal veredeln.

---

[1]) Ich habe bis jetzt Hardy's Werk fast unverkürzt wiedergegeben, und wie man weiß, durch viele Zusätze vermehrt. Die nun folgenden Abtheilungen von geringem Umfange schweifen aber von dem eigentlichen Gegenstande, dem Baumschnitt, so ab, daß ich nur einige unentbehrliche Nachbemerkungen im Auszuge geben will. Mehr und Eigenes über diesen wichtigen Gegenstand und die Veredelungsunterlagen enthält „die Baumschule". Die nächst erscheinende dritte Auflage bringt über diese wol die ausführlichsten Mittheilungen, welche es giebt.   J.

Auf Weißdorn trägt der Birnbaum sehr gut und früh, hat aber wenig Lebenskraft und wird deshalb selten angewendet. Die Bäume zeigen zu schwachen Wuchs und der Edelstamm wird immer dicker als der Wildling.

Der Apfelbaum wird auf Wildling oder Kernstamm blos zu Hoch= stämmen verwendet, doch giebt es auch Wildlinge von schwächerem Wuchse, wenn der Same von schwachwüchsigen Sorten genommen wurde. Zu Spa= lierbäumen und anderen im Schnitt gehaltenen Bäumen nimmt man den Splittapfel (ein Wildling mit süßen Früchten) oder doucin und den Zwerg= oder Paradiesapfel, welche beide Abarten einer und derselben wilden Art sind und sich leicht durch Wurzelausläufer und Stecklinge ver= mehren lassen. Der Splittapfel [1]) ist ausgezeichnet für Spalierbäume und Kesselbäume, gedeiht in schlechterem Boden als der Zwerg= oder Paradies= apfel und hält in Bezug auf seinen Wuchs ungefähr die Mitte zwischen diesem und dem Kernwildling. Der Paradiesapfel wächst nur sehr schwach und eignet sich besonders für die eigentlichen Zwergbäume, von denen man die herrlichsten Früchte bekommt. Eben so vorzüglich und ausschließlich ist der Paradiesstamm für Obstbäume in Töpfen oder die sogenannte Obst= orangerie. Er verlangt guten Boden.

Die auf beide wilde Zwergäpfel veredelten Bäume treiben nicht stark und sind sehr fruchtbar. Wenn die auf Paradiesstamm veredelten Bäume mit der Veredlungsstelle in die Erde kommen, so bildet sich dort leicht eine neue Wurzelkrone, worauf der Wildling seine Wirkung verliert und der Baum wurzelecht ist, wie schon früher erwähnt wurde.

173. Wenn man wilde Pfirsichbäume zum Veredeln verwenden will, so muß man die Steine von den besseren Sorten zur Aussaat wählen. Die Anzucht solcher Wildlinge ist indessen in den Baumschulen nicht sehr gebräuchlich, weil es schwer hält, passende Steine in hinreichender Menge zu erhalten, und dieselben lange in der Erde liegen, ehe sie keimen.

Man nimmt deshalb vorzugsweise den Mandelbaum mit süßer, hart= schaliger Frucht, welcher sich am besten zu Unterlagen für Pfirsiche eignet. Indessen gedeihen einige Sorten, nämlich die rothe Magdalenen=Pfirsiche (Madeleine rouge), die Bourdine (bourdine, auch Narbonne genannt), die frühe rothe Pfirsiche (Purpur=Pfirsiche, pourpre hâtive) und die glatte, violette Pfirsiche eben so gut auf bitteren Mandeln. — Die auf Mandel veredelten Pfirsichbäume, deren Wurzeln tief in die Erde gehen, eignen sich vorzugsweise für tiefen, leichten und warmen Boden. Sie treiben meist

---

[1]) Ich gebrauche für doucin absichtlich das nur wenig bekannte Wort Splittapfel, um jeder Verwechselung vorzubeugen, da man in Deutschland Paradies = und Johannisstamm meistens für gleichbedeutend hält.

stärker, als die auf Pflaumen veredelten, was in der Behandlung einige
Abweichungen nöthig macht.

In wenig tiefen, kalten und feuchten Bodenarten ist der Pflaumen=
baum als Unterlage den Mandeln vorzuziehen. Die Wurzeln sind zu Aus=
läufern geneigt, weßhalb man die Bäume etwas tiefer pflanzen kann. Es
eignet sich zu Unterlagen am besten die schwarze Damascener=Pflaume
(damas noir). Man bedient sich auch der Mirobolan=Pflaume oder Kirsch=
pflaume (Prunus cerasifera) und des Zwergkirschbaums (Cerasus pumila). Der letztere läßt sich leicht durch Stecklinge und Ableger vermehren
und man erhält davon sehr schwach wachsende Zwergbäume.[1] Gleich
diesen geben gemeine Schlehen (Prunus spinosa) sehr schwach wachsende
Unterlagen.

Wenn man auf Pflaumen veredelt, so muß es durch Okuliren im Juli,
im zweiten Jahre nach der Pflanzung, geschehen. Auf Mandeln veredelt
man im September (erste Hälfte) auf jährige Pflanzen. *Man hat in
Deutschland die unangenehme Erfahrung gemacht, daß die Pfirsichbäume
auf Mandelunterlagen selbst in Gegenden, wo sie nicht erfrieren, viel kür=
zere Zeit leben, als in Frankreich, und sich schon nach 10 Jahren erschöpfen,
während die Lebensdauer in Frankreich unter guten Verhältnissen 30—40
Jahre beträgt.

Die auf Pflaumen veredelten Pfirsichbäume, wie wir sie allgemein
anpflanzen, scheinen der ganz regelmäßigen Zucht nach Weise der vorzüg=
lichsten französischen Baumkünstler unübersteigliche Hindernisse entgegen zu
setzen, denn nie können wir mit derjenigen Sicherheit auf die Erfolge eines
berechneten Schnittes bauen, wie es bei den Franzosen mit ihren auf
Mandel veredelten Bäumen der Fall ist.

Endlich verdient die gemeine, wilde Schlehe Berücksichtigung als Unter=
lage, und man sollte damit die umfassendsten Versuche anstellen, um die
Erfahrungen, welche damit gemacht wurden[2], nach allen Seiten zu er=
weitern. Gewiß ist, daß die Früchte eben so gut werden, daß die Bäume
weniger üppig in's Holz wachsen, daher fruchtbarer sind. Die Wildlinge
müssen aus Samen gezogen sein, denn Ausläufer sind unbrauchbar.*

Aprikosen veredelt man auf Wildlinge von Aprikosen, Pflaumen und

---

[1] In den französischen Handelsbaumschulen ist diese nordamerikanische Zwergkirsche oder Pflaume (Ragoumier) fast nicht mehr als Veredlungsunterlage im Gebrauch.   J.

[2] Der verstorbene Baumschulenbesitzer Schamal in Jungbunzlau in Böhmen hat
das Verdienst, diesen Wildling zuerst bekannter gemacht und durch seine Baumschulen
verbreitet zu haben.   J.

Mandeln. Auf letztere veredelt bricht jedoch der Baum an der Veredelungs=
stelle leicht ab. Die aus Samen gezogenen Aprikosenwildlinge geben sehr
gute Unterlagen.

Ein sehr guter Wildling ist die Saint=Julien=Pflaume (Haferpflaume?),
namentlich für Hochstämme, welche sehr kräftig darauf wachsen. Die Kirsch=
pflaume (prunier cerisette) ist ebenfalls sehr gut für Spalier=Aprikosen.
Am besten sind die aus Steinen gezogenen Pflaumenwildlinge, und man soll
sich nur im Nothfalle der Ausläufer bedienen, weil sie schlecht bewurzelt und
stets zu Ausläufern geneigt sind. Einige Aprikosensorten kommen nur auf
Pflaumensteinwildlingen gut fort, z. B. die Aprikose von Tours (alber-
gier de Tours), die Aprikose von Portugal und die Angoumois=Aprikose
(Angoumois).

Die Pflaumen veredelt man auf wilde Sämlinge (Kernstämme),
sowie auf Ausläufer von der Saint=Julien=, Damascener= und Kirschpflaume.
Die Pflaumen werden am besten im Juli okulirt, weil die Wildlinge im
August öfters keinen Saft mehr haben, sich also nicht lösen.

174. *Da der Wildling Einfluß auf das Wachsthum hat, so hat er es
auch auf den Schnitt der Bäume.

Der Apfelbaum auf Paradiesstamm treibt schwach und wird kürzer
geschnitten, der auf Splittapfel (doucin) etwas stärker, am stärksten der auf
Wildling, welcher nur durch Entspitzen, den Sommerschnitt, ja oft blos durch
Brechen und Niederbinden der Triebe fruchtbar gemacht werden kann.

Der Birnbaum auf Quitte und Weißdorn verhält sich im Schnitt wie
der Apfel auf Paradiesstamm, der auf Wildling wie der Apfel auf Wildling.

Der Pfirsichbaum auf Mandeln wächst am stärksten und muß daher
im Schnitt lang gehalten werden. Nicht viel weniger stark treibt er auf
einigen Pflaumen, während er auf großen Schlehenpflaumen (Haferpflau=
men, Prunus insiticia), Zwetschen und schwachwüchsigen Pflaumen und
Kirschpflaumen schwächer wächst und auf Schlehen und Zwergpflaumen
(Prunus pumila) so schwach treibt, daß fast nichts daran zu schneiden ist.

Aprikosen treiben auf Pflaumen am stärksten, auf Kirschpflaumen,
Zwetschen und sibirischen Waldaprikosen (Prunus sibirica) schwächer, so daß
letztere sich besonders zu Spalieren eignen, an welchen stark treibende Apri=.
kosen stets viel zu schaffen machen.

Pflaumen, auf eignen Wildling veredelt, treiben je nach der Natur die=
ser Unterlagen stärker oder schwächer. Am stärksten treiben Pflaumen mit
wolligen Sommertrieben, schwächer Zwetschen, weshalb man die auf letztere
veredelten Bäume auch weniger zu schneiden braucht und kürzer schneidet.

Bei Kirschen zeigt sich der Trieb auf Wildling stark, auf Mahaleb=

kirschen schwächer, auf Ostheimer Zwergweichsel und Strauchweichsel (Prunus Chamaecerasus) am schwächsten. Ebenso der Schnitt.*

II.

Bemerkungen über einige Krankheiten und Feinde, denen die im Schnitt gehaltenen Bäume unterworfen sind.[1]

175. Von dem Harz= und Gummifluffe war schon früher wieder=holt die Rede. Er kommt blos bei den Steinfrüchten vor und richtet oft große Verwüstungen an. Um dieser Krankheit abzuhelfen, muß man zu=nächst die Ursachen beseitigen, was indessen nicht stets angeht, da sie auch von Witterungseinflüssen, besonders von starker Kälte und brennenden Sonnenstrahlen, herbeigeführt wird. Oft ist aber eine Ueberfülle von Saft die Ursache, wenn der Baum in zu fettem Boden steht, und in diesem Falle ist das Abhauen einiger Wurzeln von Nutzen. Man schneidet an den ange=griffenen Bäumen die sogenannten Harzknoten und das todte Holz bis auf gutes Holz mit einem scharfen Messer aus, wäscht die Wunde rein und ver=streicht sie später mit Baumwachs oder Baumsalbe. Zuweilen hilft ein starkes Aderlassen (vergl. §. 47) auf der gesunden, der krankhaften Stelle entgegengesetzten Seite des Baumes oder Astes. Ist jedoch der Baum so angegriffen, daß man bei dem Durchschneiden eines Astes die Spuren schon im Innern bemerkt, so hilft kein Mittel mehr.

Man heilt den Gummifluß gut durch nasse Lappen, die man auf die Wunde bindet und stets naß erhält. Sehr zweckmäßig ist es, zur Verhü=tung dieser Krankheit die Stämme gegen Sonnenbrand zu schützen, was durch vorgestellte Bretter, noch leichter aber durch einen Anstrich des Stam=mes und der stärksten Aeste mit Lehmbrei geschieht.

Der Gummifluß trifft Aprikosen, Pfirsiche, Mandeln, Kirschen und Pflaumen, am stärksten jedoch Pfirsiche und Aprikosen.

176. Die Kräuselkrankheit (cloque) ist dem Pfirsichbaume eigen=thümlich. Sie ist eine Folge von schnellem Wechsel der Temperatur im Frühjahre, wenn die Blätter noch jung sind. Die Blätter rollen sich zusam=men und erfüllen ihre Verrichtung nur unvollkommen, so daß dem Baume Gefahr droht. Das einzige Mittel ist, daß man alle zusammengerollten Blätter wegnimmt, so daß die Blattstiele daran bleiben. Es entwickeln sich hierauf Nebentriebe, welche die Vegetation wieder beleben und dem Baume aufhelfen. Man kann aber diese Krankheit verhüten, wenn man im Früh=

---

[1] Auch diese Abhandlung ist unvollkommen und wird durch ein Kapitel in dem zweiten Bändchen (Obstbau) ergänzt.   J.

jahre bei ungünstiger Witterung die oben (§. 11) erwähnten Schutzmittel anbringt.

177. Der Mehlthau oder Schimmel findet sich hauptsächlich an Pfirsichbäumen und Weinstöcken. Er besteht, wie neuerdings erwiesen ist, aus niedrigen Schmarotzerpflanzen (Faden= und Staubpilzen), oder wenig= stens sind diese eine Folge der Krankheit und bringen sie zur Erscheinung. An den vom Mehlthau angegriffenen Pfirsichbäumen bleiben die Früchte klein, reifen nicht oder fallen gar ab. Wenn diese Krankheit nicht überhand genommen hat, so kann man sie vertreiben, indem man den Baum mit einer feinen Staubspritze überspritzt und an den angegriffenen Stellen mit Schwe= felblumpulver bestreut. Auch Aetzkalk, Pottasche und schwefelsaures Eisen= oxydul und ein Bespritzen mit Auflösungen von diesen Stoffen oder mit starkem Seifenwasser oder Lauge leisten gute Dienste.

178. Was die so berüchtigte Weinkrankheit (Oidium Tuckeri) be= trifft, so ist die Abhülfe sehr verschiedener Art. Das Oidium ist viel schlimmer und schwerer zu beseitigen, greift Blätter, junge Reben und Trau= ben an und hat das völlige Aufhören des Wachsthums und meistens das Verderben der Trauben zur Folge. Alle bisher angewendeten Mittel haben diese verderbliche Krankheit nur vermindern, nicht aber beseitigen können. Im Anfange, ehe das Uebel stark ist, helfen Schwefelblumen, welche man, wie oben angegeben, zwei= bis dreimal darauf streut. Ist aber die Krank= heit in größerer Entwicklung, so können wiederholte Schwefelungen die Traubenernte nicht retten. Dennoch versäume man die Anwendung von Gegenmitteln nicht, da sie vielleicht der Krankheit für das folgende Jahr entgegenarbeiten.

Das Schwefeln hat sich unter allen bekannten Gegenmitteln am besten bewährt und ist am meisten im Gebrauch. C. Bouché in Berlin em= pfiehlt das Waschen des alten Holzes im Frühjahre vor dem Treiben der Augen mit Aetzlauge. Die angegriffenen Trauben schützt sofort ein Ueber= pinseln mit Leimwasser. Doch sind solche Trauben, obschon der Leim wieder abgeht, als Tafelfrüchte nicht mehr zu brauchen. Will man schwefeln, so müssen die Schwefelblüten ganz trocken und zu Staub zermalmt sein. Man bedient sich hierbei eines eigens dazu eingerichteten Blasebalgs, womit man den Schwefelstaub in alle Theile der angegriffenen Trauben bringen kann, oder einer Quaste von Wolle (Trobbel), mit welcher man den Schwefel sehr gut und mit weniger Verlust an die Trauben bringen kann. Es ist unnöthig, die Trauben und Blätter vorher zu spritzen, besonders wenn das Schwefeln früh bei Thau oder bei feuchter Luft geschieht. Schwefelt man in den trocknen Tagesstunden, so verbraucht man mehr, weil der Staub nicht so gut haftet. Dagegen wirkt dann auch das Mittel schneller. Man darf den Schwefel nicht sparen und muß, wenn sich einmal die Krankheit zeigt, alle Theile des Stockes einpudern. Hardy räth, nicht bis zum Ausbruch der Krankheit zu warten, sondern die Stöcke zu schwefeln, wenn die Triebe erst ½ Fuß lang sind. Selbst während der Blüte könne es ohne Schaden geschehen. Muß man noch schwefeln, während die Trauben schon reifen, so soll man lieber öfter und schwach schwefeln, um den Tafeltrauben nicht zu schaden.

179. Der Krebs entsteht meistens auf Bäumen, welche auf nassem Boden stehen, namentlich am Kernobste, jedoch auch in Folge von Beschädigungen, wenn die Wunden nicht glatt geschnitten werden. Man muß die Wunden ausschneiden und mit Baumwachs, Baumsalbe oder Theer bestreichen. Der Krebs kommt aber auch auf trocknem, heißem Boden vor und ist sogar Folge zu großer Saftfülle. Er zeigt sich schon an jungen Bäumen in der Baumschule, und man thut wohl, solche gar nicht zu pflanzen und die schon gepflanzten wegzuwerfen. Sehr gut bewährt sich ein zeitiges Aderlassen, indem man am Stamme und an den stärkeren Aesten Längsschnitte bis auf den Splint macht.

180. Die Bleichsucht oder das Gelbwerden der Blätter (Chlorose) wird am ersten durch Belebung der Lebenskraft durch Düngung beseitigt. Als das beste Mittel dagegen hat man neuerdings das schwefelsaure Eisenoxydul (Eisenvitriol) erkannt. Man löst 1—2 Gramme in 1 Liter Wasser auf (bei jungen Blättern 1, bei älteren 2 Gramme) und bespritzt damit nach Sonnenuntergang wiederholt die Blätter. — Der Rost erscheint meistens nur an einzelnen Theilen des Baumes, thut daher wenig Schaden. Man kennt kein sicheres Mittel dagegen. — Moos und Flechten machen die Bäume krank, und sie müssen daher im Frühjahre bei feuchtem Wetter davon gereinigt werden. Am sichersten schützt dagegen das Bestreichen mit dicker Kalkmilch, wodurch auch die Schmarotzer vertilgt werden. Es ist jedoch nur an stärkeren Aesten anzuwenden.

181. Die Mittel, welche gegen Raupen angewendet werden, sind zu bekannt, als daß es nöthig wäre, sie hier aufzuzählen. Ich erinnere nur, daß man freistehende Bäume durch Theerbänder (Papierstreifen von 6 Zoll Breite, mit Theer bestrichen), welche vom Oktober bis zum Eintritt des Winters um den Stamm gelegt und stets klebrig erhalten werden, gegen die gefährlichen Spannraupen schützt, indem die ungeflügelten Weibchen des Frostnachtschmetterlings, welche die Eier legen, daran kleben bleiben. — Die Ohrwürmer oder Oehrlinge, welche die Früchte angreifen, fängt man in kleinen Strohbündeln, zusammengefaltetem steifen Papier u. s. w.

sehr leicht in großer Menge. — Die Wespen, welche besonders die Trau=
ben und süßen Birnen verzehren, kann man in Flaschen, welche mit ver=
giftetem Honig gefüllt sind, wegfangen. Außerdem zerstört man im Garten
alle Nester. Es ist gut, die einmal angegriffenen Früchte hängen zu lassen,
weil die Wespen so lange keine anderen angreifen. — *Die Baumflöhe
Blattläuse) vertreibt man durch Waschen und Bespritzen mit dem Wasser
von abgekochten Tabaksblättern, Lauge, Seifenwasser mit Quassla u. s. w. —
Die an den Aepfelbäumen vorkommenden wolligen Blattläuse vertilgt
man durch kochendes Wasser oder starkes Seifenwasser mit Quassia=Absud,
welches man in ihre Nester zwischen der alten Rinde spritzt oder einpinselt.
Dieses Mittel muß aber öfters wiederholt werden. — Die Baumwan=
zen, besonders die am Birnbaume oft vorkommenden, vertilgt man durch
Tabaksräucherung, welche freilich schwer auszuführen ist. An Spalierbäu=
men spannt man ein nasses Tuch über den Baum und räuchert darunter. —
Die den Blüten, jungen Früchten und jungen Weintrieben so gefährlichen
Rüsselkäfer verschiedener Art entfernt man durch Abschütteln auf Tücher,
welches Mittel jedoch ungenügend ist. Um einzelne junge Triebe, an deren
Erhaltung meist viel gelegen ist, zu schützen, umgiebt man sie mit Pa=
pier, bis sie einige Stärke erreicht haben. — Die grauen Baummilben,
welche die Blätter der Pfirsichbäume zuweilen ganz überziehen, vertreibt
man durch häufiges Bespritzen. Noch mehr hilft Tabaksabsud und Tabaks=
räucherung. — Die graue Pflanzenmilbe erscheint oft massenweise auf
Pfirsichbäumen und macht die Blätter grau. Man vertreibt sie durch wieder=
holtes Spritzen mit Wasser, besonders mit Seifenwasser. — Der Heu= oder
Sauerwurm (Tinea uvae) richtet am Weinstock in Jahren, wo er stark
auftritt, Verwüstungen an, wird jedoch in manchen Gegenden nie oder nur
einzeln gefunden. Dieses Insekt lebt in einem Sommer in zwei Genera=
tionen. Als Heuwurm spinnt die kleine Raupe sich in Blüten und Blätter
ein, verpuppt sich und wird ein kleiner Schmetterling, welcher Eier an die
Trauben legt, aus welchen das Räupchen als Sauerwurm auskriecht. In
erster Generation verzehrt die Raupe die Blüte, in zweiter die Beere.
Zeigen sich Schmetterlinge, so kann man sie durch Anzünden von Feuer
fangen, in welche sie des Nachts hineinfliegen. Am sichersten ist das Absuchen
der Puppen im Winter. In Frankreich bestreicht man hier und da die
Rebstöcke mit Kalkmilch, um die Eier zu vertilgen. — In gleicher Weise ist
der in Deutschland noch wenig beobachtete Springwurm=Wickler
(Pyralis vitana), eine Wickelraupe, schädlich. Man sucht die Raupennester
ab, bestreicht die Stöcke im Winter mit Kalkmilch, um die Eier zu vertilgen,
und fängt die Schmetterlinge in Feuern.*

III.

Verzeichniß einiger der vorzüglichsten Obstsorten, welche am Spalier als Pyramiden, Zwergbäume u. s. w. mit Vortheil gezogen werden können.[1]

1. Pfirsichsorten.[2]

182. Admirable de Septembre, kräftig von Wuchs, sehr fruchtbar; Frucht sehr groß und gut, reift Mitte September.

Avant-pêche blanche (kleine weiße Frühpfirsich), Mitte Juli, in guten Lagen noch früher; trägt reichlich; Frucht süß und saftig, aber nicht fein und gewürzhaft, daher nur der frühen Reife wegen zu ziehen.

Avant-pêche rouge, sehr früh und gut, aber klein.

Admirable jaune, Mitte September; verlangt eine sehr gute, warme Lage.

Barrington, sehr fruchtbar und gut, September.

Belle Bausse, Sept., eine der besten von Geschmack und sehr fruchtbar.

Belle de Vitry, der vorigen sehr ähnlich.

Belle de Toulouse, fruchtbar, sehr groß und gut, Ende September.

Bourdine (Bourdine royale, Königspfirsich), September, synon. mit Royale, starkwüchsig und wenig ertragreich.

Brugnon violet musqué (violette Nektarine), fruchtbar, groß, September und Oktober; unter den glatten Pfirsichen (Nektarinen) die beste.

Brugnon blanc (weiße Nektarine), schwachwüchsig und sehr fruchtbar; Frucht mittelgroß, im August.

Brugnon Etruge, sehr fruchtbar, mittelgroß, Ende August.

Brugnon violet hatif, sehr fruchtbar, starkwüchsig; Frucht groß, im August.

Brugnon violet petit, ungemein volltragend, Frucht klein, sehr gut.

---

[1] Hardy führt gegen 300 Obstsorten auf, von denen ich nur die am meisten empfohlenen aufnehme, um dafür andere als werthvoll bekannte Sorten hinzuzufügen, von französischen Sorten jedoch nur von Th. Baltet in dem Buche: „Les bonnes poires" (Uebersetzung von Lucas unter dem Titel: „Auswahl werthvoller Birnensorten") erwähnte Birnen und einige Pfirsichen. Ich werde die deutsche Benennung nur da angeben, wo ich von ihrer Richtigkeit ganz überzeugt bin. Die meisten feinen Sorten stammen ja ohnedies aus Frankreich, mögen daher auch den französischen Namen behalten. Die deutsche Uebersetzung habe ich größtentheils nach dem „Illustrirten Handbuch der Obstkunde" gegeben. J.

[2] Es kann nicht auffallen, daß das Verzeichniß der Aprikosen, Pfirsichen, Birnen und Traubensorten reicher und ausführlicher ist, als das der Aepfel, Kirschen und Pflaumen, weil die ersteren mehr dem Schnitt unterworfen werden als letztere. J.

Clemence Isaure, ſtarkwüchſig, ſehr fruchtbar, Frucht ſehr groß, innen gelb, Mitte Auguſt.

Chevreuse hâtive (frühe Peruvianerin), Auguſt, angenehme Frucht.

Chevreuse bon ouvrier (ſpäte Peruvianerin), Ende September, ſehr fruchtbar und vorzüglich, ſchwachwüchſig.

Double Montagne (Bergpfirſich), groß, gut, wird als die für Norddeutſchland geeignetſte gehalten.

Galande (grosso Galande, Stutzerpfirſich), Anfang September, ſehr fruchtbar.

Grosse violette lisse (Violette de Courson, Violette la grosse, violette, große, nackte Pfirſich), Mitte September, nicht ſehr weinig, aber ſchön von Anſehen.

Malte (Pêche de Malte, Belle de Paris, malteſer oder italieniſche Pfirſich), im Auguſt und September; gedeiht auch als freiſtehender Baum und am Spalier in öſtlicher Lage, Frucht von ganz ausgezeichnetem Geſchmack.

Madeleine de Courson (Madeleine rouge, Paysanne, grosse Madeleine, rothe Magdalenen-Pfirſich), Anfang September, ſehr reichtragend, aber Wuchs ſehr ſtark, daher auch als Hochſtamm paſſend.

Madeleine blanche (weiße Magdalenen-Pfirſich), Ende Auguſt, ſehr kräftig und tragbar, früh blühend und daher den Fröſten ausgeſetzt.

Melacoton Crawford Early, ſtarkwüchſig, ſehr groß und ſehr gut, Mitte Auguſt.

Mignonne grosse (Mignonne ordinaire, grosse Mignonne, große Prinzeſſin-Pfirſich, Lieblings-Pfirſich), Ende Auguſt, ſehr fruchtbar, in allen Lagen, außer nach Norden, und auch als freier Baum gedeihend, Frucht delikat.

Mignonne grosse hâtive (frühe Prinzeſſin-Pfirſich), Auguſt, Frucht kleiner als die vorige, fruchtbar und gut zum Treiben.

Mignonne grosse tardive de Hollande, im September, ſchöne Frucht, ſehr ertragreich.

Pourpre hâtive (la Vineuse, frühe Purpur-Pfirſich), Mitte Auguſt, fruchtbar; die Frucht von köſtlichem Geſchmack, wird nicht jedes Jahr gleich gut; kommt auch gegen Oſt und Weſt und freiſtehend fort.

Reine des vergers, ſehr fruchtbar, ſchön dunkelroth und gegen die Witterung nicht empfindlich, daher auch freiſtehend.

Téton de Venus (Venusbruſt), eine der beſten, aber nur in ſehr warmer Lage gut reif werdend.

Vineuse de Fromentin (Weinpfirſich von Fromentin), wie die Mignonne, aber weiniger.

Willermoz, Anfang September, groß, ausgezeichnet und fruchtbar.

Nach der Reifezeit geordnet folgen die besseren Früchte auf einander: Avant-pêche blanche, Mignonne hâtive, pourpre hâtive, grosse Mignonne, Vineuse de Fromentin, Belle Bausse, Galande, Madeleine blanche, Pêche de Malte, Violette hâtive, Chevreuse hâtive, Madeleine de Courson, Bourdine, grosse violette, Admirable, Têton de Venus.

Einige in Deutschland gezogene vortreffliche Sorten sind folgende:
Abt Jodocus, groß, Anfang September, köstlich.
Erzherzog Johann, Anfang September, mittelgroß, ertragreich.
Eugen von Savoyen, früh, mittelgroß.
General Laudon, groß, dunkelroth, Mitte September.
Prinzessin Maria, Mitte September, groß, vortrefflich, fruchtbar.
Schmidtbergers P., Mitte September, groß, roth, vorzüglich.

2. Aprikosen.

183. Admiral Rigny, groß, grün, sehr fruchtbar, aber nicht vom Steine löslich, Ende August.

Abricotier commun (gemeine Aprikose), im Juli, gut von Geschmack, besonders von Hochstämmen, für alle Lagen geeignet, Frucht gut zum Einmachen.

A. trochets, mittelgroß, sehr gut, Anfang August.
Beaugé, groß, gut, September.
De Versailles, mittelgroß, sehr gut, Ende August.
Duval, sehr groß, gut, August.
Gros Saint-Jean, starkwüchsig, groß, gut, Anfang Juli.

A. pêche (A. de Nancy, Brüsseler und Nancyer Aprikose), Ende Juli und August, sehr groß, nur gut am Spalier.

A. précoce (le gros, Abricotin, große Frühaprikose), im Juli, gut für Hochstamm, braucht nicht veredelt zu werden.

Précoce (kleine Frühaprikose), klein, gut, sehr fruchtbar, Ende Juni und Juli.

A. de Portugal, Mitte August, fruchtbar, auch als Hochstamm gut.

A. de Hollande (Amande aveline, A. v. Creba, holländische oder Ananas-Aprikose), klein, aber gut von Geschmack, weinig, Kern süß, nach Haselnuß schmeckend, als Hochstamm gut.

A. royal (Königs-Aprikose), sehr groß und früh; übertrifft die A. pêche, von der sie abstammt.

Alberge de Tours (Alberge von Tours), Mitte August, Frucht sehr weinig und gut; besonders als Hochstamm, wird auch aus Samen gezogen.

Deutsche und ungarische Sorten:

Ambrosia (große Zucker=Aprikose), Juli, groß, plattgedrückt, köstlich.

Große Frühaprikose, Juli, groß, fruchtbar.

Frühe große rothbackige, groß, Juli, ausgezeichnet.

Grünfleischige A., vorzüglich, rund.

Ungarische blasse, groß, grüngelb, ohne Röthe, wird nie mehlig.

3. Pflaumen.

184. Abricoté blanche (weiße und gelbe Aprikosen=Pflaume), Ende August, Baum fast jährlich tragbar, sehr angenehm.

Anna Lawson, mittelgroß, gelb, fruchtbar, Anfang September.

Bleu de Belgique, groß, im August fruchtbar.

Columbia Gage, (Columbia=Pflaume, der blauen Reineclaude ähnlich, aber besser.

Coës Golden-drop (goutte d'or, Coës=Goldpflaume), große, köstliche Frucht, gelb mit violetten Punkten, Ende Sept., auch gut zum Trocknen.

Decaisne, groß, September, sehr gut.

Drap d'or (große Mirabelle, Mirabelle double, doppelte Mirabelle, Goldpflaume), groß, goldgelb, köstlich von Geschmack, pflanzt sich aus Samen echt fort; verlangt eine warme Lage.

Fellemberg (Fellemberger oder italienische, auch fälschlich ungarische Zwetsche), September, in Form und Geschmack der Zwetsche ähnlich, aber noch besser und an geschnittenen Bäumen noch einmal so groß; trägt reichlich.

Huling, große, blaurothe, sehr gute Pflaume.

Impératrice violette, mittelgroß, im August, vortrefflich zum Trocknen.

Impériale précoce (Kaiser = oder neue August=Zwetsche), wird sehr empfohlen.

Impériale de Milan violette (Mailänder Kaiserpflaume, violette Kaiserpflaume), der Zwetsche ähnlich, aber viel köstlicher und ungemein reichlich tragend.

Jefferson, eine vorzügliche, im August reifende Sorte.

Jérusalem (violette Jérusalem), August, zum Trocknen gut, frisch, aber untergeordnet.

Kirkès, groß, sehr geschätzt, auch als Hochstamm, reift Ende August.

Mirabelle jaune (gemeine oder gelbe Mirabelle), bekannte kleine, aber ausgezeichnete Frucht zum Trocknen, sehr reichlich tragend.

Prune d'Agen rouge, mittelgroß, Ende August, in Frankreich die geschätzteste zum Trocknen, besonders als Prunellen.

Prune de Monsieur (violette Herzogs = oder Herren=Pflaume, frühe Herren=Pflaume), groß, Anfang August, trägt sehr voll, ist aber untergeordnet von Werth.

Pr. de Monsieur Jaune (gelbe Herren=Pflaume), im August.

Prune de Montfort violette, groß, im August, sehr gut.

Ponds seedling rouge, sehr groß, Ende August, vorzüglich.

Reineclaude ordinaire (gemeine Reineclaube, große grüne Reineclaube), bekannte herrliche Frucht.

Reineclaude violette (blaue Reineclaube), Anfang September, etwas weinsäuerlich, nicht so beliebt wie die grüne, aber reichlicher tragend.

Reineclaude de Baray (Reineclaude von Bavay), gelb, groß und vorzüglich, aber die gemeine Reineclaube nicht erreichend, im September.

Reineclaude diaphane bleu (blaue, durchscheinende Reineclaube), groß, Ende August, sehr geschätzt.

Royale de Tours (Damas de Tours, Damaszener=Pflaume oder Königs= Pflaume von Tours), schwarzblau, mittelgroß, köstliche Frucht, früh und sehr volltragend, verlangt jedoch die beste Lage, um gut zu werden.

Sainte Catherine (Katharinenpflaume), gelb, an der Sommerseite röthlich, herrliche Frucht, besonders zum Trocknen.

Washington blanche, groß, gut und sehr reichlich tragend.

Diesem füge ich noch einige in Deutschland verbreitete gute Sorten hinzu:

Aprikosen-Pflaume, Braunauer, groß, gelbroth, starkwüchsig, vortrefflich.

Aprikosen-Pflaume, Dörell's, der Mirabelle ähnlich, noch voller tragend.

August-Zwetsche, der gemeinen Zwetsche ähnlich, aber kleiner und weniger gut.

Eierpflaume, gelbe und rothe, größte Pflaume und in wärmeren Lagen, besonders an Spalieren recht gut, zumal die rothe.

Frühzwetsche, Lucas' und Wangenheim's, zwei vortreffliche Frühsorten der Zwetsche.

Goldpflaume, Esperens (Drap d'or d'Esperen), mittelgroß, gelb, vorzüglich.

Königs-Pflaume, Lucas', groß, blauroth, September, tragbar, eine der empfehlenswerthesten.

Muskateller-Pflaume, spät, groß, schwarzblau, September, köstlich.

Zwetsche, eine der besten, in den meisten Gegenden Deutschlands die beste aller Pflaumen, mit Ausnahme der Reineclaube, jedenfalls die nutzbarste.

4. Kirschen. [1]

185. **Belle de Seeaux** (belle magnifique, belle de Chatenay, Chatenay's Schöne), groß, hält sich an nördlichen Mauern bis September.

Bigarreau à gros fruits blancs (weiße Herzkirsche), im Juni, voll= tragend, an Gebäuden und zu Pyramiden geeignet.

Bigarreau Napoléon (Lauermannskirsche), eine der größten Kirschen, hellroth und weiß, Juli; starkwachsender Baum.

Cerise de Hollande (Doktorkirsche, große rothe Herzkirsche), groß, im Juli, nur als Hochstamm.

Anglaise hâtive (Maikirsche), gut am Spalier.

Cerise de Spaa (Schöne von Spaa), Juli.

Cerise Royale tardive d'Angleterre (königliche Süßweichsel), hält sich an nördlichen Mauern bis Oktober.

Guigne blanche à très gros fruits (große weiße Süß= oder Glas= kirsche, Fleischkirsche), sehr süß, auch zu Pyramiden passend.

Griotte de Portugal (portugiesische Amarelle), braunrothe große Frucht mit rothem Fleisch, im Juli.

Griotte d'Allemagne (G. de chaux, herzförmige Weichsel), sauer, gut für die Küche.

Reine Hortense (Monstreuse de Bavay, Belle Hortense, Hybride de Laeken, Louis Philippe, Louis XVIII., Belle de Laeken, Belle de Jodoigne u. s. w., Königin Hortense), groß, fast die beste und feinste aller Kirschen zu nennen, spät, scheint aber nur an einer Wand fruchtbar zu sein.

Ich will noch einige vorzügliche deutsche Sorten hinzufügen, da wir in Bezug auf Kirschen wol noch reicher sind als die Franzosen: die Mai= herzkirsche, die große schwarze Herzkirsche, große schwarze Knorpelkirsche, schwarze spanische Knorpelkirsche, bunte Herzkirsche, Perlkirsche, Speckkirsche, Herzogskirsche, späte Herzogskirsche, Glaskirsche, spanische Frühweich= sel, frühe königliche Amarelle, Leopoldskirsche, Ostheimer Zwergweichsel u. a. m.

---

[1] Die französischen Pomologen theilen die Kirschen in Bigarreau (Herzkirsche), Cerise (Sauerkirsche oder Weichsel), Griotte (Amarelle, Morelle, Süßweichsel), Guigne (Fleisch- oder Glaskirsche). Man hat auf diese Bezeichnungen wohl zu achten.

5. Aepfel.[1])

a) Sommerfrüchte.

186. **Aftrachan, weißer** (Eis=ob. Zib ab=Apfel), einer der besten.

„ **rother**, Juli und August, dem weißen noch vorzuziehen.

Borowsky, groß, fruchtbar, sehr früh.

Charlamowsky, August, ziemlich groß, zu empfehlen.

Magdalenen-Apfel, ziemlich groß, Juli.

Rosenapfel, böhmischer, August, eine der besten Sommerfrüchte.

„ virginischer, mittelgroß, schön roth gestreift, köstlich.

Sommerrabou, groß, September, sehr gut, aber nur vom Baume weg.

Cellow-harvest, mittelgroß, einer der frühesten.

b) Herbstfrüchte.

Calville, gelber Herbst-, köstliche große Frucht, am besten vom Frucht= baume weg.

Calville, rother Herbst= (Edelkönig, Himbeer=Apfel), groß, vorzüglich, Fleisch unter der Schale rosenroth, von köstlichem Geschmack und Geruch.

Gravensteiner, sehr groß, besonders an Formbäumen köstlich.

Kaiser Alexander, größter Herbstapfel und ausgezeichnet, dabei früh und sehr fruchtbar, besonders zu Niederstämmen.

Pigeon blanche (Mayer's Tauben=Apfel), dem folgenden ähnlich, aber größer, das Fleisch lockerer, grüner; vortrefflich als Niederstamm und am Spalier.

Pigeon rouge (Pigeonet, rother Traubenapfel, Pischonette), klein, aber köstlich und von unvergleichlichem Mandel=Geschmack.

Pigeon rouge d'automne (Couleur de chair, Sommerzimmt=Apfel), eine sehr feine, jedoch im Geschmack vom gemeinen Pigeon abweichende, mittelgroße, runde Frucht; gedeiht gut auf Niederstamm.

Prinzen-Apfel (Ananas=Apfel, Trompeter, Melonen=Apfel, rothgestreifter Schlotter=Apfel), große, längliche Frucht von feinem Ananas= oder Melonen=Geschmack.

Reinette blanche d'Espague, große, gute Frucht für Spätherbst.

---

[1]) Ich führe nur einige, hauptsächlich französische auf, weil die meisten doch nur als Hochstämme gezogen werden. Die zu Pyramiden besonders geeigneten wurden bereits §. 69 angegeben. Zu Aepfelcordons eignen sich alle frühtragenden besten Sorten, besonders aber Reinette von Canada, weißer Winter-Calvill, Kaiser Alexan- der, königlicher Kurzstiel, Winter-Goldparmäne und die Api-Sorten.

Reinette de Bollwiller (Bollweiler R.), groß.

„ . **grise d'automne** (grüne Herbstreinette), groß, vorzüglich.

„ **dorée** (französische Goldreinette), bekannte, köstliche, mittelgroße Frucht, im Spätherbst reif.

c) Winterfrüchte.

Alant-Apfel (Princesse noble), mittelgroß, vorzüglich.

Api rose (A. legros, Pomme rose), kleine, sehr zierende Frucht, welche büschelweise beisammen sitzt; als Einfassungsbaum beliebt.

Calville blanche (weißer Winter=Calvill), allbekannter vorzüglicher Apfel, besonders für Niederstämme und Spaliere.

Calville rouge (rother Winter=Calvill), mittelgroß, unter der Schale roth, reift vor Weihnachten und hält sich nicht lange; für Nieder= stamm sehr geeignet.

Calville Saint-Saureur, großer, geschätzter Apfel.

Calville, gelber Winter=, dem weißen Winter=Calvill ähnlich, aber breiter; der Baum ist weniger zärtlich.

Châtaignier (Kastanien=A., Frauenrothbacher?), große Frucht.

Court-pendu (königlicher Kurzstiel), mittelgroß oder klein, aber vorzüglich und volltragend; als Einfassungsbaum beliebt.

Fenouillet gris (Fenchel=Apfel), kleine, aber feine Frucht von Ana= nas=Geschmack; muß lange am Baume hängen.

Reinette Ananas, mittelgroßer Apfel, delikat; der Baum sehr früh und reich tragend, einer der besten für Niederstämme.

Reinette blanche, mittelgroße, blaßgelbe Frucht, von besonders schönem Geruch und gutem Geschmack; besonders auf Paradies veredelt.

Reinette von Canada (Par[ser Rambour=Reinette), große köstliche Frucht, Geschmack besser von Hochstämmen.

Reinette du Canada grise, Abart der grünen Reinette von Canada, groß.

„ **du Vigan**, neue, vorzügliche mittelgroße Frucht.

„ **d'Angleterre** (Pomme d'or), gleicht der französischen Gold= reinette, reift aber später.

Reinette de Caux, sehr große, grüngelbe Frucht, gedeiht besonders als Niederstamm und als Pyramide.

Reinette franche, mitttelgroß, mit festem, köstlichem Fleisch.

Reinette grise ordinaire (grüne Winter=Reinette, Lederapfel), bekannte und beliebte mittelgroße Frucht; sehr fruchtbar, welkt leicht, wenn vor Mitte Oktober gebrochen.

Royale d'Angleterre (Limonen-Reinette), große, köstliche Frucht.

Spitzenberg (Esopus Spitzenberg), mittelgroße, gute Goldreinette.

Winter-Goldparmäne, ausgezeichnet schön geformte, goldgelbe Frucht, von vorzüglichem Werth, reich tragend und noch in rauhen Gegenden gedeihend.

G. Birnen. [1]

a) Sommerbirnen.

187. **Belle d'Août** (Belle de Bruxelles), Sept.; groß, zweite Qualität.

Beurré de Albret, September; groß, ziemlich schmelzend, wenn die Frucht immer kurz vor dem Verbrauch gebrochen wird; sehr fruchtbar und schwachwüchsig, daher auf Wildling für alle niedrigen Formen brauchbar.

Beurré d'Amanlis (Wilhelmine), September; groß; gewürzhaft, unter der Schale etwas hart (was sich verliert, wenn man zwei Wochen vor der Reife die Frucht von Blättern befreit); üppiger Baum mit sehr ab= stehenden Zweigen, nur auf Quitte.

Beurré Benoist, September; mittelgroß, fein, schmelzend, gezuckert in allen Formen, treibt schwach auf Quitte.

Beurré Boisbunel, September; mittelgroß, halbfein, saftig, sehr fruchtbar, auch auf Quitte.

Beurré Giffard, August; fein und schmelzend; nur auf Wildling, am besten am Spalier.

Beurré de Nantes, September, mittelgroß, fein markig, beinahe schmel= zend; wächst auf Wildling von selbst pyramidal und mäßig, schwach auf Quitte.

Beurré Hardy, September, groß, fein, schmelzend; verlangt für das Spalier und Pyramiden Quitten-Unterlage.

Beurré superfin, September; groß, schmelzend; zu Kandelaber=Pal= metten auf Wildlinge, zu Pyramiden und schiefem Kordon auf Quitten.

Bergamote d'Angleterre, September mittelgroß, vortrefflich; auf Wildling am Spalier oder als Pyramide.

Bergamote d'été (runde Mundnetzbirne), August; mittelgroß, fein, schmelzend, gewürzhaft; vortrefflich in allen Formen, schmeckt lager= reif besser.

Blanquet (kleine Blankette), Juli; klein, saftig, in allen Formen und auch auf Quitte gut, vom Baume eßbar.

Bon chretien d'été, September; groß, gut, jedoch nicht schmelzend.

---

[1] Ich verweise hier auf die Schrift von Charles Baltet: „Les bonnes poires", übersetzt von Lucas unter dem Titel: „Auswahl werthvoller Birnensorten" (Reut-lingen 1863).

Bonne d'Ezée, September; groß, fein, schmelzend, von eigenthümlichem Haselnuß=Geschmack; fruchtbar, aber zum Krebs geneigt; auf Quitte unbrauchbar, gedeiht nur auf gutem Boden, aber nicht in heißen Lagen.

Citron des Carmes (grüne Magdalene), Juli; mittelgroß, ziemlich fein und gewürzhaft; auf Quitten und zu allen Niederstämmen geeignet. Die Früchte müssen vor dem Gelbwerden nach und nach abgenommen werden.

Des vergers (Obstgartenbirne), August; mittelgroß, fein, saft= reich, zuckerig=weinsäuerlich; nur als Hochstamm wirklich ertragreich.

Docteur Lenthier, September; groß, fein, schmelzend, saftreich (eine der köstlichsten der Jahreszeit); in jeder Form, jedoch am besten, wo der kräftige Wuchs nicht gehemmt ist.

Doyenné Boussoch (Poire de Merode), September; groß, fein, saftreich; in allen Formen, jedoch nicht gut auf Quitte, wo er zu schwach bleibt.

Doyenné de Juillet (Sommer=Dechantsbirne), Juli (früheste von allen); klein, schön roth gefärbt, saftreich, jedoch nur gut, wenn sie abgenommen wird, sobald die Schale gelblich zu werden anfängt; auch zu allen niedrigen Formen gut.

Duchesse de Berry d'été, August und September; mittelgroß, fein, schmelzend; besonders zu Hochstamm geeignet.

Epargne (Sparbirne), August; mittelgroß, fein, schmelzend; wächst sparrig und ist kaum in einer künstlichen Form zu ziehen, allenfalls qls kunstloses Spalier in Fächerform.

Ferdinand de Meester (Surpasse Meuris), September; mittel= groß, halbfein, schmelzend; Wuchs kräftig, am besten für den Baumgarten, wächst nicht auf Quitte.

Fondante de bois (holzfarbige Butterbirne), September; groß, fein, schmelzend, mandelartig; in jeder Form gut, am Spalier in nördlicher Lage, eine der köstlichsten der Jahreszeit.

Goubault, September; mittelgroß, fein und angenehm; Hochstamm.

Jalousie de Fontenay, September; groß, halbfein, schmelzend; gedeiht in allen Formen und Lagen sehr gut, auch auf Quitte.

Madame Freyve, August; groß, fein, sehr saftig, zuckerig, delikat; Wuchs kräftig, daher besonders als Hochstamm.

Monchallard, September; groß, fein, saftig; Wuchs kräftig.

Monseigneur de Hons, August; groß, fein, schmelzend; in jeder Form und auf Quitte gut; muß nach und nach gebrochen werden.

Poire-Pêche, August; mittelgroß, schmelzend, saftreich; Wuchs kräf= tig, in jeder Form.

Rava, August; mittelgroß, fein, schmelzend, zuckerig, hält sich lange.

Rousselet de Rheims (Russelette von Rheims), September; klein, halbfein, abknackend, saftreich, aromatisch, wird leicht taigig, nur als Hochstamm vortheilhaft.

William (Bonchretien William), September; groß, fein, schmelzend; in allen Formen, nur nicht in heißen Lagen, jedoch gegen Wind geschützt, auch auf Quitte.

b) Herbstbirnen.

Alexandrine Douillard, Okt.; groß, halbfein, halbschmelzend, süß und gut, wenn sie nicht zu lange am Baume hängt und nicht zu voll trägt, sonst leicht taigig werdend; bildet von selbst eine Pyramide und ist in allen Formen gut.

Arbre Courbé, Oktober, November; groß, halbfein, schmelzend; süßlich, Wuchs aber kräftig, mit abstehenden krummen Aesten, daher nicht als Pyramide, gedeiht schlecht auf Quitte.

Baronne de Mello, Oktober; mittelgroß, fein, schmelzend; für jede Form und Unterlage.

Belle lucrative (Bergamote Fiévée), Oktober; mittelgroß, in allen Formen sehr fruchtbar.

Beurré Bacheller, Oktober und November; groß, schmelzend, ausgezeichnet; gedeiht in jeder Form und ist sehr fruchtbar.

Beurré d'Angleterre (englische Sommer-Butterbirne), Sept. und Oktober; mittelgroß, fein, saftig, schmelzend, mandelartig, schnell zu verbrauchen; bildet auf Wildling fast von selbst Pyramiden und kommt auf Quitte nicht fort.

Beurré d'Apremont, Oktober; groß, fein, schmelzend, köstlich; gedeiht in allen Lagen und Formen und auf allen Unterlagen.

Beurré Capiaumont, Oktober, November; mittelgroß bis groß, halbschmelzend, mit nußartigem Aroma; fruchtbar, jedoch nicht auf trocknem Boden, und gedeiht in jeder Form, selbst am nördlichen Spalier.

Beurré Clairgeau, Oktober, November; sehr groß (eine der größten), halbfein, halbschmelzend, nur in gutem Boden und ganz reif geworden wohlschmeckend; nur zu Formenbäumen geeignet, besonders zu Spalier, jedoch nicht nach Norden; erschöpft sich bald auf Quitte.

Beurré gris (B. d'oré), graue Herbstbutterbirne, Okt. bis Nov.; bekannte köstliche, schmelzende Frucht.

Beurré Moiré, Oktober; groß, halbfein, schmelzend, wird beim Liegen taigig und muß nach und nach gepflückt werden; fruchtbar in jeder Form, auch am nördlichen Spalier.

Beurré St. Nicolas, Oktober; mittelgroß, fein, schmelzend; Wuchs mäßig, gut in allen Formen, gedeiht nicht auf Quitte.

Bonne Louise d'Avranges, Oktober; groß, halbfein, schmelzend, etwas zusammenziehend, sehr schön gefärbt; fruchtbar in allen Formen, jedoch nur, wenn die schwachen Zweige geknickt werden.

Callebasse Tougard, November; groß, halbfein, schmelzend, Ge= schmack etwas zusammenziehend; fruchtbar in jeder Form und auch auf Quitte, aber nicht im Schatten und auf thonigem Boden.

Colmar d'Arenberg, Oktober; sehr groß, halbfein, brüchig, herbfäuer= lich, sehr schön, gut auf Wildling, vorzüglich am Spalier.

Comte de Flandre, November; groß, fein, saftreich; fruchtbar auf Quitte, weniger auf Wildling, besonders für Spalier.

Crasanne, Oktober, November; ziemlich groß, delikat und beliebt; fruchtbar, aber nur an sonniger Mauer gut.

Délices de Lorenjoul, November; mittelgroß, schmelzend, saftreich; Wuchs sparrig, in allen Formen, außer Pyramide; auf Quitte bald er= schöpft.

Délices d'Hardenpont, November; mittelgroß, vom Ansehen der Beurré blanc, fein, wenig saftreich, nur auf gutem Boden und in warmen Jahren fruchtbar, Wuchs pyramidal, daher vor allen anderen zu Säulen= pyramiden und ähnlichen Formen.

Doyenné blanc (Beurré blanc, weiße Herbstbutterbirne), Oktob. bis Nov.; bekannte köstlichste Sorte, die aber nur in warmen, geschützten Gärten auf gutem Boden gedeiht, am besten am Spalier.

Doyenné (Fondante) du Comice, November; groß, fein, ausgezeichnet; fruchtbar in allen niedrigen Formen auf Quitte.

Doyenné Defais, November; mittelgroß, halbschmelzend, muskirt; als Hochstamm und Pyramide.

Doyenné Dillen, November; mittelgroß, schmelzend, wenn nicht zu spät gepflückt; die Früchte hängen sehr fest, daher für freie Lagen geeignet.

Doyenné rouge (Beurré rouge, rothe Dechantsbirne), Oktober; mittelgroß bis groß; saftvoll, butterartig, schmelzend, sehr gewürzhaft; gedeiht noch in kalten Lagen und schwerem Boden, in allen Formen vortrefflich.

Duc de Nemours, Oktober, November; groß, fein, saftig; fruchtbar, jedoch erst an älteren Bäumen.

Duchesse d'Angoulême, November; sehr groß, vorzüglich, aber nur auf gutem Boden und in wärmeren Lagen, sonst steinig und rissig und fast ungenießbar, muß nicht zu spät gepflückt werden; Wuchs kräftig, nur als Formbaum vortheilhaft.

Duverny (Duvernis), Oktober, November; mittelgroß, schmelzend, vortrefflich; als Pyramide und Gegenspalier.

Epine Dumas, November; mittelgroß, fein, muskirt; fruchtbar auch in nördlichen Lagen und an Nordmauern noch gut.

Fondante de Charneu (Köstliche von Charneu), Oktober; ziemlich groß, fein, schmelzend und saftreich, eine der besten der Jahreszeit; am besten als Hochstamm, auf Quitte in allen niedrigen Formen.

Fondante de Malines, November; mittelgroß; wächst schön pyramidal.

Forellenbirne (Forelle, Forel, Poire-Truite), November; mittelgroß, fein, halbschmelzend, ausgezeichnet; verlangt gute Lage und ge= schützten Standort, zu Spalieren besonders geeignet.

Hélene Gregoire, November; groß, sehr fein, mandelartig; Wuchs ge= drungen pyramidal, in allen Formen gut.

Hovell, November; groß, sehr fein; in jeder Form fruchtbar.

Madame Elisa, Oktober; groß, fein, markig=schmelzend; fruchtbar.

Marie Louise, November; ziemlich groß, fein, zuckerig, gewürzhaft, schön und fruchtbar als Pyramide, Hochstamm und Fächerspalier, schlecht als Palmette, gedeiht nicht auf Quitte.

Messire Jean (Junker Hans), November; mittelgroß, Fleisch derb, brüchig, oft steinig, saftig, als Küchenfrucht beliebt; gut als Hochstamm, besser auf Quitte.

Nouveau Poiteau, November; groß, sehr fein, butterartig schmelzend, wird aber bald taigig und darf nicht lange liegen, muß auch spät gepflückt werden; in jeder Form gut.

Napoléon (Napoleonsbirne), November; mittelgroß, fein, der Beurré blanc fast gleichzustellen; auf Wildling in allen Formen gut, bleibt als Hochstamm klein.

Poire de Tongres, November; sehr groß, halbfein, delikat; fruchtbar in allen Lagen und Formen, selbst in kaltem Boden und an nördlichen Mauern.

Orpheline d'Enghien, November; mittelgroß, für Spalier.

Princesse Charlotte, November; mittelgroß; fein schmelzend, etwas säuerlich, aber angenehm; in allen Formen, aber nur sonnig und in war= mem Boden.

Swans Orange, Oktober; groß, fein, sehr saftreich; sehr fruchtbar, mäßig von Wuchs, auf Quitte nicht dauerhaft.

Sylvange, November; mittelgroß, halbfein, gezuckert, muskirt, nur gut, ehe die Schale ganz gelb wird; besonders als Hochstamm.

Soldat Laboureur (Blumenbach's Butterbirne), November; mit=

telgroß, fein, köstliches Aroma; muß nach und nach geerntet werden; in allen Formen, aber zu schützen gegen Sturm.

Saint Michel Archange, Oktober; groß, fein, nicht saftreich; zu Form=bäumen, jedoch nicht auf Quitte.

Thompson, Oktob., ziemlich fest, köstlich; in allen Formen auf Wildling.

Theodor van Mons, Oktober; mittelgroß, fein, saftreich; kräftig von Wuchs und fruchtbar in allen Formen und auf allen Unterlagen.

Urbaniste (Coloma's Herbstbutterbirne), Oktober; mittel=groß, schmelzend aromatisch; in allen Formen schön, doch nicht immer auf Quitte.

Van Mons, November; groß wie St. Germain, fein, saftreich, schmel=zend; gedeiht am besten auf kühlen Plätzen.

Van Marum, Oktober; sehr groß, prächtig von Anschein, nicht schmel=zend und nicht saftreich, besser gekocht als roh; auf Wildling in allen For-men gut, erschöpft sich bald auf Quitte.

c) Winterbirnen.

Belle Angevine, März bis Mai; sehr groß, derb, brüchig, für die Küche und als Tafelzierde; besonders gut auf Quitte.

Bergamote Espéren, Februar bis April; mittelgroß, Fleisch buttergelb, zart, aromatisch, köstlich; auf Quitte besser.

Beurré Bretonneau, März bis Mai; groß, fein, halbschmelzend oder brüchig; am besten an sonniger Mauer, nicht auf Quitte.

Beurré Delfosse, November bis Januar; groß, fein, schmelzend; kräftig auf Wildling, schwächer auf Quitte, zu allen Formen gut.

Beurré Diel (Diel's Butterbirne), November bis Januar; sehr groß, halbfein, halbschmelzend, saftig, vom Hochstamm kleiner, aber besser als vom Spalier; sehr fruchtbarer Baum, der sich in alle Formen fügt; auch auf Quitte.

Beurré d'Hardenpont (Beurré d'Arenberg), Juni bis März; groß, Form der Quitte, fein, schmelzend, ausgezeichnet; fruchtbar, läßt aber in jüngeren Jahren gern die Früchte fallen; besonders auf Quitte am Spalier gut.

Beurré de Rance (Rans, später Hardenpont), November bis April; mittelgroß, etwas körnig, zerfließend, vom Geschmack der Beurré gris, jedoch nur am warmen Spalier, in lockerem Boden gut (sonst Kochbirne).

Beurré Langélier, November und Dezember; groß, halbschmelzend, angenehm; fruchtbar; mäßig von Wuchs, zu Formbäumen, jedoch nicht auf Quitte.

Beurré de Laçon (B. gris d'hiver), Dezember und Januar; groß, schmelzend; fruchtbar in allen Formen, jedoch nicht auf Quitte, wird auf Thonboden und im Schatten schlecht.

Beurré Millet, Dezember und Januar; mittelgroß, fein, schmelzend, vorzüglich; auf gutem Boden in allen Formen gut, jedoch nicht auf Quitte.

Beurré de Nivelles, Januar bis März; ziemlich groß, fest, fein, schmel= zend, saftreich, ertragreich in allen Formen.

Beurré Six, November und Dezember; groß, fein, schmelzend; frucht= bar, auf Quitte nur in gutem Boden.

Beurré Steckmans, Dezember und Januar; mittelgroß, halbfein, halbbrüchig, saftreich, aromatisch; auf gutem Boden in allen Formen, nur nicht gegen Norden.

Besi (Bezy) de Chaumontel (Wildling von Chaumontel), Ja= nuar bis März; mittelgroß, halbbrüchig, unbestimmt aromatisch; Wuchs sehr kräftig, in leichtem Boden besser als Hochstamm, auf Quitte bald erschöpft, Wuchs häßlich. *ſfi d- rifil . Juſeg Jfol Lan uiſ Tpoa--Lu /Jyoſtuff'*

Besi (Bezy) de Saint-Vaast, Dezember und Januar; mittelgroß, fein, schmelzend, parfümirt; in jeder Form und Lage.

Bon chretien d'hiver (Winter=Apothekerbirne), Februar bis Mai; groß, in geringem Boden klein, halbfein, eigentlich nur Kochbirne; gute warme Lage, am besten am Spalier.

Bon chretien d'Espagne, März bis Mai; schöne Kochbirne; besonders als Hochstamm.

Bon Gustave, November und Dezember; groß, fest, wohlschmeckend; Wuchs kräftig.

Bonne (Beurré) de Mallnes, Dezember und Januar; klein; fruchtbar, als Hochstamm.

Broom-Park, Januar bis März; klein bis mittelgroß, Geschmack eigen= thümlich gewürzhaft; taugt schlecht auf Quitte.

Castelline, Dezember und Januar; mittelgroß, Fleisch gelblich, fein, von vorzüglichem Aroma; in jeder Form auf Quitte fruchtbar.

Catillac (großer Katzenkopf),bekannte große, sehr gute Kochbirne, die sich bis in den Sommer hält, aber auch roh angenehm zu essen ist; Wuchs kräf= tig, fruchtbar in allen Formen, auch auf Quitte, am besten aber als Hochstamm.

Colmar des Invalides, Januar bis März; große, sehr schöne, aber nicht besonders feine Frucht.

Colmar d'hiver (Mannabirne, Colmar und Hardenponts Winter=Butterbirne), Januar bis März; groß, fein, halbschmelzend, vorzüglich; nur mittelmäßig fruchtbar, vorzüglich nur an Mauern.

Hardy-Jäger, Obstbaumschnitt. 8. Aufl. 14

Colmar de Mars, Februar bis April; groß, Fleisch gelblich, sehr saftig und voll Aroma; in allen Lagen und Formen fruchtbar, jedoch nicht auf trockenem Boden.

Colmar van Mons, März—Mai; groß, fein, süß, brüchig, zum Kochen besser als roh; nicht stark treibend und sehr fruchtbar in jeder Form, be= sonders als Hochstamm, in die Krone veredelt; gedeiht am besten in etwas kühlen Lagen, wenn der Boden gut ist.

Colmar Nelis, November und Dezember; mittelgroß, fein, halbschmel= zend, sehr feines Aroma; Wuchs verworren und häßlich, daher nur als Hoch= stamm und Fächerspalier.

Columbia, November und Dezember; groß, fein, schmelzend, saftreich; sehr fruchtbar, auf gutem Boden jedoch erst älter.

Commissaire Delmotte, Januar bis März; groß, fest, fein, schmelzend, gewürzt; in allen Formen fruchtbar.

Comte de Flandre, November und Dezember; groß, fein, saftreich; auf Quitte fruchtbarer als auf Wildling, auf solchem am besten als Hoch= stamm.

Curé, November und Dezember; groß, halbfein, gut in warmen Jahren und auf leichtem Boden, rübenartig in kalten Lagen und auf Thonboden.

De Saint-Père, Januar bis April; groß, fein, brüchig, gekocht vor= züglich; fruchtbar in allen Formen.

Doyenné d'Alençon, Februar bis Mai; groß, Fleisch um das Kernhaus gefärbt, ziemlich fein, saftreich; fruchtbar in allen Formen.

Doyenné d'hiver (Bergamote de Pentecôte, Winter= bechantsbirne), Januar bis März; groß, fein, saftreich, vortrefflich, wenn sie nicht zu lange am Baume bleibt (bis Ende September); fruchtbar in allen Formen, aber nicht auf Quitte.

Doyenné Goubault, Februar bis April; mittelgroß, ziemlich fein, vor= trefflich; Wuchs mäßig; fruchtbar, auf Quitte bald erschöpft.

Echassery (Jagdbirne), November und Dezember; mittelgroß, fein, saftreich; sehr fruchtbar in allen Formen, besonders als Hochstamm und am Spalier.

Figue d'Alençon, November und Dezember; ziemlich groß, fein mit süßer Weinsäure, bis zu Ende gut; fruchtbar als Hochstamm und Quitte in allen Formen.

Fortune, März bis Mai; mittelgroß, fein, fast körnig, gewürzt, gleich gut roh wie gekocht; wächst von selbst pyramidal und ist fruchtbar in jeder Form, selbst an der Nordmauer noch gut; gedeiht nicht auf feuchtem Boden.

Fulvie nouvelle, November; groß, fein, fest, beinahe schmelzend, vor=
züglich von Geschmack; in jeder Form fruchtbar, aber als Formbaum
nicht schön.

Général Tottleben, November und Dezember; sehr groß, fein, saft=
reich, vorzüglich; fruchtbar in allen Formen.

Grand Soleil, November und Dezember; mittelgroß, gelbliches, halb=
schmelzendes Fleisch, von besonderem Aroma, sehr gut; Wuchs mäßig, frucht=
bar in jeder Form, aber nicht auf Quitte und nicht in trockenen, heißen Lagen.

Jaminette, Dezember und Januar; groß, körnig, schmelzend, eigen=
thümlich schmeckend; nicht sehr fruchtbar, am besten als Hochstamm und
auf Quitte.

Josephine de Malines, Januar bis März; klein bis mittel, schmelzend,
sehr saftreich, mit feinstem Aroma; fruchtbar in jeder Form und Lage.

Lawrence, November und Dezember; mittelgroß, halbfein, schmelzend,
fein aromatisch, doch am Kernhaus steinig; Wuchs mäßig, fruchtbar, auf
Quitte jedoch nur auf gutem Boden.

Léon Grégoire, November und Dezember; groß, fein, saftreich; frucht=
bar, von pyramidalem Wuchs.

Madame Millet, März — Mai; mittelgroß, größer auf Quitte, fein,
schmelzend, sehr süß, wenn spät geerntet; fruchtbar in Form, verlangt
warme Lage.

Martin sec (trockner Martin), Dezember und Januar; klein,
roh nicht besonders, zubereitet vorzüglich; fruchtbar als Hochstamm, niedrig
auf Quitte ohne Beschneiden.

Nec plus Meuris, November und Dezember; groß, fein vorzüglich bis
zur Ueberreife; fruchtbar in jeder Form.

Olivier de Serres, März; klein, vorzüglich.

Orpheline d'Enghien (Aremberg=B.), Dezember und Januar;
mittelgroß, halbfein, saftig, delikat, wird aber leicht fleckig und am Kern=
haus steinig, was bei an östlichen Mauern gezogenen Früchten aber nicht
der Fall ist; gut in allen Formen, jedoch auf Quitte schwach.

Passe Colmar (Regentin), November und Februar; mittelgroß,
fein, aromatisch; fruchtbar, verlangt jedoch geschützte Lage, weil die Früchte
vom Winde leiden, und guten Boden.

Passe Colmar François, Dezember bis Februar; mittelgroß, fein,
saftig, köstlich von Geschmack; Wuchs mäßig, pyramidal, fruchtbar in allen
Formen und Lagen.

Passe Crasanne, Dezember bis Februar; mittelgroß, saftig, sehr gut;
Wuchs mäßig, fruchtbar in jeder Form, schön als Spindelbaum.

14*

Prince Albert, Februar bis April; groß, halbschmelzend, voll Aroma; trägt erst spät, am besten als hochstämmige, wenig beschnittene Pyramide und als Hochstamm.

Saint-Germain, Januar bis März; große, allbeliebte, köstliche Birne, der Beurré gris ähnlich von Geschmack; fruchtbar in jeder Form, aber nur in gutem Boden und in warmer Lage gut, sonst fast nicht genießbar, am besten als Fächerspalier, und hier fruchtbar.

Sarasin, Februar bis Mai; groß, fein, anisartig, ausgezeichnet zu Kompot, gekocht roth, hält sich bis zum Herbst frisch.

Sénateur Mosselmann, Februar bis April; mittelgroß, fein, saftreich; fruchtbar, besonders als Hochstamm.

Susette de Bavais, Februar bis April; klein, brüchig, nicht fein, etwas herb; sehr fruchtbar in jeder Form, Wuchs pyramidal.

Tardive de Toulouse (Duchesse d'hiver), März bis Mai; groß, ziemlich fein, saftreich und wohlschmeckend; fruchtbar in jeder Form.

Triomphe de Jodoigne, Dezember und Januar; sehr groß, wenn spät geerntet saftig und angenehm, früh fast unbrauchbar; wächst sehr stark, ist aber sehr fruchtbar in allen Formen.

Vauquelin, Januar bis März; groß, fein, saftig, köstlich; Wuchs schön, gedeiht in allen Formen, verlangt aber in rauhen Gegenden Schutz oder Spalier.

Zéphirin Gregoire, Dezember bis Januar; mittelgroß oder klein, fein, schmelzend, aromatisch; fruchtbar in allen Formen und Lagen, jedoch schwäch= lich auf Quitte.

Zéphirin Louis, Dezember und Januar; ziemlich groß, saftvoll, ange= nehm von Geschmack; Wuchs kräftig, fruchtbar in allen Formen.

7. Weintrauben.[1]

188. **Aleatico,** schwarze Traube, gewürzhaft, vorzüglich für Spalier.

Amadou, weiß, eine schöne Tafelfrucht.

Aspirant noir (Riverance), sehr gute schwarze Tafelfrucht, Spalier.

Auvernas rouge clair (Fromenteau, rother Traminer), kleine hellrothe Traube, aber gut von Geschmack.

Bakator de Tokay, köstliche schwarze muskirte Frühtraube.

Blanc de Pages, sehr schöne weiße Traube für warme Mauern.

Bordelais (Bourdales), schwarz.

---

[1] Ich habe die schwer reifenden Sorten meist weggelassen. Außer einigen zu Lauben geeigneten Sorten werden nur Tafeltrauben genannt, Weinbergstrauben aber nur, wenn sie auch Tafeltrauben sind.

Boudalès (Oeillade), fruchtbare schwarze Traube.

Bourret, schöne weiße frühreifende Traube.

Calabre, herrliche weiße Traube für warme Mauern.

Catawba, hellrothe Traube, vom Geschmack der schwarzen Johannis= beere, aus Nordamerika, wenig fruchtbar, aber sehr schön für Lauben.

Chasselas (Gutedel oder Schönedel), alle Sorten, besonders Ch. de Fontainebleau (eine bessere Sorte des gemeinen weißen Gutedel), Ch. croquant (Krachmost), Ch. rose royal rouge (Königsgutedel), ungemein fruchtbar, obschon kleintraubig, mit schon nach der Blüte roth gefärbten Trauben, Ch. musqué (musqué orange), beste Muskatellertraube, Ch. royal (Tokai), Ch. bleu de Windsor, Ch. précoce (früher weißer Gut= edel), Ch. noir etc., Petersilien=Traube.

Damas blanc (weißer Damaszener).

Frankenthaler (in England black Hamburg), der beste zum Treiben.

Früher von der Cahn oder **Alicante** (Lahntraube).

Früher Leipziger (Kilianer, Seidentraube), Berliner Seidentraube, reift schon im August.

Fromentin.

Guilan doux, köstliche, gewürzhafte schwarze Frühtraube.

Grosse Perle.

Madeleine blanche (frühe Magdalenen=Traube).

Malvoisir blanc und **rouge** (früher weißer und rother Malvasier).

Muscat noir und **violet hâtif,** frühe Muskateller.

Noir de Pressac (pied de perdrix), köstliche schwarze Traube.

Portugieser, sehr schöne und gute, mittelfrühe schwarze Traube.

Précoce de Malingre (früher Malinger), sehr gute, gelbweiße Traube, wol die früheste gute von dieser Farbe, oft schon im Juli reif.

Précoce de Saumur (Muscat de S.), mittelgroß, weiß, Ende August und September, sehr gut, nächst der vorigen die beste neue Sorte.

Sauvignon, weiße angenehme Traube mit Feigengeschmack.

Saint-Laurent précoce (frühe Lorenztraube), Plusard (Blussard), Blussert, Cibebe mit schwarzen Beeren.

Früher gelber Provencer.

Früher Burgunder (blauer Clävner).

Gänsefüßer [1], schwarze, nicht besonders feine Traube, aber sehr er= giebig und besonders zu großen Lauben und für hohe Wände geeignet.

---

[1] Diese von Rubens, Bronner, Babo und Metzger für den Landmann sehr empfohlene Sorte ist in Kolbe's Weingärten in Erfurt, in Bronner's Rebschule zu Wiesloch und bei Herrn Rubens in Hossenheim bei Solingen zu bekommen.

Jakobstraube (früher Clävner, Auguſttraube), nicht beſonders, aber die früheſte Sorte von allen.

Folgende früh reifende, für Belgien, alſo auch für Norddeutſchland, paſſenden Traubenſorten hat 1859 die „Société de pomologie van Mons" empfohlen.

Weiße, dem Gutedel (Chasselas) ähnliche Trauben:

Duc de Malakoff, großbeerig, köſtlich; reift in Angers den 25. Auguſt.

Le Mamelon, ungeheure Traube, reift in Angers Ende Auguſt.

Chasselas Vibert, reift in Namur Mitte Auguſt.

Chasselas Sageret, reift Ende Auguſt.

Le vert de Madire (Madeleine vert de la Dorée), reift in Belgien Ende Auguſt.

Gros Coulard, in Belgien im September.

L'amandon blanc, ſehr früh.

Rothe Trauben:

Précoce de Gènes, Ischia (Iſchia-Traube), in Namur Mitte Auguſt.

Doluty noir, in Belgien Mitte Auguſt.

L'ulliade oder **Ouillade bleu,** Ende September.

Muskateller:

Muscat de Juillet, reift in Angers Ende Juli.

Muscat de Lierval, an der Loire Mitte Auguſt.

Verſchiedene Trauben:

Marechal Bosquet, ſehr große Traube, reift Ende Auguſt.

Némorln, großbeerig, früh.

Madeleine royale, große Traube, an der Loire Ende Auguſt.

Saint Valentin rose, Mitte Auguſt.

—————•◆•—————

Ende des Buches.